HEINRICH PLETICHA

DAS GROSSE SAGEN BUCH

Nikol

HEINRICH PLETICHA

DAS GROSSE SAGENBUCH

Nikol Verlagsgesellschaft mbH & Co. KG
Hamburg
www.nikol-verlag.de

Pleticha, Heinrich (Hrsg.)
Das große Sagenbuch

Genehmigte Lizenzausgabe für
Nikol Verlagsgesellschaft mbH & Co. KG, Hamburg
www.nikol-verlag.de

Textbearbeitung:
Sonja Hartl (Schätze und Schatzsucher; Fürsten, Ritter, Burgen;
Stadt und Dorf – Bürger und Bauern; Von Kirchen, Klöstern und
frommen Leuten; Von merkwürdigen und geheimnisvollen Menschen);
Elisabeth Spang (Von allerlei Gespenstern; Aus der Natur; Riesen,
Drachen, Ungeheuer; Zwerge, Kobolde und anderes Kleines Volk;
Von Hexen, Zauberern und dem Teufel persönlich)
Farbtafeln: koloriert von Roman Lang
Schrift: Adobe Garamond
Satz: KCS GmbH in Buchholz/Hamburg
Reproduktion: Die Repro in Tamm
Abbildung auf der Einbandvorderseite:
Moritz von Schwind, Der Ritt Kunos von Falkenstein,
1843/44, Leipzig, Museum der Bildenden Künste
(AKG Bildagentur, Berlin)

ISBN 13: 978-3-937872-03-2
ISBN 10: 3-937872-03-5

Inhaltsübersicht

Was man von den Sagen so sagt …

Von allerlei Gespenstern

Aus der Natur

Riesen, Drachen, Ungeheuer

Zwerge, Kobolde und anderes Kleines Volk

Schätze und Schatzsucher

Fürsten, Ritter, Burgen

Stadt und Dorf – Bürger und Bauern

Von Hexen, Zauberern und dem Teufel persönlich

Von Kirchen, Klöstern und frommen Leuten

Von merkwürdigen und geheimnisvollen Menschen

Anhang

Was man von den Sagen so sagt ...

Eine Einführung in die Sagenwelt

Mit den Sagen ist das so eine Sache. Jeder kennt sie, hat manche gehört, andere gelesen. Doch wenn man dann erklären soll, was genau unter dem Begriff »Sage« zu verstehen ist, fällt das schwer. Selbst die Fachleute, die sich genauer damit beschäftigen, runzeln lieber die Stirn, als dass sie eine klare Antwort geben. Dabei ist ja der Begriff gar nicht so alt, erst die Brüder Grimm haben ihn vor rund zweihundert Jahren verwendet und damit bekannt gemacht.

»Wir singen und sagen vom Grafen so gern ...«, beginnt Johann Wolfgang von Goethe seine bekannte Ballade »Hochzeitslied«, für die ihm die Sage von einer Zwergenhochzeit als Vorbild diente. In unsere Umgangssprache übertragen, würden wir das Gedicht mit den Worten beginnen: »Wir singen und erzählen von einem Grafen so gern ...« Und damit nähern wir uns schon einer ersten wichtigen Aufgabe der Sage: Sie will erzählen, von seltsamen Vorfällen, von Gespenstern, Zauberern, Riesen, Hexen, Rittern und Heiligen, von Zwergen, Tod und Teufel. Nun erzählen davon ja viele Geschichten, Märchen, Balladen, Lieder und sogar ganze Romane. Die Sage macht es aber kurz und knapp, oft sind es nur wenige Sätze, selten kommt es vor, dass eine gedruckte Sage gleich mehrere Seiten umfasst.

Viele Sagen wollen auch berichten: von wichtigen Ereignissen, von Schlachten, von Menschenschicksalen, Naturkatastrophen oder von seltsamen Begegnungen. Die Grenzen zur Erzählung sind dabei fließend.

Schließlich gibt es Sagen, die etwas erklären wollen, was man sich unter normalen Umständen gar nicht so richtig erklären kann, etwa seltsame Naturgebilde, Felsen, geheimnisvolle Höhlen, unheimliche Seen und Moore, Elmsfeuer, aber auch von Menschen geschaffene Denkmäler.Erzählen, berichten, erklären – das sind wohl die wichtigsten Aufgaben der Sagen. Wenn ich aber etwas erklären oder berichten will, so darf ich auch erwarten, dass ich ernst genommen werde. Genau darauf legt die Sage großen Wert. Ein bedeutender Sagenforscher hat deshalb einmal versucht, die Sage als »Erzählung von einem sonderbaren Ereignis, das geglaubt und für wahr gehalten wird« zu definieren. Moderne Forscher sind da allerdings etwas vorsichtiger und weisen auch der freien Erzählung eine wichtige Funktion zu.

Trotzdem fällt es gar nicht so schwer, mithilfe dieser Definition Sage und Märchen zu unterscheiden. »Es war einmal ...«, so beginnen viele Märchen. Irgendwann erlebt irgendwo irgendwer irgendetwas. Es ist eine Schein- und Traumwelt, in die wir entführt werden, die zwar mit der Wirklichkeit irgendwie verbunden, aber letztlich doch unwirklich ist, eben eine Märchenwelt.

Ganz anders die Sage. Dieser literarische Knirps kommt gewichtig daher und will ernst genommen werden. Er erklärt oft ganz genau wie ein erfahrener Schulmeister, nennt Namen, bezieht sich auf Ereignisse, wie sie in den Geschichtsbüchern abgedruckt sind, steht mit berühmten Persönlichkeiten genauso auf Du und Du wie mit kleinen Gaunern und Verbrechern und gibt vor allem ganz genaue Ortsangaben.

Letzteres ist besonders wichtig. Fast alle Sagen lassen sich genau lokalisieren. Sie bilden zusammen ein dichtes Netz, das sich über den gesamten deutschen Sprachraum legt. Allein in Deutschland gibt es ohne Übertreibung mehrere tausend Schauplätze, von denen manche gleich mit mehreren Sagen vertreten sind. Umgekehrt sind manche Sagen von Ort zu Ort gewandert, tauchen einmal im Norden, dann wieder im Süden auf, beziehen das gleiche Motiv auf verschiedene Orte. Das sind die so genannten »Wandersagen«, bei denen wir auch verschiedentlich »Einwanderern« aus dem Ausland begegnen. Jedenfalls dürfen wir ohne Übertreibung feststellen, dass Sagen und Landschaften oder Städte eng zusammengehören.

Bei der Fülle der überlieferten und heute bekannten Sagen ist es natürlich notwendig, aber gar nicht so leicht, eine gewisse Ordnung herzustellen. Dabei unterscheiden wir für einen breiten Leserkreis zuerst einmal zwei Hauptgruppen, die so genannten Götter- und Heldensagen und die Volkssagen. Die erste Gruppe interessiert uns hier nicht näher. Sie bildet die Grundlage für die Heldendichtungen des Mittelalters wie das Nibelungen- oder das Gudrunlied.

Anders dagegen die zweite Gruppe, bei der man von Volkssagen oder ganz allgemein nur von Sagen spricht und damit eben die erwähnten kleinen Geschichten verschiedenster Art und Herkunft meint.

Für eine Sammlung solcher Sagen, die sich an möglichst viele junge wie alte Leser wendet, bieten sich zwei Möglichkeiten an: entweder eine Gliederung nach Motivkreisen oder eine regionale Gliederung. Beide sind selbstverständlich nicht neu und man wird sie in den verschiedensten Sammlungen finden.

Für dieses Buch wurden zehn der wichtigsten Motivkreise ausgewählt. Damit sind natürlich nicht alle Möglichkeiten abgedeckt, wohl aber ergibt sich zumindest ein repräsentativer Überblick. Die Einteilung darf dabei nicht zu eng gesehen werden, manche Sagen können auch ausgetauscht und anderen Kapiteln zugeordnet werden.

Wenn man die Motivkreise näher betrachtet, fällt auf, dass sie zwei große Gruppen bilden. Da sind einmal die Geschichten von Geistern, Dämonen, Wassermännern, Riesen, Zwergen oder Hexen, in denen es stets um etwas Geheimnisvolles oder Dämonisches geht. Dafür hat die Forschung im strengen Sinn den Begriff »Volkssagen« oder auch »dämonologische Sagen« geprägt.

In einer zweiten Gruppe lassen sich alle Sagen zusammenfassen, die im weitesten Sinne mit der Geschichte zu tun haben, also Sagen von Fürsten, Rittern und Geistlichen, von Bürgern und Bauern, Burgen und Städten, von Räubern und Schelmen. Sie gehören alle zu der großen Gruppe der »historischen Sagen«.

Manchmal ist dabei die Zuordnung zu der einen oder anderen dieser beiden Gruppen gar nicht so einfach. Denken wir doch nur an die Teufelsbündner wie Krabat oder Doktor Faustus, die sowohl zu der Gruppe der dämonologischen wie der historischen Sagen gerechnet werden können.

Um das Neben- und Durcheinander noch etwas zu verstärken, kann man schließlich aus den beiden Gruppen nochmals zwei weitere herauslösen. Es sind zum einen die schon erwähnten recht zahlreichen »Erklärungssagen«, die einen Vorgang, eine Erscheinung oder etwas Seltsames und Verwunderliches erklären wollen, und zum andern die weitaus kleinere Gruppe der »Erlebnissagen«, in denen jemand von einem besonderen oder unheimlichen persönlichen Erlebnis oder einer Erscheinung berichtet – nach dem Motto: »Als ich einmal ...«

Neben den großen Motivsammlungen gibt es dann noch die regionalen Sagensammlungen, die nach Landschaften oder Städten gegliedert sind. Sie lassen sich umso leichter zusammenstellen, als ja fast alle Sagen, wie wir schon hörten, genaue Ortsangaben enthalten und es kaum eine Gegend in Deutschland gibt, die nicht über ihre eigenen Regional- oder Lokalsagen verfügt.

Wenn man um den eigenen Wohnort einen Kreis mit einem Radius von nur fünf Kilometern zieht, wird man in den allermeisten Fällen auf einen oder gleich mehrere Schauplätze von Sagen stoßen, so eng verteilen sie sich über ganz Deutschland.

Der Philosoph Martin Heidegger hat einmal sehr schön vom »Zuspruch des Feldweges« und der »Kraft des Einfachen« geschrieben. Auch die Lokalsagen sind letztlich ein Stück dieses Feldweges, von dem aus man so manche Geschichte vernehmen kann. Wir haben nur verlernt, auf seinen Zuspruch zu hören. Dabei wäre es ganz einfach und die Sagen könnten dabei gut helfen. Sie erschließen zwar nicht die Orts- und Heimatgeschichte, aber sie weisen den Weg dorthin, oft sogar auf originelle und reizvolle Weise.

Schon Ludwig Bechstein hatte das vor hundertfünfzig Jahren erkannt, als er sein berühmtes »Deutsches Sagenbuch« als eine Reise durch die Schweiz, Deutschland und Österreich anlegte und in einem großen Bogen durch die einzelnen Landschaften wanderte. Seitdem sind viele orts- und landschaftsgebundene Sammlungen erschienen. Und wenn in unserem Buch hier die Sagen auch zuerst einmal nach Motiven geordnet sind, so weisen doch alle auch einen lokalen Bezug auf, den die Kommentare noch hervorheben.

Mithilfe des Ortsregisters am Schluss des Buches ist dann ebenfalls eine Sagenreise möglich, die kreuz und quer durch Deutschland führt, mit ein paar Abstechern über die heutigen Staatsgrenzen hinaus. Die alten Orts- und

Landschaftsansichten aus dem 19. Jahrhundert vermitteln dazu die visuelle Begegnung mit rund dreißig der bekanntesten Schauplätze.

Und doch ist das alles kaum mehr als der berühmte Tropfen auf den heißen Stein. Es muss den Leserinnen und Lesern überlassen bleiben, ob sie den »Zuspruch des Feldweges« aufnehmen und selbst weitersuchen wollen. Eine solche Reise zu Schauplätzen von Sagen kann ungemein reizvoll und anregend sein, ganz gleich, ob wir sie mit dem Buch in der Hand im bequemen Sessel unternehmen oder während einer Urlaubsreise oder einer Wanderfahrt.

Ein Wort noch zur literarischen Gestaltung der Texte, bei der sich ebenfalls wie bei der Gliederung zwei Möglichkeiten anboten. Es ist schon Tradition, bekannte Sagen aus den Werken bedeutender Sammler genau zu übernehmen. Man glaubt dann oft diese selbst zu hören, wie sie vor Jahren oder Jahrzehnten die kleinen Geschichten erstmals erzählten. Das kann sehr reizvoll sein, hat aber manchmal den Nachteil, dass altertümliche Redewendungen oder Begriffe das Verständnis erschweren und die Erläuterungen länger sein müssten als die Sagen selbst.

Es gibt aber dann noch die andere Möglichkeit, die alten Sagen neu zu erzählen. Auch das hat seinen Reiz, schließlich sind Sagen so lebendig wie unsere Sprache, die einem steten Wandel unterworfen ist. Warum sollte man die Sagen also nicht der Sprache unserer Zeit anpassen? Das haben Sammler schon immer getan, wobei es wieder die schon mehrfach bemühten zwei Möglichkeiten gibt: entweder völlig neu zu erzählen oder aber eine behutsame Angleichung vorzunehmen, sozusagen nach dem schon in der Schule im Fremdsprachenunterricht angewandten Prinzip »So genau wie möglich, so frei wie nötig«.

Einem solchen Grenzweg zwischen Alt und Neu folgt auch diese Sammlung. Sonja Hartl und Elisabeth Spang haben es geschafft, nach dem erwähnten Prinzip den ausgewählten Sagen neues Leben zu geben. In mancher alten Redewendung erkennt man dabei noch deutlich die ursprüngliche Form, anderes wurde moderner, in den meisten Fällen etwas knapper und wohl auch nüchterner gesagt, einige offensichtliche Fehler in den Vorlagen wurden dabei gleich beseitigt.

Trotzdem bleiben noch Unklarheiten. Hier wollen die kurzen Erläuterungen und die Anmerkungen gleich Antworten auf mögliche Fragen vorwegnehmen. Neben der schon erwähnten Funktion als Wegweiser zu den Schauplätzen der Sagen und den oft notwendigen historischen Erläuterungen geben sie auch Querverweise zu anderen Sagen und auf das literarische Fortleben vieler Sagen in Schauspielen, Geschichten und Balladen. Gerade die Verbindung zu Letzteren ist besonders wichtig, sind doch die Balladen sozusagen die Schwestern der Sagen. Deshalb ist es auch kein Zufall, dass dieser Band schon in seinem äußeren Bild und seiner Ausstattung dem »Großen Balladenbuch« des Thienemann Verlages ähnelt, denn beide Bücher sollen zusammen eine Einheit bilden.

So bleibt zum Schluss eigentlich nur noch die Frage offen, wie es denn heute mit der Sage steht? Ist dieses Buch nur ein Ausflug in die Vergangenheit oder vielleicht doch eine Brücke zur Gegenwart? Manchmal wird behauptet, die Sage passe nicht mehr in unsere Zeit. Wir müssen aber nur die Zeitung aufschlagen, und wenn wir dort von außerirdischen Wesen oder von UFOs lesen, sind das doch auch nichts anderes als moderne Sagen. Die alten aber halten sich erstaunlich gut. Wer heute im Internet surft und sucht, wird vor allem unter Ortsnamen auf manche Sage stoßen. Es ist doch ein merkwürdiges Gefühl, wenn so eine kleine Geschichte, die erstmals vielleicht vor Jahrhunderten an einem dunklen Winterabend in einer Bauernkate oder auf einer Burg erzählt wurde, plötzlich auf dem Bildschirm wieder auftaucht. Und dann sage noch einmal jemand, die Sage passe nicht in unsere moderne Zeit!

Von allerlei Gespenstern

Von allerlei Gespenstern

Du siehst ja Gespenster!« ist eine bekannte und häufig gebrauchte Redensart. Das hängt wohl nicht zuletzt damit zusammen, dass es so viele Gespenster gibt und immer schon gegeben hat. So jedenfalls wird behauptet.

Auch von »Geistern« ist manchmal die Rede und es gibt eigentlich keine strenge Regel, welcher Begriff wann und wo verwendet werden soll oder muss. So sprechen wir von einer »Geister-«, aber auch von einer »Gespensterstunde«. Manchmal sieht etwas »geisterhaft« aus, dann wieder »gespenstisch«. Wollte man von Bedeutung und Größe ausgehen, so würde man wohl die Geister als eine Art Überbegriff über die Gespenster setzen. Aber man muss auch die doppelte Wortbedeutung von Geist beachten. Ein »kleiner Geist« ist beispielsweise etwas anderes als ein »kleines Gespenst«.

Aber ganz gleich, ob Geister oder Gespenster: Sie plagen und erschrecken die Menschen, selten nur helfen sie. Zu allen Zeiten und bei allen Völkern tauchen sie auf. Schon immer spukte es in den Wohnungen der Menschen, in den Hütten der Armen ebenso wie in den Palästen der Reichen. Und wenn wir den Mystery-Serien im Fernsehen glauben wollten, dann spukt es in unserer modernen, aufgeklärten Zeit noch ebenso wie früher, manchmal sogar mehr.

Natürlich erzählt man im Volksmund gern von Gespenster- oder Geistererscheinungen. Kein Wunder, dass sie auch in Märchen und Sagen eingegangen sind. Es sind so viele, dass man einen ganzen Gespenster-Stammbaum aufstellen könnte. Allerdings gibt es dabei auch Schwierigkeiten in der Zuordnung, denn manchmal entziehen sich die Herrschaften bewusst einer zu engen Klassifikation. So spricht der eine von einem Gespenst oder einem

Hausgeist, während der andere von einem Kobold redet. Wassergeister lassen sich beispielsweise nicht gern als Gespenster bezeichnen.

Im folgenden Kapitel werden einige typische Gespenster- oder Spuksagen vorgestellt. Einzelne dieser Gespenster wie die Jungfer Eli oder der Burggeist Poppele geben dabei sozusagen ihre Visitenkarte ab und werden ganz genau beschrieben. Andere wiederum, wie die Berg- oder Bergwerksgeister, die Poltergeister oder die Nachtmahre, stehen stellvertretend für ganze Sippen.

Und schließlich enthalten die Sagen auch Anweisungen zum Umgang mit solchen Gespenstern, die man auch heute noch gut gebrauchen kann.

Jungfer Eli

Die Davert ist ein Wald im Münsterland, in den viele Gespenster und Poltergeister gebannt sind, das heißt, sie können diesen Wald nicht verlassen. Umso grässlicher spuken sie dort herum.

Eines dieser Gespenster war der Geist einer Haushälterin, die vormals im Klosterstift Freckenhorst einer frommen Äbtissin gedient hatte. Sie selbst war aber alles andere als fromm gewesen, nämlich böse, geizig und gottlos. Diese Haushälterin hieß Jungfer Eli. Arme Leute, die um milde Gaben baten, jagte sie mit der Peitsche von der Pforte des Klosters fort; die Türklingel band sie fest, damit kein Bettler daran läuten konnte, und den Knechten und Mägden machte sie das Leben schwer. Sie schimpfte mit ihnen und versetzte vor allem den Frauen auch häufig Knüffe und Ohrfeigen.

Jungfer Eli trug gern ein grünes Hütchen mit weißen Federn daran, damit sah man sie häufig im Garten sitzen oder umhergehen. Eines Tages kam eine Klostermagd zum Pfarrer gelaufen. Er solle rasch ins Stift kommen, denn Jungfer Eli läge im Sterben. Der Pfarrer eilte herbei und auf dem Weg durch den Garten sah er Jungfer Eli mit ihrem grünen Hütchen auf einem Apfelbaum sitzen.

Als der Pfarrer jedoch ins Haus ging, führte ihn die ehrwürdige Frau Äbtissin an das Bett der Kranken und Jungfer Eli lag tatsächlich darin. Sie schimpfte und keifte: »Diese dumme Person hat gesagt, ich läge im Sterben!

Das ist nicht wahr, ich will nicht sterben und ich sterbe auch nicht. Das mache ich nicht mit! Geht zum Kuckuck!«

Schließlich musste Jungfer Eli aber doch sterben, ob sie nun wollte oder nicht. Als sie starb, zersprang eine Glocke im Kirchturm des Klosters und bald darauf begann Jungfer Elis Geist durch Küche und Stall, über Treppen und Gänge zu spuken. Mit Saus und Braus fuhr sie wie ein Wirbelwind im ganzen Klostergebäude umher, ja sogar im dazugehörigen Wald sahen die Holzknechte sie von einem Ast zum anderen fliegen.

Bisweilen trug sie, wie sie es auch zu Lebzeiten häufig getan hatte, eine Torte von der Küche zum Zimmer der Äbtissin, zeigte sie den Mägden und bot sie ihnen an mit den Worten: »Torte, Torte!« Wenn nun jene aber diese nicht annahmen, weil sie sich gruselten, begann Jungfer Eli so schrill zu lachen, dass die Kannen klirrten, und warf den Mägden die Torte vor die Füße. Dann lag dort auf einmal ein runder Kuhfladen.

Selbst die Äbtissin blieb von Jungfer Elis Spuk nicht verschont. Als sie einmal zu einer Fahrt nach Warendorf aufbrach, wollte Jungfer Elis Geist zu ihr in den Wagen. Die Äbtissin entging dem nur mit List. Sie ließ einen Handschuh fallen und während Jungfer Eli sich noch danach bückte, jagte der Kutscher schon eilends davon.

Schließlich rief die Äbtissin alle Geistlichen aus der ganzen Gegend zusammen, um den Spukgeist zu bannen. Die Mönche und Priester fanden sich ein, brachten ihr Rüstzeug zum Bannen und Teufelsaustreiben mit und begannen im Chorgestühl der Stiftskirche mit ihren Gebeten und Gesängen.

Da rief eine Stimme: »Kikeriki! Kikeriki!«

Als man bemerkte, dass sich ein Knabe in die Kirche eingeschlichen hatte und lauschte, wurde er hinausgejagt. Draußen stimmte er ein teuflisches Gelächter an. In diesem Knaben steckte der Geist von Jungfer Eli, denn die geistlichen Herren hatten sie selbst vom Banne befreit. Doch half ihr das nichts, denn gleich darauf wurde sie von ihnen mit einem noch stärkeren Bann in die Davert versetzt.

Der Sage nach fährt Jungfer Eli seitdem einmal im Jahr mit Gebrause und Getöse wie eine Wilde Jägerin über die Freckenhorster Abtei, wirft Schornsteine herunter und zertrümmert Fensterscheiben. Und mit jedem großen Kirchenfest kommt sie der Abtei wieder um einen Hahnenschritt näher.

❡ Die Davert ist ein Heide- und Moorgebiet zwischen Münster und Bockum-Hövel, das im 19. Jahrhundert noch zu den gemiedenen und unheimlichen Landschaften gehörte. Die Stimmung dort hat besonders schön Annette von Droste-Hülshoff in der Ballade »Der Knabe im Moor« eingefangen. Hierher wurden verschiedene Geister des Münsterlandes verbannt, zu denen auch die Jungfer Eli aus dem Stift Freckenhorst bei Warendorf zwischen Münster und Gütersloh gehört. ❡

Das Nachtgespenst

Im Dorf Wildeshausen dienten bei einem Bauern zwei Knechte. Sie mussten nachts zusammen in einem Bett schlafen. Der Großknecht schlief vorn und obwohl er ganz gesund war, wurde er immer magerer. Da fragte ihn der andere, warum er denn so dünn geworden sei: »Du bist doch nicht krank und isst genauso viel wie ich.«

Der Großknecht antwortete: »Wenn du ertragen müsstest, was ich ertragen muss, dann würdest du auch abmagern.« Da hörte der andere Knecht nicht auf zu fragen, was er denn ertragen müsse, bis der Großknecht es ihm sagte.

Er erzählte, jeden Abend, wenn sie im Bett lägen, käme eine Walriderske, ein Nachtgespenst, und legte ihm einen Halfter an. Dann würde er sogleich in ein Pferd verwandelt und sie ritte die ganze Nacht auf ihm.

Da sagte der andere: »Wenn es weiter nichts ist, so will ich mich wohl abends an deine Stelle legen, und wenn sie dann kommt, so will ich wohl mit ihr fertig werden.«

Damit war der Großknecht einverstanden. Sie erzählten aber niemandem davon, damit es die Walriderske nicht erführe. Als sie nun am nächsten Abend schlafen gingen, legte sich der Großknecht hinten ins Bett und der andere legte sich vorne hin. Der Großknecht schlief auch gleich ein, so müde war er, weil er die Nacht zuvor geritten worden war. Der andere aber schlief nicht, sondern legte sich nur ganz still hin. Nach einiger Zeit hörte er etwas kommen und sobald die Walriderske bei ihm war, wollte sie ihm rasch den Halfter über den Kopf werfen. Er aber griff schnell zu, bekam den Halfter zu fassen und warf ihn der Walriderske über den Kopf. Sogleich wurde sie in ein Pferd verwandelt. Er setzte sich auf ihren Rücken und jagte im Galopp zu einem Schmied. Dort ließ er das Pferd mit Hufeisen beschlagen. Dann ritt er wieder nach Hause, nahm den Halfter ab und ließ die Walriderske gehen.

Als nun am nächsten Morgen alle im Haus aufstanden, wollte die Frau des Bauern gar nicht aus dem Bett kommen. Und als der Bauer sie schließlich mit Gewalt herauszog, konnte sie nicht gehen, denn sie hatte Hufeisen an den Füßen. Also war die Bauersfrau die Walriderske. Der Bauer konnte gar nicht begreifen, wie das zugegangen war, bis der Knecht ihm schließlich alles erzählte. Dann musste der Knecht den Halfter hergeben und der Bauer legte ihn seiner Frau an. Sie wurde zum Pferd und er zog mit ihr zum Schmied, der ihr die Hufeisen wieder abnahm.

Den Halfter hat der Bauer seiner Frau aber nicht wiedergegeben. Er verwahrte ihn wohl, damit sie ihn nie mehr in die Hände bekam.

❡ Wildeshausen liegt im Kreis Oldenburg. Die Sage gibt einen interessanten Einblick in bäuerliche Lebensverhältnisse und die Hierarchie am Bauernhof, hatte doch der Großknecht den besseren, vorderen Platz in der gemeinsamen Bettstatt. Zu den Nachtgespenstern, die Menschen plagen, vgl. auch »Die Schrettele«, S. 86. ❡

Die Tut-Ursel

Im Braunschweiger Land lebte ein hervorragender Jäger, der war Oberförster und Jägermeister: Herr Hans von Hackelnberg. Das Jagen war für ihn seines Lebens einzige Freude.

Einmal übernachtete er mitten in den Wäldern seines Jagdparadieses auf der alten Harzburg. Dort hatte er einen merkwürdigen Traum. Er träumte, ein gewaltiger Eber griffe ihn mit seinen furchtbaren Hauern an, verwunde ihn und brächte ihn zu Fall. Diesen Traum konnte der Hackelnberg nicht mehr vergessen.

Schon bald darauf stieß er im Vorharz wirklich auf einen Eber, allerdings war der bei weitem nicht so schrecklich wie der geträumte. Auch sonst ging es ganz anders zu als im Traum, denn Hackelnberg erlegte den Eber mit einem geschickten Stoß seines knotigen Spießes so kunstgerecht, wie ein Oberjägermeister ein Wildschwein nur erlegen kann.

Nun lachte Herr Hans von Hackelnberg über seinen dummen Traum. Er gab dem toten Eber einen festen Fußtritt gegen die Schnauze und sagte: »Du sollst es mir noch nicht antun!« Damit meinte er, dieser Eber bringe ihn noch nicht ums Leben, so wie der andere es in seinem Traum getan hatte.

Aber nachdem er das Wildschwein getreten hatte, fühlte er plötzlich einen schneidenden Schmerz am Fuß, und siehe da, infolge des heftigen Trittes hatte der scharfe Hauer des erlegten Ebers das Leder des Stiefels durchschnitten und den Jäger am Fuß verwundet. Hackelnberg schenkte der Wunde keine Beachtung und jagte weiter, aber dadurch machte er es erst richtig schlimm.

Der Fuß schwoll an und als Hackelnberg wieder auf die Burg kam, musste man ihm den Stiefel aufschneiden. Der Verwundete konnte nun auch nicht mehr reiten, sondern musste nach Wolfenbüttel fahren. Das ging damals noch nicht so bequem wie heute, sondern mit harten Stößen in der Kutsche langsam und beschwerlich durch den Okergrund dahin. Der Kranke erreichte Wolfenbüttel nicht mehr. In der Nähe von Hornburg, bei dem Dorf Wulperode, stand ein Krankenhaus, dorthin wurde der Jäger gebracht. Er beklagte gar sehr, dass er nicht mehr jagen könne, und hatte keinen anderen letzten Wunsch, als ewig auf Erden jagen zu können, – dann könne der liebe Herrgott in Gottes Namen seinen Himmel für sich behalten. Er starb an seiner Wunde und wurde in Wulperode begraben. Dort steht auch sein Denkmal und hängt seine Rüstung.

Der letzte Wunsch aber ist ihm erfüllt worden. Er darf nicht nur, er *muss* reiten und jagen bis ans Ende aller Tage. Er ist der Wilde Jäger des Harzwaldes und zieht mit tobendem Spuk zur Nachtzeit oft gar schrecklich umher.

Dabei begleitet ihn ein Nachtgespenst in Gestalt einer riesengroßen Ohreule, oft fliegt sie auch voran. Das ist die Tut-Ursel, so genannt wegen des entsetzlich tutenden Geschreis, das sie ausstößt. Diese Eule war zu früheren Zeiten eine Nonne in einem thüringischen Kloster und hieß Schwester Ursel. Die hatte eine Stimme, dass es rein zum Davonlaufen war, wenn sie sang – sofern die armen Nonnen das nur gekonnt und gedurft hätten. Sie wurde immer nur die Tut-Ursel genannt, weil ihr Gesang sehr viel mehr nach dem Geschrei einer Trompetengans klang als nach der Stimme eines Mädchens. Endlich starb sie und alle Schwestern waren froh, dass sie die Tut-Ursel nicht mehr hören noch sehen mussten – denn sie war auch sonst kein Engel gewesen.

Aber, oh Schreck, gleich nach ihrem Tod schon tutete sie durch ein Loch im Kirchturm in den Chorgesang hinein und in die Messen und in die Nachtgebete. Eine junge Nonne erschrak so, dass sie das Schweigegelübde brach und schrie: »Ach Gott, die Tut-Ursel!« Da schrien alle Nonnen, stürzten aus der Kirche und wollten lieber sterben als wieder hineingehen, solange sich die Ursel dort hören lasse.

Also ließ man von weit her, aus Österreich, einen Kapuzinermönch als Teufelsaustreiber kommen. Der hat die Tut-Ursel in Gestalt einer Ohreule auf die alte Dummburg zwischen Halberstadt und Quedlinburg gebannt.

❡ Die Harzburg liegt am Nordrand des Harzes und ist heute nur noch eine Ruine. Sie ist Schauplatz einer Sage aus dem Themenkreis des Wilden Jägers (vgl. dazu auch »Der fromme Heidut und der Teufel«, S. 402) und verbunden mit einer anderen Sage um eine verwünschte Nonne aus dem Harzvorland. ❡

Die Wehklage

Auf der Lüneburger Heide wandelt in Sturmnächten das Klageweib, ein riesiges, hohläugiges, totenbleiches Gespenst in wehendem Leichengewand, umher und heult mit grauenvollem Wimmern durch die Nächte. Dieses Gespenst streckt seinen langen Knochenarm über jene Häuser, in denen jemandem der baldige Tod bestimmt ist. Und ehe der nächste Vollmond am Himmel steht, ist dort auch tatsächlich eine Leiche im Haus.

Auch in Thüringen und im Harz sowie in den Städten Weimar und Erfurt erzählt man sich von diesem Nachtgeist und nennt ihn dort die »Wehklage«. Die Herkunft dieses Gespenstes liegt ebenso im Dunkeln wie die Zeit seines schaurigen Erscheinens.

❡ Diese und die folgende Sage führen in die Lüneburger Heide. Die erste ist eine typische Erklärungssage, die das Heulen des Sturmes deutet und dementsprechend als Wandersage auch in anderen Landschaften auftaucht.
Hinzelmann gehört zu den prominenten Geistern. Seine Unterkunft hatte er von 1584–88 auf Schloss Hudemühlen beim heutigen Hodenhagen a. d. Aller, an das nur noch der Name erinnert. Er ist der Typ eines beliebten Hausgeistes. ❡

Hinzelmann

Auf dem alten Schloss Hudemühlen, das im Lüneburgischen nicht weit von der Aller liegt, hat sich lange Zeit ein wunderlicher Hausgeist aufgehalten. Zuerst ließ er sich im Jahre 1584 hören und gab sich durch Poltern und Lärmen zu erkennen. Dabei blieb es aber nicht lange, dann begann er zu reden. Erst sprach er mit den Mägden und Knechten, dann auch mit dem Schlossherrn und zu guter Letzt sogar mit Fremden, die im Schloss zu Gast waren.

Anfangs erschraken alle, wenn sie unverhofft eine Stimme bei sich im Zimmer oder in der Küche reden hörten und niemanden sehen konnten. Allmählich gewöhnten sich die Schlossbewohner jedoch an ihn, denn seine Stimme klang lieblich und fein wie die eines Kindes. Der Spukgeist war freundlich, lachte gern, machte Späße und sang. Bald fürchtete sich keiner mehr vor ihm und er wurde gefragt, woher er denn käme, wie er heiße, und warum er gerade nach Hudemühlen gekommen sei.

Darauf antwortete er, dass er aus dem böhmischen Gebirge käme und seine Familie im Böhmerwald lebe. Seine Angehörigen könnten ihn aber nicht leiden und deshalb sei er ausgewandert, bis die Lage in seiner Heimat sich wieder gebessert hätte. Er heiße Hinzelmann, werde auch Lüring genannt und habe eine Frau mit Namen Hille Bingels. Wenn der rechte Zeitpunkt gekommen sei, werde er sich auch sichtbar zeigen, doch noch sei es nicht so weit.

Übrigens sei er ein so guter und ehrlicher Hausgeist, wie man es sich nur vorstellen könne, und bestimmt besser als viele andere.

Der Schlossherr aber fand das alles recht sonderbar und gruselte sich, mit so einem wunderseltsamen Gesellen zusammenzuleben, vor allem, weil jener sich bei ihm offenbar häuslich niederlassen wollte. Um ihn loszuwerden, entschloss er sich sein Schloss eine Zeit lang zu verlassen und nach Hannover zu ziehen.

Er ließ also seinen Reisewagen anspannen und machte sich auf den Weg. Auf der stillen, kahlen und menschenleeren Strecke zwischen Essen und Brockhof sahen Kutscher und Diener in einem fort eine kleine weiße Flaumfeder neben dem Wagen herfliegen und konnten gar nicht verstehen, wie das zuging.

Als nun der Schlossherr eine Nacht in Hannover zugebracht hatte, war am nächsten Morgen seine goldene Halskette fort. Da geriet er in Zorn und beschuldigte die Leute im Hause des Diebstahls. Der Wirt aber nahm seine Bediensteten in Schutz und verlangte einen Beweis oder eine Entschuldigung. Verstimmt und ratlos saß der Schlossherr auf seinem Zimmer, da fragte es neben ihm: »Warum bist du traurig? Wohl wegen der Kette, die dir fehlt?«

»Wie? Du bist hier, Hinzelmann? Mir hierher gefolgt? Und warum? Wo ist die Kette?«

»Hast du nicht die weiße Feder gesehen, die neben deinem Wagen herflog?«, fragte der Geist. »Das war ich, und ich folgte dir zu deinem Besten! Die Kette hast du gestern Abend selbst unter deinem Kopfkissen verborgen.«

Und siehe, so war es. Der Schlossherr war zwar froh, dass die Kette wieder da war, aber dass Hinzelmann da war, darüber freute er sich ganz und gar nicht. Er ärgerte sich, dass er diesem Gespenst offenbar nicht entkommen konnte, und beschloss wieder nach Schloss Hudemühlen zurückzureisen.

Im Schloss machte sich Hinzelmann fortan nützlich, wo er nur konnte, und übernahm fleißig allerhand Arbeiten. Er spülte Geschirr, kehrte, schrubbte und wischte. Er achtete darauf, dass Knechte und Mägde ihre Aufgaben gewissenhaft erfüllten, ermahnte sie fleißig zu sein und teilte nötigenfalls auch einmal Ohrfeigen aus. Auch kümmerte er sich um die Pferde, er wusch, kämmte und striegelte sie, dass ihr Fell glänzte, und sie vermehrten sich wie noch nie.

Im obersten Stockwerk des Schlosses hatte Hinzelmann eine eigene Kammer. Darin stand ein kleiner runder Tisch, ein Sessel, dessen Sitz er selbst aus Stroh von allerlei Farben gar kunstreich geflochten hatte, sowie ein Bett, das aber nie so aussah, als ob ein Mensch darin geschlafen hätte. Nur eine kleine Kuhle, etwa so wie eine Katze sie hinterlässt, fand sich jeden Morgen darin.

Die Köchin stellte ihm jeden Tag eine Schüssel süße Milch mit Brocken von Weißbrot auf das Tischchen, die leckte und schleckte der Hinzelmann so sauber aus wie ein Kätzchen sein Schüsselchen. Bisweilen speiste der Geist aber auch mit an der Tafel, wo ein eigener Teller für ihn gedeckt wurde.

Hinzelmann war in einer heiteren Runde gern fröhlich und sang dann gereimte Verse und Scherzlieder, doch nie eines, das boshaft oder unanständig gewesen wäre. Er spielte anderen gerne Streiche, doch ohne Heimtücke, und hatte seine Freude daran, wenn die Bediensteten miteinander in Streit gerieten. Er stachelte sie dabei mitunter auch noch an, indem er dem einen von hinten eine Ohrfeige gab und den anderen ins Bein zwickte, bis sie sich prügelten. Bei all dem Schabernack achtete er aber stets darauf, dass niemand ernsthaft zu Schaden kam. Wenn Gäste einander in die Haare gerieten und aufeinander losgehen wollten, konnten sie plötzlich die Degen nicht mehr aus den Scheiden ziehen, oder es war plötzlich kein Gewehr mehr zu finden, weil Hinzelmann alles versteckt hatte.

Einmal kam ein Freund des Hauses auf seiner Reise an Hudemühlen vorbei, wollte die Gastfreundschaft des Schlossherrn aber nicht annehmen, weil er nicht mit einem Gespenst zusammen bei Tisch sitzen mochte. Das kränkte Hinzelmann und er rächte sich dafür. Beim Weiterfahren machte er dem Kutscher die Pferde scheu, versetzte sie in Angst und Schrecken und warf den Wagen samt Gepäck und Reisenden zwischen Hudemühlen und Eickelohr in den Sand.

Wen der Geist nicht leiden konnte, den plagte er und strafte ihn für seine Untugenden. Einen allzu hochnäsigen Schreiber foppte und triezte Hinzelmann, wo er nur konnte. Jener hatte eine Liebschaft mit dem Kammermädchen und als er nachts vertraulich mit ihr zusammen war, stöberte Hinzelmann ihn auf, trieb ihn höchst unsanft zur Tür hinaus und verfolgte ihn noch mit einem Besenstiel, bis dem Schreiber alle Lust zur Liebelei vergangen war.

Da der Schlossherr den Hinzelmann immer wieder bedrängte, sich ihm zu zeigen oder sich zumindest einmal anfassen zu lassen, gab Hinzelmann nach langem Bitten endlich nach und sagte: »Sieh her, da ist meine Hand.«

Da fühlte der Schlossherr hin und es war ihm, als fühle er die kalten Finger einer kleinen Kinderhand. Blitzschnell zog der Geist sie zurück. Dann bat der Herr darum, auch sein Gesicht befühlen zu dürfen. Hinzelmann stimmte zu und der Schlossherr ertastete einen kleinen kalten Schädel, der ihm fleischlos vorkam. Doch ehe er ihn deutlicher fühlen konnte, wurde der Schädel ebenfalls schnell zurückgezogen.

Danach gab auch die Köchin keine Ruhe mehr, sie wollte den Hinzelmann unbedingt einmal sehen. Er sagte ihr aber immer, es sei noch nicht an der Zeit und sie würde ihre Neugierde bitterlich bereuen. Sie gab und gab jedoch keine Ruhe, bis Hinzelmann endlich sagte, sie solle am folgenden Tag vor Sonnenaufgang in den Keller kommen, aber in jeder Hand einen Eimer Wasser mit hinunterbringen. Diese Aufforderung kam ihr zwar seltsam vor, aber ihre brennende Neugier war stärker als alle Bedenken. Sie ging in den Keller und brachte die Wassereimer mit.

Erst sah sie gar nichts, aber schließlich fiel ihr Blick auf eine Mulde in der Ecke. Dort lag ein etwa dreijähriges, nacktes totes Kind, dem steckten über Kreuz zwei Messer im Herzen und der ganze kleine Leib war von Blut überströmt. Dieser Anblick entsetzte die Köchin so sehr, dass sie laut aufschrie und dann ohnmächtig niederfiel. Da nahm der Geist die Eimer und goss ihr das Wasser über den Kopf, erst den einen und dann den anderen. Da kam sie wieder zu sich. Die Mulde und das Kind waren nicht mehr zu sehen, sie hörte nur Hinzelmanns Stimme: »Siehst du? Ohne das Wasser wärst du hier im Keller gestorben und nicht wieder zu dir gekommen!«

Hinzelmann zeigte sich Erwachsenen nur ungern und selten, und wenn, dann in schrecklicher Gestalt. Doch gern gesellte er sich als schönes Kind unter Kinder und spielte mit ihnen. Dann hatte er blondes Lockenhaar, das ihm bis über die Schultern fiel, und ein rotes Samtjäckchen an. Wenn ihn aber Erwachsene dabei bemerkten, war er im nächsten Augenblick aus der Runde der Kinder wieder verschwunden.

Nachdem der Geist vier Jahre auf Hudemühlen zugebracht hatte, verabschiedete er sich freiwillig und schenkte dem Schlossherrn zuvor noch drei Andenken. Das erste war ein kleines geflochtenes Kreuz, etwa fingerlang und innen hohl, es gab einen schönen Klang, wenn man es schüttelte; das zweite war ein sehr kunstvoll geflochtener Strohhut und das dritte ein lederner Handschuh mit Perlenstickerei in wunderbaren Figuren. Dazu sagte er, solange diese Dinge sorgfältig verwahrt und beisammenblieben, würde es der Familie des Hauses wohl ergehen. Würden die Gaben aber missachtet und verstreut, brächte es Unglück. Diese Andenken blieben lange im Besitz der beiden Burgfräulein Anna und Katharine, sie wurden von diesen bis zu ihrem Tode sehr in Ehren gehalten und nur selten jemandem gezeigt. Dann gingen sie an den Schlossherrn zurück und wurden später von dessen einziger Tochter verwahrt.

Hinzelmann verließ Hudemühlen im Jahr 1588 und soll sich danach in Estrup, ebenfalls im Lande Lüneburg, aufgehalten haben.

Die gespenstischen Mäher

Zur Zeit der Haferernte im Jahre 1559 gab es in der Nähe der Stadt Kölln an der Spree eine wunderliche und seltsame Erscheinung. Man sah auf dem Feld mit einem Mal fünfzehn Männer, die als Mäher arbeiteten, obwohl niemand sie bestellt hatte. Bald darauf gesellten sich zu diesen fünfzehn noch zwölf andere. Und waren schon die ersten sonderbar anzusehen, so wirkten die nachgekommenen noch schrecklicher. Denn die ersten hatten immerhin noch Köpfe wie andere Menschen auch, doch die letzten hatten keine Häupter und sahen scheußlich und grässlich aus.

Diese siebenundzwanzig Mäher hatten große Sensen in ihren Händen und hieben damit mit aller Kraft in den Hafer hinein. Das rauschte nur so, als ob Garbe für Garbe dahinsänke, aber dennoch fiel kein einziger Halm. Der Hafer blieb nach wie vor stehen und keine Ähre wurde von den Tritten der Mäher geknickt oder gebogen.

Diese wunderbare und grauenhafte Erscheinung erregte großes Aufsehen in der nahen Stadt Berlin und viele hunderte zogen hinaus, um die Mäher zu sehen. Darunter waren etliche, die wollten ihren Mut beweisen, gingen furchtlos auf die Mäher zu und fragten sie, woher sie kämen, wer sie seien, wer sie zu solcher Arbeit aufgerufen hätte. Doch auf keine dieser Fragen haben die Männer geantwortet, sondern nur immerfort mähend die Sensen in den Hafer gehauen. Als nun die Beherztesten näher gingen und nach den Mähern greifen wollten, glitten jene vor ihnen her wie Schatten, sie waren nicht zu fassen und setzten ihre fruchtlose Arbeit scheinbaren Hafermähens ununterbrochen fort. Diese Erscheinung hat einige Tage angedauert, danach sind die Mäher nicht mehr gesehen worden.

Da man nun allgemein der Ansicht war, dass dieser Spuk auf keinen Fall etwas Gutes heißen könne, ließ Kurfürst Joachim der Zweite die gelehrtesten Prediger der Mark Brandenburg zusammenkommen. Sie sollten sich eine Meinung bilden und ein Urteil fällen, was diese unerklärliche Erscheinung zu bedeuten habe. Lange berieten die Prediger und suchten und fanden in der Bibel mancherlei Stellen, die sich auf jene Erscheinung anwenden ließen. Manche davon passten gut, andere aber wie die Faust aufs Auge. Schließlich einigten sich die Gelehrten und prophezeiten eine große Pestilenz, eine furchtbare ansteckende Krankheit, durch die der Tod als Sensenmann seine Garben, die Menschen, niederschlagen werde.

Es war aber nichts mit der Prophezeiung, denn es ist keine Pestilenz gekommen.

❡ Aus der Vereinigung der beiden Städte Kölln und Berlin ging 1709 die Stadt Berlin hervor. ❡

Die verwünschte Prinzessin von den Müggelbergen

In der Mark Brandenburg erzählt man sich von einem Stein auf den Müggelbergen, unter dem der Sage nach ein Schatz verborgen liegt. Dort ließ sich zuweilen auch eine verwünschte Prinzessin sehen, die, um erlöst zu werden, darum bat, um die Kirche von Köpenick herumgetragen zu werden. Dies ist aber niemandem gelungen.

In Köpenick nennt man den Stein deswegen den »Prinzessinnenstein« und behauptet, selbiger liege noch immer auf einem der Vorberge in der Nähe des Teufelssees. Dieser See befindet sich dicht am Fuß der Berge und ist ringsum von dunklen Fichten und Moorgrund umgeben. Sein Wasser ist von dunkler, fast schwarzer Farbe, und obwohl er nur klein ist, hat man sich doch bis jetzt vergeblich bemüht herauszufinden, wie tief er ist.

Ferner erzählt man von oben erwähntem Stein, er liege dort, wo einst ein prächtiges Schloss gestanden habe. Darin habe eine schöne Prinzessin gewohnt, die nun aber verwünscht und mit dem ganzen Schloss in den Berg versunken sei.

Sie kommt jedoch noch zuweilen zum Vorschein. Unter dem Stein führt nämlich ein Loch tief in den Berg hinein, daraus sieht man sie abends in Gestalt eines alten Mütterchens, gebückt und am Stock gehend, herauskommen.

Andere haben sie auch, meist um die Mittagszeit, als schöne Frau am Ufer des Teufelssees sitzen sehen, wo sie ihr Spiegelbild im Wasser betrachtete und ihre langen Haare kämmte. So sah sie einst ein kleines Mädchen aus Köpenick. Es hatte in der Nähe mit seiner Mutter Beeren gesucht, sich aber von jener zu weit entfernt. Es konnte sie nicht wiederfinden und irrte weinend im Wald umher. Da hat die Prinzessin das Kind mit sich hinuntergenommen in ihr Schloss, hat es reich beschenkt und nach kurzer Zeit wieder heraufgebracht.

Sieht man sie am Abend aus dem Berg hervorkommen, so hält sie ein Kästchen voller Gold in der Hand, das soll derjenige bekommen, welcher sie dreimal um die Kirche von Köpenick trägt, ohne sich dabei umzusehen. Auf diese Weise könnte sie erlöst werden. Einer wollte sich einmal das Gold verdienen und hat das Wagnis unternommen. Also nahm er sie auf den Rücken und ging mit ihr in Richtung Köpenick. Anfangs war sie federleicht, doch je näher er der Stadt kam, desto schwerer wurde sie. Er hielt tapfer aus, erreichte schließlich die Kirche und begann seinen Rundgang.

Aber da erschienen ihm plötzlich Schlangen und Kröten und allerhand scheußliche Tiere mit feurigen Augen. Zwerge stürzten wild hinter ihm her und bewarfen ihn mit Holzscheiten und Steinen. Er ließ sich jedoch durch all das nicht beirren und ging beherzt weiter. So war er schon beim dritten Rundgang angelangt und hatte seine Aufgabe fast vollendet, als er auf einmal einen fürchterlichen roten Schein erblickte, so als ob ganz Köpenick in Flammen stünde. Da vergaß er das Verbot und schaute sich um. Im selben Augenblick war alles verschwunden und ein heftiger Schlag raubte ihm das Leben.

Im Fischerviertel bei Köpenick wohnte vor vielen Jahren ein Fischer namens Buke. Er fischte in der Müggel und wenn er am hellen Mittag seine Netze auswarf, sah er oft von den Müggelbergen eine weiße Gestalt auf einem Wagen herunterfahren. Davor waren vier Pferde gespannt, doch sie hatten alle keine Köpfe. Nachdem er diese Erscheinung schon mehrmals gehabt hatte und sie eines Tages abermals sah, da war es ihm, als höre er eine Stimme. Die rief ihm zu, er solle nachts um zwölf Uhr in Köpenick auf den Kirchhof kommen und warten, bis die Prinzessin erscheine. Wenn er diese dreimal um die Kirche herumgetragen hätte, ohne sich umzuschauen, wäre sie erlöst und er bekäme den großen Schatz, der unter dem Stein liege. Also ist er tatsächlich nachts hingegangen und hat die Prinzessin auf den Rücken genommen. Doch kaum hatte er seinen Rundgang begonnen, sah er einen großen, schwer beladenen Heuwagen heranfahren, der von vier kleinen Mäusen gezogen wurde. Das fand er so gruselig, dass er dem vorbeifahrenden Wagen ohne es zu wollen mit den Augen folgte und sich schließlich ganz umdrehte. Aber im selben Augenblick bekam er ein paar heftige Ohrfeigen und die Prinzessin war mitsamt dem Wagen verschwunden.

❡ Die Müggelberge oder Berliner Alpen, wie sie scherzhaft genannt werden, liegen im Südosten von Berlin zwischen dem Großen Müggelsee und dem Langen See. Die gewaltigen Steinbrocken und Findlinge aus der Eiszeit, an denen die Gegend reich ist, haben dazu geführt, dass Sagen verschiedentlich von Riesen berichten (vgl. Kapitel »Riesen, Drachen, Ungeheuer«). Die verwünschte Prinzessin begegnet uns auch als »Schwarze Dame von den Müggelbergen«. ❡

Die Geschichte vom Pück

Vor vielen Jahren machten zwei Mönche des Franziskanerklosters zu Schwerin im Auftrag ihres Ordens eine Reise nach Lübeck. Auf dem Rückweg verirrten sie sich und kamen auf den Hof Klein-Brütz zum Edelmann von Halberstadt. In einer Kammer seines Hofes hatte man seit längerer Zeit ein Gespenst bemerkt, das die Leute im Haus Tag und Nacht nicht in Ruhe ließ.

Der Edelmann dachte, die beiden frommen Männer könnten einmal in jener Kammer schlafen, vielleicht würde das Gespenst durch ihre Frömmigkeit vertrieben. Die Mönche wurden also freundlich aufgenommen und bewirtet und zur Schlafenszeit in das gefürchtete Zimmer geführt. Sie beteten und legten sich zur Ruhe. Mitten in der Nacht kam der unartige Geist und fing an, die ehrwürdigen Männer zu ärgern und zu belästigen. Er rückte ihr Schlaflager herum, sodass sie mal auf dem Bett, mal darunter und dann mit den Köpfen am Fußende lagen.

Dem älteren der Mönche, einem Pater, wurde es schließlich zu bunt und er drohte dem Geist: »Lass uns in Frieden, du Bösewicht, uns kannst du nichts anhaben! Versuch's, bei wem du willst, über uns hast du keine Macht.« Der Geist war ein Weilchen still, dann ging das Gepolter von vorne an, doch er tat den Mönchen nichts zu Leide. Der Pater sprach: »Mein guter Bruder, gib doch Frieden und mach uns nicht das Leben schwer. Was hast du denn davon, wenn wir die ganze Nacht ohne Schlaf zubringen und dadurch für den morgigen Tag keine Kraft mehr haben?«

Da fing das Gespenst, Pück genannt, zum ersten Mal an zu reden und sprach: »Wenn du mich als deinen Diener anstellst, so will ich alles tun, was du befiehlst.«

»Gut, meinetwegen«, entgegnete der Mönch, »doch was soll dein Lohn sein, wenn du mir dienen willst?«

Er sagte dies nur, um den unangenehmen Gesellen loszuwerden, doch der Geist freute sich, dass er einen neuen Herrn hatte, und sprach: »Zum Lohn für meine treuen Dienste sollst du mir eine kunterbunte Jacke mit Glocken daran nähen lassen und sie für mich aufbewahren.«

Das versprach der Pater und nun richtete der Geist den Mönchen selbst das Bett her, damit sie umso ruhiger und in Frieden schlafen konnten. Dann gab er Ruhe bis zum Morgen.

Beim Frühstück fragte der Herr von Halberstadt die Mönche, ob sie eine ruhige Nacht gehabt hätten. Sie erzählten ihm, wie es ihnen ergangen war, und das gefiel dem Herrn sehr gut. »Ich wäre den lästigen Geist sehr gerne los«, sprach er, »und wenn Ihr den Taugenichts mitnehmen wolltet, so tätet Ihr mir einen großen Gefallen damit.«

»Er soll Euch nicht länger belästigen, guter Herr«, erwiderte der Mönch,

»ich nehme ihn als Klosterdiener mit und wenn es nötig wird, werde ich schon einen Weg finden, ihn wieder loszuwerden.«

Der Edelmann dankte den Mönchen und als sie aus dem Tor in Richtung Schwerin fuhren, saß der Geist in Gestalt eines Affen auf dem Torflügel und rief: »Herr, nun will ich mit Euch reisen.«

Der Pater aber sprach: »Wandere zum Kloster und lass uns eine Mahlzeit zubereiten.«

Sogleich erhob sich der Geist und war wie der Wind im Kloster, wo er zum Koch sagte: »Mach geschwind etwas Gutes zu essen, gegen Mittag werden Gäste kommen.«

Der Koch hörte die Stimme, sah aber niemanden und fragte: »Was sagst du und wo bist du?«

Darauf sprach der Geist wieder: »Richte das Essen her, gleich werden Gäste da sein!«

Wenig später kamen die beiden Mönche im Kloster an und der Geist lief seinem Herrn erneut in Gestalt eines Affen entgegen und begrüßte ihn herzlich. Nach dem Mittagessen trat er wieder zu dem Pater und sprach: »Herr, Ihr habt mir eine Jacke versprochen. Lasst sie mir unverzüglich machen, sonst werdet Ihr keinen Frieden mit mir haben. Wenn die Jacke fertig ist, verwahrt sie mir, bis ich Euch darum bitte. Ich will alle Arbeit verrichten, die Ihr mir auftragt. Was soll ich denn tun?«

Der Pater antwortete: »Um Mitternacht kannst du die Klosterbrüder zur Mette wecken. Spring aber nicht zu grob mit ihnen um!«

Der Geist sprach: »Diese Aufgabe gefällt mir, ich werde sie gewissenhaft erledigen. Ich schlafe ohnehin nicht mehr. Und was soll ich sonst noch tun?«

»Du sollst in der Küche den Abwasch machen«, erwiderte der Mönch, »die Küchengeräte und die Schüsseln abspülen, die Töpfe säubern und was sonst noch dazugehört. Du sollst auch allen meinen Brüdern dienen und niemandem Schaden zufügen.« Das alles versprach der Pück zu tun.

Einmal musste der Pater nach einem Brand im Kloster einen benachbarten Edelmann zum Wiederaufbau um einige Baumstämme bitten. Der Edelmann hatte schon beinahe eingewilligt, als der Pater sagte: »Ich habe einen Knecht, der kann morgen kommen und das Holz fällen.«

Der Edelmann aber meinte, die Arbeit eines Knechts würde da wohl nicht ausreichen, die Klosterbrüder sollten besser mehrere Leute schicken.

»Nein, Herr«, antwortete der Pater, »uns genügt die Menge Holz, die unser Knecht an einem Tage hauen kann. Wollt Ihr uns das erlauben?«

Da sagte der Edelmann lachend zu. Aber wie entsetzt war er, als er am anderen Morgen so viele Stämme gefällt sah, dass man drei ganze Klöster damit hätte bauen können. Verärgert sprach er zum Pater: »Was soll denn das? Warum habt ihr eigenmächtig so viel Holz fällen lassen?«

Der Mönch antwortete: »Guter Herr, habt Ihr mir nicht selbst bewilligt, dass wir so viele Bäume haben könnten, wie mein Knecht an einem Tage fällen kann?«

Der Edelmann entgegnete: »So geht es aber nicht, einen Teil des Holzes könnt ihr mitnehmen, der Rest muss hier bei mir bleiben.«

Da bat der Klosterbruder: »Herr, wenn Ihr einverstanden seid, bitte ich Euch, mir nur so viel Holz zu geben, wie mein Knecht auf einmal forttragen kann.«

Das bewilligte der Edelmann, aber sogleich war der Pück zur Hand, erhob sich mit allem geschlagenen Holz in die Luft und trug es davon – und der Edelmann hatte das Nachsehen.

Der Pück diente dem Kloster dreißig Jahre lang. Dann forderte er seine bunte Jacke von dem Mönch. Er sagte nicht warum und weshalb, sondern erhob sich in die Luft und verschwand. In diesem Augenblick fingen weit und breit ganz von selbst alle Glocken an zu läuten.

❡ In der Sage ist von der Mette um Mitternacht die Rede. Das ist ungenau, denn diese erste tägliche Gebetszeit im Kloster begann zwischen zwei und drei Uhr am Morgen. Kein Wunder, dass die Mönche oft nur schwer aus dem Schlaf geholt werden konnten, der Geist in diesem Fall also eine verantwortungsvolle und schwierige Aufgabe zu erfüllen hatte. ❡

Das Trompeterschlösschen

Am Dippoldiswalder Platz in Dresden liegt der Gasthof »Zum Trompeterschlösschen«. Dort ist in der abgeschnittenen Ecke im zweiten Stockwerk ein vergoldeter Trompeter zu Pferde zu sehen. Dessen Geschichte ist folgende:

Vor langer Zeit war dieses Haus einmal ein Jagdschlösschen der Grafen Drohna gewesen. Dann hatte es ein Dresdener Schankwirt zu seinem bereits bestehenden Gasthaus dazugekauft, um mehr Gästezimmer zu haben. Er hat es auch recht billig bekommen, erfuhr den Grund für den niedrigen Preis aber erst nachher: In dem Haus sollte es spuken. Das beeindruckte den neuen Besitzer jedoch wenig, er hielt seinen Einzugsschmaus und belegte das Haus mit Gästen.

Lange Zeit hörte und sah man nichts von einem Spuk. Dann bat eines Tages ein Ritter mit seinem Knappen um Herberge, doch beide Häuser waren schon überfüllt. Schließlich wies der Wirt dem Ritter einen alten Saal an, der voller Gerümpel stand und zugleich als Vorratsraum für Getreide benutzt wurde. Der Ritter warf sich auf das Lager, das der Wirt ihm hergerichtet hatte, und schlief erschöpft ein. Mitten in der Nacht wurde er von einem dumpfen Poltern geweckt und sah plötzlich ein Gerippe in einem Leichentuch vor sich, das fragte ihn, ob er nicht vielleicht zum Tanz aufspielen könne. Der Ritter griff zornig nach seinem Schwert, doch da berührte ihn die Erscheinung mit eiskalter, schwerer Totenhand und lähmte ihm die Glieder. Das Gespenst stellte dieselbe Frage noch ein zweites und ein drittes Mal. Endlich ließ sich der Ritter zu einer verneinenden Antwort herab und der Geist ging traurig fort. Der Lärm und das Poltern hörten allmählich auf, aber der Ritter hielt es nicht länger in dem Saal aus. Er eilte die Treppe hinab, rief den Wirt und die schlafenden Gäste wach und erzählte von seinem Abenteuer.

Da ging es dem Wirt aber schlecht, denn am nächsten Morgen, sobald es hell wurde, reisten alle Gäste ab. Niemand wollte mehr in dem verwünschten Haus schlafen, der Wirt musste froh sein, dass wenigstens sein altes Gasthaus noch ganz gut besucht wurde. Er versuchte das andere Haus zu verkaufen, aber die Geschichte hatte sich überall herumgesprochen und es fand sich weder ein Käufer noch ein Pächter.

Endlich nahte Hilfe. Eines Abends kam ein Trompeter angeritten und verlangte Herberge, es war jedoch alles besetzt. Der Wirt deutete spöttisch auf das Spukhaus und sagte, dort könne er noch unterkommen und hätte das ganze Haus für sich allein. Nur mit den Geistern müsse er sich abfinden. Kaltblütig antwortete der Trompeter, wenn es weiter nichts wäre, das würde er sich schon zutrauen. Der Wirt solle ihm nur ein Fässchen seines besten Bieres sowie ein Licht mitgeben und ihm ein Schlaflager herrichten. Der Wirt tat dies, führte den unerschrockenen Gast in das Spukhaus und schloss die Tür hinter ihm zu, damit er nicht mitten in der Nacht angelaufen käme und die anderen Gäste aufschreckte.

Der Trompeter ließ sich das Bier schmecken und versuchte dann zu schlafen, der Schlaf wollte allerdings nicht kommen. Er warf sich von einer Seite auf die andere, nichts half. Da stand er schließlich auf, nahm seine Trompete und blies sich selbst zur Beruhigung ein paar fröhliche Lieder. So wurde es Mitternacht und mit dem Glockenschlag begann ein Poltern, als liefen hundert Menschen durch das Haus. Die Tür sprang auf und im Saal erschienen zwölf Paare von Totengerippen. Sie hatten Leintücher um die bloßen Knochen geschlungen und bewegten sich im Takt auf und ab. Der Trompeter wusste sich vor lauter Angst nicht anders zu helfen, er nahm seine Trompete und blies wiederum ein lustiges Stück. Das schien den Geistern zu gefallen, sie nickten ihm zu und drehten sich zur Musik und je schneller er blies, umso rasender wurde der Wirbel der tanzenden Paare. Der Trompeter wurde müde und wollte aufhören, aber die sonderbare Versammlung machte ihm so drohende Zeichen, dass er aus Angst gleich wieder zur Trompete griff und blies, bis ihm beinahe die Luft ausging.

Schließlich hörten die Gespenster von selbst auf zu tanzen, einer der Knochenmänner trat auf ihn zu und sprach: »Hab Dank, Fremder, du hast uns zur ewigen Ruhe geblasen, fortan wird dieses Haus vor uns Gespenstern sicher sein.« Mit diesen Worten schlug es ein Uhr und alle Gerippe zerfielen zu Staub. Der Trompeter wurde ohnmächtig und erst das Sonnenlicht des hellen Morgens weckte ihn wieder.

Die Schrecken der vergangenen Nacht standen ihm noch lebhaft vor Augen, er riss die Fenster auf und sandte ein aus voller Brust geschmettertes Danklied zum Himmel hinauf. Das trompetete Loblied Gottes weckte den

Wirt und die Gäste des alten Hauses. Sie kamen verwundert angerannt, ließen sich das Geschehene berichten und das Häuflein Asche zeigen, das von den tanzenden Paaren übrig geblieben war. Der Wirt war überglücklich und bot dem Trompeter vor Zeugen an, er dürfe zum Dank für die Geistervertreibung sein Leben lang bei ihm wohnen und auf seine Kosten essen und trinken. Der Trompeter nahm dieses Angebot jedoch nicht an und sagte, er sei mit dem Fässchen Bier als Lohn zufrieden, das habe er sich allerdings auch schwer genug verdient. Der Wirt gab aber keine Ruhe, bis er dem tapferen Mann einen Beutel voller Geld aufgedrängt hatte, damit er in seiner Heimat ein sorgenfreies Leben führen könne.

Zum Andenken an diese Begebenheit ließ der Wirt ein Denkmal des Trompeters in Stein hauen und an seinem Haus anbringen.

Rungele

Im September des Jahres 1654 trug sich in Schleiz eine wunderliche Geschichte zu. In einem Haus am Marktplatz, das einem Schuster namens Hans Frank gehörte, soll der Sage nach ein Gespenst in die Stube gehext worden sein. Ein ganzes Vierteljahr lang trieb es jeden Abend von sechs bis neun Uhr sein Unwesen und bewarf die Kinder und die Bediensteten mit allerhand Sachen.

Wenn die Magd nach dem Abendessen die Stube auswischte, zog es ihr den Putzlappen vom Schrubber und warf ihr dann den nassen Lumpen ins Gesicht. Als diese Geschichte bekannt wurde, kamen jeden Abend Nachbarn und andere Leute in das Haus, um zuzusehen. Doch auch diese wurden beworfen, sodass mancher nicht wiederkam.

Bei Tage versteckte das Gespenst Messer und Löffel und wenn die Leute zu Mittag essen wollten, fanden sie kein Besteck. Des Schusters Tochter nannte das Gespenst Rungele und rief: »Rungele, bring mir doch mein Messer und meinen Löffel wieder!« Da wurden die Messer auf den Tisch geworfen, dass sie in die Höhe sprangen.

Als der Schuster ein Schwein schlachten ließ und die Würste in die Stube gebracht wurden, nahm Rungele die Weißwürste und legte sie dem Schlachter wie einen Kragen um den Hals. Während des Essens warf das Gespenst eine Hand voll Zwiebeln in die Suppe, sodass diese rundum aus der Schüssel spritzte. Dem Schuster zog es das Geld aus der Tasche und warf es den Kindern in die Milchsuppe. Da fischten die Kleinen das Geld mit Löffeln aus der Suppe wie manche Klugschwätzer die Weisheit.

Einmal waren die Kinder allein zu Hause und als sie in der Abenddämmerung miteinander in der Stube spielten, erschien plötzlich das Rungele in Gestalt eines kleinen Kindes. Es trug ein halb offenes weißes Hemd und seine Brust war blutig. Als das Mädchen die Erscheinung sah, fing es an zu schreien, und die Kinder liefen ängstlich hierhin und dorthin und suchten ihre Nachbarn und Eltern. Schließlich kamen diese und mit ihnen noch andere Leute.

Weil das Mädchen das Rungele jederzeit hatte rufen können, schickten sie es nun allein in die Stube. Es sollte nachsehen, ob das Kind noch drinnen sei. Das Mädchen fand es hinter dem Ofen stehend und fragte es: »Was willst du, Kind?«

Da antwortete die Erscheinung: »Du kannst mir ja doch nicht helfen!«

Auf Anweisung einer Frau, die draußen vor der Tür stand, musste das Mädchen dem Kind noch mancherlei Fragen stellen und bekam auf jede eine Antwort. Schließlich musste es sagen: »Geh nun zur Ruhe, Kindlein, und komm nicht wieder!«

Da wich das Rungele zwar aus der Stube, hielt sich aber noch längere Zeit im Haus auf. Wenn die Kinder zu Bett gegangen waren, wurden sie von ihm geknufft, an den Haaren und an der Nase gezogen, ja zuweilen versetzte Rungele ihnen sogar Ohrfeigen. Das Gespenst ging auch ins Schlafzimmer der Eltern und schaukelte dort den Säugling so wild, dass er beinahe aus der Wiege fiel. Es zog die Schlüssel von den Schlössern ab. Es nahm die Bratwürste, legte sie auf einen Rost, briet sie im Ofen und aß sie auch auf, wobei es die Häute im Ofenloch liegen ließ. Wollte der Schuhmacher zum Markt gehen, nahm es ihm die Schuhe von der Stange und schleppte oft auch ganze Lederhäute weg.

Später wanderte das böse Gespenst in den Kuhstall. Dort nahm es immer wieder die Leiter weg, die zum Heuboden hinaufführte, und legte sie vor die

Stalltür. Dann band es die Kühe los und jagte sie im Stall herum, bis ihnen der Schaum vor dem Maul stand.

Nachdem es dabei aber ein paar Mal gestört worden war, ist es endlich ganz und gar gewichen.

Schleiz ist heute eine Kreisstadt im Südosten Thüringens.

Der Klapperer

Auf dem Friedhof von Thierbach lag in einer Mauernische ein Gerippe, dessen Knochen noch miteinander verbunden waren. Die Dorfjugend fürchtete sich zwar davor, trieb aber auch Schabernack mit ihm. Weil die ausgeblichenen Knochen klappernd aneinander schlugen, wenn der Wind stark wehte, nannte man das Gerippe den Klapperer.

Dieses Gerippe stammte von einem reichen Bauernsohn, man sagt, dem Sohn des Bürgermeisters. Der hatte ein armes Mädchen aus dem Dorf geliebt und ihm geschworen: »Wenn ich dir jemals untreu werde und dich nicht zur Frau nehme, soll mein Leib niemals im Grabe ruhen.« Aber er durfte dieses Mädchen nicht heiraten und wollte es später auch nicht mehr, sondern nahm sich eine reiche Frau.

Die Arme fand aber einen anderen Mann, der sie zu seiner ehrbaren Ehefrau machte. Jener Treulose wurde jedoch nicht glücklich mit der reichen Frau, sondern sehr unglücklich. Deshalb fing er an zu trinken und als er wieder einmal völlig betrunken war, stürzte er so verhängnisvoll, dass er daran starb. Er wurde begraben, aber der Sarg, in dem sein Leichnam lag, fand keine Ruhe in der kühlen Erde, sondern hob sich empor und schaute immer ein klein wenig aus dem Grab heraus. Man schüttete frische Erde darauf, es half aber nichts, der Sarg rückte immer höher. Da nahm man ihn schließlich ganz heraus und stellte ihn in ein offenes Gewölbe. Von Wind und Wetter verrottete allmählich das Holz des Sarges und schließlich lag das Gerippe frei und war für alle zu sehen. Währenddessen waren Jahre vergangen und viele wussten schon gar nicht mehr, wer früher einmal in diesem Körper auf Erden gewandelt war. Man war aber der Überzeugung, dass sein Geist immer noch umherwandere, rastlos und ruhelos.

Da wurde in Thierbach eine Hochzeit gefeiert, zu der viele Menschen, Jung und Alt, eingeladen waren. Die jungen Leute spielten ein Pfänderspiel*. Es war schon Mitternacht. »Was soll das Pfand in meiner Hand?«, fragte jemand.

»Es soll den Klapperer vom Friedhof hierher tragen!«, ertönte die Antwort. Alle lachten. Aber derjenige, dem das Pfand gehört hatte, liebte das freche Mädchen, das diesen frevelhaften Wunsch ausgesprochen hatte, und er ging tatsächlich zum Friedhof, lud sich den Klapperer auf den Rücken und kam bald darauf mit seiner Last in der fröhlichen Runde angepoltert. Alle schrien auf vor Schreck und Entsetzen, der Bursche aber war stolz auf diese Mutprobe.

Da trat mitten in den Aufruhr ein alter Mann und ermahnte die jungen Leute mit ernsten Worten: »Gebt dem Klapperer alle die Hand und bittet ihn um Verzeihung, dass ihr ihn gestört habt, sonst wird Unglück über euch kommen!«

Zögernd und ängstlich taten die Versammelten, was der Alte von ihnen verlangte. Nur ein altes Mütterlein stand abseits und hatte Tränen in den Augen.

»Auch du, auch du musst um Verzeihung bitten!«, rief der Alte ihr zu.

Da kam sie zitternd herbei, ergriff die Knochenhand und flüsterte: »Verzeih mir, ich verzeihe dir auch!« Die alte Frau war das verlassene Mädchen von einst.

Und da lösten sich leise die Knochenbänder und das Gerippe sank auseinander. Man sammelte die Knochen ein und begrub sie und der Klapperer hatte nun endlich Ruhe.

Von Schleiz, dem Schauplatz der vorangegangenen Sage, sind es nur wenige Kilometer ostwärts in Richtung Plauen nach Thierbach, einer kleinen Gemeinde bei Pausa.

* Pfänderspiel: Ein Spiel, bei dem man ein Pfand abgeben muss, wenn man einen Fehler macht oder auf eine Frage nicht antworten kann. Das Pfand bekommt man nur zurück, wenn man eine lustige Forderung erfüllt.

Der Gast des Toten

Ein Totengräber musste eines Abends um neun Uhr noch ein Grab graben, weil der Tote gleich am nächsten Morgen beigesetzt werden sollte. Nachdem er eine Weile gegraben hatte, stieß er auf einen Sarg. Da dieser ihm im Weg war, holte er ihn heraus und stellte ihn beiseite. Dann machte er das Grab noch ein Stück tiefer, damit der neue Sarg auf dem alten Platz hätte. Der gefundene Sarg sah aber noch aus wie neu und weil er wissen wollte, wer wohl darin läge, schraubte der Totengräber ihn auf. Der Kopf des Toten darin ruhte auf einem schönen Kissen von rotem Samt. Da sprach der Totengräber: »Du scheinst mir ein vornehmer Herr gewesen zu sein, bei dir wäre ich gerne einmal zu Gast gewesen.«

Darauf antwortete der Tote: »Diese Ehre kannst du haben.«

Der Totengräber aber sagte: »Komm du erst zu mir nach Hause.«

»So soll es sein!«, sprach der Tote.

»Nun, so komm morgen Abend an die große Kirchenpforte, da werde ich dich in Empfang nehmen.«

Am nächsten Tag sagte der Totengräber zu seiner Frau: »Ich bringe heute Abend einen Gast mit.«

»Was denn für einen Gast?«, fragte die Frau.

»Nun, du wirst ihn schon sehen«, erwiderte der Mann. Als die Glocke neun Uhr schlug, wartete er bei der Kirchenpforte, holte seinen Gast, brachte ihn in sein Haus und aß und trank mit ihm wie mit jedem anderen. Als der Gast sich satt gegessen hatte, holte der Totengräber Pfeife und Tabak und jener rauchte auch eine Pfeife mit ihm. Nachdem sie eine Stunde lang zusammengesessen hatten, sagte der Gast: »Nun begleite mich bis zur großen Kirchenpforte und sei morgen Abend bei mir zu Gast.«

Am folgenden Tag zur selben Stunde und an derselben Stelle empfing der Gast den Totengräber und ging mit ihm durch eine Gruft unter die Erde. Da war eine sehr schöne Stube und dahinter lag noch ein Raum, aus dem erklang wunderschöne Musik. Dort ließ der unterirdische Gastgeber den Totengräber aber nicht hineingehen. Es war jedoch auch im Vorzimmer sehr schön und der Totengräber sagte: »Ach, hier ist es ja herrlich, da würde ich gerne hundert Jahre lang bleiben.«

Und dann kamen Leute und gingen schweigend durch das Vorzimmer in jene Stube hinein, aus der die herrliche Musik erklang. Des Totengräbers eigener Vater war auch dabei. »Ja Vater, wo willst du denn hin?«, rief er ihm zu, aber jener antwortete ihm nicht. Es dauerte nicht lange, so kam des Totengräbers Frau und er rief: »Ja Liebste, wo willst du denn hin?« Aber sie antwortete ihm nicht und ging auch dort hinein zu der wunderschönen Musik. Dann kam seine älteste Tochter, wieder rief er, erhielt aber keine Antwort und sie ging schweigend hinein. Es kamen Verwandte, Nachbarn, Bekannte jeden Alters, selbst Kinder, doch wen er auch anrief, keiner antwortete ihm. Schließlich kam auch seine jüngste Tochter, sein Liebling, und er rief: »Mein Mädchen, wo willst du denn hin?« Aber auch sie sah ihn nicht an und antwortete ihm nicht. Still schritt sie vorbei und ging hinein.

Nun wurde der Totengräber aber zornig und rief: »He, was ist denn das hier für ein Donnerloch? Warum laufen alle von zu Hause weg und zu der schönen Musik hin?«

Er hatte gute Lust, auch hineinzugehen. Doch da kam sein Gastgeber wieder und meinte, die Stunde sei nun um, die er ihm habe schenken wollen. Er brachte den Totengräber wieder bis zur großen Kirchentür und verabschiedete sich von ihm. Der Totengräber ging nach Hause und klopfte an die Tür. Die Uhr schlug gerade zehn. Da rief von drinnen eine fremde Stimme: »Wer ist draußen?«

»Frag nicht lang, ich bin es! Wo sind meine Frau und meine Töchter?«

»Was für eine Frau? Was für Töchter?«, fragte es drinnen.

»Meine, zum Kuckuck, ich bin doch der Totengräber!«

»Nein!«, rief es von drinnen. »Der bin ich, du bist wohl nicht ganz bei Verstand? Na warte, dir werd ich gleich Beine machen! «

Der Totengräber verstand das alles nicht und rief: »Lieber Himmel, dann lass mich wenigstens hier übernachten, morgen früh werden wir schon sehen, wer von uns beiden der echte Totengräber ist.« Und er bat so lange, bis jener ihn einließ. Drinnen blieb er die ganze Nacht über auf einem Stuhl sitzen und am anderen Morgen fragte er, wie denn der Pfarrer heiße. Der andere nannte einen Namen.

»Hm«, sagte der Totengräber, »der Name kommt mir nicht bekannt vor. Geh doch mit mir ins Pfarrhaus.«

Also gingen die beiden hin und der Pfarrer fragte den alten Totengräber nach seinem Namen und schlug im Kirchenbuch nach. Darin war sein Name auch verzeichnet und daneben stand geschrieben: »Dieser Totengräber ist aus der Gemeinde verschwunden und keiner weiß, wo er geblieben ist.« Diese Aufzeichnungen waren vor hundert Jahren gemacht worden.

Da fragte ihn der Pfarrer, ob er nicht das Abendmahl empfangen wolle, und jener antwortete: »Ja.«

Also wurde der Küster geholt, damit er die Kirche aufschloss, und der Priester reichte dem Totengräber das heilige Abendmahl. Der Alte empfing es mit gläubiger Seele, und nachdem er den Wein getrunken hatte, sank er leise in sich zusammen und war tot.

Die Kielkröpfe

Es gab Kinder von dämonischer Art und Herkunft, die wurden »Wechselbalg« oder »Kielkropf« genannt, beides ist so ziemlich dasselbe. Kielkröpfe sind ausgetauschte Kinder, aus denen nichts Rechtes wird. Sie sehen hässlich aus, quengeln und weinen ständig und haben in Wahrheit meist Unterirdische wie Zwerge, Kobolde oder Trolle als Eltern, wenn nicht gar der Teufel selbst der Vater war.

Indem man einen Kielkropf quält und ihn misshandelt, kann man seine wahre Mutter meistens dazu zwingen, ihn wieder zurückzunehmen und dafür der menschlichen Mutter das eigene Kind wiederzugeben.

Einmal hat sich eine Frau mit solch einem Kielkropf jahrelang abgeplagt. Wahrscheinlich hatte sie vergessen zum Schutz ihres Kindes während der Wochen zwischen Geburt und Taufe immer ein Licht brennen zu lassen oder irgendein Kleidungsstück ihres Mannes anzuziehen. So war es ihr heimlich ausgetauscht worden. Nun hatte sie den Wechselbalg schon sieben Jahre. Er aß viel, wollte aber nicht wachsen, lernte weder laufen noch sprechen und hatte einen großen Kopf, dazu spinnenbeinige Ärmchen und Füßchen.

Da kam eine alte Zigeunerin vorbei, der klagte die Bauersfrau ihr Herzeleid und erzählte ihr, wie viel Kummer sie jahraus, jahrein mit dem Kind hatte. Die Zigeunerin wusste einen Rat, wie die Bauersfrau erkennen könnte, ob ihr Kind ein Kielkropf sei oder nicht. Diesen Rat befolgte die Frau. Sie leerte ein Gänseei aus, füllte Bier hinein und kochte es über einer Kerzenflamme. Auf einmal begann das bislang stumm gebliebene Kind zu sprechen und sagte:

»Ich bin so alt
wie Brennholz im Wald,
so was hab ich aber noch nie gesehn!«

»So?«, fragte die Bäuerin. »Du bist so alt wie das Brennholz im Wald? Dann kannst du nicht mein Kind sein!« Und sie nahm ein Stück Holz und wollte auf das missgebildete Kind losschlagen.

Aber da kam gleich eine alte Unterirdische angelaufen, nahm den Kielkropf aus der Wiege und sagte: »So will ich mein Kind nicht misshandeln lassen!« Und als sie mit ihrem Balg fort war, stand ein schönes, wohlgewachsenes siebenjähriges Kind neben der Wiege. Das war das richtige Kind der Frau.

Ähnliches erlebte eine Frau in Jägerup bei Hadersleben. Eine kluge Nachbarin hatte ihr geraten, den Wechselbalg in den geheizten Backofen zu schieben. Als sie dies tun wollte, kam schnell die unterirdische Mutter, brachte das umgetauschte Kind zurück und sagte: »So schlecht hätte ich dein Kind niemals behandelt!« Dann nahm sie ihr eigenes Balg und verschwand.

Im Dorf Böken bei der Stadt Lauenburg gab es ein wundertätiges Marienbild aus Holz, das heilte viele Kranke. Nun hatte in einem nahen Nachbardorf ein Bauer lange Zeit in kinderloser Ehe gelebt und seine Frau aus Zorn darüber sehr schlecht behandelt.

Endlich spürte die Bäuerin, dass sie ein Kind erwartete. Da war der Bauer überglücklich und trug die Frau fortan beinah auf Händen. Aber als sie geboren hatte, tauschten die Unterirdischen ihr Kind aus und legten einen Kielkropf in die Wiege, der hatte einen Kopf wie ein Sack und spindeldünne Arme und Beine. Er wuchs auch nicht, nur sein Haupt wurde größer als beim größten Menschen. Nach drei Jahren glich der Kopf des Jungen einem Riesenkürbis, dabei konnte das Kind weder stehen noch gehen und auch nicht sprechen. Dafür plärrte und quäkte es den ganzen Tag.

Eines Abends, als die Frau ihr Söhnchen auf dem Schoß hatte und sich mit ihm abmühte, sprach sie zu ihrem Mann: »Du, mir fällt was ein, vielleicht kann uns doch noch geholfen werden. Morgen ist Sonntag, nimm doch das Kind in der Wiege und geh damit nach Böken zur Mutter Maria, stell die Wiege vor sie hin und wiege das Kind dort eine Zeit lang, vielleicht hilft das.«

»Das will ich gern versuchen«, sagte der Bauer und ging am nächsten Tag mit dem Kielkropf in der Wiege los. Als er über die Brücke von Böken ging, rief von unten eine Stimme aus dem Wasser: »Kielkropf, wo willst du hin?«

Und da antwortete das Kind in der Wiege:

»Ich will mich wiegen lassen,
damit ich werde wachsen.«

Der Bauer war zuerst vor Staunen ganz baff, dass sein Kind auf einmal sprechen konnte. Aber als er ein wenig darüber nachdachte, ging ihm endlich ein Licht auf. Da warf er die Wiege samt dem Kielkropf ins Wasser hinab und schrie ihm nach:

»Kannst du nun sprechen, du Untier,
dann geh zu denen, die es lehrten dir!«

Da erhob sich unter der Brücke großes Geschrei, als riefen viele Leute durcheinander und die Kielkröpfe tummelten sich lustig im Wasser. Der Bauer aber lief so schnell er konnte nach Hause zu seiner Frau.

❡ In früheren Zeiten, in denen es schon mal vorkam, dass Säuglinge nach der Geburt vertauscht wurden und man sich Missbildungen bei Kindern gesunder Eltern nicht erklären konnte, waren Sagen um so genannte »Wechselbälger« in ganz Deutschland verbreitet. ❡

Das Geistermahl in Flensburg

Als König Friedrich III. von Dänemark in Flensburg eine öffentliche Versammlung einberufen hatte, geschah es, dass ein dazu angereister Edelmann im Gasthaus keinen Platz mehr fand, weil er erst spät am Abend eintraf. Der Wirt sagte ihm, alle Zimmer seien besetzt bis auf einen einzigen großen Raum. Er könne ihm jedoch nicht empfehlen, darin die Nacht zu verbringen, denn es sei dort nicht geheuer und Geister trieben ihr Unwesen.

Der Edelmann lächelte unerschrocken, um seinen Mut zu beweisen, und sagte, er fürchte sich nicht vor Gespenstern. Er bat den Wirt nur um ein Licht, damit er besser sehen könne, was sich da an Erscheinungen möglicherweise zeigen würde. Die Lampe stellte er auf den Tisch und vergewisserte sich vor dem Schlafengehen, dass keine Geister im Zimmer zu sehen waren.

Mitten in der Nacht fing es hier und dort an, sich im Zimmer zu regen und zu rühren und bald war ein Rascheln und Wispern zu hören. Anfangs blieb der Edelmann noch tapfer und gefasst, doch als die Geräusche immer lauter und lauter wurden, überwältigte ihn doch die Angst und er begann zu zittern, er konnte nichts dagegen tun.

Nach diesem Vorspiel kam mit Holterdiepolter das Bein eines Menschen durch den Kamin herabgefallen, bald auch ein Arm, dann Leib, Brust und alle Glieder und zuletzt der Kopf. Alsbald setzten sich die Körperteile zusammen und ein menschlicher Leib stand auf, der sah aus wie ein Hofdiener. Dann fielen immer mehr und mehr Körperteile durch den Kamin, die sich rasch zu menschlicher Gestalt zusammenfügten, bis schließlich die Zimmertür aufging und die große Schar eines ganzen königlichen Hofstaates hereinströmte.

Der Edelmann hatte bislang wie erstarrt am Tisch gestanden, doch nun eilte er zitternd in einen Winkel des Zimmers, zur Tür hinaus konnte er bei dem Gedränge nicht entfliehen.

Dann sah er, wie die Geister mit ganz unglaublicher Geschwindigkeit den Tisch deckten, alsbald köstliche Speisen herbeitrugen und silberne und goldene Becher hinstellten. Nachdem das geschehen war, kam einer zu dem Edelmann in der Ecke und sagte, er solle sich mit zu ihnen an die Tafel setzen und ihr Gast sein. Als er sich weigerte, wurde ihm ein großer silberner

Becher gereicht, daraus sollte er trinken und der Geistergesellschaft zuprosten. Der Edelmann wusste vor Entsetzen nicht mehr ein noch aus. Er nahm den Becher, denn er hatte den Eindruck, als würde man ihn anderenfalls dazu zwingen. Doch als er jenen an den Mund setzte, fuhr ihm das Grausen so heftig durch Mark und Bein, dass er Gott um Schutz und Hilfe anflehte. Kaum hatte er das Stoßgebet gesprochen, da war im nächsten Augenblick alle Pracht, aller Lärm und das ganze Festmahl mit den herrschaftlich aussehenden, stolzen Geistern verschwunden.

Den silbernen Becher hielt er jedoch noch in der Hand und wenn auch alle Speisen verschwunden waren, so war doch das silberne Geschirr auf dem Tisch stehen geblieben und auch das Licht, das der Wirt ihm gebracht hatte. Da freute sich der Edelmann und glaubte, all das Silber gehöre nun ihm. Doch der Wirt widersprach ihm und beanspruchte es für sich selbst und sie stritten miteinander, bis der König davon hörte. Der erklärte das Geschirr für Staatseigentum und ließ es kurzerhand beschlagnahmen. Woher das Silber gekommen war, konnte man nicht in Erfahrung bringen, da weder ein Wappen noch ein Name darin eingraviert war, wie sonst allgemein üblich.

❡ Flensburg, heute die nördlichste Stadt Deutschlands, war einmal eine der bedeutendsten Hansestädte. Im Mittelalter stritten sich Holstein und Dänemark um die Stadt, die 1435 als erbliches Lehen zeitweise an Holstein fiel. Die Sage spielt aber in der Zeit, als der dänische König Friedrich III. wieder dort regierte (1648–70). ❡

JUCHEN KNOOP

Auf Blangenmoor bei Eddelak in Süddithmarschen wohnte vor mehr als hundert Jahren ein reicher Bauer und Landvermesser namens Buhmann. Er war ein gottloser Mann, hatte einen falschen Eid geschworen, ein Stück Land absichtlich falsch vermessen, als Kirchenbaumeister und als Armenfürsorger Geld unterschlagen, es den Witwen und Waisen weggenommen und viele andere niederträchtige Dinge getan.

Zur Strafe dafür fand seine Seele nach seinem Tod keine Ruhe und musste als Gespenst umgehen. Buhmann tobte und lärmte jede Nacht auf seinem früheren Hof, nicht einmal die Nachbarn konnten in Ruhe schlafen. Da rief man den Pfarrer Hellmann aus Marne zu Hilfe, der sollte den Geist bannen. Buhmann war auch bereit zu weichen, nur bat er, auf dem trockenen Land bleiben zu dürfen. Er wollte nicht auf das Watt ins Haff* hinaus, wo bei Flut das Wasser steht und auch bei Ebbe der Boden nicht recht trocken wird. Denn wer dahin verwiesen wird, kann niemals wieder zurückkommen. Der Pfarrer gewährte ihm diese Bitte und bannte ihn auf eine große Heide auf der Hochebene, wo sich auch noch viele andere Geister aufhielten. Dabei erhielt er sogar die Erlaubnis, seinem alten Haus alle sieben Jahre wieder um einen Hahnenschritt näher zu kommen.

Der Geist war soeben am Ort seiner Verbannung angekommen, als ein Bauer aus Helferdeich bei Marne mit einer Fuhre Torf von der Hochebene herunterkam. Da sprang Buhmann gleich hinten auf den Wagen. Obwohl der Bauer merkte, dass seine Pferde immer schwerer zu ziehen hatten, erreichte er doch den Deich. Da begann von neuem das Poltern, nun auf dem Hof dieses Bauern, und noch schlimmer als zuvor.

Wieder wurde der Pfarrer gerufen. Zuerst entfloh ihm der Geist auf dem Rücken einer Henne, aber später konnte er ihn doch noch zur Rede stellen. Der Pfarrer fragte ihn: »Was unterstehst du dich, wieder zurückzukommen?«

Buhmann antwortete: »Ich bin mit einem Wagen gekommen, das Fahren hast du mir ja schließlich nicht verboten!« Da wurde der Pfarrer sehr zornig und versprach, ihn ins Haff zu bannen, wo ihn niemand wieder erlösen würde.

Der Geist versuchte sich zu verteidigen und sagte, der Pfarrer sei doch ebenso ein Sünder wie er selbst: Einmal habe er drei Roggenähren abgerissen! Der Pfarrer antwortete, das sei nur versehentlich mit den Schuhschnallen geschehen, als er einmal durch ein Feld gegangen sei. Auch habe er die Ähren gleich wieder angebunden. Dann beschuldigte ihn der Geist, dass er einmal bei einem Bäcker ein Rosinenbrot mitgenommen habe, ohne zu bezahlen.

* Haff: ein durch eine schmale Landzunge vom offenen Meer getrennter Küstensee

Aber der Pfarrer erklärte, dass er dem Bäcker damals den Schilling gleich danach gebracht hätte.

»Nun«, sagte der Geist, »aber einmal hast du ein Mädchen geküsst, obwohl du das nicht hättest tun dürfen!«

Der Pfarrer antwortete jedoch: »Es ist aus wahrer Liebe geschehen.«

Da sah der Geist ein, dass er sich nicht herausreden konnte. Der Pfarrer bannte ihn ins Haff, dort sollte er den Sand auf dem Watt zählen. Wenn es ihm einmal gelänge, bis Mitternacht damit fertig zu werden und die Südpforte der Marner Kirche noch vor dem ersten Glockenschlag zu erreichen, dann wäre er erlöst. Mehrere Male soll Buhmann sein Ziel wirklich bis auf wenige Schritte erreicht haben. Dann aber schlug die Uhr zwölf und er musste wieder zurück und von vorne anfangen.

Da draußen im Haff gehen noch viele andere Geister um. Die armen Fischer, die auf Butt- und Krabbenfang gehen, sehen sie oft dort umherschweben. Den Buhmann, die Fischer nennen ihn Juchen Knoop, sehen sie meist an lebensgefährlichen Tiefen stehen. In einem fort zieht er sein Netz empor und füllt Unmengen von Fischen in seine Rückentrage. Wenn ein Fischer sich ihm zu nähern versucht, weicht er immer weiter und weiter zurück, hinaus an noch gefährlichere Stellen. Wer so unvorsichtig ist ihm zu folgen, der verliert bald die Spur, verläuft sich in Schlick und Sand, und wenn dann die Flut kommt, muss er ertrinken. Alte, erfahrene Fischer kümmern sich nicht darum, wenn sie den Juchen Knoop fischen sehen oder wenn er ihnen winkt und gute Fangstellen zu zeigen scheint. Sie fischen auch in keinem Priel, das ist ein Wasserlauf im Watt, in dem er gefischt hat, denn da fängt niemand etwas.

Doch bringt er nicht nur Unheil und ist nicht immer ein böser Geist. Ein Fischer litt an der Fallsucht* und einmal überkam ihn beim Fischen ein Anfall seiner Krankheit. Da schleppte Juchen Knoop ihn an Land und rettete ihn vor der Flut.

Ein andermal, bei einer Sturmflut, konnte ein Hirte sein Vieh gar nicht so schnell auf den Deich treiben, wie das Wasser brausend näher kam. Da rief er in seiner Not: »Juchen Knoop, Juchen Knoop, hilf uns doch, Gott zum

* Fallsucht: Epilepsie

Lob!« Augenblicklich erschien der Gerufene und im Nu war alles Vieh in Sicherheit, das eben noch zu tausenden außerhalb des Deiches gegrast hatte. Den Hirten hat Juchen Knoop oft auf diese Weise beigestanden.

❡ *Juchen Knoop ist ein populärer Geist in Süddithmarschen im Südwesten von Schleswig-Holstein, mit dem sich gleich mehrere Sagen beschäftigen. Er erwies sich gleichermaßen als böswillig wie als hilfsbereit. Dieser Text ist eine Warnsage, die Unkundige davor warnen will, ins Watt zu gehen.* ❡

Das Geisterschiff

In der Stadt Emden, wo Schiffe aller Länder und Völker einst den Hafen füllten, begab es sich einmal, dass ein gewaltiger Sturm aus Nordwest losbrach und das Wasser der Nordsee in hohen Wellen auf die Stadt zuwälzte, sodass die Not groß war. Bei diesem Wetter kam ein großes städtisches Kaufmannsschiff des Nachts mit vollen Segeln auf die Stadt zu. Es war lange auf fremden und fernen Meeren unterwegs gewesen. Bei der Einfahrt in die Ems war es bereits gesichtet worden und wurde nun in der Stadt sehnlichst erwartet.

Schon war es kurz vor der Hafenmündung unweit der langen Brücke, schon sah man im Schein der schwankenden Laternen die dunklen Gestalten der Seeleute sich hin- und herbewegen, schon ertönte der Kommandoruf des Kapitäns, der gegen den Sturm anschrie, schon hörte man das Rasseln des schweren Ankers, der in die Tiefe ging – da brach mit einem Mal eine so höllische Windsbraut los, da wirbelten die Wasserberge so schrecklich in die Luft empor, da heulte und pfiff der Wind so gellend und eigentümlich, dass die am Hafen stehenden Zuschauer erschauerten. Das Schiff wurde plötzlich erfasst, emporgehoben, untergetaucht, mit einem Ruck erneut emporgehoben, herumgewirbelt und dann in die Tiefe hinabgedrückt.

Ein grässlicher Notschrei ertönte von Deck. Vierzig wettergegerbte Seeleute, fast alle Söhne der Stadt Emden, sollten hier im Angesicht ihrer Heimatstadt, im Angesicht ihrer am Kai stehenden Eltern und Geschwister so jämmerlich zu Grunde gehen?

»Wo ist die Barke?«, rief man am Ufer. Aber der Hafenmeister wies auf das angekettete Rettungsboot und sagte kalt und herzlos: »Die Barke bleibt hier. Es wäre zwecklos, sie auslaufen zu lassen. Außerdem hat Elfert Giesberts es nicht besser verdient, als es ihm jetzt da draußen eingeschenkt wird!« So hieß der Kapitän des Schiffes, das dort gerade unterging, und selbiger war der erklärte Feind des Hafenmeisters. Und obwohl der Hafenmeister wusste, dass sich sein eigener Sohn an Bord des Handelsschiffes befand, war doch in seinem Herzen der Hass gegen den Kapitän so stark, dass er keinen Finger rührte, um die Mannschaft zu retten. Als die Leute ihn endlich gezwungen hatten, den Schlüssel für das Rettungsboot herauszugeben, da war es längst zu spät. Mit Mann und Maus war das Schiff im Wirbel der Wasserberge versunken und die Winde pfiffen höhnisch über die Stadtmauer hin.

Aber noch immer, wenn ein Sturm aus Nordwest heranzieht, wenn die Wasser der See auf den Deich zurasen, wenn die Luft ächzt und stöhnt und die Winde kreischen und heulen, sieht man zu rabenschwarzer Mitternacht ein Geisterschiff in bläulichen Lichtschimmer eingehüllt heranstürmen, hört man das Klappern der Taue, das Rasseln der Ketten, das Rufen des Kapitäns und den Mark und Bein erschütternden Angst- und Todesschrei der Sterbenden.

Und wer diesen Schrei hört, der fährt schaudernd zusammen und eilt von jener Unglücksstätte hinweg.

❡ *Es gibt viele Sagen von untergegangenen Schiffen, die zu Geisterschiffen wurden. Auch die Sage vom Fliegenden Holländer gehört hierher und im weiteren Umkreis auch die Sage vom Klabautermann (vgl. »Die Klabautermännchen«,* *S. 169**).* ❡

Die Geister auf der Christburg

Dort, wo heute die Stadt Christburg liegt, war einst eine Burg der Heiden. Ritter des Marienordens hielten sie lange belagert, bis es ihnen in einer heiligen Christnacht, also am Weihnachtsabend, endlich gelang, die Burg zu erobern. So kam die Burg in den Besitz des Marienordens und erhielt den Namen Christburg. Das Schloss wurde neu erbaut und noch besser befestigt und war lange Jahre eine starke und unüberwindliche Burg im Kampf gegen die Heiden.

Dann beschloss der Ritterorden, gegen den tapferen Polenkönig Jagiello Krieg zu führen. Ein Kommandeur auf der Christburg, er hieß Otto von Sangerwitz, sah das unglückselige Ende dieses Feldzuges voraus und erhob Einspruch dagegen. Er wurde jedoch von den anderen überstimmt und musste mit in den Krieg ziehen.

Als sie sich zum Aufbruch rüsteten, fragte ein Ordensritter den Kommandeur: »Wem willst du dieses Schloss während unserer Abwesenheit anvertrauen?«

Darauf antwortete Otto von Sangerwitz zornig: »Dir und allen bösen Geistern, die zu diesem Krieg geraten haben!«

Über diese harte Antwort erschrak der Ritter heftig, ihn befiel ein hitziges Fieber und am nächsten Tag schon war er tot. Von Stund an musste sein Geist im Schloss von Christburg spuken. In der folgenden unglücklichen Schlacht am Tannenberg fiel unter vielen anderen tapferen Streitern auch der Kommandeur von Christburg. Dieser verhängnisvolle Krieg richtete den Marienorden beinahe vollständig zu Grunde und die Geister aller Kreuzritter, die dazu geraten hatten, kehrten nach der verlorenen Schlacht auf das Schloss Christburg zurück und spukten dort ganz fürchterlich. Kein Mensch hatte Ruhe vor ihnen, es ging alles drunter und drüber. Wenn der Koch an die Arbeit gehen wollte, standen auf einmal die Pferde in der Küche. Wenn die Knechte auf den Speicher gingen, um Futter für die Pferde zu holen, lagen die Weinfässer dort oben. Wenn der Kellermeister in den Keller kam, fand er dort keinen Wein, sondern einen Brunnentrog und Wasserkübel. Der neue Kommandeur konnte es in dem verwünschten Schloss nicht lange aushalten. Die Geister hängten ihn in den Brunnen, setzten ihn auf den First des höchsten Daches, zündeten ihm seinen Bart an, sodass er brannte wie ein Strohwisch* – bis er von dannen zog.

Danach blieb kein Ritter mehr dort, das Schloss stand verlassen da und verfiel. Da kam nach ein paar Jahren ein Schmied aus Christburg von einer Wallfahrt nach Hause und hörte von dem Spuk und wie es auf dem Schloss oben zugegangen sei. Wenn die Ordensritter essen wollten, wären die Schüsseln voller Blut gewesen, und wenn sie beten wollten, hätten sie anstelle der Gebetsbücher auf einmal Kartenspiele in den Händen gehabt. Da wurde der Schmied neugierig und beschloss zu dem leer stehenden Schloss hinaufzugehen. Er ging aber wohlweislich nicht abends, sondern am hellen Mittag dorthin.

Schon auf der Zugbrücke traf er einen Ritter, den er kannte. Es war sein Taufpate und außerdem der Bruder des Kommandeurs Otto von Sangerwitz. Der Schmied begrüßte ihn stürmisch und freute sich ihn wieder zu sehen, denn er hatte gehört, sein Pate sei auch in der Tannenberger Schlacht gefallen und hatte jenen für tot gehalten. Nun fragte er ihn, wie es denn komme, dass sich die Leute unten in der Stadt so wunderliche Dinge von dem Schloss erzählten.

Der Ritter sprach: »Folge mir, so will ich dir zeigen, wie das alles kommt.« Und er führte ihn über Wendeltreppen und durch Säle und Hallen und zeigte ihm so viel Unsinniges und Schreckliches, dass dem Schmied die Haare zu Berge standen. Als sie das Schloss wieder verließen, erscholl hinter ihnen ein Heulen und Wehklagen, wie es in der tiefsten Hölle nicht entsetzlicher und schrecklicher hätte sein können.

Da sprach der Ritter zu dem Schmied: »Geh zum neuen Ordensmeister und sag ihm, was du hier gehört und gesehen hast. Denn so war unser Leben und so ist nun unser ewiger Jammer. Und sag ihm, er soll den Orden bessern.« Nachdem er diese Worte gesprochen hatte, verschwand die Gestalt vor den Augen des Schmiedes. Da grauste es ihn, denn erst jetzt wurde ihm klar, dass er es die ganze Zeit über mit einem Geist zu tun gehabt hatte. Dieser Ritter war längst in der Tannenberger Schlacht ums Leben gekommen.

Um seinen Auftrag zu erfüllen, ging der Schmied zum Ordensmeister und

* Strohwisch: Bündel aus Stroh zum Wischen des Fußbodens

erzählte ihm alles, was er gehört und gesehen hatte. Der Ordensmeister aber geriet über diesen Bericht in Zorn und meinte wohl, sein ehrwürdiger Orden solle durch üble Nachrede verleumdet und in den Schmutz gezogen werden. Deshalb ließ er den Schmied in den Kerker werfen und verurteilte ihn zum Tod durch Ersäufen.

❡ Hier sind die Elemente einer historischen Sage und einer Gespenstersage miteinander verbunden. Die Christburg gehörte zu den weniger bedeutenden Burgen des Deutschen Ritterordens. Sie liegt beim gleichnamigen, heute polnischen Ort. In der erwähnten Schlacht bei Tannenberg siegten 1410 die Polen unter ihrem König Jagiello über den Ritterorden. ❡

Die Nonne als Geist

In Gehofen, zwischen Querfurt und Heldrungen, lebte Frau Philippine Agnes von Eberstein. Dieser adeligen Dame erschien im Jahr 1683 ein Gespenst in Gestalt einer Nonne und flüsterte ihr zu, abends um sechs Uhr solle sie auf den Hof gehen und dort einen großen Schatz heben. Dieser Schatz sei nur ihr und keinem anderen bestimmt. Die Nonne war von kleiner Gestalt und weiß gekleidet, auf dem Schleier über ihrer Stirn war ein rotes Kreuz. In der Hand trug sie einen Rosenkranz und vor dem Mund ein weißes Tuch, wie es damals zur Tracht der Nonnen gehörte.

Der Gemahl der Frau von Eberstein war schwer krank und sie war nicht nur von vielen durchwachten Nächten erschöpft, sondern auch sonst ängstlich und furchtsam. Daher befolgte sie die Aufforderung des Nonnengeistes nicht. Dafür musste sie aber vieles erdulden. Das Nonnengespenst ging auf die Edelfrau los, drückte und zwickte sie und tat ihr weh. Dabei bedrängte sie die Dame unablässig, sie solle den Schatz heben.

Der Geist war nicht nur furchtbar aufdringlich, sondern auch recht gesprächig. »Ich stamme aus der Familie von Trebra«, flüsterte das Gespenst der Frau von Eberstein zu, »und wohnte hier auf dem Gut, es hat früher unserer Familie gehört. Im Dreißigjährigen Krieg habe ich den Schatz vergraben.

Hebe ihn, hebe ihn! Du kannst ruhig den Pfarrer dazu mitnehmen und deine Hausgenossen, es soll dir kein Leid geschehen. Ich beschütze dich, ich führe auch den schwarzen Hund weg, der den Schatz bewacht. Hebe ihn und du siehst mich nie wieder! Wirf eine Schürze oder ein Taschentuch darauf, wenn du den Schatz siehst! Hebe ihn, es sind auch drei Ringe dabei, die werden deiner Familie immer Glück bringen! Wenn du den Schatz hebst, wird deine Tochter nach vier Jahren auch einen Schatz finden!«

Und so ging es in einem fort. Frau von Eberstein litt schrecklich unter diesen ständigen Belästigungen. Als sie einmal über den Hof ging, sah sie den Geist mit flehenden Gebärden nahe der Kapelle stehen und auf das Versteck des Schatzes deuten. Ja sie sah den Schatz offen daliegen und fühlte, wie der Geist sie am Rock festhielt, als sie sich zum Weggehen wandte.

Das alles ängstigte die Frau von Eberstein so sehr, dass sie ganz schwermütig und krank wurde. Immerzu sah sie den Geist, aber andere sahen ihn nicht. Niemand glaubte ihr, nur ihre kleine Tochter, die noch nicht reden konnte, deutete mit ihren Fingerchen auf die Stelle, wo der Geist stand. Die Quälereien der Nonne trieben die Dame fast zur Verzweiflung und dauerten mehr als drei Monate.

Bei einer Schlittenfahrt sah Frau von Eberstein den Geist einmal an der Brücke stehen – da feuerte sie zwei scharf geladene Pistolen auf die weiße Nonne ab. Aber es half nichts und sie musste danach nur umso schlimmere Qualen ertragen. Auf den Mund, auf die Wangen und auf die Brust schlug der Geist die arme Frau, riss sie im Bett hoch, hielt ihr den Mund zu und legte sich nachts wie ein Albdrücken auf sie.

Ganz plötzlich aber ließ das Gespenst eines Tages von ihr ab und die Dame von Eberstein ließ in der Kirche dem Herrn für ihre Erlösung danken. Der Schatz aber blieb, wo er war.

❡ *Die Geschichte, die in Sachsen-Anhalt spielt, könnte auch den Schatzsagen zugeordnet werden. Merkwürdig ist der im Allgemeinen unübliche Einsatz von Pistolen gegen ein Gespenst. Einem Alb sind wir schon in der Sage vom Nachtgespenst (vgl. S. 28) begegnet und treffen einen anderen in der nächsten.* ❡

Geister um Brotterode

Um Brotterode gab und gibt es mancherlei Geister.

In der Nähe ist ein Berg, den nennt man das »Ave Maria«. Ein wunderlich ausgehöhlter Fels dort heißt die »Kirche« und ein anderer die »Kanzel«. Auf dieser Bergkanzel haben die Leute des Öfteren einen Lehrer stehen sehen, der hat ein graues und bärtiges Gesicht gehabt, das aussah wie verstaubte Spinnweben, und hat lange Reden gehalten. Es war aber lauter unsinniges und unverständliches Zeug, das er von sich gab.

Im Keller eines Wirtshauses erschien einmal eine Flitterbraut, das ist eine junge Frau in Brautkleid und Schleier, die hütete einen wertvollen Schatz und zeigte ihn der Tochter des Wirts. Der Schatz wurde in deren Beisein auch glücklich gehoben, aber die Tochter starb bald darauf, denn von denen, die bei der Hebung eines Schatzes dabei sind, muss immer einer sterben.

Am »Mönch«, so heißt eine Bergwiese bei Brotterode, stand in alter Zeit eine Schleifmühle, wo Sensen, Scheren und Messer geschärft wurden. Der Besitzer dieser Mühle war recht wohlhabend, weil er einen Hausgeist hatte, der unablässig arbeitete und sein Vermögen mehrte. Dieser Geist erschien bisweilen als seltsam gekleidetes kleines Männchen und gab immer einen eigenartigen Ton von sich. Einmal geschah es, dass der Schleifmühlenbesitzer diesen Ton hörte und ihn aus einer Laune heraus nachahmte. Da verstummte der Geist und ließ sich fortan nie wieder hören oder sehen. Die Arbeit blieb ungetan und der Schleifmüller musste in Armut sterben.

Zwei Brüdern, die ebenfalls Schleifmühlen hatten, dienten auch zwei rastlos tätige Hausgeister. Sie ließen sich nur äußerst selten einmal sehen, wenn dies aber geschah, so trugen sie immer alte, abgewetzte Kleider. Darauf kamen die beiden Brüder einmal zu sprechen und meinten, sie sollten sich diesen hilfreichen Kerlchen gegenüber doch dankbar erweisen. Also ließen sie den Kleinen schöne neue rote Jäckchen und blaue Hosen machen und legten diese Kleider neben die Klingen, die stets in der Nacht von den Geistern geschliffen wurden. Da erschienen die Geisterlein, stutzten, sahen einander an und sagten:

»Da liegt nun unser Lohn,
nun müssen wir auf und davon.«

Sie nahmen die Kleider, sausten davon und kamen nie wieder zurück.

Das Mäuslein

Nicht weit von Saalfeld lag das Rittergut von Unterwirbach, da wurde ein Knecht sehr häufig und schlimm von Albträumen geplagt und konnte gar keine Ruhe finden. Kein Mittel half, und der arme Mann wusste und erfuhr nichts von dem sichersten Schutz dagegen: Demnach muss man das Schlüsselloch verstopfen, damit die Albtrude nicht hereinkommen und sich dem Schlafenden nicht auf die Brust setzen kann.

In diesem Rittergut saßen einmal einige Dienstboten spätabends noch in der Stube und schälten Obst. Eine Magd wurde dabei so schläfrig, dass sie sich auf die Bank legte, um ein wenig zu ruhen. Nachdem sie nun eine Weile dort gelegen hatte und manch einer hinsah, ob sie schlief oder ob sie nicht bald wieder aufwachte, sieh an, da kroch der Schlafenden ein rotes Mäuslein aus dem Mund heraus. Alle erschraken darüber und stießen sich gegenseitig an und zeigten darauf. Das Mäuslein lief an der Wandtäfelung hinauf bis zum Fensterbrett. Das Fenster stand einen Spaltbreit offen und – husch! – war es hinausgeschlüpft.

Eine Kammerzofe, die auch bei den Dienstboten saß und Äpfel schälen und essen half, war neugierig und wollte die Schlafende wecken. Die anderen aber sagten ihr, sie solle das nicht tun, es sei vielleicht nicht gut. Sie ließ sich aber nicht davon abhalten und ging hin und rüttelte die Schlafende. Die lag jedoch starr, fast leblos da und wachte auch nicht auf, als die Zofe sie an einen anderen Platz bewegte.

Bald danach kam das rote Mäuslein wieder durchs Fenster hereingeschlüpft und wollte wieder hineinkriechen, aber es fand den Mund der Magd nicht mehr an der Stelle, an der es herausgekrochen war. Es lief eine Weile ängstlich hin und her, dann verschwand es. Die Magd aber erwachte nicht mehr zum Leben, sie war und blieb tot. Vergebens bereute die Zofe ihre Neugier und ihren Übermut.

In dieser Magd aber hatte wohl die Albtrude gesteckt, die den Knecht im Schlaf gequält hatte. Denn seit sie tot war, war er von allen Albträumen befreit.

Meister Hämmerling

In vielen Bergwerken kann man diesen Berggeist sehen, mal als Mönch, mal als Bergmann. Meist ist er von riesenhafter Gestalt und hat feurige Augen, so groß wie Teller.

Oft ist er hilfreich tätig, er liebt und beschützt die guten Bergleute, ärgert und bestraft aber die schlechten. Flüche und Schimpfworte sind ihm besonders verhasst, das bestraft er am härtesten. Die Bergleute nennen ihn Meister Hämmerling oder dort, wo er sich in Mönchsgestalt zeigt, auch den Bergmönch. Er erscheint stets allein und ist nicht zu verwechseln mit den Bergmännchen, das sind Erdkobolde, die zum Volk der Zwerge gehören und häufig in Scharen erscheinen.

In der Sankt-Georgen-Grube bei Schneeberg erschien der Geist in Gestalt eines schwarzen Mönchs und packte einen Bergarbeiter, der sich in der Tiefe schlecht benommen hatte. Er hob ihn hoch und setzte ihn mit solcher Wucht wieder ab, dass dem Mann das Hinterleder platzte und all seine Rippen krachten.

In einer Grube bei Annaberg, genannt der »Rosenkranz«, arbeiteten zwölf Bergmänner. Die versuchten sich mit Gerede über den Berggeist gegenseitig Angst einzujagen, machten sich über ihn lustig und sprachen über ihn, als sei er ein lächerliches Schreckgespenst. Da erschien er ihnen mit einem Mal in Gestalt eines Pferdes mit langem Hals und feurigen Augen und sie erschraken zu Tode. Dann wurde aus der Pferdegestalt der Bergmönch. Er trat schweigend zu jedem der Männer hin und hauchte ihn an. Sein Atem aber

Annaberg im Erzgebirge

war wie ein giftiger Wind und die Männer sanken vom Hauch des Geistes tot nieder. Nur einer kam wieder zu sich, erreichte mit Mühe den Ausgang und erzählte, was sich zugetragen hatte. Dann starb auch er.

Daraufhin kam die Arbeit im Rosenkranz zum Stillstand und in dieser Grube wurde fortan kein Silber mehr abgebaut.

❡ Diese und die zwei folgenden Sagen erzählen von Berggeistern (vgl. auch Kapitel »Schätze und Schatzsucher«). Schneeberg und Annaberg gehörten einmal zu den bedeutendsten Bergbau-Orten im Erzgebirge. Nach der Entdeckung reicher Silbervorkommen in der Gegend wurden sie 1446 und 1497 gegründet. Das »Hinterleder«, von dem in der Sage die Rede ist, war ein Lederschurz, der über dem Gesäß getragen wurde und dieses beim damals üblichen Einfahren oder Einrutschen über schräge Holzbalken in die Grube schützte. ❡

Kamsdorfer Berggeister

In den Gruben der Kamsdorfer Bergwerke gibt es allerhand Berggeister von verschiedener Art und Gestalt, gute und böse. Sie erscheinen manchmal als graue Zwerge, dann nennt man sie Bergmönche. Sie zeigen den Bergleuten reichhaltige Erzadern an. Manchmal sitzen sie auch als feurige Riesen auf den Schutthaufen des Bergwerkes und warnen die Arbeiter, die in den Schacht hinabfahren, wenn ihnen ein Unglück droht.

Gleich welche Gestalt sie annehmen, sind sie meist gutartig, nur können sie es nicht leiden, wenn jemand laut ist oder sie ärgert. Darum vermeiden die Bergmänner jeden unnötigen Lärm bei ihrer unterirdischen Arbeit und keiner wagt es, dort im Dunkeln zu pfeifen oder zu fluchen – wie sie es sonst am hellen Tag ohne Scheu recht häufig tun. Denn den Fluchenden stürzen die Berggeister in die tiefsten Schächte hinab oder drehen ihm den Hals um, sodass das Gesicht auf den Rücken zeigt. Oft helfen sie auch, in graue Kutten gekleidet, einem Bergmann, dem sie wohlgesonnen sind, bei seiner Arbeit und alles geht dann wunderbar schnell voran. Ihre Stimmen klingen wie das Krähen eines Hahns.

Manchmal sieht man diese Berggeister auch in Katzengestalt auf den Erzstücken sitzen, die zu Tage gefördert worden sind, dann bewachen sie diese Schätze mit großen feurigen Augen.

In einer dieser Kamsdorfer Gruben hielt sich so ein Bergmönch auf, der war klein und dick, sah hässlich aus und die Augen in seinem Kopf waren so groß wie Milchschüsseln. Er war jedoch ganz gutmütig und hat still vor sich hin gelebt und eifrig im Bergwerk mitgeholfen. Besonders die armen Bergjungen hat er unterstützt und sie abgelöst, wenn sie müde wurden. Gesprochen aber hat er nie ein Wort dabei. An jedem Morgen hat der Junge, der zuerst in den Schacht hinabfuhr, ihm eine Semmel mitbringen und an einen bestimmten Platz legen müssen. Einmal sah das ein anderer Junge, der wollte den Bergmönch ein wenig ärgern und aß ihm die Semmel weg. Als später der Behälter in die Höhe gezogen wurde, fand man oben den Jungen darin, der die Semmel gegessen hatte. Er war tot. Der Bergmönch hatte ihm den Hals umgedreht und ihn in den Kübel gedrückt, dass ihm Hören und Sehen und Semmelessen für immer vergangen war.

Die Berggeister von Altenstein

In den Schächten und Stollen des Bergwerkes bei Altenstein gab es Berggeister und manchen verborgenen Schatz.

Einst ging ein junger Bergmann aus Steinbach zu seinem Schacht auf der Windleite. Dort sah er ein ganzes Heer kleiner Bergmännchen, die waren eifrig damit beschäftigt, die Kübel hochzuziehen und Steine zu klopfen. Als er nun mit offenem Mund staunend näher kam, ganz verwundert über diese seltsamen kleinen Arbeiter, hui!, da purzelten sie alle miteinander kopfüber in den Schacht und es krachte, als ob der ganze Schacht in sich zusammenbräche. Den jungen Bergmann packten Angst und Entsetzen, er ging zum Schacht hin, schnallte seinen Werkzeuggürtel ab, warf ihn samt dem Grubenlicht in die Tiefe und rief: »Mit euch fahre ich nicht hinab!«

Er ging hinüber in die Ruhl und wurde ein Messerschmied. Nachdem er dieses Handwerk gelernt hatte, kam er wieder nach Steinbach, ließ sich dort als Messermacher nieder und brachte so als erster Meister das Handwerk in diesen Ort. Im Lauf der Zeit haben die Steinbacher es ihm mehr und mehr nachgemacht und wurden nicht mehr Bergleute, sondern Messermacher.

Einst arbeitete ein Bergmann aus Glücksbrunn im Reginaschacht. Da hörte er ein Rauschen und meinte, es käme ein anderer Arbeiter angefahren. Er erblickte eine Menschengestalt, die trug einen schwarzen Hut, eine grüne Jacke, schwarze Hosen und Schuhe und weiße Strümpfe. Sie hielt ein hell brennendes Grubenlicht in der Hand und hatte ein schönes Gesicht mit glänzenden Augen. Die Erscheinung war jedoch so groß, dass sie oben an der Decke anstieß.

Der verängstigte Bergmann schwieg und arbeitete angestrengt weiter, immer schneller und immer heftiger. Da wandte sich die Gestalt nach Osten und entfernte sich. Hätte der furchtsame Arbeiter doch nur den Bergmannsgruß »Glück auf!« gesprochen, dann hätte der Geist ihm ganz gewiss den reichen Stollen des Glücks gezeigt und geöffnet. So aber sah er diese Bergerscheinung nie wieder.

Schloss Altenstein und das benachbarte Glücksbrunn liegen am Südwestrand des Thüringer Waldes in der Nähe von Bad Liebenstein.

Der Bilbze

Ein habsüchtiger Mann war ein Bilbze, auch Bilsenschnitter genannt, und machte sich an einem Johannitag kurz nach Mitternacht auf den Weg, um noch vor Sonnenaufgang sein heimtückisches Werk zu tun. Aus einem verborgenen Winkel seines Dachbodens holte er ein sorgfältig verstecktes, dreieckiges Hütchen sowie zwei kleine eiserne Sicheln und verbarg diese Sachen unter seinem Kittel. Er ging zum Kornfeld seines Nachbarn und vermied es tunlichst, dabei jemandem zu begegnen. Denn wenn jemand den Bilsenschnitter auf einem solchen Gang anspricht und grüßt, kostet es den Bilbze das Leben. Gierig überblickte er das üppig dastehende Getreide und freute sich schon, sich die Hälfte davon durch seine Höllenkunst anzueignen. Eilig setzte er das Hütchen auf, band die Sicheln an die großen Zehen und mähte die Halme ab, indem er quer durch das Feld schritt.

Auf seinem Rückweg hatte er schon die ersten Häuser des Dorfes erreicht und bemerkte zu spät, dass ihm die Kuhherde des Gutsbesitzers entgegenkam. Eiligst schlüpfte er in ein Seitengässchen, damit der Morgengruß des Hirten nicht sein Ende wäre. Aus Ärger und Boshaftigkeit verhexte er aber die vorbeiziehenden Kühe, sodass sie blutige Milch gaben. Nach dem Abendessen riefen die Mägde den Hirten und beklagten das Unglück. Der schlaue Hirte aber ahnte, dass da etwas nicht mit rechten Dingen zuging, und eilte zu einem weisen Mann, der in einem nahe gelegenen Waldhaus lebte. Dem erzählte er, was geschehen war. Der Weise empfahl dem Hirten, ruhig nach Hause zu gehen, denn der Täter werde sich bald selbst verraten. Dem Volksglauben nach fand der Bösewicht nicht eher Ruhe und Frieden, bis ihm der Eigentümer des Viehs etwas borgte.

Und tatsächlich ergriff den Bilsenschnitter fürchterliche Angst, es zog ihn mit aller Gewalt zum Gutsbesitzer hin. Er stürzte, ohne zu grüßen, in dessen Zimmer und bat ihn, ihm doch um Gottes willen ein Brot zu borgen. Der Gutsherr staunte über diesen ungewöhnlichen Wunsch und überlegte, was er tun sollte. Da fiel der Bilsenschnitter in größter Verzweiflung auf die Knie und flehte ihn an, er solle ihm doch nur ein kleines Stückchen Brot leihen. Schließlich erfüllte der Gutsherr ihm diese Bitte und der Bilsenschnitter entfernte sich eiligst.

Bald aber geriet er in noch schlimmere Nöte. Denn nicht lange danach erkannte der Gutsbesitzer, wer diesen Gang durch sein Kornfeld gemacht hatte, sein Nachbar nämlich. Voller Zorn raffte er eine Hand voll Ähren auf, die ihm der Bilbze abgeschnitten hatte, band sie zusammen und hängte sie in seinen Schornstein. Das ist nämlich das kräftigste Gegenmittel gegen diesen bösen Zauber. Von dem Tag an befiel den niederträchtigen Bilsenschnitter eine verzehrende Krankheit und da der Nachbar die Ähren nicht wieder aus dem Schornstein holte, vertrocknete der Bilbze ebenso wie die Ähren. Er wurde eine lebende Mumie und war allen Leuten ein Schreckgespenst, bis er elend zu Grunde ging und starb. Das war der Lohn für seine bösen Taten.

❡ *Die Sage vom gespenstischen Bilsenschnitter geht auf uralte Feldkulte zurück. Schon die Germanen kannten einen Bilwitz, Bilmes, Bilbzen oder Bilsenschnitter, der mit einer kleinen Sichel an den Füßen durch das Getreide geht und es abmäht oder als so genannter Tauschlepper den Feldern den Tau wegnimmt. Zu dieser Gruppe schädlicher Geister gehört auch der Roggenhund oder -wolf, während die Roggenmuhme oder Kornmutter das Feld schützend umgeht.*
Der Johannistag, am 24. Juni, zählt zu den wichtigen Tagen im christlich-bäuerlichen Jahr, weil er an die Stelle des heidnischen Sommersonnwendfestes getreten ist.
Die Bezeichnung »Bilsenschnitter« rührt übrigens von dem giftigen und zu den Nachtschattengewächsen gehörenden Bilsenkraut her, das bei der Zubereitung von so genannten Hexensalben eine wichtige Rolle spielte. ❡

DER POLTERGEIST VON SCHWICKERSHAUSEN

In Schwickershausen wohnte ein Bauer, Hans oder Heinrich Kegel genannt, der hörte in der Woche vor Ostern des Jahres 1666 unter dem Bett in seiner Kammer etwas klopfen und erblickte einen Geist. Der sah aus wie ein Kind, trug aber eine goldene Krone auf dem Kopf. Erst sagte er, er sei ein Engel, und später, er sei der Geist einer kurz zuvor verstorbenen Frau.

Ein paar Mutige reichten ihm die Hand, da fühlten sie, dass sein Händchen eisig kalt war, und es lief ihnen ein Schauer über den Rücken. Der Geist versprach aber jedem, der ihm die Hand reichte, einen Schatz von neunzigtausend Dukaten. Da wurden die Leute natürlich immer mutiger, denn für solch eine Schwindel erregend hohe Summe hätten sie mit Freuden selbst dem Teufel und seiner Großmutter die Hand gegeben.

Dann ging das Lärmen und Poltern im Haus los, sodass es niemand mehr darin aushalten konnte, und bald verbreitete sich das Gepolter und grässliche Spuken im ganzen Dorf, bis die Bauern sich nicht mehr zu helfen wussten. So liefen sie zum Pfarrer von Hellingen, Johann Hase, und zum Pfarrer von Heldburg, Magister Buchenröder. Beide kamen gemeinsam angereist. Sie sagten den Bauern in Schwickershausen, sie hätten sich mit ihrem Händegeben aus lauter Geldgier dem leibhaftigen Teufel verschrieben, und die Bauern erschraken fast zu Tode. Dann begannen die Pfarrer tüchtig zu beten und zu predigen. Das gefiel dem Geist überhaupt nicht und er rief: »Gebt mir ein Kind, dann werde ich weichen!«

»Einen Dreck sollst du haben, aber kein Kind!«, rief der Pfarrer von Hellingen, und der Geist antwortete ihm darauf auch nicht gerade mit höflichen Worten. So zankten und schimpften sie lang und breit hin und her. Da der Geist aber nicht wich, wich auch der Pfarrer nicht. Durch ausdauerndes Beten konnte der Pfarrer den Geist endlich doch vertreiben. Dreimal drei Wochen lang hatte er geklopft und gepocht, gepoltert und gelästert, dann musste der Spuk aus Schwickershausen weichen.

Die Geistermette

In Karlstadt am Main geschah es einst, dass eine fromme Magd in einer Adventsnacht erwachte und die Kirchenglocken zum nächtlichen Gottesdienst, also zur Mette, läuten hörte. Sie meinte, es sei Zeit, sich mit Weihwasser besprengen zu lassen, zog sich an und ging in die Kapuzinerkirche. Unterwegs hörte sie noch immer das Geläute. Als sie zur Kirche kam, wurde darin Orgel gespielt und gesungen und die Fenster waren hell erleuchtet. Sie ging durch die offene Tür hinein, als gerade der erste Segen gesprochen wurde, und kniete sich rasch in einen Betstuhl.

Nach einer Weile fiel ihr auf, dass ganz andere Lieder gesungen wurden als sonst. Sie schaute sich um und erkannte jetzt den Pfarrer und andere Kirchenbesucher. Es waren Leute aus dem Ort, die aber alle bereits gestorben waren, und die Magd merkte, dass sie sich unter lauter Geistern von Toten befand. Voller Schrecken floh sie aus der Kirche. Kaum war sie vor der Tür, schlug es Mitternacht. Da verstummten mit einem Mal der Gesang und die Orgel, die Lichter erloschen und ein Windstoß warf die Tür zu.

Die Sage von der Geistermette ist eine weit verbreitete Wandersage und taucht in dieser und ähnlicher Form an verschiedenen Orten auf.

Der Hausgeist des Pferdehändlers

Ein Hausgeist wird üblicherweise in einem wohl verschlossenen Fläschchen aufbewahrt. Meist sieht er halb wie eine Spinne, halb wie ein Skorpion aus und ist ständig in Bewegung. Wer ihn kauft, bei dem bleibt er. Ganz gleich wohin der Besitzer das Fläschchen legt, es kehrt immer wieder von selbst zu ihm zurück. Der Geist bringt großes Glück, lässt seinen Besitzer verborgene Schätze finden, macht ihn bei Freunden beliebt und bei Feinden gefürchtet, im Krieg unbesiegbar und schützt sogar vor Haft und Gefängnis.

Wer ihn aber behält, bis er stirbt, der muss mit ihm in die Hölle. Darum versucht jeder Besitzer ihn wieder zu verkaufen. Man kann ihn aber nicht anders verkaufen als immer billiger, damit dem Geist am Ende einer bleibt, nämlich derjenige, der ihn zum allerniedrigsten Preis erworben hat.

Ein Soldat, der ihn für eine Krone gekauft und den gefährlichen Geist kennen gelernt hatte, warf ihn seinem vorherigen Besitzer vor die Füße und eilte fort. Doch als er zu Hause ankam, fand er den Geist wieder in seiner Tasche. Nicht besser ging es ihm, als er ihn in die Donau warf.

Ein Pferdehändler und Fuhrmann aus Augsburg kam einmal in eine berühmte deutsche Stadt. Die Reise hatte seine Tiere stark mitgenommen. Beim Stadttor brach ihm das erste Pferd zusammen, beim Gasthaus das zweite und innerhalb weniger Tage starben auch noch die übrigen sechs. Er wusste sich nicht zu helfen, lief in der Stadt umher und klagte den Leuten unter Tränen seine Not. Da begegnete ihm ein anderer Fuhrmann, dem er von seinem Pech erzählte. Dieser sprach: »Macht Euch keine Sorgen, ich weiß ein Mittel, für das Ihr mir noch danken werdet.«

Der Pferdehändler meinte, das wären nur leere Worte, doch der andere sagte: »Nein, nein, Kamerad, Euch soll geholfen werden. Geht in jenes Haus und fragt nach jenen Leuten«, und er nannte ihm deren Namen. »Denen erzählt Ihr von Eurem Unglück und bittet sie um Hilfe.«

Der Pferdehändler befolgte den Rat, ging in das Haus und fragte dort einen Knaben nach den betreffenden Leuten. Dann musste er eine Weile warten. Schließlich kam der Knabe wieder und führte ihn in ein Zimmer, in dem mehrere alte Männer an einem runden Tisch saßen. Die begrüßten ihn mit

Karlstadt am Main

seinem Namen und sagten: »Du hast acht Pferde verloren, deshalb bist du verzweifelt und willst uns auf Anraten eines Kameraden um Hilfe bitten. Du sollst bekommen, was du dir wünschst.«

Der Mann musste sich an einen Nebentisch setzen und nach einigen Minuten überreichten ihm die Alten ein Schächtelchen mit den Worten: »Dies sollst du bei dir tragen und du wirst von Stund an reich werden. Aber hüte dich, dass du die Schachtel niemals öffnest, denn sonst wirst du wieder arm.«

Der Pferdehändler fragte, was er für dieses Schächtelchen bezahlen müsse, aber die Männer wollten nichts dafür annehmen. Nur musste er seinen Namen in ein großes Buch schreiben. Kaum aber war der Pferdehändler aus dem Haus getreten, fand er einen ledernen Sack mit dreihundert Dukaten. Davon kaufte er sich neue Pferde. Bevor er die Stadt verließ, fand er in dem Stall, in dem die neuen Pferde standen, noch einen großen Topf mit alten Talern. Wenn er irgendwo hinkam und das Schächtelchen auf die Erde setzte, dann zeigte sich ihm an der Stelle, wo jemand Geld verloren oder vergraben hatte, ein strahlendes Licht, sodass er den Schatz leicht finden konnte. Auf diese Weise bekam er, ohne etwas Unrechtes zu tun, große Schätze zusammen.

Als die Frau des Pferdehändlers hörte, wie das zuging, erschrak sie und sprach: »Das ist ein böses Zauberwerk. Gott will nicht, dass ein Mensch durch solch verbotene Dinge reich wird, sondern hat gesagt: ›Im Schweiße deines Angesichts sollst du dein Brot essen.‹ Ich bitte dich, deinem Seelenheil zuliebe, fahr wieder in die Stadt und bring den Leuten diese Schachtel zurück.«

Der Mann ließ sich überreden und beschloss dem Rat seiner Frau zu folgen. Er schickte einen Knecht mit dem Schächtelchen in die Stadt, um es zurückzubringen. Doch der Knecht kam mit dem Schächtelchen wieder heim und berichtete, dass diese Leute nicht mehr zu finden waren und auch niemand wisse, wo sie sich nun aufhielten.

Die Frau gab genau Acht, wo ihr Mann das Schächtelchen versteckte, und bemerkte, dass er es in einem eigens gemachten Täschchen an seinem Hosenbund aufbewahrte. In einer Nacht stand sie auf, holte es hervor und öffnete es. Da flog eine schwarze summende Fliege heraus und durchs Fenster auf und davon. Die Frau machte den Deckel wieder zu und steckte das Schächtelchen zurück, ohne sich weitere Gedanken darüber zu machen. Doch von Stund an verwandelte sich all das vorherige Glück in das bitterste Unglück. Die Pferde brachen zusammen oder wurden gestohlen. Das Korn auf dem Vorratsspeicher verdarb, das Haus brannte dreimal ab und der angesammelte Reichtum schwand zusehends. Der Mann machte Schulden und wurde bettelarm. Schließlich hat er aus lauter Verzweiflung erst seine Frau mit einem Messer getötet und dann sich selbst eine Kugel durch den Kopf geschossen.

❡ *Der Spiritus familiaris, Haus- oder Familiengeist, gehört wie die Alraune zu den dienstbaren Geistern und hat die Gestalt einer Fliege oder Spinne. Die Alraune, auch Galgenmännlein genannt, ist eine Wurzel, die unter dem Galgen wächst und nur unter Lebensgefahr ausgegraben werden kann. Beide Geister können in der Familie weitervererbt werden. Nach einer anderen Lesart muss der Besitzer versuchen, sie vor seinem Tode loszuwerden, da sonst seine Seele dem Teufel verfällt.* ❡

Der Schulmeister

In Neukirchen hat es morgens beim Glockenläuten in der Kirche bei der Orgel immer so gerumpelt, dass der Messner vor lauter Angst die Glocken nicht mehr läuten ging. Da sind mehrere Männer gemeinsam hinauf, aber alle haben sich schrecklich gefürchtet.

Der Pfarrer sagte: »Da muss wohl mit dem Schulmeister, der vor kurzem gestorben ist, etwas nicht stimmen.« Der Dorfschullehrer hatte einmal heimlich einen Grenzstein versetzt und sich auf diese Weise Gemeindegrund angeeignet. Dafür musste er nun spuken gehen und darum hat es bei der Orgel, auf der er immer gespielt hatte, so gerumpelt. Die Leute sagten, der Pfarrer solle den Geist austreiben, und er fing an laut Beschwörungen zu lesen.

Der Geist kam auch, sagte aber zum Pfarrer: »Du kannst mich nicht verbannen. Denn du hast ja selbst kein reines Gewissen. Als Student hast du deiner Mutter immer wieder einmal ein Zehnerl gestohlen!«

Da ließ man einen Mönch kommen, dem gelang es ebenfalls, den Geist herbeizurufen, doch jetzt kam er als Ziegenbock. Der Mönch sagte zu ihm: »So kann ich dich nicht brauchen. Du musst schon in deiner eigenen Gestalt kommen.« Er las weiter seine Sprüche und der Geist kam wieder, nun sah er aus wie ein Kalb. Der Mönch sagte wieder: »Komm in deiner eigenen Gestalt, sonst kann ich dir nicht helfen!«

Da ist der Schullehrer schließlich in seiner eigenen Gestalt gekommen, genau wie er früher ausgeschaut hatte, nur war er jetzt viel größer. Der Mönch fing wieder an seine Beschwörungen zu lesen, da wurde der Lehrer immer kleiner und zu guter Letzt passte er in eine Zündholzschachtel hinein. Als er drin war, hat man ihn auf einen Wagen geladen und auf den Schwärzenberg gefahren. Zwei Pferde waren vor den Wagen gespannt, und je weiter sie fuhren, desto schwerer wurde der Wagen. Die Rösser haben so geschwitzt und der Schaum lief an ihnen nur so runter, dass sie den Geist des Schulmeisters beinahe nicht mehr den Berg hinaufgebracht hätten. Nachdem sie ihn aber am Schwärzenberg abgesetzt hatten, da war dann endlich Ruhe.

❡ *Schauplatz der Sage um einen Wiedergänger, wie man die als Geister wiederkehrenden Toten im Volksglauben nennt, ist die Ruine Schwärzenberg auf dem »Pfahl«, einem bizarren Felsriegel im Bayerischen Wald.* ❡

Der Stilzl

Der junge Pferdehirt Hans Stelzl von Warzenried wollte abends seine Pferde heimtreiben. Auf der Trad, einer Anhöhe, angekommen zählte er die Herde mehrere Male durch. Aber immer war es eins zu wenig, denn er vergaß das Pferd mitzuzählen, auf dem er saß. Fürchterlich fluchend sprang er aus dem Sattel, band sich die lange Peitsche um den Leib und lief den steinigen Weg zurück, um das verloren geglaubte Tier zu suchen. Da begegnete er dem Wolßengirgl, der gerade vom Holzfällen zurückkehrte. Der fragte ihn, wo er denn noch hinwolle.

»Der Teufel soll mich holen«, entgegnete der Stelzl, »ich hab den stolzen Fuchs verloren, wenn ihn nicht die böhmischen Räuber gestohlen haben.«

»Das könnte schon möglich sein«, antwortete der Wolßengirgl, »denn der Hiasl mit seiner Bande ist ja wieder unterwegs.«

Der Stelzl lief nun durch die Wälder und rief immer wieder nach dem Pferd: »Ihaha-ihaha!« Der Wolßengirgl aber sah die Pferde ruhig nach Hause gehen und der fuchsrote Hengst war auch dabei.

Als Hans Stelzl am nächsten Morgen nirgends zu finden war, ergriff der alte Stelzl-Peter, sein Vater, selbst einen Stecken, um die Pferde zu hüten. Schon war er mit ihnen auf der Trad angelangt, als der Wolßengirgl, der schon früh zum Holzfällen losgegangen war, in vollem Lauf aus dem Wald gerannt kam.

»Erschrick nicht, Peter!«, sagte er. »Geh ein bisschen in den Weihelweg hinein, dann siehst du etwas!«

Der Peter erschrak allerdings sehr, folgte dem Wolßengirgl und sah nun seinen Sohn Hans an einer Föhre hängen, ganz schwarz im Gesicht und tot. Er hatte sich mit seiner Peitsche aufgehängt. Der Totengräber schnitt ihn ab und verscharrte ihn an Ort und Stelle, dann wurde eine Wagenladung Steine darüber aufgehäuft. Dieses Waldstück und die daran angrenzenden Äcker heißen noch heute »Beim Stelzlacker«.

Seitdem geht der Stelzl, oder Stilzl, wie man ihn jetzt meist nennt, als Geist um. Schon von weitem hört man ihn seine Pferde zählen. Er ärgert die Leute und springt ihnen auf den Rücken, ahmt das Brüllen einer Kuhherde nach und lockt damit die Zöllner in den Sumpf. Den Schmugglern hilft er, und wenn jemand ruft: »Gehängter, komm und hilf!«, dann er hilft im Nu.

Zwei schlafenden Räubern hat er einmal die Bärte zusammengebunden, sodass jeder meinte, der andere ziehe ihn daran. Dann fingen sie an zu raufen und rissen sich dabei gegenseitig die Bärte aus. Einen faulen Müllerknecht hat er mit dem Mühlrad mehrere Male durchs Wasser gedreht, ihn dann in seine Kammer getragen und dort aufs Bett geworfen.

Zur Strafe für seinen Selbstmord muss er bis zum Ende aller Tage spuken, oder so lange, bis ein Mädchen genug für ihn gebetet hat.

Der Stilzl oder Stelzl ist wohl eine der bekanntesten Sagenfiguren aus dem Böhmerwald. Man kann ihn zu den Gespenstern oder Kobolden rechnen. Literarische Berühmtheit erlangte er durch eine Sammlung von Geschichten des Böhmerwald-Dichters Hans Watzlik.

Die Weisse Frau von Rosenberg

Auf den Schlössern der Herren von Rosenberg hat man schon in alter Zeit jedes Mal, wenn ein wichtiges Familienereignis bevorstand, die Erscheinung der Weißen Frau bemerkt. Die hohe, schlanke Gestalt war in ein weißes Gewand gehüllt, der Kopf mit einer Haube bedeckt, von der ein langer wallender Schleier herabfiel und den größten Teil des Gesichtes verbarg.

So schritt sie, meist zu nächtlicher Stunde, mit ernster Miene durch die Räume. Am Gürtel trug sie ein Schlüsselbund und öffnete mit den Schlüsseln bald diese, bald jene Tür. Wenn sie mit traurig gesenktem Kopf umherging und schwarze Handschuhe oder manchmal auch einen schwarzen Schleier trug, dann stand dem Haus ein großes Unglück bevor. Meistens zeigte sie damit einen bevorstehenden Todesfall an. War sie aber ganz weiß gekleidet und machte ein ruhiges und freundliches Gesicht, so stand ein freudiges Familienereignis bevor. Besonders froh war sie vor der Geburt eines Kindes. Dann ging sie geschäftig hin und her und sorgte für das neugeborene Kindlein. Wenn die Ammen, also die Kindermädchen, eingeschlafen waren, kümmerte sich die Weiße Frau um die weinenden Kleinen, trug sie im Zimmer herum und schläferte sie mit leisem Singen ein.

An den Leuten, denen sie begegnete, ging sie ruhig vorbei und erwiderte ehrerbietige Grüße nicht selten durch ein freundliches Kopfnicken. Wenn sie aber jemanden fluchen und lästern hörte, wurde sie heftig und böse und warf mit Steinen oder was ihr sonst gerade in die Hände kam nach dem Übeltäter. Auch mochte sie es gar nicht, wenn an den alten Möbeln, die noch aus ihrer Zeit stammten, eine Veränderung vorgenommen wurde. Dann lief sie in dem jeweiligen Raum umher, ließ die Fenster auf- und zufliegen wie ein heftiger Sturmwind, und wenn jemand einen der betreffenden Gegenstände trotzdem anfassen wollte, wuchs die Weiße Frau vor seinen Augen drohend aus dem Boden heraus zu riesiger Größe empor.

Als Peter Wok, der Letzte aus der Familie von Rosenberg, geboren wurde, erschien die Weiße Frau fast täglich bei ihm in der Burg Krummau und kümmerte sich sehr aufmerksam um den Kleinen. Eines Tages war die Amme aus dem Zimmer gegangen. Als sie wieder zurückkam, fand sie das weinende

Kind auf den Armen der Weißen Frau, die versuchte es zu beruhigen. Die Amme fuhr den Geist mit harten Worten an, entriss ihm das Kind und forderte ihn auf, den Raum zu verlassen. Da sah die Weiße Frau sie mit finsterem Gesicht an und sprach leise, aber deutlich: »Du Undankbare! Durch meine Vermittlung hast du die Anstellung in diesem Haus bekommen und nun willst du mich aus den Räumen meiner Vorfahren verjagen? Sag dem Vater dieses Kindes, dass er mich nie wieder sehen wird. Schau nur, wo ich wohne!«

Mit diesen Worten verschwand sie in diejenige Wand des Zimmers, die an einen alten viereckigen Turm grenzte. Als sich die Amme von ihrem Schrecken erholt hatte, meldete sie dem Schlossherrn Peter, was sie gesehen und gehört hatte. Dieser ließ nach einiger Zeit die Mauer durchbrechen, durch welche der Geist verschwunden war. Dahinter fand er den großen Rosenberg'schen Schatz, mit dem er später dem Kaiser half, den Krieg gegen die Türken fortzusetzen.

Anderen Erzählungen nach erschien die Weiße Frau manchmal auch am hellen Tage. So blickte sie einmal zur Mittagszeit aus dem Fenster eines verfallenen Schlossturmes auf die Stadt herab. Deutlich war die hoch gewachsene Gestalt zu sehen. Sie trug weiße Witwentracht und war verschleiert. Auf dem Markt versammelte sich eine Menge Volk. Man sah die Erscheinung an und zeigte mit Fingern auf sie. Nach einiger Zeit wurde die Gestalt immer kleiner und kleiner und verschwand schließlich.

Eine spätere Sage, in der die Weiße Frau bereits Berta von Rosenberg genannt wird, erzählt uns, warum sie keine Ruhe im Grabe fand und wie dieser friedlose Geist endlich erlöst worden ist.

Einst musste der Domherr Johann aus dem fürstlichen Hause Liechtenstein auf einer Reise in Neuhaus übernachten. Man wies ihm als Schlafzimmer eines der hoch gewölbten Prunkgemächer des Schlosses an, dessen Wände mit Familienbildern bedeckt waren. Als er diese vor dem Schlafengehen betrachtete, fiel ihm ein altes großes Bild besonders auf. Es zeigte einen vornehmen Hochzeitszug, der sich langsam durch einen gotischen Saal zu bewegen schien. Der Bräutigam sah missgestaltet und unheimlich aus, die

Braut hingegen zart und schön, allerdings war sie blass wie eine Lilie und aus ihrem Gesicht sprach großer Kummer. Lange stand der Domherr vor dem Bild. Dann löschte er das Licht und schlief ein.

Bald aber war ihm, als ob er ein leises Seufzen hörte, das von diesem Gemälde her kam. Er schaute hin und sah den Hochzeitszug von hellem Mondlicht beleuchtet. Und da löste sich das blasse Frauenbild los und kam auf den Domherrn zu. Die geisterhafte Gestalt gab sich als Berta von Rosenberg-Liechtenstein zu erkennen und bat den Geistlichen, sie mit ihrem Ehemann zu versöhnen und damit zu erlösen. Denn weil sie unversöhnt gestorben sei, habe sie keine Ruhe im Grab finden können. Und ihr Gemahl leide zwischen Zeit und Ewigkeit schlimme Qualen, weil er mit falschem Verdacht und unrechtem Zorn auf sie hatte sterben müssen. Am nächsten Tag werde sie zur selben Zeit mit ihrem Mann erscheinen und der Domherr sei als Nachkomme ihres Gatten berufen, ihnen beiden zur ewigen Ruhe zu verhelfen. Nachdem die Gestalt dies gesprochen hatte, zerfloss sie in hellem Nebel.

Der Domherr bereitete sich am nächsten Tag durch Gebete und Fasten auf dieses christliche Werk vor. Abends ließ er zwei Altarkerzen anzünden, stellte ein Kruzifix auf den Tisch und las in der heiligen Schrift, bis es elf Uhr schlug. Da war es ihm auf einmal, als glänze das Wandgemälde wie von Sternenschein und alle Hängeleuchter des abgebildeten gotischen Saales funkelten, als wären sie angezündet. Das finstere Gesicht des Bräutigams wurde freundlicher und heiterer und im sanften Schimmer der Verklärung trat Frau Berta aus dem Bilderrahmen heraus. Ihr folgte Hans von Liechtenstein. Nach ernster Ermahnung und langem, innigem Gebet legte der Priester die Hände seiner Ahnengeister versöhnend ineinander, sprach den Segen über sie und stimmte das Lied an: »Herr Gott, dich loben wir«, in das beide leise einzustimmen schienen. Dann sagte Berta: »Den Lohn für deine Tat wirst du von Gott erhalten. Bald wirst auch du bei uns sein.« Hierauf verschwanden die beiden Gestalten und die Weiße Frau wurde nie wieder gesehen.

❡ *Die Weiße Frau spukt an zahlreichen Orten in Deutschland und wird meistens mit Burgen oder Schlössern in Verbindung gebracht. Die schönsten Sagen dieser Art ranken sich um eine Edelfrau aus dem berühmten Geschlecht der Rosenberger in Südböhmen.* ❡

Die alte Urschel

Seit vielen hundert Jahren lebt eine verwünschte Frau im Urschelberg bei Pfullingen. Man nennt sie nur die alte Urschel. Sie hat sich schon oft den Leuten gezeigt und trägt mal weiße, mal schwarze Kleider, dazu weiße Leinenschuhe und rote Strümpfe. Immer hat sie ein großes Schlüsselbund am Gürtel hängen. Auch als Fuchs ist sie schon erschienen und als Frau mit Ziegenfüßen.

Vor etwa hundert Jahren lebte in Pfullingen ein junger Mann namens Michael Weiß. Als er noch ein Knabe war, trieb er einmal die Pferde vom Urschelberg herab und fand unten, am so genannten Kugelbergle, ein Pferdekummet*. Er hob es auf und da verwandelte sich das Kummet in eine Jungfrau, nämlich die Urschel. Sie trug rote Strümpfe, ein weißes Kleid und ein weißes Tuch auf dem Kopf, war von kleiner und zierlicher Gestalt, trug ein Schlüsselbund und strickte mit gelben Stricknadeln. Von da an begleitete sie den jungen Michael jedes Mal, wenn er auf den Urschelberg kam. Wenn er mit Wagen und Pferden unterwegs war, dann half sie ihm und bremste den Wagen, indem sie sich ins Rad stellte, und zwar vom Urschel-Hohberg hinab bis kurz vor Pfullingen, sodass ihm niemals ein Unfall zustieß. Dann sprach sie mit dem Burschen und erzählte ihm mancherlei. Das ging so viele Jahre lang, bis der Michael schon verheiratet war und vier Kinder hatte.

Da gestand sie ihm eines Tages, dass sie von ihren Schwestern verwünscht worden sei. Sie heiße eigentlich Prisca, die Leute hätten sie nur Urschel genannt, weil sie im Urschelberg wohne. Er aber sei imstande, sie zu erlösen. Sie werde ihm halb als Schlange, halb als Jungfrau erscheinen und dann müsse er sie küssen. Dann werde ein schwarzer Pudel ihn bedrohen und seinen feurigen Rachen aufreißen. Doch sie werde ihm eine Rute geben, mit der solle er den Pudel nur von dem Schatz wegtreiben, den er hüte. Das Geld solle dann ihm gehören. Über seinem Kopf würde zwar ein Mühlstein an einem Bindfaden schweben, doch wenn er nur still sei, dann werde ihm nichts geschehen. Wenn er aber einen Laut von sich gebe, dann sei er verloren.

* Pferdekummet: Um den Hals liegender hölzerner, gepolsterter Ring, der Teil des Pferdegeschirrs ist.

Zu diesem Erlösungswerk sollte er in ihre unterirdische Wohnung kommen. Der Michael Weiß war auch bereit dazu, aber nur, wenn er seine Eltern mitbringen dürfte. Das wollte die Urschel jedoch nicht erlauben. Die Eltern sollten draußen vor der Höhle stehen bleiben. Weil Michael aber allein nicht den Mut dazu hatte, wurde nichts aus der Erlösung. Die Urschel bedrängte ihn zwar mit Bitten und Flehen und sagte ihm, dann und dann müsse er sterben, ob er sie nun erlöste oder nicht. Doch sie konnte ihn nicht dazu bewegen und er starb zu der Zeit, die ihm die Urschel vorausgesagt hatte.

Da soll sie bitterlich gejammert und gesagt haben: »Wenn ein Hirsch eine Eichel in den Boden tritt und aus der Eichel wächst ein Baum und aus dem Holz des Baumes wird einmal eine Wiege gemacht, dann kann das erste Kind, das darin liegen wird, mich nun erst wieder erlösen.«

❡ *Der Urschel- oder Urselberg liegt oberhalb von Pfullingen in Schwaben. Dort soll man auch bei Nacht manchmal noch das Schloss der alten Urschel sehen.* ❡

Melusine

Auf Schloss Staufenberg lebte ein junger Mann, der ging gerne zum Vogelfang in den Wald. Da vernahm er einst vom Stollenberg herab den Gesang einer lieblichen Stimme. Er ging ihr nach und sah im Gebüsch eine liebreizende Frauengestalt, die rief ihm zu:

»Erlöse mich, erlöse mich!
Nur dreimal dreifach küsse mich!«

»Wer bist du denn?«, rief der Jüngling und die Erscheinung sprach:

»Melusine heiß ich,
Himmel-Stollens Tochter bin ich!
Küsse früh zur neunten Stund

furchtlos Wangen mir und Mund,
dann soll ich erlöset sein
und bin mit meinem Brautschatz dein!«

Als nun der Jüngling das zauberhafte Wesen näher betrachtete, fand er Melusines Gesicht mit den blauen Augen und den blonden Locken wunderhübsch. Auch ihr Oberkörper war wohl geraten und schön anzusehen, nicht so aber Hände und Füße. Die Hände hatten keine Finger, sondern sahen aus wie abgeschnittene Handschuhe, und Füße hatte sie gar keine, sondern einen Schlangenleib.

Dennoch gab der Jüngling ihr ohne Furcht die ersten drei Küsse. Melusine freute sich sehr darüber und verschwand dann. Am nächsten Morgen ging der Liebhaber wieder ihrem verlockend süßen Lied nach, das ihm schon entgegenklang. Nun aber hatte Melusine auch Flügel und der Schlangenleib war grün geschuppt und endete in einem Drachenschwanz. Die Augen und das Gesicht Melusines aber waren wunderschön und strahlend und aus ihrem Blick und ihrem kussbereiten Mund kam ihm solch ein verführerisches Verlangen entgegen, dass er ihr trotzdem wieder die drei Küsse gab. Dabei erzitterte sie vor Wonne und ihre Flügel rauschten ihm um den Kopf. In der folgenden Nacht konnte der Jüngling kaum ein Auge zutun. All seine Gedanken waren bei der glühenden, sinnlich schönen Gestalt und schon im Morgengrauen ging er in den Wald und folgte dem süßen Liebesgesang.

Aber, oh weh! Wo war das liebreizende Engelsgesicht? Verwandelt war es und Melusine hatte jetzt einen Krötenkopf. Den mochte der Liebhaber jedoch ganz und gar nicht küssen. Stattdessen lief er davon, so schnell er nur konnte, und hörte sie lange hinter sich herrascheln und ihn wehklagend rufen. Nie wieder ging er danach auf den Stollenberg. Vielmehr heiratete er ein Mädchen, das zwar nicht so zauberschön war wie die Melusine, dafür aber auch keinen Krötenkopf und keinen Schlangenleib hatte.

Als nun auf Schloss Staufenberg die Hochzeit gefeiert wurde und alle recht fröhlich beim Festessen zusammensaßen, spaltete sich die Täfelung der Zimmerdecke ein wenig und in den Teller des Bräutigams fiel ein Tröpfchen wie Tau. Niemand sah es. Doch als der junge Mann den Bissen in den Mund steckte, auf den der Tropfen gefallen war, da sank er tot nieder und oben zog sich ein kleiner Schlangenschwanz durch die Ritze in die Decke hinein. Aus war es mit der Hochzeit.

❡ *Schloss Staufenberg oberhalb Durbach im Ortenaukreis (Schwarzwald) ist Schauplatz der Sage von Peter von Staufenberg, der sich in eine schöne Fee verliebt, seine Geliebte aber verlässt. Am Tag der Hochzeit mit einer anderen stößt ein weißer Fuß durch die Decke als ein Zeichen für Peter, dass er sterben muss. In einer späteren Fassung wird diese Sage mit der französischen Volkserzählung von Melusine vereinigt und die schöne Fee in ein gespenstisches Wesen verwandelt.* ❡

Die Schrettele

Schrat und Schrettele sind unheimliche Wesen, in vielerlei Hinsicht schrecklich und furchtbar. Einen Schrat oder Waldschrat nannte man früher einen struppigen Waldspukgeist mit wirrem Haar. Das Schrattele, auch Schrettele genannt, ist dagegen ein zottiges und struppiges Nachtgespenst. Es verfilzt den Tieren die Mähne, saugt an den Eutern der Tiere und Brüsten der Menschen, selbst bei Kindern, sodass sie anschwellen. Des Nachts kommen die Schrettele durchs Schlüsselloch und plagen besonders gerne Frauen im Kindbett und kleine Säuglinge. Manchmal nehmen sie auch Tiergestalt an und drücken die Menschen, dass ihnen beinahe die Luft ausgeht.

Einst wurde ein Müller glücklich vom Albdrücken befreit, dem Schrettele aber, das ihn so schrecklich gequält hatte, ist es schlecht ergangen. Im Schlaf stöhnte und ächzte der Gequälte, ohne jedoch aufzuwachen. Sein Kamerad, der im selben Zimmer schlief, stand auf, machte Licht und sah einen Strohhalm quer auf der Brust des Schlafenden liegen, den nahm er in die Hand. Gleich wachte der andere erleichtert auf und da verbrannten sie den Strohhalm. Nie wieder kam das Schrettele wieder zu dem Müllersburschen. Im Haus nebenan aber lag die Nachbarsfrau im Bett und hatte am ganzen Körper Brandblasen.

Ein wirksamer Schutz gegen solche Ungetüme ist ein Schrettelesmesser. Das ist einfach ein Messer, auf dessen Klinge drei Kreuze eingeritzt sind. Das hält man nachts mit der Spitze nach oben in der Hand. Dann sticht sich das Schrettele daran und kommt nie mehr wieder.

❡ Die Sage ist sozusagen eine Gebrauchsanweisung, wie man sich gegenüber jenen Geistern verhalten soll, die das nächtliche Albdrücken verursachen. Dabei wird die gesamte Sippschaft namentlich aufgezählt. ❡

Breithut und andere Geister

In der Gegend von Blaubeuren spukt ein Geist, der Breithut genannt wird, weil er einen Schlapphut trägt. Seinen Kopf hat er nur aufgesetzt und den Hut obendrauf. Er geht nicht zu Fuß, sondern fährt in einer Kutsche mit vier kohlpechrabenschwarzen Rappen und lärmt und poltert wie der ewige Fuhrmann, der als Geist in der Gegend von Tettnang herumschwebt. Die Rappen aber haben keine Köpfe.

Neben dem Breithut gibt es in Schwaben noch andere Geister und Geistlein wie Sand am Meer. Gut, dass sie unsichtbar sind, sonst könnte man ja Angst bekommen, wenn einem alle paar Schritte ein Schlapphut begegnete mit feurigen Augen und einem Bart wie ein Waldschrat.

Ein Geist heißt Kuonzel oder auch Konrad, der spukt bei Bühlertann. Bei Wankheim und Jettenburg geht ein Wiesengeist um und führt die Leute in die Irre. Im Kusterdinger Wald bei Tübingen spukt der Eintöffeler, der hat nur einen Pantoffel an und geht halb barfuß. Zu dessen größtem Vergnügen gehört es, blitzschnell zu erscheinen und ebenso schnell wieder zu verschwinden. Auch lässt er gerne seinen Kopf vom Hals losgelöst auf- und abhüpfen.

Ein Geist, der sich gern in Tiere verwandelt, spukt bei Gniebel und wird der Kappelgeist genannt. Bei Riederich spukt einer als Nachtvogel, so groß wie die Tut-Ursel. Der fliegt vor den Wanderern her, foppt sie und lacht mit

Menschenstimme. Andere fahren mit Gekreisch in Gestalt eines Lichts blitzschnell bei den Leuten ans Fenster, sodass alles erschrickt.

Man kann also mit Recht sagen: »Das Schwabenland ist das geistreichste Land unter der Sonne!«

❡ *Wie die vorangegangene enthält auch diese Sage vom Einzelbeispiel ausgehend Informationen über eine ganze Gruppe, fasst in diesem Fall mehrere schwäbische Einzelsagen zusammen. Ausgangspunkt ist Blaubeuren westlich von Ulm, das durch die Sage vom »Blautopf«, wo eine Quellnixe gelebt haben soll, Berühmtheit erlangte. Die hier angesiedelte Geschichte von der Schönen Lau ist allerdings keine Volkssage, sondern geht auf ein Kunstmärchen des Dichters Eduard Mörike zurück.* ❡

Klopferle

Auf der Burg Hohenrechberg haust bis zum heutigen Tag ein Geist, der Klopferle genannt wird und die Zukunft vorhersagt.

Ein Ritter von Rechberg, Ulrich II., war in die Ferne in den Krieg gezogen und seine Frau, Anna von Menningen, hoffte vergebens auf seine Heimkehr. Der Ritter hatte einen treuen Hund, der konnte Briefe überbringen und kam bisweilen, um der Frau eine Nachricht zu bringen. Schließlich aber blieb der Hund ganz aus.

Eines Tages betete die Frau ganz inbrünstig für ihren fernen Gatten, da störte ein lautes Klopfen sie im Gebet und sie rief unwillig aus: »Ja klopf doch ewig und drei Tage!« Doch als sie die Tür öffnete, saß der treue Hund davor, der blickte sie traurig an. Diesmal hatte er keinen Brief dabei. Drei Tage später brachten Knappen den Rechberger als Leiche in sein Schloss zurück. Als sich die Frau daraufhin zu Tode grämte, hörte sie wieder das Klopfen. Nun schimpfte sie nicht mehr, sondern sagte nur: »Ich komme!« Und nach drei Tagen starb auch sie.

Seitdem hat es immer drei Tage vor dem Tod eines jeden Rechbergers geklopft, ohne dass jemals eine Erscheinung sichtbar geworden wäre.

Auf dem Bergrücken zwischen dem Hohenstaufen und dem Hohenrechberg geht auch ein anderer Geist in Gestalt eines Lichtes um und schreckt hauptsächlich zur Herbstzeit die Leute. Manchmal erscheint er nur als eine kleine Flamme, dann wieder wächst er wie ein Backofenfeuer. Noch nie hat aber jemand, der ihm begegnet ist, gewagt ihn anzureden.

❡ *Nördlich von Geislingen am Rande der Schwäbischen Alb sieht man die markanten Silhouetten der Burg Hohenrechberg und des Hohenstaufen, wo die Stammburg der Staufer stand. Mit der Burg Hohenrechberg sind gleich zwei Sagen verbunden. Der Staufergeist in Gestalt eines Lichtes soll ein Knappe vom Hohenstaufen gewesen sein, der nachts gern ein Fräulein auf Hohenrechberg aufsuchte, auf seinem Wege aber erschlagen wurde. Die Sage geht angeblich auf jene »Elmsfeuer« zurück, kleine elektrische Entladungen, die sich bei Gewittern manchmal auf dem Bergrücken zwischen Hohenstaufen und Hohenrechberg zeigen.* ❡

Burggeist Poppele

Auf der Burg Hohenkrähen im Allgäu haust ein wunderlicher Spukgeist, der geht schon mehrere hundert Jahre um. Als der Geist noch in einem menschlichen Leib steckte, gehörte er dem Verwalter einer verwitweten Herrin von Hohenkrähen. Er hieß Hans Christian Poppel und war ein überaus geschäftiger und lustiger kleiner Mann, der die Leute gern neckte und die Dienerschaft fleißig zur Arbeit antrieb. Nebenbei heckte er allerhand listige Streiche aus und wünschte sich auf der Welt auch nichts anderes und Besseres, als ebendies immerfort zu tun. Da Poppel aber nun mal nicht ewig leben konnte, setzte er sein Treiben nach seinem Tod fort und wurde ein Hilfsgeist und Neckebold, so ähnlich wie Rübezahl.

Im Volksmund wird er allgemein der Poppele genannt. Seine Hilfe ist meist ebenso unerbeten wie unerwünscht. Er trägt zwar das Getreide in die Scheune, aber er wirft es durcheinander, anstatt es auszudreschen. Er spannt zwar die Pferde vor die Kutsche oder die Ochsen vor den Pflug, aber immer verkehrt herum. Manch einen, der zerbrechliche Waren mit sich trug, hat der Poppele gefoppt. Da stand er dann als Baumstrunk oder als einladende Bank am Wegesrand. Setzten sich aber die Müden mit ihrem Glas- oder Eierkorb darauf, pardauz!, saßen sie auf ihrem eigenen Poppel. Der Strunk oder die Bank waren weg und die kostbare Fracht war zerbrochen.

Manches Mal hat schon in stiller Nacht das Posthorn vor dem Stadttor von Radolfszell geblasen. Der Wächter dachte: Ich will der Postkutsche das Tor aufmachen. Doch wenn er dann das Tor sperrangelweit geöffnet hatte, war kein Mensch da und auch keine Postkutsche. Nur in weiter Ferne hörte der Wächter das laute Kichern des Spukgeistes.

Will man sich mit dem Poppele gut stellen, muss man ihn zum Mitessen oder Mitfahren einladen. Wenn er etwas richtig und nicht verkehrt machen soll, muss man zu ihm sagen: »Nicht zu viel und nicht zu wenig!«

❡ Die auf einem steilen Bergkegel errichtete Burg Hohenkrähen gehört neben dem Hohentwiel zu den eindrucksvollsten Burgen im Hegau, einer Vulkanlandschaft bei Singen. Die Sage soll auf eine historische Persönlichkeit zurückgehen, einen Vogt, der zu Beginn des 15. Jahrhunderts auf der Burg lebte. Nach einer anderen Sage soll er ein bösartiger Mann gewesen sein, der wegen einer Missetat von einem Mönch verwünscht wurde. ❡

Das Pelzweible

Auf Burg Rommenthal geht das Pelzweible um und hütet einen Schatz, der bis zu seiner Erlösung dort liegen muss.

Einem Amtmann in Süßen erschien das Pelzweible einst und flehte ihn um Erlösung an. Es werde ihm in dreimaliger Verwandlung erscheinen, er solle nur Mut haben und jede der drei Gestalten mit einer Rute berühren.

Der Amtmann, der noch jung und unverheiratet war, fürchtete sich nicht. Auch hatte er sich sonst in der Amtsstube den Bauern gegenüber immer mehr als mutig, eher übermütig gezeigt.

Also begannen die Prüfungen. Das Pelzweible verwandelte sich vor seinen

Augen in eine Kröte und erhielt einen Schlag mit der Rute. Dann verwandelte sich die Kröte in eine große Schlange. Da hörte für den tapferen Amtmann der Spaß allerdings auf, doch als die Schlange zischend auf ihn zusauste, wehrte er sich und schlug ihr mit der Rute auf den Kopf. Weg war die Schlange, aber plötzlich stand ein riesiger Pudel vor ihm, so groß wie ein Kalb, mit feurigen Augen, der riss seinen Rachen auf und spuckte Feuer und schien ihm gleich die Nase abbeißen zu wollen. Da rutschte dem Amtmann das Herz in die Hose und die Rute aus der Hand. Er lief davon und entfloh auf seinem Pferd, das er vorsorglich schon gesattelt bereitgestellt hatte. Der Pudel raste hinter ihm her und gebärdete sich wie wild.

Nachdem dieser Erlösungsversuch den Amtmann beinahe das Leben gekostet hätte, wollte er für den Rest seines Lebens mit Frauen nichts mehr zu tun haben und hat auch niemals geheiratet.

Aus der Natur

Aus der Natur

Wohl jeder kennt die Ballade »Der Erlkönig« von Johann Wolfgang von Goethe, die mit den Worten beginnt: »Wer reitet so spät durch Nacht und Wind ...« Allein in den ersten Worten »spät«, »Nacht« und »Wind« wird schon eine düstere Welt beschworen, wie sie in Balladen und Sagen oft eine so wichtige Rolle spielt.

Das Unheimliche, oft Bedrohliche in der Natur und in den Naturerscheinungen hat schon immer die Phantasie der Menschen beschäftigt. Sie ängstigen sich oft und suchen nach Erklärungen, die sich dann häufig in Sagen wiederfinden. Schon in der Antike wurden Blitz und Donner mit dem Wirken der Götter in Verbindung gebracht. Im nächtlichen Sturm sahen die Germanen das wilde Heer ihres Gottes Wodan, aus dem später in der Volkssage der Wilde Jäger wurde.

Das Wasser – ganz gleich ob das Meer, ein Fluss oder ein Bach – kann friedlich sein und tückisch zugleich, kann dem Menschen helfen oder ihn vernichten. Kein Wunder, dass da Nixen oder Wassermänner dahinter stecken mussten. Bizarre Felsen, seltsame Berge, ja sogar Bäume oder Pflanzen, aber auch Tiere können zur Bildung von Sagen anregen, wie wir aus den Beispielen dieses Kapitels und des folgenden ersehen.

Solche Natursagen sind oft so genannte Erklärungssagen. Sie versuchen die Entstehung von bizarren Felsen, von Höhlen, aber auch von Naturerscheinungen wie Irrlichtern im Moor oder Elmsfeuern zu erklären. Das ist selbst heute noch manchmal so.

Bestimmte markante Plätze in der Natur fordern geradezu zur Sagenbildung heraus. Besonders beliebt sind dabei einsam gelegene Seen, natürlich auch Moore, die sowieso ein wenig bedrückend und geheimnisvoll auf die Menschen wirken. Die Tageszeit spielt dabei ebenfalls eine gewisse Rolle, besonders der Abend und die Nacht, ganz selten nur der Mittag – jene Stunde der einschläfernden Mittagshitze, die schon in der antiken Sage als die Zeit des Gottes Pan galt, der da sein Unwesen trieb.

Selbst zu den Gestirnen greifen die Sagen, zur Sonne und zu den Sternen, vor allem aber zum Mond und seinem bleichen Licht.

Die Meerminnen

Meerminnen sind weibliche Wassergeister. Sie können schön singen und auch fliegen und sind mit den Nixen verwandt. Sie haben fischgrätige Zähne und meergrüne Haare. Oft waren sie Unheilsverkünderinnen, doch sie konnten auch Glück bringen.

Als die Holländer noch mit Schiffen auf Walfischfang auszogen, geschah es nicht selten, dass eine Meerminne mit halbem Leib aus dem Wasser auftauchte und sang:

»Fischer, werft die Tönnchen aus,
der Walfisch wird bald kommen.«

Auch wenn weit und breit noch kein Wal zu sehen war, taten die Schiffer, was die Meerminne ihnen riet, und es dauerte nicht lange, dann ließ sich ein Walfisch sehen, der dann auch stets sicher erlegt wurde.

In der Nähe von Dordrecht liegt neben der Landstraße ein großes stilles Wasser, aus dem ragt hoch und einsam ein Kirchturm empor. Dort hat einmal die reiche und stark bevölkerte Stadt Zevenbergen gestanden. Ihr Reichtum machte die Einwohner übermütig. Alle Türschlösser, alles Besteck, alle Nägel und Beschläge mussten aus Gold oder Silber sein, so unbeschreiblich reich waren sie. In die Kirche, die St. Elisabeth hieß, ging aus lauter Hochmut niemand mehr. Das Kirchendach war auch nur mit Ziegeln gedeckt, die Dächer der Reichen aber glänzten wie Feuer, denn sie waren mit Goldblech überzogen.

Da erhob sich aus dem breiten Wasser am Biesbosch eine Meerminne, flog über Zevenbergen und sang zu einer klagenden Melodie:

»Zevenbergen soll vergehen,
nur St. Elisabeth bleibt stehen.«

Diesen Gesang hörten die Einwohner sehr wohl und sahen auch die Meerminne. Doch sie beachteten die Warnung nicht. Sie blieben, wie sie waren, und lebten weiter so, wie es ihnen gefiel. Da ließ Gott es geschehen, dass sich die Prophezeiung der Meerminne erfüllte. Eine Sturmnacht kam, endloser Donner rollte über Zevenbergen hin, die Flut stieg und die Stadt versank. Nur die Kirche blieb stehen, wie die Meerminne gesungen hatte, und wo einst die Stadt gestanden hatte, stand nun weit und breit das Wasser.

Fischer haben bisweilen in der Tiefe die goldenen Dächer schimmern sehen. Da wäre noch großer Reichtum zu holen, aber keiner wagt sich hinab in die Stadt, die der Fluch des Himmels getroffen hat.

Ein friesischer Seefahrer hatte sein Schiff für eine weite, gefährliche Reise vorbereitet. Kurz vor der Abfahrt stand er an Bord und versprach feierlich: Wenn das Meer ihn, sein Schiff und seine Ladung vor Stürmen und Untergang verschone, dann wolle er ihm immer treu bleiben und für den Rest seines Lebens nie mehr für länger an Land zurückkehren. In diesem Augenblick tauchten sieben Meerminnen aus dem Wasser auf, hörten seinen Schwur und nahmen die Worte mit sich in die Tiefe.

Viele Jahre lang fuhr der Seefahrer danach über die Meere, brachte Waren von Hafen zu Hafen, und sein Reichtum wuchs und wuchs. Aber er konnte sich nicht darüber freuen und seinen Wohlstand auf dem Schiff nicht so recht genießen und allmählich wuchs in seinem Herzen die Sehnsucht nach dem Land.

Eines Tages erreichte er mit seinem Schiff eine blumenreiche Küste mit blühenden Gärten und herrlichen Stränden. Dort sah er ein wunderschönes junges Mädchen. Er verliebte sich in sie und sie sich bald auch in ihn. Er hielt um ihre Hand an, verkaufte sein Schiff und baute ein prächtiges Haus am Strand. Das richtete er wie ein Königsschloss ein und führte die Liebste als seine Braut dorthin nach Hause.

Als aber der Schiffer in der Nacht in den Armen seiner Liebsten ruhte, tauchten die sieben Meerminnen nahe dem Palast aus dem dunklen Wasser und sangen mit schaurigen Stimmen ein entsetzliches Lied. Daraufhin erhob sich eine turmhohe Welle aus dem Meer, brach sich am Ufer und brandete gegen das Haus, dass es in seinen Fugen bebte. Eine zweite Welle rollte heran und brach die Türen ein und strömte über die Flure. Schon folgten eine dritte und eine vierte, unter deren Ansturm alle Fenster zersplitterten. Die fünfte riss den Schiffer aus seinem Bett fort. Die sechste schließlich fing ihn auf und zog ihn beim Zurückfluten in die wilde, schaumspritzende See. Dort warteten schon die Meerminnen auf den Schiffer und führten ihn tief hinab auf den Meeresgrund.

Da muss er nun wohnen, von dort will er jedes Jahr bei Vollmond im Mai mit den Wellen herauf zu seinem zerstörten Haus und seiner Liebsten. Aber immer ziehen die Meerminnen ihn wieder zurück.

❡ Wenn man eine Art Familienstammbaum der Wassergeister aufstellt, so lässt sich gut zwischen Geistern der Binnengewässer und des Meeres unterscheiden, obgleich zumindest die weiblichen Wesen ähnliche Namen haben.
Zur großen Gruppe der Nixen gehören die Meerminnen oder Meerweibchen, auch Meerjungfrauen genannt. Die meisten von ihnen sind jung und schön mit einem menschlichen Oberkörper, statt der Beine besitzen sie aber einen Fischschwanz. Früher konnte man solchen Damen leibhaftig begegnen, denn sie zierten als überlebensgroße Galionsfiguren in Holz nachgebildet die Vorderseiten der Segelschiffe.
Das Motiv der verschmähten Liebe taucht auch bei den Fluss- und Seenixen auf. ❡

Die Nissen

In den nordischen Ländern heißen die Wassergeister Nissen. Außerdem gibt es dort auch Hausgeister, ähnlich den Heinzelmännchen aus Köln, die Wolterkens genannt werden.

Einst fuhr auch Doktor Faust zur See. Der berühmte Wissenschaftler hatte alles über die Erde studiert. Nun wollte er die Meere ganz genau erforschen. Dazu ließ er sich ein Schiff aus Glas bauen. In den gläsernen Schiffsrumpf setzte er einen Niss, der von dort den Meeresgrund beobachtete und rechtzeitig vor allen gefährlichen Stellen und Klippen warnte. Doktor Faust zeichnete all diese Untiefen und die sicheren Fahrtrouten auf und erfand so die Seekarten für die Schifffahrt.

Eines Tages kamen sie an die »Fährstelle«, das ist die Landenge am Eingang des Flensburger Hafens. Es wurde gefährlich flach. Das schwere gläserne Schiff hatte kaum noch eine Handbreit Wasser unter dem Kiel. Jeden Moment konnte es auf Grund krachen. Da schrie Faust: »Hol, Niss!« Das bedeutet so viel wie: Halt an, Niss! Und der hielt das Schiff an, sodass es trotz Wind und Wellen auf der Stelle stehen blieb. Seitdem heißt jene Stelle bei den Seeleuten »Hol-Niss-Fähr«.

An Land wohnen die Nissen zum Beispiel in Astlöchern des Dachstuhls oder in anderen engen Ritzen und Fugen der Häuser. Stellt man ihnen regelmäßig Grütze mit Butter oder Milch und Butterbrot hin, sind sie die hilfreichsten und angenehmsten Hausbewohner. Wer es sich aber mit ihnen verdirbt, dem geht alles schief, der verarmt und geht zu Grunde.

Von den Nissen heißt es wie auch vom Galgenmännlein, dass man sie nie zum billigsten Preis kaufen darf. Denn, wer seinen Niss wieder verkaufen will, muss weniger verlangen, als er bezahlt hat. Man kann den Niss nicht zu einem höheren Preis verkaufen, ihn aber auch nicht einfach verschenken. In beiden Fällen kehrt er immer wieder zu seinem Besitzer zurück. Wer aber den geringsten Preis bezahlt hat, der wird dieses Pfand bis an sein Lebensende nicht mehr los und ist dem Teufel verschrieben.

Nissen streiten und prügeln sich auch untereinander, denn sie sind oft aufbrausend und jähzornig. Als es in einem schlechten Sommer an Viehfutter mangelte, stahl ein Niss aus Süderenleben für seinen Bauern Heu aus der Scheune eines Schmiedes in Söderup. Dessen Niss beklaute zur gleichen Zeit den Bauern in Süderenleben. Schwer mit Heu beladen begegneten sie sich auf dem Rückweg. Sofort gingen sie aufeinander los und prügelten sich die ganze Nacht hindurch bis zum Tagesanbruch. Der größte Teil der Beute blieb verstreut auf der Wiese liegen.

Ähnliches passierte in Sundewitt. Zwei Nissen hatten von ihren gegenseitigen Herren Hafer gestohlen. Die Wege ihrer Beutezüge kreuzten sich und sie droschen so lange mit dem Diebesgut aufeinander ein, bis sie fast alle Körner aus den Hafergarben verloren hatten.

Diejenigen, die es sehen können, erfreuen sich an den Hochzeitszügen der Nissen. Wenn geheiratet wird, kommen sie in großer Zahl von überall her und ziehen, für die meisten unsichtbar, in lustigen kleinen Paraden mitten durch die Wohnstuben des Hauses, in dem das Nissen-Brautpaar wohnt.

Die Wolterkens wohnen vor allem in den Häusern der Reichen, wo es viele Vorräte gibt. Sie verrichten dort Küchendienste, helfen den Mägden im Haus und den Knechten auf dem Feld. Sie holen das Wasser vom Brunnen und versorgen das Vieh im Stall. Sehr gerne binden sie die Kehrbesen.

Manchmal kommt es vor, dass ein Bauer seinen Hof verlässt und umzieht, weil die vielen kleinen Geister dort für zu viel Unruhe gesorgt haben. Dann lassen sie sich versteckt im Besengestrüpp in die neue Wohnung tragen und rufen neckisch: »Wir ziehen um, wir ziehen um!«

❡ Nissen sind zwar Wassergeister, können aber auch zu den Kobolden gerechnet werden, der Klabautermann gehört ebenfalls zu dieser Familie (vgl. »Die Klabautermännchen«, S. 169). Die Sage ist auch bemerkenswert, weil sie einen Bogen zu Doktor Faustus schlägt, der sonst eigentlich nichts mit dem Meer zu tun hat (vgl. »Doktor Faustus«, S. 395). ❡

Die Enten von Glückstadt

Nahe bei Glückstadt steht eine große alte Eiche allein auf einem Feld. Vor langer Zeit wuchs an dieser Stelle nur ein kleiner Busch, bei dem sich eines Tages zwei Männer ausruhten. Ein wandernder Handwerker näherte sich und zählte im Gehen sein Geld, weil er sich unbeobachtet glaubte. Die Männer hatten ihn aber sehr wohl gesehen. Gierig nach dem Geld entschlossen sie sich zu einer Untat. Sie überfielen den Handwerker und ermordeten ihn.

In dem Augenblick rauschte aus dem Wasser eines nahen Teiches eine Schar wilder Enten empor und flog schreiend über den Busch. Mit letzter Kraft hob der Sterbende seine Hand und rief: »Seid Zeugen, ihr Vögel, bezeugt dieses Verbrechen!« Dann war er tot.

Die Mörder verscharrten die Leiche unter dem Busch und flohen. Am Tatort wuchs bald darauf ein blutrotes Kraut. Pferde, die auf das Feld zur Weide getrieben wurden, scheuten und bäumten sich auf, wenn sie an der Stelle vorbeisollten. Sie wieherten und scharrten mit den Hufen, weil sie spürten, dass dort ein Unschuldiger getötet worden war.

Lange Zeit verging. Einer der Mörder heiratete im nahen Dorf, der andere arbeitete auf einem Hof als Knecht. Sie ließen sich nie mehr etwas zu Schulden kommen und wurden von allen geachtet. Alt und grau geworden, ging der eine eines Tages mit seiner Frau spazieren und kam zufällig zu dem Busch und dem roten Fleck – so wurde die Stelle genannt, seit das unbekannte Kraut dort wuchs. Ausgerechnet dort begegnete er seinem Komplizen, dem Knecht, der gerade ein Pferd von der Weide holen wollte.

Plötzlich flogen Enten schreiend aus dem Wasser auf. Die beiden Männer zuckten zusammen und riefen gleichzeitig: »Ha, die Enten, die Zeugen!« Sofort schwiegen sie und erbleichten. Forschend sah die Frau beide an. Die Enten kreischten wieder und da fingen die Männer an zu zittern.

In den Tagen und Wochen danach wurde der verheiratete Mann zu Hause wortkarg und verschlossen. Seine Frau litt sehr darunter und schüttete den Nachbarn ihr Herz aus. Sie erzählte, wie es angefangen hatte, dort am roten Fleck, wie die Enten geschrien und die Männer gerufen hatten: »Ha, die Enten, die Zeugen!«

Schnell sprach sich die Geschichte herum und schließlich erfuhr sie auch der Dorfvorsteher. Der ließ in aller Stille beim roten Fleck graben. Das Skelett des Ermordeten wurde gefunden. Die Männer wurden verhaftet und gestanden sofort die vor vierzig Jahren begangene Tat. Sie wurden in Glückstadt zum Tode verurteilt und hingerichtet. Zum Gedenken an die Untat wurde am roten Fleck jene Eiche gepflanzt, die dort noch heute steht.

❡ Es fällt auf, dass aus den zehn Gruppen dieses Buches leicht eine Reihe von Sagen herausgelöst und in einer eigenen Gruppe »Schuld und Sühne« zusammengefasst werden könnte. Dazu gehört auch diese Sage, die bei Glückstadt nordwestlich von Hamburg spielt. Man wird leicht die Parallele zu Schillers Ballade »Die Kraniche des Ibykus« erkennen. Tiere als Rächer tauchen immer wieder in Sagen auf. ❡

Die Nixe von Nidden

Der Ort Nidden liegt auf einer Landzunge in der Ostsee. Sie ist so schmal und lang, dass sie das Wasser zum Land hin fast wie einen Binnensee einschließt. Den nennt man das Kurische Haff.

Dort abends allein spazieren zu gehen, ist ein bisschen unheimlich. Mancher sieht plötzlich im glatten Wasserspiegel des Haffs nicht weit vom Ufer eine kleine grüne Insel. Blumenduft weht von dort herüber und ein wunderschöner Gesang ist zu hören. Der einsame Spaziergänger sieht ein weiß gekleidetes Mädchen am Ufer stehen und mit einem weißen Schleier zu ihm herüberwinken. Ihre Stimme ist so zauberhaft und so gefährlich wie die der Loreley vom Rhein, die die Flussschiffer dort in den Abgrund lockt. Denn die Insel schwimmt, sie bewegt sich langsam auf den staunenden Mann zu.

Wenn der, angelockt von dem Gesang und hingerissen von der Schönheit des Mädchens, ins Wasser steigt, um die kurze Strecke herüberzuschwimmen, weicht die Insel langsam zurück. Sie lockt den Schwimmer immer weiter ins offene Wasser. Am Ende sieht er die Insel mit dem Mädchen versinken und wird gleich darauf vom entstehenden Wellenstrudel unrettbar in die Tiefe gerissen.

Keiner, der dem Trugbild gefolgt ist, kam zurück und nicht einmal einen Leichnam hat die Nixe von Nidden je herausgegeben.

❡ *Das Kurische Haff und der kleine Ort Nidden befinden sich im ehemaligen Ostpreußen.* ❡

Die Elbjungfrau

In der Elbe bei Magdeburg lebt eine Nixe, die nennen sie dort die Elbjungfrau. Früher sah man sie öfter in einem schlichten Kleid mit weißer Schürze am Fluss. Nur wer genau hinschaute, konnte sie daran erkennen, dass der Saum ihres Kleides stets nass war. Manchmal sah man sie auch am Ufer sitzen und ihr langes goldgelbes Haar kämmen. Wenn sich Leute näherten, ist sie vor deren Augen schnell ins Wasser gesprungen. Viele mutige Schwimmer hat sie durch ihre schöne Erscheinung ins Wasser gelockt und in die Tiefe gezogen.

Andere Sagen erzählen von einem Wassermann in der Elbe. Das Flusswasser schmeckte besser und war sauberer als das aus den Brunnen draußen vor der Stadt, das auch noch mühsam hergeholt werden musste. Deshalb beschloss die Bürgerschaft von Magdeburg einst, eine Wasserleitung aus dem Fluss in die Stadt zu bauen. Arbeiter begannen mit dem Einrammen von Pfählen in den Flussgrund. Als sie aber mittags Pause machten, sah man einen nackten Mann in der Strömung bei den Pfählen stehen. Er schüttelte und rüttelte an ihnen, bis er sie ausgerissen hatte, und ließ sie dann den Strom hinabschwimmen. Da brach man den Bau wieder ab.

Einst hatte sich in Magdeburg ein junger Adeliger mit einem schönen Mädchen verlobt. Kurze Zeit danach ging er zum Baden und kehrte nicht wieder heim. Die Elbjungfrau hatte ihn zu sich in die Tiefe gelockt. Seine ganze Familie und vor allem seine Braut waren in größter Angst und Sorge und suchten ihn überall, auch im Fluss, aber vergebens.

In diesen Tagen war ein Mann in der Stadt, der sich der schwarzen Kunst der Magie und Hellseherei verschrieben hatte. Den befragten die Eltern der Braut schließlich nach dem Schicksal des Jünglings. Er gebrauchte seine hellseherische Kunst und gab folgende Auskunft: »Die Elbjungfrau hat den Bräutigam und lässt ihn nicht mehr lebend frei. Es sei denn, eure Tochter wäre bereit, ihr Leben für das ihres Geliebten hinzugeben.«

Dazu war die Braut auch gleich bereit, aber die Eltern wollten ihre Tochter auf keinen Fall verlieren. Sie hielten nichts von diesem selbstlosen und opferbereiten Entschluss. Vielmehr drangen sie in den Magier, den Bräutigam mit seinen Zauberkünsten herbeizuschaffen, egal ob lebendig oder tot.

Der Fremde beschwor daraufhin die Elbjungfrau, den Jüngling loszulassen, und das tat sie auch. Sie legte ihn ans Ufer. Aber leider war er tot und sein Körper hatte überall blaue Flecken, so als ob ihn die Elbjungfrau aus lauter heftiger und leidenschaftlicher Liebe zu fest gedrückt und gezwickt hätte.

Das Weingartenloch

In der Nähe des Dorfes Osterhagen liegt eine weithin bekannte unterirdische Höhle namens Weingartenloch, aus der eine Quelle mit dem Namen Ruma entspringt. Ab und zu quillt das Wasser rot ans Tageslicht. Das ist das Blut jener Nixe, die einst unglücklich in einen Menschen verliebt war, wie es Nixen immer wieder einmal geschieht. Das Wasser fließt in einen kleinen See, den Nixteich, der nahe bei einem Gehöft liegt, das die Nixei genannt wird.

Dort soll die Nixe sich mit ihrem Geliebten, dem Sohn eines Riesen, heimlich getroffen haben. Dessen Vater war ein grimmiger und aufbrausender Bergriese und als er die Heimlichkeiten entdeckte, bereitete er der Liebelei ein Ende mit Schrecken. Er schloss die Nixe in das unterirdische und von den vielen Kristallen in den Wänden unheimlich blinkende und glitzernde Höhlenlabyrinth ein. Noch immer versucht sie sich daraus zu befreien, und wenn sie sich bei ihren Anstrengungen verletzt, färbt ihr Blut das Wasser rot.

In der Höhle soll es auch große Schätze geben. Aber sie zu erbeuten ist fast unmöglich. Viele sind bei dem Versuch schon zu Tode gekommen. Denn dort gibt es Berggeister und Bergzwerge, seltsame Stimmen schallen durch die Gänge, und wen das Labyrinth nicht hoffnungslos in die Irre führt, dem stößt irgendein anderes Unglück zu. Es ist noch keine fünfzig Jahre her, da versuchte ein Mann aus Eimbeck mit Gefährten sein Glück in der Höhle. Bestens ausgerüstet krochen sie hinein und, siehe da, als der Mann sich durch einen besonders engen Gang zwängen wollte, blieb er stecken. Er konnte sich mit aller Kraft drehen und wenden, wie er wollte, die Wände hielten ihn eisern fest.

Die Gefährten holten Bergleute zu Hilfe, die ihn heraushacken und herausschaufeln sollten. Aber es gelang nicht. Als seine Lage immer trostloser und entsetzlicher wurde, flehte er schließlich, ihn lieber schnell zu töten, als ihn langsam und qualvoll in seinem Felsengefängnis sterben zu lassen. Da griffen die Helfer zum letzten Mittel, banden einen Strick um seinen Kopf, der als Einziges aus der Enge herausschaute, und zogen ihn auf Tod und Leben heraus. Auf Tod – ein gewaltiger Ruck und der Kopf war ab.

In einer Kammer der Höhle liegt ein großer Balken quer über dem unterirdischen Wasser. An dessen Ende sitzt der Teufel neben Gold- und Silberhaufen. Wer davon haben will, muss zu dritt kommen und einen auslosen, der dem Teufel verfallen soll. Zwei kommen frei und dürfen so viel von dem Schatz mitnehmen, wie sie tragen können. Den unglücklichen Dritten reißt der Teufel in Stücke. Zwei Fremde aus Venedig kamen sogar mehrmals. Sie kannten sich nämlich mit Zauberkünsten aus und überredeten Leute das gefährliche Spiel mitzumachen, schoben ihnen dann aber das Todes- und Teufelslos zu. Jedes Mal kehrten sie allein und beladen mit Schätzen aus der Höhle zurück.

Eines Tages versuchten sie es bei einem Mann aus Osterhagen. Der war sehr arm und hatte acht Kinder. Das viele Gold lockte ihn, aber er fürchtete sich auch. Daheim hatte er eine kluge und pflanzenkundige Frau, die riet ihm, er solle ruhig mitgehen. Sie würde schon dafür sorgen, dass er heil wieder herauskäme. Sie nähte ihm das getrocknete Kraut vom braunen Dost* in die

* Dost: Oregano, Gewürz- und Heilpflanze

Jacke und ließ ihn damit gehen. Die Zauberkräfte der Pflanze schützten ihn tatsächlich. Die beiden anderen tricksten wie immer, dennoch traf das tödliche Los einen von ihnen.

Der Arme kehrte reich beladen heim, zog nach Andreasberg und baute sich und seiner Familie dort ein schönes Haus. Was er aber in der Höhle Schreckliches gesehen hatte, als der Teufel den Venediger bei lebendigem Leib zerriss, das hat er sein Leben lang nicht vergessen können.

❡ Osterhagen liegt im Kreis Osterode/Harz nahe der Ruine Scharzfels. Die Gegend ist reich an Höhlen, zu denen es manche Sage gibt, wie etwa zur Einhornshöhle oder zur Steinkirche.
Die Sage beginnt mit dem Nixen-Motiv, dann kommen das Teufels- und das Schatzsuchermotiv dazu. Von Venedigern ist ausführlich bei den Schatzsagen die Rede (vgl. S. 208ff.). ❡

Der Wassermann und der Bär

In der alten Mühle in Innozenzidorf am Tollenstein in Böhmen hatte sich ein Wassermann eingenistet. Er war ein kleines Männchen mit aschgrauem Gesicht, wasserblauen Augen, gelben Haaren und weißem Bart. Er trug fischgraue Kleider und auf dem Kopf eine rote, eng anliegende Kappe. Seine Füße waren in Schilf eingewickelt.

Er war ein guter Kamerad und leistete dem Müller nützliche Dienste. Wenn im Sommer nach Gewittergüssen die Waldbäche anstiegen, Wurzeln und Äste den Mühlgraben verstopften, wenn im Winter die Mühlräder im Wasser vereisten und sich nicht weiterdrehten, dann räumte der Nix die Hindernisse im Handumdrehen fort. Deshalb waren der Müller und seine Lehrlinge ihm wohlgesinnt und störten sich nicht an ihm. Selten kam er unter dem Mühlrad hervor, nur wenn es gar zu kalt war. Dann trat er gegen Mitternacht in die Mühlstube und setzte sich an den Ofen. Der Hauskater leistete ihm dabei Gesellschaft. Wenn der Wassermann aber in der Wärme auftaute, schlängelte sich schon bald ein Bächlein von Schmelzwasser über

Der Tollenstein und Innozenzidorf

den Fußboden. Das ärgerte die Müllerin und sie wäre den gutmütigen Gesellen gerne losgeworden.

Da kam es ihr gerade recht, dass eines Abends ein wandernder Bärenführer an die Tür klopfte und darum bat, in der Mühle übernachten zu dürfen. Die Müllerin ließ den Mann mit seinem Tanzbären herein und aus Angst vor dem Bären ist der Wassermann danach nie wieder in die Stube gekommen.

Am Polzenquellteich bei Oschitz gibt es einen Tümpel mit angestautem Wasser zum Schöpfen. Dort waschen die Frauen gern ihre Wäsche. Einmal sah eine Wäscherin einen Nix in Gestalt ihres eigenen Sohnes auf dem hölzernern Stauwehr hocken. Er war oben nackt und hatte blaue Hosen an. »Lieber Himmel, Junge, was machst du da?«, schrie die Frau. Da sprang der Nix mit lautem Platschen ins Wasser.

Einmal war ein Bauer mit seiner Magd auf dem Heimweg von der Gintschner Mühle nach Johannestal. Die Karre war schwer mit Mehl beladen, er schob von hinten und sie zog vorne. Am Polzenquellteich sagte der Bauer: »Dore, fahr da oben entlang.«

Doch die Magd zuckte zusammen und blieb wie erstarrt stehen. Denn am Teichufer saß der Wassermann, mit dem Rücken an eine Erle gelehnt. Er hatte ein rotes Käppchen auf seinen grünen, struppigen Haaren und ein graubleiches Gesicht. Seine Beine waren mehr als zwei Meter lang und er streckte sie quer über den Weg. Die Magd ließ den Ziehstrick fallen und rannte, so schnell sie konnte, zur Mühle zurück. Der Bauer ließ die Schubkarre stehen, sprang mit einem großen Satz über die langen Beine des Wassermanns, rannte heim und kam ganz nass geschwitzt in Johannestal an. Den Schubkarren haben sie erst am nächsten Tag geholt.

In der Gegend von Zittau sitzt der Wassermann in den ersten Tagen nach Vollmond und nach Neumond an den Ufern der Flüsse, und zwar an Stellen, wo das Wasser langsam fließt, tief ist und nicht rauscht. Er ist hässlich, sehr blass und hat lange Haare, die ihm bis auf die Schultern hängen. Von Kopf bis Fuß ist er in braungelbes Leder gekleidet, das aus lauter kleinen Flicken zusammengesetzt ist. Die zählt er laut im Mondschein und klatscht sich dabei mit den Händen auf die Beine.

Da hat sich manch einer schon einen Spaß gemacht und laut mitgezählt, um den Wassermann durcheinander zu bringen. Dann schlug der Nix einen Purzelbaum und sprang ins Wasser. Der Frechdachs aber hörte in den darauf folgenden Nächten stundenlang das Klatschen und Zählen vor seinem Fenster, bis er schließlich aus Ärger oder Angst noch einmal mitzählte. Dann erklang draußen lautes Gelächter und fortan war wieder Ruhe.

Bei Seestadtl am Fuß des Erzgebirges liegt der Steinteich. Dort steigt der Wassermann immer während des Mittagsläutens heraus und setzt sich ans Ufer. Seine Jacke und seine Hose sind immer zerrissen und schmutzig, und wenn er ans Ufer steigt, flickt er seine Kleider. Auch sein alter zerbeulter Hut ist voll großer Löcher und es schauen einige Büschel grüner, struppiger Haare daraus hervor. Er hat einen dichten Bart und wenn er den Mund aufmacht, sieht man seine großen grünen Zähne. Wenn der Wassermann all seine Kleider in Ordnung gebracht hat, flickt er seine Schuhe.

In der Lausitz bei Waldenburg und bei Leipzig kann man den Wassermann und seine Frau sehen, wenn sie auf den Wochenmarkt einkaufen gehen. Das Nixweibchen geht mitten unter den Bauersfrauen mit einem Tragkorb auf dem Rücken. Es grüßt nicht, es antwortet nicht, aber beim Einkaufen kann es die Waren genauso gut prüfen und über den Preis verhandeln wie die anderen Frauen. Man erkennt die Wasserleute immer gleich am nassen Saum ihrer Kleider.

Wie es im Haushalt eines Wassermanns zugeht, das hat eine Magd erzählt, die im Jahr 1664 in einem Dorf bei Leipzig lebte und drei Jahre lang bei einem Wassermann gedient hat. Dort ging es ihr gut und sie bekam alles, was sie sich wünschte. Eines aber passte ihr nicht: Das Essen war immer ungesalzen. Das hatte sie schließlich satt und darum ging sie wieder fort. Der Nix war nicht nur dieser Magd ein freundlicher Herr. Er zeigte sich auch anderen Leuten als guter Nachbar.

¶ *Das männliche Gegenstück zu den Nixen und anderen weiblichen Wassergeistern ist der Wassermann, auch Nöck oder Nix genannt. Er begegnet uns in allen deutschen Landschaften, besonders häufig aber in der Oberlausitz und im nördlichen Böhmen. In dieser Gegend liegt auch Innozenzidorf, ein kleiner, ehemals deutscher Ort am Fuße der Ruine Tollenstein im nördlichen Böhmen, nahe der Grenze zu Sachsen.* ❡

Die Hängeeiche

Oberhalb der Saale liegt zwischen Rudolstadt und Saalfeld ein Bergzug, dessen höchster Gipfel heißt der Kulm. Dort war einst ein schöner Eichenwald und darin stand eine besonders große uralte Eiche.

Zur Zeit des Dreißigjährigen Krieges war einmal eine Schar Soldaten eine Zeit lang im Dorf Reichenbach am Fuß dieses Berges stationiert. Als sie endlich abzogen, sollte am nächsten Tag aus Freude darüber in der Kirche ein Dankgottesdienst stattfinden. Da stellte man fest, dass der goldene Altarkelch fehlte, und alle Anzeichen deuteten darauf hin, dass der Kelch von den Soldaten gestohlen worden war.

Der alte Bürgermeister beschloss deshalb den Kriegern zu folgen und von deren Hauptmann den geraubten Kirchenpokal zurückzufordern, auch wenn er damit sein eigenes Leben in Gefahr brachte. Er holte die Soldaten bald ein, die gerade unter jenem mächtigen Eichbaum eine Rast hielten, und trug dem Hauptmann seine Beschwerde vor. Mit strengem Blick hörte der Hauptmann die Anklage, dass einer seiner Leute den Kelch geraubt habe. Er befahl, der Schuldige solle hervortreten und den Kelch herausgeben. Doch niemand meldete sich.

»Nun, wohlan!«, rief da der Hauptmann dem Bürgermeister zu. »Sucht Euren Kelch! Derjenige, bei dem Ihr ihn findet, der soll auf der Stelle an dieser Eiche aufgehängt werden. Findet Ihr ihn aber nicht, so hängt Ihr selbst, dafür, dass Ihr meine Leute einer solchen Tat bezichtigt habt!«

Zu Tode erschrocken begann der Bürgermeister nun zu suchen, doch er konnte nichts finden. Schon glaubte er, sein letztes Stündlein habe geschlagen, da blinkte etwas hell aus dem Schatten eines Busches. Dort schlief ein Soldat mit dem Kopf auf seinem Rucksack und aus dem Rucksack blinkte der Altarkelch. »Gefunden!«, rief der Bürgermeister und zog den Kelch hervor.

Böse Worte und Fußtritte seiner Kameraden weckten den Schlafenden, der noch ganz betäubt die Anklage hörte. Da kam auch schon der Feldrichter mit dem Strick auf ihn zu und der Hauptmann gab Befehl, den Dieb zu hängen. Als jener endlich begriff, was vor sich ging, begann er laut seine Unschuld zu beteuern. Doch als alles nichts half und er zur Eiche hingedrängt wurde, rief er voller Verzweiflung: »So wahr ich unschuldig sterbe, so möge niemals wieder ein Eichbaum in diesem Wald ergrünen und emporwachsen!«

So starb er, obwohl er wirklich unschuldig war. Der ihn aufhängte, der war der Dieb. Nachdem er die Worte des Hauptmanns an den Bürgermeister gehört hatte, hatte er den Kelch hervorgeholt und ihn rasch in den Rucksack des schlafenden Soldaten gesteckt.

Nach dem Tod seines Kameraden aber erwachte die Stimme des Gewissens in diesem Dieb und Henker und jedes Mal, wenn er einen Eichbaum sah, fing er an zu zittern. Nirgends konnte er mehr Rast und Ruhe finden. Schließlich verließ er seine Truppe, ging zu der Eiche zurück, schnitt den armen Kameraden ab und begrub ihn unter tausend bitteren Reuetränen. Dann hängte er sich selbst an der Eiche auf.

Auf der Heide aber starben alle Eichbäume ab. Das kam von der Verwünschung des unschuldig Ermordeten. Selbst die Hängeeiche ist schließlich verdorrt und wurde vom Sturm gefällt.

Die Mittagsfrau

Die Mittagsfrau, man nennt sie auch Mara, ist ein gespenstisches Weib, das auf den Feldern wohnt und nur in der Mittagsstunde umherwandelt. Da manche glaubten, dass sie die Äcker und Felder segnete, brachte man ihr früher oft gekochte Milch und Kräuter zum Opfer.

In manchen Gegenden galt die Mittagsfrau aber auch als ein Weib, das Krankheit in Haus und Stall bringen konnte. Um vor ihren Unheil bringenden Besuchen geschützt zu sein, zog man um die zum Dorf gehörenden

Felder drei Pflugfurchen. Diese durfte sie nicht übertreten. Denn das Werk des Pfluges steht nach altem Glauben unter dem besonderen Schutz aller guten Geister, darum setzt es der Macht der Dämonen eine Grenze.

Den Arbeitern auf dem Feld erschien die Mara meist dann, wenn die Sonne ihren höchsten Stand erreicht hatte. Sie trug ein weißes Gewand und oft auch eine blinkende Sichel bei sich. Bei ihrem Erscheinen stellte sie dem Überraschten meist allerhand Fragen, und wehe dem Unglücklichen, der nicht auf jede Frage eine Antwort wusste, dann wurde er krank oder starb sogar.

Einst pflügte ein Bauer auf dem Feld. Die Sonne stieg höher und höher, aber der Bauer wurde nicht müde. Da schlug es vom nahen Kirchturm zwölf. Nun hätte der Bauer sich eigentlich ausruhen und auch den Zugtieren eine Erholung gönnen müssen. Aber er tat es nicht. Kreischend zog der Pflug weiter seine Furchen, und von den erschöpften Tieren tropfte der Schweiß in die braune Erde.

Da erklang plötzlich aus einem nahen Gebüsch ein merkwürdiges Scheppern und Klirren. Der Bauer hielt das Gespann an und lauschte. »Das klingt ja gerade so, als ob einer in der Küche die Töpfe durcheinander wirft«, sagte er scherzend zu sich selbst.

In diesem Augenblick fiel ihm ein, dass seine Knechte ihm schon mehrmals erzählt hatten, dass kurz vor dem Zwölfuhrläuten ein hässliches Weib auf den Acker gekommen sei und die Arbeiter mit drohenden Blicken eingeschüchtert habe. Das sei gewiss die Mara gewesen und deshalb hätten die Knechte ihre Arbeit stehen und liegen gelassen und wären sofort heimgegangen.

Da rief er übermütig zu dem Wäldchen hinüber: »Wenn die Kuchen fertig sind, Mara, dann bring mir doch einen herüber!« Aber wie erstaunte er, als plötzlich eine alte Frau aus dem Gebüsch trat und auf ihn zukam. Dem Bauern wurde abwechselnd kalt und heiß, als die Alte näher trippelte. Auf der einen Hand trug sie tatsächlich einen runden Kuchen und in der anderen hielt sie einen Bierkrug. Nun wäre der verdutzte Bauer am liebsten auch auf und davon gelaufen, aber seine Beine waren wie gelähmt. Er blieb stehen, wo er war, und starrte die rätselhafte Frau an.

Als sie herangekommen war, begann sie ihre Fragen zu stellen und verlangte von ihm Auskunft über allerhand landwirtschaftliche Dinge. Ihre lästige Fragerei schien gar kein Ende nehmen zu wollen und dem Bauern lief schon der Schweiß von der Stirn. Schließlich aber zeigte sie auf den Kuchen und den Bierkrug und sagte: »Deine Antworten waren gut. Zum Lohn sollst du von diesem Kuchen essen und von dem Bier trinken. Aber ich rate dir: Schneide den Kuchen nicht an, und berühre beim Trinken nicht den Krug! In einer Stunde komme ich wieder. Wehe dir, wenn du nicht beachtest, was ich dir gesagt habe!«

Mit diesen Worten trippelte die Mittagsfrau in ihr Gebüsch zurück. Der Bauer aber stand da mit Kuchen und Bier und wusste nicht, was er tun sollte. Dann kam ihm plötzlich ein rettender Gedanke. Er setzte sich an den Feldrand, nahm sein Taschenmesser, schnitt aus der Mitte des Kuchens ein rundes Stück heraus und aß es. So hatte er genau genommen den Kuchen nicht angeschnitten. Dann ging er zu einem nahen Kornfeld, schnitt einen kräftigen Halm ab und von diesem wiederum das dickste Stück. Mithilfe dieses Röhrchens schlürfte er das Bier aus dem Krug, bis zum letzten Tropfen.

Kaum hatte die Turmuhr das Ende der Mittagsstunde verkündet, da war die Mara auch schon wieder zur Stelle. Voller Zorn sah sie, wie der pfiffige Bauer sie überlistet hatte.

»Das hat dich der Teufel gelehrt!«, rief sie wütend, nahm Kuchenblech und Bierkrug und verschwand. Der Bauer aber ließ noch eine weitere Stunde die Arbeit ruhen, lenkte die Zugtiere in den Schatten eines Baumes und legte sich neben sie, um darüber nachzudenken, was er da eben erlebt hatte.

Als der Bauer am Abend den anderen Dorfbewohnern von dieser Begegnung berichtete, machten alle sehr ernste Gesichter. Es war den Leuten gar nicht recht, dass sich die Mara gerade in ihrer Gegend niedergelassen hatte. Denn besonders zur Erntezeit ließ es sich nicht umgehen, dass gelegentlich auch über Mittag auf dem Feld gearbeitet werden musste. Die Bauern sind von der Gunst des Wetters abhängiger als alle anderen, deshalb müssen sie stets den günstigen Zeitpunkt nutzen. Auch war es mehr als fraglich, ob andere die Mittagsfrau ebenso schlau würden überlisten können, wie es dem pfiffigen Bauern dieses Mal gelungen war.

Also beschloss man, die Mara zu vertreiben. Eine große Schar von Bauern zog mit Dreschflegeln, Rechen und Sensen bewaffnet hinaus in das unheimliche Gebüsch. Sie brauchten gar nicht lange zu suchen. Auf einem großen Stein, der auf einer Felsplatte lag, saß die Mittagsfrau und beobachtete die Bauern in aller Ruhe. Keiner wagte es jedoch, sich ihr zu nähern. Nach kurzer Beratung einigte man sich darauf, dass es wohl das Beste sei, den Stein mitsamt der Alten fortzuschaffen. Zwanzig Hände griffen zu, aber der Stein rührte sich nicht von der Stelle.

»Wir müssen die Pferde holen!«, rief einer der Bauern und wischte sich den Schweiß von der Stirn. Sofort eilte ein Knecht ins Dorf und holte ein Gespann. Man band eine starke Kette um den Stein, doch sosehr die Pferde auch zogen, der Stein bewegte sich nicht. Es wurden insgesamt zwölf Pferde herbeigeholt, doch alle Anstrengungen waren vergebens.

Nachdem sich also herausgestellt hatte, dass mit roher Gewalt gegen die Mittagsfrau nichts auszurichten war, bat man einen Pfarrer, sie mithilfe wirksamer Beschwörungsformeln zu vertreiben. Dies gelang ihm auch und danach hauste sie lange Zeit in einem abgelegenen Wäldchen.

❡ Die Sage kommt aus dem wendischen Kulturkreis. Die Wenden oder Sorben sind eine kleine slawische Volksgruppe in der Oberlausitz rund um Bautzen. Sie haben ihre Sprache und kulturellen Eigenarten bis heute bewahrt.
Die Mittagsfrau ist die Personifizierung der heißen und daher oft einschläfernden Mittagszeit. ❡

Der grosse Stechlin

In der Nähe des Dorfes Neuglobsow liegt der große Stechlin-See. Ein prächtiger Wald, mit den schönsten Eichen, Buchen und Kiefern, sowie hohe, zum Teil sehr steil zum Ufer hin abfallende Berge schließen schützend seine silberklaren Fluten ein, in denen man selbst bei einer Tiefe von zehn Metern noch bis auf den Grund sehen kann. Man könnte glauben einen Bergsee vor sich zu haben.

Die bergige Beschaffenheit der Umgebung setzt sich unter Wasser noch fort. Es gibt zwar keine Inseln im Stechlin, doch an fünf bis sechs Stellen erheben sich aus der Tiefe steile Berge bis dicht an die Oberfläche. Der Boden ist zum Teil moorig und mit Wasserpflanzen, vor allem der so genannten Pest, dicht bewachsen. Auch ganze Baumstämme, die im Lauf der Zeit in die Tiefe gesunken sind, haben sich dort eingebettet.

All diese Umstände bereiten den Fischern bei der Ausübung ihres Handwerks große Schwierigkeiten. Es kommt oft vor, dass Netze und Taue reißen oder Holz sich darin festsetzt. Ja einmal brachten die Fischer mehrere Schaufeln voller Steine ans Tageslicht – anstelle der leckeren kleinen Maränen, einer Fischart, die es in diesem See in Mengen gibt.

Das alles mag mit dazu beigetragen haben, dass sich im Lauf der Jahre manche geheimnisvolle und sagenhafte Geschichte um diesen See gerankt hat. Der Stechlin hat die Form eines Kreuzes. Allein dieser Umstand hat dem Volk zu denken gegeben. So heißt es, über ihn könne kein Gewitter hinwegziehen. Im Winter friere er nur selten zu; und in seiner unergründlichen Tiefe berge er einen riesengroßen, bösen purpurroten Hahn, der es nicht zuließe, dass an manchen Stellen gefischt oder die Tiefe gemessen würde, weil er seine Herde im See vor den raubgierigen Menschen beschützen wolle.

Von diesem roten Hahn erzählte ein alter Mann folgende Geschichte, von der er so fest überzeugt war, dass er bei der Bibel schwor, sie entspräche der reinen Wahrheit.

Vor vielen Jahren lebte im Fischerhaus am Stechlin ein Fischer namens Minack. Das war ein roher und wilder Mann, der im Vertrauen auf seine gewaltigen Kräfte weder Menschen noch Geister fürchtete. Nachbarn und Freunde gaben ihm immer wieder den guten Rat, er solle sich vor dem roten Hahn im Stechlin-See hüten und nicht an diesen und jenen Stellen fischen, wo der Hahn es nicht erlaubte. Doch er lachte nur darüber. Man wies ihn darauf hin, dass schon andere, die sich an eine der verrufenen Stellen gewagt, ihren Übermut mehrfach durch Verlust ihrer Netze und andere Unfälle gebüßt hätten, ja dass sogar schon einer hier beim Fischen ertrunken wäre. Aber Minack ließ sich durch all das Gerede nicht abschrecken, sondern fischte nach wie vor, wo und wie er wollte.

Einmal wollte Minack an einer der tiefsten und darum auch verbotenen Stellen einen großen Fischzug machen. Er wusste genau, dass die Maränen hier besonders zahlreich waren. Es war aber schlechtes Wetter und seine Leute folgten ihm nur zögernd und ängstlich. Sie warfen das Netz an der tiefsten Stelle des Sees aus, fuhren ans Ufer und begannen es mithilfe von Seilwinden an den langen Tauen herauszuziehen.

Doch bald gingen die Seilwinden immer schwerer und schließlich ließen sie sich gar nicht mehr bewegen. Minack fuhr mit seinem Boot auf den See hinaus, um die Teile des Netzes zu lockern, die sich vielleicht im Schlamm oder in Wasserpflanzen verfangen haben könnten. Dazu legte er wie immer eines der Taue, die zwischen Netz und Seilwinde gespannt waren, längs über sein Boot und zog sich daran entlang. Doch das Tau wurde immer straffer und straffer und drohte schon den kleinen Kahn unter Wasser zu drücken. Da rief Minack seinen Kameraden am Ufer zu: »Halt! Haltet an, lasst die Winden los!«

Der Sturm war inzwischen aber schon sehr viel stärker geworden und toste so laut, dass die anderen fälschlich verstanden: »Windet zu! Windet zu!« Und sie zogen umso kräftiger an den Tauen. Minacks kleines Boot begann sich schon mit Wasser zu füllen. Das straffe Tau vom Kahn herunterzuheben war völlig unmöglich geworden. In Todesangst holte er sein Messer hervor und schnitt das Tau durch.

In dem Augenblick, in dem die beiden Enden des durchgeschnittenen Taus in die Tiefe schnellten, teilte sich plötzlich die Flut und aus den Wogen rauschte der rote Hahn empor. Er peitschte mit seinen mächtigen Flügeln das Wasser, betäubte den Fischer mit seinem donnernden Krähen und zog ihn mit sich in die Tiefe hinab.

Der Stechlin-See liegt in der Altmark in der Nähe von Rheinsberg. Bekannt wurde er vor allem durch Theodor Fontanes Beschreibung in den »Wanderungen durch die Mark Brandenburg« und durch seinen Roman »Der Stechlin«.

Vom Frickenhäuser See

Nicht weit von Mellrichstadt liegt das Dorf Frickenhausen und sein berühmt-berüchtigter See. Er ist ein stilles Wasser von unergründlicher Tiefe, fast rundum von hohen Bäumen umschattet und von steilen Bergen umgeben: der Frickenhäuser See. Sein Wasser ist klar und wohlschmeckend. Wunderbar sind die Sagen und Geschichten, welche die Bewohner jener Gegenden über diesen See zu erzählen wissen oder zumindest früher zu erzählen wussten.

So behaupten einige, der See trage keinen Körper auf seiner Oberfläche, sondern verschlinge jeden urplötzlich. Deshalb wagt man auch nicht, das rätselhafte und verrufene Wasser mit einem Kahn zu befahren. Versuche in jüngster Zeit haben allerdings das Gegenteil bewiesen.

Fische sollen zwar im Frickenhäuser See leben, sich aber nur selten zeigen. Andere wollen riesenartige Fische in ihm gesehen haben und die Alten glaubten, dieser See würde irgendwann einmal über die Ufer treten und ganz Franken überschwemmen, denn er sei unterirdisch mit dem Meer verbunden. Deshalb beten viele Bewohner dieser Gegend zu Gott, dass sie diesen Ausbruch des Sees nicht miterleben müssen. Auch wird angeblich in der Domkirche von Würzburg einmal im Jahr eine Messe gelesen, damit Gott die Überschwemmung Frankens durch den Frickenhäuser See verhüten möge.

Im Jahr 1793 erblickte ein Jäger dort einen Fisch, der beinahe ebenso groß war wie ein ausgewachsenes Schwein. Viele Leute kamen von weit her, um diesen großen Wunderfisch zu sehen und anzustaunen. Doch niemand sah ihn mehr.

Ein anderer Jäger schlief einmal dort am Ufer und hatte sein geladenes Gewehr neben sich liegen. Ein heftiges Geräusch im See weckte ihn und als er hinschaute, sah er zwei riesige Fischungeheuer, die sich oben an der Wasseroberfläche zeigten. Sogleich ergriff er sein Gewehr, zielte und schoss nach einem der Riesenfische, worauf beide sogleich untertauchten. Aber von dem getroffenen Fisch schwammen einige Schuppen auf dem Wasser, die fischte der Jäger heraus und zeigte sie den Leuten. Jede davon war so groß wie ein Teller.

Oft trübt sich das Wasser dieses Sees, auch wenn es weit und breit nicht regnet. Und selbst bei langer Trockenheit im Sommer sinkt es nicht ab. Deswegen glaubte man, dass es eine sprudelnde Quelle im Untergrund gibt, die ihr Wasser dem unterirdischen Zulauf dieses Sees verdankt und damit auch noch mehrere Mühlen antreibt.

Die Salzunger Seen

Dicht bei Salzungen liegt ein sehr schöner See und ganz in der Nähe war früher ein kleinerer, der hieß die Teufelskutte und ist jetzt nur noch ein etwas tieferer Tümpel. In dieser Gegend liegen noch mehrere kleinere Seen und über alle gibt es Nixensagen.

Im großen See zu Salzungen lebte eine Wasserfrau, die kam häufig nach Salzungen zum Markt. Der Saum ihres Kleides war immer nass und ihr Haar war grünlich. Einmal brachte sie ein Kind mit, ließ es zurück und kam niemals wieder. Wie das Kind aussah und was aus ihm geworden ist, weiß aber niemand.

Dicht am See steht auch ein altes Haus, dorthin gingen zwei Seejungfrauen zum Tanze, blieben aber zu lange dort, und als sie sich wieder in den See stürzten, wurde das ganze Wasser blutrot.

Im Jahr 1670 färbte sich der See einmal mitten im Winter ebenfalls blutrot und am 1. November 1753 zog sich das Wasser plötzlich strudelnd wie in einem Trichter in die Tiefe und kam dann donnernd und brausend wieder herauf und trat schäumend über das Ufer. Es war derselbe Tag, an dem Lissabon, die Hauptstadt Portugals, durch ein Erdbeben verwüstet wurde.

In der Teufelskutte soll früher oft ein fliegender Drache gebadet haben. Einem Kutscher sind dort einmal so sehr die Pferde scheu geworden, dass sie sich mit Mann und Wagen in den Abgrund stürzten.

Bei Wilprechtroda nahe Salzungen liegt der Buchensee. Dort hat früher ein stattliches Schloss gestanden, darin lebten die Herrschaften in Saus und

Braus. Eines Tages kamen zwei müde, hungrige Wanderer und baten flehentlich um Trank und Speise und ein bescheidenes Nachtlager. Es wurde ihnen aber nicht aufgemacht, oh nein, sie wurden stattdessen mit Spott und schlimmen Schimpfworten wieder fortgeschickt. Da verwünschten sie das Schloss und es versank im selben Augenblick. An seine Stelle trat der kleine unergründliche See, den man Buchensee nennt. Drei Fräulein in dem Schloss aber hatten die Wanderer nicht verspottet und beschimpft, sondern hätten die Armen gerne eingelassen. Auch sie versanken mitsamt dem Schloss, es war ihnen aber vergönnt, alle Jahre einmal zum Tanzen zu gehen, wenn in Wilprechtrode Jahrmarkt war. Allerdings mussten sie jedes Mal pünktlich vor Mitternacht wieder in den See zurück.

Ein Jäger aus dem Dorf, der gerade von der Schnepfenjagd zurückkam, sah sie einmal in ihrem altmodischen Wagen fahren und staunte über ihre jugendliche Schönheit und das uralte Gefährt. Weil er annahm, die Damen wollten wohl seinen Herrn, den Besitzer des Waldes, besuchen, setzte er sich hinten auf die Kutsche und fuhr mit. Auf einmal hörte er es rauschen und die Wellen schlugen über ihm zusammen. Da sprang er geschwind herab und konnte sich gerade noch ans Ufer retten. Der Wagen war in den Buchensee hinabgefahren und der Schnepfenjäger kam nass wie ein Pudel nach Hause.

Später ist es den drei Fräulein ebenso ergangen wie den Nixen. Sie verspäteten sich einmal und wurden von ihren Tanzpartnern noch bis zum See begleitet. Da mussten die jungen Männer mit ansehen, wie die drei sich in die Fluten stürzten und im nächsten Augenblick Blutstrahlen aus dem Wasser emporstiegen. Nie wieder kamen die Fräulein zum Tanzen.

Bei Wilhelmsthal liegt auch ein See, durch den fließt das Flüsschen Elne, in dem die Elnenymphe wohnt. Ein junger Jäger sah sie, verliebte sich in sie, verlobte sich mit ihr, aber heiratete am Ende doch eine andere. Da bestrafte ihn die Nymphe. Er musste ihr ins Wasser folgen, bis sie ihn hinunter in die Tiefe zog und totküsste. Dann warf sie ihn wieder ans Ufer, in Unkeroda liegt er begraben.

Vom grossen Mummelsee

Auf einem hohen Berg im Schwarzwald liegt der große Mummelsee, er ist von unergründlicher Tiefe. Man darf keine Steine oder anderen Sachen hineinwerfen, sonst ziehen sich sogleich dunkle Wolken am Himmel zusammen und es entstehen Stürme und Ungewitter. Es leben keine Fische in diesem See, dafür aber ganz eigenartige große Salamander.

Über den Mummelsee erzählt man sich viele Sagen. Waldmännlein und Waldfrauen, Nixen und Wassermänner haben sich dort immer wieder sehen lassen. Den Namen hat der See von den vielen Mümmlein, das sind Seerosen oder Seelilien, die auf ihm blühen und aus tiefster Tiefe herauf ihre Blätter und Blumenstängel treiben.

Hirten, die am Mummelsee ihre Herde weiden ließen, sahen einmal einen braunen Stier aus dem Wasser steigen. Er mischte sich unter die anderen Rinder, aber bald darauf kam ein Männlein mit einem Stecken und trieb den Stier mit aller Gewalt wieder in das tiefe Wasser.

Ein Jäger sah am See ein Waldmännlein sitzen, das hatte den Schoß voller Geld und spielte damit, wie Kinder mit Sand spielen. Dieser Schütze war aber einer von diesen Dummköpfen, die immer gleich auf alles schießen, was ihnen in die Quere kommt. Er hatte schon das Gewehr angelegt und wollte auf das Waldmännlein abdrücken, da hüpfte es wie ein Frosch in den See hinein und rief dem Jäger zu: »Du nichtsnutziger Lump! Ich hätte dich reich machen können, wenn du mich höflich gegrüßt hättest, anstatt auf mich zu schießen! Nun aber sollst du in Armut und Not zu Grunde gehen.« Danach ist dieser Jäger auch nie auf einen grünen Zweig gekommen und im Elend gestorben.

Der Mummelsee friert selten zu, tut er es aber doch, so hat er seine Tücken. Einmal war er so fest zugefroren, da konnte ein Bauer zwei Holzstämme mit einem Ochsengespann darüber fahren, ohne dass das Eis auch nur einen Sprung bekommen hätte. Als der Bauer schon am anderen Ufer war, kam ihm sein Hund nachgelaufen, da krachte das Eis auf einmal, brach auseinander und der Hund ertrank.

Ein Herzog von Württemberg wollte gerne wissen, wie tief der Mummelsee sei. Er ließ also ein Floß bauen und fuhr mit einigen Leuten bis zur Mitte des Sees. Dort band man nach und nach insgesamt neun Rollen Bindfaden an das Senkblei und fand noch immer keinen Grund. Dann aber begann auf geheimnisvolle Weise das Floß zu sinken und die Männer mussten sich beeilen, um noch rechtzeitig das Ufer zu erreichen.

❡ Der Mummelsee im Schwarzwald gehört wohl zu den bekanntesten Seen in Deutschland, genießt er doch mehr noch als der Stechlin auch literarischen Ruhm. Er wird nämlich schon im 17. Jahrhundert von H. J. Christoffel von Grimmelshausen in dem Roman »Simplizius Simplizissimus« erwähnt, später berichtet auch Eduard Mörike in der Ballade »Die Geister im Mummelsee« von seinen Geheimnissen. Heute wird er viel besucht und ist bequem über die Schwarzwaldhochstraße von Bühlerhöhe aus südwärts zu erreichen. ❡

Der Seeburger See

Wo jetzt der Seeburger See liegt, stand einst eine stolze Burg. Dort lebte ein Graf namens Isang und führte ein wildes und gottloses Leben. Einmal brach er ins Kloster Lindau ein, entführte von dort eine Nonne und zwang sie in sein Bett.

Kaum war diese Sünde geschehen, da entdeckte er, dass diese Nonne in Wahrheit keine andere war als seine ihm bis dahin unbekannte Schwester. Da erschrak er, schickte sie ins Kloster zurück und gab ihr als Wiedergutmachung noch einen Beutel voller Goldstücke mit. Er selbst tat aber nicht lange Buße, sondern begann bald darauf wieder mit seinem gewohnten Lotterleben.

Einmal schickte er seinen Diener zum Fischmeister, er sollte ihm einen Aal holen. Der Fischmeister gab dem Diener aber eine silberweiße Schlange. Der Graf war damit wohl zufrieden, denn er wusste: Wer von einer solchen Schlange aß, konnte danach die Sprache der Tiere verstehen. Also ließ er sich die Schlange zubereiten, verbot aber seinem Diener bei Todesstrafe, etwas davon zu naschen. Er selbst aß so viel von der Schlange, wie er konnte, aber ein bisschen blieb übrig und wurde wieder zurück in die Küche getragen. Da konnte der Diener nun doch nicht mehr widerstehen, denn das Verbot hatte ihn erst recht neugierig gemacht, und er aß den Rest der Schlange.

Dem Grafen fielen nach dieser Speise alle Sünden und Missetaten ein, die er jemals begangen hatte. Sie standen ihm so lebhaft vor Augen und lagen ihm so schwer auf dem Herzen, dass ihm angst und bange wurde. »Mir ist so heiß«, sagte er, »wie vom Höllenfeuer.«

Er ging hinab in den Garten, doch da trat ihm ein Bote entgegen und sagte: »Eben ist Eure Schwester gestorben, und zwar an gebrochenem Herzen, wegen der Sünde, zu der Ihr sie gezwungen habt.«

In seiner Angst rannte der Graf in den Schlosshof zurück. Dort liefen die Hühner, Enten und Gänse herum und sprachen über sein verderbtes Leben und seine grauenhaften Untaten. Auch die Spatzen und Tauben auf dem Dach mischten sich in das Gespräch und riefen herab: »Nun ist das Maß seiner Sünden aber voll. Das Ende ist nah, bald werden die prächtigen Türme dieses Schlosses einstürzen und die ganze Burg wird versunken sein.«

Gerade als der Hahn auf dem Dach laut krähte, trat der besagte Diener dazu. Der Graf wollte ihn auf die Probe stellen und fragte: »Was ruft der Hahn?«

Der Diener hatte den Hahn wohl verstanden und erschrak darüber so sehr, dass er vor lauter Angst vergaß sich zu verstellen. Er antwortete: »Er ruft: ›Lauf fort! Lauf fort, schnell, noch ehe die Sonne untergeht, wenn dir dein Leben lieb ist! Lauf fort, schnell, aber geh allein!‹«

»Oh du Verräter«, sagte der Graf, »du hast also doch von der Schlange gegessen! Pack deine Sachen, wir fliehen von hier!«

Der Diener lief hastig ins Schloss, aber der Graf sattelte sich selbst sein Pferd und war schon aufgesessen und auf dem Weg zum Tor hinaus, als der Diener zurückkam. Leichenblass und atemlos fiel er seinem Herrn in die Zügel und bat ihn flehentlich, ihn mitzunehmen. Der Graf schaute hoch, sah, wie die letzte Sonnenröte an den Spitzen der Berge glühte, und hörte, wie der Hahn laut kreischte: »Lauf fort, schnell, ehe die Sonne untergeht! Aber geh allein!«

Da zog er sein Schwert, spaltete dem Diener den Kopf und sprengte allein über die Zugbrücke hinaus. Er ritt bis auf eine Anhöhe bei dem Städtchen

Gieboldehausen und schaute sich um. Da sah er die Turmspitzen seines Schlosses noch im Abendrot glänzen und dachte, es wäre alles nur ein Traum oder eine Sinnestäuschung gewesen. Plötzlich aber fing die Erde unter seinen Füßen zu zittern an und er ritt erschrocken weiter. Als er sich zum zweiten Mal umschaute, waren der Burgwall, die Mauern und Türme verschwunden und wo eben noch das Schloss gestanden hatte, lag nun ein großer See.

Nach dieser wundersamen Errettung bekehrte sich der Graf zu Gott und büßte seine Sünden als Mönch im Kloster Gieboldehausen, dem er auch all seinen übrigen Reichtum schenkte. Auf seinen Wunsch hin werden noch immer an bestimmten Tagen Gottesdienste für das Seelenheil reuiger Sünder abgehalten.

Auch kann man aus dem See bis heute immer wieder Steinquader und Eichenbohlen, die Überreste des Schlosses, herausholen. Vor einiger Zeit waren sogar zwei mit Kränzen verzierte silberne Töpfe dabei. Der Wirt in Seeburg soll einen davon gekauft haben.

Die Moorjungfrauen

Auf dem Gebirgsrücken der Rhön breiten sich in unergründlichen Sumpfgebieten das Rote und das Schwarze Moor aus. Dort standen in alter Zeit einmal zwei Dörfer. Das Dorf auf dem Roten Moor hieß Poppenrode und versank als Strafe für das lasterhafte Leben seiner Bewohner oder aufgrund eines über seine Einwohner ausgesprochenen Fluches.

Das Dorf auf dem Schwarzen Moor hieß einfach Moor und ging auf ähnliche Weise unter. Davon ist nur noch eine Art Kopfsteinpflaster übrig – die Rhönbewohner nennen es Steinerne Brücke – sowie die Moorlinde, die man für die Dorflinde des versunkenen Ortes hält.

Auf beiden Mooren zeigten sich früher des Nachts häufig glänzende Lichterscheinungen, das waren die Moorjungfrauen. Sie schwebten und flatterten über ihr ehemaliges Zuhause. Oft kamen auch zwei oder drei von ihnen nach Wüstensachsen und tanzten dort auf der Kirchweih. Auch sangen sie schöne

Lieder, blieben aber nie länger als bis Mitternacht. Wenn ihre Zeit um war, kam jedes Mal eine weiße Taube angeflogen, der folgten sie und wandelten singend in den nächsten Berg hinein. So entschwanden sie den Augen derjenigen, die ihnen nachsahen oder neugierig zu folgen versuchten.

Das Rote Moor verkündet auch, wie das Wetter wird. Wenn in der Frühe ein leichter Dunst darüber schwebt, dann gibt es keinen schönen Tag. Starker Dunst ist ein Zeichen für schlechtes Wetter. Raucht das Moor sogar, so kommen Regen, Hagel und Gewitter. Und wenn das schlammige Moorwasser Wellen wirft, dann sind Stürme, Orkane und sogar Erdbeben zu befürchten.

❡ Das Rote und das Schwarze Moor in der Hochrhön sind heute beliebte und naturgeschützte Wandergebiete. Hier wie in anderen Mooren gibt die oft unheimlich wirkende Landschaft Anlass zur Sagenbildung.
Die Lichterscheinungen werden im Volksmund Irrlichter, Irrwische oder Tückebolde genannt. Es sind kleine blaue Flämmchen, die über dem Moorboden entstehen und beim geringsten Luftzug erlöschen. Sie gelten auch als die Seelen ungetauft verstorbener Kinder. ❡

Die Untersberger

Der Untersberg zwischen Bad Reichenhall und Berchtesgaden wird im Volk auch der Wunderberg genannt. Es heißt, in seinem Inneren gäbe es ganze Paläste, Gärten und Gold- und Silberquellen. Kleine Männlein sollen diese Schätze behüten und früher sah man sie manchmal in der Domkirche von Salzburg um Mitternacht ihren Gottesdienst halten.

Sieben Holzknechten und drei Bürgern aus Reichenhall kam einst auf einem schmalen Fußweg ein ganzer Zug schwarzer Männlein entgegen, vierhundert an der Zahl, alle gleich gekleidet, die gingen in Zweierreihen, angeführt von zwei Trommlern und zwei Pfeifern.

Auch sah man oben auf dem Untersberg schon Wilde Frauen in weißen Gewändern und mit fliegenden Haaren, die schöne Lieder sangen.

Zur Geisterstunde um Mitternacht kommen die Riesen hervor, steigen zum Gipfel des Berges und schauen unverwandt nach Osten. Wenn es dann ein Uhr schlägt, erlischt ihr Flammenlicht, die Riesen verschwinden und die Zwerge treten aus dem zaubervollen Bergesinneren. Sie bauen Erz ab und hämmern am Gestein oder laufen mit netzförmigen Häubchen auf den Köpfen zwischen dem weidenden Vieh umher.

Leute aus dem Dorf Feldkirchen erzählten: »Als wir noch kleine Buben waren, haben wir mit eigenen Augen gesehen, wie einige alte Riesen aus dem Untersberg herauskamen, sich an die Kirche von Grödig anlehnten und sich mit verschiedenen Leuten unterhielten. Sie taten aber niemandem etwas zu Leide, sondern gingen danach friedlich ihres Weges.« Die Einwohner von Grödig wurden von den Riesen ermahnt, sich durch tugendhaftes Leben vor Unglück zu schützen.

Auch soll man in Grödig häufig zahlreiche Wilde Frauen gesehen haben. Sie kamen aus dem Untersberg, gingen zu den Buben und Mädchen, die in der Nähe das Vieh hüteten, und gaben ihnen Brot und Käse zu essen. Auch beim Kornschneiden sollen die Wilden Frauen in Grödig schon geholfen haben.

Eines Tages pflügte ein Bauersmann bei Grödig sein Feld und hatte seinen kleinen Sohn auf das Pferd gesetzt. Da kamen die Wilden Frauen aus dem Untersberg, die wollten den Knaben gerne haben und versuchten ihn mit Gewalt zu entführen. Dem Vater aber waren die Geheimnisse dieses Berges wohl bekannt. Er eilte ohne Furcht auf die Frauen zu und nahm ihnen den Knaben ab mit den Worten: »Was fällt euch ein, so oft herauszukommen und mir jetzt auch noch meinen Buben wegzunehmen? Was wollt ihr denn mit ihm machen?«

Die Wilden Frauen sagten: »Bei uns wird es ihm besser gehen als zu Hause, wir würden ihn von Herzen lieb haben und wollen bestens für ihn sorgen!«

Doch der Vater gab seinen Sohn nicht her und die Wilden Frauen gingen bitterlich weinend von dannen.

Ein Müller aus Salzburg, er hieß Leonhard Burger, ging einmal auf den Untersberg. Da traf er eine Wilde Frau und ein Bergmännlein und sah, wie Letzteres mit einem Hammer an das Gestein klopfte. Da floss daraus in eine große untergestellte Kanne reines glänzendes Gold. Die Wilde Frau schrie den Wanderer an und er wich erschrocken zurück. Wäre er dageblieben, hätte er wohl etwas mehr bekommen. So aber gab ihm das Bergmännlein nur ein großes Stück von einem glänzend schimmernden Stein. Das machte den Müller reich und er hatte sein Leben lang genug.

¶ Um den gewaltigen Bergstock des Untersberges zwischen Berchtesgaden und Salzburg ranken sich so viele Sagen, dass er im Volksmund auch Wunderberg genannt wird.
Er gilt auch als einer jener Berge, in die Kaiser Friedrich Barbarossa versetzt worden sein soll (vgl. »Barbarossa im Kyffhäuser«, S. 256). Offensichtlich muss dieser sein großes Quartier aber teilen, denn auch Kaiser Karl der Große soll hier wohnen. Beide Herrscher übrigens gleich mit ihrem ganzen Hofstaat. ¶

DIE JUNGFRAUEN AUF DEM DREISESSELBERG

Es wird erzählt, dass auf dem Dreisesselberg in den Burgen Wolfstein, Hauzenberg und Riedl einst drei wunderholde Fräulein lebten. Um diese warben drei junge Edelleute, ein Bayer, ein Österreicher und ein Böhme. Aber die Fräulein waren ebenso hochnäsig wie liebreizend und hätten lieber einen Grafen oder gar Fürsten geheiratet. Deshalb wollten sie von den einfachen Rittern nichts wissen und stellten ihnen kaum erfüllbare Bedingungen. Die Ritter nahmen die Herausforderung jedoch an, denn einem Liebenden erscheint keine Aufgabe zu schwer.

Also bekam jeder von seinem Fräulein einen goldenen Fingerring. Damit sollten sie sich, wenn sie ihre Abenteuer glücklich bestanden hätten, genau ein Jahr später am Abend vor dem Dreikönigstag gemeinsam auf dem Dreisesselberg einfinden. In der Mitternachtsstunde würden dann auf den Wachtürmen jeder der drei Burgen Freudenfeuer auflodern, zum Zeichen, dass die Jungfrau den Bräutigam jubelnd erwarte.

Die Ritter zogen nun durch die Lande, bestanden manches hitzige Gefecht, kämpften mit Riesen und Drachen. Und nachdem sie alles, was ihnen aufgetragen worden war, tatsächlich ausgeführt hatten, arbeiteten sie sich an dem vereinbarten Tag durch tiefen Schnee mühsam den Dreisesselberg hinauf, um auf dessen Gipfel die versprochenen Zeichen abzuwarten. Wie eine Ewigkeit kam ihnen die Zeit bis Mitternacht vor, dann schlug es zwölf, aber nirgends wurden die ersehnten Feuer angezündet. Die Ritter merkten jetzt – zu spät –, dass man sie zum Narren gehalten hatte. Voller Zorn zogen sie die Ringe von den Fingern und warfen sie in die mit Schnee bedeckten Abgründe, jeder in eine andere Himmelsrichtung. Dann zogen sie auf Nimmerwiedersehen von dannen.

Die stolzen Mädchen aber fanden keinen Bräutigam mehr, der sie zum Altar geführt hätte. Sie welkten in den freudenleeren Mauern ihrer Schlösser dahin und sanken ins Grab, ohne dort Ruhe zu finden. Alljährlich in der Dreikönigsnacht sieht man sie auf der Kuppe des Dreisesselberges umherirren und die metertiefe Schneedecke vergeblich nach ihren drei Ringen durchwühlen.

Nach einer anderen Sage hatten auf dem Dreisesselberg drei Schwestern ein Schloss und einen riesigen Schatz, den sie teilen wollten. Jede kam mit ihrem Bottich, doch eine der drei Schwestern war blind. Nun stellten sie die Bottiche auf, aber den Bottich der Blinden mit der Öffnung nach unten. Dann füllten sie die Gefäße mit einer Schaufel. Die Blinde bekam nur so viel Geld, wie auf dem umgedrehten Bottich Platz hatte. Als sie aber mit dem Finger an die Wand des Bottichs klopfte und dieser einen hohlen Klang von sich gab, merkte sie den Betrug und sprach: »Alles soll versinken!« So geschah es und nur zu bestimmten Zeiten steigen die drei Schwestern aus der Tiefe herauf und dann sieht man jede auf ihrem Sessel sitzen.

Der Dreisesselberg im Bayerischen Wald an der Grenze zu Böhmen und Österreich ist ein eindrucksvoller, markanter Punkt. Eine alte Sage erzählt von drei Fürsten aus Bayern, Böhmen und Österreich, die sich dort oben zur Beratung trafen und auf den sesselartigen Steinen Platz nahmen.

Die Loreley

Wo das Stromtal des Rheins sich unterhalb von Kaub am engsten zusammendrängt, liegt an der gefährlichsten Stelle über den Stromschnellen am rechten Ufer ein steil aufragender Fels, in den die schöne Nixe Loreley oder Lurlei gebannt ist. Die sitzt oft auf dem Felsen, kämmt sich ihr langes goldenes Haar und singt dabei ein so süßes Lied, dass mancher vorbeifahrende Schiffer nicht auf die Strudel achtet und in den Fluten ertrinkt oder an dem steilen Felsen emporklettern will und abstürzt.

Einmal soll sogar der Teufel von ihrem Gesang so betört worden sein, dass er an dem Felsen kleben blieb. Erst als die Nixe ihr Lied beendet hatte, konnte er sich wieder lösen und davoneilen. Seine Gestalt aber hat sich zu ewigem Andenken schwarz in den Fels eingebrannt.

In klaren Nächten singt die Loreley auch heute noch auf dem Felsen und harrt ihrer Erlösung.

Die Sage von der Loreley ist kein »Märchen aus uralten Zeiten«, wie es Heinrich Heine in seiner gleichnamigen Ballade schreibt, sondern ein Musterbeispiel für eine von einem Dichter erfundene Sage. Die Geschichte wurde erstmals von dem Dichter Clemens Brentano zu Beginn des 19. Jahrhunderts erzählt.
Der Name »Loreley« bedeutet eigentlich »Ruf- oder Echofelsen«. Früher einmal sollen die Rheinschiffer dem Fels Fragen zugerufen haben, die ihnen das Echo – oder die dort lebenden Geister – beantworteten.

Die Spinnerin im Mond

In einem Dorf bei Salzwedel lebte eine alte arme Frau mit ihrer einzigen Tochter, die hieß Marie. Sie war sehr geschickt und half der Mutter in vielem über die Armut hinweg. Marie konnte täglich beinahe zwei Rollen Garn spinnen und ihr Faden war unvergleichlich fein und gleichmäßig. Aber so fleißig Marie war, so lebensfroh war sie auch und in der Spinnstube stets die Lustigste, besonders wenn die Spinnräder beiseite gestellt wurden und der Tanz anfing, der bis spät in die Nacht dauerte. Der Mutter war das gar nicht recht, dass ihre Tochter oft bis nach Mitternacht herumsprang und sich ihre Ermahnungen so wenig zu Herzen nahm.

Nun war wieder ein Winter fast zu Ende. Marie war überaus fleißig gewesen und es kam der Abend von Mariä Lichtmess, an dem noch einmal Spinnstube* sein sollte, um den Winter zu beenden, denn im Sommer wurde nicht gesponnen. Als die Tochter ihr Spinnrad nahm, um fortzugehen, sprach die Mutter: »Liebes Kind, heute ist ein Marientag, heute darf kein Kind ungehorsam gegenüber seinen Eltern sein, sonst wird es vom Himmel bestraft. Darum versprich mir, dass du heute nicht wieder so lange ausbleibst, sondern vor Mitternacht heimkommst, und dass du heute nicht zum Tanzen gehst. Ich verlasse mich darauf.« Marie versprach mit Tränen in den Augen, was ihre Mutter verlangte, nahm ihr Spinnrad und ging.

Es wurde sehr fleißig gesponnen, aber dann kamen einige junge Burschen. Sie hatten im Wirtshaus ein paar Prager Musikanten getroffen und diese mitgebracht. Das war etwas Neues und nun ging das Tanzen los. Marie wollte heimgehen und ihr Versprechen halten, aber die Burschen und Mädchen ließen sie nicht fort. Sie musste mittanzen, die Spielleute flöteten und fiedelten auch gar zu schön. Und als Marie einmal angefangen hatte zu tanzen, dachte sie nicht mehr ans Heimgehen, da konnte ihre alte Mutter lange warten. Denn das Tanzen war Maries größte Wonne und ihr ganzes Glück.

So ging die Mitternachtsstunde vorüber, ehe sie es bemerkte, und als die lustige Runde das Haus verließ, wurden die Mädchen mit Musik nach Hause gebracht. Vor dem Haus bekam jede noch ein Ständchen gespielt, das tönte gar lieblich durch die helle Mondnacht und die tiefe Stille. Unterwegs kamen sie auch am Friedhof vorbei. Das Tor stand offen und darin gab es unter einer alten Linde eine ebene freie Fläche. Da gingen die Tänzer und Spielleute hinein und begannen den Tanz von neuem. Erst schauderten die Mädchen und wollten nicht so recht, dann ließen sie sich aber doch dazu bewegen und tanzten mit. So auch Marie.

Die alte Mutter aber wartete daheim und weinte über ihr Kind. Als sie von

* Spinnstube: Hier trafen sich früher an Winterabenden Frauen und Mädchen zum Spinnen, Singen und Geschichtenerzählen.

weitem die Musik hörte, dachte sie gleich, da wäre Marie wohl mit dabei. Also machte sie sich auf und verließ ihr Häuschen, um ihr Kind zu holen. Da sah sie nun zu ihrem Entsetzen und Zorn ihre Marie mit den anderen auf dem Friedhof tanzen. Mit strenger Stimme rief sie ihr zu, sie solle sogleich mit nach Hause kommen. Aber das Mädchen antwortete: »Ach Mutter, der Mond scheint ja noch so hell und schön! Geh du nur heim, ich komme bald!«

Da reckte die Alte ihre beiden dürren Hände gen Himmel und schüttelte ihre grauen Haare, die ihr wild um den Kopf flogen, und schrie außer sich vor Zorn: »Ach du Rabenkind, im hellen Mond solltest du sitzen für immer und ewig und dort oben deine verfluchte Spinnstube haben!« Und nachdem die Alte diesen Fluch ausgesprochen hatte, fiel sie zu Boden und war tot. Marie aber blieb keine Zeit zum Jammern und Klagen, denn mitsamt ihrem Spinnrad saß sie im nächsten Augenblick auf dem Mond.

Da sitzt sie, da sinnt sie, da spinnt sie – wenn der Mond recht hell scheint, kann man sie deutlich sehen. Und all ihr wunderzartes, feines Gespinst, das streut sie vom Mond herunter, zum Frühlingsbeginn, wenn die Spinnstuben enden, und im Herbst, wenn sie beginnen und die Abende länger werden. Der Wind bläst es dann an schönen Tagen hierhin und dorthin, es schwebt weiß durch die Luft und zieht sich regenbogenfarbig glänzend von Strauch zu Strauch, von Blume zu Blume und die Leute nennen es Marienfäden, Marienseide oder fliegender Sommer.

❡ Hier lernen wir eine Entrückungssage kennen. Manchmal werden auch Männer zur Strafe in den Mond versetzt und müssen dort entsprechend ihren Vergehen arbeiten. Die Sage versucht zugleich die Schatten auf dem Erdtrabanten zu erklären. ❡

Riesen, Drachen, Ungeheuer

Riesen, Drachen, Ungeheuer

Schon in der Bibel ist mehrfach von Riesen die Rede, und den Riesen Goliath kennt wohl jedes Kind. In der griechischen Sage erlebt Odysseus ein gefährliches Abenteuer mit dem einäugigen Riesen Polyphem. In der Geschichte von Sindbad dem Seefahrer aus der berühmten orientalischen Märchensammlung »1001 Nacht« werden dessen Gefährten von einem Riesen aufgefressen.

Riesen gibt es also bei allen Völkern und zu allen Zeiten. Und natürlich beschäftigt sich auch die deutsche Volkssage mit ihnen. Allerdings sind sie bei uns keineswegs so zahlreich wie die Zwerge, auch führen sie nur ganz vereinzelt Namen. Häufiger tauchen sie vor allem in Erklärungssagen auf, etwa um die Herkunft von Felsbrocken und Findlingen oder die Entstehung der norddeutschen Hünengräber zu deuten. Im Gegensatz zu den Zwergen und Kobolden werden die Riesen oft als einfältig dargestellt, doch sind sie meistens gutmütig und hilfreich.

Auch die Wilden Männer oder Wilden Leute, die in verschiedenen deutschen Landschaften heimisch sind, gehören zu ihnen. Eine Sonderstellung nimmt Rübezahl, der Berggeist des Riesengebirges ein, über den es eine Fülle von alten und neuen Geschichten gibt, denn hier ist die Sagenbildung bis heute lebendig geblieben.

Riesensagen hätten in dieser Sammlung ein Kapitel für sich bilden können. Sie werden aber häufig im Volksglauben gemeinsam mit den Drachen genannt, die ja sozusagen die Riesen der Tierwelt darstellen. Wie die Riesen, so sind auch die Drachen als Fabelwesen uralt, tauchten schon vor viertausend Jahren bei den Babyloniern auf. Der alte deutsche Name für Drache lautet

»Wurm« oder »lint«, was so viel wie »biegsam« oder »geschmeidig« bedeutet. Daraus entstand wieder die Doppelbezeichnung »Lintwurm« oder »Lindwurm«. Der berühmteste Drache der deutschen Sage ist ohne Zweifel jener, den Siegfried erschlug. Andere Drachen begegnen uns in den Heiligenlegenden, wie etwa in der Geschichte von St. Georg, dem Drachentöter.

Einige Drachensagen dürften auch Erklärungssagen für unbekannte Fossilien gewesen sein, die man im Boden entdeckte und deren Anblick die Menschen beunruhigte.

Schließlich kann man zu dieser Gruppe auch noch die Sagen von merkwürdigen Tieren rechnen, die sich aber auch schon dem vorangegangenen Kapitel der Natursagen hätten anfügen lassen. Es sind Wundertiere dabei, vor allem aber auch die so genannten Werwölfe, die einmal die Phantasie des Volkes besonders beschäftigt haben.

DIE HÜNEN

In Westfalen, in der Gegend um Höxter und Corvey, in der Lüneburger Heide und um Bremen weiß man sich vieles über die Hünen oder Riesen zu erzählen. Überall gibt es Hünengräber, Hünenbetten, Hünensteine, Hünenkeller, Hünenburgen und diese Orte gelten als Beweise dafür, dass hier einst ein gewaltiges, großwüchsiges und starkes Volk gelebt haben muss.

Sonderbarerweise kommen aber in allen Sagen über Geister, Zwerge oder Kobolde die Riesen stets nur in der Vergangenheit vor. Es wird von Spuren ihrer gewaltigen Kraft berichtet und dass sie früher einmal gelebt haben. Man schildert die Orte, an denen sie gewohnt, gespielt, gekämpft haben und sich aus der Entfernung vieler Wegstunden mit Kugeln und Hämmern bewarfen.

Bei Dransfeld in der Gegend von Göttingen gibt es einen Hünenberg, darin will man die Riesen sogar noch gesehen haben. Über dem Dorf Altenhagen liegt auch eine Hünenburg, der letzte ihrer Bewohner soll sie in Trümmer zerhauen und den größten Stein als Grabdeckel über sich gelegt haben. Beim Dorf Lübbow liegt ein riesiger Hünenstein, der dreht sich jedes Jahr am Weihnachtsmorgen, wenn der Hahn kräht, von einer Seite auf die andere. In der Lüneburger Heide liegt der Pickelstein, den sollen die Hünen vom Kläbesberg dorthin geworfen haben, sieben Kreuze und ein Hufeisenabdruck sind an ihm zu erkennen. Bei Sievern liegt ein noch ungeöffnetes Hünengrab von ganz besonderer Größe. Man soll die Hünengräber aber nicht durchwühlen und die längst Begrabenen nicht in ihrer Ruhe stören.

Ein Mönch grub einmal an einem Riesendenkmal bei Steinfeld. Da erschienen ihm in der Nacht drei Gestalten, eine davon hatte nur ein Auge, die sahen ihn drohend an und sprachen zu ihm mit sonderbaren Stimmen:

»Heldentod haben
hier wir erlitten,
für das Vaterland
fochten und starben wir,
Störern unseres Staubes
strahlt Glücksstern nimmer.«

Danach hat der Mönch nie wieder an dieser Stelle gegraben.

❡ Die in der Steinzeit in Norddeutschland aus aufeinander getürmten Felsblöcken errichteten Großsteingräber haben schon immer die Einbildungskraft der Menschen angeregt. Am einfachsten ließen sie sich durch die Existenz von Riesen erklären, daher auch der Name »Hünengräber«. ❡

Rübezahls Gunst und Schabernack

Der Berggeist Rübezahl erweist sich vielfach als gütig und hilfreich, mitunter ist er aber auch schadenfroh und ärgert die Menschen.

Einem armen Bauern, der ins Gebirge ging, um Holzäpfel* zu sammeln, erschien der Berggeist in Gestalt eines rußigen Köhlers und führte den Mann in seinen Garten. Dort gab es Holzäpfel, wenn auch nicht allzu viele. Der

* Holzäpfel: Äpfel von wild wachsenden Apfelbäumen

Bauer pflückte davon, trug sie heim und bewahrte sie bis zum Winter auf. Als er sie dann für sein Kind an das Weihnachtsbäumchen hängte, waren sie sonderbar schwer geworden. Der Bauer schälte einen und da waren das Kernhaus und die Kerne aus purem Gold und der Glückliche bekam fünfzig Dukaten dafür.

Eine arme Frau kletterte einmal mühsam zwischen den Felsen des Riesengebirges umher, um von wilden Rosensträuchern die Hagebutten zu sammeln. Später wollte sie diese nach Warmbrunn zu einem Wirt bringen, der sie als Zutat für seine gute Weinsuppe brauchte. Doch zu Hause angekommen fand die Frau ihre Hagebutten in lauter goldene Kugeln verwandelt.

Ein durstiger Reisender kam einst an Rübezahls Teich, der nicht leicht zu finden ist. Er trank und füllte seine Reiseflasche mit dem kalten kristallklaren Wasser. Als er nach langer Wanderung daraus trinken wollte, war die Flasche sehr schwer und kein Tropfen floss heraus, denn eine steinharte Masse steckte darin. Der Reisende zerbrach die Flasche und hielt einen riesengroßen golden schimmernden Topas in Händen, für den er viele Dukaten bekam.

Einer sehr armen Frau begegnete der Berggeist als Bauer, der mit einem Milchkrug vom Gebirge herabkam. Als sie ihn um eine milde Gabe bat, gab er ihr den ganzen Krug und riet ihr, von der Milch nur wenig zu trinken. Den Rest sollte sie hinstellen, sauer werden lassen und Käse daraus machen. Das tat die gute Frau. Es dauerte lange, bis die runden Käselaibe reif wurden und sich gelb färbten, aber als dies endlich geschah, waren sie alle aus reinem Gold.

Drei Handwerksburschen bettelten einen vornehmen Herren an, der im Gebirge in einer prächtigen Kutsche an ihnen vorüberfuhr. Er gab jedem eine milde Gabe, sorgfältig in Papier eingewickelt, mit der Anweisung, es aber erst in der nächsten Herberge zu öffnen. Doch einen der drei plagte die Neugierde so sehr, dass er sein Päckchen aufmachte, noch ehe die Kutsche außer Sicht war. Da fand er zwei angeschimmelte Kupferpfennige darin, für die ihm niemand etwas gab. Der zweite Bursche konnte die Zeit auch nicht abwarten und fand zwei alte böhmische Groschen. Doch der dritte wartete, bis sie in die Herberge kamen und fand in seinem Päckchen zwei goldene Dukaten.

So gibt es hunderte von Sagen über des Berggeistes Güte und Gaben. Mancher hat aber auch seine Neckereien und allerhand Schabernack erdulden müssen.

Ein Wurzelgräber sollte im Riesengebirge für einen Gichtkranken bestimmte Wurzeln suchen, die gegen sein Zipperlein halfen. Er konnte diese Wurzeln aber nicht finden. Da traf er einen anderen Wurzelgräber, der zeigte sie ihm und half ihm graben. Einen großen Arm voll langer schwarzer Wurzeln trug der Mann danach freudig zu seinem Auftraggeber. Aber, oh Schreck, plötzlich verwandelten sich alle Wurzeln in Schlangen! Hei, wie rasch hüpfte da der Kranke aus dem Bett, wie schnell konnte er auf einmal laufen! Und er war von seinem Zipperlein für alle Zeiten befreit.

Ein Tuchhändler verkaufte dem Berggeist, den er für einen dummen Bauern hielt, einen ganz schlechten Stoff für den viel zu hohen Preis von fünfzig Dukaten. Als er aber daheim das Geld in den Kasten legen wollte, hüpften fünfzig lebendige Mäuse aus dem Beutel heraus, die verteilten sich in seinem Haus und zernagten dem Betrüger die besten Stoffe, wodurch ihm ein Verlust von weit mehr als fünfzig Dukaten entstand.

In Gestalt eines Schuhmachers zog Rübezahl auf den Markt, stellte eine Bude auf und verkaufte wunderbare Schuhe für einen wahren Spottpreis, besonders an die Frauen. Ach, es ging sich so leicht und angenehm in diesen sanften, anschmiegsamen grünen Schuhen! Nur schade, dass sie nach kurzer Zeit zerschmolzen wie Butter in der Sonne, weil nämlich das »Leder« dazu auf den Bergwiesen gesammelt worden war, auf denen die Kühe weideten: Die Schuhe waren aus Kuhfladen gemacht!

Einst verkaufte der Berggeist in Warmbrunn auf dem Markt auch Haarschmuck und Perücken. Wer bei ihm kaufte, war aber reingefallen, denn am nächsten Morgen hatte er anstelle der Perücke eine Igelhaut, ein Elsternest oder ein Stück Eselfell samt Schwanz auf dem Kopf.

Zu einem Bürger in Hirschberg kam der Geist als Holzhacker und bot seine Dienste an. Als Lohn bat er nur um eine Trage Holz. Der Bürger zeigte ihm vier Klafter Holz, die er spalten sollte, und fragte verwundert: »Wo hast du denn deine Axt?«

»Die habe ich hier!«, antwortete der Geist, zog sich das linke Bein aus dem Leib und fing an damit so rasend schnell das Holz zu spalten, dass dem Bürger Hören und Sehen verging. Er ließ sich nicht aufhalten, bis er alles zu Kleinholz gehackt hatte. Dann machte er sich größer und größer, bis er die vier Klafter auf einmal auf seinen Rücken laden konnte, und ging damit lachend von dannen.

❡ *Einer der wohl populärsten Berggeister ist Rübezahl, der Herr des Riesengebirges zwischen Schlesien und Böhmen, heute das Grenzgebirge zwischen Polen und der Tschechischen Republik.*
Er erscheint als Riese, gelegentlich aber auch als Mensch und sogar als Kobold. Über ihn gibt es zahlreiche Sagen und Märchen, die schon seit dem 17. Jahrhundert aufgezeichnet und überliefert wurden. Auch Polen und Tschechen haben ihn in ihre Sagenkreise aufgenommen. ❡

Die Sylter Riesen

In alten Zeiten hausten auf der Insel Sylt heidnische Völker mit einem uns unbekannten Glauben. Sie waren ihre eigenen Herren und gehörten zu keinem Königreich. Unter ihnen lebten über hundert Riesen, die waren so geschickt mit Pfeil und Bogen, dass sie alles trafen, was nur halbwegs zu sehen war; weder Menschen noch Tiere waren vor ihnen sicher.

Die Riesen hatten drei Burgen auf der Insel und einen Wachturm, von dem aus sie das ganze Land überblicken konnten. Wo immer es nötig war, kämpften sie für ihr Volk und sorgten für Frieden. Aber ansonsten taten sie den Einwohnern grausame Gewalt und viel Böses an. Sie nahmen sogar den Ärmsten das Geld weg, und wenn einer es sich von ihnen zurückholen wollte, schlugen sie ihn mit Stöcken tot. Die Einwohner von Sylt wussten nicht, an wen sie sich in ihrer Not wenden sollten, denn sie hatten keine anderen Herren als diese Riesen.

Unter den Riesen gab es auch einen kunstreichen Arzt. Dem kam zu Ohren, dass der Nachbarkönig demjenigen eine große Summe Geld versprochen hatte, der seine Tochter von einer schweren Krankheit heilen könne. Der Riesenarzt reiste an den Hof und machte die Prinzessin gesund. Er wurde vom König reich beschenkt und wollte wieder nach Sylt heimkehren. Aber der König bat ihn, er solle noch einen seiner Edelleute gesund machen, dann wolle er ihm so viel Gold geben, wie er nur tragen könne. Der Riese willigte ein und trank mit dem König auf diese Vereinbarung ein Glas Wein und dann noch eines. Als der Riese betrunken war, fragte ihn der König über seine Heimat aus und der Arzt verriet ihm alle Verstecke der Riesen. Während er danach zu dem kranken Edelmann reiste, sandte der König ein starkes Heer mit seinen besten Soldaten nach Sylt.

In zwei Haufen rückten sie an, der eine von Westen zu Schiff, der andere zu Fuß von Osten her. Sobald die Riesen das Fußvolk erblickten, zogen sie ihm entgegen. Gleichzeitig landeten aber die Schiffe und die Krieger des Königs griffen von hinten an. So konnten sich die Riesen nicht lange wehren. Sie wurden gefangen, gefesselt und in ihrem eigenen Wachturm eingesperrt.

Später wurden sie wegen ihrer vielen Raub- und Mordtaten vor den Scharfrichter geführt. Zuvor aber hatte man sie auf Befehl des Königs mit starkem Wein betrunken gemacht, sodass die Letzten sangen, während die Ersten schon hingerichtet wurden. Hundertundzwanzig Riesen wurden auf Sylt geköpft und das ganze Land fiel danach unter die Herrschaft des Königs.

Das Riesenspielzeug

An einem wilden Wasserfall in der Nähe des Breuschtales im Elsass liegen die Trümmer der alten Riesenburg Schloss Niedeck.

Von der Burg herab ging einst ein Mädchen auf den Ort Haslach zu. Es war die riesige Tochter des Burgherrn, die noch nie in ihrem Leben einen

Menschen gesehen hatte. Da entdeckte sie auf einmal einen Bauern, der mit zwei Pferden seinen Acker pflügte. Diese kleinen Wesen fand sie sehr spaßig. Also hockte sie sich auf den Boden, breitete ihre Schürze aus und fegte mit der Hand den Bauern, den Pflug und die Pferde hinein. Dann raffte sie die Schürze hoch und rannte, so schnell sie konnte, den Berg hinauf. Mit wenigen Schritten war sie oben und lief jubelnd zu ihrem Vater, um ihm den Fund zu zeigen.

Als der Riese seine Tochter mit freudeglühendem Gesicht eintreten sah, fragte er: »Nun, mein Kind, was hast du denn da in der Schürze? Zeig mal her!«

»Oh mein Vater!«, rief die Riesentochter. »Schau nur, was für ein schönes Spielzeug ich gefunden habe!«

Und sie holte alles aus ihrer Schürze, den Bauern, die Pferde und den Pflug, stellte sie auf den Tisch und hatte ihre helle Freude daran, dass dieses Spielzeug lebendig war und sich bewegte und zappelte.

»Ja, mein Kind«, sprach der alte Riese, »da hast du ja was Schönes angestellt. Das ist doch kein Spielzeug, das ist ein lebendiger Bauer mit seinen Pferden! Trag alles wieder zurück und stell es dorthin, wo du es hergenommen hast!«

Als das Riesenmädchen hörte, dass es seinen wunderbaren Fund wieder zurücktragen sollte, fing es an zu weinen. Der Riese aber wurde zornig und schimpfte: »Potztausend! Keine Widerrede! Ein Bauer ist kein Spielzeug! Wenn die Bauern die Felder nicht beackern, gibt es kein Getreide und kein Brot und dann müssen wir Riesen verhungern!«

Da brachte das Riesenmädchen seine vermeintlichen Spielsachen zurück und stellte alles wieder auf den Acker.

❡ Die Sage von den Riesen auf Burg Niedeck im Elsass wurde weit bekannt durch die Ballade »Das Riesenspielzeug« des Dichters Adalbert von Chamisso, die früher in keinem Lesebuch fehlen durfte. ❡

ERKINGER UND MERKINGER

Oberhalb von Bad Liebenzell am Rande des Schwarzwalds steht ein Turm, den hat der Riese Erkinger gebaut. Er war ein Räuber und Menschenfresser und machte sich einen Spaß daraus, hübsche Bräute von ihrer Hochzeitsfeier zu entführen, in seinen Turm zu schleppen und sie dort aufzufressen.

Oft aber kam ihm dabei sein Feind Merkinger in die Quere, der seine Burg auf der anderen Seite des Tales hatte. Er jagte Erkinger so manches Mal die jungen Frauen wieder ab und gab sie ihren Bräutigamen zurück.

Andernfalls schleuderte Erkinger die Knochen der Gefressenen von seinem Turm. Daraus ist mit der Zeit ein ganzer Berg geworden, der auch heute noch Beinberg heißt, weil man zu Knochen früher meist Gebeine sagte.

Als der Riese es aber gar zu schlimm trieb, hat Merkinger ihn schließlich erschlagen, obwohl er selbst nur ein Mensch und kein Riese war. Merkinger drang in Erkingers Turm ein, fasste ihn bei den Füßen und warf ihn zum Fenster hinaus, sodass er sich Hals und Beine brach.

In der Riesenkapelle im nahen Kloster Hirsau bewahrte man lange Zeit einen Mantel des Riesen Erkinger auf, der über vier Meter lang war, dazu einen ungeheuren Hosenträger und einen Riesenschuh.

Und die Bürger von Liebenzell ließen den Riesen mit einer mächtigen Stange in der Hand in Lebensgröße an das Stadttor malen, durch das man zur Burg hinaufging. Noch heute findet man riesige Steinkugeln in dieser Gegend, einen halben Meter dick, die hat Erkinger damals von seinem Turm aus ins Tal herabgeschleudert.

DER RIESE MARTINUS

Auf einem Felsen in der Nähe von Eppstein hauste in alten Zeiten der gewaltige Riese Martinus. Er war schrecklich anzusehen, denn er hatte nur ein Auge, und das saß ihm mitten auf der Stirn. Seine Tage verbrachte er mit süßem Nichtstun, hatte aber immer mächtigen Hunger. Er verschlang am Spieß gebratene Kinder und trank dazu ganze Tonnen voller Wein.

Auf diesem Felsen und in den nahe gelegenen Schluchten wohnte auch ein halbes Tausend arbeitsamer Berggeister, kleine Männlein, freundlich und bei den Menschen gern gesehen. Der Riese Martinus, ihr Herr und Gebieter, behandelte sie grausam und hart. Schon bei Tagesanbruch rief er sie mit gewaltiger Donnerstimme zur Arbeit. Wer nur fünf Minuten zu spät erschien, wurde unbarmherzig die Bergwand hinabgeschleudert, und manches dieser friedlichen Kerlchen hatte auf diese schreckliche Weise schon sein Leben verloren.

Die Männlein mussten in dem Berg Goldkörner suchen und jeden Tag eine bestimmte Menge, nämlich hundert Körnchen, abliefern. Falls auch nur eines fehlte, wurden sie hart bestraft, und so gruben die armen Männlein, dass ihnen der Schweiß von der Stirn rann.

Durch die grausame Behandlung und die schwere Arbeit wuchs in den Herzen der Bergbewohner Zorn und Bitterkeit gegen ihren Herrn. Ganz besonders empört waren sie aber, als der Riese ihren Ältesten in weitem Bogen die Bergwand hinabschleuderte, wo schon die Knochen vieler anderer lagen. In ihrer großen Trauer kamen sie mit der Arbeit an diesem Tag nicht so recht voran, und als sie abends heimkehrten und dem Riesen nur neunundneunzig Körner auf die Goldwaage schütteten, wurde Martinus furchtbar zornig und bestrafte sie noch zusätzlich. Da war das Maß endlich voll und die Männlein beschlossen sich zu befreien und den Riesen aus dem Weg zu räumen.

Bald bot sich ihnen eine passende Gelegenheit dazu. Der Riese feierte nämlich seinen einhundertundfünfzigsten Geburtstag. Es war gerade im wundervollen Rosenmonat und die Sonne leuchtete golden vom blauen Himmel herunter. In festlichem Zug erschienen die Berggeister mit Blumensträußen in der Höhle ihres Herrn. Als die kleinen Männlein nun noch einen wundervollen Gesang anstimmten, brachten sie den Riesen in die beste Stimmung. Er lud sie ein seine Gäste zu sein, holte eine große Tonne goldenen Rheinwein und trank mit ihnen nach Herzenslust, er selbst aus einem mächtigen Büffelhorn und die Männlein aus silbernen Bechern, nicht größer als Fingerhüte.

In seiner Festtagslaune trank der Riese aber mehr, als ihm wohl tat, und wurde bald müde. Die schlauen Männlein streuten eine Menge Blumen auf einer freien Fläche des Berges aus und luden den Riesen ein, sich auf diesem

Blumenbett auszuruhen, wo er auch bald in tiefen Schlaf fiel. Heimlich hatten sie zuvor aus dem Bast verschiedener Waldgewächse ein Netz geflochten, das war wunderbar fest und unzerreißbar.

Als der Riese dalag und schnarchte, warfen sie das leichte Netz geschwind über ihn, befestigten es gut und weckten ihn dann mit lautem Geschrei. Als er sich wütend erheben wollte, verwickelte er sich derart in die Maschen des Netzes, dass es den Männlein ein Leichtes war, ihn zu überwältigen. Ohne Erbarmen schleppten sie den Unhold bis zur nächsten Felswand und stürzten ihn in die gleiche Tiefe, in die der Riese so manchen ihrer Kameraden geschleudert hatte.

Danach verschwanden die Männlein aus dieser Gegend und wurden nicht mehr gesehen. Der Felsen aber heißt noch heute die Martinswand.

❡ Eppstein ist ein Luftkurort im Taunus.
Dass Riesen kleine Kinder auffressen, begegnet uns als Motiv in verschiedenen Sagen und Märchen, zum Beispiel auch in »Der Däumling« von den Brüdern Grimm. ❡

Die Riesensteine

Überall verstreut in der Lüneburger Heide findet man große Steinblöcke, sie werden Riesensteine genannt. Viele Gelehrte haben sich schon den Kopf darüber zerbrochen, wie diese Steine wohl dahin gekommen sind, aber keiner hat das Rätsel lösen können. Fragt man die Schäfer in der Heide danach, hört man folgende Geschichte:

Vor vielen hundert Jahren hausten in der Lüneburger Heide drei Riesen, die waren so groß wie Bäume. Sie nahmen ausgerissene Tannen als Spazierstöcke und waren der Schrecken der ganzen Gegend, weil sie mal im Bösen, mal im Guten mit den Menschen ihr Spiel trieben, ganz nach Lust und Laune.

Besonders wenn sie hungrig waren, ging es den Müllern und Bäckern schlecht. Den Müllern hielten sie so lange die Mühlen an, bis sie alles Mehl herausgaben und die Riesen davon Brot backen ließen. Bei den Bäckern legten sie ihre mächtigen Hände auf den Schornstein des Hauses und bliesen von oben hinein, bis der arme Bäcker vor lauter Qualm mit Frau und Kindern aus seinem eigenen Haus flüchten musste. Dann aßen die Riesen dem Bäcker die Vorratskammern leer und zogen lachend wieder von dannen.

Den Fuhrleuten hingegen, oder genauer gesagt, den Pferden, halfen sie oft. Wenn die armen Tiere ihre Karren mühsam auf den schlechten Sandwegen dahinschleppten und nicht mehr weiterkonnten, dann kam so manches Mal ein Riese herbei, setzte die Pferde mitsamt dem Fuhrmann auf den Wagen und trug alles über den Sand, bis zu der Stelle, wo der Boden wieder besser war.

Weil sie sonst nichts zu tun hatten und weil die Pferde ihnen Leid taten, beschlossen die Riesen eines Tages: »Wir wollen mitten durch die Heide eine große und breite Straße bauen, und alle Fuhrleute, die dann noch ihre Pferde quälen, werden wir auffressen!« Denn Menschenfleisch war ein Leckerbissen für sie. Als sie aber mit der Arbeit beginnen wollten, fehlte es ihnen an Steinen. Dann fiel ihnen ein, dass im Norden ein Land lag, in dem es viele große Steine gab. Zwar war der Weg dorthin weit, aber was machte das schon? Sie legten schließlich mit vier Schritten einen Kilometer zurück, da kommt man recht weit im Laufe eines Tages, und noch dazu hatten sie ja keine Eile. So schritten sie munter drauflos.

Aber, oh weh! Sie kamen an ein großes Wasser! Doch auch hier wussten sie sich zu helfen. Sie rissen große Eichen aus, banden sie zu Flößen zusammen und fuhren damit über das weite Meer. Als sie in dem kalten Land ankamen, bröckelten sie Stücke von den Bergen, so groß wie Häuser, und packten sich eins auf jede Schulter, zwei kleinere steckte sich jeder in die Ohren, und so fuhren sie zurück in die Heide und schichteten innerhalb kurzer Zeit bei Uelzen große Steinhaufen auf.

Dann wurden sie jedoch auf unangenehme Weise gestört. Denn während ihrer Abwesenheit hatte ein Imker dort sein Bienenhaus aufgestellt und die fleißigen Tierchen flogen durch die blühende Heide und sammelten Honig. Die Riesen achteten anfänglich nicht weiter darauf und zertraten so manche Biene mit ihren großen Füßen. Schließlich wurden die Bienen aber zornig.

Sie sannen auf Rache und setzten sich auf die nackten Beine der Riesen und stachen sie.

Als die Riesen nach ihnen schlugen und mit ihren großen Händen viele auf einmal töteten, holten die Bienen ihre Königin und begannen einen Kampf auf Leben und Tod. Zu tausenden fielen sie über die mächtigen Riesen her, mochten diese auch viele Bienen zerquetschen, das half ihnen nichts, denn immer neue Scharen summten herbei und bedeckten Gesicht, Hände und Beine der Riesen und zerstachen sie jämmerlich.

Da griffen die Riesen zu ihren Steinen und warfen sie mit solcher Wucht nach den Bienen, dass manch ein Stein häusertief in den Boden sank. Andere hingegen blieben auf der Oberfläche liegen, wo sie heute noch zu finden sind.

Doch die Bienen wurden immer zorniger und jagten die Riesen in der ganzen Heide umher, und überall warfen diese mit Steinen nach ihnen. Zuletzt mussten die gefährlichen Riesen vor den kleinen Bienen Reißaus nehmen und flüchteten sich ans Meer. Doch auch hier fanden sie keine Ruhe vor den erbosten Feindinnen. In größter Not stürzten sich die drei Riesen schließlich in die Fluten und ertranken. Die Siegerinnen kehrten heim und sammelten Honig wie zuvor. Sie wissen aber recht gut, dass ihr Stachel den Menschen wehtut, deshalb darf man sie nicht reizen. Und die großen Steine sind heute noch zu sehen, wenn man in die Heide kommt. Die Leute dort zerhauen sie und bauen ihre neuen Häuser daraus.

❡ Die Sage versucht, ähnlich wie die von den Hünen, die Herkunft der aus der Eiszeit stammenden Findlinge in der Lüneburger Heide zu erklären. ❡

Die Wilden Leute

In alten Zeiten kam eines Tages ein Graues Männchen in die Gegend bei Schlüchtern und flehte in einigen Hütten um ein wenig Brot und Herberge für die Nacht. Aber die Leute verprügelten das Männchen und jagten es unbarmherzig von ihren Türen fort. Da wandte es sich der Wildnis zu, klet-terte über Berg und Stein, und als eben die Sonne unterging, gelangte es endlich zu anderen Hütten im Wald. Darin wohnten riesengroße Männer mit ihren ebenso großen Weibern, die hatten Kinder, so groß wie bei uns der größte Mann.

Der kleine Fremdling fürchtete sich vor ihnen und wollte fliehen, doch die Riesen riefen ihn freundlich zurück, erquickten ihn mit Speis und Trank und machten ihm auch ein weiches Lager aus Waldmoos zurecht.

Die Nacht verging und als der Morgen dämmerte, brach das Graue Männchen auf, um seine Wanderung fortzusetzen. Es dankte den Waldleuten und sprach: »Weil ihr so gastfreundlich zu mir wart, habt ihr einen Wunsch frei. Wenn ich zu meinem Herrn komme, will ich ihn bitten, euch diesen Wunsch zu erfüllen.«

Und der älteste von den Männern sagte: »Wir bitten darum, dass wir niemals sterben müssen, sondern immer in diesem Wald leben dürfen.«

Da sprach das Männchen: »Wohl, ich kann euch sagen, dass euch dieser Wunsch erfüllt wird, und solange ihr diesen Berg nicht verlasst, werdet ihr leben und nicht sterben.«

So leben denn die Wilden Leute noch immer im Bernhardswald bei Schlüchtern am linken Kinzigufer und haben ihre Häuser dort oben, wo sich gewaltige Steinmassen auftürmen; die werden die Wilden Häuser genannt. Da essen die Wilden Männer täglich am Wilden Tisch. Ihre großen schönen Frauen steigen in den Mondnächten auf in die Lüfte und ihre Kinder beschützen die Kinder der Menschen, wenn sie im Wald nach Beeren suchen.

Die Wilden Männer sind am vergnügtesten, wenn der Sturmwind tobt und der Blitz aus den Wolken fährt, dann gehen sie hoch oben über die Berge und rütteln an den Wipfeln der Bäume. Aber sie freuen sich auch, wenn die Aronspflanze üppig wächst und sie dazwischen umhergehen können. Sie helfen gerne denjenigen, die im Wald nach Heilkräutern suchen, und sind überhaupt nur bösen Menschen feindlich gesinnt. Die allerdings werden von ihnen zuweilen mit Ohrfeigen begrüßt.

❡ *Schauplatz der Sage ist das Kinzigtal im südöstlichen Hessen. Hier sind zwei Sagenmotive vereinigt: eine Zwergensage und die Sage von den Wilden Leuten oder Wilden Männern. Letztere können auch böse sein, wie andere Sagen erzählen.* ❡

Winkelried und der Lindwurm

Auf einem Berg bei Wylen hauste ein gefährlicher Lindwurm, der fraß Menschen und Vieh und verwüstete das Land.

In dem Dorf Wylen lebte ein Mann mit dem Namen Winkelried, der hatte einen Mord begangen und war dafür zum Tode verurteilt worden. Es gelang ihm aber, aus dem Gefängnis zu fliehen. Er schickte die Botschaft ins Dorf, dass er, wenn man ihn begnadige, versuchen wolle den Lindwurm zu töten. Diesen Kampf gönnte man ihm gern. Er bewaffnete sich mit einem scharfen Schwert und hielt in der linken Hand anstelle des Schildes ein Büschel Dornenruten.

Jedes Mal, wenn der Drache auf ihn losging, stieß Winkelried ihm die Dornen in den weit aufgesperrten Rachen. Der Lindwurm wand und krümmte sich vor Schmerzen, und als Winkelried die Gelegenheit dazu sah, stieß er ihm mit sicherer Hand das Schwert in den Leib, sodass der Lindwurm tot daniedersank. Vor Freude über den Sieg schwang Winkelried das blutige Schwert über seinem Kopf. Er hatte sein Leben gewonnen! Aber er sollte es doch noch verlieren. Denn von seinem hochgestreckten Schwert floss das giftige Drachenblut herab, auf seine Hand und seinen Arm. Es brannte auf seiner Haut wie alle Feuer der Hölle. An diesen Brandwunden starb der Held, das Land aber hatte er von dem Untier befreit. Das Drachenloch, wo es gehaust hat, kann man heute noch sehen.

Eine andere Drachenhöhle sieht man bei Burgdorf im Berner Land. Dort gingen einmal zwei Herzöge zur Jagd, es waren Brüder und sie hießen Sintram und Bertram. In einem großen Wald kamen sie an eine Schlucht, darin lebte ein ungeheurer Drache. Als der die Jäger bemerkte, fiel er sie gleich an und schlang Bertram, den Jüngeren, mit Haut und Haar seinen weiten Schlund hinab. Sintram aber ging voller Mut auf den Drachen los. Er schlug ihm den Kopf ab, schnitt ihm den Bauch auf und half seinem Bruder, der noch lebendig war, heraus. Danach ließen die Brüder der heiligen Margaretha zu Ehren eine Kapelle an diesem Ort erbauen und die Tat in einem Bild verewigen.

❡ *Wylen ist ein Dorf am Fuße des Pilatus, einem Bergstock bei Luzern.* ❡

Der Lindwurm auf Frankenstein

Auf der Burg Frankenstein lebte ein Ritter namens Georg. Im Dorf unterhalb der Burg gab es einen Brunnen, aus dem die Bauern ihr Wasser schöpften. Auch für die Burg holte man das Wasser von dort. Neben dem Brunnen aber hauste ein grässlicher Lindwurm, der ließ niemanden vorbei, wenn man ihm nicht zuvor ein Tier opferte. Ein Schaf, einen Hund, ein Kalb, ein Schwein – er fraß alles und fraß viel, und nur solange er fraß, konnte jedermann sich Wasser holen. Denn wenn er nichts anderes hatte, fraß er die Menschen, die zum Brunnen kamen.

Da entschloss sich der Ritter von Frankenstein dazu, das Dorf von dem gefährlichen Ungetüm zu befreien. Er zog seine Rüstung an, bewaffnete sich und kämpfte mit dem Lindwurm. Der wehrte sich wacker und spuckte so viel Feuer, wie er nur konnte. Doch am Ende schlug ihm der Ritter glatt den Kopf ab. Dabei kringelte sich der spitze Pfeilschwanz des Drachen um den Ritter und stach ihn von hinten in die Kniekehle, dort, wo die Rüstung ihn nicht bedeckte. Da aber der ganze Lindwurm durch und durch, außen und innen giftig war, musste der tapfere Ritter von Frankenstein an diesem Stich sterben.

Nachdem er begraben worden war, hat man ihm ein Denkmal errichtet. So sieht man ihn heute noch lebensgroß in seiner Rüstung, mit Schwert und Streithammer, wie er siegreich den Fuß auf den Lindwurm setzt, dessen Schwanzspitze auf des Ritters Kniekehle zielt.

❡ *Näheres von Burg Frankenstein erfahren wir in der Sage von der Tidianshöhle, S. 222.* ❡

Der Lindwurm hinter der Eckwadter Kirche

Vor langer Zeit hauste hinter der Eckwadter Kirche ein Lindwurm. Er raubte ringsumher so viel Vieh von den Feldern, wie er nur verschlingen konnte. Die Menschen verschonte er gerade noch. Trotzdem wagte es lange niemand, den Kampf mit ihm aufzunehmen. Schließlich aber beschlossen zwei Bauern das Ungeheuer zu töten, auch wenn sie dafür mit dem Leben bezahlen müssten.

Sie ließen sich jeder aus einer Sense eine Lanze machen, sodass die Klinge gerade nach vorne stand. Damit gingen sie auf den Lindwurm los. Mitten im Kampf aber verlor der eine von ihnen den Mut und lief davon. Der andere kämpfte tapfer alleine weiter und erlegte den Lindwurm. Danach jedoch erstach er auch seinen feigen, wortbrüchigen Kameraden, der ihn in der Gefahr im Stich gelassen hatte.

Andere erzählen, dass ein weiser Mann den Eckwadter Bauern in ihrer Not mit dem Drachen geraten hätte, ein Stierkalb drei Jahre lang mit frisch gemolkener Milch und Semmelbrot zu füttern und auf diese Weise großzuziehen. Dann sollten sie es auf den Friedhof hinter der Kirche führen und dort freilassen. So geschah es. Als nun der starke Stier um die Kirche lief, kam der Lindwurm und wollte ihn fressen. Aber der Stier ließ sich nicht so leicht fangen, sondern fiel den Drachen mit seinen Hörnern wütend an. Nach einem langen und schrecklichen Kampf konnte der Stier tatsächlich den Drachen töten. Doch starb auch er bald danach an seinen Wunden.

Eckwadt liegt in Schleswig-Holstein.

Milch- und Gelddrachen

In ganz Mitteldeutschland glaubte man an Drachen, die Reichtümer bringen. Diese Drachen fielen als Feuerkugeln durch den Schornstein ins Haus und schütteten dort ihre Schätze aus: Milch, Eier und Geld. Wenn man merkte, dass der Drache sich näherte, wurden schnell die Töpfe gereinigt und in Küche und Keller aufgestellt, damit der Drache seine Milch hineingießen konnte. Um ihn anzulocken, brauchte man ein Butterfass aus dem Holz von Wacholder, Eibisch oder Linde, denn diese Bäume galten in alten Zeiten als heilig.

Die Gelddrachen sind wieder eine andere Art feuriger Drachen. Der Sage nach hüten sie verborgene Schätze. So manch einer, der versucht hat einen Schatz zu heben, musste im Kampf mit dem Drachen dafür schon mit seinem Leben bezahlen. Die Gelddrachen gehen oft aber auch auf zwei Beinen und haben Menschengesichter.

Nicht weit von dem Dorf Peisla bei Ranis in Thüringen erhebt sich der Engelsberg. Er ist ganz mit Rotbuchen bewachsen und an seiner östlichen Seite öffnet sich eine Höhle, die sich der Sage nach durch den ganzen Berg erstrecken soll. Zwei feurige Drachen liegen darin an Ketten und bewachen einen großen Schatz.

Ein Graues Männchen wird eines Tages, so sagt man, mit einem Stab an einem der drei großen Steine auf dem Weg von Peisla nach Dobian ein Zeichen aufdrücken. Daran wird man dann ablesen können, wo der große Schlüssel liegt, mit dem der Zugang zum Schatz geöffnet werden kann.

Der Drache als Diener

Ein Bauer in Prislich hatte ein Bündnis mit dem Teufel geschlossen und ihm seine Seele verschrieben. Dafür hatte er von ihm einen Drachen bekommen, der ihm alle möglichen Reichtümer herbeischaffte. Wann immer er wollte, kamen auf diese Weise Korn, Stroh, Mehl, Butter und allerlei schöne Dinge durch die Luft angesegelt und vermehrten den Reichtum des ohnehin wohlhabenden Bauern bis zum Überfluss.

Der Schäfer des Dorfes aber war ein pfiffiger Kopf und konnte sogar ein wenig zaubern. So gelang es ihm immer wieder, den Drachen seine Gaben schon vorher fallen zu lassen. Die Sachen, die sich der gierige Bauer gewünscht hatte, wurden in alle Winde verstreut und er ging leer aus.

Der Drache und sein Meister wollten sich für diesen Schabernack rächen. Der Drache besorgte sich eine ungeheure Menge von Läusen, die sollten alles Vieh im Dorf befallen und krank machen. Mit dem Einsammeln der Läuse hatten der Teufel und der Drache ganz schön lange zu tun. Der Schäfer glaubte währenddessen schon, er hätte den Drachen wohl für immer vertrieben. Deshalb hielt er nachts auch nicht mehr so oft Wache, sondern schlief tief und fest, als der Drache mit all dem Ungeziefer angebraust kam.

Zufällig war jedoch gerade ein anderer Bürger von Prislich draußen auf dem Feld. Er sah den Drachen und führte den gleichen Zauber aus, den er bei dem Schäfer so oft gesehen und gehört hatte. Er machte seine Sache recht gut, aber eben doch nicht ganz richtig. Der Drache verlor zwar sein Ungeziefer, doch alle Läuse fielen auf diesen Mann und verschafften ihm ein Jucken, wie er es sein Lebtag nicht gehabt hatte.

Bald darauf starb zur Freude des Dorfes der alte geizige Bauer und wurde vom Teufel eigenhändig abgeholt. Da verließ zum Glück auch der Drache den Ort.

❡ Diese Sage spielt in Mecklenburg. Hirten galten in ganz Deutschland häufig als besonders heilkundig, doch wurden ihnen manchmal auch Zauberkräfte zugeschrieben. ❡

Die Höhle am Drachenfels

Die höchste Spitze des Siebengebirges am Rhein ist der Drachenfels. Um ihn ranken sich so viele Drachen- und Lindwurmsagen, dass man ein ganzes Buch damit füllen könnte.

Hier hat Siegfried, der Held der Nibelungensage, den Drachen erlegt, gebraten und sich mit seinem Fett – andere sagen mit seinem Blut – überall die Haut bestrichen. Weil jenes beim Erkalten zur Hornhaut wurde, war er fortan unverwundbar. Nur eine kleine Stelle zwischen den Schulterblättern konnte er nicht erreichen, sie blieb ungeschützt und war später der Grund für seinen Untergang, denn ein boshafter Feind schleuderte eine Lanze auf ebendiese Stelle und versetzte ihm dadurch den Todesstoß.

Von einem anderen Drachen wird erzählt, dass er in einer Höhle am Hang des Berges hauste und regelmäßig Menschenopfer forderte. Einmal brachten ihm die heidnischen Bewohner dieser Gegend ein schönes Christenmädchen, das sie auf einem Kriegszug erbeutet hatten und um das sich nun zwei ihrer Häuptlinge stritten. Die Jungfrau wurde auf den Berg geschleppt und wie ein Opfertier vor der Drachenhöhle festgebunden. Ihr gelang es aber, aus zwei Ästen ein kleines Kreuz zusammenzubinden und es dem Ungeheuer entgegenzuhalten.

Der Drache entsetzte sich daraufhin so sehr, dass er von dem Felsen zurückprallte, in den Rhein stürzte und jämmerlich ersoff. Die Heiden, die das beobachtet hatten, traten daraufhin zum Christentum über.

❡ *Das Siebengebirge bei Bonn am rechten Rheinufer ist eine sagenumwobene Landschaft. Gerne wird hier auch das Märchen von Schneewittchen und den sieben Zwergen angesiedelt.*
Die Zahl Sieben begegnet uns häufig in Sage und Märchen, doch meinen Fachleute, dass sich der Name des Gebirges eigentlich von »Siepen« oder »Siefen« ableitet, was so viel wie »tief eingeschnittenes Tal« bedeutet. Die bekannteste der hier gelegenen sieben Burgen ist wohl der Drachenfels. ❡

Die stummen Frösche

Bei Schwante, in der Nähe von Oranienburg, liegt die Burg der Adelsfamilie von Redern. In dieser Gegend gibt es ganz besonders viele Frösche, weil in den großen Wäldern ringsum viele Sümpfe liegen. Nun war ein Burgherr von Redern schwer krank geworden und da die Frösche besonders in den Nächten immer ihr schrecklich lautes Gequake anstimmten, konnte der Kranke gar nicht mehr schlafen und sein Zustand verschlechterte sich immer mehr.

Eines Tages stand ein armer Mann vor der Tür und bettelte. Die Edelfrau reichte ihm mit eigener Hand eine milde Gabe und dabei liefen ihr die Tränen übers Gesicht. Der Arme fragte, warum sie denn weine. Sie sagte ihm, dass ihr Mann so krank sei und dass er einfach nicht wieder gesund würde, weil er wegen des Froschgeschreis nicht einen Augenblick schlafen könne. Darauf antwortete der Bettler: »Wenn dem gnädigen Herrn damit geholfen werden kann, dass man die Frösche zum Schweigen bringt, dann soll ihm geholfen werden.« Für den Fall, dass er wirklich dieses Wunder vollbringen könne, versprach die Edelfrau dem Mann einen Sack voller Getreide, so schwer, wie er ihn nur tragen könne.

Der Bettler ging in weitem Umkreis um das Schloss herum, so weit, wie das Quaken der Frösche nur schallte und gehört werden konnte, und er gebrauchte bei diesem Rundgang eine geheime Kunst. Siehe, da verstummte das laute Froschgeplärre und keiner tat sein Maul mehr auf. Der Edelmann konnte endlich schlafen und wurde tatsächlich wieder gesund. Der Arme bekam seinen Sack voller Getreide und sagte beim Abschied: »Hundert Jahre lang werden die Frösche schweigen, länger nicht. Danach müssen andere versuchen, was sie können.«

Noch immer sind die Frösche bei Schwante stumm, denn die hundert Jahre sind noch nicht ganz vorüber, aber bald. Bisweilen versucht schon der eine oder andere Frosch zu hören, wie seine Stimme klingt, aber dann besinnt er sich schnell, dass es noch nicht an der Zeit ist, und schweigt wieder. Aber wenn die hundert Jahre um sind, was wird das für ein Freudenfest bei den Fröschen geben!

Oranienburg ist eine Stadt an der Havel im Kreis Potsdam.

Schlangensuppe

Am Wartberg entspringt ein Brunnen, der Silberborn. Dort rastete an einem schönen Sonntag im Mai der Hirte von Schmerbach, als er einen schwer beladenen Mann in fremdländischer Tracht aus dem Wald kommen und auf die grüne sonnige Bergwiese treten sah. Gleichzeitig bemerkte er an einem nahen Felsen eine Öffnung, die ihm früher noch nie aufgefallen war.

Der fremde Mann war ein Venediger, er grüßte und setzte sein Gepäck ab. Dann winkte er den Hirten zu sich und bat ihn, ihm behilflich zu sein, er würde es nicht bereuen. Der Hirte sollte ein Feuer machen. Der Fremde schnitt sich von einem Haselnussstrauch eine Gabelgerte ab, breitete ein Tuch auf dem Rasen aus, zog mit einem weißen Stab drei Kreise und holte dann eine kleine Pfeife hervor, auf der er ganz eigenartige Töne pfiff.

Da kamen aus den Felsenklüften und Büschen zahlreiche Schlangen und Würmer heran. Ein großer Lindwurm war auch dabei, der setzte sich geradewegs vor den Beschwörer hin und riss den Rachen auf. Die anderen Nattern zischten grässlich und ringelten sich in einem fort. Der Hirte zitterte vor Angst. Schließlich erschien auf einer hohen Ulme eine silberweiße Schlange mit einer goldenen Krone. Sie schlängelte sich von ihrem Baum herab und kroch über die Wiese bis auf das Tuch. Da sprang der Beschwörer schnell herbei, schlug das Tuch zusammen und nahm die Krone an sich. Er erstach den Lindwurm mit einer Lanze, dann pfiff er wieder und die Schlangen krochen alle davon.

Nun tötete der Venediger die gefangene Otterkönigin, schnitt sie in Stücke und kochte davon in seinem Kesselchen eine Suppe. Dann setzte er sich hin, um in aller Ruhe seine Schlangenmahlzeit zu essen, zu der er den Hirten freundlich einlud. Dieser wollte erst nicht, ließ sich aber schließlich doch überreden und probierte voller Widerwillen einen Löffel von der Brühe. Von dem Schlangenfleisch wollte er nichts nehmen. Doch allein von der Suppe, auf der viele Fettaugen schwammen, gingen ihm die Augen auf. Er sah alles ringsumher in einem neuen überirdischen Glanz und in der Berghöhle, die sich aufgetan hatte – es war das Geißbeinsloch –, war alles voller Gold und Silber. Dorthin gingen nun die beiden Männer und nahmen sich von den Schätzen, so viel sie nur tragen konnten. Kaum hatten sie die Höhle verlassen, war alles verschwunden.

Beim Abschied sagte der Venediger: »Wenn du von dem Schlangenfleisch gegessen hättest, dann könntest du diese Höhle jetzt immer sehen und so oft hineingehen, wie du willst, so aber leider nicht. Leb wohl und besuch mich einmal in Venedig. Hier hast du ein Wunschtüchlein, das brauchst du dir bloß um den Kopf zu binden. Dann denke fest an den Ort, an den du reisen willst, und im Handumdrehen bist du schon dort.«

Der Hirte hat sich danach mal hierhin, mal dorthin gewünscht, und einmal auch nach Venedig. Dort fand er in einem Marmorpalast seinen Schlangensuppenkoch als einen reichen und vornehmen Mann, der ihn gastlich empfing und herrlich beschenkte.

❡ Hier sind Motive einer Tier- und einer Schatzsuchersage vereinigt. Zu den Venedigern vgl. die entsprechenden Sagen im Kapitel »Schätze und Schatzsucher«, S. 208ff. ❡

Krötenstuhl

Auf Notweiler, einer Burg im Elsass, lebte vor langer Zeit die schöne Tochter eines Herzogs. Sie war aber so stolz, dass ihr keiner der vielen Freier gut genug war. Viele kämpften um sie und verloren dabei ihr Leben.

Zur Strafe für ihren Hochmut wurde sie verwünscht und muss nun so lange auf einem kahlen Felsen hausen, bis sie erlöst wird. Nur einmal in der Woche, nämlich am Freitag, darf sie sichtbar erscheinen, allerdings einmal in Gestalt einer Schlange, das nächste Mal als Kröte und nur jedes dritte Mal so, wie sie wirklich war. Jeden Freitag wäscht sie sich auf diesem Felsen, dem Krötenstuhl, an einer Quelle und schaut dabei ringsum in die Ferne, ob niemand herbeikommt, der sie erlösen könnte.

Wer das Wagnis unternehmen will, der findet oben auf dem Krötenstuhl eine Muschel mit drei Wahrzeichen: einer Schlangenschuppe, einem Stück Krötenhaut und einer blonden Haarlocke. Diese drei Dinge muss derjenige bei sich tragen, an einem Freitagmittag in die verlassene Burg steigen und warten, bis die verwünschte Jungfrau sich waschen kommt. Dabei muss er sie drei Wochen hintereinander in jeder ihrer Erscheinungen auf den Mund küssen, ohne davonzulaufen. Wer das durchhält, erlöst sie und bekommt all ihre Schätze.

Mancher hat schon die Zeichen gefunden und sich auf den Krötenstuhl gewagt, aber vielen ist vor Angst und Schrecken dabei das Herz stehen geblieben. Einmal hatte ein kühner Bursche sogar schon den Mund der Schlange berührt und wollte auf die nächste Erscheinung warten, da packte ihn doch noch das Entsetzen und er rannte den Berg hinab.

Die Maränen im Madüsee

Im Madüsee bei Stargard kann man viele Maränen fangen, das sind Fische, die es sonst eigentlich nur in südlichen Gewässern gibt. Wie sie dorthin gekommen sind, das ist eine merkwürdige Geschichte:

Im Kloster Colbatz am Madüsee lebte einmal ein Abt, der ursprünglich aus Italien kam. Und weil ihm in seiner Heimat die Maränen immer so gut geschmeckt hatten, verspürte er oft großen Appetit darauf. Als er einmal im Klostergarten spazieren ging, erschien der Teufel und versprach ihm einen ganzen Sack voll der ersehnten Fische, wenn er ihm seine Seele verschreiben wolle. Der Abt war hin und her gerissen und wusste nicht, was er tun sollte. Aber schließlich versprach er dem Teufel seine Seele, wenn es diesem gelänge, ihm noch vor dem nächsten Hahnenschrei die Fische zu bringen.

Es war schon Mitternacht und der Abt meinte, der Teufel würde den langen Weg von Pommern nach Italien und zurück in so kurzer Zeit wohl kaum schaffen können. Doch der Böse erhob sich schneller als der Sturmwind in die Lüfte. Dem armen Mönch wurde angst und bange, er warf sich auf die Knie und betete zu Gott, dass er ihn aus den Fängen des Satans erretten möge. Aber schon bald hörte er von Süden her ein lautes Brausen in der Luft, und weil es noch ganz dunkel war, glaubte er, dass es nun um ihn geschehen sei.

Das Brausen kam näher und es war wirklich der Teufel. Er trug einen ganzen Sack voll der schönsten Maränen bei sich, die er in größter Eile im italienischen Meer gefangen hatte. Der Böse jubelte schon laut, dass die Seele des frommen Abtes nun ihm gehöre. Doch noch ehe er das Kloster ganz erreicht hatte, krähte der Hahn und die Glocken läuteten, um die Mönche zum Morgengebet zu rufen. Da wusste der Teufel, dass er verloren hatte, und warf die Fische vor lauter Zorn in den Madüsee und seitdem sind sie darin geblieben.

❡ Der Madüsee südöstlich von Stettin liegt heute in Polen. Die Sage versucht seinen Reichtum an Maränen, eine zu den Renken gehörende Fischart, zu erklären. Dabei setzt sie diese Fische mit den in Italien und in subtropischen Gewässern vorkommenden aalartigen Muränen gleich. Aus dieser Verwechslung ist die Sage entstanden. ❡

Der Wundervogel auf der Lausche

Auf der Lausche, einem Berg bei Zittau, hauste vor Jahren ein Zauberer. Sein Haus war von einem schönen Garten umgeben, darin stand eine Laube und dort hielt der Zauberer gern sein Mittagsschläfchen.

Einst kam ein böhmischer Prinz auf der Jagd in diese Gegend. Den ganzen Vormittag hatte er schon bergauf und bergab das Wild verfolgt, aber trotzdem kein Jagdglück gehabt. Um die Mittagsstunde rastete er mit seinen Dienern an einem Quell am Fuße des Berges und stärkte sich im Schatten der prächtigen Bäume mit einer einfachen Mahlzeit.

Während er sich auf dem weichen Moos ausruhte, hörte er auf einmal einen heiseren Schrei. Er sah auf und erblickte einen mächtigen Raubvogel, der hoch oben am sonnigen Himmel seine Kreise zog. Es war ein Adler. Wahrscheinlich hatte er sich vom fernen Hochgebirge in dunkler Nacht hierher verflogen. Rasch sprang der Prinz auf. Schon war die Armbrust gespannt und im nächsten Augenblick schwirrte der Pfeil empor. Es war ein besonderer Pfeil, der niemals sein Ziel verfehlte. So traf er das Herz des königlichen Vogels und der Adler fiel leblos herab.

Währenddessen lag der Zauberer in seinem Mittagsschlaf und schnarchte, dass sich die Zaunlatten bogen. Da gab es draußen in seinem Garten ein lautes Gepolter. Erschreckt fuhr der Zauberer aus dem Schlaf empor. Er rieb sich die Augen, eilte aus der Laube und fand mitten in seinem schönsten Blumenbeet einen riesigen toten Adler liegen!

Kurz darauf kam auch schon der Prinz, um seine Jagdbeute zu holen. Als der Zauberer den Prinzen sah, zog er seine Stirn in missmutige Falten. »Wer hat dir erlaubt meine Mittagsruhe zu stören?«, fuhr er den Schützen an.

»Und wer hat dir erlaubt den schönsten Sonnentag so faul zu verschlafen?«, antwortete der Prinz patzig.

Derlei Frechheiten war der Zauberer nicht gewöhnt. Außer sich vor Zorn rief er: »Na warte! Du sollst selbst ein Vogel sein und so lange einer bleiben, bis dich ein Jäger erlegt, der niemals seinen Herrn betrogen hat!«

Mit diesen Worten berührte der Zauberer den Jüngling mit einem Stab und sofort verlor der unglückliche Prinz seine schöne menschliche Gestalt. Er verwandelte sich in einen merkwürdigen Vogel: Beine hatte er wie ein Storch,

Kopf und Schnabel wie ein Geier und Flügel wie ein Fregattvogel. So fand die Prinzenherrlichkeit ihr Ende.

Längst ist der Zauberer von der Lausche verschwunden, aber der sonderbare Vogel soll sich dort manchmal immer noch sehen lassen.

Die Lausche ist der höchste Berg des Lausitzer Gebirges. Die heutige Staatsgrenze zwischen der Bundesrepublik und der Tschechischen Republik verläuft genau auf ihrem Gipfel.

Der Affe von Dhaun

Hoch über der Stadt Simmern liegt das alte rheingräfische Burgschloss Dhaun. Über dem Eingang prangt dort in Stein gehauen als Wahrzeichen ein Affe, der einem Kind einen Apfel reicht. Und dessen Geschichte geht so:

Ein Burggraf von Dhaun hatte ein kleines Kind und dieses wurde von seiner Kinderfrau an einem schönen Sommertag im schattigen Burghof gewiegt. Weil es so schwül war, nickte die junge Frau selbst ebenfalls ein. Als sie wieder erwachte, lag das Kind nicht mehr in der Wiege, sondern war fort. Da wurde der Kinderfrau angst und bange, sie suchte überall und schaute in alle Winkel des Burghofs, aber das Kind war und blieb verschwunden. Zutiefst erschrocken und voller Angst vor dem Zorn der Gräfin und des Grafen rannte die Frau in den Wald, um dort vielleicht eine Spur von dem Kind zu finden.

Da sah sie schließlich in einem dichten Gebüsch den Affen, den sich der Burgherr als Haustier hielt. Dieser Affe barg den kleinen Sohn des Grafen in seinen Armen, er küsste ihn zärtlich, schaukelte ihn und bettete ihn schließlich sanft auf ein Lager aus Moos. Dann gab er ihm einen Apfel. Der Kleine aß diesen aber nicht, sondern schlief ein. Da blieb der Affe bei ihm sitzen und verscheuchte die Fliegen, bis er selbst ebenfalls einschlief.

Die Kinderfrau war von Herzen froh, schlich leise hin, nahm das Kind und trug es erleichtert wieder zur Burg Dhaun hinauf, wo schon alle in Aufregung waren und nach ihr riefen und suchten. Dort erzählte sie, was der Affe getan hatte. Die Eltern des Kindes waren erst entsetzt, dann aber hocherfreut und beschlossen diese Geschichte in Stein gehauen über dem Torbogen verewigen zu lassen.

❡ *Diese Geschichte versucht ein steinernes Wahrzeichen zu deuten. Affen begegnen uns nur äußerst selten in Sagen.* ❡

Werwölfe und Vampire

Als Werwolf bezeichnet man einen Menschen, der sich nachts durch Zauberei in ein reißendes Tier, meistens einen Wolf, verwandelt und Menschen und Vieh anfällt, um ihnen das Blut auszusaugen. Der Vampir tut dies bei Schlafenden und in den Häusern, der Werwolf aber im Freien und bei wachen Menschen. Ein Vampir ist ein Verstorbener, der aus dem Grab steigt und die Menschen anfällt. Wenn ein Werwolf stirbt und begraben wird, dann verwandelt auch er sich in einen Vampir und kehrt auf diese Weise zurück.

Ein Jäger aus Danzig ging abends durch sein Revier und wurde plötzlich von einem ungewöhnlich großen Wolf angefallen. Er schoss und seine Kugel zerriss dem Wolf die rechte Vorderpfote. Mit lautem Geheul lief das Tier hinkend davon. Der Jäger folgte der Spur des Blutes und lud erneut sein Gewehr, denn er wollte sich den schönen Wolfspelz holen. Die Spur führte ihn zu einer Hütte im Wald und darin fand er eine Frau, die verband ihrem Mann gerade die rechte Hand, die von einer Kugel zerschmettert worden war. Der Jäger zeigte diesen Mann bei Gericht an, jener wurde festgenommen, gestand, dass er ein Werwolf sei, und wurde auf dem Scheiterhaufen verbrannt.

Im Dorf Grabau bei Danzig starben innerhalb kurzer Zeit auffallend viele junge Frauen und Mädchen und jede von ihnen hatte auf der Brust über dem Herzen eine kleine Wunde. Da hegten die Dorfältesten den Verdacht, auf dem Friedhof könne ein Vampir liegen. Sie ließen viele Gräber und Särge öffnen. Tatsächlich fanden sie schließlich einen Leichnam, der nicht verwest war und an dessen Lippen man noch frische Blutspuren sah. Man wandte das aus

Osteuropa bekannte Mittel an, trennte also den Kopf vom Körper, schlug einen Pfahl durch das Herz und verbrannte alles zu Asche. Danach hörte das Jungfrauen-Sterben auf.

Ein Bauer in Preußen wurde beschuldigt ein Werwolf zu sein. Er gestand, alljährlich zur Zeit der Sommersonnenwende an Johanni und zur Wintersonnenwende an Weihnachten werde er immer ganz wild, unter großen Schmerzen wüchsen ihm Wolfshaare und er verspüre einen heftigen Drang, Menschen und Tiere zu zerfleischen. Daher habe er wohl den Bauern einige Enten und Gänse, vielleicht auch Schafe gerissen. Solange der Mann im Gefängnis war, verwandelte er sich allerdings nicht.

Nach dem Volksglauben in der Gegend von Danzig gehen auch die Unterirdischen gerne Blutspuren nach und halten sich besonders gerne dort auf, wo Menschenblut vergossen wurde.

In einem Dorf hatte sich ein Knecht im Stall erschossen und bald darauf nisteten die Unterirdischen sich dort ein, quälten und vertrieben die Mägde und Knechte und verschwanden erst, als der Stall abbrannte. Diese Erdgeister gelten als durch und durch boshaft, schadenfroh und menschenfeindlich. Auch stehlen sie Kinder und legen stattdessen Wechselbälger in die Wiegen.

Der Glaube, dass Menschen sich in Tiere, vor allem in reißende Wölfe verwandeln können, geht schon auf die Antike zurück und ist in ganz Europa verbreitet. Die Verwandlung erfolgt mit einer Zaubersalbe oder einem so genannten Wolfshemd und dauert meistens zehn Tage. Wird der Wolf während dieser Zeit verwundet, so findet man die Wunde dann auch am Menschen. Bei den Slawen und Sinti geht der Glaube an Werwölfe in den Vampir-Glauben über.

Der Werwolf von Ansbach

Im Jahr 1685 wütete in Franken ein schrecklicher und grimmiger Wolf. Im Sommer hat er zum größten Leid der Eltern mehrere Kinder geraubt und aufgefressen. Er machte die Straßen und öffentlichen Wege unsicher und versetzte die Reisenden in Angst und Schrecken. Auch die Erntehelfer auf den Feldern und insbesondere die Frauen fürchteten sich vor ihm.

Im Oktober wollte er bei Ansbach im Morgengrauen einen Hahn reißen. Dieser Hahn versuchte zu fliehen. Er flatterte über einen bedachten niedrigen Brunnen und als der Wolf ihm folgte, fiel er hinein. Von dem Lärm geweckt, liefen die Bewohner der umliegenden Häuser herbei. Mit Knüppeln bewaffnet verhinderten sie, dass der Wolf aus dem Brunnen entkam, und warfen große, schwere Steine hinab, bis er endlich tot war. Dann zog man seine Leiche heraus. Alle liefen herbei und freuten sich, dass die Bestie endlich erlegt war.

Als Zeichen der Befreiung hängte man den Kopf des Wolfes an einem Galgen auf und band ihm anstelle der Wolfsschnauze die Maske eines menschlichen Gesichtes um. Und viele Leute kamen von weit her, um diesen gehängten Wolf zu sehen.

❡ Diese Geschichte aus der mittelfränkischen Stadt Ansbach ist ein gutes Beispiel für die Vermengung von Tatsachenbericht und Sage. Häufig vermutete man in jedem gefährlichen Wolf einen Werwolf.
Die Maske sollte das Menschliche in dem Tier betonen. ❡

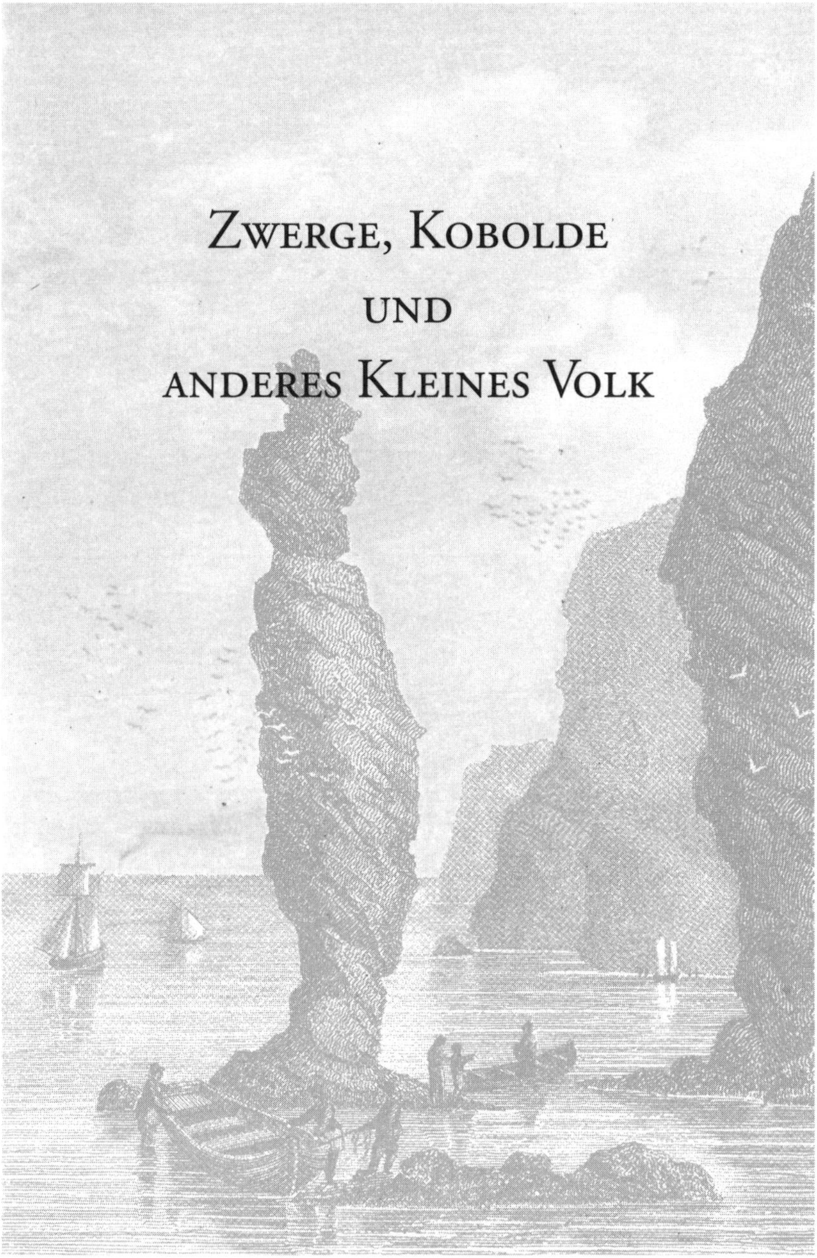

Zwerge, Kobolde und anderes Kleines Volk

Zwerge, Kobolde und anderes Kleines Volk

Wenn man von Zwergen hört, denkt man unwillkürlich zuerst einmal an Märchen wie etwa »Schneewittchen und die sieben Zwerge«. Dabei spielen die kleinen Leute auch in der Volkssage eine wichtige Rolle und tauchen hier sogar häufiger auf als die Riesen. Dementsprechend viele verschiedene Arten und Familien gibt es.

Da sind die eigentlichen Zwerge, kleine Gesellen meist mit langen Bärten und Zipfelmützchen. Während sie häufig in kleinen oder größeren Gemeinschaften leben, oft ein ausgesprochenes Familienleben führen, Hochzeiten und Kindstaufen feiern und sogar von Königen regiert werden, sind die Kobolde Einzelgänger, die bei den Menschen leben, ihnen helfen oder sie auch tyrannisieren. Die Heinzelmännchen und die Wichtel helfen in Haushalten, die Bergmännchen arbeiten in den Gruben oder hüten Schätze. Eine gewisse Sonderstellung nehmen Klabautermänner ein, die zu den Kobolden zählen und meistens auf Schiffen hausen und dort tätig werden.

Verschiedene deutsche Landschaften kennen ihre eigenen Zwergengruppen. So sind beispielsweise die Querxe in der Oberlausitz und im benachbarten nördlichen Böhmen heimisch, im Orlagau die Heimchen und in Meiningen die Zinsel oder Zinselmännchen. Diese Aufzählung ließe sich beliebig fortsetzen.

Ebenfalls zu nennen sind die Namen einzelner Zwerge oder Kobolde, denn auch unter dem Kleinen Volk gibt es sozusagen Prominente, bedeutende Vertreter, denen oft gleich mehrere Sagen gewidmet sind. Zu ihnen gehören etwa Nis Puck, die Kobolde Mützchen und Hütchen, nicht zu vergessen auch jenes Schlitzöhrchen aus Franken, das eigentlich ein Nix, also ein Wassergeist,

ist. Was wiederum beweist, dass sich für die Gruppeneinteilung keine strengen Regeln aufstellen lassen.

Der Dichter August Kopisch, der in seinen Balladen gern Zwerge und Kobolde aus der Volkssage vorstellte und den Heinzelmännchen aus Köln zu Weltruhm verhalf, schrieb einmal über die Nissen:

»Geister sind es, kleine Geister,
aller Firlefanze Meister,
kümmern sich um Gicks und Gacks,
freuen sich des Schabernacks.«

Und diese Charakteristik trifft schließlich, wie wir auf den folgenden Seiten lesen werden, auf beinahe die ganze kleine Gesellschaft zu!

Nis Puck

Nis Puck ist ein Hausgeist oder Kobold und wohnt in den Häusern, Scheunen und Ställen der Menschen, in finsteren und verborgenen Winkeln. An Winterabenden schleicht er sich manchmal unter den warmen Ofen und macht der Katze ihren Platz streitig. Dann sieht er zu, was die Hausbewohner in der Stube machen, wie die Frauen spinnen und die Männer Besen binden oder Körbe flechten.

Der Nis Puck ist ein breitschultriges kleines Kerlchen und hat übermenschliche Kräfte. Auf dem Kopf trägt er eine rote oder grüne Zipfelmütze, manchmal auch einen roten, dreieckigen Hut. An den Füßen hat er Holzschuhe oder Pantoffeln. Man macht ihn sich zum Freund, wenn man ihm weiche wollene Socken auf den Dachboden legt. Nis Puck ist ein launischer und eitler Bursche, leicht beleidigt und erzürnt, er rächt sich dann durch allerlei Schabernack oder gibt seinen Unmut durch hinterlistige und boshafte Streiche zu erkennen. Behandelt man ihn aber freundlich und mit Achtung, so bleibt er gutmütig und bringt dem Haus Segen und Wohlstand. Wer ihn zum Freund hat, dem hilft er heimlich bei seinen Arbeiten: Er füttert das Vieh, behütet die Kühe, wenn sie kalben, achtet auf die Futtervorräte, fegt den Stall aus, striegelt die Pferde, besänftigt wütende Mutterschweine, schützt Hühner und Tauben vor Iltis und Marder und holt heilsame Kräuter für kranke Tiere.

Behandelt man ihn schlecht, so verlässt er das Haus oder rächt sich, indem er stiehlt, nascht und überall Unordnung schafft. Oder er macht in der Nacht solchen Lärm, dass niemand schlafen kann, zieht den Menschen die Bettdecken weg und zerbricht das Geschirr. Es ist nicht leicht, ihn wieder zu versöhnen. Bemüht man sich nicht darum, lässt er den Hof immer mehr herunterkommen, bis er schließlich verkauft werden muss. Dann kommt er wieder, um es mit dem neuen Besitzer zu versuchen.

Wohnt also ein Nis Puck im Haus, muss man sich ihn zum Freund machen. Er will täglich eine Schüssel mit süßem Brei und einem großen Stück Butter darin an einem bestimmten Ort vorfinden. Bei Feierlichkeiten im Haus wird ihm ein Anteil vom Festessen auf den Dachboden gestellt. An Weihnachten muss er auch bedacht werden, dann bekommt er Milchreis mit Zucker und Zimt sowie einen Becher mit süßem Johannisbeersaft und genießt diese Gaben mit strahlendem Gesicht auf der Dachbodentreppe sitzend.

Harro Harsen, ein armer Bauer in der Hattstedter Marsch, musste sein Haus neu bauen. Was an Holzteilen von dem alten Haus noch brauchbar war, verwendete er für das neue. Darunter war auch ein großer Balken aus Eichenholz, der oben eine Höhlung hatte. Die ist gut als Wohnung für einen Nis Puck, dachte Harro und nagelte ein Brett darunter, sodass es aussah wie ein Balkon. Dann stellte er eine Schüssel mit Brei darauf, tat reichlich Butter hinein und rief: »Jetzt kommt nur, liebe Nis Pucks!«

Da kamen sie, um sich das Haus anzusehen, und ein ganz kleiner blieb da und zog in die Balkenhöhle ein. Harro Harsen merkte es und sorgte dafür, dass immer Brei in der Schüssel war, und steckte ein noch größeres Stück Butter hinein. Das tat er alle Tage. Von der Zeit an waren jedes Mal, wenn er morgens in den Stall kam, die Pferde gestriegelt, die Kühe geputzt, die Krippen gereinigt, Stall und Diele ausgefegt und das Stroh lag zum Dreschen bereit. Das Vieh gedieh von Tag zu Tag, die Kühe gaben mehr Milch und die Schafe bekamen regelmäßig drei bis vier Lämmer. So wurde Harro Harsen ein wohlhabender Mann.

Sein Knecht Hans war nicht weniger gut Freund mit Nis Puck. Hans hatte eine Braut, die er abends oft besuchte, und wenn er erst spät heimkam, dann bewachte Nis Puck währenddessen die Stalltür. Wenn ein anderer versuchte sie aufzumachen, bekam er einen Schlag mit einem Knüppel auf den Kopf. Vor Hans aber öffnete und schloss sich die Tür wie von selbst. Hans fand auch fast jedes Mal, wenn er morgens die Zeit verschlief, seine frühen Arbeiten schon getan.

Nachdem Hans geheiratet hatte, kam ein anderer Knecht an seine Stelle. Der wollte von Nis nichts wissen und ärgerte ihn oft. Da zog der Kleine nach Harros Tod zu Hans nach Schobüll. Der andere Knecht aber brachte es in seinem Leben nicht weit und musste zuletzt ins Armenhaus.

Auf einem anderen Hof hatte jahrelang ein Nis Puck gewohnt. Am Heiligabend stellte ihm das Dienstmädchen stets eine große Schüssel Weihnachtsbrei mit Butter und Rosinen in den Stall. Einmal aber lag das Mädchen mit hohem Fieber im Bett und niemand dachte an Nis. Am nächsten Morgen wollte der Bauer mit seiner Familie zur Kirche fahren, doch als er versuchte, den Pferden das Geschirr anzulegen, passte es nicht, er konnte es drehen und wenden, wie er wollte.

Während er daran herumzerrte und sich ärgerte, bewegte sich etwas im Stroh. Das war Nis Puck, der sein bärtiges Gesicht hervorstreckte und rief: »Das hast du davon, dass du mir meinen leckeren Weihnachtsbrei nicht gebracht hast!«

Da wusste der Bauer, dass Nis das Pferdegeschirr verhext hatte, um sich zu rächen. Er ging in die Küche und holte das Festessen für Nis Puck, und als er dann wieder in den Stall kam, konnte er die Pferde ohne Schwierigkeiten anspannen.

¶ *Nis Puck und das Klabautermännchen in der nächsten Sage haben viel gemeinsam. Er ist zwar ein Einzelgänger, aber auch ihn gibt es öfter, sodass man durchaus von den Nis Pucks sprechen kann. Ihr Wohn- und Verbreitungsgebiet beschränkt sich auf Schleswig.* ¶

Die Klabautermännchen

Die Klabauter oder Klabautermännchen wohnen in Höhlen, sind den Menschen gegenüber wohlgesinnt, gutartig und freundlich.

Ein Bauer hatte ein hilfreiches Klabautermännchen im Haus, das leistete ihm viele gute Dienste und half ihm, allmählich reich zu werden. Der Bauer kaufte Kühe, baute das Haus neu und das Männchen arbeitete mehr als drei starke Knechte. Es pflügte auch und bestellte den Acker. Einmal hatte der Bauer es zu sehen bekommen, da war es ganz in Rot gekleidet und hatte ein grünliches Gesicht sowie grünliche Hände.

Der hilfreiche Fleiß des guten Rotmützchens verdarb aber den Bauern, er tat selbst schließlich gar nichts mehr, sondern spielte im Wirtshaus Karten und betrank sich jeden Abend. Das Rotmützchen warnte ihn, doch vergebens. Als der Bauer einmal spätnachts betrunken nach Hause kam, beschimpfte er den Hausgeist. Da verschwand das Klabautermännchen und kam nicht wieder. Von da an ging es mit dem Bauern bergab. Seine Frau wurde krank, sein Vieh siechte dahin und in den Strümpfen, die er mit harten Talern gefüllt und gut versteckt hatte, steckten nur noch Kohlen und faule Kartoffelscheiben. Ein Hagel verwüstete die Felder und sogar das Haus drohte einzustürzen. Der Bauer ging in sich, bereute, gelobte Besserung – doch das war alles umsonst. Er starb in Armut und Elend.

Manche Seeleute glauben an den Klabautermann als Schiffsgeist. Er ist ein guter Geist sowohl für das Schiff als auch für die Mannschaft. Man sieht ihn nur selten, doch hört ihn dafür umso öfter, denn er sorgt unermüdlich für das Schiff. Er hilft die Ladung gut zu sichern und dichtet die Ritzen ab, wo kein Mensch hinkommt. Wenn der Kapitän in der Kajüte eingeschlafen ist und dem Schiff plötzlich Gefahr droht, wird er vom Klabautermann geweckt, damit er aufwacht und die nötigen Befehle gibt, um das Unheil abzuwenden.

Die Matrosen versuchen sich gut mit ihm zu stellen, denn den fleißigen von ihnen hilft er, damit ihnen die Arbeit leicht von der Hand geht. Die faulen Seeleute aber zwickt und ärgert er, bis sie sich mehr Mühe geben.

Wenn dieser Geist in ein Schiff einmal eingezogen ist, weicht er nicht wieder, bis es untergeht. Wenn er dies merkt und einsieht, dass trotz aller Mühe nichts mehr zu retten ist, verabschiedet er sich vom Kapitän und verlässt das sinkende Schiff. Dann weiß die Besatzung, dass es keine Hoffnung mehr gibt, und jeder versucht sein Leben zu retten, so gut er nur kann.

Manche behaupten, dass nicht in jedem Schiff ein solcher Klabautermann wohnt, sondern dass nur wenige dieses Glück haben. Die Klabautermännchen sollen die Seelen von Kindern sein, die tot geboren wurden oder auf andere Weise vor der Taufe gestorben sind. Wenn solche Kinder nun auf einer Wiese unter einem Baum begraben werden und ein Teil dieses Baumes zum Bau eines Schiffes verwendet wird, dann gelangt mit dem Holz die Seele des Kindes als Klabautermännchen in das Schiff.

❡ *Man spricht zwar von dem Klabautermann, tatsächlich aber soll früher einmal auf jedem Segelschiff ein solcher Kobold gehaust haben, sodass ihre Zahl sehr groß gewesen sein dürfte. Auf den Schiffen hießen sie auch Kalfatermänner (kalfatern = Abdichten der Schiffsplanken mit Flachs und Pech), weil sie durch Klopfen mit dem Kalfaterhammer auf gefährliche Schäden am Schiffsrumpf hinwiesen. Vor allem an der Nordseeküste und auf den Inseln, wie etwa auf Helgoland, sollen sie auch an Land gelebt haben. Wer heute einen Klabautermann sehen möchte, muss nur nach Husum fahren, dort sitzt er in Bronze gegossen vor dem Nordfriesischen Museum.* ❡

Die Erdgeister in Greifswald

In der Stadt Greifswald hielten sich in früheren Zeiten viele unterirdische Erdgeister auf. Die Leute nannten sie nur »die Zwerge«. Sie hüteten alles Gold und Silber und alle Edelsteine, die in der Erde verborgen liegen. Überwiegend waren sie gutartig und halfen den Menschen. Manchmal aber raubten sie hübsche Menschenkinder und legten stattdessen ihre hässlichen Wechselbälger in die Wiegen. Oft verliebten sie sich auch in schöne Mädchen und wollten sie heiraten.

Der Eingang zu ihren unterirdischen Wohnungen war meistens an einem schmutzigen Ort, zum Beispiel am Abfluss unter dem Spülbecken oder bei einem Gully. Tagsüber krochen sie in Gestalt von Fröschen oder anderem hässlichen Ungeziefer umher, nachts aber zeigten sie sich in ihrer eigentlichen Gestalt. Besonders gerne tanzten sie im Mondschein und waren dann vergnügt und lustig.

Man erzählt sich viele sonderbare Geschichten von diesen Erdgeistern. So war einmal in Greifswald eine Frau, die verwünschte eines Abends zu später Stunde ihr Kind, weil es nicht aufhörte zu schreien und die Frau deshalb nicht einschlafen konnte. Da ging plötzlich leise und geschwind die Tür auf und ein Zwerg schlich herein, der riss ihr schnell das Kind vom Schoß und lief damit fort. Die Frau hat ihr Kind niemals wiedergesehen.

Ein andermal kam zu einer Köchin eine große dicke Kröte in die Küche. Die Köchin nahm eine Kohlenschaufel, um das Tier totzuschlagen, aber dieses kroch geschwind in einen Ausguss und rettete so mit knapper Not sein Leben. Nicht lange danach wurde die Köchin von den Zwergen als Taufpatin eingeladen und nachts durch einen Gang unter dem Backtrog in die Erde geführt. Sie musste viele Treppen hinabsteigen, bis sie in das Zimmer der Mutter mit dem Neugeborenen kam. Hier war alles aus Gold und Silber und die Zwergenfrau selbst war über und über mit Juwelen behängt.

Nachdem das Kind getauft war, setzte man sich zu Tisch. Der war gedeckt mit golddurchwirkten Tüchern und vielen köstlichen Speisen in silbernen und goldenen Schüsseln. Aber über dem Kopf der Köchin hing auf einmal ein großer, schwerer Mühlstein an einem seidenen Faden. Darüber erschrak sie sehr und wollte in ihrer Angst geschwind aufstehen. Die Zwergenmutter jedoch sagte zu ihr: »Fürchte dich nicht, es wird dir nichts geschehen. Ich wollte dir nur zeigen, was für große Angst ich hatte, als du mich vor kurzem in der Küche mit der Schaufel erschlagen wolltest und mein Leben ebenfalls an einem seidenen Faden hing.« Die Köchin aber war froh, als sie sich schließlich, mit Geschenken beladen, verabschieden durfte.

Einmal hatte sich ein wohlhabender Zwerg in ein schönes Mädchen verliebt und wollte es unbedingt heiraten. Das Mädchen mochte ihn zwar ganz und gar nicht, weil er so klein und hässlich war, doch der Zwerg versprach ihrem Vater viel Geld und Reichtümer, sodass sie ihm schließlich doch die Hochzeit zusagen musste. Sie hatte aber mit dem Zwerg vereinbart, dass sie frei wäre und er sie in Ruhe ließe, wenn es ihr gelänge, seinen Namen zu erfahren. Lange Zeit kundschaftete sie vergebens. Doch zuletzt half ihr der Zufall. Es fuhr nämlich in einer Nacht ein Fischhändler auf der Straße nach Greifswald. Als er an einer Stelle viele Zwerge lustig im Mondschein tanzen und springen sah, hielt er verwundert an. Und da hörte er, wie einer der Zwerge in seinem Übermut laut rief: »Wenn meine Braut wüsste, dass ich Doppeltürk heiße, dann würde sie mich nicht heiraten!«

Das erzählte der Fischhändler am nächsten Tag in Greifswald im Wirtshaus und von der Wirtstochter erfuhr es die Braut. Die dachte sich gleich, dass dies ihr Verlobter gewesen sein musste. Als er wieder zu ihr kam, nannte sie ihn Doppeltürk. Da verschwand der Zwerg und ärgerte sich sehr. So hatte die Liebschaft ein Ende.

❡ *Die Hansestadt Greifswald liegt an der Ostseeküste in Mecklenburg-Vorpommern. Ihr Name soll der Sage nach auf einen Greif zurückgehen, der dort vor der Stadtgründung in einem Baum sein Nest hatte und gelegentlich Kinder als Nahrung für seine Jungen raubte, bis er schließlich von den Anwohnern vertrieben wurde.* ❡

Die Ludki

Die Ludki waren ganz kleine Kobolde, nicht länger als ein Finger. Einst halfen sie einem Schmied in Senftenberg. Wenn er eine Arbeit am Abend unvollendet hatte liegen lassen, dann war sie am nächsten Morgen immer fertig gemacht. Der Schmied wollte gern wissen, wer seine nächtlichen Helfer waren. Deshalb spähte er eines Nachts durchs Fenster. Da sah er zwölf Ludki, die sich an die Arbeit machten und so kräftig hämmerten, dass das Werk in kurzer Zeit vollendet war. Sie waren alle nackt. Deshalb hatte der Schmied Mitleid mit ihnen. Er ließ zwölf kleine Anzüge machen und legte sie den Ludki hin. Am nächsten Morgen lagen die Anzüge unberührt da, die Ludki aber haben sich nie wieder in der Schmiede gezeigt.

Als die Bürger von Madlow ihre Kirche bauen wollten, ließ der Pfarrer die Steine an den vorgesehenen Bauplatz beim Wiesenteich fahren. Doch jede Nacht wurden dieselben Steine von den Ludki auf einem Wagen mit Ochsengespann an jenen Ort gefahren, wo die Kirche jetzt steht. Es blieb dem Pfarrer schließlich nichts anderes übrig, als sich dem Willen der Ludki zu beugen. So ließ er die Kirche an der von ihnen bestimmten Stelle bauen und von diesem Moment an gab es auch keine weiteren Störungen mehr.

❡ Die Sage kommt aus der sorbischen Oberlausitz. Eine Sage aus diesem Kulturkreis haben wir schon mit der »Mittagsfrau« (vgl. S. 111) kennen gelernt. ❡

Geist Mützchen

In einem Wald bei Freiberg hauste in früheren Zeiten ein Kobold, den die Leute Geist Mützchen nannten. Den Namen hatte er von seiner Nebelkappe, die ihn unsichtbar machte. Wenn er sie abnahm, sah man ihn plötzlich, setzte er sie wieder auf, war er im Nu verschwunden.

Er gehörte zu jenen unsichtbaren Hockelmännchen, die sich den Wanderern im Wald auf den Rücken setzten und sich von ihnen tragen ließen, bis die Leute ganz erschöpft waren und schon beinahe kraftlos niedersanken. Wenn sie ihn fast nicht mehr tragen konnten, hüpfte er plötzlich von ihrem Rücken weg auf einen Baum und stimmte ein schallendes Gelächter an. Diesen Schabernack trieb Geist Mützchen ganz besonders oft im Jahr 1573 und viele Leute sind durch sein Aufhocken krank geworden.

Eine Krämerin fand einmal einen schönen runden Käse im Wald. Sie freute sich darüber, legte den Käse in ihren Korb und überlegte, wie teuer sie ihn wohl verkaufen könnte. Da wurde der Korb immer schwerer und schwerer, bis sie schließlich von der Last niedergezogen wurde und in die Knie sank und ihn losließ. Da rollte ein Mühlstein aus dem Korb ins Gebüsch und Geist Mützchen schaute mit gellendem Gelächter zwischen den Zweigen hervor.

❡ *Mützchen ist eine Mischung aus Kobold und Gespenst und schreckt die Menschen durch »Aufhocken«. Die Sage liefert so eine Erklärung für Atemnot und Angstzustände. Solche Aufhocker gibt es in den Sagen und Märchen aller Völker. In Freiberg im sächsischen Erzgebirge, wo die Sage spielt, gab es aber durchaus auch freundliche Bergmännchen, die den Menschen halfen.* ❡

DER GRAF VON EILENBURG UND DIE ZWERGE

In Eilenburg, in Sachsen, wohnten Zwerge unter dem Schloss, die wollten eine Hochzeit feiern, und zwar ausgerechnet in dem Zimmer, in dem der alte Graf in seinem Himmelbett schlief. So kamen sie und drangen und sprangen durch das Schlüsselloch, durch Türspalten und Fensterritzen herein, dass es nur so rasselte und prasselte, als würde jemand Erbsen auf den Fußboden schütten. Da erwachte der Graf und sah ein Männlein wie einen Boten auf sich zukommen, das bat ihn untertänigst das Fest zu erlauben und daran teilzunehmen, doch dürfe sonst niemand zusehen.

Der Graf war einverstanden und nachdem er ohnehin schon wach war, nahm er die Einladung an. Da führte man eine winzig kleine Zwergenfrau zu ihm, mit der er tanzen sollte, und es begann eine rechte Grillenmusik in den höchsten Tönen. Das kleine Weiblein war zwar leicht wie ein Flederwisch*, tanzte aber recht flott und wirbelte den alten Herrn herum, dass er ganz außer Puste kam. Auf einmal hörten Musik und Tanz jedoch auf und die Zwerge schauten ängstlich zur Zimmerdecke hinauf und manche entflohen schon durch die Ritzen. Denn oben in der Holzvertäfelung war ein Loch und dadurch schaute die alte Gräfin herunter, deren Schlafzimmer genau darüber lag. Das verdross die Zwerge sehr und sie sagten:

»Wollen nach dem Zimmermann schicken,
Zimmermann soll den Tanzboden flicken,
der Tanzboden hat ein Loch!«

* Flederwisch: Federbesen zum Staubwischen

Und ein Zwerg blies aus vollen Backen nach oben in das Loch. Die anderen verneigten sich vor dem alten Grafen und dankten ihm und sagten: »Weil durch die alte Haut da oben unsere Hochzeitsfreude und unser Tanz gestört wurde, soll eure Familie nie mehr als sieben auf einmal zählen.«

Dann verschwanden auch die letzten Zwerge, es wurde still und der Graf war allein. Als die Gräfin am nächsten Morgen erwachte, hatte sie auf dem Auge, mit dem sie herabgeschaut hatte, eine Haut. Und stets starb von sieben lebenden Grafen zu Eilenburg einer, ehe ein achter geboren wurde.

❡ Die reizvolle Sage aus Eilenburg nordöstlich von Leipzig, die bei den Brüdern Grimm »Des Kleinen Volkes Hochzeitsfest« heißt, diente wahrscheinlich Goethe als Vorlage für seine Ballade »Hochzeitslied«, die mit den Worten beginnt: »Wir singen und sagen vom Grafen so gern …« ❡

Die Querxe

Die Querxe sind kleine Männchen, die einst in den schlesischen Bergen wohnten. Die Eingänge zu ihren Wohnungen nennt man Querxlöcher und man kann in der Oberlausitz und im Haynewald noch viele davon sehen. Ursprünglich kamen sie aus dem Querxborn, einer Quelle auf dem Breitenberg bei Zittau. Sie konnten sich unsichtbar machen, indem sie ihre Nebelkappen aufsetzten, und holten sich so in den umliegenden Dörfern bei den Bauern heimlich ihre Speise. Bloß Kümmel konnten sie nicht leiden, deshalb backen die Leute dort immer einige Kümmelkörner mit ins Brot, damit die Querxe es nicht anrühren.

Die gutmütigen Querxe vom Breitenberg ließen sich oft in der Stadt und den umliegenden Dörfern sehen. Sie halfen den Menschen und nahmen unsichtbar an deren Leben teil. Bei Festlichkeiten feierten sie gerne mit und ließen sich's wohl ergehen.

Eines Tages rief eine Frau ihrem Mann beim Fortgehen hinterher: »Beeil dich und sei bald zurück, damit wir nicht zu spät zur Hochzeit kommen!«

Das hörten einige Querxe und riefen ihren Brüdern zu, dass eine Hochzeit gefeiert wurde. Gleich fand sich eine Schar zusammen, die dort hinwollte. Ihr Gespräch darüber hörte ein Mann, der am Breitenberg arbeitete. Er rief ihnen zu: »Wenn ihr unsichtbar zur Hochzeit fahrt, dann nehmt mich doch auch mit, ihr guten Gesellen!«

Die Querxe stutzten erst, willigten dann aber ein. Sie liehen ihm eine Tarnkappe unter der Bedingung, dass er zwar essen und trinken könne, so viel er wolle, aber auf keinen Fall heimlich etwas einstecken dürfe.

So fuhren sie alle miteinander ungesehen zum Hochzeitsfest. Das Haus war zwar schon ganz voll mit Leuten, doch die Querxe setzten sich unbemerkt zwischen die anderen Gäste und auch der Bauer Peter, den sie mitgenommen hatten, fand einen guten Platz. Er aß und trank und ließ es sich schmecken, aber es tat ihm Leid, dass seine Frau nicht bei ihm war, denn er war ein guter Kerl und genoss nicht gerne allein. Diese Liebe zu seiner Frau ließ ihn sein Versprechen brechen und etwas einstecken. Das nahmen die Querxe ihm übel, sie brachen schleunigst auf und derjenige, der neben dem Bauern saß, riss ihm, ehe er mit den anderen verschwand, noch schnell die Nebelkappe vom Kopf.

Da saß der Peter in seinem verdreckten Arbeitskittel an der Festtafel und kaute mit vollen Backen. Alle starrten den seltsamen Gast an, doch er langte weiterhin munter zu und aß und trank, was das Zeug hielt, denn er hatte gar nicht gespürt, dass die Zwerge ihm die federleichte Tarnkappe vom Kopf gezogen hatten. Die Schläge und Rippenstöße, die er dann von allen Seiten bekam, spürte er allerdings sehr wohl und er landete dort, wo ungebetene Gäste hingehören, nämlich draußen vor der Haustür.

❡ Die Heimat der Querxe ist die Gegend von Zittau in jenem Winkel der Oberlausitz, der heute das Dreiländereck zwischen Deutschland, Tschechien und Polen bildet. Sie siedelten aber auch im benachbarten Nordböhmen in der Nähe der Stadt Warnsdorf. ❡

Die Erlösung des Petermännchens

Im Herzogschloss von Schwerin spukte ein Kobold, den man das Petermännchen nennt. Es kleidete sich wie ein Soldat des Dreißigjährigen Krieges mit Stulpenstiefeln, Halskrause und Federhut, am Gürtel trug es einen großen Schlüsselbund.

Eines Tages begegnete ein junger Soldat diesem Kobold, der ihm zu folgen winkte und ihn in die unterirdischen Gewölbe des Schlosses führte. Dort öffnete er mit einem großen Schlüssel die Gittertür zu einem Kellerraum, in dem verschiedenes Gerümpel und alte Waffen lagen. Das Petermännchen suchte ein mächtiges Schwert heraus, das völlig verrostet war. Es erklärte dem jungen Mann, dass damit einmal ein heidnischer Obodritenfürst einen christlichen Priester erschlagen habe. Wenn es dem Jüngling gelänge, dieses Schwert zu reinigen, sei es, das Petermännchen, erlöst.

Der Soldat zögerte nicht, brauchte aber lange Zeit, bis endlich die Schwertscheide wieder blank war. Das Petermännchen gab sich nun als der slawische Fürst zu erkennen, dankte für seine Erlösung und schenkte dem jungen Mann drei Stangen Gold, bevor es ihn wieder aus dem Gewölbe entließ.

❡ *Das Petermännchen ist der Haus- und Vorzeigegeist der Stadt Schwerin. Über den Kobold und seine Streiche gibt es gleich mehrere Sagen. Diese seltene Fassung sieht ihn als den unerlösten Geist eines slawischen Fürsten aus dem Geschlecht der Obodriten, die einmal über Mecklenburg herrschten. Aufgekommen sind die Petermännchen-Sagen aber erst seit dem 17. Jahrhundert.* ❡

Das Zwergvolk im Osenberg

In dem Dorf Bümmerstedt beim Osenberg war ein Wirtshaus, dort holten sich die Zwerge gerne Bier, am liebsten, wenn es frisch gebraut und noch warm war. Sie bezahlten auch immer mit gutem Geld von feinstem Silber.

Dort kam einmal ein uraltes Zwerglein im heißen Sommer in das Brauhaus und wollte Bier holen. Es hatte aber solchen Durst, dass es gleich einige große Schlucke nahm. Darauf schlief es ein, tief und fest, und niemand wagte es, das Zwerglein zu stören oder zu wecken. Als aber das steinalte Männlein endlich wieder aufwachte, fing es an bitterlich zu weinen und zu klagen: »Ach, ach, ach! Jetzt bin ich viel zu lange fortgeblieben. Da wird mein Großvater ganz schrecklich mit mir schimpfen!« Und es sprang so eilig davon, dass es sogar seinen Bierkrug vergaß.

Danach ist nie wieder ein Zwerg in das Brauhaus nach Bümmerstedt gekommen. Den Krug aber hob der Wirt gut auf und solange er ihn verwahrte, war ihm das Glück hold und die Wirtschaft gedieh. Später übernahm die Tochter des Wirts mit ihrem Mann das Gasthaus und eines Tages wurde der Krug versehentlich zerbrochen. Von da an ging es mit der Wirtschaft bergab, denn:

Glück und Glas,
wie leicht zerbricht das!

❦ *Die vielseitigen Fähigkeiten der Zwerge sind erstaunlich. Im Osenberg bei Oldenburg erwiesen sie sich aber vor allem als gute Biertrinker. Das erwähnte Gasthaus, der »Bümmerstedter Krug«, existiert auch heute noch an der Sandkruger Straße in Oldenburg.* ❦

Hütchen

Als Bischof Bernhard in Hildesheim regierte, tauchte in seiner Residenz ein eigenartiger Kobold auf. Er war gutmütig, trug Kleider wie ein Bauer und hatte immer einen spitzen Filzhut tief ins Gesicht gezogen. Die Diener nannten ihn Hütchen, weil man von seinem Kopf meistens nicht mehr sah als den Hut. Dieser sonderbare Geselle ließ sich gern in Gespräche ein, gab guten Rat und erwies sich so manches Mal als gefällig und hilfreich.

Als der Graf Hermann von Winzenburg wegen eines betrügerischen Verbrechens mitsamt seiner Gemahlin von einem seiner Untertanen ermordet worden war, wurde sein Land herrenlos, denn er hatte keine Kinder und keinen Erben. Da kam Hütchen zu derselben Stunde, in der dieser Mord geschehen war, in das Schlafgemach des Bischofs, weckte ihn und sprach: »Steh auf und bewaffne dich. Die Grafschaft Winzenburg ist herrenlos. Nimm deine Leute mit und gewinne diesen Besitz für dich und dein Kloster!« Da brach Bischof Bernhard mit einer Schar Soldaten schleunigst auf und eroberte die Grafschaft.

Später fand sich doch noch ein Erbe und der Bischof gab ihm die Grafschaft als Lehen, das heißt als Leihgabe. Dieser neue Graf von Winzenburg hatte zwei Söhne. Von denen sollte aber nicht der älteste das Lehen erben, sondern derjenige, der nach dem Tod des Grafen zuerst beim Bischof darum bat. Als der alte Graf schließlich starb, schwang sich der ältere Bruder aufs Pferd und ritt so schnell er konnte nach Hildesheim. Der Jüngere hatte aber kein Pferd und wusste nicht, was er tun sollte.

Da kam Hütchen zu ihm und gab ihm einen guten Rat. »Schreib einen Brief an den Bischof«, sagte er, »dass dein Vater gestorben ist und du nun um das Lehen bittest. Dein Brief soll schneller hinkommen als dein Bruder.« Da schrieb der jüngere Graf schnell seinen Brief, Hütchen nahm ihn und sauste auf Schleichwegen geradewegs über die Berge und den Wald nach Hildesheim.

Er kam mehr als eine Stunde früher an als der Bruder, sodass in der Kanzlei des Bischofs für den jüngeren Grafensohn bereits der Lehensbrief fertig war, als der ältere eintraf. Der Bergpfad heißt heute noch Hütchens Rennpfad, er ist aber nicht leicht zu finden.

So leistete Hütchen manch einem hilfreiche Dienste. Einem armen Schmied schenkte er ein halbes Hufeisen, damit er Nägel daraus schmieden konnte. Jeder Nagel aber, den der Mann daraus machte, wurde zu Gold.

Ein Mönch in Hildesheim, der viel trank und wenig studierte, sollte einmal bei einer Kirchenversammlung eine Rede halten. Davor fürchtete er sich sehr, denn er wusste wohl, wie dürftig es um seine Geistesgaben bestellt war. Doch Hütchen half ihm aus der Patsche. Er flocht ihm einen kleinen Kranz aus Lorbeer, Siegwurz und Allermannsharnisch, den musste der Mönch bei sich tragen. Und siehe da, als er ans Rednerpult trat, staunten alle über seine eindrucksvollen und klugen Worte. Viele spätere Redner hätten sich glücklich schätzen können, wenn ein gescheites Hütchen ihnen auf diese Weise beigestanden hätte.

In Hildesheim hatte ein Mann eine schöne Frau mit einem allzu offenherzigen Wesen. Als er verreisen musste, bat er Hütchen, während seiner Abwesenheit auf seine Frau gut aufzupassen, damit sie ihm nicht womöglich untreu würde. Mit dieser Aufgabe aber hatte der Kobold seine liebe Not. Und als der Mann endlich heimkehrte, lief er ihm schon entgegen und sagte: »Gut und dreimal gut, dass du wieder da bist! Einmal und nicht wieder! Lieber wollte ich einen Sack voller Flöhe hüten als dein listiges Weib!«

Da aber auch immer wieder Hütchens boshafte Koboldnatur zum Vorschein kam und er sich dann arg heimtückisch und rachsüchtig zeigte, wurde er dem Bischof und seinen Dienern schließlich doch lästig und jener bannte ihn mit einer kräftigen Beschwörung aus Hildesheim fort.

Die Kröppel

Zwischen Braunschweig und Halberstadt, bei Dardesheim und im ganzen nördlichen Harz gibt es viele Sagen von Zwergen. Sie werden in dieser Gegend Kröppel genannt, wegen ihrer kleinen, schiefen und manchmal buckligen Gestalt. Manche sagen auch Lüttchen, also kleine Leute. Sie waren meistens unsichtbar, weil sie Nebelkappen trugen. Oft zeigten sie sich den Menschen wohlgesinnt und hilfreich, sie konnten aber auch hinterhältig und boshaft sein. An vielen Orten sieht man noch die Felshöhlen, in denen sie früher gewohnt haben. Die meisten gab es wohl am Smannsborn bei Dardesheim.

Ein Schmied hatte dort ein Erbsenfeld, doch als die Erntezeit kam, war heimlich schon ein Teil der Erbsen gepflückt worden. Das ärgerte den Schmied und er legte sich auf die Lauer. Er sah und hörte zwar niemanden, aber am nächsten Morgen waren wieder Erbsen weggepflückt. Da dachte er sich: Nun gut, dann werde ich eben die Erbsen gleich auf dem Acker ausdreschen. Am Morgen darauf brachte er einen kräftigen Dreschflegel mit und machte sich ans Werk. Da hörte er auf einmal einen Schrei und siehe da, er hatte einen Kröppel erwischt und ihm die Tarnkappe vom Kopf gefegt. Die anderen Kröppel aber liefen alle unsichtbar davon.

Einem Bäcker in einem nahe gelegenen Dorf stahlen die Kröppel immer wieder so viel von seinem frisch gebackenen Brot, dass sie ihn schließlich arm machten. Endlich kam ihm der Verdacht, dass die Zwerge daran schuld sein könnten. So hielt er Wache und schlug in der Backstube so lange mit einem großen Bündel Reisig durch die Luft, bis er die Nebelkappen einiger Zwerge erwischte und diese dadurch sichtbar wurden. Dann vertrieb er sie mit lautem Geschrei.

Die anderen Dorfbewohner ertappten bald noch mehr Kröppel bei verschiedenen Diebstählen und setzten ihnen so zu, bis das ganze Zwergenvolk auswanderte.

Als sie über den Kirchberg bei Thale zogen, musste jeder von ihnen zur Entschädigung ein Stück Gold in ein bereitgestelltes Gefäß werfen. Nach dem Abzug der Kröppel war das Fass voll mit alten Münzen. Seit dieser Zeit hat man nur noch sehr selten einen Zwerg in dieser Gegend gesehen.

❡ Die Kröppel haben ihren Namen wohl von ihrer verkrüppelten buckligen Figur (Kröppel = Krüppel, die alte volkstümliche Bezeichnung für einen körperbehinderten Menschen). Hierbei handelt es sich um den seltenen Fall, dass Zwerge nach ihrem Aussehen benannt werden. ❡

Das Stille Volk unter der Plesse

Tief unter dem Boden des Burgberges der Plesse wohnt ein stilles Zwergenvolk. Es ist hilfreich und wohltätig gegenüber den Menschen, kann sich unsichtbar machen und durch jede verschlossene Tür und jede Mauer wandeln, wie es ihm gefällt. Bei dem tiefen Felsbrunnen der Plesse ist der Haupteingang in ihr unterirdisches Reich.

Ein Student aus Göttingen hatte im Jahr 1743 einen Spaziergang zu dieser lieblich gelegenen, schönen Burgruine gemacht. Er war ganz allein und legte sich auf dem von Bäumen umrahmten Burgplatz auf den Rasen und las in einem Buch. Der süße Duft von Waldmeister, Maiglöckchen und Flieder schläferte ihn ein. Er schlief so lange, bis Donnerschlag und strömender Regen ihn weckten. Blitze beleuchteten die Mauern der Burg und voller Angst begann der Student zu beten.

Da kam auf einmal ein Licht auf ihn zu. Ein kleines altes Männchen mit eisgrauem Bart winkte ihn zum Brunnen. Darin stand ein Brettergerüst und so ging es hinab in die Tiefe. Unten wölbte sich eine trockene Grotte. Da sagte das Männlein: »Du hast nun die Wahl, ob du hier im Trockenen abwartest, bis das Unwetter dort oben vorüber ist, oder ob du mir ins Reich der Unterirdischen folgen willst.«

Der Student wollte gerne mitkommen, wenn ihm keine Gefahr drohte. Das alte eisgraue Männlein beruhigte ihn und führte ihn durch einen niedrigen und engen Gang. Als sie daraus hervortraten, lag vor ihnen eine weite Landschaft mit einem rauschenden Bach und Dörfern aus kleinen, kunterbunten Häusern. In das schönste dieser Häuschen traten sie ein. Dort lebte die Familie des eisgrauen Männleins und der Student wurde jedem Einzelnen vorgestellt. Alle Anwesenden begrüßten ihn mit einer stillen Verbeugung. Der alte Großvater hieß den Gast aus der Oberwelt willkommen und die jüngste Tochter lud den Studenten zum Essen ein, was er gerne annahm. Der Tisch war mit Gold und Silber gedeckt wie für einen König, das Essen schmeckte ganz vorzüglich und was das Trinken angeht, so glaubte der Student, er tränke den köstlichsten Wein; die Zwerge aber behaupteten, es sei nur Wasser.

Nach dem Festmahl erzählte das eisgraue Männlein dem Studenten viel über das unterirdische Reich, dessen Herrscher es war. Ihm und den Seinen gehorchten alle Zwerge freiwillig und gern. Es gebe nur Frieden, Zufriedenheit und Wohlwollen. Jeder tue unaufgefordert seine Pflicht. Es gebe keine Streitigkeiten, keine Kriege, keine so genannte Politik.

Schließlich kam der Abend, große silberne Kerzenleuchter wurden angezündet und man ging in ein anderes Zimmer. Alles, was er bisher gehört, gesehen und wahrgenommen hatte, entfachte die Wissbegierde des Studenten und er wollte sich Notizen darüber machen, um später vielleicht eine Art Reisebeschreibung über seinen Besuch beim Stillen Volk zu verfassen. Doch das alte Männlein hinderte ihn am Schreiben und sagte: »Lass das! Ihr da oben lernt es ja doch nicht, glücklich zu sein. Ihr könnt ebenso schlecht befehlen wie gehorchen. Geh nun nach Hause, achte Gott, ehre deinen Herrscher und die Gesetze und fürchte niemanden!«

Der Student fand es sonderbar, nach der freundlichen Einladung nun so fortgeschickt zu werden, doch blieb ihm nichts anderes übrig, als sich zu fügen. Zum Abschied erhielt er noch einige Geschenke und dann fand er sich auf einmal oberhalb des Brunnens auf der Plesse wieder. Der Morgen war angebrochen und im Burgwald erklangen die Vogelstimmen. Der Student besah sich die Gaben der Zwerge und erkannte, dass er lauter Gold und kostbare Edelsteine in Händen hielt. Wenn er diesen Reichtum gut und vernünftig verwendete, hatte er daran genug für sein ganzes Leben.

❡ *Die Plesse, eine Burgruine bei Mariaspring nördlich von Göttingen, war früher ein beliebtes Ausflugsziel der Göttinger Studenten.* ❡

Die Heinzelmännchen

In Köln lebte einmal ein armer Schneidergeselle namens Richard. Er arbeitete fleißig und gut, deshalb war sein Meister sehr zufrieden mit ihm und erließ ihm sogar das letzte halbe Jahr seiner Lehrzeit. So kam für Richard die Zeit, um als Geselle auf Wanderschaft zu gehen. Doch der Abschied fiel ihm schwer, denn insgeheim hatte er sein Herz an Margarete, die Tochter des Schneidermeisters, verloren.

Richard wanderte vier Jahre lang durch Deutschland und lernte überall noch etwas dazu. Schließlich machte er sich auf den Heimweg. Eine halbe Tagesreise von Köln entfernt hielt er mittags Rast und ruhte sich im Schatten der Bäume aus. Als er so dalag, bemerkte er, wie in einem Brombeergestrüpp eine hässliche Kröte mit einer golden schillernden Eidechse kämpfte. Letztere war schon nahe daran, zu unterliegen, da sprang Richard auf und erschlug die

Kröte. Die Eidechse blickte ihn an, als ob sie ihm danken wollte, und im nächsten Augenblick stand anstelle der Eidechse ein kleines Männlein vor ihm, das hatte eine schimmernde Krone auf dem Kopf und über den Schultern ein grüngoldenes Mäntelchen. Freundlich nickte das Heinzelmännchen seinem Retter zu und versprach, sich ihm dankbar zu erweisen. Dann entschwand es im Gebüsch.

Der Schneidergeselle wunderte sich über dieses sonderbare Erlebnis und setzte schmunzelnd seinen Weg fort. Als die Sonne unterging, erreichte er seine Heimatstadt. Er ging zum Haus des Meisters und fragte bei diesem nach Arbeit. Dort wurde er gerne wieder aufgenommen und als Richard ein Jahr später um Margaretes Hand anhielt, sagte der Vater Ja und versprach ihn als Teilhaber in sein Geschäft aufzunehmen.

Bald darauf aber wurde der Meister zum Oberherrn der Kölner Schneiderzunft gewählt. Diese Auszeichnung machte ihn eitel und hochmütig und das Ende vom Lied war, dass er sein Versprechen wieder zurücknahm und Richard erklärte, seine Tochter solle eine bessere Partie machen, denn der alte, aber reiche Statthalter habe nun ebenfalls um ihre Hand angehalten.

Als Richard im Garten von Margarete Abschied nehmen wollte, erschien auf einmal die goldschillernde Eidechse und rief mit ihrem dünnen Stimmchen, sie sollten den Mut nicht sinken lassen, sondern nur den Heinzelmännchen vertrauen. Richard erzählte seiner Liebsten die sonderbare Geschichte und beide fassten neue Hoffnung. Doch dann erschien der Vater im Garten, schickte den jungen Mann mit bösen Worten fort und befahl dem Mädchen sofort ins Bett zu gehen. Der Meister legte sich auch zur Ruhe. Da träumte er, er sei beim Hochzeitsfest und es ginge recht lustig zu.

Plötzlich wachte er auf und es war ihm, als würde man ihn am ganzen Körper mit Nadeln stechen. Er wollte aufspringen, da schlugen unsichtbare Knüppel auf ihn los. Er wollte aus dem Fenster fliehen, aber unsichtbare Hände hielten ihn fest. Es zwickte und kniff und stach und schlug und schien gar kein Ende zu nehmen. Da gelobte er in seiner großen Angst, er würde sich der Verbindung seiner Tochter mit Richard nicht mehr entgegenstellen, wenn nur diese Schmerzen endlich aufhörten. Sofort ließen die Quälgeister von ihm ab.

Als er frühmorgens aufwachte, hielt er die Erlebnisse der Nacht zunächst

Köln

für einen Traum. Doch dann fragten ihn die Leute, weshalb er im Gesicht so grün und blau aussähe. Er antwortete verlegen, er sei wohl im Schlaf aus dem Bett gefallen, und glaubte schon beinahe selbst daran. Da kam der Statthalter zu ihm, ebenfalls mit grün und blau geschlagenem Gesicht. Er erklärte, dass er von Margarete nichts mehr wissen wolle, und lief dann eilig davon.

So rief der Schneider Richard und seine Tochter zu sich und sagte, er hätte gegen ihre Verbindung nichts mehr einzuwenden, aber eine Mitgift gäbe er seiner Tochter nicht, um die Aussteuer müsse der Bräutigam sich selbst kümmern. Als Richard dies hörte, war er zunächst etwas verblüfft, doch bald fasste er sich wieder, denn er dachte an das Versprechen des kleinen Heinzelmanns. Zu diesem wollte er gehen und ihn um Hilfe bitten.

So wanderte Richard einige Tage vor der Hochzeit ins Siebengebirge, zu jener Stelle, an der er vor Jahr und Tag den Kampf zwischen der Kröte und der Eidechse beobachtet hatte. Dort fand er das Männchen mit dem grüngoldenen Mantel. Es trug eine Krone und ein Zepter. Der kleine Heinzelmann führte Richard tief in das Gebirge, durch einen schönen Garten und ein hohes Felsentor ins Innere des Berges hinein. Da glänzte und funkelte alles von Gold und Edelsteinen, viele kleine Männchen liefen geschäftig hin und her, kamen zu dem Jüngling und steckten ihm Goldstücke und Edelsteine in die Taschen. Sie zeigten ihm alle Schätze des unterirdischen Reiches, bis Richard müde wurde und sich auf einer Bank niederlegte, um sich ein wenig auszuruhen.

Als er wieder erwachte, lag er unter derselben Buche wie kurz vor seiner Rückkehr nach Köln. Erst glaubte er geträumt zu haben, doch als er aufstand, fühlte er in seinen Taschen die Goldstücke und eilte schnell zu seiner lieben Braut, um ihr zu erzählen, dass sie nun von allen Sorgen befreit waren.

Eines aber fehlte noch: Er sollte bis zum nächsten Tag sein Meisterstück vollenden. Tüchtig ging er an die Arbeit, aber er kam nicht so recht voran und als es Abend wurde, schlief er vor lauter Müdigkeit über dem unvollendeten Werk ein. Doch, oh Wunder, als Richard am nächsten Morgen erwachte, lag das Meisterstück fertig vor ihm und war so hervorragend, dass die Altmeister seine ausgezeichnete Arbeit kaum genug loben konnten.

Am selben Tag noch fand die Hochzeit statt. Auf silbernen Schüsseln und in goldenen Kelchen wurde das Festmahl aufgetragen, es gab die feinsten

Speisen und Weine und die Gäste staunten gar sehr über diesen Wohlstand. Als die jungen Eheleute später in ihrer Wohnung allein waren, fanden sie noch eine Überraschung: In der Küche glänzte ihnen blankes Zinn- und Kupfergeschirr entgegen und die Schränke waren voll mit feinstem Leinen. Überall, wo sie nur hinschauten, sahen sie das Werk der kleinen Heinzelmännchen. So ging es nun tagaus, tagein. Wenn die junge Frau morgens aufstand, war das Haus von oben bis unten sauber gemacht, das Geschirr aufgeräumt, die Wäsche gewaschen. Mittags stand wie von Zauberhand das feinste Essen auf dem Tisch und Richard und Margarete hatten das schönste Leben.

Doch mit der Zeit wuchs die Neugierde in der jungen Frau und sie wollte die Heinzelmännchen unbedingt einmal sehen. Weil diese stets unsichtbar und im Verborgenen wirkten, kam sie auf den unglücklichen Gedanken, die Treppe von oben bis unten mit Erbsen zu bestreuen, damit die Kleinen darauf ausrutschten und dabei sichtbar würden.

Als es Mitternacht schlug, die Zeit, zu welcher die Heinzelmännchen ihre Arbeit begannen, hörte Margarete die Erbsen die Treppe hinunterkullern. Sie ging mit der Lampe hinaus und schrie erschrocken auf, als sie sah, wie die fleißigen kleinen Wohltäter des Hauses unter Schmerzensrufen die Treppe hinunterstürzten. Da kam auch schon Richard hinzu und rief: »Gretchen, was hast du getan? Du hast unser Glück für immer aus dem Haus vertrieben!«

Und so war es auch.

In derselben Nacht herrschte am Ufer des Rheins ein geschäftiges Treiben. Kleine Männlein schleppten ihre Habe fort und beeilten sich, noch vor Tagesanbruch ein Schiff zu erreichen, das sie von Köln weit, weit weg bringen würde. Als sie alle an Bord waren, hörte man leises Wimmern und Schluchzen, denn sie nahmen nur ungern Abschied.

Die Heinzelmännchen kamen nicht wieder. Margarete wartete lange auf ihre Rückkehr, doch sie hoffte vergebens.

❡ Selten kennt man das Alter von Zwergen genau. Bei den Heinzelmännchen von Köln ist das anders. Sie wurden 1836 geboren. In diesem Jahr jedenfalls schrieb August Kopisch seine berühmte Ballade, in der er die kleinen Helfer erfand und wieder verschwinden ließ, sodass die Kölner noch heute von ihrer

Rückkehr träumen. So haben wir hier ähnlich wie bei der »Loreley« (vgl. S. 128) ein schönes Beispiel dafür, dass der Inhalt einer Ballade zu einer Volkssage werden kann. Die Sage wird hier in einer märchenhaft erweiterten Erzählfassung des ausgehenden 19. Jahrhunderts vorgestellt, die zeigt, wie schön knappes Erzählgut ausfabuliert werden kann.

Die Zwerge der Kammerlöcher

Nicht weit von Ilmenau liegt das Dorf Angelrode. Dort gibt es eine vielfach zerklüftete Bergwand mit mancherlei Schluchten und Höhlen. Diese Felsenkammern nennt man die Kammerlöcher und darin hausten einst zahlreiche Zwerge. Sie hatten sich durch den Berg bis zum Felsenkeller des Angelroder Wirtshauses einen Tunnel gegraben und holten sich von dort heimlich Wein und Lebensmittel. Damit ließen sie es sich gut gehen und trieben auch sonst so manchen Schabernack.

Der Wirt wusste lange nicht, wer ihn da in einem fort so unverschämt bestahl. Er verdächtigte seine Diener und seine Hausgenossen und hatte nichts als Verdruss. Schließlich kam er auf die Idee, Asche in den Keller zu streuen. Er hoffte, dann könnte er die Diebe vielleicht an ihren Fußstapfen erkennen. Nachdem er dies eines Abends getan hatte, fand er am nächsten Morgen zahllose kleine Spuren wie von Gänsefüßchen, die aus einer Felsspalte im hintersten Winkel des Kellers gekommen waren und dort auch wieder hineinführten.

Der Wirt holte sich Rat bei einem weisen Mann. Der sagte ihm, er solle mit Taxuszweigen* nach den unsichtbaren Zwergen schlagen, wenn er sie in der Nähe vermute. Jeder getroffene Zwerg würde dann augenblicklich sichtbar. Auch sei den Zwergen die Form des Kreuzes verhasst und wenn man am goldenen Sonntag** Eibenbüsche kreuzweise über ihre Wege legte,

* Taxus: Nadelbaum

** Goldener Sonntag: Nach dem Kirchenkalender der Trinitatissonntag, also der Sonntag nach Pfingsten.

dann gingen sie dort nie wieder entlang. Der Wirt befolgte den Rat und erzählte auch den Dorfbewohnern davon. Am nächsten Trinitatissonntag stieg das halbe Dorf Angelrode hinauf in die Kammerlöcher, brach dort Eibenzweige ab und steckte sie kreuzweise an die Ställe, in denen die Zwerge das Vieh behext hatten, und in die Keller, aus denen die Zwerge sich zu bedienen pflegten.

Ob auch Zwerge von den Rutenschlägen getroffen und sichtbar wurden, weiß man nicht. Der Rat des weisen Mannes wurde jedoch weiter in Ehren gehalten, denn wenn kein Zwerg sichtbar wurde, dann lag das eben daran, dass keiner getroffen worden war.

Das spitzbübische Zwergenvölkchen aber wanderte daraufhin aus. In einer Nacht hörte man ein lange anhaltendes Trippeln und Trappeln, als zöge ein Heer von vielen tausend kleinen Leutchen vorüber, auch leises Weinen und Schluchzen war zu vernehmen. Die Zwerge kamen niemals wieder.

❡ Ilmenau liegt in Thüringen und gehörte früher einmal zum Herzogtum Weimar. Die Sage erteilt dem Leser interessante Ratschläge, wie man sich vor Diebstählen der Zwerge schützen kann. ❡

Heimchen und Holzweibel

Zum Volk der Elben gehören viele Wesen, die zwar miteinander verwandt, trotzdem aber grundverschieden sind. Die Moosleute sind keine Hilfsgeister, die Holzweibel sind keine Moosleute und die Heimchen haben mit den Ersteren beiden nur wenig gemeinsam, sie ähneln eher den Hilfsgeistern. Sie bilden das Gefolge der Wilden Bertha, sind selbst aber nicht wild, sondern ganz harmlos, wie schon der Name vermuten lässt. Im Orlagau nennt man sie auch Butzelmännchen, Heimele oder Erdmännele.

Sie sind winzig kleine Erdgeister, werden nur fingerlang und wohnen in Mäuselöchern in den Häusern der Menschen. Meist lassen sie sich in den Abendstunden sehen, sind weiß gekleidet, von freundlicher Wesensart und führen in Scharen von mehreren hundert liebliche Kreistänze auf. Sie sagen den Bewohnern des Hauses Glück oder Unglück voraus und wenn man ganz besonders gut zu ihnen ist, hinterlassen sie manchmal kostbare kleine Geschenke, die sie dann morgens in goldenen Kästchen vor die Mäuselöcher stellen.

Im Schnerfert, bei Grobengereuth auf dem roten Biel, gab es einstmals auch zahlreiche Holzweibel. Sie sprangen auf den Heuschobern und den Getreidegarben herum und spielten miteinander wie die Kinder. Wenn Leute dazukamen, die beim Anblick der Kleinen erschraken, dann riefen sie ihnen freundlich zu: »Kommt nur her, wir tun euch nichts!« Doch naschten sie gern bei den Waldarbeitern im Schnerfert und stibitzten ihnen so manches Brot.

In der Gegend um Altengesees pflegten die Bauern mit den Holzweibeln sehr freundlichen Umgang. Wenn Holz gefällt wurde, kamen die kleinen Weibeln und baten die Holzfäller drei Kreuze in den Baum zu ritzen, ehe sie den Stamm fällten. Denn dann konnten sie auf dem Baumstamm Schutz vor der Wilden Jagd finden. Diesen Gefallen taten ihnen die Leute gern und dafür halfen die Holzweibeln den Arbeitern so oft und so gut sie konnten.

❡ Die Wilde Bertha, auch Perchta genannt, gilt als Anführerin einer Geisterschar ungetauft gestorbener Kinder. ❡

Die Zinselmännchen

Im Meininger Oberland liegt zwischen den Dörfern Meschenbach und Rabenäußig eine ziemlich enge, aber sehr lange Tropfsteinhöhle, das Zinselloch genannt. Sie hat ihren Namen von den Zinseln oder Zinselmännchen, das sind Bergzwerge, die in früheren Zeiten dort gewohnt haben. Nicht weit davon liegt noch eine unterirdische Grotte, die Zinselkirche. Anfang des vorigen Jahrhunderts haben die Zinseln diese Gegend verlassen. Und das kam so:

Ein Bauer aus Meschenbach bemerkte eines Tages auf seinem Erbsenfeld eine Schar Zinselmännchen. Die Zwerge sprangen übermütig zwischen den

Furchen hin und her, naschten unzählige Erbsen aus den grünen Schoten und ärgerten den Bauer über die Maßen. Endlich gelang es ihm, einem von ihnen das Mützchen vom Kopf zu ziehen. Da weinte das Zinselmännchen zum Gotterbarmen, denn ohne sein Mützchen konnte es nicht wieder nach Hause. Es versprach dem Bauern, wenn er ihm sein Mützchen wiedergebe, dann wolle es ihm eine Wünschelrute auf seinen Acker stecken, mit deren Hilfe er einen großen Schatz finden könne. Darauf gab der Bauer dem Männchen sein Mützchen zurück.

Aber das hinterlistige Zwerglein hat den Bauern übers Ohr gehauen und den ganzen Acker voller Ruten gesteckt, sodass er die Wünschelrute unter den vielen anderen nicht herausfinden konnte. Vor lauter Zorn über den verdorbenen Acker legte sich der Bauer heimlich auf die Lauer und als er wieder ein Zinselmännchen erwischte, schlug er es tot. Das betrübte all die anderen Zinselmännchen gar sehr. Über Nacht wuchsen aus den Ruten große Bäume, und zwar gewaltige Eichen. Noch in derselben Nacht sind die Zinselmännchen fortgezogen und niemals wieder hat sich auch nur ein einziges in dieser Gegend blicken lassen.

Die Wichtel im Werratal

Im Werratal gab es einstmals viele Wichtelmänner. Bei Berka wohnten sie unter dem Pferdestall des Schlosses und kein Pferd konnte es in diesem Stall aushalten. Weil Tiere im Gegensatz zu den meisten Menschen die Geister sehen, hören oder wittern können, gebärdeten sich die Pferde wie rasend. Sie zerrissen die Ketten und zerschlugen und zerbissen alles.

So ging es auch einem Bauern in Dankmarshausen, dem starb ein Pferd nach dem anderen und er stand schon kurz vor dem Ruin. Eines Abends ging der Bauer spät durch seinen Hausflur und hörte unter einer umgestülpten Wanne ein Flüstern. Er sah genauer hin und erkannte in mattem Schimmer vier Wichtel unter der Wanne. Sie hatten aus einem Backtrog im Flur ein Stück Teig stibitzt und kneteten Brot daraus. Als sie den Bauern bemerkten, der sie jedoch nur beobachtete und ihnen nichts Böses wollte, sprach einer der Wichtelmänner: »Weißt du, warum deine Pferde sterben? Weil wir unter dem Stall wohnen. Bring sie in einen anderen Stall und es soll dir keines mehr zu Grunde gehen.«

Diesen Rat hörte der Bauer gern, er befolgte ihn und seine Pferde blieben gesund. Die Wichtel machten ihn durch ihre tägliche Hilfe reich, weil er ihnen erlaubte, dass sie von seinem Teig nahmen und daraus ihr Brot kneteten.

Am Spatenberg am rechten Werraufer öffnet sich ein Erdloch, das heißt auch heute noch die Wichtelkutte. Dort wohnten lange Zeit viele Wichtel. An einem schönen Morgen kamen zu einem Fährmann zwei kleine Männlein und wollten über den Fluss gefahren werden. Als sie schon auf der Fähre standen und der Fährmann eben abstoßen wollte, baten sie ihn noch einige Augenblicke zu warten, denn es komme noch jemand. Der Fährmann wartete, aber es kam niemand. Dennoch senkte sich die Fähre immer tiefer und tiefer ins Wasser, sie wurde schwerer und schwerer und als er endlich vom Ufer abstieß, kam es ihm so vor, als habe er noch nie eine so große Last übergeschifft. Am anderen Ufer wurde die Fähre wieder zusehends leichter.

»Nun sag, Fährmann, welchen Lohn verlangst du für unsere Überfahrt? Willst du nach Köpfen bezahlt werden oder willst du einen Scheffel Salz?«

Weil nun ein Scheffel Salz dem Fährmann ein ungleich reicherer Lohn zu sein schien als das Fährgeld für zwei Personen, so wählte er diesen.

»Nach Köpfen wärst du besser gefahren, Mann! Sieh mir einmal über die rechte Schulter!«, sprach das zweite Männlein. Und als der Fährmann dies tat, sah er ein zahlreiches Kleines Volk, das aus dem Schiff herauswimmelte. Mit den anderen stiegen nun auch die beiden Ersten aus und alle verschwanden vor des Fährmanns Augen. Auf der Fähre stand ein voll gehäufter Scheffel reinsten Salzes und dieser Scheffel wurde niemals leer. Die Wichtel aber sind fortgezogen und niemand weiß, wohin.

❡ Der zweite Teil der Sage enthält das Motiv von »Des Kleinen Volkes Überfahrt«, das als Wandersage verschiedentlich in Deutschland auftaucht und von auswandernden Zwergen erzählt. ❡

Die Barstukken

In der Stadt Rastenburg und ihrer Umgebung gab es auch Zwerge, die wurden dort Barstukken oder auch Fingerlinge genannt. Sie wohnten hauptsächlich in einem Hügel beim Dorf Heiligelinde, wo in alten Zeiten unter einer großen Linde nach heidnischem Brauch die Götter verehrt wurden.

Die Barstukken erschienen als gute und hilfreiche Hausgeister, die bei den Kranken wachten, wenn alle anderen schliefen, besonders bei Mondschein. Wem sie wohlgesinnt waren, den beschenkten sie mit allerlei Gaben.

Um sie freundlich zu stimmen, musste man ihnen ein Tischchen decken, mit Brot, Butter, Käse, Bier und Milch, das mochten sie gerne. Rührten sie aber die Speisen nicht an, so war das ein schlechtes Zeichen. Dann wollten die Barstukken vom Hausherrn nichts mehr wissen und taten auch keine Arbeit mehr für ihn.

Auf der Burg Prassen lebten die Freiherren von Eulenburg. In dieser Familie gab es einmal ein junges Edelfräulein, das war klein und zierlich und wunderschön. Der König der Fingerlinge wollte diese junge Dame gerne heiraten und schickte deshalb eine Gesandtschaft seiner Zwerge zu ihren Eltern. Er ließ ihnen sagen, wenn sie ihm ihre Tochter zur Frau gäben, so solle das Geschlecht derer von Eulenburg auf alle Zeiten gesegnet fortblühen. Dieses Glück würde an einem goldenen Fingerring haften, der stets wohl und sorgsam aufbewahrt werden müsse und niemals verloren gehen dürfe. Das Fräulein aber werde bei ihm ganz gewiss glücklich sein.

Die Eltern dachten über diesen Antrag nach und willigten schließlich ein. Daraufhin bat die kleine Gesandtschaft, die Braut in ein bestimmtes, abgelegenes Zimmer zu führen, das jedem Lauscher und Beobachter aber verschlossen bleiben müsse. Dort werde der Barstukkenkönig das Fräulein empfangen. So geschah es und niemand hat die junge Edelfrau jemals wieder gesehen oder erfahren, was weiter aus ihr geworden ist. Das verheißene Glück aber ist der Familie Eulenburg treu geblieben. Aus den Freiherren sind schließlich sogar Grafen geworden.

❦ Rastenburg lag im ehemaligen Ostpreußen, heißt heute Ketrzyn und gehört zu Polen. ❦

Nix Schlitzöhrchen

In dem kleinen und schmalen Wiesenflüsschen Streu wohnt ein schalkhafter Nix. Er treibt sein Unwesen im Streugrund bei Mellrichstadt, von Stockheim bis zur Saalemündung bei Heustreu. Dieser Nix heißt Schlitzöhrchen, weil er geschlitzte Ohren hat. Er macht sich, sooft er kann, einen Spaß daraus, die Leute ins Wasser zu ziehen und tüchtig unterzutauchen. Dabei will er aber niemanden ertränken, er ist nicht bösartig, sondern treibt nur gerne seinen Schabernack. Wie die Alten erzählen, soll er schon so manchen erwischt und nass gemacht haben.

❡ Auch unter den Wassergeistern, die wir im Kapitel »Aus der Natur« kennen gelernt haben, gibt es Zwerge bzw. Kobolde, wie diese Sage aus dem unterfränkischen Mellrichstadt beweist. Offensichtlich handelt es sich dabei um eine Wandersage, die es in ähnlicher Form auch in anderen Gegenden gibt. ❡

Der Weber und der Zwerg

Nicht weit von dem Ort Fichtelberg liegt eine verfallene Burg, Zwergennest oder Zwergenburg genannt. Von diesem Ort aus zog einst ein Weber nach Ende seiner Lehrzeit auf Wanderschaft. Als er einige Jahre später wieder heimkehrte, waren sein Eltern inzwischen gestorben. Er wollte im Ort sein Handwerk betreiben, aber weil man seine Mutter für eine Hexe gehalten hatte, wollte ihn niemand aufnehmen. Man wies ihn hinaus in die leer stehende Schafhütte am Zwergennest. Der Schäfer hatte diese verlassen müssen, weil die Zwerge ihm immer wieder die Schafe auseinander getrieben und krank gemacht hatten.

So ging der Weber denn hinaus und richtete sich in der Hütte ein. Als er dort die erste Nacht verbrachte, erwachte er plötzlich und sah im Licht des Vollmonds einen Zwerg hereinkommen. Der trug einen Frack, ein Hütchen auf dem Kopf, kurze Höschen, Schnallenschuhe und ein Stöckchen in der Hand. Er ging mehrmals auf und ab und sah sich neugierig um. Dabei machte er ein recht erfreutes Gesicht, so als gefiele es ihm, alles so wohl geordnet zu sehen. Zuletzt sprang er auf den Tisch, setzte sich auf den Brotlaib, der da noch lag, und schnitt sich ein Stückchen davon ab.

Nachdem er aufgegessen hatte, sprach er den Weber an: Wenn er hier wohnen wolle, müsse er auch Miete zahlen. Es ginge nicht um Silber oder Gold, aber drei Bedingungen müssten treu befolgt werden. Die erste lautete, dass bei jedem Vollmond der Webstuhl abgeräumt sein müsse, die zweite, dass der Weber niemals bei Nacht in die Werkstätte hineinsehe, und die dritte, dass er verschwiegen bliebe. Damit war der Geselle einverstanden und der Zwerg verließ die Hütte.

In Bayreuth hatte der Weber schließlich einen Kaufmann gefunden, der ihm Arbeit gab, und er richtete es so ein, dass der Webstuhl beim nächsten Vollmond abgeräumt war. Als er am Morgen darauf in die Werkstatt trat, war er nicht wenig erstaunt am Stuhl einen Streifen seidenen Gewebes zu finden in einem Muster, das nicht seinesgleichen hatte. Damit ging er zum Kaufmann und bat um Seide, um nach diesem Muster ein Tuch zu weben. Er bekam, so viel er benötigte, und schon am nächsten Vollmond brachte er ein wunderschönes Stück Seidenstoff in die Stadt. Das gefiel dem Kaufherrn so gut, dass er dem tüchtigen Gesellen sogleich neue Arbeit gab.

So hatte der Weber ein gutes Leben und es kam immer wieder einmal vor, dass er am Morgen nach der Vollmondnacht ein neues schönes Muster auf dem Webstuhl fand, das ihm neue Bestellungen verschaffte.

Die anderen Handwerksburschen aber wurden neidisch und versuchten immer wieder ihn abends im Gasthaus betrunken zu machen, um ihm sein Geheimnis zu entlocken. Doch auch wenn er getrunken hatte, hielt er sein Versprechen und blieb verschwiegen.

Eines Abends aber kam er berauscht nach Hause und konnte seine Neugier nicht mehr bezwingen. Er wollte sehen, was die Zwerge machten. Kaum hatte er die Tür zur Werkstatt geöffnet, schwanden ihm jedoch die Sinne und er fiel ohnmächtig zu Boden. Als er am nächsten Morgen erwachte, war der Webstuhl zerbrochen und die Hütte in ihrem vorigen verfallenen Zustand. Auch die Stoffe, die er zuletzt gewebt hatte, waren ganz und gar zu Staub zerfallen.

Voller Verzweiflung machte er sich auf den Weg und wollte in die weite

Welt hinausziehen. Da begegnete er im Wald einem kleinen Männchen, das ebenfalls auf die Zwerge zornig war und ihn überredete mit ihm gemeinsam Rache zu nehmen. Dieses Männchen führte den Weber durch eine schmale Schlucht bis zu einem verborgenen Ort. Endlich machten sie Halt. Da sagte das Männlein: »Hörst du die Musik? Sie kommt von den Zwergen, die gerade Hochzeit feiern. Sieh hier durch diese Öffnung hinunter und wenn die Braut dir nahe kommt, dann hol sie mir herauf!«

Da schaute der Weber hinunter durch eine Spalte in einen Saal, in dem die Zwerge bei lieblicher Musik fröhlich tanzten. Die Braut trug, wie auch die Gäste, seidene Kleider und die Stoffe waren dieselben, die einst an seinem Webstuhl gehangen hatten. Im Bräutigam erkannte er den Zwerg, mit dem er in jener ersten Vollmondnacht in der Hütte gesprochen hatte. Der Duft von köstlichen Speisen stieg ihm verführerisch in die Nase. Schon näherte sich die tanzende Braut. Er wollte sie heraufholen, doch zog er im letzten Augenblick die Hand wieder zurück.

Sein Begleiter schimpfte mit ihm, doch er entschuldigte sich damit, ihm sei ein Schweißtropfen von der Stirn ins Auge gelaufen. Auch beim zweiten Mal hielt ihn eine unüberwindliche Scheu davon ab, die Braut zu stehlen. Da sprang ihm das Männlein zornig in den Nacken und drohte ihn zu erwürgen, wenn er nicht zugriffe. Zum dritten Mal streckte der Weber die Hand nach der Braut aus, da nieste sie auf einmal und er rief unversehens »Helf Gott!« zu ihr hinab. Erschrocken stoben die Zwerge auseinander und das Männlein schlug den Weber so heftig auf den Kopf, dass er die Besinnung verlor. Als er wieder zu sich kam, standen die Zwerge um ihn herum und der Bräutigam dankte ihm für die Rettung seiner Braut. Mit Silber könne er ihn nicht belohnen, aber er wolle ihm wieder zu Arbeit verhelfen so wie früher.

So ging der Weber heim. Die Hütte war wieder heil und der Webstuhl ordentlich aufgestellt. Er fing von neuem an zu weben, hatte stets Arbeit genug und lebte fortan glücklich.

❡ *Fichtelberg liegt im Fichtelgebirge in Oberfranken, nahe der Grenze zur Tschechischen Republik.* ❡

Kelheimer Wichtel

In Kelheim an der Donau, oberhalb von Regensburg, wo in grauer Vorzeit die Kelten eine Burg hatten und heute noch Römerschanzen zu finden sind, da gab es in alten Zeiten auch Wichtel. Die waren gutmütig und halfen in Haus und Hof, auf Acker und Wiese. Sie schenkten den Menschen, denen sie wohlgesinnt waren, zuweilen sogar silberne und goldene Münzen aus einem alten vergrabenen Römerschatz. Auch halfen sie häufig den Schiffern auf der Donau an den gefährlichen Stellen, wo zu beiden Seiten des Flusses steil die Felsen aufragen.

Die Wichtel verließen diese Gegend vermutlich etwa zu der Zeit, als Herzog Thassilo in der Nähe von Kelheim das Kloster Arzberg gründete. Es war das erste Kloster in Bayern und die Wichtel konnten das Gebimmel der Klosterglocken nicht ertragen. Sie haben aber schöne Andenken hinterlassen: Im Kelheimer Schiefer sieht man von Zwergenhand die allerliebsten Bäumchen und Sträucher und Fische und andere Bilder mit feinstem Pinsel auf das Schönste gemalt.

❡ Die feinen Malereien, von denen in der Sage die Rede ist, sind in Wirklichkeit Fossilien im Schiefer in der Gegend um Kelheim. ❡

Der Kobold in der Mühle

Von Rinteln aus unternahmen einmal zwei Studenten eine Wanderung. Sie wollten in einem Dorf übernachten, aber weil es stark regnete und immer finsterer wurde, klopften sie an einer Mühle am Wegesrand und baten um Herberge für die Nacht.

Der Müller wollte sie erst wegschicken, schließlich gab er aber doch ihren inständigen Bitten nach und führte die Studenten in eine Stube. Sie waren beide hungrig und durstig. Da auf dem Tisch eine Schüssel mit Speise und ein Krug mit Bier stand, baten sie den Müller darum und erklärten sich auch bereit für alles zu bezahlen.

Der Müller schlug ihnen diese Bitte jedoch ab. »Die Speise und der Trank«, sagte er, »gehören dem Hausgeist. Wenn euch euer Leben lieb ist, dann lasst dies alles hier unberührt. Im Übrigen habt ihr nichts zu befürchten. Sollte es in der Nacht laut werden, so bleibt nur still liegen und schlaft weiter!« Damit ging er hinaus und schloss die Tür hinter sich zu.

Die Studenten legten sich zum Schlafen auf die Ofenbank. Etwa eine Stunde später hatte der eine so großen Hunger, dass er sich aufrichtete und im Dunkeln nach der Schüssel suchte. Der andere warnte ihn zwar, doch vergeblich. Der Student setzte sich an den Tisch und aß nach Herzenslust, sodass nur wenig übrig blieb. Dann nahm er den Bierkrug und trank einen großen langen Schluck. Nachdem er Hunger und Durst gestillt hatte, legte er sich nieder. Nach kurzer Zeit verspürte er neuen Durst, stand wieder auf und nahm noch einen herzhaften Schluck von dem Bier, sodass für den Hausgeist nur noch ein kleiner Rest übrig war.

Bis Mitternacht blieb alles ruhig. Aber kaum hatte es zwölf geschlagen, kam mit großem Lärm ein Kobold herbei. Beide Studenten erwachten. Der Kobold rannte ein paar Mal in der Stube auf und ab. Dann setzte er sich an den Tisch, als wolle er seine Mahlzeit halten. Sie hörten deutlich, wie er die Schüssel zu sich herzog. Doch gleich darauf setzte er sie ärgerlich lautstark wieder ab. Er ergriff den Bierkrug, drückte den Deckel auf und ließ ihn gleich wieder ungestüm zuklappen. Dann wischte er den Tisch und auch die Tischbeine sorgfältig ab und kehrte anschließend wie mit einem Besen den Fußboden reinlich auf.

Als das geschehen war, ging er noch einmal zu Schüssel und Kanne zurück, als hoffe er, sie wären nun besser gefüllt. Zornig stieß er beides wieder von sich. Dann fuhr er mit seiner Arbeit fort. Er ging zu den Bänken, wusch und scheuerte, rieb sie unten und oben, und als er an die Stelle gelangte, wo die beiden Studenten lagen, ließ er diese aus und nahm das restliche Stück unterhalb ihrer Füße in Arbeit. So machte er es noch ein zweites und auch ein drittes Mal. Da allerdings strich er dem Studenten, der nichts gegessen und getrunken hatte, über die Haare und den ganzen Leib, ohne ihm im Geringsten wehzutun. Den anderen aber packte er an den Füßen, riss ihn von der Bank herab, zog ihn ein paar Mal auf dem Fußboden herum, bis er ihn endlich liegen ließ und hinter den Ofen sprang, von wo aus er ihn laut auslachte.

Der Student kroch zu der Bank zurück, aber nach einer Viertelstunde begann der Kobold seine Arbeit von neuem: Er kehrte, säuberte und wischte. Dann betastete er den einen Studenten und warf den anderen wieder zu Boden. Danach ließ er erneut hinter dem Ofen sein lautes, spottendes Lachen hören.

Da standen die Studenten auf, hämmerten gegen die verschlossene Tür und riefen nach dem Müller. Doch niemand hörte sie. So legten sie sich in einer Ecke auf den Fußboden, doch der Kobold ließ ihnen auch dort keine Ruhe und begann sein Spiel immer wieder von neuem, zog den Schuldigen herum und lachte ihn aus.

Schließlich wurde dieser wütend, zog seinen Degen, stach und schlug in die Ecke, aus der das Gelächter erklang und forderte den Kobold mit Drohworten auf hervorzukommen. Dann setzte er sich mit der Waffe in der Hand auf die Bank, um zu warten, was weiter geschehen würde. Doch von da an blieb alles ruhig.

So verbrachten die beiden Studenten die Nacht in Angst und Unruhe und sehnten den Anbruch des Tages herbei. Als der Müller am Morgen die Tür öffnete und sah, dass die Gäste seine Ermahnung nicht befolgt und die Speise doch angerührt hatten, wurde er zornig. »Das hätte euch leicht das Leben kosten können«, sagte er.

Die Studenten wanderten wieder heimwärts und dachten später noch oftmals an diese Koboldnacht zurück.

Schwarzwälder Erdwichtel

In dem Dorf Röthenberg bei Albersbach im Schwarzwald hielten sich früher viele Erdmännlein auf, die unsichtbar bei Nacht alle Arbeit für die Menschen taten. Sie fütterten das Vieh, warfen Stroh herab, kneteten den Teig und backten das Brot. Dafür aber musste man den Erdmännlein täglich ihr Essen hinstellen, das sie dann heimlich verzehrten. Vergaß man dies oder nahm jemand etwas davon, so wanderten sie fort und gingen in ein anderes Haus.

Im Winter kamen die Erdwichtel gewöhnlich zweimal in der Woche in die

Spinnstuben* und setzten sich neben die Spinnerinnen. Sie saßen dann auf dem Kunkelstühlchen**, ganz unten zu den Füßen der Mädchen und unterhielten sich mit ihnen. Dabei trieben sie aber auch allerlei Scherze und Schabernack, indem sie die Mädchen am Rock zupften, sie in die Waden kniffen und dergleichen mehr.

Einst wollte ein Mädchen sich das nicht länger gefallen lassen, weil der Erdwichtel es wirklich zu bunt trieb, und gab ihm einen Fußtritt. Das Männlein jedoch blieb fest auf seinem Platz sitzen, sodass das Mädchen ganz ärgerlich ausrief: »Der Blitzdreck fällt einfach nicht um!«

Ein anderes Mädchen, dem das Treiben der Erdwichtel eines Abends ebenfalls zu viel wurde, sagte schließlich: »Ei, wir wissen ja, wie ihr heißt!«

»Nun, wie heißen wir denn?«, fragten sie da alle verwundert.

»Erdwichtel!«, sagte das Mädchen.

Da gingen sie auf der Stelle fort und sind niemals wiedergekommen. Es leben aber noch Leute, die sie mit eigenen Augen gesehen haben.

❡ *Am Schluss dieser Sage fällt ein Motiv auf, dem wir bei Zwergensagen häufig begegnen: Wenn diese kleinen Leute erkannt oder gar bei ihrem Namen genannt werden, ziehen sie sich freiwillig zurück oder müssen verschwinden. Das hängt mit der uralten Vorstellung zusammen, dass im Namen magische Kräfte stecken, die für den Träger von schicksalhafter Bedeutung sein können. Das Motiv findet sich auch in der Sage von den Erdgeistern in Greifswald (vgl. S. 170) und im Märchen, z.B. bei Rumpelstilzchen.* ❡

* Spinnstube: Hier trafen sich früher an Winterabenden Frauen und Mädchen zum Spinnen, Singen und Geschichtenerzählen.

** Kunkelstühlchen: Dreibeiniger Schemel, auf dem die Spinnerin sitzt.

Schätze und Schatzsucher

Schätze und Schatzsucher

Wenn ich einmal reich wär' ...« – dieser Stoßseufzer aus dem Musical »Anatevka« ist gar nicht so neu wie das Lied, aus dem er stammt; denn so träumten schon viele Menschen zu allen Zeiten. Der Traum vom Reichtum ist uralt und es bleibt sich gleich, ob man ihn in der Hoffnung träumt, dass die eigene Arbeit einmal zu solchem Erfolg führen oder dass der Zufall helfen werde. Heute bedeutet das große Glück ein Gewinn im Lotto, früher einmal waren es die Schatzfunde.

Solche Träume hatten teilweise einen durchaus realistischen Hintergrund. In den vielen Kriegs- und Notzeiten wurden Geld und Kostbarkeiten oft vergraben. Das schien die einzige Möglichkeit, sie in Sicherheit zu bringen und vor feindlichem Zugriff zu bewahren. Ebenso häufig hatten aber ihre Besitzer keine Möglichkeit mehr, das Vergrabene wieder aus den Verstecken herauszuholen. Und wenn es auch sicher nicht so viele Schätze waren, wie es Mephisto im »Faust II« dem Kaiser weismachen möchte, so reichten solche Funde doch vielfach zur Sagenbildung. In manchen Sagen spiegelt sich auch die Suche nach Erzen und ihre Entdeckung wider.

Schatzfunde sind ja eigentlich unerwartete Zufallsfunde, aber die Sage überlässt nichts dem Zufall. So wie sie meistens die Fundorte ziemlich genau angibt, so erzählt sie auch gern, wie es zu der Entdeckung kam. Häufig helfen Gespenster, meistens Tote, die auf Erlösung harren, unter ihnen bevorzugt hartherzige Geizhälse. Bergschätze werden von Kobolden oder Zwergen verraten, die ja zu den »Unterirdischen« gehören und daher den besseren Überblick haben, was die Welt unter Tage anbelangt.

Eine Sonderstellung unter den Schatzsuchersagen nehmen die Venediger-

oder Walen-Sagen ein, die auch den historischen Sagen zugeordnet werden könnten, beruhen sie doch häufig auf tatsächlichen Begebenheiten. Vom ausgehenden Mittelalter bis ins 18. Jahrundert kamen immer wieder einzelne Venezianer in die deutschen Mittelgebirge, wo sie nach Erzen und Halbedelsteinen schürften.

Den Erzählungen der Sagen folgend hätten zahlreiche Menschen reich werden können, aber in vielen Fällen war das Heben eines Schatzes mit Bedingungen verbunden, besonders mit einem Schweigegebot. Wurde dieses gebrochen – was meistens aus lächerlichen Gründen geschah –, verschwand der Schatz.

Der Geldsot

In Süddithmarschen bei Marne rinnt eine Quelle über die Marsch, die wie Silber glänzt. Einst hat dort ein Dorf gestanden. Nachdem es im Moskowiterkrieg verwüstet worden war, kam auch noch die Pest über den Ort und raffte all seine Bewohner dahin – alle, bis auf einen: Der Hirte des Dorfes überlebte als Einziger und erbte nun alles Hab und Gut der Verstorbenen. Er selbst hatte allerdings wenig davon, weil er den Ort nie verließ und demnach sein Geld nicht ausgeben konnte. Es bereitete ihm aber Freude, alles zusammenzutragen, und was er an Schätzen gefunden hatte, versenkte er im Brunnen. Schließlich aber starb auch er und hinterließ nicht einen Nachkommen.

Irgendjemand musste im Vorbeireiten jedoch gesehen haben, was der Hirte getan hatte, denn die Sache kam ins Gerede und jedermann nannte den Brunnen nur noch den Geldsot. Wenn man mit dem Stock hinunterstieß, klang es hohl, aber manchmal konnte man in der Tiefe einen kleinen, grauen Mann erkennen, wie er, einen dreieckigen Hut auf dem Kopf und ein brennendes Licht in der Hand, nachsah, ob der Schatz noch vollständig war. Wenn man aber hinuntergriff, dann verschwand er sofort.

Da taten sich drei Männer zusammen, um den Schatz gemeinsam zu heben. Nachdem sie den Brunnen weit aufgegraben hatten, stießen sie auf einen Braukessel. Der war aber so schwer, dass sie eine Winde brauchten, um ihn heraufzuholen. Sie schafften das Werkzeug herbei und machten sich schweigend an die Arbeit, denn beim Schatzheben darf man nicht sprechen.

Da hörten sie plötzlich Räder rollen und Achsen ächzen und es fuhr ein Wagen mit Heu vorüber, gezogen von sechs weißen Mäusen. Doch keiner der drei verlor ein Wort darüber und der Kessel rückte schon merklich höher.

Danach kam der Mann mit dem dreieckigen Hut auf einem dreibeinigen Schimmel herbeigeritten. »Guten Abend!«, sagte der Alte. Aber die drei waren klug und antworteten nicht. »Kann ich wohl das Heufuder* noch einholen?«, fragte der Alte.

Da fuhr es dem einen heraus: »Den Teufel wirst du einholen, du lahmer Krüppel auf deinem lebendigen Dreibein!«

O weh, da brach die Winde und der Kessel versank. Und keiner mehr, so viele es auch versuchten, hat es später geschafft, ihn zu heben.

❡ Marne liegt nahe der Küste im Süden des Kreises Dithmarschen in Schleswig-Holstein.
Der Geldsot ist der Geldsieder. Wir kennen das Wort von »gesotten und gebraten«. Sieden bedeutet so viel wie Brauen, deshalb spricht man zum Beispiel auch von Biersieden statt von Bierbrauen. Daher ist hier auch die Rede vom Braukessel, in dem das Geld »gebraut« wird. ❡

Tu du es!

Einst gab es einen Gutsherrn in Cottbus, auf dessen Gut es kein Dienstmädchen lange aushielt, denn es verging keine Nacht, in der nicht eine gespenstische Erscheinung an das Bett der Mägde getreten wäre. Davor gruselte es die Dienstmädchen so sehr, dass sie stets nach wenigen Tagen kündigten. Dann aber trat das Mädchen Hanka in den Dienst des Gutsherrn und es war fest entschlossen die Stelle nicht aufzugeben, was auch immer geschah.

Als es Abend wurde, ging Hanka zu Bett. In der Nacht trat ein Mütterchen

* Heufuder: eine Fuhre Heu

an sie heran und sagte: »Blau Flämmchen, Hanka, geh in den Keller.« Da gruselte es das Mädchen sehr und es kroch unter die Decke. In den kommenden Nächten geschah wieder das Gleiche. Da entschloss sich Hanka zum Pfarrer zu gehen und ihm davon zu berichten. Der Pfarrer riet ihr, sie solle dem Mütterchen folgen, aber immer dann, wenn die alte Frau etwas von ihr verlangte, antworten: »Tu du es!«

In der gleichen Nacht erschien das Mütterchen wieder und sprach: »Blau Flämmchen, Hanka, geh in den Keller.«

Das Mädchen erwiderte: »Tu du es!«

Nun ging die alte Frau voran und Hanka folgte ihr. Als sie an die verschlossene Kammertür kamen, sagte die Alte: »Hanka, schließ auf.«

Hanka aber antwortete: »Tu du es!«

Da hauchte das Mütterchen in das Schloss und sofort sprang die Tür auf. Nun trat die Alte in den Keller, Hanka folgte ihr. In einer Ecke des Kellers züngelte ein blaues Flämmchen über der Erde. Die Alte nahm eine Schaufel und befahl: »Hanka, grabe dort.«

Das Mädchen aber erwiderte: »Tu du es!«, und das Mütterchen grub.

Bald stieß die Alte auf einen Topf mit Gold. Sie hob ihn aus der Erde und trug ihn in die Kammer des Mädchens.

Hanka legte sich wieder zu Bett und schlief ruhig ein, als ob nichts geschehen wäre. Als sie am Morgen erwachte, glaubte sie, dass sie geträumt hätte. Vor ihrem Bett aber stand ein richtiger Topf mit Gold und sie war sehr reich geworden.

Nachträglich stellte sich heraus, dass einst eine alte, sehr geizige Frau das Gold vergraben hatte. Im Grab aber hatte sie keine Ruhe gefunden, bis ihr verborgener Schatz wieder ans Licht kam.

❡ *Hanka ist ein typischer Mädchenname, der südlich von Cottbus in der Oberlausitz lebenden slawischen Wenden oder Sorben, aus deren Kulturkreis diese Sage stammt (vgl. auch »Die Mittagsfrau«, S. 111).* ❡

Der vergrabene Schatz in Eberswalde

Ein Sattler aus Eberswalde hatte einst nicht genügend zu tun. Da erhielt er von den Stadtherren den Auftrag, hinter dem Brunnen einen Graben auszuheben. Während er auf solche Weise beschäftigt war, stieß er plötzlich auf einen großen Behälter, der mit Gold gefüllt und so schwer war, dass er ihn nicht einmal anheben konnte. Er beschloss ihn nach und nach zu leeren und füllte seine Mütze mit Goldstücken voll, weil er nichts anderes zur Hand hatte.

Da kam sein kleiner Sohn des Weges und sprach ihn an: »Vater, schenk mir auch einen Heller!« Im selben Augenblick versank der Behälter mit dem Geld, das Erdreich brach von allen Seiten ein und der ehrbare Meister hatte kaum noch Zeit, die Mütze zu retten.

Dass er solches Pech gehabt hatte, ging ihm doch sehr zu Herzen und er begab sich sofort zu dem als Wundermann bekannten Stadtschäfer, um ihm von der Sache zu berichten. Der Schäfer erklärte, der Schatz sei versunken, weil man bei seinem Auffinden nicht hätte sprechen dürfen. Aber er wusste auch, was nun zu tun war: Er wies den Sattler an in der nächsten Johannisnacht* um elf Uhr abends mit mehreren Männern wieder an derselben Stelle zu sein. Auch er selbst werde da sein, sich unter eine große Linde stellen, um Wache zu halten, und Punkt zwölf das Zeichen zum Graben geben. Allerdings, so schärfte er dem Sattler ein, dürfe unter keinen Umständen auch nur ein einziges Wort während der Arbeit gesprochen werden.

Mit dem Glockenschlag zwölf Uhr in der fraglichen Nacht wurde mit dem Graben begonnen und schon kurz darauf war der Schatz freigelegt. Da aber kamen einige Vorstädter vorbei, die in der Johannisnacht Heilkräuter sammelten, und sprachen die Grabenden an: »Was macht ihr denn da?«

Im selben Augenblick verschwand der Schatz wie durch Zauber, und wieder stürzte das Erdreich in sich zusammen. Die Schatzgräber gingen sofort zu dem alten Schäfer und erzählten ihm von dem Vorfall, denn nun schien alles verloren. Doch der Alte tröstete sie und erteilte ihnen einen neuen Rat: Sie müssten sich nur von der Witwe Rücker ein ganz bestimmtes Buch geben

* Johannisnacht: Gemeint ist der 24. Juni, der Sonnwendtag, an dem die kürzeste Nacht des Jahres gefeiert wird.

lassen, dann könne der Schatz trotzdem gehoben werden, ganz gleich, was dabei geschehe.

Schon am nächsten Morgen begab sich der Sattler zu der Witwe und trug sein Anliegen vor. Er erhielt aber die traurige Auskunft, dass sie das Buch auf Geheiß ihres Mannes verbrannt habe. So blieb jener Schatz für alle Zeit ungehoben.

Eberswalde, heute mit Finow zu einer Doppelstadt vereinigt, liegt zwischen Schorfheide und Oderbruch in Brandenburg.

Der Venediger

Ein Venediger kam alljährlich in das Lauchatal. Er wusste nämlich, dass ein Sprichwort der Gegend einen sehr wahren Kern besaß. Dort sagte man: Oft wirft ein Hirte einen Stein nach einer Kuh, der mehr wert ist als die Kuh. So machte sich der Venediger immer wieder im Gebirge auf die Suche nach wertvollen Steinen.

Einmal begab es sich, dass ein junger Bursche dem Venediger als Führer dienen sollte. Später, nachdem er selbst ein erwachsener Mann geworden war und der Venediger längst nicht mehr in die Gegend kam, verdiente dieser sich seinen Lebensunterhalt als Fuhrmann. Dabei kam er weit in der Welt herum und einmal sogar bis nach Venedig.

Während er durch die Gassen lief, stach ihm plötzlich ein Kaufladen ins Auge. In seinem Schaufenster glitzerte und gleißte es nur so von Gold und Edelsteinen, es war das Geschäft eines reichen Juweliers. Der sah den Thüringer staunend vor seinem Fenster stehen und grüßte ihn in deutscher Sprache, denn es war kein anderer als jener Steinsucher, den der Thüringer früher im Gebirge begleitet hatte. Der Venediger sagte ihm, all dies Gold und all die Edelsteine habe er in dem schönen Thüringen gefunden. Die Thüringer selbst erkannten den Wert der Steine nicht und könnten sie auch nicht schleifen. Bevor nun der Fuhrmann wieder nach Hause fuhr, überreichte ihm der Venediger aber noch ein reiches Geschenk.

❡ Diese Sage und die nächste, die in Thüringen und im Harz bei Goslar spielen, sind zwei Beispiele für Sagen von Venedigern, Venediger-Männlein oder auch Walen (von Welsche = Italiener). Seit dem ausgehenden Mittelalter kamen aus dem Veneto und vor allem aus Venedig selbst immer wieder Männer in jene deutschen Landstriche, in denen sie Bodenschätze wie Erze oder Edelsteine vermuteten, und schürften im Geheimen danach. Ihre Vorsicht und Heimlichtuerei erregte aber erst recht Aufsehen und führte zur Bildung von Geschichten und Sagen. Besonders schöne Beispiele dazu gibt es auch im nördlichen Böhmen. ❡

Der Schatz auf dem Bocksberg

Vor langen Jahren wohnten drei Bergleute in Hahnenklee. Von Zeit zu Zeit kehrten dort auch Venediger ein, welche auf Schatzsuche am Bocksberg gingen. Aus ihrer Heimat brachten sie immer allerlei Heilmittel mit, die gegen viele Krankheiten gut waren. An dem Handel mit ihnen verdienten sie reichlich.

Die Bergleute merkten aber schon bald, dass es nicht der Handel allein war, der die Venediger in die Gegend zog, sondern dass auf dem Bocksberg ihr Hauptaugenmerk lag. Denn immer wenn sie ankamen, zogen sie erst Erkundigungen ein, ob nicht schon andere Landsleute vor ihnen dort gewesen wären. Wenn dies zufällig der Fall war, dann wurden sie jedes Mal verdrießlich. War aber niemand dort gewesen, sahen sie stillvergnügt aus. Der Bocksberg musste also für sie wichtig sein.

Als einmal wieder Venediger angekommen waren, schlich einer der besagten Bergleute hinter ihnen her. Es dauerte nicht lang und er konnte beobachten, wie sie am Bocksberg an einer abgelegenen Stelle den Boden aufgruben und aus dem Loch Erde in ihre Beutel füllten.

Der Bergmann merkte sich die Stelle genau. Und als die Venediger am folgenden Tage abgereist waren, verabredeten die Kameraden gleich, am selben Abend noch die Stelle aufzusuchen, um nachzusehen, was es dort zu holen gäbe. Zwei von ihnen schwelgten bereits in dem Gedanken an Reichtum, den sie dort zu finden hofften, der Dritte aber weigerte sich mitzugehen und sprach: »Was mir Gott hat zugedacht, das wird mir ins Haus gebracht.«

So gingen die beiden anderen allein. Sie suchten die Stelle sorgfältig ab, fanden dort aber nichts. Als sie schon aufgeben und ihr Werkzeug einpacken wollten, hieb der eine noch einmal derb die Hacke in die Erde. Und freudig rief er aus: »Hier steckt was!« Sie gruben weiter – und förderten ein Gerippe zutage, keiner weiß, ob von einer Ziege oder von einem Reh.

Wenn sie vorher schon verdrießlich waren, dann waren sie es jetzt erst recht. Und doch brach der eine in Lachen aus, weil sie sich so getäuscht hatten, und sprach: »Na, unser Kamerad soll aber auch seinen Anteil davon bekommen! Bringen wir ihm das Gerippe ins Haus. Er selbst ist im Bergwerk, die Türen sind offen, wir können es ihm also heimlich in die Stube stellen!«

Genau das taten sie auch, danach fuhren sie selbst unter Tage. Dort trafen sie noch ihren Kameraden an, der in der Zwischenzeit redlich geschuftet hatte. Er fragte sie: »Na, habt ihr reiche Ernte eingefahren? Ich hatte eigentlich gedacht, ihr würdet nie wieder einen Finger rühren!«

»Ach, lass deinen Spott«, antwortete der eine, »wir hätten besser daran getan, zur Arbeit zu gehen.«

Darauf schufteten sie gemeinsam bis Mitternacht.

Als der Dritte nun zu Hause seine Stube betrat, kam er aus dem Staunen nicht heraus: Ringsum im Zimmer standen auf Tischen, in den Fensterbänken und in den Regalen lauter prächtige kleine Figürchen aus purem Gold und Silber: Hirsche, Rehe, Schweine, Kühe, Kälber, Ziegen, Vögel und noch manches andere mehr. Von dem Gerippe aber war nicht das Geringste zu sehen.

Der Bergmann konnte sich gar nicht satt an den Schätzen sehen, nahm eine Figur nach der anderen heraus, wog sie in der Hand und wunderte sich über ihr Gewicht und ihre Schönheit. Nachdem er alles betrachtet hatte, legte er sich ins Bett und dachte: Auch meine Frau soll sich morgen erst einmal darüber wundern, wo das alles hergekommen ist.

Als die Frau am nächsten Morgen aufstand, in die Stube trat und all den Gold- und Silberreichtum erblickte, lief sie gleich in die Kammer zurück, weckte ihren Mann und fragte ihn, wo er all die schönen Sachen herhabe.

Er aber antwortete: »Das hat mir mein lieber Gott ins Haus gebracht«, drehte sich seelenruhig um und schlief weiter.

Kaum war der Mann aufgestanden, erschienen die anderen beiden Kameraden, um sich die Schelte wegen ihres Schabernacks abzuholen. Doch statt sie ärgerlich anzufahren, war ihnen ihr Kamerad freundlich gesinnt und sprach: »Wie ich es euch gesagt habe, so ist es gekommen. Mein Gott hat mir großen Reichtum ins Haus gebracht. Kommt herein, ihr sollt euren Anteil davon haben.« In der Stube aber blieben die beiden mit offenen Mündern stehen.

»Du, Kamerad, nimmst diese Seite«, sprach der reich gewordene Mann, »und du jene. Ich behalte diese hier. Dann hat ein jeder von uns so viel, dass er nicht mehr ins Bergwerk hinabzufahren braucht.«

Beide dankten sie ihm für das große Geschenk und fragten ihn schließlich, was er denn mit dem Gerippe angefangen habe. Von einem Gerippe aber wusste dieser nichts. So rafften sie ihren Reichtum zusammen und brachten ihn nach Haus. Das Gold und Silber wogen so schwer, dass sie es kaum tragen konnten.

Später haben die drei ihre Goldtiere nach Goslar verkauft, sind reiche Leute geworden und auch geblieben. Von der Zeit an hat niemand je wieder einen Venediger auf dem Bocksberg gesehen. Und die Schätze in diesem Berg bleiben nun so lange verschlossen, bis hundert Jahre lang kein vierbeiniges Tier den Bocksberg betritt. Das ist aber noch lange hin.

Der Schatz auf dem Friedenstein

Auf dem Schloss Friedenstein in Gotha lebte einmal ein Soldat namens Eckart Hofverwalter. Manchmal, wenn bei Hofe bis spät in die Nacht gefeiert worden war, kam es vor, dass er auf einer Bank in der Stube schlief. In einer dieser Nächte erschien ihm dort ein Geist. Der winkte ihm zu und machte ihm Zeichen, ihm zu folgen. Eckart nahm ein Licht und ging ohne Furcht mit. Der Geist führte ihn durch mehrere Gänge in ein Gewölbe, in welchem ein großer Kessel voller Goldstücke stand, und forderte ihn auf zuzugreifen und den Schatz zu heben. Da gruselte es den Eckart aber so sehr, dass er Hals über Kopf zurück in die Stube floh.

Der Geist aber ließ ihn nicht in Frieden. Er drängte ihn mit heftigen Gebärden, doch wieder zu dem Schatz zurückzukommen. Es genüge, wenn er nur ein Drittel für sich selber nehme, den Rest solle er seinem Landesherrn übergeben. Eckart aber ließ sich nicht darauf ein.

Am folgenden Morgen trug Eckart die Begebenheit seinem Herrn, dem Herzog Friedrich II. vor, und erbat Befehle, wie er sich verhalten solle. Der Herzog aber sagte, dass er in dieser Sache keine Befehle geben wolle. Falls er die Absicht habe, wieder mit dem Geist zu gehen, dann solle er es eben tun.

Einige Zeit später stellte man fest, dass die Stubentür verriegelt und der Herr Eckart Hofverwalter verschwunden war. Man pochte heftig gegen die Tür, aber niemand öffnete, also brach man sie kurzerhand auf. Da fand man ihn. Halb tot lag er da, den Kopf auf dem Tisch. Als er aber zu sich gekommen war, weigerte er sich zu berichten, was denn vorgefallen war.

Einem Pfarrer jedoch hat er sich später anvertraut: Der Geist war ihm aufs Neue erschienen und hatte ihn voller Wehmut angefleht, er solle den Schatz doch endlich heben, wo es doch seiner sei. Um ganze vierzigtausend Taler gehe es dabei! Er müsse sich auch überhaupt nicht fürchten. Zwar werde ihm dabei ein Gespenst in Gestalt eines Hahns zwischen den Beinen hindurchlaufen, doch dies werde ihm keinen Schaden zufügen. Der Herr Hofverwalter habe sich aber auch diesmal geweigert, denn Hähne schätze er zwar gebraten vor sich in der Schüssel, aber durchaus nicht als Gespenster in seiner Nähe. Daraufhin habe sich der Geist so wild gebärdet, dass er, Eckart, darüber die Besinnung verloren habe.

Der Pfarrer erteilte ihm den guten Rat, nicht mehr in jener Stube zu schlafen, sich einen fetten Hahn braten zu lassen und zur Stärkung eine Flasche Wein dazu zu trinken. Er selbst sei gern bereit ihm Gesellschaft bei der Sache zu leisten.

Herr Eckart Hofverwalter hielt sich an den Rat des Geistlichen. Von da an blieb er von dem Geist verschont und starb später nach einem lobenswerten Leben selig als herzoglicher Major zu Gotha. Der Schatz dürfte also noch zu heben sein, zumindest wenn der Geist nicht einen anderen Mann gefunden hat, der dies für ihn getan hat.

Um Schloss Friedenstein, die ehemalige Residenz der Herzöge von Sachsen-Gotha, ranken sich gleich mehrere Sagen, so auch die vom Schwarzkünstler Hänsel Tausendschön oder von der Weißen Frau.

Die Grauen Männlein

Das Oelsnitzer Geldmännlein gleicht in seinem Aussehen und Benehmen den Zwergen. Aber diese kleinen Grauen Männlein, die so häufig zu den Leuten kommen, stumm und traurig dastehen und mit Augen und Gebärden voller Leid darum bitten, doch mitzugehen, um den Schatz und damit sie selbst zu erlösen, sind unerlöste Seelen. Und auch die Schätze, die sie bewachen, stammen nicht aus den Tiefen der Erde, sondern haben einst Menschen gehört und sind auf irgendeine Weise befleckt. Die Leute erzählen, dass selbst derjenige schon keine Ruhe im Grab finden kann, der sein Geld vergraben hat und später gestorben ist, ohne jemandem gesagt zu haben, wo. Und wie viel Geld ist in unsicheren Zeiten wohl vergraben worden!

In einem Lausitzer Dorf hat sich einmal Folgendes ereignet: Ein Graues Männlein ist zu einer Magd gekommen und hat dreimal gesagt: »Komm mit, komm mit, komm mit! Du wirst immer glücklich sein!« Doch die Magd wollte nicht mitgehen. Da hat das Männlein geklagt: »Oh weh, oh weh, jetzt gibt es keine Hilfe mehr!«

Ebenso wie sie hat sich anfangs auch die Hopfenmüllerin bei Großenhain geweigert mitzugehen, als das Männlein kam, obwohl es so gebettelt hat: »Nur du kannst den Schatz und mich erlösen, denn du bist in der Stunde geboren, in der die Verbannung ausgesprochen wurde. Wenn du nicht mitkommst, muss ich wieder hundert Jahre warten!«

Da hat der Müller seiner Frau gut zugeredet: »Wenn dir der Kleine versprochen hat, dass dir kein Leid geschieht, dann wird es auch so sein. Und wir könnten das Geld gut gebrauchen!«

Als das Männlein in der dritten Nacht wiederkam, fragte die Müllerin: »Was soll ich mitnehmen?«

Das Männlein sagte: »Einen Tragkorb und zur Not eine Schürze.«

Die beiden gingen in den Wald zwischen der Hopfenmühle und Zschauitz. Als sie wieder auf freies Feld kamen, sah die Müllerin schon von weitem ein grünliches Flämmchen leuchten. Es wurde kleiner und kleiner, je näher sie kamen. Zuletzt kroch es ganz in die Erde. An genau dieser Stelle blieben die beiden stehen und begannen zu graben.

Schon nach kurzer Zeit stießen sie auf lauter funkelnde und glitzernde Münzen. Sie füllten zusammen den Korb und als er randvoll war, wandte sich die Müllerin zum Gehen.

Das Männlein aber hielt sie zurück. »Nein, nein«, rief es, »du musst alles nehmen, sonst ist mir nicht geholfen!« Sie füllten nun auch noch die Schürze, dann lud sich die Müllerin alles auf. Ihre Last war lang nicht so schwer, wie sie gedacht hatte. »Sprich ja nicht unterwegs!«, mahnte der Kleine noch.

Als die Müllerin die Mühle erreichte, graute bereits der Morgen, sodass sie der Semmelfrau begegnete. Die rief ihr zu: »Na, Kläre, bist ja recht früh auf den Beinen! Wo bist du denn gewesen?«

Die Müllerin antwortete nicht. Stattdessen griff sie wortlos in ihre Schürze und reichte der Semmelfrau eine Hand voll von deren Inhalt.

Doch als diese die Gabe entgegengenommen hatte, rief sie entrüstet: »Pfui, deinen Pferdemist kannst du behalten!«

In der Mühle aber schliefen noch alle. Die Müllerin keuchte die Treppe zur Kammer hinauf und ihr Korb wurde schwerer und schwerer. Von den Schritten wachte der Müller auf. Sogleich half er seiner Frau den Korb abzusetzen und der plumpste ganz gewaltig auf dem Boden auf. Die Schatzhebung war damit gelungen, die Hopfenmüller reich geworden. Was die Müllerin zuvor der Semmelfrau aus dem Korb gegeben hatte, war wertlos gewesen, da der Bann zu der Zeit noch nicht gelöst war.

Im Leipziger Bezirk kannst du den kleinen Männlein gleich ansehen, ob sie gut oder böse sind. Tragen sie etwas Schwarzes an sich, so sind sie nicht guter Gesinnung. Ein anderer Prüfstein ist Folgendes: Sage den Spruch »Alle guten Geister loben Gott den Herrn«. Wenn das Männlein schweigt, ist es ein böser Geist. Denn sonst würde es antworten: »Ich auch, komm mit, ich will dir zeigen, wo das Geld steckt!« Dann kannst du in aller Ruhe sagen: »Wenn du mir tragen hilfst, dann gehe ich mit!«

Ähnlich ist es einem Schäfer in der Gegend von Großenhain ergangen: An einem Sandloch sah er ein Licht, das strahlte wie ein heller Stern. Der Schäfer schaute hin und mit einem Mal konnte er sich nicht mehr bewegen. Plötzlich rief eine Stimme: »Komm mit!«

»Nein«, antwortete der Schäfer, »ich komme nicht mit. Alle guten Geister loben Gott den Herrn.«

»Ich auch!«, rief es zurück, doch dann erscholl ein gellendes Lachen. Und gleich darauf kam die Klage: »Nun muss ich noch einmal so lange sitzen, wie ich schon gesessen habe.«

Wenn du mit einem Grauen Männlein mitgehst, ohne dich vorher vergewissert zu haben, ob es gut ist oder böse, kann dir allerlei geschehen: Ein Bauer in Trautzschen hatte einen tüchtigen Knecht. Der schlief, wie es damals Sitte war, im Stall in einer Bummel. Das war ein Holzkasten, der oben an der Decke hing und als Bett diente. Kurz vor Mitternacht kroch ein kleines Männlein die Leiter hinauf und sagte: »Komm mit, komm mit, komm mit!« Doch der Knecht rührte sich nicht. In der dritten Nacht aber, nachdem er dem Bauern von den Vorfällen erzählt hatte, ging er doch mit.

Das Männlein und der Knecht stiegen in einen tiefen, tiefen Keller hinab. Dort unten wütete wildes Getier und schnappte sogleich nach dem Knecht. Mitten unter den Bestien aber stand der volle Kessel und eine Schar zischender, kleiner Hexen sprang um ihn herum. Eine Stimme rief: »Lad auf und pack dich fort! Wenn du bis zwölf nicht hier raus bist, wirst du erschlagen!«

Der Knecht machte so schnell er konnte. Aber schon begann die Turmuhr zwölfmal zu schlagen! Beim letzten Schlag fiel die schwere Tür hinter ihm ins Schloss. Sie zerschmetterte ihm die Ferse, doch nun war er ein reicher Mann und der Bann gelöst.

Auch dem Bauer Wollner aus Freiberg im Vogtland ist ein Graues Männlein begegnet. Bevor der Bauer aber mit ihm ging, nahm er das Abendmahl und zog sich seinen guten Kirchenrock an. Als sie sich auf den Weg machten, ging das Männlein voraus. Obwohl es keine Laterne hatte, leuchtete es in der tiefen Finsternis und Bauer Wollner konnte den Weg gut erkennen. Das Männlein führte ihn hinab ins Tal, immer auf das »alte Haus« zu: So heißt der Felsvorsprung an einem der Berge.

Als sie eine Schlucht erreicht hatten, öffnete das Männlein eine stattliche eiserne Tür. Durch hohe unterirdische Gewölbe traten sie in einen hellen Saal. Hier saßen Ritter in voller Rüstung an hölzernen Tafeln, große Trinkkrüge vor sich und die Würfel zum Spielen bereit – die Ritter aber waren stumm und rührten sich nicht.

Dann traten Bauer Wollner und das Männlein in ein Schatzgewölbe. Dort standen Töpfe und Kessel, Schüsseln, Schränke und Kisten mit Geld gefüllt. Das Männlein sprach: »Nimm, so viel du willst!« Bauer Wollner aber traute sich nicht. Da griff der Kleine zu einer schweren, mit Eisen beschlagenen Kiste, zog sie zur Tür und forderte den Bauern auf: »Hilf mit!«

Mühsam schleppten sie die Kiste bis zu einer Wiese, doch dann war das Männlein verschwunden. Allein aber brachte Wollner die Kiste keine zwei Schritte weit. Was soll ich mich hier so abmühen!, dachte er und holte den Knecht.

Als sie zusammen zurückkamen, stand die Kiste noch da wie zuvor, doch nun saß ein Mann im grünen Rock darauf. »Du, geh runter, die Kiste ist meine!«, sagte Wollner.

Da reichte ihm der Mann ein Buch und sagte: »Die Kiste sollst du haben, doch du musst deinen Namen in dieses Buch hier schreiben.« Das aber wollte Wollner nicht. Und nachdem er sich geweigert hatte, verschwanden die Kiste und mit ihr der Mann. Bauer Wollner und sein Knecht standen allein in tiefer Finsternis.

❡ *Hier sind gleich mehrere Motive und Schauplätze vereinigt, die sich alle im heutigen Sachsen finden, denn dort sind die Grauen Männlein heimisch.*
Die Semmelfrau, von der in der Sage die Rede ist, trug früher die Frühstückssemmeln aus. ❡

Berggaben

Bei Annaberg im Erzgebirge liegt der Schreckenberg, von dessen reicher Silberausbeute die schönen Münzen geprägt wurden, die man Schreckenberger nennt. Auf ihnen ist ein Engel zu sehen, der das sächsische Wappen hält, daher heißen sie auch Engelgroschen. Der Berg ist aber auch bekannt für die Berggeister, die in ihm wohnen, und die Schreckgespenster, die in seinen Wäldern hausen. Ebenfalls nahe bei Annaberg liegen der Scheibenberg und ein Ort gleichen Namens. Auch auf dem Scheibenberg spukt es und es hat sich dort schon manches Wunderliche zugetragen.

Im Jahr 1605 lebte in Scheibenberg der Magister Laurentius Schwabe als Pfarrer. Dessen Frau erhielt eines Tages Besuch von ihren Freundinnen aus Annaberg. Sie führte ihre Gäste auf den Scheibenberg, um ihnen die schöne Aussicht zu zeigen. Plötzlich bemerkten die Frauen am Weg eine Vertiefung, als gäbe es dort eine Quelle. In diese Vertiefung führten drei Stufen hinab. Unten aber lag ein glänzender Klumpen, der glitzerte und funkelte wie strahlendes Gold. Dies verwunderte die Frauen gar sehr und manche fürchteten sich sogar. Sie eilten zum Magister Schwabe zurück, berichteten ihm, was sie gesehen hatten, und führten ihn zu der Stelle. Doch wie sehr sie auch suchten, sie konnten die Mulde nicht wieder finden.

Ein junges Liebespaar aus Scheibenberg war zu einer Hochzeit eingeladen. Doch die beiden waren so arm, dass sie den Brautleuten kein Geschenk machen konnten, wie es der Brauch war. Weil sie sich schämten, wollten sie gar nicht erst hingehen. Als sie um diese Zeit aber an den Scheibenberg kamen, entdeckten sie plötzlich ein Schachtloch und unten im Loch eine Eichentür, zu der einige Stufen hinabführten. Nie zuvor hatten sie diesen Eingang gesehen. Sie stiegen hinab und sahen hinein: Auf der untersten Stufe lag dort ein Fuchs, bei seinem Anblick erschraken sie fürchterlich. Der Fuchs aber rührte sich nicht. Da gab ihm der Bursche einen Tritt und merkte, dass der Fuchs tot war. »Gut«, sagte er, »wenn der Fuchs tot ist, dann kann ich sein Fell verkaufen!«

Er trug das tote Tier nach Hause, zog ihm das Fell ab und verkaufte es. Von dem Erlös konnte er nun mit seiner Liebsten auf die Hochzeit gehen.

Später hat sich der Bursche wieder und wieder bemüht, den Eingang aufs Neue zu finden, doch ist ihm dies niemals gelungen, so fleißig er auch danach suchte.

❡ *In den Gebirgen, in denen früher Erze abgebaut wurden, wie im Harz, im Erz- oder im Isergebirge, lagen die Fundorte echter und erfundener Schätze oft eng beieinander und Tatsachenbericht und Sage gingen ineinander über. Annaberg gehörte damals zu den Zentren des Erzbergbaus im sächsischen Erzgebirge.* ❡

Joachimsthaler Silber

Einst lebte in der Bergstadt Joachimsthal ein gottesfürchtiger Bergherr namens Basler. Neben Haus und Acker besaß er eine Grube, die eine gute Ausbeute an Silber brachte und sein Vermögen beträchtlich vermehrte. Eines Tages aber blieb das Silber aus. Basler jedoch ließ weiterarbeiten, und zwar fleißiger denn je, denn er hoffte, schon bald in silberhaltige Tiefe zu kommen.

In dieser Zeit nahm aber seine Armut stetig zu. Die Bergknappen mussten entlassen, Haus und Acker verpfändet werden und am Ende litten Basler und seine Frau die bitterste Not. Zwar grub er alleine weiter im harten Fels, doch Silber fand sich keines. Als die Not aufs Höchste gestiegen war und Basler sich keinen Rat mehr wusste, nahm seine Frau ihren Brautschleier, das Kostbarste, was sie besaß, und trug ihn zum Verkauf.

Von dem Erlös besorgte Basler Brot und Talg, um seine Berglampe am Leuchten zu erhalten. Er wollte doch nur einmal noch sein Glück versuchen! Denn eines bedrückte ihn besonders schwer: Man war dieser Tage dabei, in Johannisthal eine stattliche Kirche zu bauen, und er, der Basler, der einst ein reicher Bergherr gewesen war, konnte nicht einen Heller dazugeben!

Als er sich also zum Abstieg in die Grube gerüstet hatte, sprach er zunächst sein Bergmannsgebet, dann ging er beherzt an die Arbeit. Weit sprang das Gestein umher, als er die Hacke einschlug. Da bemerkte er plötzlich, dass der Talg in der Lampe zu Ende ging. Als er sie aber auffüllen wollte, musste er feststellen, dass der Talg nicht mehr da war! Da sah er gerade noch ein Mäuslein mit der Beute verschwinden. Basler warf seine Hacke nach dem Tier und siehe, eine Silberader lag offen vor ihm. Bald schon war Basler wieder ein reicher Mann. Doch seinem einfachen und frommen Lebenswandel ist er bis ans Ende seiner Tage treu geblieben.

Ganz anders jedoch verhielt es sich mit seiner Frau. Sie begann nun grenzenlosen Stolz und Hochmut an den Tag zu legen. Eines Tages schließlich starb ihr Mann. Als er schon auf der Totenbahre lag und die Bergknappen, wie es üblich war, das Trauerlied mit den Worten beendet hatten: »Du bist, Herr, stark in deinem Arm, du machst bald reich und machst bald arm«, da sprang die Übermütige, gekleidet in ein kostbares Gewand und mit schimmerndem Perlenschmuck behängt, ans offene Fenster und rief voll Zorn und Hohn hinab: »Frau Basler kann und wird niemals verarmen!«

Als sie später eines Tages mal auf der Prager Brücke stand, da zog sie einen prächtigen Siegelring vom Finger, warf ihn in die Moldau und rief: »So wahr, als mein Ring nicht kehrt nach Haus, so wahr schöpf ich meine Schätze nicht aus.«

Ein Lachs aber hatte die frevelnden Worte gehört und sah nun das kostbare, glänzende Ringlein untergehen. Da sagte er zu sich: »Ohnedies harrt der Tod mein, es soll auch für dich der Tod sein.« Er verschluckte den Ring und bald darauf ließ er sich fangen. Und siehe, schon am nächsten Tag brachte ein Fischer den Lachs, in dessen Bauch sich der Ring befand, der Frau Baslerin ins Haus.

Von diesem Tage an schwand ihr Reichtum dahin wie Seifenschaum. Die Maus hatte dem Basler zum Reichtum verholfen, der Fisch der Baslerin zur Armut.

❡ Joachimsthal liegt auf der böhmischen Seite des Erzgebirges etwa 30 Kilometer südlich der in der vorangegangenen Sage erwähnten Stadt Annaberg und gehörte zu den bedeutendsten und reichsten Bergorten. Die dort geprägte Silbermünze des »Joachimsthalers« gab dem Begriff »Taler« ihren Namen. Die Sage greift in ihrem Schlussteil bis zur böhmischen Landeshauptstadt Prag aus. Die erwähnte »Prager Brücke« ist die Karlsbrücke über die Moldau, von der es auch eine ganze Reihe böhmischer Sagen gibt. ❡

Der Bau der Zellerfelder Kirche

Als vor langer Zeit die Zellerfelder Kirche einmal abgebrannt war und wieder aufgebaut werden sollte, hat jeder dazugegeben, was er hatte. Damals war da auch ein armer Schelm, der nichts besaß und doch so gerne ebenfalls was dazu beigesteuert hätte. Als er überlegte, wie er dies vielleicht trotzdem bewerkstelligen könnte, hatte er einen Gedanken: »Und wenn ich einen Korb Pilze sammelte? Die Leute bezahlen sicher gerne einen Groschen mehr, wenn ich sage, was ich mit dem Geld vorhabe.« Sprach's und ging in den Wald.

Nachdem er ein Stück gelaufen war, stellte er fest, dass er sich verirrt hatte. Da plötzlich, während er ratlos auf einer Lichtung stand, sprangen drei maskierte Männer hervor, überwältigten ihn, verbanden ihm die Augen und führten ihn mit sich fort. Nach einer Weile bemerkte er, dass es eine Treppe hinabging. Unten angekommen nahmen die Männer ihm die Binde ab. Nun sah sich der Arme in einem großen, edlen Saal, taghell erleuchtet von zahllosen Lichtern. Vor ihm saßen einige Männer, doch allesamt trugen sie schwarze Masken.

Einer der Männer begann ihn zu verhören. Freimütig erzählte er, was ihm widerfahren war, und bat herzlich darum, dass man ihn freilassen möge, denn Frau und Kinder würden ihn sicher erwarten. Die Männer aber ließen ihn nicht gehen, sondern brachten ihn in ein prächtiges Schlafzimmer, setzten ihm etwas Gutes zu essen und zu trinken vor und sagten ihm, er solle sich ruhig stärken und anschließend in aller Ruhe schlafen. Morgen würde man noch einmal mit ihm reden.

Nachdem er gegessen und getrunken hatte, legte er sich zu Bett und dachte: »Wo bin ich denn da nur hingeraten? Spitzbuben können es jedenfalls nicht sein, die wären nicht so anständig zu mir gewesen.«

Am nächsten Morgen wurde er wieder zu den Herren geführt, die nun nicht mehr maskiert waren, sondern ein jeder wie angesehene Leute aussahen. Nun fragte man ihn, ob er nicht Lust hätte, die Welt zu bereisen. Wenn er ehrbar wäre, könne er ein reicher Mann werden.

»So schnell geht das aber nicht«, antwortete er, »denn ich weiß ja nicht einmal, wer ihr Herren überhaupt seid. Und ich kann doch meine Frau und meine Kinder nicht verlassen!«

»Brav«, sagte einer, »daran erkennen wir, dass du eine ehrliche Haut bist. Wenn du einen Wunsch hast, dann heraus damit!«

»Also«, sagte er, »es wäre mir das Liebste, wenn ich ein paar Groschen bekäme, die ich für den Kirchenbau stiften könnte. Heute kommen die Sammler zu mir. Die könnten am Ende ja denken, ich sei nur deshalb so lang weggeblieben, weil ich nichts geben wollte!«

Die Herren lachten laut auf, dann sagten sie: »Na, dann such dir etwas aus.«

Nun führte man ihn in einen anderen Raum. Dort standen ganze Fässer voller Goldstücke. »Willst du nicht zugreifen?«, fragte einer der Männer.

»Doch, ich würde schon gerne – aber ich werde mich hüten. Sonst heißt es vielleicht noch, ich hätte das Geld gestohlen!«

»Nun, des Menschen Wille ist sein Himmelreich. Hier nimm, weiter haben wir nichts für dich.« Man überreichte ihm eine Henne aus Blech.

Auch gut, dachte der Arme und bedankte sich. Die Augen wurden ihm wieder verbunden, er wurde abgeführt und als man ihm die Binde abnahm, befand er sich auf dem Waldweg nach Zellerfeld.

»Wo hast du denn nur so lange gesteckt?«, rief seine Frau, als er nach Hause kam. Da erzählte er ihr, was er erlebt hatte, und zeigte ihr die blecherne Henne.

Als sie diese nun in ihren Händen drehten und sie befühlten und betasteten, öffnete sich auf einmal eine kleine Klappe an ihrem Bauch, aus der sprangen lauter Goldstücke heraus, allesamt in Form von kleinen Küken. Da war die Freude groß, denn nun war der arme Mann auf einmal reich geworden. Mit seinem Reichtum aber bezahlte er den Bau der Zellerfelder Kirche. Als Wahrzeichen hat er die Henne mit den Küken über den Kirchtürmen in Stein meißeln lassen.

❡ *Das heute mit Clausthal zu einer Doppelstadt vereinigte Zellerfeld war einmal das Zentrum des Oberharzer Bergbaus.*
Zu dem Küken-Relief an der Pfarrkirche St. Salvator gibt es noch eine andere Sage, wonach eine Henne mit ihren Küken an der Stelle, wo heute die Kirche steht, einen Schatz aufgescharrt haben soll, der ihren Bau ermöglichte. ❡

Das quellende Silber

Dort unten im Tal, wo die Bode aus den Schluchten der Rosstrappe hervorkommt, hat ein armer Bauer gelebt. Eines Tages hatte er seine Tochter in den nahen Wald geschickt, um Reisig zu holen. Nachdem sie ihre Körbe voll gesammelt hatte, machte sie sich auf den Heimweg. Da trat ein altes, schneeweißes Männchen auf sie zu und befahl ihr das Reisig wieder auszuschütten und ihm zu folgen, denn es wolle ihr etwas Besseres zeigen. Es nahm sie an der Hand und führte sie an einen Platz, wo an einem Hügel zwei Tische standen, die von uralten, glänzenden Silbermünzen nur so überquollen.

Das Mädchen erschrak vor dem quellenden Silber und fürchtete sich. Das Männlein aber füllte eigenhändig ihren Handkorb mit den blinkenden Gulden. Seinen Tragkorb aber wollte das Mädchen nicht ausleeren, denn zu Hause brauchten sie Holz, um Milch und Suppe für die Kleinen zu kochen und die Stube für sie zu heizen. Das sagte sie zu dem Männlein. Da ließ das Männlein es dabei bewenden und gab das Mädchen frei.

Das Mädchen aber erzählte im Dorf von seinem Glück. Sogleich brachen die Bewohner in helle Aufregung aus. Ein jeder nahm sich einen Eimer, ein jeder wollte der Erste beim Silberschatz sein! Doch keiner hat jemals das Männlein oder das quellende Silber gefunden.

Der 403 Meter hohe Fels südwestlich von Thale im Harz, Rosstrappe genannt, ist Schauplatz gleich mehrerer Sagen. Am bekanntesten ist wohl die Geschichte von der Königstochter Brunhilde, die auf der Flucht vor einem abgewiesenen Freier mit ihrem Pferd in kühnem Sprung über die Schlucht bei der Rosstrappe setzte und dabei ihre goldene Krone verlor. Noch heute sucht man nach ihr.

Die Tidianshöhle

Nahe bei Schloss Falkenstein im Harz liegt der Wald Tidian und darin eine tiefe Höhle, von welcher manche Sage geht: die Tidianshöhle. In ihr ruht, neben anderen kostbaren Schätzen, ein Mann aus purem Gold. Wem es gelingt, von diesem Mann ein Stückchen abzubrechen, der erhält das reinste Gold, das man sich denken kann und jedes andere an Reinheit übertrifft.

Ein Schäfer, der so glücklich gewesen war eine Wunderblume zu finden, fand eines Tages mit ihrer Hilfe auch die Tidianshöhle. Ihre eiserne Tür tat sich vor ihm auf und er gewann Gold in Hülle und Fülle. Dieses trug er zu einem Goldschmied nach Quedlinburg, um es zu verkaufen, wobei er nicht verschwieg, wo er das Gold gefunden hatte. Der Goldschmied verlangte mehr davon und da der Schäfer noch immer die Wunderblume besaß, ging er in die Höhle und besorgte es.

Eines Tages aber kam ein Graf vom Falkenstein zu jenem Goldschmied, um ein Schmuckstück aus allerfeinstem Gold bei ihm zu kaufen. Der Goldschmied sprach: »Das feinste Gold stammt aus dem Tidian.«

»Aus dem Tidian?«, staunte der Graf. »Aus meinem Wald?«

Da berichtete ihm der Goldschmied von dem Glück, welches der Schäfer gehabt hatte.

Dieses Glück nun wollte der Graf nicht teilen, denn die Grafen und Herren sind nirgends und niemals je Freunde des Teilens mit den einfachen Leuten gewesen. Er wollte es für sich allein besitzen. So ließ er den Schäfer zu sich bringen und befragte ihn, wie er denn dazu käme, ihm, dem Grafen, das Gold aus dem Berge zu stehlen. Auf der Stelle solle er ihm den Ort zeigen, wo er es gefunden habe.

Dem armen Schäfer, dem gar nicht in den Sinn gekommen war, dass Unrecht sein könne, was gütige Berggeister ihm gönnten, sank das Herz in die Hose und sein Hut fiel ihm aus den Händen. Da sprang des Grafen Affe herbei, schnappte sich den Hut, spielte damit und zerbiss und zerpflückte die daran festgesteckte Wunderblume in lauter kleine Stückchen.

Zwar führte der Schäfer darauf gehorsam seinen strengen Herrn in den Tidian hinein und auch die Höhle fand er wieder – doch dort, wo sich zuvor die eiserne Tür ins Innere vor ihm geöffnet hatte, stand er nun vor einer Wand aus unüberwindlichem Fels.

Der Sage nach muss die Tidianshöhle ihre Schätze so lange festhalten, bis auf Schloss Falkenstein drei Herren geboren werden und dort leben, von denen einer blind, einer lahm und einer stumm ist. Dies ist aber bis auf den heutigen Tag noch nicht geschehen.

❡ Falkenstein hoch über dem Selketal ist wohl eine der schönsten Burgen im Harz. Hier schrieb 1220–35 der Rechtsgelehrte Eike von Repgow den »Sachsenspiegel«, die erste deutsche Niederschrift des bis dahin nur mündlich überlieferten Gewohnheitsrechtes. Wie nicht anders zu erwarten, gibt es zu den Höhlen in der Umgebung auch noch andere Sagen.
Die Wunderblume, die bei der Schatzsuche hilft, ist ein weit verbreitetes Sagenmotiv. ❡

Der Wanderbursche und der Schatz

Ein Wanderbursche wollte einst nach Bielefeld. Während er ruhig seines Weges ging, zog plötzlich ein Unwetter auf. Der Bursche sah sich um, wo er sich unterstellen könnte, da entdeckte er jenseits einer Brücke eine alte Eiche, dort wollte er hin. Als er aber den Fuß auf die Brücke setzte, erhielt er einen kräftigen Stoß, sodass er zurücktaumelte. Und das, wo doch weit und breit kein Mensch zu sehen war! Er wagte einen zweiten Versuch. Nun aber erhielt er einen Schlag, dass er gar zu Boden stürzte und nur so stöhnte.

Als er sich eben wieder aufrichten wollte, kam ein übermenschlich großer Mann auf ihn zu, der hatte glühende Augen und einen feuerroten Bart. Er gab dem Wanderburschen zwei Goldstücke in die Hand und sprach: »Wenn du Mut hast, dann komm in der nächsten Osternacht um Schlag zwölf, wenn die Osterfeuer brennen, wieder her.« Dazu verspürte der Bursche nun keine sonderliche Lust. Der große Kerl aber sprach weiter:

»Drei Schritte vor der Brücke,
drei Schritte geh zurücke,
dann rückwärts über die Brücke.«

Da krähte ein Hahn auf dem Hof Bentrup – und der Wanderbursche fand sich an einem großen Bauernhof auf der Landstraße wieder.

Hier traf er auf einen alten Plüschweber, der ebenfalls nach Bielefeld wollte, und sie gingen gemeinsam weiter. Unterwegs erzählte der Junge dem Alten, was ihm passiert war, und zeigte ihm die zwei Goldstücke. Da sagte der Alte: »Wenn das an der Brücke bei Bentrup war, dann habt Ihr es mit dem Roten Karl zu tun gehabt und könnt noch von Glück sagen, dass Ihr so glimpflich davongekommen seid, denn:

›Dreimal einen Schlag in den Nacken,
das vierte Mal zerschleißen die Hacken,
das fünfte Mal zerbricht er's Genicke,
das ist der Spruch von der Bruderbrücke.‹

Man merkt, dass Ihr fremd in der Gegend seid, sonst würdet Ihr den Spruch kennen und wüsstet über die Brücke Bescheid. Hier zu Lande geht niemand in der Geisterstunde daran vorbei.«

All dies weckte die Neugier des Wanderburschen und der Alte begann zu erzählen:

»Früher stand auf Bentrup dort, wo jetzt der Steinhaufen liegt, ein Haus. Dort wohnten die beiden Brüder Hermann und Karl Horst. Hermann, der Ältere, war ein ruhiger, fleißiger Mensch. Aber der Karl, der fehlte auf keiner Kirmes. Doch das Lotterleben, das er führte, kostete Geld und bald war auf dem Hof keine Kuh mehr im Stall. Hermann redete ihm oft ins Gewissen, aber das half nichts. Als der Hof nichts mehr hergab, fing Karl an zu rauben und zu stehlen, wurde aber niemals dafür bestraft. Er, der Rossige* Karl, wie er seiner roten Haare wegen genannt wurde, hat nämlich einen Bund mit dem Teufel geschlossen. Alle Menschen mussten tun, was der unheimliche Kerl wollte, denn der Teufel half ihm überall. Sogar am Eigentum der Kirche vergriff er sich und blieb auch dafür unbestraft.

Eines Tages brachte sein Bruder Hermann dem Pastor das gestohlene Kreuz zurück. Daraufhin hat Karl den großen Kupferkessel, in dem er die geraubten Schätze hatte, unter der Eiche an der Brücke vergraben, auf dass ihn niemand fände. Er dachte, sein Bruder wüsste nichts davon, aber er muss wohl doch dahinter gekommen sein. In der Osternacht nämlich haben Burschen, die vom Osterfeuer zurückkamen, ganz entsetzliche Schreie von der Eiche am

* Rossig: von ital. *rosso* = rot

Bach her gehört und viele Irrlichter gesehen. Am Ostermontagmorgen dann fanden Kirchgänger den Hermann Horst tot mit einer fürchterlichen Wunde am Hals dort liegen.

Der Rossige Karl wurde nie mehr gesehen. Man glaubt, Hermann hätte ihn überrascht, als er den Schatz vergraben wollte, und da hätte sein Bruder ihn erschlagen und wäre vielleicht selbst in den nahen Sumpf geraten und darin zu Tode gekommen. Vielleicht«, so schloss der Weber, »hat ihn aber auch der Teufel bei lebendigem Leibe geholt.«

Der Weber und der Wanderbursche vereinbarten nun, sich in der nächsten Osternacht an der Brücke zu treffen und den Schatz gemeinsam zu heben. Und als Herbst und Winter vergangen und Ostern gekommen war, gingen sie zusammen zu der Eiche. Kaum waren sie ein Stück herangekommen, sahen sie auf einmal unter dem Baum blaue Flämmchen aufsteigen. Ein großer Kessel hob sich langsam heraus, bis an den Rand gefüllt mit Goldstücken und Kostbarkeiten. Da stürzten beide darauf zu – und erhielten einen furchtbaren Schlag in den Rücken, taumelten wie gelähmt zurück und der Schatz versank vor ihren Augen langsam in der Tiefe. In ihrer Gier hatten sie nämlich nicht an den Spruch des Rossigen Karl gedacht:

Drei Schritte vor der Brücke,
drei Schritte geh zurücke,
dann rückwärts über die Brücke.

So mussten sie unverrichteter Dinge wieder nach Hause gehen und ihren Lebensunterhalt weiter mit Arbeit verdienen. Der Schatz aber liegt noch heute ungehoben unter der Eiche an der Brudermühle und wird von dem Rossigen Karl bewacht. Wer ihn heben will, muss frei sein von der Gier nach mühelosem Gewinn. Und da solche Menschen selten sind und immer seltener werden, wird er wohl noch lange in der Erde liegen.

Vom Eisenberge

Bei Waldeck auf dem Eisenberg stand einst eine Burg mit gleichem Namen. Diese jedoch verging und es blieb davon nichts als eine Ruine.

Eines Tages hütete ein Schäfer auf des Eisenberges einsamer Höhe seine Schafe. Zur Mittagsstunde legte er sich im Schatten eines Holunderbaums zur Ruhe. Als er wieder erwachte, war die Dämmerung bereits hereingebrochen. Die Herde war friedlich um ihn her verstreut, aber der Leithammel fehlte. Da hörte der Schäfer ihn kläglich blöken und folgte der Stimme des treuen Tieres.

Mit einem Mal blitzte ein heller Schein aus einem verfallenen Kellergewölbe der alten Burg! Und unten im Gewölbe stand der Hammel, neben ihm ein großer Kessel voll alter Taler. Der Hirte, nicht faul, stieg hinab und stopfte sich seine Taschen voll. Dann gab er seinem Hammel einen sanften Stoß, damit der wieder hinaufspazierte, und sprach: »Du bist ja ein tausendsappermentscher Teufelskerl!«

Als der Schäfer diese Worte sagte, erschien oben im Kellereingang ein eisgrauer alter Mann. Er trug einen langen weißen Rock mit Streifen darauf, die waren rot wie Blut. Der Alte hob ein silbernes Horn zum Mund und blies mit solch gewaltigem Schall, dass die Bäume wie vom Sturmwind geschüttelt rauschten, das Gewölbe dröhnte und der Erdboden zitterte. Von dem entsetzlichen Schall verging dem Hirten Hören und Sehen. Er warf alles Geld wieder von sich, das er genommen hatte, unendliche Furcht und Grauen erfassten ihn, besinnungslos stürzte er vor des Greises Füßen nieder.

Lange lag er so. Als er wieder zu sich kam, war es heller Tag, seine Sachen lagen auf der Wiese neben ihm und die Herde war auch bei ihm. Kein Stück fehlte – nur das Geld, nur das Gewölbe, nur der Kessel und sogar der verfallene Eingang waren verschwunden.

Barbara hütet den Schatz

Im Jahre 1840 kam am Anatoliatag* und an Weihnachten immer zwischen elf und zwölf Uhr in der Nacht Barbara, die Weiße Frau, zu einem Zieglergesellen in Langensteinbach. Viele Jahrhunderte lang hatte sie schon umgehen müssen. Nun sagte sie zu dem Burschen, dass er sie erlösen und dabei sogar reich werden könne, wenn er nur genau das täte, was sie ihm später sagen würde. Da erklärte sich der Bursche zu allem bereit.

In der Neujahrsnacht holte sie ihn in die Barbarakirche. Im Beichtkämmerchen hob sie einen großen Stein auf, der eine unterirdische Kammer verschloss, und führte ihn zweiundneunzig Stufen hinab. Dort standen in einem Keller vier Kisten: Die erste war mit Goldstücken, die zweite mit Silbergeld gefüllt, die beiden anderen enthielten weitere kostbare Gegenstände, darunter ein goldenes Kruzifix und einen goldenen Kelch.

»Diese zwei Stücke«, sagte die Weiße Frau, »wirst du der Kirche in Busenbach geben, wenn du durch meine Erlösung diese Schätze hier erlangst. Du musst aber in der Nacht des nächsten Karfreitags allein herkommen, darfst kein Wort sprechen und musst gefastet haben. Was du weiter zu tun hast, werde ich dir die nächsten Male sagen.«

Einige Wochen später um Mitternacht erschien sie aufs Neue und wieder ging es hinab. Diesmal lag auf der Treppe im unterirdischen Gang eine große Schlange. Wie zum Angriff richtete sie sich auf, als der Bursche über sie hinwegschritt. Auf einer der Kisten saß ein schwarzer, Feuer speiender Hund, und nicht weit davon lagen eine Rute und ein Schwert. »Mit dieser Rute«, sprach die Weiße Frau, »musst du in der Karfreitagsnacht den Hund von der Kiste treiben und ihm danach mit dem Schwert den Kopf abschlagen!«

Acht Tage vor Karfreitag kam sie zur gewöhnlichen Stunde wieder nach Langensteinbach, aber diesmal in ganz schwarzen Kleidern. Auf die Frage des Burschen, warum sie so gekleidet sei, antwortete sie: »Weil Fastenzeit ist.« Sie brachte ihn hinab in den Keller und versicherte ihm, dass ihm durchaus kein Leid geschehen werde, auch wenn eine Menge Bewaffneter und scheußlicher Tiere auf ihn zukommen würden.

* Anatoliatag: der Namenstag der Märtyrerin Anatolia, der 23. Dezember

Und wirklich – schon bald erschien ein Haufen Krieger und Fratzen von Tieren, die ihn so bedrängten, dass er vor Schrecken ausrief: »Ach Jesus! Ich kann dich nicht erlösen, mein Leben ist mir zu lieb!« Nach diesen Worten verlor er die Besinnung und als er wieder zu sich kam, befand er sich im Freien. Die Weiße Frau aber hat er niemals mehr zu Gesicht bekommen.

Später ist die gespenstische Barbara noch von verschiedenen Leuten gesehen worden: einmal, wie sie an der Kirche saß und in einem Buch las, ein anderes Mal mit einem weißen Schleier verhüllt und einem bunten Blumenstrauß in der Hand. Manche haben die Weiße Frau daraufhin gesucht, um an ihren Schatz heranzukommen, doch immer vergebens.

❡ Diese Sage stammt aus der Mitte des 19. Jahrhunderts und verbindet die Elemente der Barbara-Legende, der Sage von der Weißen Frau (vgl. S. 80) und einer Schatzsage miteinander.
Langensteinbach und die St.-Barbara-Kirche liegen im Schwarzwald zwischen Karlsruhe und Pforzheim, Busenbach wenige Kilometer westlich davon. ❡

Der Goldsand

Einst ging ein armer Hofknecht auf den Untersberg hinauf. Als er beim Brunnental die Hälfte des Berges erstiegen hatte, stieß er unter einer Steinklippe auf ein Häuflein glitzernden Sand. Ei, das könnte am Ende ja Gold sein!, dachte er sich und steckte Sand ein, so viel in seine Taschen passte.

Als er sich aber zur Umkehr wenden wollte, trat ihm ein grimmiger Fremder entgegen. Der war groß wie ein Riese und fragte: »Was trägst du da?« Und da es dem armen Teufel vor Schreck die Sprache verschlagen hatte, leerte der Fremde ihm, ob er es nun wollte oder nicht, die Taschen wieder aus. Dann sagte er: »Jetzt geh hinunter, kehre nicht mehr auf den alten Weg zurück und lass dich hier oben nicht mehr blicken, wenn dir dein Leben lieb ist!«

Bestürzt ging der Knecht auf einem anderen Weg zurück. Es ärgerte ihn aber, dass er den Sand verloren hatte. Er erzählte einem Freund von dem Erlebnis und kehrte mit diesem auf den Berg zurück, obwohl es der Riesenmann verboten hatte. Doch sie suchten und suchten und fanden keine Klippe, und schon gar nicht fanden sie den Sand.

Ein Holzhändler aber, der sich am Untersberg verirrte, musste in eine Felsspalte kriechen, um dort zu übernachten. Am nächsten Morgen nahm er dort eine Felsenklippe wahr, von welcher ebensolcher Goldsand herabrieselte, wie der Dienstknecht ihn zuvor gesehen hatte. Der Holzhändler merkte sich die Stelle, ging nach Hause und holte sich einen kleinen Krug.

Er hatte nun mehr Glück. Er fand die Stelle und den rinnenden Sand und hielt seinen Krug darunter, bis er voll war. Im Fortgehen entdeckte er noch eine Tür im Fels, die offen stand. Er sah hinein: Drinnen leuchtete es taghell. Da fiel aber die Tür mit einem Schlag vor seiner Nase zu und es dröhnte wie in einem großen Weinfass.

In seinem Krug aber hatte er wahrhaftig Goldsand. Später hat er ihn noch öfter füllen dürfen, aber bald darauf ist er gestorben, und da ging es mit dem Gold wie in dem Sprichwort »Wie gewonnen, so zerronnen«: Es zerrann nur so, wie eben Sand zerrinnt, und es war kein Segen dabei. Nach ihm fand niemand mehr weder die Tür noch den rinnenden Goldsand.

❡ Der Schauplatz dieser Sage ist der Untersberg bei Bad Reichenhall. Vgl. dazu auch die Sage »Die Untersberger«, S. 124. ❡

Die Schatzgräbermönche von Königsberg

Bei Königsberg liegt ein vereinzelter Berggipfel mit schöner Aussicht, der heißt der Galtgartenberg oder der Rinau. Zu Zeiten der Reformation wurden viele Klöster aufgelöst und die Mönche und Nonnen zu Herden ohne Hirten. Damals waren dort auch vierzehn Mönche, die nichts mehr zu leben hatten, wohl aber manche Kenntnis von geheimen Dingen besaßen. Sie wussten, dass auf dem Rinau reiche Schätze vergraben lagen.

Mit Werkzeug zur Schatzsuche ausgerüstet, wanderten die Mönche hinauf bis zu einer Ruine, begannen zu graben und fanden dort ein Gewölbe, in welchem große Urnen standen. Aber bei jeder Urne lag ein schwarzer Hund und jedem von diesen rauchte es aus dem Maul. Es war ein so giftiger Atem, dass gleich fünf Mönche tot umfielen und drei andere, die mit den Übrigen flohen, am nächsten Tag starben.

Da erkannten die sechs Mönche, die am Leben geblieben waren, dass sie doch nicht alles bei sich gehabt hatten, was zum Schatzgraben nötig war. Und sie kamen überein, es noch einmal zu versuchen, diesmal aber mit besserem Rüstzeug. Beim nächsten Aufstieg hatten sie Heiligenbilder, die mit geweihtem Öl bestrichen waren, dabei und auch das Allerheiligste. Dies hielten sie an die Grube, lasen eine heilige Messe und sangen Litaneien. Da verschwanden die Hunde, und der Gifthauch mit ihnen. Nun konnten die Mönche jene Urnen forttragen, wenn sie auch sehr schwer waren. Darüber freuten sich die Mönche sehr und es war schön anzusehen, wie ein jeder Mönch eine große Urne vom Berg heruntertrug, sodass er schwitzte und keuchte, denn die Töpfe waren recht hoch und hatten Bäuche fast wie die Mönche.

Im Beisein des Bischofs und des Hauskomturs* gingen sie nun daran, den Inhalt der alten heidnischen Aschenkrüge zu untersuchen, und sie fanden allerlei Schönes darin: Lehmbrocken, Sand, kleine Kohlen, Knochenreste, Asche – aber von Metall, geschweige denn edlem Metall, nicht einen Splitter.

Da zogen die Mönche lange Gesichter, denn Altertumsforscher waren sie keine. Sonst hätten sie nämlich an den leeren Urnen noch eine große Freude gehabt und wären froh darüber gewesen, sie unversehrt heruntergetragen zu haben. Und weil nun niemand da war, an dem sie ihren Verdruss hätten auslassen können, musste mal wieder der Teufel herhalten, denn nur er konnte es gewesen sein, der das Gold in den Töpfen in schnöde Asche verwandelt hatte! Und das, wo er noch nicht einmal im Entferntesten daran gedacht hatte. Der arme Teufel, dem immer alles in die Schuhe geschoben wird!

❡ Diese Geschichte führt in die ehemalige Hauptstadt Ostpreußens. Sie ist besonders interessant, weil sie die Elemente der alten Schatzgräbergeschichten ganz rational mit archäologischen Funden in Verbindung bringt. Tatsächlich dürften früher manche wertvolle Bodenfunde, die beim Schatzsuchen entdeckt wurden, auf ähnliche Weise vernichtet worden sein. ❡

* Hauskomtur: Ordensverwalter

Der Schatz von Soest

In der schönen alten Stadt Soest in Westfalen lag ein altes zerstörtes Haus, von dem erzählt wurde, es berge einen großen Schatz in einer eisernen Truhe. Dieser werde von einer verwunschenen Jungfrau und einem riesigen schwarzen Hund bewacht. Und es gab eine Weissagung, dass nur ein fremder Edelmann die Frau erlösen, mit einem feurigen Schlüssel die Truhe öffnen und den Schatz gewinnen könne. Trotz dieser deutlichen Aussage versuchten viele Schatzgräber, Teufelsbanner und Wandermönche ihr Glück, aber sie wurden stets so übel empfangen, dass ihnen die Lust am Schatzsuchen auf immer verging.

Einmal aber kam ein kleines Mädchen aus einem benachbarten Dorf beim Ziegenhüten in den Hof des alten Gemäuers. Da trat unversehens die Jungfrau auf das Kind zu und fragte es, was es da zu schaffen habe. Das Mädchen sagte: »Ich suche Beeren und Kirschen für mich und Futter für die Ziegen.«

Da zeigte ihr die Jungfrau ein Körbchen voller Kirschen und forderte die Kleine auf: »So nimm dort von den Kirschen, komme aber nicht wieder her, damit dir nichts Übles geschieht.«

Das Mädchen erschrak und griff furchtsam nach den Kirschen, nahm aber nur sieben Stück und rannte davon, aus dem Gemäuer fort. Als es später die Früchte essen wollte, waren diese in das reinste Gold verwandelt und das Mädchen hatte eine reiche Mitgift gewonnen. Die Jungfrau aber ist bis zum heutigen Tag unerlöst geblieben.

❡ Eine typische Schatzsage, die viele bekannte Motive aus ähnlichen Sagen und Märchen in sich vereint: einen Schatz in einer eisernen Truhe, einen schwarzen Hund – oft mit feurigen Augen – als Wächter, eine unerlöste Jungfrau und eine bescheidene, aber wohl dosierte Überraschung für ein armes Kind (vgl. »Die Nonne als Geist«, S. 62). ❡

Fürsten, Ritter, Burgen

Fürsten, Ritter, Burgen

In Deutschland, Österreich und der Schweiz soll es im Mittelalter einmal an die zehntausend Burgen gegeben haben. Und wenn man bedenkt, dass sich um viele von ihnen Sagen und Erzählungen ranken, so kann man sich leicht vorstellen, wie groß die Zahl dieser Geschichten einmal gewesen sein muss und ja auch heute noch ist.

Von Burgen und Rittern, Raubrittern und Edelfrauen, von Kaisern, Königen und Fürsten, von dunklen Verliesen, von Kampf und Belagerung wurde stets gern erzählt. Es gibt manche Gespenstersage darunter, denn Burgen und Ruinen sind geradezu ideale Quartiere für Weiße Frauen oder verwunschene Raufbolde. Es gibt Erklärungssagen, die vom Bau einer Burg ebenso erzählen wie von ihrer Zerstörung. Von historischen Merkwürdigkeiten wird berichtet, wie etwa bei der Geschichte vom Grafen von Gleichen und seinem Grabstein im Dom zu Erfurt oder vom Löwendenkmal in Braunschweig.

Andere Sagen sind an historische Ereignisse gebunden, so erzählt man sich beispielsweise, dass die gefallenen Krieger der Römer und der Hunnen nach der Schlacht auf den Katalaunischen Feldern in den Lüften verbissen weitergekämpft hätten. Und so wie heute die Klatschspalten mancher Zeitungen Geschichten von bekannten Persönlichkeiten, Politikern, Künstlern und Stars berichten, so erzählen viele Sagen von Rittern und ihren kühnen Taten und merkwürdigen und gefährlichen Abenteuern. Sie alle gehören zu der großen Gruppe der geschichtlichen Sagen, spiegeln nicht nur die Geschichte wider, sondern sind selbst oft ein Stück Kulturgeschichte.

Unwillkürlich stellt sich hier die Frage nach dem Wahrheitsgehalt solcher Sagen. Vieles ist sicherlich frei erfunden, ist in der Phantasie des Volkes entstanden. Aber gerade für solche Sagen gilt oft das alte italienische Sprichwort: »Wenn es nicht wahr ist, so ist es doch gut erfunden!«

Die Geschichtswissenschaftler und Sagenforscher hat schon immer das Verhältnis von Sage und Geschichte interessiert. Mag die objektive Aussage der geschichtlichen Sage vielfach nur gering sein, sollte doch die subjektive Bedeutung nicht unterschätzt werden, vermittelt sie doch ähnlich wie ihre Schwester, die Ballade, eine emotionale Begegnung mit der Geschichte. So steht die Sage am Beginn der Geschichtsschreibung und Geschichten werden zu Geschichte.

Die Ahnfrau von Rantzau

Die Ahnfrau des Hauses von Rantzau ruhte an der Seite ihres Mannes, als sich eines Nachts auf einmal ein Rauschen erhob: Die Bettvorhänge wurden beiseite gezogen und vor ihr stand eine wunderschöne Zwergenfrau, die nur so groß war wie ein Ellenbogen und ein Lichtlein trug. Die Zwergenfrau sprach: »Fürchte dich nicht, ich tue dir nichts, sondern bringe dir Glück, wenn du mir die Hilfe gewährst, die ich benötige. Steh auf und folge mir, wohin ich dich führe. Hüte dich etwas von dem zu essen, was man dir anbieten wird. Nimm auch kein anderes Geschenk an außer jenem, das ich dir reichen werde, aber das kannst du ohne Bedenken behalten.« Hierauf ging die Gräfin mit und der Weg führte unter die Erde.

Sie kamen in ein Gemach, das von Gold und Edelsteinen funkelte und von lauter kleinen Männern und Frauen bevölkert war. Es dauerte nicht lange, da erschien der Zwergenkönig und geleitete die Gräfin an ein winziges Bett, in welchem die Zwergenkönigin in den Wehen lag, und bat die Gräfin, seiner Frau beizustehen. Die Gräfin bemühte sich nach Kräften und die Königin brachte glücklich ein Söhnchen zur Welt. Da kam große Freude auf unter den Gästen. Sie brachten die Gräfin zu einem Tisch, der über und über mit den köstlichsten Speisen gedeckt war, und forderten sie auf zu essen. Sie aber rührte nichts an und auch von den Edelsteinen, die dort in goldenen Schalen lagen, nahm sie nichts.

Schließlich wurde sie von jener Zwergenfrau, welche sie aufgesucht hatte, wieder fortgeführt und in ihr Bett zurückgebracht. Da sprach die schöne kleine Frau: »Du hast unserem Reich einen großen Dienst erwiesen, der soll dir gelohnt werden. Hier hast du drei hölzerne Stäbe. Lege sie unter dein Kopfkissen und morgen früh werden sie in Gold verwandelt sein. Lass aus dem ersten einen Zeltpflock, aus dem zweiten Rechenpfennige* und aus dem dritten eine Spindel machen und erzähle niemandem auf der Welt davon, außer deinem Mann. Ihr werdet zusammen drei Kinder zeugen, die werden die drei Zweige eures Hauses bilden. Wer den Zeltpflock bekommt, wird viel Kriegsglück haben – er selbst und seine Nachkommen. Wer die Pfennige bekommt, wird mit seinen Kindern hohe Staatsämter bekleiden. Wer die Spindel bekommt, wird mit zahlreicher Nachkommenschaft gesegnet sein.« Nachdem sie dies gesprochen hatte, ging die Zwergenfrau fort.

Die Gräfin aber schlief wieder ein und als sie aufwachte, erzählte sie ihrem Gemahl die Begebenheit wie einen Traum. Der Graf lachte sie aus dafür, doch als sie unter ihr Kopfkissen griff, lagen dort drei goldene Stangen. Beide staunten nicht wenig und sie taten genau, wie ihnen aufgetragen worden war.

Die Weissagung erfüllte sich ganz und gar und die verschiedenen Zweige des Hauses verwahrten sorgfältig diese Schätze. Einige aber, die sie verloren hatten, sind verloschen.

❡ Die alte Adelsfamilie von Rantzau (früher von Plön) war in der Holsteinischen Schweiz ansässig. Hier ist eine Geschlechter- oder Familiensage mit einer Zwergensage verbunden. Menschenfrauen werden in Sagen verschiedentlich zu den Zwergen geholt, um Geburtshilfe zu leisten. ❡

* Rechenpfennige: Wurden mit dem Rechenbrett zusammen dafür benutzt, um größere Zahlen zu addieren, z. B. beim Handel.

Heinrich der Löwe

Als Herzog Heinrich, der Herr der Braunschweiger Lande, einst über das Meer fuhr, wurde sein Schiff vom Sturm erfasst und in unbekannte Gewässer verschlagen. Alle Vorräte gingen zur Neige und der Hunger quälte die Mannschaft über die Maßen. Einer nach dem anderen musste sein Leben opfern, damit die Übrigen satt würden. Wer getötet werden sollte, das bestimmte das Los. So fristeten sie eine Zeit lang ihr Leben und immer fügte es Gott, dass der Herzog verschont blieb. Schließlich waren nur noch er und ein einziger Diener auf dem Schiff, doch der Hunger nahm kein Ende.

»So losen wir nun zum letzten Mal«, sprach traurig der Fürst, »und wen das Los trifft, der sterbe.«

»Nein, lieber tötet mich, oh Herr!«, erwiderte der treue Knecht.

»Nein, wir losen«, antwortete der Herzog.

So warfen sie das Los und diesmal traf es Heinrich.

Aber der Diener rief: »Niemals werde ich meinen lieben Herrn töten! Ich weiß noch einen Rat: Ich will Euch in eine Ochsenhaut einnähen und Euer Schwert dazu, vielleicht schickt der Himmel Euch Rettung.«

Der Herzog war einverstanden. Und als es geschehen war, da kam ein Vogel Greif geflogen, packte die Haut mit seinen Krallen und trug die Beute weit übers Meer in sein Nest. Nachdem der Greif wieder ausgeflogen war, schnitt Heinrich die Haut mit seinem Schwert auf. Da ihn nun aber die jungen, hungrigen Greifen anfielen, schlug er ihnen die Köpfe ab. Dann nahm er sich eine Klaue und stieg von dem hohen Baum, auf welchem sich das Greifennest befand, in den Wald hinab.

Lange irrte der Fürst in diesem wilden Wald umher, bis er endlich ein nie gehörtes Geschrei vernahm: ein Brüllen, das wie Donner klang, dazu einen heiser pfeifenden, gellenden Laut, dass der ganze Wald davon widerhallte. Als der Fürst dem furchtbaren Schreien nachging, sah er einen großen Löwen und einen entsetzlichen Lindwurm in wütendem Kampf. Der Löwe drohte zu unterliegen. Da dachte der Fürst, dass der Löwe doch ein schönes und edles Tier und dazu der König der Tiere, der Lindwurm aber ein giftiges Tier sei, und kam dem Löwen zu Hilfe. Er erlegte den Lindwurm nach einem erbitterten Kampf. Als der Löwe sich befreit und gerettet sah, legte er sich

Braunschweig

dankbar zu des Herzogs Füßen nieder und verließ ihn nur noch, wenn er auf Jagd ging, um danach die Beute mit dem Herzog zu teilen.

Dem Herzog war in dieser Einsamkeit, in dieser Gesellschaft und bei dieser Kost aber nicht allzu wohl zumute. Da das Meer nicht weit entfernt war, baute er sich ein Floß. Und als der Löwe eines Tages wieder jagen war, bestieg der Herzog sein Floß und stieß vom Ufer ab. Bald aber kam der Löwe zurück und vermisste seinen Herrn. Er folgte seiner Spur, kam zum Ufer und sprang sogleich in die Meeresflut, um dem Floß nachzuschwimmen, das er auch bald erreichte. Abermals streckte er sich geruhsam vor seinem Herrn aus.

Doch auf dem Meer gibt es kein Wild zu jagen. Wieder kehrten qualvoller Hunger und tiefe Verzweiflung ein.

Da erschien dem Herzog der Teufel und sagte zu ihm: »Daheim bei dir in Braunschweig geht es heute lustig zu, dort herrschen Freude und Überfluss – und du schwebst hier herum zwischen Wasser und Wolken und hungerst. Bei dir daheim ist Hochzeit! Denn deine Frau ist es leid, noch länger auf deine Rückkehr zu warten, und nimmt sich einen anderen jungen Mann, einen schönen Grafen. Dich hält sie nämlich schon lange für tot.«

Herzog Heinrich erschrak über diese Worte und der Teufel fuhr fort: »Du möchtest doch wohl gerne auch auf dieser Hochzeit sein. Gib dich in meine Hand, dann bring ich dich noch heute heim, dass du mittanzen kannst.«

»Gott, das ewige Licht, würde nicht wollen, dass ich von ihm abfalle und mich dir verschreibe!«, sprach der fromme Herzog.

Da antwortete der Teufel: »Was dein Gott will oder nicht, weiß ich nicht. Helfen scheint er dir jedenfalls nicht zu wollen. Ich aber will's. Ich bin da. Besinne dich, bevor du es bereust, denn zu solch einer Hochzeit kommt man nicht alle Tage und morgen ist es zu spät!«

»Meine Seele würde ewigen Schaden leiden, wenn ich dir folgte«, sprach wieder der Herzog.

»Deine Seele wird eh nicht schnurstracks in den Himmel kommen. Qualen muss sie ausstehen, so oder so. Du hast ja keine Vorstellung von meinem Reich! Es ist gar nicht so übel dort – wenn man mal von der so genannten Seligkeit absieht. Schau, ich wohne schon lange da und fühle mich ziemlich wohl. Ich würde dir vorschlagen, dass du dich von mir heimbringen lässt.«

»Aber mein Löwe«, sagte Heinrich, »der ist so gut und so treu! Ihn würde ich niemals missen wollen.«

»Auch den bringe ich heim«, sagte der Teufel zu und stellte die Bedingung, dass Heinrich ihm nur dann verfallen solle, wenn er ihn bei der Ankunft mit dem Löwen auf dem Giersberg nahe bei Braunschweig schlafend vorfinde. Darüber hinaus verlangte der Teufel für seine große Mühe nichts.

Herzog Heinrich, der sich aus tiefstem Herzen nach seiner Gemahlin und nach Erlösung aus seiner trostlosen Lage sehnte, willigte schließlich ein. Gleich darauf wurde er vom Teufel durch die Lüfte bis auf den Giersberg getragen und dort abgesetzt. »Nun wache fein!«, rief der Teufel und schwang sich aufs Neue hinweg, um den Löwen zu holen.

Der Held aber fühlte sich vor Hunger und von der Reise durch die Lüfte matt und todmüde, sodass er sich dem Schlaf nicht länger widersetzen konnte. Er legte sich ins Gras und schlief wie ein Toter. Da aber kam der Teufel mit dem Löwen durch die Luft gesaust. Mit seinem Teufelsauge sah er den Schlafenden schon aus endloser Ferne und schnalzte vor Freude mit der Zunge, denn er hatte vorausgesehen, dass der Fürst schlafen müsse und werde. Als er aber näher kam, sah auch der Löwe den Herzog steif und starr dort unten liegen und meinte, sein Herr sei tot. Da erhob er ein so furchtbares Brüllen, dass sie drunten in Braunschweig sagten: »Wir kriegen Gewitter, es donnert schon!«

Von dem Brüllen aber erwachte der Herzog. Darüber wurde der Teufel wütend, weil er den Herzog nun doch nicht schlafend vorfand, und warf den Löwen aus der Höhe hinab. Des Löwen Knochen aber blieben heil, denn nach Katzenart landete er auf den Beinen. Er folgte seinem Herrn in die Stadt, auf seine Burg, aus welcher ihnen schon von weitem das fröhliche Gelächter der Hochzeitsgesellschaft und Musik entgegentönten.

Nun gab sich der Herzog als Pilger aus und ließ die Braut um ein wenig Wein bitten. Sie sandte ihm einen Becher. Er zog einen Ring vom Finger, warf ihn in den Pokal, nachdem er ihn ausgetrunken hatte, und bat den Diener der Herrin beides zu übergeben. Die Herzogin aber erkannte den Ring ihres Mannes und ließ den Pilger zu sich in den Saal kommen. Da sah sie, dass es ihr Mann war. Sie fiel ihm zu Füßen und hieß ihn willkommen. Alle Diener jubelten und der junge Bräutigam wurde mit einer jungen Braut entschädigt.

Von jenem Tage an hat Herzog Heinrich, den man nur den Löwen nannte, noch lange Jahre glücklich regiert. Und als er schließlich starb, hat sich sein Löwe auf sein Grab gelegt und auch er ist gestorben. Da wurde er auf der Burg begraben, wo ihm zum Gedächtnis ein Denkmal errichtet wurde. Die Klaue des jungen Greifen aber hatte Heinrich im Dom aufhängen lassen, zum Zeichen seiner Meer- und Luftfahrt.

¶ *Es gibt wenige deutsche Fürsten, mit denen sich so viele Geschichten und Sagen beschäftigen wie mit Herzog Heinrich dem Löwen (1129–95). Dazu gab vor allem der Löwe auf dem Denkmal in Braunschweig Anlass, der Ausgangspunkt vieler Erklärungssagen ist. In Wirklichkeit hielt Heinrich der Löwe das Tier nicht als Gefährten, es war für ihn nur Symbol seiner Macht. Von Braunschweig aus hat sich die Sage weiter verbreitet. In Böhmen wurde der Herzog beispielsweise »Brunswik« genannt.* ¶

Die Wetterburg

Im Waldeckischen Land in Westfalen erhebt sich die alte Wetterburg. Dort hatte Philipp II., Graf zu Waldeck, seinen Sitz. Philipp II. war ein Bündnis mit dem Erzbischof Albrecht von Mainz eingegangen, mit welchem wiederum der Ritter Götz von Berlichingen mit der eisernen Hand im Streit lag. Dies war der Grund, warum Ritter Götz beschloss Philipp II. in seine Gewalt zu bringen.

Zusammen mit seiner Schar legte sich Götz von Berlichingen nahe der Wetterburg in einen Hinterhalt. Während die Ritter nun warteten, dass Philipp seine Burg verließ, erblickte Götz einen Schäfer, der seine Herde hütete. Mit einem Mal aber kamen fünf Wölfe aus dem Wald gejagt und fielen in die Herde ein. Götz von Berlichingen freute sich darüber sehr und wünschte den Wölfen wie auch sich selbst Glück. In seinen Augen nämlich war dies Geschehnis ein günstiges Vorzeichen.

Tatsächlich kam nun Philipp von seiner Burg herab und Götz gelang es, ihn gefangen zu nehmen. In einer langen Reise brachte er ihn über Köln,

Hersfeld, Fulda, Würzburg, Bamberg und Nürnberg schließlich an den Ort, an dem er ihn haben wollte: auf eine seiner Burgen im gottgeliebten Schwabenland.

Nun rechnete Götz von Berlichingen aus, was der lange Zug und die Verköstigung seines Gefangenen ihn gekostet hatten, kam auf achttausendeinhundert Gulden und gab bekannt, dass er bereit sei, den Gefangenen gegen diese Summe wieder freizugeben. Philipp des II. treuer Bundesgenosse, Kurfürst Albrecht zu Mainz, aber gab keinen Pfennig her und dachte schon gar nicht daran, gegen Götz von Berlichingen ins Feld zu ziehen. Da schnitt sich der Gefangene ein Büschel seiner grauen Haare ab, schrieb an seinen Sohn und bat ihn mit eindringlichen Worten das Lösegeld für ihn aufzubringen.

Der Sohn tat, worum der Vater ihn gebeten hatte, und zog ihm bis Coburg entgegen, denn dorthin hatte Götz seinen Gefangenen geleiten lassen. Der Sohn umarmte seinen Vater, der nach zwanzig Wochen Haft noch immer dasselbe Koller* trug, unter Tränen. Doch der Vater tröstete ihn mit weisen Worten über die Wechselfälle des Lebens, die Unbeständigkeit des Glücks und darüber, dass auf Regen Sonnenschein und auf Trauer Freude folge.

❡ *Die Sage schmückt ein tatsächliches Ereignis aus. Als Vorlage diente offensichtlich die »Lebensbeschreibung« des Ritters Götz von 1731.* ❡

Der Geist auf Scharzfels

Auf der Burg Scharzfels im Harz, die eine wahre Felsenburg war, hatten im 11. Jahrhundert die edlen Grafen von Lutterberg oder Scharzfeld ihren Sitz. Einer jener Grafen, der zu Zeiten Kaiser Heinrichs IV. lebte, hatte eine sehr schöne Gemahlin, die auch dem Kaiser nur allzu gut gefiel.

Auf dem Wachturm der Burg aber wohnte ein Hausgeist von der Natur des Hütchen oder Hinzelmann, dessen Name schon lang vergessen ist. Der hatte

* Koller: Lederwams

vormals schon dabei geholfen, Burg Scharzfels aus dem Felsen herauszuhauen und ihre Mauern aufzubauen. Bisweilen erschien der Hausgeist auch zu jenes Grafen Zeiten als ein kleiner, krüppeliger Mann, der die Tracht eines Bergmanns trug. Lebhaft und vergnügt zeigte er sich den Burgbewohnern, wenn Erfreuliches bevorstand, traurig und betrübt, wenn er ein Unheil voraussah.

Als nun einmal der Graf und seine Gemahlin von einem Hoffest in Goslar, zu welchem der Kaiser sie beide eingeladen hatte, zurückkehrten, erblickten sie den Burggeist traurig und mit Tränen in den Augen am Burgtor. Da ahnten sie, dass ein Unglück geschehen würde.

Nur kurze Zeit später kam ein Mönch auf die Burg. Er war ein Bote des Kaisers und überbrachte dem Grafen den Befehl, sich ins Kloster zu begeben, weil der Kaiser ihn dort erwarte. Kaum dass der Graf abgereist war, erschien wie zufällig der Kaiser selbst auf der Burg und gab vor auf der Jagd zu sein und Schutz vor Unwetter zu suchen. Der Mönch, sein Vertrauter, begleitete ihn. Mit dessen Hilfe nun verging sich der Kaiser an der arglosen und allein zurückgelassenen Gräfin.

Unmittelbar danach aber brach auf der Burg ein furchtbares Rumoren los. Der Geist hob die Dächer der Türme ab und schrie in sämtliche Winde hinaus, was der Kaiser und sein Helfershelfer, der nichtswürdige Mönch, getan hatten. Und er verfolgte den Mönch mit solchem Eifer und suchte ihn so entsetzlich heim, dass der sich schließlich erhängte. Von jenem Tage an duldete der Geist nie wieder ein Dach auf den Türmen. Den Kaiser selbst aber reute sein Leben lang, was er getan hatte.

Die Ruine Scharzfels liegt südöstlich von Herzberg am Fuß des Harzes. Im Mittelpunkt der Sage steht Kaiser Heinrich IV. (1056–1106), der während seiner Regierungszeit im so genannten Investiturstreit gegen das Papsttum kämpfte. Im Harz war die Harzburg sein wichtigster Stützpunkt. Von Scharzfels wird auch erzählt, dass dort eine Weiße Frau spuke und auf ihre Erlösung harre.

Der Brunnengeist auf Regenstein

Der Regenstein, eine uralte Burg, zu König Heinrich des Finklers Zeiten errichtet, wurde ganz in Felsen gehauen. Einer der Grafen, Friedrich von Regenstein, und seine Gemahlin waren kinderlos geblieben und beide betrübte es sehr, dass ihr Geschlecht mit ihnen aussterben sollte. Da trug die Gräfin ihrem Gemahl an, er möge doch den Geist des Ahnherrn befragen, der in einen tiefen Felsenbrunnen auf Regenstein gebannt war. Dieser Geist nämlich erteilte von Zeit zu Zeit Rat oder sagte zukünftige Ereignisse voraus.

Als sich nun Graf Friedrich in der Mitternachtsstunde eines Marientages dem Brunnen näherte, erschien der Geist und sprach: »Was ihr euch wünscht, das wird erfüllt werden.«

Nun fragte aber Friedrich, ob denn nicht auch für ihn, den Geist des Ahnherrn, Erlösung zu erhoffen sei. Der antwortete: »Wenn der Regenstein in Trümmern liegt, dann werde ich Ruhe finden!«, und verschwand. Dies war ein Wort, das wenig Anlass zur Hoffnung gab, denn dass die Felsenburg jemals zerstört würde, das schien undenkbar.

Noch im selben Jahr gebar die Gräfin einen Sohn, der den Namen Konrad erhielt, und im Jahr darauf wurde sogar noch ein zweiter Sohn geboren, der Helmold genannt wurde. Als Helmold zur Welt kam, erschien der Geist des Ahnherrn aufs Neue und sprach: »Dieses Kind wird meine Erlösung bewirken, denn es trägt auch meinen Namen.« Da offenbarte sich, dass der Geist im Brunnen jener des wilden Ahnherrn Helmold von Regenstein war.

Helmolds Erziehung in den folgenden Jahren wurde von den Eltern vernachlässigt. Eines Tages riss er aus und wurde ein Räuberhauptmann. Nachdem die Eltern gestorben waren, verlangte er sein Erbteil von seinem Bruder, und als der dies verweigerte, stürmte er mit seiner Räuberbande die Burg. Schließlich aber versöhnten sich die beiden Brüder und Helmold verleitete Konrad sogar dazu, selbst ein Wegelagerer zu werden. Dies nun hatte zur Folge, dass der Herzog von Braunschweig die Burg belagerte, einnahm und alles zerstörte, was nicht aus Felsen bestand.

Da ist der Geist des Ahnherrn zum letzten Mal aus dem Brunnen des Regenstein gestiegen und, wie er vorausgesagt hatte, zu seiner ewigen Ruhe gelangt.

❡ Die Felsenburg Regenstein liegt südöstlich von Blankenburg im Harz. Vielfach umkämpft, teilweise zerstört und wiederaufgebaut, wurden ihre oberirdischen Teile auf Befehl Friedrich des Großen 1758 endgültig zerstört. Die geheimen Gänge und unterirdischen Räume blieben erhalten. ❡

Der Sprung vom Giebichenstein

Zwei Jahre und acht Monate schon saß Graf Ludwig auf Burg Giebichenstein in Haft und wartete auf sein Urteil. Dieses durfte nur der Kaiser über ihn sprechen, der aber außer Landes war. Kummervoll blickte Graf Ludwig aus seinem Turmgemach hinab in das Saaletal, über welchem sich Burg Giebichenstein auf steilen Felsen erhob.

Da er erfahren hatte, dass der Kaiser ihn hinrichten lassen wollte, wurde ihm angst und bange. Er gab vor krank zu sein und bat, dass man seinen Schreiber zu ihm lasse, denn er wolle sein Testament machen und seinen Nachlass regeln. Auch einen Diener forderte er, der seiner Gemahlin das Testament überbringen solle. Als ihm dies alles gestattet worden war, befahl er aber heimlich dem Diener an einem bestimmten Tag, wenn er komme, um das Schreiben abzuholen, mit seinem weißen Hengst unten am Ufer der Saale zu warten und in den Fluss zu reiten.

Nachdem dies alles verfügt war, stellte sich der Graf mehrere Tage lang ernstlich krank. Er machte tatsächlich sein Testament, ließ sein Sterbehemd vorbereiten und verlangte nach mehreren Mänteln, weil er friere. In diese Mäntel hüllte er sich ein und wankte auf einen Stab gestützt im Zimmer auf und ab, während die sechs Wächter vor seiner Tür sich die Zeit mit Brettspielen vertrieben.

Da es in dem steinernen Gemach noch sehr kühl war, draußen aber die warme Augustsonne schien, lehnte sich der vermeintlich kranke Graf in das große Bogenfenster, das er geöffnet hatte, um sich zu wärmen. Und als er nun unten den Diener auf seinem weißen Hengst in die Saale reiten sah sowie zwei Fischerkähne erspähte, die mitten im Strom lagerten, da war er plötzlich nicht mehr krank, sondern mit einem Satz im Fenster, mit einem zweiten außerhalb des Turms und mit wenigen Schritten ganz vorn an dem Felsenvorsprung. Mit dem Ruf: »Jungfrau Maria! Hilf deinem Knecht!«, sprang er vom Felsen hinab in den Strom. Die Mäntel umgaben ihn wie ein Rad, die Kähne ruderten herbei, Graf Ludwig erreichte einen davon, erreichte den weißen Hengst – und als droben die sechs Wächter erschreckt auffuhren und zum Fenster eilten, sahen sie nur noch, wie der kühne Springer an das Ufer gelangte und westwärts davonritt.

❡ *Burg Giebichenstein nördlich der Altstadt von Halle ist Schauplatz der Sage vom Landgrafen Ludwig dem Springer. Dieser wurde dort angeblich von Kaiser Heinrich V. gefangen gehalten, weil er den Pfalzgrafen Friedrich III. von Goseck hatte ermorden lassen, um dessen Gemahlin Adelheid heiraten zu können. Tatsächlich wurde er aber wegen einer Verschwörung gegen den Kaiser nicht am Giebichenstein, sondern an einem unbekannten Ort eingekerkert. Die Sage vom kühnen Sprung entstand erst zweihundert Jahre nach seinem Tode.* ❡

Der Sängerkrieg auf der Wartburg

Bei Landgraf Hermann und seiner Gemahlin Sophia waren im Jahr 1206 auf der Wartburg sechs meisterliche Minnesänger zusammengekommen. Es waren Walther von der Vogelweide, Reimar Zweter, Wolfram von Eschenbach, Meister Biterolf, Heinrich von Ofterdingen und Heinrich Schreiber. Diese sechs hielten ein Wettsingen ab, in dem sie gute und beliebte Fürsten lobpriesen. Die meisten lobten Hermann, den Landgrafen von Thüringen und Hessen, und setzten ihn über alle Fürsten.

Nur Heinrich von Ofterdingen, ein Österreicher und, wie viele glauben, der Dichter des hoch geehrten Nibelungenliedes, pries Leopold, den Herzog von Österreich, noch höher. Er sang, dass dieser vor allen Fürsten strahle wie die Sonne vor allen Gestirnen. Daraufhin nahm der Sängerkrieg eine ernste und heftige Prägung an. Die Sänger beschlossen, dass der Unterlegene durch die Hand des Henkers sterben solle.

Alle waren nun gegen Heinrich von Ofterdingen eingestellt, den sie aus

Neid ohnehin gern vom Thüringer Hof weggehabt hätten. Und da sich nun alle gegen ihn verbündet hatten, unterlag er zuletzt tatsächlich und die anderen fünf riefen den Henker. Die gütige Landgräfin aber beschützte ihn, indem sie ihren Mantel über ihn breitete, als er um Rettung flehend zu ihren Füßen niedersank. Heinrich von Ofterdingen erbat sich nun ein Jahr Zeit. Er sagte, er wolle fortreisen und einen größeren Meister herbeiholen, der schließlich urteilen solle, und meinte damit den berühmten Meister Klingsor aus Ungarn, der ein Minnesänger und zugleich ein Zauberer war.

Heinrich von Ofterdingen wanderte daraufhin fort, kam erst zum Herzog nach Österreich und mit dessen Empfehlungsschreiben nach Siebenbürgen zu Meister Klingsor, dem er die Ursache seiner Fahrt erzählte und seine Lieder vorsang. Klingsor lobte seine Lieder sehr und versprach ihm mit nach Thüringen zu ziehen und den Sängerstreit zu schlichten. Unterdessen behielt Klingsor den Heinrich aber bei sich und vertrieb sich und ihm die Zeit mit Dichten, Singen und allerlei Kurzweil, sodass unbemerkt die Zeit verstrich und Heinrich schon zu fürchten begann, sie könnten nicht mehr rechtzeitig auf der Wartburg zurück sein.

Klingsor aber beruhigte ihn: »Sei unbesorgt! Wir haben starke Pferde und einen leichten Wagen!« Dann gab er ihm einen Schlaftrunk, legte ihn auf eine lederne Decke und sich selbst dazu, und befahl seinen Geistern, sie sanft nach Eisenach zu bringen. Dies geschah und sie waren dort, noch ehe der Morgen graute.

Bald wurde nun die Ankunft der beiden Gäste auf der Wartburg bekannt und der Landgraf befahl, den fremden Meister mit allen Ehren zu empfangen. Bevor aber die Meister singen und Klingsor das Urteil sprechen sollten, vergingen noch einige Tage. So saß Klingsor eines Abends im Garten und schaute lange in die Sterne. Die Herren fragten ihn, was er denn am Himmel sehe, und Klingsor antwortete: »Wisset, dass in dieser Nacht dem König von Ungarn eine Tochter geboren werden soll. Sie wird schön, tugendreich und heilig sein und dem Sohn des Landgrafen zur Ehe vermählt werden.« Als man dem Landgrafen diese Nachricht überbrachte, freute er sich so sehr, dass er Klingsor zu sich auf die Wartburg rief, ihn mit Ehren überhäufte und ihn bat am Fürstentisch Platz zu nehmen.

Nach dem Essen nun sollte Klingsor den Streit der Sänger schlichten, was ihm schließlich auch gelang. Nur Wolfram von Eschenbach stellte sich ihm entgegen, sodass der Meister selbst nun gegen ihn antreten musste. Wolfram sang aber mit so viel Sinn und Können, dass ihn Klingsor nicht besiegen konnte. Deshalb rief er einen seiner teuflischen Geister herbei und der erschien in Gestalt eines Jünglings. Klingsor sagte: »Ich bin vom vielen Singen müde geworden. Hier ist einer meiner Knechte, der kann eine Weile mit dir streiten, Wolfram.«

Da hob der Geist zu singen an, vom Anbeginn der Welt bis zu der Zeit der Gnade. Aber Wolfram sang von der göttlichen Geburt des ewigen Wortes und begann von der heiligen Wandlung von Brot zu Wein zu reden, da musste der böse Geist schweigen und von der Stelle weichen. Klingsor hatte mit angehört, wie Wolfram mit gelehrten Worten das göttliche Geheimnis besungen hatte, und glaubte, dass Wolfram wohl ein Priester sei.

In der Nacht, während Wolfram schlief, sandte ihm Klingsor aufs Neue seinen Geist, um zu prüfen, ob er ein Priester oder ein Laie wäre. Der fand heraus, dass Wolfram zwar in Gottes Wort gelehrt, in anderen Künsten aber gänzlich unerfahren war.

Da sang ihm der teuflische Geist von den Sternen des Himmels und legte ihm Fragen vor. Und als er darauf keine Antwort wusste, lachte der Teufel auf und schrieb mit seinem Finger in die steinerne Wand, als ob sie aus Teig bestünde: »Wolfram, du bist ein Laie Schnipfenschnapf!«, dann verschwand er. Jene Schrift aber blieb in der Wand stehen. Weil jedoch viele Leute kamen, die das Wunder bestaunen wollten, wurde der Wirt verdrießlich. Um wieder Ruhe zu haben, ließ er den Stein aus der Mauer brechen und in das Flüsschen Horsel werfen.

Klingsor aber nahm nun seinen Abschied von dem Landgrafen und fuhr, mit reichen Geschenken beladen, samt seinen Knechten wieder dorthin, woher er gekommen war.

❡ *Die Wartburg oberhalb Eisenach ist Schauplatz so vieler Sagen, dass man ein ganzes Buch damit füllen könnte. Am bekanntesten wurde wohl – nicht zuletzt durch Richard Wagners Oper »Tannhäuser« – die Sage vom Sängerkrieg. Sie liegt in verschiedenen Varianten vor. Im Mittelpunkt dieser Fassung stehen der*

Minnesänger Heinrich von Ofterdingen und Meister Klingsor aus dem zum Königreich Ungarn gehörenden Siebenbürgen. Den historischen Kern der Sage bildet wohl das glanzvolle Leben des kunstsinnigen Landgrafen Hermann. Vom Tannhäuser erzählt man noch eine andere Sage (vgl. S. 520). Um Elisabeth, deren Geburt Klingsor prophezeit, ranken sich verschiedene Sagen und Legenden, z.B. die von einem Rosenwunder. ❦

Die Ritter des Hermannsberges

Nicht weit von Steinbach-Hallenberg entfernt, mitten im Waldgebirge, liegen zwei Berge: der kleine und der große Hermannsberg. Über dem Letzteren zieht sich ein steiler, haushoher Porphyrfelsenkamm dahin, grau bemoost und mit alten Bäumen bewachsen, wie eine Riesen- oder Teufelsmauer. Dort oben soll ein Schloss gestanden haben, bewohnt von einem Grafen, welcher Hermann hieß.

Graf Hermann führte mit seinen Rittern ein gar übles Leben. Dadurch, dass er zwölf Menschen geopfert hatte, hatte er einen großen Schatz erlangt. Zur Strafe für seine Gräueltaten jedoch wurde er mit seinen Rittern in den Berg verbannt. Von Zeit zu Zeit hört man ihr wildes, wüstes Toben. Der Graf selbst muss als Gespenst umgehen. So hat ihn mancher Förster mit spinnenwebenem Gesicht auf sich zukommen sehen.

Eines Märzmorgens, es hatte in der Nacht Neuschnee gegeben, geleitete ein Führer einen Fremden über eine Weide. Da erschien der Geist des Grafen und ging an den Wanderern vorüber. Als die beiden sich aber nach ihm umdrehten, weil sie sein Aussehen so entsetzt hatte, da war er verschwunden, und wo er gegangen war, sah man auch keine Fußstapfen im Schnee.

Über die Herren am Hermannsberg geht aber auch folgende Sage: Als ein Hirte einst am großen Hermannsberg seine Herde hütete, hatte sich einer der Ochsen verlaufen und der junge Knecht ging in den Wald, um ihn zu suchen. Da traf er auf eine Gesellschaft von Herren, die sich mit Kegeln die Zeit vertrieben. Die Männer winkten ihn herbei: Er sollte ihnen die Kegel aufstellen.

Dies tat er und nachdem sie ihr Spiel beendet hatten, gingen sie fort und schenkten ihm die Kegel.

Als der Knecht darauf zur Herde zurückkam, wo sich der Ochse inzwischen wieder eingefunden hatte, und sie heimtrieb, erkundigte man sich verwundert, wo er denn so lange gewesen wäre, drei Tage lang sei er nicht mehr nach Hause gekommen! Der Knecht aber beteuerte, kaum eine halbe Stunde fort gewesen zu sein, und erzählte, was er erlebt hatte. Ob er denn keinen Lohn bekommen habe, fragte man ihn.

»Oh ja«, sagte der Knecht, »ich habe das ganze Kegelspiel mitgebracht. Es liegt draußen unter der Treppe.« Als nun der alte Hirt selbst den Ranzen mit den Kegeln hervorziehen wollte, konnte er es nicht, denn er war zu schwer. Der junge Knecht aber brachte ihn sogleich zum Vorschein und da waren die Kegel aus purem Gold!

Und ein anderes Mal, als der junge Knecht wieder im Wald die Herde hütete und herumschweifte, fand er die Gesellschaft wieder, stellte wieder die Kegel auf, und diesmal bekam er auch die Kugeln. So war er zweimal glücklich gewesen.

Eine andere Sage berichtet jene Begebenheit: In einem Dorf am Fuße des großen Hermannsberges saßen an einem Winterabend einige Männer beim Kartenspiel zusammen. Die Magd saß auf der Ofenbank. Da es schon spät war, war sie an ihrem Spinnrad eingenickt. Um sie wieder munter zu machen, rief ihr Herr ihr zu: »Magd, geh hinauf auf den Hermannsberg und hol uns eine Flasche Wein!« Dies sagte er spaßeshalber, weil die Sage geht, dass in den verschütteten Kellern des ehemaligen Schlosses viele Fuder* steinalten Weines liegen.

Die Magd aber, einfältig und schlaftrunken wie sie war, machte sich tatsächlich auf den Weg und ohne dass sie hätte sagen können wie, bekam sie oben auch wirklich eine Flasche in die Hand. Als sie wieder in die Dorfstube trat, fuhr ihr Herr sie an: »Wo bist du denn so lange gewesen?«

»Ihr habt mir doch aufgetragen«, verteidigte sie sich, »Euch auf dem Hermannsberg eine Flasche Wein zu holen! Das hab ich getan.«

* Fuder: altes Raummaß, entspricht einer Wagenladung

Verwundert hörten und sahen das die Männer. Die Flasche war ganz grau und schimmlig. Dennoch brachen sie sie an und tranken mit gutem Mut den alten Felsenwein. Köstlich rann er durch die Kehlen und brannte dabei wie Feuer.

¶ *Die Hermannsberge liegen bei Steinbach-Hallenberg im Landkreis Schmalkalden-Meiningen. Das Kegelspiel der Geister ist ein beliebtes Wandermotiv, das uns auch in anderen Sagen und Märchen begegnet.* ¶

DER GRAF VON GLEICHEN

Als Kaiser Friedrich II. einen Kreuzzug begann, an welchem Landgraf Ludwig von Thüringen mit den meisten seiner Vasallen teilnahm, zog auch Graf Ernst III. von Gleichen mit fort und kämpfte tapfer gegen die Heiden. Der Landgraf war schon gestorben, als der Kaiser schließlich Waffenstillstand mit dem Sultan schloss. Er kehrte zurück, ließ aber den Grafen von Gleichen und andere zum Schutze einer Festung zurück.

Da begab es sich, dass der Graf von Gleichen auf einem Ritt durch die Wüste gefangen genommen und unter harten Bedingungen der Sklaverei unterworfen wurde. Schließlich aber, als er als Gärtner arbeitete, bemerkte ihn die schöne Tochter des Sultans und gewann ihn lieb. Einer seiner Diener klärte sie darüber auf, dass er ein Graf war. Da bot sie ihm an, dass sie ihn befreien und ihm sich selbst und all ihre Schätze geben wolle, wenn er sie heirate und mit ihr floh. Dass Graf Gleichen zu Hause bereits eine Gemahlin und zwei Kinder besaß, war für die Sarazenin kein Hindernis.

Nun erwog der Graf, dass er, wenn er das Angebot der Sultanstochter abschlug, für seine Frau und Kinder ohnehin für alle Zeit verloren bliebe, da er niemals wieder in Freiheit käme. Deshalb hoffte er, dass der Papst ihm diese zweite Ehe bewilligen werde, zumal die schöne Heidin gern bereit war dem Grafen zuliebe eine Christin zu werden.

Die Flucht gelang, die Sultanstochter nahm große Schätze mit sich fort und die Liebenden erreichten glücklich Italien. Sie zogen nach Rom und

Die Drei Gleichen

nachdem die Sarazenin getauft worden war, wurde sie dem Grafen als Gemahlin angetraut. Danach setzten sie ihre Reise nach Thüringen fort. Nun aber ritt der Graf eilig voraus zu seiner ersten Gemahlin, die den Totgeglaubten voller Freude empfing, und er berichtete ihr alles. Sie aber segnete dankbar die Fremde, die ihr den Gemahl und ihren Kindern den Vater zurückbrachte, und versicherte, sie werde sie wie eine Schwester lieben.

Darauf zogen Graf Gleichen und seine Frau der Sultanstochter entgegen, um ihr am Fuße der Burg einen prächtigen Empfang zu bereiten. Von diesem Tage an nannten sie den Ort das »Freudental« und er hat den Namen bis heute behalten. Tatsächlich lebten die drei Verbundenen weiterhin einträchtig und liebevoll zusammen.

❡ *Burg Gleichen, der Sitz der gleichnamigen Grafen, gehört zur malerischen Burgentrias der drei Gleichen, die weithin sichtbar zwischen Erfurt, Arnstadt und Gotha liegen. Die bekannte Sage um den zweifach verheirateten Grafen soll wohl dessen Grabstein im Dom zu Erfurt erklären, der ihn mit zwei Gemahlinnen zeigt. In Wirklichkeit war er aber nicht gleichzeitig mit ihnen verheiratet, sondern vermählte sich nach dem Tode der ersten Frau ein zweites Mal. Das angebliche dreischläfrige Bett des Grafen wurde noch im 19. Jahrhundert in der Burg ausgestellt.* ❡

Die Henneburgen

Es geht eine alte Sage, dass vorzeiten ein Edelmann in Deutschland umhergezogen sei, weil er einen Ort suchte, an welchem er sich niederlassen könnte. So kam er auch nach Franken und fand dort einen Berg, der ihm bestens gefiel. Und wie er durch den Wald zum Gipfel ritt, stieß er auf eine Wildhenne mit ihren Jungen. Eben an jener Stelle baute er eine schöne Burg, nannte sie Hennenberg und wurde der Stammvater des reichen und edlen Geschlechts der alten fränkischen Gaugrafen, die sich von Hennenberg nannten und vom Grabfeld bis zum Thüringerwald Besitzungen erlangten und Burgen bauten.

In dem alten Schloss Henneberg ist eine Blende in der Mauer zu sehen, von welcher die Alten erzählen, dass ein Maurer seinen Sohn verkauft habe, um ihn beim Schlossbau lebendig in jene Vertiefung einzumauern, damit die Burg für alle Zeiten unüberwindlich bleibe. Der grausame Vater habe das Kind sogar selbst auf diese Art dem Tod anheim gegeben. Als aber der letzte Stein aufgelegt wurde, rief das Kind weinend: »Oh Vater! Wie wird es so finster!« Und als das Kind so rief, da schnitt die Stimme dem Mann durchs Herz wie ein Messer, sodass er von der Leiter stürzte und sich das Genick brach.

Von den drei Schlössern Henneberg, Hutsberg und Landsberg geht die Sage, dass dies eben die drei grünen Berge seien, auf welchen im Wappen der Grafen Henneberg die schwarze Henne steht. Da habe das Sprichwort: »Henne huts Land – Die Henne hütet das Land« seinen Ursprung.

Auch über Rüdlingen, zwischen Münnerstadt und Kissingen gelegen, ist eine alte Burgstätte auf einem recht hohen Hügel sichtbar, welche heute Huhnberg genannt wird, von alters her aber den Namen Henneberg trug, wie eine alte Urkunde belegt. Den Namen sollen Burg und Berg von einem Haushuhn erhalten haben, das zu der Zeit oben ein Ei gelegt haben soll, als die Burg im Bau befindlich war und noch keinen Namen trug.

Um die Burg nun von dem weit früher erbauten Stammschloss Henneberg zu unterscheiden, habe man diese später nicht Henne- sondern Huhnburg genannt und sie durch das Bild eines Haushuhns von dem Wappen der Ersteren, das eine Wildhenne zeigt, abgehoben. Die Sage verkündet, dass von Erbauung dieser Burg an alle hundert Jahre mittags und mitternachts ein Huhn auf dem Schlossberg dreimal fröhlich schreie. Auf diese Weise verkündet es das Jahrhundert und erfüllt zugleich den alten Chronikspruch:

»Hier hat gelegt das Huhn ein Ei,
dass Burg und Berg benennet sei.«

Man sagt, dass unter den verschütteten Kellern und Gewölben der Huhnburg noch immer viel Geld und Wein verborgen sei. Jeder, der den Schlossplatz zum ersten Mal besuche, finde eine kleine Öffnung, welche in die Tiefe hinabführe – sofern er nicht an die Schätze denke und darauf aus sei, sie zu heben. Mache er sich dies zunutze, so könne er reich werden. Ein zweites Mal biete sich diese Gelegenheit nicht.

So tief reichen Keller und Gewölbe hinab, so tief ruhen die Schätze, dass, wer die Öffnung findet und einen Stein hinunterwirft, ihn nicht einmal auf dem Grund aufschlagen höre. Alle Versuche, die Schätze zu heben, schlugen fehl und wurden schließlich sogar verboten. Daher harren sie noch auf den, der ohne habsüchtige Absicht in die Öffnung hineingeht.

Eine andere Sage berichtet Folgendes: Lange nach der Zerstörung des Schlosses wurde auf dem Schlossplatz der Huhnburg bei dem vormaligen Brunnen von Schweinen eine große Glocke ausgegraben. Die hängte man in den Turm der Kirche zu Rüdlingen. Die Glocke besaß eine sehr wunderbare Eigenschaft: So weit ihr heller Schall zu hören war, gab es in der Umgegend weder Fröste im Winter noch Gewitter im Sommer. Später aber wurde die Glocke gegen zwei andere, kleinere ausgetauscht und nach Würzburg gebracht, woraufhin es für die Gegend sogleich mit dieser wohltuenden Wirkung vorbei war. Nur an einem Teil des Schlossberges scheint noch der Segen zu haften, denn an dessen Ostseite bleibt der Schnee niemals liegen, sondern er schmilzt, sobald er den Boden berührt.

❡ *Burg Henneberg – heute eine Ruine und an der Straße von Meiningen nach Würzburg gelegen – ist der Stammsitz des gleichnamigen bedeutenden Grafengeschlechts. Nach einer anderen Fassung der Sage wurde das Töchterchen des Maurers eingemauert und soll seitdem in der Burg spuken.* ❡

Barbarossa im Kyffhäuser

Auf dem Kyffhäuserberg steht weithin sichtbar ein alter Turm, der Wachturm der Kaiserburg, welche dieser Berggipfel trug. Die Ruinen dieser Burg sind ein Stück unterhalb des Turmes noch sichtbar. Der Turm selbst heißt im Volk der »Kaiser Friedrich«.

Da der wirkliche Kaiser Friedrich, Barbarossa, der Rotbart, genannt, vom Papst mit dem Bann belegt worden war, blieben daraufhin alle Kirchen und Kapellen vor ihm verschlossen und kein Priester durfte ihm die Messe lesen. Da legte der edle Held ein Gewand an, das ihm aus Indien überbracht worden war, nahm ein Fläschchen mit duftendem Wasser, stieg auf sein Pferd und ritt tief in einen dunklen Wald hinein. Einige wenige seiner Getreuen durften ihm folgen, aber auch ihnen entschwand er, denn in dem tiefen Wald drehte er einen Wunderring und wünschte sich fort aus ihrem Angesicht. Sogleich entschwand er den Blicken der Herren und wurde von keinem mehr gesehen. Der hochgeborene Kaiser war verschwunden.

Manche alte Bauern haben berichtet, er lasse sich bisweilen noch als Pilger blicken und habe verkündet, dass er eines Tages auf römischer Erde doch noch zu Macht gelangen und den Einfluss des Papsttums zurückdrängen würde. Des Weiteren wolle er das Heilige Grab wieder in die Gewalt der Christen bringen, nie mehr wieder solle ein Schwert seinethalben gezogen werden.

Er werde seinen Schild an den Ast eines dürren Baumes hängen, also sich des maroden Landes annehmen, und in diesem sowie zwischen den Burgen dauerhaften Frieden stiften. Allen werde er das gleiche Recht bringen und die heidnischen Reiche unterwerfen. Auch wolle er die Nonnen verheiraten und zur Arbeit anleiten. Wenn dies alles geschehen sei, so kämen gute Jahre und der dürre Baum würde wieder grün werden.

So lauteten Sage, Lied und Prophezeiung aus vergangenen Tagen. Später aber verschmolz das Heldenbild von Kaiser Friedrich I. Barbarossa mit dem Bild Kaiser Friedrichs II. zu einer gemeinsamen Legende. Denn auch dieser hatte Deutschland verlassen und war nicht mehr zurückgekehrt. Wenn er auch tot war, so glaubte das Volk doch, dass er noch lebte, und wartete getreu auf seine Wiederkehr.

Um dessen Ausbleiben zu erklären, erzählte man, Kaiser Friedrich habe sich mit seiner Tochter, all seinem Hofgesinde und Zwergen tief in den Schoß der alten Kaiserburg Kyffhäuser verwünscht. Da sitze er mit einem langen Bart, der zweimal um den steinernen Tisch gewachsen sei, und schlafe. Wenn aber der Bart zum dritten Mal um den Tisch herumreiche, dann werde der Kaiser wiederkehren und die Herrschaft an sich reißen.

Um den Berg aber, unter welchem er verzaubert im Halbschlummer sitzt, fliegen ohne Unterlass die Raben. Alle hundert Jahre einmal sendet der Kaiser einen Zwerg herauf, um nachzusehen, ob die Raben noch immer fliegen. Und wenn der Zwerg zurückkehrt und berichtet, dass die Vögel wie ehedem da sind, dann neigt der Kaiser trauriger denn je sein greises Haupt und verfällt von neuem in Schlummer.

Manche behaupten, sie hätten den Kaiser in seiner unterirdischen Halle sitzen sehen, mal allein, mal im Kreise seiner Mannen und mal mit seiner Tochter, der Prinzessin. Manchem Schäfer soll auch ein Zwerg erschienen sein, manchem selbst die Kaiserstochter.

Einem Schäfer aus Sittendorf nun war Folgendes widerfahren: Voller Kummer stand er oben auf dem Kaiser-Friedrich-Turm, denn er konnte sein Mädchen nicht heiraten, weil er zu arm war. Plötzlich sah er eine schöne blaue Blume, die sich im Winde neigte, pflückte sie und steckte sie an seinen Hut. Im nächsten Augenblick schaute aus einer Mauerspalte des Turms ein Zwerg hervor und winkte ihm. Der Schäfer kroch ihm nach.

Dort unten in der Tiefe aber lagen viele schöne Steine umher. Der Schäfer bückte sich und hob sie auf, doch dabei fiel die Blume von seinem Hut. Darauf sah er im düsteren Dämmerlicht der Höhle den Kaiser Friedrich sitzen. Es graute ihn so sehr, dass er aus der Höhle floh. »Vergiss das Beste nicht!«, rief der Zwerg ihm hinterher, doch der Schäfer eilte davon. Als er oben angekommen war, rief ihm der Zwerg noch einmal zu: »Wo hast du die Blume?« Der Schäfer nahm den Hut ab und sah, dass die Blume fehlte. »Oh du großer Tor«, rief der Zwerg, »mehr als der Kyffhäuser war die Blume wert!«. Dann verschwand er.

Am Abend, als er zu seinem Mädchen kam, erzählte der Schäfer, was er erlebt hatte. Da fielen ihm die Steine wieder ein. Er zog sie aus der Tasche und, oh Freude!, sie waren klingendes Gold.

¶ *Das Motiv vom schlafenden Kaiser im Berg taucht in verschiedenen Sagen auf, am bekanntesten wurde wohl die Kyffhäuser-Sage um Kaiser Friedrich I. Barbarossa. Der Kaiser war von seiner Pfalz auf dem Kyffhäuser 1190 zu einem Kreuzzug aufgebrochen, ertrank aber unterwegs beim Bad in einem kleinasiatischen Fluss. Seine Gebeine wurden in Tyrus im Heiligen Land beigesetzt. Das Volk glaubte jedoch stets an seine Rückkehr und setzte ihn später mit seinem Enkel Friedrich II. gleich. Das merkt man auch bei dieser Sage, denn nicht Friedrich I. unternahm einen Kreuzzug als Gebannter, wie in der Sage geschildert, sondern Friedrich II. An den schlafenden Kaiser erinnert heute das berühmte 1896 vollendete Nationaldenkmal am Kyffhäuser.* ❡

Der Finkenherd

Wenn man in Quedlinburg über die große Straße zum Schlossplatz gehen will, dann erblickt man, wenn man ihn fast schon erreicht hat, am Ende der Straße auf der rechten Seite ein Nebengässchen, welches ebenfalls zum Schlossplatz führt. Dieses Gässchen erweitert sich in der Mitte zu einem kleinen, unregelmäßigen Platz, der seit undenklichen Zeiten den Namen Finkenherd trägt und an welchen sich folgende Sage knüpft:

Zu der Zeit, als man Hilfe gegen die wilden Ungarnscharen von König Konrad I. erwartete, die das Deutsche Reich bedrängten, verfiel dieser einer tödlichen Krankheit. Er ließ daher seinen Bruder Eberhard, den Herzog der Franken, zu sich nach Limburg kommen und sagte zu ihm: »Lieber Bruder, ich fühle, dass ich bald sterben werde. Wir sind imstande Heere zu stellen, haben Städte und Waffenvorräte – nur Glück und Geschicklichkeit haben wir nicht. Das aber besitzt in vollem Maße Heinrich, der Sachsenherzog. Auf dem Sachsen allein beruht das Wohl des Reichs! Nimm diese Kleinodien* und Kleider, nimm auch Lanze und Schwert und Krone der alten Könige dazu, gehe damit zu Heinrich und mache ihn dir für immer zum Freund. Und melde ihm, dass ich ihn zum Nachfolger empfohlen habe.«

Kaum hatte der König die Augen geschlossen, da ging sein Bruder mit den Reichskleinodien in den Harz, um Herzog Heinrich die unverhoffte Botschaft zu bringen. Als er eintraf, fand er den Sachsenherzog mit dem Fangen von Vögeln beschäftigt, und zwar, wie man in Quedlinburg behauptet, an ebenjener Stelle, die noch heute der Finkenherd genannt wird.

* Kleinodien: Gemeint sind die Reichskleinodien, also die Krönungsinsignien des Königs.

Zwar maßen sich noch mehrere Orte im Harz die Ehre an, dass auf einem nahen Platz, welcher in der Regel der Finkenherd heißt, Heinrich I. seine Wahl zum deutschen König angenommen habe. Fest steht aber, dass derselbe als Gründer der Stadt Quedlinburg zu betrachten ist und sich sehr gern auf dem dortigen Schloss aufhielt, wenn dieses auch nicht an dem Platz gestanden zu haben scheint, wo das jetzige Schloss steht.

❡ An diese Sage erinnert die früher einmal viel gelesene Ballade von Johann Nepomuk Vogl, die mit den Worten beginnt: »Herr Heinrich saß am Vogelherd …« ❡

Neun Kinder auf einmal

In Querfurt hatte ein Graf namens Gebhard seinen Sitz. Er war ein strenger und ernster Mann, bisweilen starrsinnig, aber von schnellem Entschluss.

Als er einmal längere Zeit von seinem Herrschaftssitz abwesend war, entband seine Gemahlin neun Kinder auf einmal. Über einen so reichen Segen erschraken sie und ihre Frauen nicht wenig, denn sie hatten guten Grund zu der Befürchtung, dass von dem Herrn und Grafen darüber nichts Gutes zu erwarten sei. Der nämlich war recht wunderlich und hatte sich schon öfters äußerst ungnädig über Frauen geäußert, die mehr als ein Kind, etwa zwei oder drei, zugleich geboren hatten. Und nun gab es da sogar dreimal drei auf einmal! Dies würde ihm wohl als zu viel erscheinen und so, als sei es nicht mit rechten Dingen zugegangen.

Die Frauen kamen also überein, eines der Kindlein, nämlich das erste und stärkste, zu behalten und die acht übrigen beiseite zu schaffen. So wurde einer der Dienerinnen befohlen, die acht Kinder in einem Kessel fortzubringen und diese im nahen Schlossteich zu ertränken.

Als sie mit ihrem Kessel dahin ging, begegnete ihr der heilige Bruno, der damals in Querfurt lebte und der Bruder des Grafen war. Er wandelte gerade in der frühen Morgenstunde bei einem schönen Quellbrunnen auf und ab, um sein Gebet zu sprechen. Da hörte er eines der Kindlein weinen und fragte die Frau, was sie da trage. Die Dienerin erschrak, sagte dann: »Junge Hündchen«, und wollte schnell weitergehen.

Bruno aber nötigte sie den Mantel vom Kessel zu heben und entdeckte die acht Kindlein. Da zwang er der Frau das Geständnis ab, wem die Kinder gehörten, und darauf erzählte sie ihm wahrheitsgemäß, was sich zugetragen hatte. Bruno verlangte tiefes Schweigen von ihr, auch gegenüber der Mutter, taufte die acht Kinder in dem Kupferkessel mit dem Wasser des Quellbrunnens und nannte sie allesamt Bruno – nach sich selbst. Dann gab er sie zu guten Menschen in die Pflege, ließ sie von ihnen aufziehen und hielt alles streng geheim, bis die Zeit kam, da er wieder nach Preußen zu ziehen gedachte. Der erste Knabe aber, den die Gräfin behalten hatte, war Burkhart genannt worden. Er wurde später der Großvater Kaiser Lothars.

Als nun der heilige Bruno im Begriff war außer Landes zu ziehen, enthüllte er seinem Bruder das Geheimnis und nahm ihm das Versprechen ab, seine Frau nicht für die Tat zur Rechenschaft zu ziehen, die nichts anderes wüsste, als dass die Kindlein tot seien, und all die Jahre seither tiefe Reue und schmerzlichen Kummer darüber empfand. Dann ließ er die acht Knaben, einer gekleidet wie der andere, in das Schloss bringen und stellte sie den Eltern vor. Da erkannten sie gleich an deren Aussehen, dass sie die Brüderchen des Ersten waren, und Freude und Kummer lagen nah beieinander.

Graf Gebhard jedoch ließ seine Frau nicht gänzlich ungestraft. Er ließ ihr ein Paar neue Schuhe anfertigen, nicht aus Leder, sondern aus Eisen, und ließ sie glühend machen. Diese roten Schuhe musste die Gräfin eine Zeit lang anziehen, weil sie in den kindsmörderischen Rat eingewilligt hatte.

❡ Diese »Vielgeburtssage« gibt es als Wandersage auch in anderen Gegenden Deutschlands. In Querfurt westlich von Merseburg wird sogar noch etwa hundert Meter unterhalb der Burg der »Welfenteich« (Welpenteich) gezeigt, in dem die Kinder hätten ertränkt werden sollen. Nicht weit davon entfernt liegt im Stadtteil Thaldorf der nach dem heiligen Bruno benannte Bruno- oder Braunbrunnen, in dem er die Knäblein angeblich taufte. Bruno lebte von 917–1009, Graf Gebhard V., auf den sich die Sage bezieht, aber erst von 1350–83. ❡

Das Femegericht in der Teufelsschlucht

In der Teufelsschlucht bei Neckendorf soll sich vorzeiten eine geräumige Höhle befunden haben, von der heute allerdings keine Spur mehr vorhanden ist. Alle, die in der Gegend wohnten, fürchteten sich vor ihr, denn in ihr wurden Femegerichte abgehalten, zu denen jeder, der vorgeladen worden war, erscheinen musste, wenn er nicht vogelfrei* werden wollte.

Eines Tages sollte sich auch der Graf von Bocksthal dem Femegericht stellen. Da nun der Graf wusste, dass jeder, der ausblieb, geächtet wurde, dass aber andererseits keiner jemals zurückgekehrt war, der vor dem Gericht erschienen war, beschloss er, sich zwar zu stellen, dabei aber auf der Hut zu sein. Schon am nächsten Tag saß er mit seinem treuen Knappen auf und ritt zu dem unheimlichen Ort. Als er an den Kreuzweg gekommen war, der noch heute bei Neckendorf zu sehen ist, traf er auf den ersten Posten der Feme, der ihn zur Höhle geleiten sollte. Der Graf stieg vom Pferd und befahl seinem Knappen bei Todesstrafe, gut darauf aufzupassen und in der Nähe zu bleiben.

Als nun der Diener der Feme dem Grafen die Augen verbinden wollte, weigerte er sich und schritt ungehindert an einigen anderen Wächtern vorüber auf den Eingang der Höhle zu. Dort sollte er seine Waffen ablegen, aber auch dies verweigerte er. So trat er, das Schwert an seiner Seite, vor das Gericht. Im Halbkreis sah er vor sich die vermummten Richter sitzen, in der Mitte den Freigrafen, daneben seine Schöffen. Im Vordergrund aber stand neben dem Richtblock ein Henker. Ruhig und stolz trat der Angeklagte vor und hörte dem Ankläger zu, welcher ihn zahlreicher Verbrechen beschuldigte. Obwohl der Graf seine Unschuld beteuerte, erklärte ihn der Freigraf nach kurzer Beratung mit seinen Schöffen doch für schuldig und ihr dreimaliges »Wehe!« verkündete dem Angeklagten seinen nahen Tod.

Der aber rührte sich nicht von der Stelle, nachdem der Henker ihn aufgefordert hatte sein Haupt auf den Block zu legen. Vielmehr riss er, als man die Aufforderung wiederholte, mit mächtigem Schwung sein Schwert aus der Scheide und trennte dem Scharfrichter mit einem Schlag das Haupt vom Rumpf. Da warfen die Femerichter ihre mit drei Rosen geschmückten Dol-

* Vogelfrei: ohne Rechtsschutz, geächtet

che nach dem kühnen Grafen, doch diese prallten von seinem verborgenen Stahlpanzer ab, ohne ihn zu verwunden. Nun schlug der Graf, der ein außerordentlich starker Mann war, alle seine Gegner nieder, erstach sodann auch die Wächter vor der Höhle und kehrte unversehrt mit seinem treuen Knappen auf seine Burg zurück.

❡ *Die Femegerichte oder Heimlichen Gerichte wirkten ursprünglich in Westfalen, griffen aber seit dem 14. Jahrhundert auf ganz Deutschland über. Sie tagten als offene oder heimliche Gerichte und versuchten vor allem in Notzeiten Ordnung und Recht zu schützen. Deshalb waren sie auch überall gefürchtet. Dass sich ein Angeklagter gegen sie mit Gewalt wehrt, kommt nur in der Sage vor. In Wirklichkeit wäre das zu gefährlich gewesen.* ❡

DIE DREIECKIGE WEWELSBURG

Hoch überm Almental unterhalb von Paderborn erhebt sich auf einem steilen Felsenberg die Ruine der alten, dreieckig gebauten Wewelsburg über dem gleichnamigen Dorf. Der Ritter Wevelo von Büren soll ihr den Namen gegeben haben.

Auch ein reicher Lord in England besaß eine im Dreieck erbaute Burg, und diese Seltsamkeit erschien jenem als ein unschätzbares Besitztum. Er war nämlich felsenfest davon überzeugt, dass seine dreieckige Burg ganz und gar einzigartig auf der Welt sei. Da führte das Missgeschick einen Emigranten aus Frankreich, der die Welt gesehen hatte, zu dem Lord. Der war auch in Deutschland in Westfalen und auf der Wewelsburg gewesen. Und da nun der Lord solches Aufhebens um seine dreieckige Burg machte, sagte der Emigrant, solcher Burgen gebe es mehr, auch in Deutschland kenne er eine. Das wiederum wollte der Lord auf keinen Fall glauben. Der Franzose müsse schon mit ihm auf die Reise gehen und ihm jene Burg zeigen!

Nur wenig später haben sich die beiden Herren zusammen aufgemacht und sind Tag und Nacht gereist, über den Kanal und nach Amsterdam, durch Holland und schließlich nach Westfalen, auf die Wewelsburg. Da hat sich der

Lord die Burg recht genau betrachtet und gesagt, es sei leider wahr, auch dies sei eine dreieckige Burg. Voller Zorn ist er nach Hause zurückgekehrt, hat seine Burg abreißen lassen und sich eine neue, vieleckige Burg gebaut – und alles nur, weil er nicht als Einziger eine dreieckige Burg besessen hatte.

¶ Die Wewelsburg bei Büren im Kreis Paderborn wurde erst 1604–07 in der heutigen Gestalt ausgebaut und später von den Schweden verwüstet. Ihre Vorgängerin war ein berüchtigtes Raubritternest. ¶

Das Fräulein vom Willberg

Nahe bei Höxter bildet die Lage der drei Dörfer Godelheim, Amelunxen und Ottbergen ein Dreieck, durch welches das Flüsschen Aa fließt. Godelheim gegenüber liegt der Wiltberg oder Willberg. Auf diesem Berg geht es nicht geheuer zu. Vorzeiten wohnten Hünen auf ihm, die sich mit den Hünen auf dem nahen Brusberg viele zentnerschwere Steinkugeln zuwarfen. Noch sieht man mitten im Tal ein tiefes Loch, weil einmal eine solche Kugel, die zu kurz geworfen wurde, in den Erdboden einschlug. Auch geht ein Fräulein auf dem Willberg um. Es erscheint bisweilen und beschenkt die Menschen, wenn sie freundlich gesinnt sind.

Zwei junge Burschen namens Peter und Knipping, sie stammten aus Wehrden, gingen einst in den Wald, um Vogelnester auszuheben. Der Peter war erstaunlich faul, legte sich sogleich unter einen Baum und schlief auf der Stelle ein. Knipping aber streifte durch den Wald und suchte Nester. Da zupfte den Peter etwas am Ohr. Er wachte auf, schaute sich um und sah – nichts. Nachdem er abermals eingeschlafen war, zupfte es ihn aber wieder und wieder.

Da wollte er nicht länger an einem so unruhigen Ort liegen bleiben und stand auf, um sich ein ruhigeres Plätzchen zu suchen. Und siehe, da ging eine Weiße Jungfer vor ihm her, knackte Nüsse auf, warf die Kerne zur Erde, steckte die Schalen in die Tasche und verschwand. Peter las die Nüsse auf und aß sie, und dabei freute es ihn, dass er sich die Mühe erspart hatte, sie selbst aufzuknacken, denn das wäre ihm schon zu viel Arbeit gewesen.

Die Wewelsburg

Als Peter nun auf Knipping traf, erzählte er ihm von seinem Erlebnis und zeigte ihm die Stelle, wo das wandelnde Fräulein verschwunden war. Sie versahen den Ort mit Zeichen, holten noch ein paar Freunde herbei und begannen zu graben. Und sie fanden ihr Glück: Geld, so viel sie nur einstecken konnten. Als sie am nächsten Tag jedoch mehr davon holen wollten, war alles verschwunden. Peter aber war rundum glücklich: Er baute sich von seinem Geld ein Haus, in dem er herrlich schlafen konnte.

Ein anderer, älterer Mann, der ebenfalls aus Wehrden stammte, ging einst nach Amelunxen, um auf der dortigen Mühle Korn zu mahlen. Auf dem Rückweg ruhte er sich ein wenig an einem Teich aus. Da erschien ihm das Fräulein vom Willberg und sprach zu ihm: »Trage mir zwei Eimer Wasser hinauf auf den Willberg!«

Das tat der Mann und als er die zwei Eimer voll Wasser auf den Gipfel des Berges gebracht hatte, sprach das Fräulein: »Gehe morgen zum Schäfer nach Ottbergen, bitte ihn um den Blumenbusch, den er auf seinem Hut trägt, und komm zu dieser Stunde wieder.«

Auch dies tat der Mann. Der Schäfer aber gab den Blumenbusch nur ungern her, er war nämlich das Geschenk eines schönen Mädchens. Er hatte aber nichts damit anzufangen verstanden, denn er wusste nicht, dass jenes schöne Mädchen das Fräulein vom Willberg gewesen war. Und so ahnte er nicht einmal, dass in dem Busch die Wunderblume steckte, vor der sich alle Schlösser und Riegel auftun.

Als der Mann nun mit den Blumen zum Fräulein auf den Berggipfel zurückkam, erblickte er eine eiserne Tür, die er nie zuvor gesehen hatte. Er musste den Busch vor das Schloss halten und da sprang die Tür auf. In einer Höhle sah der Mann ein uraltes Graues Männlein sitzen, dem war der Bart durch den Tisch gewachsen, und ringsum lagen Schätze zuhauf. Über dem Tisch hing ein goldener Kronleuchter.

Sogleich begann der Mann die Schätze in seinen Sack zu packen. Um beide Hände für die Arbeit freizuhaben, legte er den Blumenbusch auf den Tisch. Das Fräulein aber sprach zu ihm: »Vergiss das Beste nicht!«, und der Mann griff nach dem goldenen Kronleuchter. Da hob das Graue Männlein seine Hand und versetzte ihm eine gehörige Ohrfeige. Darüber erschrak der Mann so sehr, dass er Hals über Kopf davonstürzte. Die Blume ließ er liegen und er hörte auch nicht auf des Fräuleins wiederholten Ruf: »Vergiss das Beste nicht!« Krachend flog die Gewölbetür hinter ihm zu.

Als er am Fuße des Berges angelangt war, wollte er seine Schätze zählen – statt Münzen fand er jedoch nur papierene Zettel, auf welchen jeweils ein Wappen und ein Geldwert standen. Der gute Mann konnte aber nicht lesen, deshalb warf er alles in die Aa. Da schwamm es hin, sein Glück! Es war nämlich das erste Papiergeld gewesen.

Die Wittekindsburgen

Held Wittekind, oder Widukind, der Sachsenherzog, hatte eine Burg in der Gegend von Minden auf einem schönen Berg, da, wo das Wesergebirge beginnt und man einen reizenden Punkt der Gegend die Porta Westfalica nennt. Diese Burg hieß Wittekindsburg. Eine andere Burg stand auf dem Werder, wo die Herforder Werre in die Weser fließt, und eine dritte hatte Wittekind nahe der heutigen Stadt Lübeck erbaut, die hieß die Babylonie. Von allen dreien gehen noch Sagen um im Lande Westfalen.

Nahe der Burg am Werder soll ein greiser Christenpriester dem Helden Wittekind auf der Jagd im tiefen Wald begegnet sein und zu ihm gesprochen haben, er solle ans Christentum glauben und an die Macht des ewigen Gottes. Da habe der Heidenheld ein Zeichen gefordert und der Priester habe im Gebet Gott um solch eines angefleht, denn Wittekind hatte gesagt: »Mache, dass Wasser aus diesem Felsen springt, dann will ich die Taufe annehmen!« Da habe sich das Pferd aufgebäumt, mit dem Huf an den Felsen geschlagen und ein Wasserstrahl sei aus dem Gestein gerauscht.

Nachdem er dies gesehen hatte, stieg der Held vom Pferd und betete und ließ eine Kirche an diesem heiligen Ort erbauen. Der Ort erhielt den Namen Bergkirchen und die Quelle darunter fließt noch heute und heißt der Wittekindsborn.

Als aber der große Wittekind nach einem Leben voll mannhafter Kämpfe gestorben war, da ist zwar sein Leib in Enger, wo er ebenfalls eine Burg hatte, beigesetzt worden, aber viele haben ihn nachher doch noch einmal wieder gesehen. Es geht nämlich die Sage, dass seine letzte Schlacht auf dem Wittenfelde gar vielen braven Streitern das Leben gekostet und dass der Held schließlich flüchtend nach Ellerbruch gezogen sei.

Da nun im Heerestross viele Frauen und Kinder gewesen seien, die nicht gut fortzubringen waren, da habe sich das Sprichwort erfüllt: »Krieche ein, krieche ein, die Welt ist dir gram«, und es habe sich unter der Babylonie der Berg aufgetan und Wittekind sei mit seinem ganzen flüchtigen Heer und allem Gefolge hineingezogen. Für immer und ewig habe er sich da hineinverwünscht.

Manches Mal sieht man ihn in gewissen Zeiten mit auserlesenem Gefolge im Wesergebirge auf weißen Pferden reiten, wenn er seine Burgen besucht. Auch sein Heer kann man von Zeit zu Zeit sehen, wie es dahinzieht mit blinkenden Spießen, Pferdewiehern und Hörnerschall. Die Leute sagen, dass es Krieg bedeute, wenn der Wittekind aus der Babylonie ausreite.

❡ *Die Erinnerung an den Sachsenherzog Widukind oder Wittekind, den gefürchteten Gegner Karls des Großen, lebt in seiner Heimat Westfalen in verschiedenen Sagen fort. Die Burgen, die als angebliche Schauplätze seines Lebens und seiner Taten gelten, lassen sich anhand ihrer Überreste heute noch lokalisieren. Es handelt sich dabei vielfach um vorgeschichtliche oder germanische Wallanlagen. Der historische Widukind fand nach seinem Tod lange keine Ruhe. Seine Gebeine wurden mehrfach umgebettet und ruhen heute in Enger, wo in der Kirche die Deckplatte seines Grabes an ihn erinnert.* ❡

Die Jüdin und der Ritter

In einer blutigen Fehde, welche im Mittelalter die Stadt Linz am Rhein heimsuchte, hatte einst ein Judenmädchen, das erst wenige Tage alt war, seine Eltern verloren. Als Einzige war sie dem Blutbad entronnen. Die kleine Jüdin empfing die christliche Taufe, wobei ein Ritter von Rennenberg aus Linz die Rolle des Paten übernahm. Der gutherzige Herr empfand so inniges Mitgefühl für sein verwaistes Patenkind, dass er es in seine Burg aufnahm und mit aller Sorgfalt aufzog.

Das kleine Waisenmädchen wuchs zu einer Jungfrau von blendender Schönheit heran. Das Mitgefühl aber, das Herr von Rennenberg anfangs für sein Patenkind empfunden hatte, verwandelte sich nach und nach in heiße Liebe, und obwohl er bedeutend älter war als sie, wurde seine Liebe erwidert. Heiraten jedoch konnten die beiden nicht, denn nach dem Kirchengesetz durfte der Pate sein Patenkind nicht heiraten. Da das Liebesverhältnis der beiden aber bekannt geworden war, musste sich das Pärchen auf Befehl des Erzbischofs von Köln trennen. Das Kloster St. Katharina nahm die schöne, aber herzenskranke Jungfrau auf, während der Ritter auf seiner Burg in Linz sein Leid den Sternen klagte.

Die Hürde, welche dem Paar im Wege stand, konnte nur in Rom beseitigt werden. So eilte der Ritter nach Köln zum Erzbischof und bat ihn, dort Fürsprache für ihn einzulegen. Da der Erzbischof dem Ritter gewogen war – er hatte ihm in mancher Fehde als treuer Knappe zur Seite gestanden und auch das Katharinenkloster war reich von ihm beschenkt worden –, bat er in Rom um Dispensation* und tröstete den Ritter, dass diese sicher eintreffen werde, noch ehe das Jahr abgelaufen sei, nach welchem die Jungfrau unwiderruflich den Schleier nehmen und Nonne werden müsste. Erleichtert kehrte der Ritter nach Linz zurück und wartete Wochen und Monate – doch er wartete vergeblich, das erlösende Wort kam nicht.

Als nur noch acht Tage bis zu dem gefürchteten Augenblick fehlten, eilte der verzweifelte Herr von Rennenberg nach Köln zum Erzbischof. Der aber forderte nur: »Entsaget!« Schmerz und Kummer hatten den Ritter fast blind gemacht, deshalb sah er das gutmütige Lächeln nicht, das um die Lippen des Erzbischofs spielte. Der nämlich hatte die Dispensation längst erhalten und sogar Befehl nach St. Katharina gegeben, die Jungfrau nicht einzukleiden, sondern sie am letzten Tag des Probejahres nach Köln zu bringen. Dies sagte er dem Herrn von Rennenberg aber nicht, weil er seine Beständigkeit auf die Probe stellen wollte.

Mit Hangen und Bangen war der letzte Tag des Noviziats herangekommen

* Dispensation: Ausnahmegenehmigung, Befreiung von einer Verpflichtung

und noch einmal raffte sich der Ritter auf und schritt gramgebeugt zur bischöflichen Burg. Dort traf er den Erzbischof im Ornat an. Und als der ihn teilnahmsvoll an der Hand nahm und zur Kapelle führte, die in einem wahren Lichtermeer schwamm, verstand er nicht, was es mit all dem auf sich hatte. »Was soll das bedeuten?«, fragte er und war mittlerweile ganz blass geworden.

Statt einer Antwort aber geleitete der Erzbischof ihn vor die Stufen des Altars, wo die Oberin aus St. Katharina ihm seine Geliebte an die Seite führte. Nun verkündete der Erzbischof die päpstliche Dispensation und traute endlich das schwer geprüfte Paar. So verwandelten sich des Ritters Schmerz und Kummer in große Freude, und zwar in ebenjener Stunde, in welcher er glaubte seine süßesten Hoffnungen für alle Zeit zu Grabe getragen zu sehen.

❡ *Das ist eine der ganz seltenen Sagen, in denen die Beziehungen zwischen Juden und Christen positiv gesehen werden, allerdings auch erst nach der Bekehrung des jüdischen Mädchens. In den meisten Fällen zeichnen die Sagen ein negatives Bild der Juden (vgl. dazu auch »Der Ewige Jude«, S. 519).* ❡

Die Luftbrücke

Einst ragten stolz und kühn zwei stattliche Nachbarburgen einander gegenüber aus dem Ahrtal auf. Es waren die Schlösser Neuenahr und Landskron; zwischen ihnen rauschte die Ahr. Hoch über dem Tal aber erstreckte sich eine Brücke, welche die Burgen miteinander verband. Die beiden Burgherren, der Graf von Neuenahr und der Herr von Landskron, waren so herzlich befreundet, dass sie die Brücke gemeinsam gebaut hatten, damit sie zu jeder Zeit zusammen und doch auch schnell wieder zu Hause sein konnten, denn der Weg durch das Tal hätte mehrere Stunden gedauert. Nachdem die beiden Freunde gestorben waren, begann die Brücke jedoch zu verfallen, sodass an beiden Burgen nur noch die mächtigen Brückenpfeiler erhalten blieben.

Da geschah es, dass ein Rittersohn auf Landskron und seine Nachbarin, eine junge Gräfin von Neuenahr, einander liebten. Sehnlichst wünschten sich die beiden die Brücke zurück. Da diese aber verfallen war, band die Grafentochter ein Garnknäuel, das ganz locker gewickelt war, an einen Armbrustpfeil, befestigte das Ende und schoss den Pfeil zur Nachbarburg hinüber. Nun waren die Burgen durch den Faden wieder miteinander verbunden. An jenem Faden nämlich lief noch eine dünne Schnur mit einem Vorhangring entlang, an welchem sich zur Dämmerstunde Brieflein und Liebespfänder hin- und herziehen ließen. Den dünnen Faden bemerkte man von oben kaum und von unten überhaupt nicht.

Als die Herzen der beiden Liebenden sich nun verständigt hatten, heirateten sie und bauten, wie die Sage erzählt, die Brücke wieder auf. Danach aber ist sie von neuem verfallen und niemals wieder errichtet worden. Auch die Burgen sind verfallen und Freundschaft und Liebe wohnen dort nicht mehr, ja Burg Neuenahr ist bis auf seine Ruinen aus der Gegenwart verschwunden.

❡ Burg Landskron, hoch über Rhein und Ahr bei Bad Neuenahr, wurde zu Beginn des 13. Jahrhunderts erbaut. An Burg Neuenahr erinnert heute nur noch der gleichnamige Berg jenseits der Ahr. ❡

Rolandseck

Auf einer Burg hoch über dem Rheintal hatte ein junger Ritter namens Roland, welcher der Neffe Karls des Großen war, seinen Sitz. Roland liebte Hildegunde, die Tochter des Burggrafen Heribert, der auf dem Drachenfels saß, und seine Liebe wurde erwidert. Da auch der alte Burggraf nichts gegen die Verbindung seiner Tochter mit dem jungen Ritter einzuwenden hatte, verlobte er sie herzlich gern mit ihm. Noch bevor aber die Hochzeit des Brautpaares stattfinden konnte, wurden die Ritter zu einem Feldzug gegen die Hunnen und Heiden gerufen, die im Osten das Reich bedrohten, und auch dem Ritter Roland geboten Pflicht und Ehre diesem Aufruf zu folgen.

Anfangs drang der Ruf von Rolands tapferen Taten, die den Kampf zugunsten des Christenheeres entschieden hatten, bis an den Rhein und auf den

Drachenfels und die Freude darüber war groß. Dann war es eine Zeit lang still um Roland. Schließlich aber kam ein heimkehrender Ritter vorüber, der auf dem Drachenfels um Nachtlager bat. Ahnungslos, wie schmerzlich seine Kunde für seine Gastgeber sei, berichtete er, dass Ritter Roland den Heldentod gefunden habe. Da erhob sich großes Leid und Wehklagen und Hildegunde war so voller Trauer, dass sie sogleich den Entschluss fasste, ins Kloster Nonnenwerth zu gehen und Nonne zu werden. Und da der Bischof, der über dieses Kloster gebot, ihr Verwandter war, wurde ihr dringender Wunsch, dass ihr das Probejahr erlassen würde, bewilligt und man kleidete sie schon nach einem Monat als Nonne ein.

Am folgenden Tag stieg ein Gast zum Drachenfels empor. Zwar wurde er eingelassen, doch fand er in aller Mienen nur Trauer. Da aber erkannte der Ritter Heribert voll Freude und Schrecken den geliebten Roland in dem Fremden. Es erwies sich, dass Roland tatsächlich schwer verwundet und tot geglaubt vom Schlachtfeld getragen worden war. Anschließend jedoch hatte er sich wider Erwarten erholt und sogleich einen Boten zum Drachenfels gesandt. Der Bote aber war niemals eingetroffen. Nachdem er all dies berichtet hatte, verlangte Roland seine Hildegunde zu sehen. Doch da vernahm er das Donnerwort: Sie ist eine Nonne!

Schrecklich war, was Roland empfand. Stumm vor Schmerz ging er vom Drachenfels hinab, bestieg sein Pferd, ritt nach Rolandseck hinauf, entließ seine Diener, wählte sich droben einen Felsensitz, von dem er nach Nonnenwerth hinabschauen konnte, und sah zu seiner Geliebten hinunter, Tag für Tag, Monat für Monat und Jahr für Jahr. Er lebte als Einsiedler und sprach leise Gebete, wenn im Tal die Klosterglocke erklang. Bisweilen sah er die Nonne Hildegunde, die aus Trauer ein unlösbares Gelübde geleistet hatte. Dann aber sah er sie lange Zeit nicht mehr, bis ein Leichenzug ihm sagte, dass sie aus dem irdischen Leben geschieden war und ewigen Frieden gefunden hatte.

Bald danach hat man auch Roland tot gefunden, er war ihr dorthin nachgegangen, wo alle liebenden Seelen sich im Schoß der ewigen Liebe wieder vereinigen.

❡ Von der 1122 erbauten Burg Rolandseck gegenüber dem Drachenfels (vgl. »Die Höhle am Drachenfels«, S. 151) hoch über dem Rhein ist heute nur noch ein einzelner Fensterbogen, der so genannte »Rolandsbogen« erhalten. An ihn knüpft sich die Sage von Roland, dem Paladin Karls des Großen, der in den Pyrenäen gegen die Mauren kämpfte und bei Roncevalles fiel. In der Sage überlebt er den Krieg. Vom Rolandsbogen aus blickt man hinab auf das Kloster Nonnenwerth, das zur gleichen Zeit erbaut wurde, heute aber noch erhalten ist. ❡

DIE BRÜDER

Auf den benachbarten Burgen Sterrenberg und Liebenstein am Rhein wohnten zwei Brüder, die waren sehr reich und hatten die Burgen von ihres Vaters Erbe stattlich erbaut. Als ihre Mutter starb, wurden sie noch reicher. Sie hatten aber eine Schwester, die blind war, und mit ihr mussten sie das Erbe der Mutter teilen. Dies taten sie, indem sie das Geld in Scheffeln* maßen und jeder ein volles Maß nach dem anderen nahm. Die blinde Schwester fühlte bei jedem, dass eines genauso voll war wie das andere.

Die arglistigen Brüder aber drehten jedes Mal, wenn es ans Maß der Schwester ging, den Scheffel um und bedeckten nur den von einem schmalen Rand umgebenen Boden mit Geld. Wenn nun die Blinde die Oberfläche befühlte, war sie zufrieden, denn es schien ihr ein voller Scheffel zu sein. In Wahrheit aber war sie gottlos betrogen worden.

Dennoch lag Gottes Segen auf ihrem Geld und sie konnte reiche Messen in drei Klöstern stiften. Auf dem Geld der Brüder aber lag Unsegen. Ihr Besitz verringerte sich, ihre Herden starben dahin, ihre Felder wurden vom Hagel verwüstet und ihre Burgen verfielen. Auch sie selbst gerieten schließlich in Feindschaft und am Ende zogen sie eine dicke Mauer zwischen ihren Burgen hoch.

Als all ihr Erbe aufgebraucht war, versöhnten sich die beiden zwar, aber auch dies war ohne Glück und Segen. Eines Tages nämlich verabredeten sie

* Scheffel: altes Mengenmaß, fiel regional sehr unterschiedlich aus

am nächsten Tag gemeinsam zur Jagd zu gehen. Wer zuerst wach sei, solle den anderen durch einen Pfeilschuss an den Fensterladen wecken. Der Zufall wollte es nun, dass beide gleichzeitig erwachten, beide gleichzeitig die Armbrust spannten, im gleichen Augenblick den Laden aufstießen und schossen, und dass der Pfeil jedes von ihnen den anderen ins Herz traf. Das war der Lohn ihrer untreuen Tat an ihrer blinden Schwester.

❡ Am ganzen Rhein stehen nirgends Burgen so nahe beieinander wie Sterrenberg und Liebenstein südlich von Koblenz, die im Volksmund auch »die feindlichen Brüder« genannt werden. Sterrenberg wurde schon im 11. Jahrhundert erbaut, das nur 150 Meter entfernte Liebenstein erst Ende des 13. Jahrhunderts. ❡

Das Pfaffenkäpplein

Der junge Rheingraf von der Kauzenburg wünschte sich nichts sehnlicher, als auf dem Felsen, wo heute die Ruine der Feste Rheingrafenstein zu sehen ist, eine stattliche Burg, trotzig und uneinnehmbar, zu besitzen. Aber der Felsenriese lag da, als könne er von keinem Steinmetz erobert werden.

Als der Rheingraf eines Tages wie so oft in Gedanken versunken vor dem Felsen stand, gesellte sich der Teufel zu ihm und sprach: »Ich lese Euch die Gedanken von der Stirn ab: Ihr wollt eine Burg auf diesem Felsen. Was gebt Ihr dem Baumeister, der dieses Werk in einer Nacht zu Eurer Zufriedenheit vollbringt? Es wäre wohl einen feinen Lohn wert!«

»Fragt sich nur, welchen Lohn!«, antwortete fröstelnd der Graf. »Seid Ihr der Mann? Und was begehrt Ihr?«

Da antwortete der Teufel: »Nur eine Seele, die erste, die am Morgen aus dem Fenster schaut.«

»Ich will darüber schlafen«, erwiderte der Graf. »Kommt morgen um diese Zeit wieder hierher, dann gebe ich Euch Bescheid.«

Aufgewühlt ging der Graf nach Hause. Er hätte die Burg zwar zu gern gehabt, aber eine Seele dafür zu opfern, das erschien ihm doch zu frevelhaft. Er ließ also den Burgkaplan zu sich kommen, um mit ihm zu beraten. Der aber schlug nur ein Kreuz nach dem anderen und wollte von dem Handel nichts wissen. Eindringlich riet er dem Grafen ab, warnte vor des Bösen Feindes List und Tücken und rückte dabei vor lauter Aufregung sein schwarzes Käpplein auf dem Scheitel hin und her.

Da trat die junge Frau des Rheingrafen hinzu. Sie rief ihren Mann beiseite und sagte: »Nimm's an, wir werden dem Schwarzen schon die rechte Seele geben.«

So ritt der Graf wieder ins Nahetal an die verabredete Stelle. Als er dort eintraf, sah er oben auf dem Felsen, den er so gern bebaut hätte, eine Gestalt wie eine Gämse hin und her springen und mit einem Mal stand der höllische Fremde wieder vor ihm. »Ich nahm einstweilen Maß«, lachte er, »Ihr wollt doch wohl?«

»Bau zu!«, sagte der Rheingraf nur.

Im Morgenrot des nächsten Tages glänzte die Burg flammenrot ins Nahetal hinab und es fehlte kein Stein und kein Brettchen. Der Rheingraf ritt hinauf und der nächtliche Baumeister führte ihn in seinem herrlichen Eigentum umher, zeigte ihm Hallen und Säle, Brücken, Gänge und Stiegen und öffnete im Palas* ein hohes Bogenfenster, damit der Graf so richtig die schöne Aussicht bewundern könne. Aber der Graf ließ sich nicht übertölpeln und sagte nur spöttisch: »Macht nur wieder zu, hier zieht es und wir sind vom Treppensteigen erhitzt.« Der Böse zog ein schiefes Maul, denn er hätte gar zu gern den Rheingrafen selber aus dem Fenster in den Abgrund gestürzt und wäre mit seiner Seele davongeflogen.

Der Rheingraf indessen gab Befehl, dass der Umzug beginnen solle. Da kamen in einem großen Zug die Knechte und Mägde, Kühe und Schweine, Hühner und Enten, Esel und Rüden, die Stallleute, die Pferde und Hütejungen – kurz: alle – auf das neue Schloss. Die Gräfin aber ging neben dem Pfaffen, scherzte mit ihm und sagte, es müsse doch auf dem neuen Berg sehr zugig sein, sie wolle ihm ein neues Käpplein nähen und bitte ihn deshalb, ihr das alte eine Weile als Muster zu überlassen.

Sobald ihr der Pfaffe sein Käpplein ausgehändigt hatte, befahl sie heimlich dem Knappen ein Palasfenster zu öffnen und ein Eselfüllen, dem sie das

* Palas: Hauptgebäude der mittelalterlichen Burg

Pfaffenkäpplein aufgesetzt hatte, in den Palas zu treiben. Dies geschah und als das unglückliche Füllen die Morgenluft witterte, spitzte es die Öhrchen und stakste ans Fenster. Da lauerte schon der Teufel und als er das Pfaffenkäpplein sah, wurde er schier blind vor Freude, griff hinein und raste mit dem Eselfüllen zu Tal, in der Meinung, er habe den Kaplan persönlich. Als er's dann genauer besah, war's eine unschuldige Eselseele, aber es half nichts – er musste sie hinnehmen.

¶ Hier vereinigen sich die Motive einer Gründungs- und einer Teufelssage. Die Ruine bei Bad Münster am Stein liegt auf einem 136 Meter hohen und so steilen Felsen über der Nahe, dass man sich ihren Bau nicht anders als mithilfe des Teufels erklären konnte. In Wirklichkeit wurde sie im 11. Jahrhundert als Stammsitz der Herren von Stein errichtet. ¶

Der Gefangene auf Burg Trifels

Über dem Anweiler Tal bei Landau erhob sich eine stattliche Kaiserpfalz, die Burg Trifels. Es geht die Sage, dass König Richard Löwenherz von England darin von Kaiser Heinrich gefangen gehalten worden sei. Denn niemand wusste, wo er hingekommen war, und in seinem Reich herrschte große Sehnsucht nach Richards Rückkehr. Richard aber hatte einen treuen Dienstmann, sein Name war Blondel. Er war ein Minnesänger und verstand sich meisterhaft auf die Kunst des Gesanges und der Töne. Mit einer Schar von redlichen Männern machte der Dienstmann sich auf, um seinen König überall zu suchen. Als Lösegeld nahmen sie einen reichen Schatz an Gold und anderen Kostbarkeiten mit, die das Volk geopfert hatte.

Auch König Richard war ein Minnesänger und Blondel kannte die Lieder des Königs. Vor mancher Burg, in welcher Blondel den König gefangen glaubte, hatte er schon Lieder angestimmt, auf welche der König, wenn er ihn hörte, singend geantwortet hätte – doch es war still geblieben hinter den festen Mauern. Schon war er an der Donau auf- und abgezogen und hatte auch die Ufer des Rheins abgesucht, als er erfuhr, dass nahe der Stadt Landau auf drei Felszacken ein großes und stattliches Kaiserschloss stehe, wo man damals die Kleinodien des Heiligen Reiches aufbewahrte. Dies war die Burg Trifels. Und da Blondel der Meinung war, der römische Kaiser werde seinen König und Herrn nur in einem solchen Schloss gefangen halten, wandte er sich mit seinen Männern dorthin.

Wachsam schlich er um die Mauern, dann stimmte er am Fuß der starken, hohen Türme, in deren Kellern und Verliesen man die Gefangenen schmachten ließ, jene Lieder an, die nur König Richard kannte. Und – oh Freude! – endlich, endlich drang aus dem Gemäuer des Turms auf Trifels antwortender Gesang! Blondels Herz schlug höher. Sein König Richard war gefunden und bald darauf auch aus der Haft befreit.

❡ Die Sage geht auf einen historischen Kern zurück. Der englische König Richard Löwenherz war auf dem Rückweg von einem Kreuzzug 1192 von Herzog Leopold V. von Österreich gefangen genommen und auf dem Dürnstein in der Wachau eingekerkert, dann aber an den deutschen Kaiser Heinrich VI. ausgeliefert worden. Dieser hielt ihn auf dem Trifels gefangen, bis er ein hohes Lösegeld zahlte. Die Reichsburg Trifels bei Anweiler in der Pfalz galt als sicheres Gefängnis, denn sie war gut bewacht, weil dort lange Zeit auch die Reichskleinodien – also die Kaiserkrone und die Krönungsinsignien – aufbewahrt wurden.
Die Sage wird gelegentlich auch auf Burg Dürnstein lokalisiert. ❡

Der wilde Rodensteiner

Die Herren von Rodenstein waren ein mächtiges Rittergeschlecht. Einer von ihnen ist ein großer Freund des Krieges und der Jagd gewesen, Kämpfen und Jagen waren sein größtes Vergnügen – bis er eines Tages auf einem Turnier in Heidelberg auch die Minne* kennen lernte. Dort entbrannte er nämlich so sehr in Liebe zu einem schönen Edelfräulein, dass er sie am selben Tage noch zur Frau nahm.

* Minne: Liebe

Einige Zeit ging alles gut und der Ritter schien ein ganz anderer geworden zu sein. Man sah ihn kaum noch auf Turnieren und jagen ging er nur selten. Doch allzu lange hielt er es nicht aus im friedlichen Minneleben auf der Burg. Als er einmal mit einem Nachbarn in Fehde geriet, erwachte seine alte, leidenschaftliche Kampfeslust zu neuem Leben. Voller Vorahnungen warnte ihn seine Frau und bat und flehte, er möge sie nicht verlassen, da sie hochschwanger und der Entbindung nahe war – doch alles Bitten war vergeblich. Der Rodensteiner zog fort. Sie aber war so erschüttert, dass die Wehen zu früh einsetzten, sie einen toten Sohn entband und starb.

Der Ritter war unterdessen auf die Burg Schnellerts gezogen, weil er dort näher am Feind war. Eines Nachts aber erschien ihm der Geist seiner Frau und stieß eine Verwünschung gegen ihn aus. »Rodensteiner!«, sprach sie. »Du hast weder mich noch dich geschont, der Krieg ging dir über die Liebe. Sei fortan ein Bote des Krieges, auf immer und ewig, bis an den Jüngsten Tag!«

Bald darauf begann der Kampf. Der Rodensteiner fiel und wurde auf Burg Schnellerer begraben. Ruhelos muss nun von Zeit zu Zeit sein Geist ausziehen und als Unheilsbote durch sein Land streifen. Wenn ein Krieg auszubrechen droht, erhebt er sich schon ein halbes Jahr zuvor. Begleitet von Tross und Hausgesinde zieht er aus, mit Jagdlärm und Pferdegewieher, Hörner- und Trompetenschall. Man hat bisweilen das Knarren der Wagen und ein »Ho!-Ho!«-Rufen, mit dem die Pferde angetrieben werden, vernommen. Er zieht durch Hecken und Sträucher zum Rodenstein hinauf, als sei er auf der Flucht und wolle seine Habe in Sicherheit bringen. Das haben viele Hunderte gehört. Dort auf dem Rodenstein bleibt das Geisterheer, bis der Frieden naht, dann zieht es weniger lärmend wieder zum Schnellerer zurück.

❡ *Die Sage vom Rodensteiner geht auf eine ältere Sage vom Burgherrn auf Burg Schnellerts bei Brensbach-Affhöllerbach im Odenwaldkreis zurück, mit der sie verschmolzen ist. Die Ruine Rodenstein als Schauplatz liegt südwestlich von Fränkisch-Crumbach. Literarische Berühmtheit erlangte der Rodensteiner durch zwei Gedichte Victor von Scheffels und »Das Buch Rodenstein« von Werner Bergengruen.* ❡

DIE WINDECKER

Einst, als die Burg Windeck schon verfallen war, jagte ein Ritter einen Hirsch. Der Hirsch aber floh mitten in die Ruinen der alten Burg hinein und verschwand vor seinen Augen. Nun fand sich der Ritter ganz allein in dieser stillen, öden Gegend. Der Tag war heiß und der Durst brannte in seiner Kehle.

Da fiel ihm die Sage ein, dass in den verschütteten Kellern der Burg Windeck noch so mancher gute Trunk liegen solle. Und siehe da, plötzlich stand eine Jungfrau im weißen Gewand vor ihm, die hielt ein bis an den Rand gefülltes Trinkhorn und bot ihm an, daraus zu trinken. Der Ritter trank und konnte fortan kein Auge mehr von der schönen Jungfrau wenden. Sie aber nahm ihr Trinkhorn zurück und dann verschwand auch sie.

Seit diesem Tag blieb der Ritter an die Ruine jener Burg gebannt, getrieben von der beständigen Hoffnung, dass die schöne Jungfrau, die ihn mit ihren Augen und ihrem Trank bezaubert hatte, ihm einmal wieder erscheine. Niemand kann sagen, ob der Ritter sie wieder gesehen hat. Denn auch als er schließlich gestorben war, wandelte sein Geist noch immer ruhelos durch die Trümmer.

Anders als dieses Ritters Herz waren die Herzen der allerletzten Nachkommen des edlen Geschlechts derer von Windeck beschaffen. Deren einziges Glück war nämlich ihr unsäglicher Geiz. Als einsame Junggesellen hausten die beiden Brüder in der verfallenen Feste, denn der Erhalt der Burg hätte Geld gekostet, und das liebten die Brüder viel zu sehr, um es aus ihrem Schatzkästchen hinauszustoßen in die böse feindliche Welt. Auch all ihre Diener hatten sie entlassen, denn auch diese kosteten Geld. Selbst Hund und Katz fraßen den Brüdern am Ende zu viel und sie fanden, dass es ein kostspieliges Unterfangen sei, vierbeiniges Vieh auf der Burg zu halten, zumal wenn es nicht wenigstens Milch oder Wolle gab. Dennoch hielten sich die beiden noch ein Tierchen, und das war eine Meise, denn die brauchte ja nicht viel – sie gaben ihr eine Nuss am Tag.

Da geschah es, dass einer der Brüder eine schlaflose Nacht verbrachte, und in schlaflosen Nächten pflegen die Geizigen zu rechnen. Und das tat der Herr von Windeck also und brachte heraus, dass das Jahr 365 und manchmal auch 366 Tage habe, und dass ebenso viele Nüsse sechs Schock* und sogar noch mehr ausmachten, und dass ein Schock Nüsse drei Kreuzer kostete, und dass dies also jedes Jahr die Summe von mehr als 18 Kreuzern betrage. Und das war sechsmal so viel wie das, was eine Meise eigentlich wert war!

Am nächsten Tag teilte der Windecker seinem Bruder diese Rechnung mit und der erschrak auf der Stelle und wurde eine Zeit lang ganz versonnen. »Wenn wir bedenken«, sprach er schließlich, »dass unter den sechs Schock Nüssen auch viele taube Nüsse sind, so können wir sogar sieben Schock rechnen. Dabei ist noch nicht einmal an die Mühe gedacht, welche das Füttern, Wasser geben und Putzen des Käfigs eines solch unnützen Fressers verursacht!«

»Ja, lieber Bruder«, sprach der Erste wieder mit einem Seufzer, »wir haben uns da von unsrer Gutherzigkeit gegen dieses unvernünftige Geschöpf zu einer unverantwortlichen Verschwendung hinreißen lassen. Bedenke nur, wie viele Jahre wir das Geschöpf nun schon füttern! Es ist ganz unerhört!«

So wurden sich die beiden Brüder sehr bald einig, dem nutzlosen, kostspieligen Kostgänger den Käfig zu öffnen und ihn fliegen zu lassen, wohin er wolle. Aber der Schmerz über die zu spät von ihnen erkannte Verschwendung nagte den Brüdern am Herzen. Sie konnten sich dies nicht verzeihen. Und am folgenden Tag hatte der Kummer über all das vergeudete Geld ihnen zu gleicher Zeit das Herz gebrochen.

❡ Burg Windeck oberhalb Weinheim ist eine der ältesten Burgen der Bergstraße. Sie wurde im 17. Jahrhundert zerstört. ❡

Der Schelm von Bergen

Als Friedrich Barbarossa zum deutschen Kaiser gewählt worden war, veranstaltete er in seinem Palast zu Frankfurt am Main ein großes Fest. Es war ein Maskenfest, zu dem jedermann freien Zutritt hatte. Selbstverständlich

* Schock: sechzig Stück

tanzte die Kaiserin auch mit und traf dabei auf einen Vermummten, der sich als ein ausgezeichneter Tänzer erwies, sodass sie gar nicht genug von ihm bekam.

Da aber rückte die Stunde der Entlarvung heran, in der ein jeder Gast seine Maske ablegen musste, und auch der Tänzer der Kaiserin musste die seine sinken lassen. Wie entsetzt waren nun aber alle, als man sah, wer mit der Majestät getanzt hatte! Es war kein Edler, nicht einmal ein Bürger oder ein Bauer gewesen – es war der Schinder, der noch nicht einmal in Frankfurt, sondern nur außerhalb, in dem Ort Bergen wohnen durfte. Da wurde der Kaiser sehr zornig und wollte dem frechen Eindringling den Kopf abschlagen lassen. Die Kaiserin aber hatte Mitleid mit ihm und setzte sich für ihn ein.

Der Schinder aber sprach: »Gemach, Herr Kaiser, Ihr irrt! Nicht die Kaiserin ist durch meine Berührung entehrt worden, sondern ich bin dadurch, dass ich mit ihr getanzt habe, zu Ehren gekommen!«

Nun lachte der Kaiser. »Du Schelm von Bergen, für einen Schinder hast du wahrlich Verstand. Knie nieder, ich will dich zu noch mehr Ehren bringen!« Und damit schlug ihn der Kaiser zum Ritter als Schelm von Bergen, ein Name, der auch seinen Nachkommen geblieben ist, bis das Geschlecht im Jahr 1844 ausstarb.

❡ Der Schinder oder Abdecker war für die Verwertung oder Beseitigung von Tierkadavern zuständig. Sein Gewerbe galt als anrüchig und zählte im Mittelalter zu den »unehrlichen« Berufen. Zeitweilig übte auch der Henker die Tätigkeit des Schinders aus. ❡

Das Fräulein von Boyneburg

Einst lebten auf der Boyneburg drei Schwestern. Die jüngste träumte eines Nachts, es sei in Gottes Rat beschlossen, dass eine von ihnen vom Blitz erschlagen werden sollte. Am nächsten Morgen erzählte sie ihren Schwestern den Traum und als es Mittag war, stiegen bereits die ersten Wolken auf, die immer größer und schwärzer wurden. Am Abend dann zog ein schweres Gewitter über den Himmel und der Donner kam näher und näher.

Als nun die Blitze von allen Seiten herabzuckten, sagte die Älteste: »Ich will Gottes Willen gehorchen, denn mir ist der Tod bestimmt.« Sie ließ sich einen Stuhl hinaustragen, saß einen Tag und eine Nacht lang dort und erwartete, dass der Blitz sie träfe. Dies aber geschah nicht.

Da stieg am zweiten Tag die Zweite hinab und sprach: »Ich will Gottes Willen gehorchen, denn mir ist der Tod bestimmt.« Sie saß den zweiten Tag und die zweite Nacht draußen und auch sie traf kein Blitz. Aber das Gewitter wollte nicht abziehen.

Da sprach die Dritte am dritten Tag: »Nun erkenne ich Gottes Willen, dass ich es bin, die sterben soll.« Sie ließ den Pfarrer kommen, damit er ihr das Abendmahl reiche, machte ihr Testament und stiftete, dass an ihrem Todestag die ganze Gemeinde gespeist und beschenkt werden solle. Nachdem all dies geschehen war, ging sie getrost hinunter – und im nächsten Augenblick fuhr schon ein Blitz auf sie herab und tötete sie.

Später, als das Schloss schon längst nicht mehr bewohnt war, ist sie oft als guter Geist erschienen. Ein armer Schäfer, der all sein Hab und Gut verloren hatte und dem am nächsten Tag das Letzte, was er besaß, gepfändet werden sollte, weidete an der Boyneburg. Da sah er im Sonnenschein an der Schlosstür eine schneeweiße Jungfrau sitzen. Sie hatte ein weißes Tuch ausgebreitet, auf welchem Flachsknoten* lagen, die in der Sonne aufspringen sollten. Der Schäfer wunderte sich, an dem einsamen Ort eine Jungfrau zu finden, trat zu ihr hin und sprach: »Ei, was für schöne Knoten!« Er nahm ein paar in die Hand, besah sie und legte sie wieder zurück.

Die Jungfrau schaute ihn freundlich und zugleich auch traurig an, antwortete aber nichts. Da wurde dem Schäfer angst, sodass er fortging und ohne sich umzusehen seine Herde nach Hause trieb. Unbemerkt waren ihm aber ein paar Flachsknoten in die Schuhe gefallen, die ihn nun auf dem Heimweg drückten. Er setzte sich nieder und zog den Schuh aus, um sie hinauszuschütteln. Als er aber in den Schuh griff, da fielen ihm fünf oder sechs Gold-

* Flachsknoten: Samenkapsel der Flachspflanze, die die Samen enthält, aus denen Leinöl gewonnen wird.

körner in die Hand. Sofort eilte er zur Boyneburg zurück, aber die Weiße Jungfrau war samt den Knoten verschwunden. Er jedoch konnte mit dem Gold seine Schulden bezahlen und seinen Haushalt wieder einrichten.

❡ Die Ruine der Boyneburg liegt oberhalb von Wichmannshausen im Werra-Meißner-Kreis. ❡

Burg Hauneck

Burg Hauneck gehörte einem der ältesten Adelsgeschlechter des Buchenlandes, den von Haune, das für seine unbändige Fehde- und Raubsucht mehr berüchtigt als berühmt gewesen ist. Ein schlimmeres Raubnest als die Burg Hauneck, die so trotzig vom Gipfel des Stoppelberges in die Welt hinabschaute, war weit und breit nicht zu finden.

Unterirdische Gänge führten zu einigen anderen Burgen in der Nachbarschaft hinüber, mit deren Besitzern sich die Haunecks zu gegenseitiger Hilfe verbündet hatten. Und so kam kein Warenzug, der nicht stark bewacht war, ungeschoren an den Burgen vorbei. Selbst einzelne Reisende wurden überfallen und ausgeplündert und durften von Glück sagen, wenn sie gegen ein hohes Lösegeld mit dem Leben davonkamen.

Einmal hauste auf Hauneck ein Ritter von Haune, welcher der Wilde Haune genannt wurde. Der übertraf noch all seine Vorfahren an Wildheit und Verwegenheit und er galt bei allen als eine Geißel des Landes. Eines Tages nun kam ein vornehmer Edelmann durch das Haunetal heraufgezogen. Der hatte zwar eine Schar von Rittern zu seinem Schutz dabei, aber der Wilde Haune, dem seine Späher die Ankunft des Reisenden bereits gemeldet hatten, lag mit seinen Spießgesellen im Hinterhalt. Unerwartet überfiel er den Trupp, nahm den Edelmann gefangen und schleppte ihn auf sein Felsennest, wo er ihn in Erwartung eines reichen Lösegeldes einstweilen in einen Turm sperrte.

In diesem Turm saß der Edelmann viele Tage und Nächte. Morgen für Morgen brachte ein Mädchen ihm Speis und Trank. Der Edelmann war aber ein schöner junger Mann und das Mädchen nahm großen Anteil an seinem Schicksal, umso mehr, da er immer freundlich zu ihr war und Freundlichkeit auf Burg Hauneck seit Menschengedenken nicht mehr heimisch war. Dies Mädchen aber musste Abend für Abend, nachdem sie den Gefangenen versorgt hatte, in das Tal hinuntergehen und eine Bütte* Wasser herauftragen, da es im Schloss keinen Brunnen gab.

Da fasste sie einen Plan und bei dem wüsten Leben auf der Burg fand sie bald schon die passende Gelegenheit, ihr Vorhaben unbemerkt auszuführen: An einem Abend, es dämmerte bereits, ging sie mit der Bütte auf dem Rücken wie gewöhnlich den Schlossberg hinab – und niemand wäre dabei auf den Gedanken gekommen, dass der Gefangene in der Bütte saß. Am Fuß des Stoppelberges angekommen, versteckten die beiden das Behältnis im Gebüsch und schlugen eilig den ihnen wohl bekannten Weg nach Fulda ein.

Als die Haunecker am nächsten Morgen die Flucht des Gefangenen entdeckten und auch die Bütte fanden, stieg der Wilde Haune zusammen mit einigen Knechten sofort aufs Pferd, um die Flüchtlinge auf der Straße nach Fulda zu verfolgen. Diese aber hatten sich längst hinter den schützenden Mauern des alten Bischofssitzes in Sicherheit gebracht, sodass die Räuber das Nachsehen hatten. Der Edelmann aber reichte bald darauf seiner Retterin am Altar die Hand und führte sie als seine Frau heim auf sein Schloss.

Burg Hauneck liegt im Haunetal in der Nähe von Hersfeld in Hessen.

Die Mumie des Ritters

Einst hauste zu Kampehl bei Wusterhausen ein Herr von Kahlebutz. Er stand in dem Ruf, ein besonders jähzorniger Mann zu sein. Eines Tages, er wollte eben nach Wusterhausen reiten, begegnete er am Bückwitzer See einem Schäfer und geriet mit ihm in heftigen Streit wegen des Weideplatzes. Als der Schäfer darauf bestand, dass es sein gutes Recht sei, erschlug ihn der

* Bütte: hölzernes Wassergefäß

jähzornige Mann. Obschon es niemand gesehen hatte, fiel der Verdacht trotzdem bald auf Kahlebutz.

Er wurde nach Neustadt vor Gericht berufen, leugnete aber die Tat und schwor, dass er niemals seine Hand gegen den Schäfer erhoben habe. Sollte er einen Meineid geschworen haben, so beteuerte er, dann wolle er, dass sein Leib niemals zu Staub zerfalle und sein Geist ruhelos umherwandle bis an den Jüngsten Tag. Dass Kahlebutz tatsächlich einen falschen Eid geschworen hatte, erwies sich, als er starb: Sein Leib blieb unverwest im Sarg und selbst seine Kleidung hat sich erhalten.

Ein jeder um Neustadt und Kampehl kennt die Sage, dass sein unruhiger Geist am Ort der bösen Tat Nacht für Nacht zwischen elf und zwölf Uhr herumspukt und dort sein Wesen treibt. Viele haben zwar schon ungläubig den Kopf darüber geschüttelt, andere behaupten aber steif und fest, dass der Geist des Kahlebutz keine Ruhe habe und es nicht ungestraft bleibe, wenn man ihn verspotte.

Fußgänger, welche die Schwänzbrücke am Bückwitzer See zur fraglichen Zeit überquert haben, erzählen von einer Last, die sich plötzlich auf ihre Schultern gelegt habe und erst gewichen sei, nachdem sie den Bereich des bösen Geistes verlassen hätten.

Manchmal, so heißt es, haben Spötter sogar noch Schlimmeres erfahren. So soll im Jahre 1806, während der Franzosenzeit, ein französischer Soldat das Grab des Kahlebutz besucht und unter dem Grausen der anderen Soldaten den versteinerten Leichnam herausgehoben haben. Darauf habe er ihn »Mörder« und »Scheusal« geschimpft, verkehrt herum in den Sarg zurückgelegt und aufgefordert, zwischen elf und zwölf in seinem Quartier zu erscheinen, wo er ihn erwarten würde.

Am nächsten Morgen aber fand man jenen Soldaten tot auf seinem Lager liegen. Dem bösen Spötter war das Genick gebrochen, ein Blutstrom rann aus Mund und Nase. Die Franzosen behaupteten zwar, er sei ermordet worden, doch das Gericht hatte zweifelsfrei festgestellt, dass Tür und Fenster des Quartiers verschlossen und verriegelt waren, sodass niemand von außen hatte hereinkommen können.

Dies alles ist nun freilich sehr lang her. Aber der Leichnam des Herrn von

Kahlebutz ist noch immer unverwest. Einige behaupten sogar, Haare und Nägel wüchsen ihm noch, was nicht verwunderlich sei, denn er sei ja auf ewig verwünscht.

¶ *Die Mumie des Ritters Kahlebutz existiert wirklich. Sie ruht in der kleinen Kirche von Kampehl bei Potsdam. Der Körper des Mannes wurde nie einbalsamiert. Die Sage versucht den merkwürdigen Vorgang der natürlichen Mumifizierung zu erklären.* ¶

Die Wettenburg

Zu Eichel gab es vorzeiten nur einen einzigen Hof. Der gehörte einem sehr reichen übermütigen Bauern. Dessen Sohn Stoffel trat in die Fußstapfen seines Vaters und quälte seinen kleinen Vetter Michel, der im Haus als Waise mit aufgezogen worden war, wo immer sich nur die Gelegenheit bot. Michel aber konnte sich nicht einmal bei dessen Vater beklagen, denn der hatte seine Freude an dem, was Stoffel tat, und glaubte, was ein rechter Junge sei, müsse sich eben so betragen. Zudem war er ohnehin zutiefst überzeugt, dass aus dem zarten Michel niemals etwas Rechtes werden würde.

Als die Jungen in die Flegeljahre gekommen waren, fror eines Winters der Main besonders fest zu und Stoffel und Michel liefen über die Eisbrücke an die Wittbacher Waldung, um Vögel zu schießen. Mitten im schneebedeckten Wald jedoch kamen sie an eine Stelle, die wie im Frühling mit Gras und Blumen geschmückt war, und sogar ein herrlich blühender Birnbaum stand dort. Den Michel überlief ein heiliger Schauer bei dieser Erscheinung. Stoffel aber sah nur mit gierigem Auge nach den drei Zwitscherlingen, die im Baume saßen und sangen und hüpften. Stoffel wollte die drei herunterschießen, Michel aber wollte das nicht.

Als Stoffel dennoch schoss, stieß er ihn an, sodass er sein Ziel verfehlte. Den Stoffel packte die Wut und er schlug den Michel, bis er weinend davonlief und drohte, er werde es dem Vater sagen. Er verlief sich aber im Wald, verfehlte merkwürdigerweise den Weg, den er eigentlich kannte, und lief von morgens bis abends, um sich am Ende doch nur wieder unter jenem Baum einzufinden, auf welchem die drei Vögel gesessen hatten. Diese waren immer noch da und obwohl es schon dunkel war, sangen sie den Michel in den Schlaf.

In seinem Traum nun war ihm, als stiegen die Vögel vom Baum und wären auf einmal drei schöne Jungfrauen, die eine blau, die andere rot, die dritte grün gekleidet. Sie neigten sich über ihn und flüsterten ihm ins Ohr, er solle eine schöne Tonkunst* erlernen und in sieben Jahren wieder zurückkommen. Dann nämlich könne er sie von einem bösen Zwerg erlösen.

Als Michel am Morgen erwachte, verlief er sich abermals. Da stieß er auf eine Schäferhütte und bat den Schäfer um Nahrung, dann erzählte er alles, was ihm geschehen war. Der Schäfer meinte, Michel habe es nicht besser treffen können, denn er selbst, der Schäfer, sei ein Meister der Tonkunst und bereit, sie den Michel zu lehren. Da blieb der Michel, wo er war, und wurde ein Spielmann, wie es nur selten einen gibt. Danach aber wanderte er durch die ganze Welt und spielte seine Weisen. Nach sieben Jahren jedoch trieb es ihn wieder in die Heimat zurück.

Es war Nacht, als er dort ankam, der Weg war dunkel und der Michel müd. Da sah er ein Turmgemäuer und beschloss, dass er dort übernachten wolle. Auf sein Pochen hin öffnete niemand, aber als er seine Flöte aus dem Ranzen nahm und spielte, meinte er ein Geräusch zu hören. Darauf holte er sein Waldhorn hervor und blies noch viel schöner. Nun rasselten Eisenstangen hinter der Tür, sie tat sich auf und ein sonderbares, zwergenhaftes Wesen mit sieben Augen im Kopf und einem Auge auf der Schulter stand vor ihm. Das Wesen war ein wahres Scheusal und es schien ungeheuer stark zu sein. Als Michel zögerte einzutreten, fuhr der Zwerg ihn zornig an, warum er ihn dann hinausgelockt hätte! Da nahm Michel all seinen Mut zusammen und ging hinein.

Im Turmgemach nun hingen alle Wände über und über mit Käfigen voll. Darin saßen seltsame Vögel, die bei Michels Ankunft alle in ein wunderliches, freudiges Jubilieren ausbrachen, allen voran drei Zwitscherlinge in einem goldenen Käfig. Da fiel dem Michel sein Traum unter dem blühenden Birnbaum

* Tonkunst: Musik

wieder ein und auch die Worte, dic ihm die Jungfrauen zugeflüstert hatten. So kannte er nun also den Feind, von dem er sie erlösen sollte, und er war fest entschlossen zu der Tat. Vor dem Zwerg aber verbarg er klug seine Gedanken und machte ein freundliches Gesicht.

Der nun bat den Michel ihm doch etwas vorzuspielen, denn er sei ein großer Verehrer der Musik, weshalb er sich auch die vielen Vögel halte. Michel nahm ein Instrument nach dem anderen hervor und bemerkte zufrieden, dass der Zwerg über sein Spiel in Schlummer sank. Eines nach dem anderen fielen seine sieben Augen zu und ganz zuletzt auch das glänzende auf der Schulter. Da riss Michel ein großes Schwert von der Wand und schlug der Missgestalt mit sicherem Schlag das Haupt ab.

Im selben Augenblick öffneten sich alle Käfige, die Vögel flogen heraus und allesamt standen sie plötzlich als Menschen da. Mitten unter ihnen aber standen die drei Jungfrauen, die eine blau, die andere rot, die dritte grün gekleidet. Sie erzählten, dass sie die Töchter eines Königs in fernen Landen seien und dass eine von ihnen den zwergenhaften Zauberer hätte heiraten sollen. Da aber keine ihn wollte, habe er sie in Zwitscherlinge verwandelt, und auch ihrem Gesinde habe er die Gestalt von Vögeln gegeben. Dies sollte so lange so bleiben, bis eine von ihnen sich doch noch zur Heirat entschloss. Nachdem die drei Jungfrauen von ihrem Schicksal berichtet hatten, sprachen sie: »Nun steht es dir frei, eine von uns zu heiraten, denn das haben wir zum Dank für unseren Retter miteinander ausgemacht.«

Dies hörte Michel mit Freuden. Er heiratete die Rotgekleidete und wurde durch sie und ihren Reichtum mächtig und angesehen. Der Kaiser aber ernannte ihn zum Grafen der Gegend und Michel erbaute zwischen Eichel und Vettingen ein Schloss, das fest und sicher war, denn der Main umfloss es auf drei Seiten.

Als nun Graf Michel zum ersten Mal Gericht hielt, wurde ihm ein Räuber vorgeführt, und dies war kein anderer als sein Vetter Stoffel. Das Gericht verurteilte Stoffel zum Tode, denn die Gesetze waren streng zu jener Zeit. In großer Verzweiflung warf sich nun Stoffels Vater dem Grafen zu Füßen und bat um das Leben seines Kindes, doch ohne den Michel zu erkennen. Dem Michel sollte es recht sein, denn es war ihm erlaubt, das erste Todesurteil, das er zu verhängen hatte, abzuändern und den armen Sünder zu begnadigen. So

Farbbildteil

Emden - wo man das
Geisterschiff sah (S.58)

Der Untersberg - wo die
Wilden Frauen hausten (S. 124)

Der Drachenfels - wo der
Drache hauste (S. 151)

Zittau - wo die Querxe wohnten (S. 175)
und der Malzmönch Bier braute (S. 479)

Burg Falkenstein - wo der Graf
den Schatz allein wollte (S. 222)

Greifswald - wo die Erdgeister
spukten (S. 170)

Lübeck - wo die Söbenbrüder
lebten (S. 312)

Erfurt - wo Doktor
Faustus lehrte (S. 395)

Vierzehnheiligen - wo einem Hirten
die Nothelfer erschienen (S. 466)

Die Reichenau im Bodensee - wo die
Sieben Schwaben ein Ungeheuer suchten (S. 513)

ließ er den Stoffel ziehen und stellte nur die Bedingung, dass er sieben Jahre in der Fremde wandern müsse. Danach dürfe er wieder in die Heimat zurückkommen.

Anlässlich dieser Begebenheit erinnerten sich viele Leute an Michels Herkunft und gedachten der Worte des alten Bauern, der behauptet hatte, aus seinem Sohn Stoffel würde gewiss etwas Rechtes werden, aus Michel jedoch niemals. Diese Wette nun ist die Ursache für den Namen des Schlosses Wettenburg. Es wurde nämlich auf Wunsch von Michels Gattin so genannt, die damit zeigen wollte, wie wenig sie sich der Herkunft ihres Mannes schämte.

❡ Die Wettenburg, ein Schauplatz verschiedener Sagen, soll auf dem Bettingberg an der Mainschleife bei Kreuzwertheim gestanden haben. Ihren Namen verdankt sie angeblich der Wette einer hochmütigen Burgherrin. ❡

Die Raben auf Stolzeneck

Ein Ritter, der Burg Stolzeneck besaß, ging auf Kreuzzug in das Heilige Land. Seine einzige Schwester, eine blühende Jungfrau, ließ er im Schutz einiger Diener allein auf der Burg zurück, wo sie in Ruhe und Frieden ihre Tage verlebte. Nach über einem Jahr erschien ein benachbarter Ritter auf Stolzeneck. Er verliebte sich heftig in das Fräulein und hielt um ihre Hand an. Sie aber konnte seine Liebe nicht erwidern und wies ihn daher ab. Ihr Liebling und Zeitvertreib war nämlich ein zahmer Rabe, den sie aufgezogen hatte. Der konnte ihren Namen rufen und war stets in ihrer Nähe.

Es dauerte jedoch nicht lange, da kam der aufdringliche Freier wieder und bedrängte das Fräulein aufs Neue. Sie aber wies ihn nur noch strenger zurück. Da schwor er ihr in heftigstem Zorn die grimmigste Rache und schon nach kurzer Zeit stürmte er die Burg, die bei weitem nicht über genügend Männer verfügte, um einen Angriff abzuwehren. Grausam ließ er sämtliche Diener des Fräuleins ermorden, ja bis auf das Fräulein tötete er alles, was auf der Burg lebte. Nur mit Müh und Not konnte der Rabe entkommen, indem er schnell aus dem Fenster flog, als der Wüterich sein Schwert nach ihm schwang. Das unglückliche Fräulein aber ließ der Ritter in den Turm werfen und schwor, dass sie dort verhungern und verdursten solle, wenn sie ihn nicht zum Mann nehmen wolle.

Tag für Tag trat er vor das Gitter ihres Kerkers und fragte sie, ob sie ihn nun erhöre. Doch obwohl er ihr weder Trank noch Speise reichen ließ, blieb sie am Leben und war noch immer kräftig genug, um ihm ein Nein hinaufzurufen. Der treue Rabe nämlich brachte ihr während der Nacht Beeren, Früchte und kleine Brote, die er und seine Brüder von den umliegenden Bäckern stahlen.

Auf diese Weise ging es eine lange, lange Zeit und schließlich kehrte der Bruder des Fräuleins von seinem Kreuzzug zurück. Mit Schrecken sah er, dass seine Burg offen, unbewacht und verödet war, die Diener fort, die Schwester nicht zu finden, dafür aber Schwärme von Raben auf den Bäumen und den verfallenen Dächern saßen. Er lief über den Burghof und klagte: »Oh Schwester, oh meine liebe Schwester, wo soll ich dich finden?« Da drang ein klagender Ruf aus der Tiefe an sein Ohr. Unverzüglich eilte er an das Gitter des Kerkers und erfuhr all das Entsetzliche, was sich inzwischen zugetragen hatte.

Unterdessen kam der grausame und unmenschliche Freier herangestürmt, wütend, einen Fremden am Gitter und seine Schande aufgedeckt zu sehen, und wollte den Ritter mit seinem Schwert durchbohren. Da aber schrie des Fräuleins Rabe, flog ihm entgegen und hackte nach seinen Augen und auch die anderen Raben ringsum erhoben Geschrei und flogen herbei wie eine schwarze Wolke. Sie schlugen mit den Flügeln und krallten sich an ihn und hackten ihm die Augen aus, sodass er hilflos zu Boden stürzte. Der Ritter von Stolzeneck aber zog sein Schwert, stieß es dem grausamen Freier mitten ins Herz und befreite seine Schwester.

Raben spielen in Mythos und Sage eine wichtige Rolle und galten schon bei den Germanen als weise und heilige Vögel, beispielsweise Wodans Raben. Auch in der christlichen Legende begegnen wir ihnen, zum Beispiel im Fall der Raben des heiligen Benedikt. Sie gelten aber auch als »Galgenvögel«, die sich vom Fleisch der Hingerichteten ernähren.

Burg Stolzeneck bei Eberbach über dem Neckar wurde im 17. Jahrhundert zerstört. Die Reste sind heute noch sehenswert.

Der Graf von Calw

Einst lebte ein Graf im Schwabenland, der hieß Diepold von Calw. Diepold hatte Kaiser Konrads Landfrieden* gebrochen – eine Tat, auf welche die Todesstrafe stand. Deshalb floh er in den Schwarzwald und versteckte sich mit den Seinen in einem Mühlhaus an der Nagold, das nicht allzu weit vom Kloster Hirsau entfernt lag.

Nun geschah es, dass der Kaiser in die Gegend und in das Tal der Nagold kam, um dort zu jagen, und dies genau zu jener Zeit, als die Frau des Grafen von Calw kurz vor der Entbindung stand. Da der Graf aber den Kaiser in der Nähe wusste, fürchtete er sich sehr und floh, während der Kaiser in die Mühle trat und darin rastete. Während die Gräfin noch in den Wehen lag und einen Sohn entband, vernahm der Kaiser eine Stimme, die dreimal rief: »Dieses Kind wird dein Schwiegersohn und Erbe sein!« Dem Kaiser aber gefiel diese Prophezeiung überhaupt nicht. Er meinte nämlich, seine Tochter wäre zu gut für so einen Burschen, und befahl zwei Dienern der Mutter das Neugeborene fortzunehmen, es zu töten und ihm dessen Herz zu bringen.

Nun nahmen zwar die Diener das Kind, doch sie brachten es nicht über sich, das Kleine zu töten. Sie legten es in eine Astgabel, fingen einen Hasen und dessen Herz nun brachten sie ihrem grausamen Herrn. Das ausgesetzte Kind aber wurde durch Gottes Lenkung von einem Schwabenherzog gefunden, der gerade auf der Jagd war und selbst keine Kinder hatte. So nahm er es mit sich nach Hause und sagte seiner Frau, sie solle so tun, als habe sie selbst das Kind zur Welt gebracht. Der Herzog nannte den Jungen Heinrich und nahm ihn im Stillen mit seiner Gemahlin als Sohn an, damit sein Besitz nicht an die lachenden Erben falle.

Es verging eine ganze Reihe von Jahren, nach deren Ablauf der Kaiser nach Ravensburg kam, wo jener Herzog wohnte. Der angebliche Herzogsohn gefiel dem Kaiser so gut, dass er ihn mit an sein Hoflager nahm. Nach einer Weile jedoch beschlich ihn ein dunkler Verdacht. Er rechnete nach und erinnerte sich, dass die Gräfin von Calw doch niemals schwanger geworden war,

* Landfrieden: Vom Monarchen festgesetzter Friede für das ganze Land, um die Fehden zwischen den Fürsten einzuschränken.

und schließlich tüftelte er aus, dass jener Jüngling kein anderer als jener war, der nach dem prophetischen Ruf sein Schwiegersohn werden sollte. Und wieder nahm er sich vor den Jüngling aus dem Weg zu räumen.

Er schrieb einen Brief an die Kaiserin in Aachen, der folgenden Inhalt hatte: »Bei deinem Leben, gib diesem Jungen den Tod!« Mit diesem Brief wurde der Junge losgeschickt. Er aber trat begeistert die weite Reise an und freute sich die Kaiserin und ihre Tochter sehen zu dürfen, denn der Ruf ihrer Schönheit verbreitete sich durchs ganze Land. Als Heinrich nach Speyer kam, kehrte er bei einem Priester ein, den er kannte, und übergab ihm für die Nacht seine Tasche mit dem Brief zur Verwahrung. Der Priester aber war über die Maßen neugierig und schließlich las er den Brief, um zu erfahren, was darin stand. Da sah er mit Schaudern des Kaisers Befehl und der Jüngling tat ihm Leid. Dann aber griff er zu einem feinen Messerchen und einem Schreibrohr, das er sich besonders spitz zuschnitzte, und schabte ein wenig am D im Worte »Tod« und an manchen anderen Buchstaben herum, bis der Brief schließlich lautete: »Bei deinem Leben, gib diesem Jungen deine Tochter.«

Die Kaiserin wunderte sich nicht wenig über diesen Befehl, doch sie war gehorsam, und einem Gebot ihres Mannes war ohne Wenn und Aber Folge zu leisten. So ließ sie die beiden vermählen, die selbst darüber sehr zufrieden waren. Der Kaiser indessen entbrannte in Wut, als er von dem Vorfall erfuhr, doch es half alles nichts mehr, denn was geschehen war, war geschehen. Und als sich nun vollends enthüllte, wer sein Schwiegersohn war, da sprach er: »Wie Gott will, ich halte still!«, und machte seinen Schwiegersohn zum Herzog von Alemannien. Jetzt endlich kehrte auch der Graf von Calw zurück und wurde wieder gnädig angenommen. Er brachte sein Geschlecht zu hohen Ehren.

❡ *Hier vereinigen sich Sagen- und Märchenmotive. Die Geschichte vom verhinderten Kindermord gibt es in verschiedenen Varianten.* ❡

Der Falkensteiner

Im Kinzigtal hatte ein Ritter namens Kuno von Stein seinen Sitz. Der zog ins Heilige Land, jedoch mit dem Vorsatz, nach spätestens einem Jahr wieder daheim zu sein. Dies sagte er auch seiner Frau und fügte hinzu, dass sie nicht länger als dieses eine Jahr auf ihn warten solle.

Auch wenn es ihm ernst war mit seinen Worten, so hatte er die Rechnung ohne den Wirt gemacht. Denn damals war es gar nicht möglich, innerhalb so kurzer Zeit nach Palästina und wieder zurück zu reisen. Zu allem Unglück wurde der biedere Ritter auch noch von den Sarazenen gefangen. Das Jahr war also schon längst um, da hörte er auf einmal eine Stimme – nur dass es keine Engelsstimme war –, die ihm zuflüsterte, dass seine Frau sich mit dem Gedanken trage, einen anderen Mann zu nehmen. Das störte ihn doch sehr.

Da trat ein kleines Männlein zu ihm in sein Schlafgemach und bot ihm an ihn ebenso nach Hause zu bringen, wie einst Herzog Heinrich der Löwe nach Braunschweig gebracht worden war, nämlich auf einem Löwen, und er tue ihm diesen Dienst ganz umsonst, wenn er nur auf der Reise und auf dem Rücken des Löwen nicht einschlafe. Da sich kein anderer Weg zur schnellen Rückkehr bot, schloss der Ritter von Stein einen Pakt mit dem Männlein und gab es ihm schriftlich und mit seinem Blut geschrieben, dass er ihm nur in dem Fall mit Leib und Leben verfallen solle, wenn er einschliefe.

Nun ging der Löwenritt durch die Luft vonstatten und war wahrlich nicht kurz. Der Schlaf überfiel den Ritter auf das Mächtigste und drückte ihm auf die Augenlider mit bleiernen Flügeln. Schon war er dabei, einzunicken, da bekam er eine Art Ohrfeige mitten ins Gesicht – doch es war nur der Flügelschlag eines weißen Falken, der über ihm flog und ihn wach hielt. Dies tat der Falke jedes Mal, wenn der Ritter dem Schlaf nicht länger widerstehen konnte, und so blieb es, bis der Morgen graute und der Ritter seine Heimstatt erblickte und bald darauf im Burghof die Hähne krähten. Da krachte ein Donnerschlag und der Löwe warf den Ritter im Burghof ab, darauf verschwand er mit einem Brüllen, und des Ritters Pakt flatterte zerrissen aus der Luft in seine Hand.

Auf der höchsten Turmzinne aber saß der Falke und kreischte und breitete seine Flügel dem Sonnenaufgang entgegen. Da rief der Ritter seinen Dank zu dem Falken hinauf und später setzte er dessen Bild in sein Wappenschild. Auch nannte er sich von da an nicht mehr einen Herrn von Stein, sondern einen Herrn von Falkenstein. Ob er aber zur Hochzeit seiner Frau mit einem anderen noch rechtzeitig gekommen war, um sie zu verhindern, und ob seine Frau darüber erfreut oder eher traurig war, darüber meldet die Sage nichts Gewisses.

¶ *Das Vorbild der Sage von Heinrich dem Löwen (vgl. S. 238) ist bei dieser im Kinzigtal zwischen Spessart und Vogelsberg spielenden Sage unverkennbar. Als Wandersage wird sie auch von anderen Burgherren erzählt.* ¶

Der Freiherr von Simmern

Albrecht Freiherr von Simmern stand bei seinem Landesherrn Herzog Friedrich von Schwaben, der ihn selbst aufgezogen hatte, in hohem Ansehen und in besonderer Gnade. Einst unternahm nun jener Herzog einen Vergnügungsritt zu dem Grafen Erchinger, bei dem er schon öfters gewesen war, und auch der Freiherr von Simmern war mit dabei.

In der Nähe des gräflichen Schlosses lag ein angenehmes Wäldchen, der Stromberg genannt. Seit langer Zeit lief ein stattlicher, großer Hirsch darin umher, den weder die Jäger noch andere Bedienstete des Hofes je hatten zur Strecke bringen können, und es herrschte große Freude darüber, dass er sich gerade jetzt wieder sehen ließ. Ganz besonders aber freute sich der Graf, der ein fröhlicher Mensch war und sogleich seine Begleiter zur Jagd aufforderte.

Auch der Freiherr Albert von Simmern setzte zu Pferde dem Hirschen nach, doch verlor er dabei den Anschluss an die anderen und es verschlug ihn in eine abgeschiedene Gegend. Unvermittelt trat da ein Mann von schrecklicher Gestalt auf ihn zu. Und obwohl er gewöhnlich beherzt und mutig war, ergriff ihn jetzt doch das blanke Entsetzen und er schlug ein Kreuz, um sich zu schützen. Der Mann aber sprach: »Fürchte dich nicht! Ich bin von Gott gesandt dir etwas zu offenbaren. Folge mir und du sollst wunderbare Dinge sehen und kein Haar soll dir dabei gekrümmt werden.«

Der Freiherr willigte ein und folgte seinem Führer, der ihn aus dem Wald geleitete. Als sie heraustraten, war ihm, als sehe er schöne Wiesen und eine überaus anmutige Gegend, ferner ein Schloss, das mit seinen vielen Türmen und sonstiger Zier so prunkvoll war, wie er niemals zuvor etwas gesehen hatte. Und während sie nun auf das Schloss zugingen, kamen ihnen viele Menschen, die wie Hofdiener gekleidet waren, entgegen, aber keiner redete ein Wort. Sein Führer sprach: »Lass dich von ihrem Schweigen nicht befremden, aber sprich auch nicht mit ihnen, sondern rede einzig mit mir und tue alles, was ich dir sage.«

Darauf traten sie ein und Herr Albrecht wurde in einen großen, schönen Saal geführt, wo ein Fürst mit den Seinen an der Tafel saß. Alle erhoben sich und verneigten sich ehrerbietig, als wollten sie ihn willkommen heißen. Darauf aber setzten sie sich wieder und taten, als würden sie essen und trinken. Herr Albrecht blieb stehen, das Schwert in der Hand. All dies war unter großem Stillschweigen geschehen und auch der Herr und seine Leute aßen still und beachteten ihn nicht. Nachdem er lange auf diese Weise dagestanden und sich alles angesehen hatte, forderte ihn sein Führer auf sich vor dem Herrn zu verneigen und dessen Leute zu grüßen, damit er ihn wieder hinausbringen könne. Und so geschah es auch.

Als sie sich wieder draußen auf dem Weg zum Stromberger Wald befanden, fragte Herr Albrecht, welches Schloss das gewesen sei und wer seine Bewohner.

Der Geist antwortete: »Der Herr, den du darin gesehen hast, ist der Bruder deines Vaters gewesen, ein frommer Mann, der oftmals gegen die Ungläubigen gekämpft hat. Ich aber und die anderen, wir waren damals seine Diener und müssen nun unaussprechlich harte Qualen leiden. Denn bei Lebzeiten hat er seinen Untertanen mit übermäßigen Geldforderungen schwer zugesetzt und alles Geld zum Krieg gegen die Ungläubigen verwendet. Wir aber haben ihn dabei beraten und jetzt werden wir für unsre Ungerechtigkeit bestraft. Dir ist all dies offenbart worden, weil du ein tugendhafter Mann bist, damit du dich vor solchen und ähnlichen Dingen hüten und ein besseres Leben führen kannst. Schau, da ist der Weg, der dich an die vorige Stelle im Wald zurückbringt. Zuvor aber kannst du noch einmal zum Schloss zurückkehren, damit du siehst, in welches Elend sich die vorherige

Glückseligkeit gewendet hat.« Mit diesen Worten war der Geist verschwunden.

Herr Albrecht aber begab sich noch einmal zu dem Schloss zurück. Doch siehe, da war alles zu stinkendem Feuer, Pech und Schwefel geworden. Er hörte ein qualvolles Schreien, das ihn so entsetzte, dass ihm das Haar zu Berge stand. Schnell wendete er sein Pferd und ritt zu seiner Jagdgesellschaft zurück.

Als er dort ankam, erschien er allen so verändert, dass sie ihn kaum erkannten. Obwohl er noch ein junger Mann war, waren vor Schrecken und Bestürzung sein Haar und sein Bart so weiß wie Schnee geworden. Noch mehr aber wunderten sie sich über seine Erzählung und allesamt kehrten sie traurig nach Hause zurück. Der Herr von Simmern jedoch beschloss, an dem Ort, wo sich dies zugetragen hatte, zur Ehre Gottes eine Kirche zu bauen.

❡ *Die Sage führt in die Zeit Kaiser Lothars II. von Supplinburg. Die Freiherrn von Simmern waren ein bedeutendes Geschlecht in der Pfalz.* ❡

Die Grafen von Eberstein

Als Kaiser Otto seine Feinde geschlagen und die Stadt Straßburg bezwungen hatte, lagerte er vor der Burg der Grafen Eberstein, die mit seinen Feinden verbündet waren. Die Burg stand auf einem hohen Felsen am Waldrand und das kaiserliche Heer versuchte vergeblich sie zu bezwingen, denn sie war außerordentlich gut befestigt und wurde auch ebenso tapfer verteidigt.

Schließlich riet ein kluger Mann dem Kaiser folgende List: Er solle zu Speyer einen Hoftag abhalten, zu welchem jedermann ins Turnier kommen dürfe. Dort würden sich gewiss auch die Grafen von Eberstein einfinden, um ihre Tapferkeit unter Beweis zu stellen. Währenddessen könne der Kaiser von geschickten und kühnen Leuten ihre Burg stürmen lassen.

Wie geraten, wurde der Festtag zu Speyer ausgerufen. Der König, viele Fürsten und Herren, darunter auch die drei Ebersteiner, waren zugegen und manche Lanze wurde gebrochen. Am Abend begannen die Tänze, wobei der jüngste Graf von Eberstein, der ein schöner, anmutiger Mann mit einem

Lockenkopf war, vortanzen musste. Als der Tanz zu Ende war, trat im Verborgenen eine schöne Jungfrau auf die drei Grafen zu und raunte: »Seht euch vor! Der Kaiser will eure Burg niederrennen, während ihr hier seid. Eilt noch heute Nacht zurück!«

Nach kurzer Beratung beschlossen die drei der Warnung Folge zu leisten. Zwar forderten sie die Edlen und Ritter auf dem Turnier für den nächsten Tag zum Kampf heraus, doch um Mitternacht schifften sie heimlich über den Rhein und gelangten glücklich in ihre Burg. Kaiser und Ritterschaft warteten am nächsten Tag vergebens auf die Ebersteiner. Statt ihrer kamen Boten und meldeten, dass die Grafen gewarnt worden wären und dass des Kaisers Männer mit blutigen Köpfen vor der Burg lägen.

Da mit Gewalt ganz offensichtlich gar nichts gegen die Ebersteiner auszurichten war, sandte der Kaiser drei Ritter auf die Burg, die mit den Grafen verhandeln sollten. Die Ebersteiner ließen sie ein und führten sie in ihre Weinkeller und Speicher. Weißer und roter Wein wurden aufgetragen und Korn und Mehl lagen in großen Haufen umher. Die Abgesandten wunderten sich sehr über die reichen Vorräte – denn dass die Fässer einen doppelten Boden hatten oder voll Wasser waren und dass unter dem Getreide Spreu, Kehricht und alte Lumpen lagen, das wussten sie nicht. So meldeten sie dem Kaiser, dass es zwecklos sei, die Burg noch weiter zu belagern, denn ihre Bewohner seien auf Jahre mit Korn und Wein versorgt.

Der letzte Rat, den man Kaiser Otto erteilte, lautete, seine Tochter mit dem jüngsten der drei, dem Grafen Eberhard von Eberstein, zu vermählen und dadurch das tapfere Geschlecht auf seine Seite zu ziehen. Und so wurde es schließlich gemacht. Die Hochzeit wurde in Sachsen gefeiert und der Sage nach soll es sogar die Braut selbst gewesen sein, die an jenem Abend die Grafen gewarnt hatte.

❡ Die Ruine Eberstein liegt bei Baden-Baden. Mit Kaiser Otto ist Otto III. gemeint. Die Sage diente Ludwig Uhland als Vorlage für seine reizvolle Ballade »Graf Eberstein«. ❡

Die Zollner von der Hallburg

Über Volkach am Main stand eine Ritterfeste, die Hallburg genannt, und deren Besitzer nannten sich die Zollner. Einst zogen zwei von ihnen, die Brüder waren, in das Heilige Land. Der eine war verheiratet, der andere nicht. Tapfer kämpften sie gegen die Sarazenen. In einer Schlacht jedoch unterlagen sie deren Übermacht und wurden gefangen genommen. Lange trugen sie schwere Ketten im dunklen Kerker und da sie dem Christentum nicht abschwören wollten, wurden sie schließlich zum Tode verurteilt.

Ein türkisches Mädchen jedoch, sie war die Tochter des Kerkermeisters, war heimlich dem Christentum zugeneigt. Viele Tränen vergoss sie über den nahen Tod der armen Ritter und schließlich bat sie die beiden sogar, sie in ihr letztes Gebet mit einzuschließen. Darauf haben die Ritter noch einmal inbrünstig im Kerker gebetet, und zwar zur wundertätigen Maria auf ihrem Kirchberg in der fernen Heimat, und dabei vergaßen sie nicht, auch die junge Türkin in ihr Gebet aufzunehmen. Dann sind sie friedlich eingeschlafen und die Maria vom Kirchberg erschien ihnen im Traum und winkte ihnen.

In derselben Nacht träumte auch die verlassene Herrin auf der Hallburg, dass die Madonna ihrer Kirche sie zu sich winke. Deshalb machte sich die Frau am nächsten Morgen auf, um einen stillen Bittgang zur Kapelle zu tun. Und als sie dort ankam, da fand sie zwei Männer in Sklaventracht und in Ketten sowie ein junges Mädchen schlafend vor der Tür sitzen und der eine der Männer war ihr Mann. Ihr lauter Freudenschrei weckte die Schlafenden. Staunend blickten sie um sich und wussten gar nicht, wo sie waren, bis sie die Gegend erkannten. Da warfen sie sich voll frommer Dankbarkeit vor dem wundertätigen Bild der Maria nieder. Die junge Türkin aber wurde feierlich in derselben Kirche zur Christin geweiht und die Frau des jüngeren Zollners von der Hallburg.

❡ Die Hallburg über der Mainschleife bei Volkach wurde im 13. Jahrhundert erbaut. Dem Geschlecht der Zollner gehörte sie von 1356–1555, kann also nichts mehr mit den Kreuzzügen zu tun haben. Die Sage vereinigt Motive vom »Grafen von Gleichen« (S. 252) und von »Heinrich dem Löwen« (S. 238) und überträgt sie in das fränkische Land. ❡

Das Testament von Mespelbrunn

Tief im Spessart jagte einst ein Kurfürst von Mainz mit seinem Gefolge. Nach der Jagd aber ruhten sich die Männer in einem engen Talgrund unter uralten Bäumen an einem Quellbrunnen aus, der von Mispelbäumen umstanden war. Da sprach der Kurfürst: »Hier ist's wahrlich gut leben! Alle Tage wollte ich hier essen, was es auch koste!«

Da sprach einer seiner Jagdgefährten, der zum Geschlecht der Echter gehörte: »Das könnt Ihr haben! Gebt mir das Revier, dann baue ich ein Haus darauf, das Euch immer offen stehen soll!«

Dies war dem Kurfürsten recht. Er gab dem Ritter ein großes Jagdrevier. Der baute dort ein stattliches Schloss, gab ihm den Namen Mespelbrunn wegen der Mispelbäume und dem Brunnen und fügte diesem Namen noch seinen eigenen hinzu: Echter von Mespelbrunn. Es wurde ein mannhaftes und weithin bekanntes Geschlecht, das sich reiche Besitztümer erwarb.

Der ruhmreichste Spross aus diesem Geschlecht war Julius Echter von Mespelbrunn, Bischof zu Würzburg und Herzog in Franken. Als Bischof unverheiratet, kinderlos, der Letzte seines Stammes und ungeheuer reich, machte er schließlich sein Testament. Eine seiner Nichten war mit einem Grafen von Ingelheim verheiratet worden und hatte den Bischof zum Paten ihres Sohnes gewählt. Diesem Patenkind nun wollte Julius all seinen Besitz vermachen und er setzte es zum Universalerben ein. Er legte das Testament, das dies bekundete, in eine Schachtel, bedeckte es sorgfältig und legte drei Zitronen darauf. Die versiegelte Schachtel ließ er nun durch einen eigenen Boten nach Mespelbrunn schicken, wo seine Nichte mit ihrem Sohn wohnte.

Als diese nun die Schachtel öffnete und nichts als drei Zitronen darin entdeckte, wurde sie etwas ärgerlich und war sich nicht sicher, ob dies nun ein Scherz oder Spott ihres geistlichen Onkels sein sollte. Kurz entschlossen sandte sie die Schachtel samt den Zitronen zurück. Bischof Julius wunderte sich und schickte den Boten von neuem nach Mespelbrunn.

Nun war die Gräfin von Ingelheim vollends verwirrt. Noch ärgerlicher als zuvor schnitt sie eine Zitrone auf, in dem Glauben, es stecke vielleicht etwas Geheimes in den Früchten. Da sie aber in ihr nichts fand, schickte sie die

Schachtel abermals zurück. Und zum dritten Mal kam der Bote von Würzburg mit seiner Schachtel und mit drei frischen Zitronen darin.

Der Gräfin war nun beinah alle Lust vergangen, die Schachtel zu öffnen, und als ihr wieder die drei Zitronen entgegenblickten, fehlte wenig, dass sie dieselben nicht nahm und dem Boten an den Kopf warf. Dann besann sie sich aber und schnitt alle drei auf. Weil sie wieder nichts darin fand, wurde ihr Zorn grenzenlos. Sie warf die Zitronen zum Fenster hinaus und dem Boten die Schachtel hinterher. Wenn er ihr noch einmal unter die Augen trete, dann werde sie ihn aus Mespelbrunn hinauspeitschen lassen!

Als der Bote nun dem Bischof berichtete, was sich zugetragen hatte, sprach Julius: »Ich sehe wohl, Gott hat mein Vermögen zu anderer Verwendung bestimmt.« Er entnahm der Schachtel das mit Papier bedeckte Testament und warf es ins Feuer. Kurze Zeit später gründete er von seinem Reichtum das berühmte segensreiche Hospital zu Würzburg, das seinen Namen trägt. Durch diese Stiftung hat Julius Echter von Mespelbrunn seinen Namen für alle Zeiten groß und unsterblich gemacht.

❡ *Schloss Mespelbrunn, eines der schönsten Ausflugsziele im Spessart, geht auf eine im 15. Jahrhundert erbaute Wasserburg zurück. Das von Fürstbischof Julius Echter 1576 in Würzburg erbaute berühmte »Juliusspital« ist heute noch Altersheim und Krankenhaus und dank vieler Schenkungen eines der größten Weingüter in Franken.* ❡

Eppelin von Gailingen

In Drameisel bei Muggendorf hatte ein Raubritter namens Eppelin von Gailingen seinen Sitz. Eppelin war aber zugleich ein mächtiger Zauberer und er besaß ein fliegendes Pferd. Mit diesem Flugross sprengte er steile Felswände hinauf und hinab, setzte über Heuwagen hinweg und sprang über das Flüsschen Wiesent, ohne sich den Fuß zu benetzen. Zwar lag sein Stammschloss in Gailenreuth, doch er besaß zahlreiche Burgen im Umland, und von einer zur anderen flog er auf seinem Wunderross wie der Wind.

Auf die Nürnberger hatte es der Eppelin besonders abgesehen. Oftmals umgab er sich mit beutegierigen Genossen, um an deren Spitze in das Nürnberger Stadtgebiet zu reiten. Dann sangen die Kinder auf den Straßen von ihm:

»Eppela Gaila von Dramaus
reit't allzeit zu vierzehnt aus.«

Als der Eppelin, auf dessen Kopf ein Preis ausgesetzt war, den die Nürnberger gern selbst verdienen wollten, einst in Nürnberg auf die Burg gestürmt war, wo er sich eingeschlossen und hart bedrängt sah, weil man das Burgtor hinter ihm zugeworfen hatte und ihn zu hängen drohte, da trieb er sein Pferd zur Mauer nahe beim Luginsland* und sprengte in die furchtbare Tiefe den Wall hinab und über den Graben hinweg und entkam. Den Nürnbergern blieb nur noch die Spuren der Hufeisen zu bestaunen, die das Pferd in der Mauerzinne zurückgelassen hatte, und die heute noch zu sehen sind.

Später aber, als der Eppelin nach manchen gelungenen kühnen Raubzügen nach Farnbach kam und zechend in der Herberge lag, bauten seine Gegner eine Wagenburg um das Haus. Er aber setzte sich auf sein Pferd und sprengte über acht Wagen. »Überm neunten«, so singt ein altes Lied über ihn, »gab er den Giebel auf«. Da er nun nicht mehr weiterkonnte, opferte er sein treues Pferd, indem er es erstach, und gab sich geschlagen. In Neumarkt, zwischen Nürnberg und Regensburg, wurde er später mit dem Schwert hingerichtet. Sein Andenken aber lebt unvergessen fort.

Die zahlreichen Sagen um den Raubritter Eppelin oder Eppelein von Gailingen und seine Taten gehen zurück auf einen Raubritter Ekkelein von der Burg Gailing bei Rothenburg, der den Nürnbergern durch seine Privatfehden und Raubzüge schwer zu schaffen machte. Er wurde 1381 gefangen genommen und in Postbaun in der Oberpfalz hingerichtet. Auf der Nürnberger Burg wird zwar beim »Eppeleinssprung« auf der Mauerbrüstung die Stelle gezeigt, von wo er in den Graben gesprungen sein soll, tatsächlich war er dort aber nie inhaftiert.

* Luginsland: Aussichtsturm

Die Wunder der Marienburg

Als einmal einige Kreuzherren im Heiligen Land waren, wohnten sie in Jerusalem in demselben Haus, in welchem der Heiland mit seinen Jüngern das letzte Abendmahl gehalten hatte. Als die Ritter nun nach Deutschland zurückkehrten, nahmen sie einen behauenen Stein von jenem Haus über das Meer mit und weihten ihn zum Grundstein des Ordenshaupthauses Marienburg. Darum segnete der Herr diesen Bau, dass er so groß und fest und herrlich wurde und in all seiner alten Pracht und Schönheit noch steht bis auf den heutigen Tag, während tausend und abertausend andere Burgen verfielen und zu Ruinen wurden.

Die Sage erzählt, dass sich im Schloss Marienburg zahlreiche Wunder zugetragen haben sollen. Weithin sichtbar steht leuchtend das riesig hohe Marienbildnis außerhalb der Schlosskirche, das der Hochmeister Konrad von Jungingen setzen ließ. Ein frommer Meister hatte dieses zwölf Ellen hohe Bildnis gefertigt und er setzte sein ganzes Leben daran. Als das Werk vollendet war und an seinen Platz gebracht werden sollte, da schmerzte es den Meister sehr, sich von dem Bildnis zu trennen, das er so lieb gewonnen hatte. Er zündete geweihte Kerzen davor an und betete und weinte bitterlich. Da aber war ihm, als sehe ihn die Mutter aller Gnaden strahlend an und hebe die Hand, um ihn herbeizuwinken – und der Meister ging vor dem Bild in den ewigen Frieden ein und starb friedlich.

Nach der Schlacht bei Tannenberg, die die Kraft des Ordens gebrochen hatte, wurde Marienburg die letzte Stütze und Schutzburg der Ritterschaft, obwohl auch sie von den Polen belagert und bedrängt wurde. Da begab es sich, dass sich einer der Polenfürsten über das Marienbild erzürnte, das so hoch und erhaben über dem wilden Kampfgetümmel stand und herrlich im Glanz seiner Goldmosaike erstrahlte, als wäre es das Symbol des ewigen Sieges des Christentums über das Heidentum.

Der Polenfürst beschloss, es zu vernichten oder doch zumindest zu verhöhnen und zu schänden. »Schieß auf die Maria! Schieß ihr die Augen aus!«, befahl er einem seiner Söhne.

Dieser spannte die Armbrust, legte den Bolzen auf und zielte auf die Augen. Doch plötzlich ließ er die Armbrust sinken und rief: »Vater! Wo ist denn das Bild? Ich sehe es gar nicht mehr! Mir wird so schwarz vor den Augen!« Der junge Polenfürst war mit einem Mal blind geworden. Nun wurde der Fürst so zornig, dass er selbst zur Armbrust griff, zielte und traf – allerdings nicht so, wie er wollte: Denn vor dem Bild prallte der Pfeil zurück, wendete sich und fuhr dem Fürsten mitten durchs Herz.

❡ Mit den »Kreuzherren« sind die Mitglieder des Deutschen Ritterordens gemeint, der während der Kreuzzüge im Heiligen Land gegründet wurde, seine Tätigkeit aber im 13. Jahrhundert von Palästina in das heidnische Preußen verlegte, dessen Besitz ihm Kaiser Friedrich II. übertragen hatte. Die Marienburg wurde 1309 Sitz des Hochmeisters. Die noch gut erhaltene, prachtvolle Anlage gehört heute zu Polen. Mit der Niederlage gegen Polen in der Schlacht bei Tannenberg 1410 endete die große Zeit des Ordens. ❡

Die Braut vom Kynast

Auf der Burg Kynast über Hermsdorf, nahe Warmbrunn, lebte ein Ritterfräulein namens Kunigunde, das eine grimmige Männerfeindin war. Jedem, der um ihre Hand warb, erlegte sie eine Mutprobe auf, die so gefährlich war, dass es schier unmöglich schien, sie zu bestehen: Die Bewerber sollten auf der hohen und schmalen Burgmauer rings um die Burg reiten. Wenn die Männer es versuchten und es zunächst sogar zu gelingen schien, so scheiterten sie aber stets, sobald sie an eine gewisse Stelle der Mauer kamen, die man noch heute die »Hölle« nennt. Dort klafft der Abgrund so jäh und steil, dass Pferd und Mann von Schwindel ergriffen in die Tiefe stürzten. Ebendies war Kunigunde nur recht, denn sie wollte keinen Mann.

Viele Ritter hatten schon auf diese grausame Weise ihr Leben verloren, doch dies hatte noch längst nicht alle Freier abgeschreckt. Angezogen von Kunigundes kalter Schönheit und vielleicht noch mehr vom kalten Mammon* in ihren Truhen und Kästen, mehrte sich die Zahl der betörten Opfer.

* Mammon: Geld

Da geschah es aber, dass ein Landgraf von Thüringen – einige sagen, dass es Albert gewesen sei, andere nennen dessen Sohn Friedrich den Freudigen – zu Hause auf seinem Wartburgschloss ein gefährliches Kunststück übte: Einmal täglich umritt er die Mauer seines Schlosses und gewöhnte auf diese Weise sein Pferd an einen sicheren Tritt und Blick, denn unter der Mauer klaffte ein tiefer, felsiger Abgrund. Schließlich schloss sich der Landgraf einem Zug nach Schlesien zum hohen Kynast an und ließ sich auf der Burg als ein Ritter aus Thüringen melden.

Als Kunigunde nun den herrlichen Mann erblickte, wurde ihr ganz wunderbar zumute, ihr starres Gefühl wurde weich. Sie verliebte sich in den noch jugendlichen Ritter und beschwor ihn flehentlich den Ritt nicht zu versuchen. Er aber ließ sich nicht davon abbringen – und überstand das gefährliche Abenteuer unversehrt. Jubelnd stürzte nun Kunigunde in seine Arme, denn all ihr Sehnen war erfüllt, ihm allein wollte sie gern und voller Freuden angehören, ihm wollte sie eine liebende Frau sein.

Doch strengen und harten Blickes schob der Landgraf sie von sich und sprach Worte zu ihr, die sie im tiefsten Gemüte erschütterten. Darunter war auch die Nachricht, dass er bereits glücklich verheiratet sei, und dies war das härteste Wort für Kunigunde. Und während er als Rächer so vieler Opfer nun stolz wieder fortritt, da soll das Fräulein Kunigunde auf die Mauer gestiegen sein und ihm nachgesehen haben, bis er ihren Blicken entschwand. Dann aber habe sie sich freiwillig selbst in die Hölle hinabgestürzt.

❡ *Kynast gehört zu den bekanntesten Burgen im alten Niederschlesien im Vorland des Riesengebirges. Die weithin sichtbare romantische Ruine gehört heute zu Polen.* ❡

Stadt und Dorf –
Bürger und Bauern

Stadt und Dorf – Bürger und Bauern

Viele Städte haben ein Wahrzeichen, auf das sie stolz sind, wie etwa der Roland zu Bremen, der Löwe zu Braunschweig, der Bamberger Reiter. Andere wieder schwören auf ihre kulinarischen Spezialitäten wie das Lübecker Marzipan, das Einbecker Bier, den Dresdner Christstollen. Und schließlich haben viele eine oder mehrere Lokalsagen, die weit über die Stadtgrenzen hinaus bekannt sind, beispielsweise die Weiber von Weinsberg, die Heinzelmännchen zu Köln, der Rattenfänger zu Hameln, der Mäuseturm zu Bingen.

Fast alle gehören zu der großen Gruppe der geschichtlichen Sagen, aber auch ein paar typische Gespenster- und vor allem auch Zwergensagen sind darunter. Manche der Sagengestalten sind zu richtigen Identifikationsfiguren geworden und werden von den Städten mit Festspielen, Puppen u. Ä. für den Fremdenverkehr genutzt. Einige der Sagen versuchen Bauwerke, Merkwürdigkeiten oder Wappenbilder zu erklären. Eigentlich könnten auch die meisten Sagen von Kirchen und Domen, wie wir ihnen im Kapitel »Von Kirchen und Klöstern« begegnen, hier eingefügt werden, denn oft bildeten diese einmal den weithin sichtbaren Mittelpunkt der Städte.

Städtesagen sind nicht ganz so zahlreich wie die Sagen über Ritter und Burgen, dafür aber überliefern sie mehr kulturgeschichtliche Einzelheiten über das Alltagsleben in früherer Zeit, vor allem im Mittelalter. Einige handwerkliche Berufe, Wirte und Kaufleute werden dabei etwas herausgestellt. Manche Sagen spiegeln soziale Gegensätze und Spannungen, aber auch Judenhass wider. Wir hören von gestrenger Rechtspflege und häufigen Hinrichtungen, von den Schrecken ansteckender Krankheiten und Seuchen wie Pest oder Aussatz.

Über all den Rittern und Bürgern, die uns in den Sagen begegnen, dürfen wir aber nicht vergessen, dass diese beiden so wichtigen Gruppen im Mittelalter aber nur einen sehr geringen Teil der Bevölkerung ausmachten und rund 90 Prozent der Menschen in Dörfern und Einzelhöfen auf dem Lande lebten. Noch zu Beginn des 19. Jahrhunderts waren es 80 Prozent, bevor dann rasch die Verstädterung einsetzte. Merkwürdigerweise sind ausgesprochene Dorfsagen aber gar nicht so häufig.

Zwar ist die Zahl der historischen Sagen, die sich mit Dörfern, ihren Bewohnern und Schicksalen beschäftigen, verhältnismäßig klein, dafür sind Dörfer aber öfter anonyme Schauplätze verschiedener Sagen. Und wer etwas genauer liest, wird ihnen und ihren Bewohnern in allen Kapiteln dieser Sammlung begegnen.

Rungholt

An der Nordsee, gegenüber der Stadt Husum, liegt die Insel Nordstrand. Einst soll sich auf jener Insel der reiche Ort Rungholt befunden haben.

Die Bewohner von Rungholt waren sehr übermütig. Nachdem sie hohe, feste Deiche errichtet hatten, stellten sie sich auf sie und riefen dem Meer zu: »Wir trotzen dir, blanker Hans*!« Und einmal hatte ihr Übermut sogar so zügellose Formen angenommen, dass sie eine Sau im Wirtshaus betrunken machten, ihr eine Schlafmütze aufsetzten, sie ins Bett legten und anschließend den Pfarrer holten und behaupteten, er müsse einem Todkranken das letzte Abendmahl reichen. Als der Pfarrer sich aber weigerte das heilige Sakrament derart zu entwürdigen, bedrohten und misshandelten sie ihn und trieben Unfug mit ihm.

In jener Nacht empfing der Pfarrer ein Zeichen. Er hörte eine Stimme, die zu ihm sprach: »Gürte dein Gewand, ziehe deine Schuhe an und wandere aus!« Da nahm der Pfarrer die Seinen und verließ die Stadt, so schnell er konnte. Kaum dass er fort war, kam kräftiger Wind auf, das Wasser schwoll,

* Blanker Hans: bildhafter Ausdruck für die Nordsee

es stieg und stieg an den Deichen empor und schließlich stand es vier Ellen hoch darüber: Der Ort Rungholt auf Nordstrand und sieben andere Gemeinden wurden bei jener Sturmflut vom Meer verschlungen.

Man sagt, dass Rungholt wieder auferstehen solle. Bei klarer See erblicken die Schiffer oftmals den Ort und das Land mit seinen Häusern, seinen Türmen und Windmühlen tief unten auf dem Meeresgrund. Und mancher behauptet sogar, die Glocken der versunkenen Kirchtürme läuten gehört zu haben.

❡ Die Sage geht auf einen historischen Kern zurück. Angeblich wurde Rungholt, das als der größte und reichste Ort des alten Friesland galt, bei einer gewaltigen Sturmflut im Januar 1362 vom Meer verschlungen. Über die genaue Lage der Stadt gibt es verschiedene Theorien. Man vermutet sie im Wattenmeer zwischen den Inseln Pellworm und Nordstrand. Der Dichter Detlev von Liliencron hat in seiner Ballade »Trutz, Blanke Hans« den Untergang der Stadt ungemein dramatisch besungen. ❡

Vineta

Nahe der Insel Usedom, eine halbe Meile von der gleichnamigen Stadt entfernt, liegt jene Stelle im Meer, an der die große, reiche und schöne Stadt Vineta versunken ist. Zu ihrer Zeit zählte sie zu den größten Städten Europas. Im Welthandel zwischen den germanischen Völkern des Südens und Westens und den slawischen Völkern des Ostens bildete Vineta den Mittelpunkt. Unermesslichen Reichtum gab es dort. Die Stadttore waren aus Erz und über und über mit kunstvollen Bildern verziert, ein jeder aß dort von silbernen Tellern und von Messern und Gabeln aus Gold. Am Ende aber brachten Zwietracht und Zügellosigkeit unter den Bürgern jene Stadt zu Fall, welche ihrer Pracht, ihrem Glanz und ihrer Lage nach das Venedig des Nordens war. Das Meer hatte sich erhoben, sodass die Stadt für immer versank.

Wenn das Meer ruhig ist, sehen die Schiffer tief unten am Grunde noch die Gassen und Häuser eines Teiles der Stadt liegen, und jener Rest ist noch immer so groß wie die Stadt Lübeck. Die Sage berichtet, dass Vineta drei Monate, drei Wochen und drei Tage vor seinem Untergang gewafelt* habe: Die Stadt soll mit all ihren Türmen, Palästen und Mauern als Luftspiegelung zu sehen gewesen sein. Auf dieses Zeichen hin haben wissende Alte die Einwohner gewarnt und ihnen dringend geraten die Stadt zu verlassen. Denn wenn Städte, Schiffe oder Menschen wafeln und sich doppelt sehen lassen, dann weist dieses Vorausspuken auf den sicheren Untergang oder das Ende hin. Jene Alten aber sind von den Vinetern ausgelacht worden.

An Sonntagen, bei besonders ruhiger See, kann man über Vineta noch die Glocken der Stadt mit ihrem traurigen, summenden Ton aus der Meerestiefe heraufklingen hören.

❡ Der Untergang Vinetas lässt sich zeitlich nicht so genau festlegen wie der Rungholts. Angeblich soll dieses »Atlantis des Nordens« schon vor tausend Jahren erst von den Wikingern zerstört worden und dann in den Fluten versunken sein. Seine Lage wird vor der Insel Usedom nördlich von Koserow vermutet, nach einer anderen Hypothese bei Barth zwischen Ribnitz-Damgarten und Stralsund. Eine der schönsten Nacherzählungen der Sage findet man in dem berühmten Kinderbuch »Die wunderbaren Reisen des kleinen Nils Holgersson« von Selma Lagerlöf. ❡

Der Bremer Roland

Auf dem großen und weiten Marktplatz von Bremen steht eine uralte Rolandsäule. Man sagt, dass Bremens Freiheit nicht enden soll, solange das alte Heldenbild steht. Am Fuße jenes Rolandsbildes aber ist die Figur eines Krüppels abgebildet, an welche sich folgende Sage knüpft:

Einst gab es die Gräfin Emma von Lesmon, die reich an Land und Gütern war und ausgedehnte, stattliche Weideflächen besaß. Da es aber dem Bremer

* Wafeln: Der Sage nach ein Vorzeichen dafür, dass ein Schiff, oder wie in diesem Fall eine Stadt, untergehen wird. An jener Stelle erscheint dann eine Luftspiegelung.

Stadtrat gerade an Weideflächen fehlte, sandte man Abgeordnete zu jener Gräfin und forderte sie auf, der Stadt ein Stück Weideland zu verkaufen oder zumindest als Lehen* zur Verfügung zu stellen.

Während die Gräfin nun mit jenen Abgeordneten darüber verhandelte – was im Freien geschah – kroch ein gelähmter Krüppel heran und bat die Gräfin um ein Almosen. Sie reichte es ihm und sprach dabei lächelnd zu den Räten: »Ich will der guten Stadt Bremen von meiner Weide so viel zum Geschenk machen, wie dieser Lahme an einem Tag umkriechen kann.« Natürlich hatte sie gemeint auf diese Weise nicht allzu viel verschenken zu müssen, und auch die Räte erwarteten sich kaum etwas davon, denn das Kriechen des armen Krüppels war gar jämmerlich anzusehen. Als ihm nun aber ein guter Lohn versprochen wurde, da fing der Krüppel so munter und rasch zu kriechen an, dass jedermann sich nur wundern konnte, denn er besaß kräftige Knochen und viel Kraft. So umkroch er die ganze große Bürgerweide**, die der Stadt noch heute gehört. Der hohe Rat bedankte sich bei der Gräfin, versorgte den Krüppel bis an sein Lebensende auf das Beste und ließ zum ewigen Andenken dessen Bild unter dem Bild des großen Roland anbringen.

❡ Die Rolandsäulen in den nord- und mitteldeutschen Städten waren einmal das Symbol für Marktfreiheit und Gerichtsbarkeit. Die berühmteste dieser Figuren ist sicher das 5,55 Meter hohe Steinbild auf dem Marktplatz in Bremen. Es erinnert an den Helden Roland, den Neffen und Begleiter Karls des Großen (vgl. »Rolandseck«, S. 271). Die Figur ist nun schon sechshundert Jahre alt. Die Bedeutung des kleinen Mannes zu ihren Füßen ist nicht sicher geklärt. An die Gräfin erinnert heute noch der Emma-See im Bürgerpark. ❡

* Lehen: Leihgabe
** Bürgerweide: Eine Viehweide, die alle Bürger nutzen durften.

Söbenbröder

In der Lübecker Tilgenstraße stand vor langer Zeit ein großes, verfallenes Spukhaus. Nachts ertönte dort ein Stöhnen und Seufzen und helle Flammen loderten darin, sodass jenes Haus in aller Munde nur »die Hölle« hieß.

Als aber einmal ein biederer Reiter des Rats sieben unschuldige kleine Jungen in einem zerstörten Schloss gefunden und mitgenommen hatte, da schenkte der Rat dem Reiter das Haus, damit er die sieben ordentlich aufziehen könne. Diese Kleinen aber nannte man die Söbenbröder, also sieben Brüder, weil man weder ihre Namen noch ihre Herkunft kannte. Nun hatte der Spuk zwar ein Ende in jenem Haus, das Lärmen jedoch nicht. Denn fortan wurde tagaus, tagein nur das Kämpfen darin geübt und so blieb ihm der Name »die Hölle« erhalten.

Neben der Hölle stand ein anderes großes Haus, welches einem Ratsherrn gehörte, der selbst auf lange Jahre abwesend war. Seine Frau jedoch lebte dort mit ihren sieben Töchtern, die der Ratsherr unter die Obhut eines alten Priesters gegeben hatte. Der aber war geizig und hatte es sich in den Kopf gesetzt, den Ratsherrn dazu zu bringen, sein beträchtliches Vermögen der Kirche zu hinterlassen. Aus diesem Grunde hatte der alte Priester beschlossen die sieben Mädchen zu Nonnen zu machen. Und tatsächlich hörte man sie immer nur singen und beten, weshalb jenes Haus den Namen »das Himmelreich« erhielt.

Da die Mädchen ja als angehende Nonnen nichts von der Welt erfahren durften, ließ man sie immer nur im Rosengarten spielen, denn der war von einer hohen Mauer umgeben. Doch dort, in ihrem Himmelreich, hörten die Mädchen stets den Lärm der Hölle herüberschallen. An der Mauer aber rankte ein stattlicher Rosenstock empor, in welchem wilde Tauben nisteten. Die machten den Mörtel so locker, dass eines Tages ein Stein herausfiel und einen Blick in die Hölle gewährte. Die jüngste der Schwestern sah sogleich hindurch.

Da sah sie die Söbenbröder, die traurig im Gras saßen, denn für sie war die Zeit des Abschieds gekommen, sie sollten auf eigene Faust in die Welt hinausziehen. Sofort rief die Jüngste die anderen Mädchen herbei. Die kamen und freuten sich über die hübschen Burschen und schenkten einem jeden einen Goldpfennig mit ihrem Familienwappen darauf. Dann mussten sie fort, weil der Priester kam. Die Söbenbröder aber sahen sie nicht wieder.

Die sieben jungen Burschen nämlich dienten als ehrbare Soldaten in Russland, Polen, Italien, Spanien, England und Frankreich und wurden schließlich angesehene Hauptleute.

Als aber die meisten Länder zur Bekämpfung des Räuberunwesens Abgesandte nach Brügge schickten, trafen sie sich dort wieder. Jeder von ihnen trug sein Mädchen heimlich im Herzen, auf der Brust aber trugen sie den goldenen Pfennig mit dem Familienwappen, den die Mädchen ihnen geschenkt hatten. Nun staunte der Ratsherr, welcher der Vater der Mädchen war und sich ebenfalls in Brügge befand, nicht wenig, als er die Pfennige mit seinem eigenen Wappen erblickte.

Verwundert fragte er die Burschen, wie sie denn alle an sein Wappen gekommen seien, und sie erteilten ihm bereitwillig Auskunft. Der Ratsherr aber brachte den prächtigen jungen Männern das höchste Wohlwollen entgegen und wusste sogleich, was er zu tun hatte: Er warb sie für den Dienst in der Stadt Lübeck an und bat sie mit ihm nach Hause zu reisen. Dies taten die Söbenbröder nur allzu gern und still und heimlich zogen sie wieder in die Hölle ein, wie es der Ratsherr gewünscht hatte.

Der zeigte die Goldpfennige nun seinen Töchtern, die in der Zwischenzeit zu blühenden jungen Frauen herangewachsen waren, und berichtete ihnen, er habe unterwegs sieben Räuber gefangen, die alle an einer Kette diese Pfennige um den Hals getragen hätten. Dies verwirrte die Mädchen sehr. Die Jüngste aber ging heimlich in den Garten und schaute durch das alte Loch in der Mauer. Und als sie nun die sieben Brüder dort wieder sitzen sah wie einst, schlug ihr das Herz bis zum Halse.

Es dauerte nicht lange, da verwandelte sich die Hölle in ein Himmelreich, denn Ehen werden im Himmel geschlossen. Von da an haben die Söbenbröder noch viele Jahre lang mit ihren Liebsten in den beiden Häusern gewohnt.

❡ Die hoch angesehene Hansestadt Lübeck wurde 1158 von Heinrich dem Löwen (vgl. »Heinrich der Löwe«, S. 238) anstelle eines slawischen Handelsplatzes gegründet. Sie ist Schauplatz zahlreicher Sagen, so auch der Geschichte von den sieben Brüdern, die märchenhafte Elemente aufweist. ❡

Jungfer Lorenz

Bei Tangermünde befand sich einst ein großer, ausgedehnter Wald, der einer Jungfrau namens Lorenz gehörte. So groß war jener Wald, dass seine Herrin sich einmal darin verlief. Drei Tage lang irrte sie verzweifelt im Dickicht umher, überzeugt, nie wieder aus dem Wald herauszufinden und darin sterben zu müssen.

Nachdem sie aber am dritten Tag wieder recht inbrünstig gebetet hatte, da erschien ein mächtiger Hirsch, dessen Geweih so groß wie das eines Elches war. Ganz zahm schritt er auf sie zu, neigte den Kopf, und ehe sie sich's versah, schaufelte er sie mit seinem mächtigen Geweih vom Boden empor auf seinen Rücken. Dann trug er sie fort und lief und lief mit ihr durch den großen Wald. Sanft und stolz lief er dahin, bis der Wald sich lichtete und die Jungfer die Tore von Tangermünde vor sich liegen sah.

So gelangte die Jungfer Lorenz doch wieder nach Hause und erfüllte sogleich ein Gelübde: Sie schenkte einen beträchtlichen Teil des Waldes der Nikolaikirche in Tangermünde, zudem ließ sie ein hölzernes Bildnis, das sie selbst auf einem Hirschgeweih darstellt, von einem Künstler ausarbeiten und in der Kirche aufstellen. Sie bestimmte, dass es für immer dort bleiben sollte, solange die Kirche stehe.

Sobald auch nur einer wagt an den Zacken des Hirschgeweihs etwas aufzuhängen, so ertönen sogleich unheimlicher Lärm und Gepolter.

Der Landstrich zwischen den Dörfern Grobleben und Bölsdorf, welchen die Jungfer der Kirche geschenkt hat und der heute nicht mehr bewaldet ist, heißt noch immer das Lorenzfeld.

❡ Tangermünde, die »Perle der Altmark« liegt im Kreis Stendal. Das Bildnis der Jungfer Lorenz zwischen dem Geweih eines Hirschkopfes ist von der Nikolaikirche nach St. Stephan gewandert, wo man es heute noch im Chorumgang sehen kann. Offensichtlich entstand die Sage in Anlehnung an die bekannte Hubertus-Legende vom Jäger, der durch den Anblick eines Hirschs mit einem Kreuz zwischen dem Geweih von seiner Jagdleidenschaft geheilt wurde. ❡

Der Gast des Kornwucherers

Einst hatte ein alter, geiziger Pächter den Hof Großen-Metchling in Mecklenburg inne. Jener Pächter brachte Ernte um Ernte ein. Wenn er aber für das Korn keinen wirklich guten Preis verlangen konnte, dann verkaufte er es nicht, selbst wenn die Leute ihn noch so sehr darum baten. All seine Kisten und Kästen waren prall gefüllt mit Geld. Er aber verbrachte seine Tage damit, seinen Reichtum noch zu mehren und trieb maßlosen Wucher – nur dadurch war er so reich geworden. In die Kirche ging er nicht, denn er sagte: »Ich diene meinem Gott im Freien.« In Wahrheit aber diente er dem Teufel: dem Gott Mammon* nämlich.

Als Pfingsten gekommen und er einmal wieder draußen war, weil die Zeit für die Ernte heranrückte, ärgerte ihn, dass die Kornspeicher geleert werden mussten, und er verwünschte diese Zeit, in der das Korn so günstig zu haben war. Da aber kam eine schwarze Kutsche dahergefahren, ein schwarzer Kutscher lenkte vier schwarze Pferde. Ein Mann, dessen Gestalt von einem langen schwarzen Mantel ganz und gar verhüllt war, stieg aus der Kutsche aus.

»Gute Zeit!«, wünschte er. »Gute Aussicht auf eine gesegnete Ernte, nicht wahr?«

Der Pächter knurrte: »So halb und halb. Zu Pfingsten kann man den Erntemond noch nicht loben.«

»Habt Ihr noch Vorräte?«, fragte der Fremde.

»Ein wenig.«

Der Fremde erkundigte sich nach dem Preis und als der Pächter den Höchstpreis gefordert hatte, rief er: »Topp, ich kaufe!«

Dem Pächter lachte das Herz im Leibe, aber er ärgerte sich, dass er keinen noch höheren Preis verlangt hatte.

Als sie nun beide den Hof betraten, schnatterten Hühner und Gänse und Enten wild durcheinander und flatterten auf und davon und der Hofhund zog seinen Schwanz ein und verkroch sich winselnd in seine Hütte. Weil seine Frau gerade in der Kirche war, ließ der Pächter von der Magd ein reiches Frühstück bringen. Während sie auftrug, schäkerte der Fremde mit ihr, wobei

* Mammon: Geld

sein Messer zu Boden fiel. Aber wie erschrak da die Magd, als sie es aufhob und dabei seine Füße erblickte! Es waren ein Geier- und ein Pferdefuß. Auf der Stelle rannte die Magd hinaus und stieß auf die Pächterin, die eben von der Messe nach Hause kam. Aufgeregt berichtete sie ihr alles. Die Pächterin aber befahl ihr, sogleich den Pfarrer zu holen, welcher auch umgehend im ganzen Summarium erschien, wie man dort zu Lande sagt, im vollen Ornat, die Bibel unter dem Arm.

Der Fremdling erschrak, als er den Pfarrer sah, doch er rief ihm frech entgegen: »Guten Tag, Pfaffe! Hast du das Messer noch, das du mir damals als Bub gestohlen hast?« Verwirrt zog sich der Pfarrer zurück, der Fremde aber sprach: »So sind sie! Anderen wollen sie Buße predigen und sind doch selbst nicht rein.«

In diesem Augenblick aber fuhr ein Geistlicher aus dem nahen Brudersdorf am Haus vorbei. Die Pächterin rief ihn herein und auch er trat im ganzen Summarium, die Bibel unter dem Arm, in die Stube. Da zitterte und bebte der Fremde am ganzen Leib, denn jenem Pfarrer hatte er nichts vorzuwerfen. Der Geistliche aber ging auf ihn, den bösen Feind und den Unkrautsäemann, los. Schließlich öffnete er ein Fenster und rief: »Fahr aus, du unsauberer Geist, und gib Raum dem Heiligen Geist!«

Da fuhr der Böse mit einem Donnerschlag zum Fenster hinaus. Aus den Kornspeichern aber zogen wie Dampf und Nebel dichte Wolken auf, sodass es aussah wie Feuer. Es war aber nur der Kornwurm* gewesen, der zu Millionen ausflog und drei Ernten auf einmal mit sich nahm, die der Geiz des Kornwucherers den Armen vorenthalten hatte.

Der Pächter war bis ins Mark erschüttert. Er ging in sich und wurde ein frommer Mann. Was von seinem Getreide übrig geblieben war, das verkaufte er zu einem gerechten Preis, statt es weiterhin wucherisch zurückzuhalten, denn er fürchtete nichts mehr, als dass es ihm noch einmal davonfliegen könnte.

* Kornwurm: Käfer, dessen Larven Getreidekörner befallen.

Die Judith von Münster

Zu jener Zeit, als die Wiedertäufer in der Stadt von dem Bischof belagert wurden, lebte in dem Dorf Werden bei Lewarden eine Wiedertäuferin namens Hille Feicke. Sie war schön und wohl erzogen. Als sie einmal in einer Predigt die Geschichte von Judith hörte, die Holofernes das Haupt abgeschlagen hatte und durch diese Tat die israelische Stadt Bethulien von der Belagerung befreit hatte, da verspürte sie plötzlich den heftigen Wunsch, mit ihren eigenen Händen selbst eine solche Heldentat zu vollbringen.

Tag und Nacht dachte sie an nichts anderes mehr, als dass sie den Bischof ermorden und die Stadt auf diese Weise befreien wolle. So stark wurde jener Gedanke in ihr, dass sie am Ende gar davon überzeugt war, Gott selbst hätte ihn ihr eingegeben. Von allen, welchen sie sich offenbarte, wurde sie in ihrer Absicht noch bestärkt und sie zweifelte nicht im Geringsten mehr am Erfolg ihres Unternehmens.

Als es so weit war, machte sie sich schön und nahm das Hemd, das sie aus feinstem Leinen mit großer Kunstfertigkeit genäht hatte und dem Bischof als Geschenk überbringen wollte. Dieses Hemd aber war stark vergiftet. Als sie am Morgen die Stadt verließ, wurde sie sogleich von den Soldaten des Bischofs aufgegriffen und vor den Wollbeckischen Drosten* Theodor von Meerfeld gebracht.

Hier behauptete sie, mit ihrem Mann, den sie gegen den Willen ihrer Eltern geheiratet habe, nach Münster zu der Sekte der Wiedertäufer gekommen zu sein. Jetzt aber, da sie erkannt habe, dass jene nichts als Betrüger und Heuchler seien, sei sie mit dem Einverständnis ihres Mannes zum Bischof gegangen, um bei ihm Fürbitte einzulegen, damit ihr Gatte unbehelligt aus der Stadt herauskomme. Da ihr Mann mit den Vornehmen der Stadt Umgang pflege und über all ihre geheimen Pläne Bescheid wisse, hoffe sie, dass der Bischof sie anhören würde, wenn ihm daran gelegen sei, die Stadt ohne Blutvergießen einzunehmen. Dies alles hatte sie mit so aufrichtiger Miene vorgebracht, dass der Droste nahe daran war, sie auf der Stelle zum Bischof zu bringen.

* Droste, Drost: Verwalter eines Bezirks, der Drostei

Nun aber wurde ein Bürger der Stadt Münster namens Hermann Ramers von den Soldaten herbeigeführt. Er gehörte nicht zu den Wiedertäufern. Als er von den Anschlagplänen Hille Feickes erfahren hatte – denn man sprach in der ganzen Stadt davon –, da versuchte er sofort aus der Stadt herauszukommen, um den Bischof zu retten. Nachdem er aufgegriffen worden war, berichtete er auch sogleich, was Hille Feicke vorhatte und dass die Geschichte um ihren angeblichen Mann eine einzige Lüge sei, denn sie sei überhaupt nicht verheiratet.

Die Soldaten trugen dies augenblicklich dem Drosten zu, der nun umgehend handelte: Hille Feicke wurde nicht nur eingesperrt, sondern auch gefoltert, damit sie die Wahrheit gestehe. Die Folter tat ihre Wirkung. Hille Feicke gestand, dass sie wiedergetauft sei und dass der Geist Gottes und andere gottesfürchtige Leute sie dazu getrieben hätten, wie eine neue Judith den Bischof zu vergiften. Andernfalles hätte sie den Zorn Gottes auf sich gezogen. Jetzt aber, da sie den Gottlosen in die Hände gefallen sei, ziehe sie es vor, durch deren Schwert zu sterben, als vor Gottes Gericht stehen zu müssen.

Nachdem der Bischof dies alles erfahren hatte, erteilte er sogleich Befehl, den Ramers freizulassen. Hille Feicke aber wurde nach Bevergern gebracht, um dort geköpft zu werden. Sie jedoch war noch immer überzeugt nicht sterben zu müssen und behauptete, dass der Henker sie nicht würde töten können. Als dies nun aber der Scharfrichter hörte, da hat er erst recht besonders kräftig zugeschlagen.

❡ *Die Sage hat einen historischen Kern. In Münster hatte 1534 die protestantische Sekte der »Wiedertäufer« – so von ihren Gegnern benannt, weil sie die Kindertaufe ablehnte und die Taufe der Erwachsenen forderte – eine Art Gottesstaat aufgebaut. Der Bischof wollte die Stadt zurückgewinnen und belagerte sie. Dabei versuchte die Niederländerin Hille Feicke ihn zu ermorden, ähnlich wie es einst die biblische Judith mit dem Feldherrn Holofernes getan hatte. Sie wurde aber gefasst und hingerichtet.* ❡

Der beste Schuss

Einmal, als in Goslar Freischießen war, da wollte sich auch ein Bergmann aus dem Harz, der gut schießen konnte, dem Wettbewerb stellen. Gerne hätte er den reichen Goslarern ein paar Taler abgenommen, doch sein größter Ehrgeiz bestand darin, den besten Schuss abzugeben und zumindest die Ehre davonzutragen. Als Auswärtigem nämlich war es ihm ohnehin verwehrt, den Hauptgewinn zu erringen.

Während er aber nach Goslar wanderte, da traf er unterwegs auf einen alten Mann, der nahe der Hohlen Kehle erschöpft am Wegesrand saß, um sich auszuruhen. Ganz abgezehrt und zerlumpt sah der Alte aus und er sprach: »Ach, lieber Mann, gebt mir doch bitte ein Almosen!« Und da der Bergmann ein gutes Herz hatte, gab er ihm die Hälfte seines Geldes, mit welchem er zwei Runden hatte schießen wollen. Der alte Mann aber konnte vor Freude kaum sprechen. Herzlich bedankte er sich für das großzügige Geschenk, dann sagte er: »Ihr wollt gewiss nach Goslar hinab zum Schießen. Nehmt dieses Gläschen hier. Und wenn Ihr schießen wollt, dann gießt drei Tropfen daraus auf Euer Visier.«

In Goslar angekommen, tat der Bergmann, wie ihm geheißen. Er goss drei Tropfen auf sein Visier, legte an und – oh Wunder! Er sah nun die weit entfernte Scheibe unmittelbar vor sich! Und wirklich, er schaffte den allerbesten Schuss. Ebenso ging es mit jedem weiteren Schuss und schließlich errang er eine ungeheure Summe und die Ehre, der beste Schütze zu sein, dazu.

Die Taschen wohl gefüllt, das Gewehr über der Schulter, ging er nun wieder in den Harz zurück. Und wieder saß dort der Alte am Wegesrand. Er fragte den Schützen: »Und? Wie ist es gegangen?«

»Recht gut«, sagte der Bergmann.

»Jetzt müsst Ihr mir aber mein Gläschen zurückgeben!«

»Jawohl«, sagte der Bergmann. Ohne zu zögern holte er es hervor und übergab es dem Alten. Auch bedankte er sich und sagte, so etwas habe er sein Lebtag noch nicht erlebt, dies wäre ein wahrhaft köstliches Wasser; wenn er es immer zur Hand hätte, würde es nicht lange dauern und er würde sich so viel zusammenschießen, dass er der reichste Mann wäre.

Der Alte erwiderte: »Da du das Glas gleich so bereitwillig zurückgegeben hast, obwohl du doch weißt, welch großen Wert es für dich hat, sollst du es behalten. Ich habe dir aber noch nicht alles gezeigt, wozu es gut ist!« Mit diesen Worten nahm der Alte einen breiten Schieferstein, goss drei Tropfen aus dem Glas darauf und im selben Augenblick war der Stein in Silber verwandelt. Mit den Worten: »Auch so kann man es gebrauchen!«, reichte er das Silber dem Bergmann und sagte: »Nimm es als Belohnung für deine Mildtätigkeit und gebrauche es ordentlich. Aber missbrauche es nicht, sonst ist es im Nu dahin!«

Nun drückte der Bergmann dem Alten die Hand, und der war im selben Augenblick verschwunden. Überglücklich ging der Bergmann nach Hause. Er gebrauchte das Glas immer nach Vorschrift und ist auf diese Weise nach und nach zum reichen Mann und zum berühmtesten Schützen im ganzen Harz geworden.

❡ *Die Sage aus Goslar, der reichen Bergbaustadt im Harz, bringt eine positive Variante der Freischütz-Sage. In den meisten Fällen ist es nämlich der Teufel, der dem Schützen hilft, sich dafür aber dessen Seele verschreiben lässt.* ❡

Vom Eschenheimer Turm

Einst hatten die Frankfurter einen Wilddieb gefangen. Sein Name war Hänsel Winkelsee. Neun Tage lang saß er schon im finstersten Loch und wartete auf sein Urteil und in jeder Nacht hörte er über seiner luftigen Behausung hoch oben im Eschenheimer Turm die Wetterfahne kreischen. Schließlich sprach er: »Wenn ich frei wäre und schießen dürfte, wie es mir gefällt, dann schösse ich dir, du lausige Fahne, so viele Löcher durchs Blech, wie ich Nächte hier gesessen habe.«

Der Kerkermeister hatte dies gehört und sogleich dem Stadtschultheißen* berichtet. Der aber entschied, wenn der Winkelsee ein gar so guter Schütze sein wolle, dann solle er sein Glück versuchen.

* Schultheiß: Gemeindevorsteher

Man gab dem Winkelsee seine Büchse. Wenn es ihm gelänge, auszuführen, was er angekündigt habe, so sei er ein freier Mann. Gehe aber auch nur eine Kugel daneben, dann müsse er am Galgen baumeln. Da hat der Wildschütze seine Büchse und seine Kugeln genommen und sie mit guten Waidmannssprüchlein besprochen. Er legte an, zielte auf die Fahne, drückte ab: Tatsächlich war nun ein Löchlein im Blech. Nun machte er es noch achtmal genauso und jede Kugel saß an der richtigen Stelle.

Mit dem neunten Schuss aber war der Neuner fertig, der noch heute in der Fahne auf dem Eschenheimer Turm zu sehen ist, und alle bejubelten den Schützen.

Der Stadtrat aber dachte im Stillen: »Wehe unserer armen Hirsche und allem sonstigen Wild, wenn dieser Wilderer wieder hinaus in die Wälder kommt!« Er teilte seine Bedenken dem Schultheiß mit, welcher zum Winkelsee sprach: »Höre, Hänsel, dass du gut schießen kannst, das haben wir nun mit eigenen Augen gesehen. Bleibe bei uns! Dann sollst du Schützenhauptmann in unserer Bürgerwehr werden!«

Der Hänsel aber erwiderte: »Eure Dachfahnen quietschen mir zu sehr und euer Hahn kräht mir zu wenig. Mich seht ihr nicht wieder und fangen werdet ihr mich auch nicht mehr. Danke für die Herberge!« Er nahm seine Büchse und stapfte davon.

Was den Hahn betrifft, so hatte Hänsel nur gespottet. Er hatte nämlich das Frankfurter Wahrzeichen gemeint, den vergoldeten Hahn, der mitten auf der Sachsenhäuser Brücke steht, welche fertig zu bauen der Teufel geholfen hatte. Denn als der Baumeister sie nicht zu vollenden vermochte, da hat er den Teufel zu Hilfe gerufen und ihm die erste Seele versprochen, die darüber laufe. Dann aber, in der Frühe, jagte der Baumeister zuallererst einen Hahn über die Brücke. Da wurde der Teufel böse, zerriss den Hahn und warf ihn mitten durch die Brücke hindurch.

Hierbei sind zwei Löcher entstanden, die bis heute nicht zugemauert werden konnten, weil über Nacht immer alles wieder in sich zusammenfiel, was am Tage zuvor gemauert worden war. Auf der Brücke aber wurde der Hahn zum ewigen Wahrzeichen aufgestellt. Diesen Hahn hatte der Hänsel Winkelsee gemeint, als er sagte, dass er zu wenig krähe: Dieser Hahn nämlich kräht überhaupt nicht.

❡ Die Wetterfahne auf dem Eschenheimer Turm am Ende der Schillerstraße in Frankfurt am Main, einem der ehemals 60 Wehrtürme der Stadt, weist heute noch die neun Löcher auf, die der Wilddieb hineingeschossen haben soll. Der zweite Teil der Sage erzählt vom »Briggegickel«, dem goldenen Hahn auf der Alten Brücke und dem geprellten Teufel (zu diesem Motiv vgl. Kapitel »Von Hexen, Zauberern und dem Teufel persönlich«). ❡

Knodener Künste

Das Dorf Knoden im Odenwald ist für seine seltsamen Künste berühmt. Besonders auf die Zauberkunst des Bannens verstanden sich seine Bewohner vortrefflich. Dies stellten sie schon im Dreißigjährigen Krieg unter Beweis, als sie einen Trupp fremder Soldaten festzauberten und anschließend Mann für Mann niederschossen. Nur der Offizier, dem die Kugeln nichts anhaben konnten, musste mit Knüppeln totgeschlagen werden. Seinen Kopf haben sie unter eine Brücke geworfen, wo der Geist heute noch spukt.

Einer der wichtigsten Knodener war der Bitsch-Nickel. Er war ein großer, schöner Bursche, weshalb er den preußischen Werbern* in die Hände fiel und zusammen mit anderen Soldaten in eine Festung gesteckt wurde. Dies gefiel ihm wenig und so lief er eines Abends davon. Der Kommandant der Festung jedoch verstand sich aufs Zaubern und so kam es, dass der Bitsch-Nickel sich am Morgen vor der Festung wiederfand, obwohl er doch die ganze Nacht hindurch gelaufen war. Er versteckte sich also im Reisig und wartete, bis es wieder dunkel wurde. In der nächsten Nacht erging es ihm aber nicht besser und erst in der dritten schaffte er es dank seiner Zauberkunst und erreichte schließlich Knoden.

Die Preußen jedoch schickten einen Korporal und sechs Mann hinter ihm her, welche zum Grafen Schönberg kamen und um Erlaubnis baten, den Bitsch-Nickel wieder einfangen zu dürfen. Da ließ der Graf den Burschen rufen und tröstete ihn damit, dass er die Preußen fortschicken wolle. Der

* Werber: Im Dreißigjährigen Krieg waren sie für das Anheuern der Söldner zuständig.

Bitsch-Nickel aber entgegnete: »Lasst sie nur kommen, gnädiger Herr!«, und als sie ihn am Abend holten, ging er bereitwillig mit, die brennende Pfeife im Mund, als ob es zum Tanzen statt zum Spießrutenlaufen* ginge. Als sie jedoch einen hohen Felsen, den Hochstein, erreicht hatten, sagte er: »So, jetzt habe ich euch weit genug geführt. Nun geht mal hin, woher ihr gekommen seid!« Und die Soldaten mussten losmarschieren, ob sie nun wollten oder nicht, und sie konnten sich nicht einmal mehr nach ihm umsehen, so hatte er sie bezaubert.

Auch Bücher über jene Kunst gab es in Knoden. Einmal hat es sich zugetragen, dass ein Fremder das Haus eines Bauern betrat, welcher zur Feldarbeit draußen war. Der Fremde fand aufgeschlagen ein solches Zauberbuch in der Stube und las darin. Nun kamen mit einem Mal Scharen von Raben durch das Fenster hereingeflogen, bis die ganze Stube schwarz vor lauter Vögeln war. Als nun der Bauer vom Feld aus die vielen Raben zu seinem Haus fliegen sah, ahnte er nichts Gutes und rannte nach Hause. Sogleich erkannte er, was er durch seine Unachtsamkeit angerichtet hatte. Er eilte auf den Speicher, ergriff einen Topf voll Erbsen und streute sie unter die Vögel aus. Dann nahm er dem entsetzten Fremden das Buch aus der Hand, las alles, was der gelesen hatte, rückwärts und ein Rabe nach dem anderen flog wieder zum Fenster hinaus, bis sie alle fort waren.

❡ Es kommt selten vor, dass ein ganzes Dorf als zauberkundig angesehen wird. Knoden liegt auf der Höhe des Odenwaldes. Seine Bewohner sollen sich besonders gut auf das »Bannen« verstanden haben, d.h. das Festzaubern an einem Platz. Zauberbücher, von denen die Rede ist, gibt es vereinzelt sogar heute noch, wenn auch eine Wirkung nur in der Phantasie ihrer Besitzer besteht. ❡

* Spießrutenlauf: Früher militärische Strafe – durch eine Gasse von Soldaten laufen und sich von jedem mit einer Rute auf den nackten Rücken schlagen lassen.

Die Pferde aus dem Bodenloch

Am Eingang der Kirche zu den zwölf Aposteln in Köln konnte man ein Gemälde sehen, das eine höchst absonderliche Geschichte darstellte: Einst gab es in jener Stadt einen Bürgermeister namens von Aducht. Als seine Ehefrau Richmodis an der Pest starb und begraben wurde, öffnete man, wie dies üblich war, noch einmal den Sarg am Grabe, um über der Leiche zu beten. Dabei erblickte der Totengräber einen großen goldenen Ring am Finger der Frau, der mit Edelsteinen besetzt war, und die Gier erwachte in ihm. Er nahm sich vor, das Grab in der Nacht noch einmal zu öffnen, um der Leiche den Ring zu stehlen.

Als er dies zur Nacht jedoch wahrhaftig in die Tat umsetzte und nach dem Ring griff, da drückte ihm die Leiche die Hand zusammen, denn die Frau war gar nicht tot. Sie war lebendig begraben worden und wollte nur wieder aus dem Sarg heraus. Der Totengräber aber rannte von blankem Entsetzen ergriffen davon. Es gelang der Begrabenen schließlich allein, sich aus den Grabtüchern zu wickeln. Sie trat aus dem Grab heraus und ging nach Hause. Dort klopfte sie an die Tür und befahl dem Diener zu öffnen, denn sie sei es. Der Diener aber meinte ein Gespenst vor sich zu haben und lief eilends zu seinem Herrn, um ihm die Begebenheit zu melden: »Ach Herr«, stammelte er, »unsere Frau! – Leibhaftig steht sie unten vor dem Haus und will, dass ich ihr aufmache!«

»Du bist ein Narr!«, entgegnete der Bürgermeister. »Ebenso gut könntest du sagen, dass meine Schimmel oben auf dem Heuboden stünden!«

Kaum hatte er dies ausgesprochen, da erhob sich ein grausamer Lärm und ein Getrampel. Und als der Diener nachsah, da standen schon die sechs Kutschenpferde oben auf dem Heuboden. Der Bürgermeister war starr vor Schreck und glaubte dem Diener nun. Seine Frau wurde hereingelassen und mit warmen Tüchern und Arzneien gepflegt, damit sie sich wieder erhole. Am nächsten Tag aber schauten zu jedermanns Verwunderung die Pferde aus den Bodenlöchern heraus und es bedurfte hoher Gerüste und großer Maschinen, um sie wieder in den Stall hinunterzubringen.

❡ Unter den zahlreichen Stadtsagen von Köln (vgl. »Die Heinzelmännchen«, S. 183) nimmt die Richmodissage einen besonderen Platz ein. Noch heute erinnern zwei weiße Pferdeköpfe am Richmodis-Turm an das angebliche Geschehen. In Wirklichkeit waren es aber die Wappenzeichen einer Kölner Familie. ❡

Die drei Auflagen

Über die Stadt Osnabrück war ein Graf von Tecklenburg als Kirchenvogt gesetzt worden, welcher über allerlei Rechte verfügte. Eines jener Rechte war, dass er den Metzgern die Höhe der Steuer festsetzen durfte. Diese überbrachte stets ein kleiner Burgzwerg auf einem Esel, und ehe der Zwerg nicht eingetroffen war, durfte kein Metzger sein Fleisch verkaufen. Dies war eine große Bürde für die Metzger, denn wenn kein Käufer mehr auf dem Markt war, blieb ihnen nichts anderes übrig, als ihr Fleisch selbst zu essen. Oftmals mahnten sie den Burgzwerg, der stets zu spät kam, zur Eile an und drohten ihm – doch immer vergebens. Als keine Besserung eintrat, da packten sie ihn und zerhackten ihn, legten die Stücke in den Tragkorb seines Esels und trieben das Tier allein zur Tecklenburg hinauf.

Der Zorn des Grafen hierüber war schrecklich. Er befehdete die Stadt, tat ihr jedes nur mögliche Unrecht an und erlegte ihr so lange Qualen auf, bis sie endlich um Gnade bat. Dies aber war umsonst.

Nun griff jedoch der Kirchenvogt ein und sprach voller Hohn, dass er dem verräterischen Osnabrück nur dann Gnade erweisen werde, wenn die Stadt innerhalb eines Jahres zwei Scheffel Wiefelinghöfer einliefere. Das waren kleine Silberheller, die ein früherer Bischof hatte prägen lassen und die man nur noch selten sah. Zudem forderte er zwei blaue Windhunde und zwei Rosenstöcke ohne Dornen ein.

Bei diesen drei Auflagen war guter Rat teuer. Boten wurden in alle Himmelsrichtungen ausgesandt. Schlechte Heller gab es genug – aber keine Wiefelinghöfer; blauen Dunst gab es genug – aber keine blauen Windhunde; Rosenhecken gab es genug – aber nirgends gab es Rosen ohne Dornen.

Was die Münzen betraf, wurde schließlich doch Abhilfe geschaffen, denn der Rat ließ verkünden, dass er für alle Wiefelinghöfer Heller einen guten Preis zahle. Da strömten die Bettelleute aus allen Nachbarlanden wie Sand am Meer ins Bistum Osnabrück und lieferten Wiefelinghöfer ein, bis der Rat genügend davon hatte und den Kurs wieder sinken ließ.

Unterdessen waren auch ein paar weiße Windhunde in ein Zimmer mit blauen Glasfenstern gebracht und blau angestrichen worden. Von blau gefärbten und gekleideten Wärtern wurden sie mit Blaumeisen, Blaukehlchen und gekochtem Blaukohl aus blauen Töpfen gefüttert. Und als die Hunde Junge bekamen, so waren diese bereits ein wenig bläulich. Von diesen Jungen aber wurden Junge erzielt, die tatsächlich blitzblau waren.

Außerdem hatte der Rat ausgetüftelt, Rosenschösslinge durch enge Glasröhrchen wachsen zu lassen. Und siehe da, die Dornen blieben innen, da sie keinen Platz zum Austreiben hatten. Auf diese Weise also erfüllten die Osnabrücker die drei Auflagen mit List und Mühe und hatten fortan wieder ihre Ruhe. Der Metzgerzunft aber wurde ausdrücklich befohlen, ihre Hackekunst nicht wieder an Zwergen zu üben. Das Geschlecht der blauen Windhunde übrigens verlor sich bald wieder, die dornenlose Rose aber wurde weitergezüchtet und hat sich von Osnabrück aus in alle deutschen Gärten verbreitet.

Der Glockenguss zu Attendorn

Eine Witwe, die in Attendorn im Land Westfalen lebte, hatte einen einzigen Sohn. Der ging nach Holland, wo er treu und fleißig arbeitete. Von dem, was er dort verdiente, unterstützte er seine Mutter und auch für sich selbst legte er etwas zurück. Aber dieses Geld schickte er ebenfalls nach Hause, damit seine Mutter es für ihn aufbewahre. Da kam eines Tages zusammen mit anderen Dingen auch eine kleine schwarze, sehr schwere Metallplatte an. Da die Frau nicht recht wusste, wo sie sie aufbewahren sollte, zumal sie das Erz nicht für besonders wertvoll hielt, verstaute sie sie unter einer Bank.

Nun traf es sich, dass die Attendorner zu ebenjener Zeit eine neue Glocke gießen lassen wollten. Männer aus der Gemeinde gingen von Haus zu Haus und baten um altes Metall, Erz, Messing, Kupfer und Zinn – eben um alles, was von zerbrochenem oder entbehrlichem Geschirr und Hausgerät zum Glockengießen zu gebrauchen war. Und da nun die Witwe gerade nichts Entbehrliches übrig hatte, gab sie den Männern die alte, schwarze Erzplatte ihres Sohnes mit.

Bald schon sollte der Glockengießer in Attendorn eintreffen und bis jener Tag herankam, bereitete der Geselle alles vor: Er formte die Glocke und schmolz einstweilen das Erz. Nun aber begab es sich, dass der Glockengießermeister aufgehalten wurde und nicht zum vereinbarten Tag nach Attendorn kommen konnte. So blieb dem Gesellen nichts weiter übrig, als den Guss mit bestem Gewissen selbst zu vollenden. Das Werk gelang ihm auch ganz ausgezeichnet. Als die Glocke geläutet wurde, da hatte sie einen herrlichen Klang.

In bester Stimmung machte sich der Geselle nach Arensberg auf, um dort seinem Meister zu helfen. Als er seinen Abschied nahm, da gaben ihm viele gute Gesellen das Geleit und hinter ihm erschallte die Glocke, um ihm zu danken und ihn zu ehren. Als nun der wandernde Geselle mit seiner Geleitschaft nahe Schloss Schellenberg war, da kam ihm auf einer steinernen Brücke sein Meister entgegengeritten, der schon erfahren hatte, dass der Geselle die Glocke bereits ohne ihn meisterlich gegossen hatte.

Voller Zorn und Wut fuhr er ihn an: »Was hast du getan, du Bestie!« Und er schoss ihm auf der Stelle eine Kugel durch den Kopf. Zu den erschrockenen Begleitern des Gesellen aber sprach er: »Der Kerl hat die Glocke zu Unrecht gegossen, sie muss umgegossen werden!«, und ritt eilig nach Attendorn, in der Absicht, die Glocke wirklich umzugießen. Die Zeugen des Mordes jedoch klagten ihn an. Der Meister wurde eingesperrt und peinlich darüber verhört, was ihn zu jener Tat getrieben habe, denn es konnten doch wohl kaum nur Zorn und Eifersucht gewesen sein.

Da der Meister aber auf alle Fragen beharrlich schwieg, wandte man am Ende die Folter an, und nun gestand er, warum er so erzürnt gewesen war: Unter allem gespendeten Metall habe sich auch eine schwere, schwarz gefärbte Goldplatte befunden, welche er, der Meister, habe abzweigen und für sich behalten wollen. Ohne es zu wissen habe der Geselle auch sie eingeschmolzen, und ihr verdanke die Glocke nun den herrlichen Klang. Deshalb habe er die Glocke umgießen, das Gold ausscheiden und die Glocke neu gießen wollen. Der Rat zu Attendorn gab sich mit der Aussage zufrieden und ließ dem Meister den Kopf abschlagen. Dem unschuldigen Gesellen aber wurde zum Andenken auf jener Brücke ein Kreuz errichtet.

Im ganzen Ort Attendorn indes vermochte sich niemand vorzustellen, wer denn eine solch kostbare Beigabe zu dem Glockenguss gegeben habe. Da aber kehrte eines Tages der Sohn der Witwe, der recht wohlhabend geworden war, aus Holland zurück. Schon bald fragte er seine Mutter nach der schweren Goldplatte. »Gold? Das war Gold?«, rief die Mutter und wurde vor Schreck ganz bleich. Zitternd gestand sie die Goldplatte für den Glockenguss gespendet zu haben!

Der Sohn aber sprach: »Beruhigt Euch, liebe Mutter! Sie ist zu Gottes Ehre gegeben!« Da erzählte die Mutter die Geschichte von dem Glockenguss, und dass durch jenes Gold zwei Menschen – der eine schuldig, der andere unschuldig – ihr Leben eingebüßt hatten. Nun entgegnete der Sohn: »Gott hat es so vorausbestimmt, wir wollen den Verlust nicht beklagen und nur über das Unglück trauern, das jenes Gold verursacht hat.«

Viele Jahre später ging der Glockenturm zu Attendorn durch einen Blitzschlag in Flammen auf. In der Glut schmolz jene Glocke. Da wurde das Erz aufgefangen und geprüft und es erwies sich als so goldhaltig, dass von diesem Wert der ganze Turm neu gebaut und mit Blei gedeckt werden konnte.

❡ *Die Sage vom Glockenguss gibt es in Deutschland in mehreren Varianten. Dass der Meister aus Habgier seinen Gesellen erschlägt, ist eine Besonderheit. Sonst geht es meistens um den Neid auf das gelungene Werk des Jüngeren.* ❡

Seltsame Träume

Einst träumte ein armer Bauer aus dem Dorfe Stelzen im Vogtland, er solle nach Regensburg gehen, denn auf der Brücke dort werde er reich werden. So machte der Mann sich nach Regensburg auf, spazierte einige Tage auf der Brücke hin und her und suchte den Boden nach einem Beutel voll Dukaten ab. Aber vergeblich. Kein Reichtum wollte sich einstellen. So beschloss er betrübt, nach Hause zurückzukehren.

Bevor er sich aber zum Heimgehen wandte, begegnete ihm ein Mann dort auf der Brücke, der ihn fragte, warum er denn so traurig aussehe. Da erzählte ihm der Bauer von seinem Traum und seiner großen Armut und dass er kaum mehr einen Kreuzer zur Heimreise habe. Der Mann antwortete, dass es doch recht wunderlich sei, bloß eines Traumes wegen eine so weite Reise zu unternehmen, und erzählte nun seinerseits, dass er geträumt habe, er solle nach Stelzen ins Vogtland reisen. Da werde er vor dem Tor eine große Kiefer stehen sehen, unter welcher er graben solle, denn dort werde er viel Geld finden. Und er schloss mit den Worten: »Wäre ich dem Traum gefolgt, dann wäre es mir sicher ergangen wie Euch!« Schließlich gab er dem Bauern aus Mitleid einen Gulden und der Bauer ging davon.

Da nun aber die beschriebene Kiefer auf seinem eigenen Grund und Boden stand, wunderte sich der Bauer doch über die Worte des Mannes. Zu Hause angekommen nahm er heimlich Hacke und Schaufel zur Hand und begann unter der Kiefer zu graben. Und siehe da, schon nach kurzer Zeit stieß er auf einen großen Kupferkessel voll des schönsten alten Goldes. Er steckte ein, was er in Hosen und Wams unterbringen konnte, machte das Loch zu und ging zu seiner Frau. Die half ihm dann, auch den Rest nach Hause zu bringen. Die Kiefer aber stand noch bis vor kurzer Zeit und war so hoch und schön, dass man sie fünf Meilen weit sehen konnte.

Die wenigen steinernen Flussbrücken in den mittelalterlichen Städten wurden vom Volk bestaunt und dementsprechend häufig in Sagen erwähnt. So auch die steinerne Brücke in Regensburg, die mithilfe des Teufels erbaut worden sein soll. Der doppelte Traum vom Schatz ist eine Wandersage, die auch von Frankfurt und von der Karlsbrücke in Prag erzählt wird. Auffallend ist hier nur der weite Weg, den der Bauer von seinem Dorf bei Plauen im Vogtland bis nach Regensburg zurücklegen muss.

Pestheilungen

Der Sohn des Richters aus Reifland war mit der Pfarrerstochter aus Lengefeld verlobt. Dort wütete die Pest, und Wachen vor dem Ort verbaten jedermann den Ort zu betreten. Der Bursche aber wollte seine Braut retten. So lief er nach Freiberg, wo die Pest bereits nachgelassen hatte, denn dort hatten die Totengräber ein Mittel gegen die Seuche gefunden. Sie hatten Gewürzkräuter und Wurzeln in scharfen Essig eingelegt. Von diesem Wunderessig kaufte der Bursche etwas, dann schlich er sich an den Wachen vorbei und gelangte ins Lengefelder Pfarrhaus.

Zwar war sein Schwiegervater schon gestorben, doch heilte er die anderen Bewohner des Hauses und viele weitere Bürger mit seinem Kräuteressig. Nun wurde die Pestsperre aufgehoben und die Bewohner von Lengefeld, Rauenstein und Reifland feierten ein Wiedersehens- und Dankesfest. Dort, wo sie zusammengekommen waren, wurde ein Stein gesetzt, der bis heute die Erinnerung an den schwarzen Tod bewahrt.

Die Bewohner von Großhartmannsdorf hingegen sind stets gut durch die Pestjahre gekommen. Nicht weit vom Dorf entfernt liegt nämlich die große Torfheide. Dort wuchs in großer Menge eine Pflanze, die unter dem Namen »Zeitheed« oder »Zeitheide« bekannt ist, und die half gegen die Pest. Und wie Vögel die Pest verkünden – weiße Schwalben lassen sich sehen und die Wildgänse ziehen mitten im Sommer fort –, so verraten Vögel auch das Heilmittel gegen die Seuche.

Über das Vogtland und das Erzgebirge flog nämlich von Norden her einmal ein weißer Rabe und rief:

»Fresst nur recht Rapuntika,
sinten kimmt ka Mensch derva.«

Auch über die Westlausitz flog ein Vogel. Sein Lied wiederum lautete:

»Trinkt Bibernell und Sundermann,
so wird die Pest ein Ende han.«

Der schwarze Tod, wie die Pest im Volksmund genannt wurde, beschäftigte die Gemüter der Menschen, denn im Mittelalter forderte die Seuche immer wieder zahlreiche Opfer. Kein Wunder, dass man sich gern Geschichten von wunderbaren Heilungen erzählte und auf diese Weise ein wenig Hoffnung zu machen versuchte.

Der Dudelsackpfeifer

Als zu Beginn des 15. Jahrhunderts die Pest in ganz Europa wütete und innerhalb kürzester Zeit in den Städten tausende von Menschen dahinraffte, lebte in Nürnberg, das ebenfalls von der Seuche betroffen war, ein Musikant. Mehr noch als auf das Dudelsackpfeifen verstand sich jener Geselle jedoch auf das Trinken und er trank und spielte von früh bis spät. Nicht einmal das schreckliche Wüten der Pest konnte seiner Fröhlichkeit Einhalt gebieten. »Solange wir den Dudelsack zum Totentanz spielen«, sagte er zu seinen Zechkumpanen, »solange tanzen wir nicht selbst mit.« Eines Nachts aber wäre er doch beinah selbst vom Sensenmann hinweggerafft worden.

Sturzbetrunken wie er war, blieb er in jener Nacht mit seinem Dudelsack mitten auf der Straße liegen. Kurz darauf kam der Pestwagen vorbei. Er schaffte diejenigen aus der Stadt, die am Tage an der Pest gestorben waren.

Und als man nun den Dudelsackpfeifer wie leblos auf der Straße liegen sah, da dachte man, dass auch er an der Pest gestorben sei, und warf ihn mitsamt seinem Instrument, das er sich umgehängt hatte, kurzerhand zu den Toten auf den Wagen. Der Wagen aber stieß und schwankte so sehr, dass der wackere Sackpfeifenbläser jäh aus dem Schlaf gerüttelt wurde. Maßlos war sein Entsetzen, als er erkannte, dass er sich inmitten lauter Toter auf dem Pestwagen befand. Er wollte schreien, er wollte vom Wagen springen – doch vor Grauen war er wie gelähmt. Da ergriff er seinen Dudelsack und blies drauflos wie noch nie. Aber kein fröhliches Tanzlied war es, das er spielte, es war ein geistlicher Gesang, der vom Pestwagen herab ertönte.

Der Fuhrmann achtete anfangs gar nicht darauf, er meinte, dass die Klänge aus irgendeinem Haus drangen, wo man wieder einen Toten beklagte. Als das

Pfeifen aber immer schriller und gellender durch die Nacht schrie, da gruselte es ihn schließlich doch. Er stieg vom Pferd – und sah den Dudelsackspieler auf dem Haufen der Toten sitzen. Entsetzt über jenes Gespenst schlug er sogleich einige Kreuze, doch der Dudelsackspieler erhob flehend die Hände und schwor bei sämtlichen Heiligen, dass er ein lebendiger Mensch und kein Geist sei. Da half ihm der Fuhrmann vom Wagen, setzte seinen Weg fort, aber dachte sich im Stillen, dass der Musikant ja doch bald jene Reise antreten müsse.

Der Dudelsackpfeifer aber soll gesund und munter geblieben sein und das Elend der Pestjahre unbeschadet überstanden haben. Lediglich das Trinken habe er sich doch ein wenig abgewöhnt – zumindest so weit, dass er nie wieder eine Straßenrinne zu seinem Nachtlager gewählt habe.

❡ *Die in einem Buch von 1872 veröffentlichte Sage spielt zwar zu Beginn des 15. Jahrhunderts in Nürnberg, doch hat sie ein auffallendes Gegenstück in der Geschichte vom Lieben Augustin in Wien, die sich dort in ähnlicher Art 1679 abgespielt haben soll und angeblich auf einen tatsächlichen Vorfall zurückgeht. Es ist durchaus möglich, dass diese Sage auf Nürnberg übertragen wurde.* ❡

Die Sondersiechen von Erfurt

Einst befand sich auf der Gleichen'schen Burg Ehrenstein ein junger Ritter, der eine Jungfrau aus dem Gefolge der Gräfin von Gleichen liebte und sie mit deren Zustimmung auch ausführte. Das Mädchen saß hinter dem jungen Ritter auf und sie erreichten glücklich das Stadttor von Erfurt. Da es aber schon zehn Uhr abends war, wurde das Tor nicht mehr geöffnet. Furchtsam ritten die beiden ein Stück zurück, bis sie an das Haus der Sondersiechen* kamen. Dort ließ man sie ein und der Ritter band sein Pferd an einem Zaun fest. Als aber die Siechen, welche lauter Männer waren, sahen, dass das Mädchen schön war, ermordeten sie den Ritter und vergingen sich so gewalt-

* Sondersieche: Aussätzige

sam an dem Mädchen, dass es starb. Anschließend verscharrten sie die beiden Leichen.

Nachdem aber die Flucht des Ritters und des Mädchens bekannt geworden war, jagte von der Burg Ehrenstein aus eine Schar Verfolger hinter ihnen her. Auch sie kamen zum Siechenhaus und fragten dort, ob man die beiden gesehen habe.

Da antworteten die Siechen: »Zu uns kommt niemand, wir sind die Leprosen* und Sondersiechen.« In diesem Augenblick jedoch begann das Pferd, das hinter dem Haus angebunden war – sei es aus Hunger oder weil es die Stimmen erkannte –, laut zu wiehern. Als die Verfolger nun das wohl bekannte Pferd entdeckten, drangen sie ins Haus ein, umstellten es und ließen den Magistrat sowie die Richter aus Erfurt kommen, welche das grauenhafte Verbrechen schließlich aufdeckten und sogleich ihr Urteil sprachen. Der arme Ritter und seine junge Geliebte wurden bei St. Thoma ehrenhaft begraben. Rund um das Siechenhaus aber wurde bis unters Dach Scheitholz, Stroh und Reisig aufgeschichtet, das man an allen vier Ecken in Brand steckte, sodass das Haus mit Mann und Maus und allem, was darin war, zu einem Häufchen Asche niederbrannte.

Später ist an jener Stelle ein Steinkreuz aufgerichtet worden, an dessen einer Seite ein Ritter und an der anderen eine kniende Jungfrau zu sehen war.

❡ Zu den Geißeln der mittelalterlichen Bevölkerung gehörte auch der aus dem Orient eingeschleppte Aussatz, die Lepra. Die Krankheit war besonders gefürchtet, da es keine Heilung gab und die Kranken aus ihren Familien ausgestoßen wurden und als »Sondersieche«, also sozusagen als lebendige Tote, in eigens eingerichteten, abseits gelegenen Leprosenhäusern leben mussten. ❡

* Leprosen: an Lepra Erkrankte

Die Gruben zu St. Andreasberg

Tief im Harz liegt die Bergstadt St. Andreasberg, in welcher vormals reicher Grubenbau betrieben wurde. Von den Gruben waren St. Andreas und Samson, Katharine Neufang, der Große Johann und der Goldene Altar die reichsten. Aber auch die weniger ergiebigen trugen schöne Namen, sie hießen Morgenröte, Abendröte, Teuerdank, Engelsburg, Drei Ringe, Weinstock und so fort. Es gab auch Berggeister in jenen Gruben und so trug sich einmal Folgendes zu:

Ein redlicher Gräflich-Hohensteinischer Obersteiger*, der bereits recht alt war, einen eisgrauen Bart und graues Haar trug und Jakob Illing hieß, war einst in die Grube gefahren. Dort traf er auf einen Berggeist und dieser hauchte ihn an. Da wurde dem alten Mann sehr seltsam zumute und er fürchtete, dass er bald sterben müsse. Nachdem er wieder an die Erdoberfläche gekommen war, machte er gleich sein Testament, denn nun fielen ihm auch alle Haare aus und er wurde völlig kahl.

Der Mann blieb aber dennoch am Leben – und damit nicht genug: Es wuchs ihm neues, schönes schwarzes Haar und er verjüngte sich von Tag zu Tag. Schließlich war er wieder ein prächtiger junger Bursche geworden und heiratete noch einmal. Mit seiner Frau zeugte er viele Kinder und starb dann erst in hohen Jahren. Seine Nachkommen aber haben später viele Jahre lang das Grubenhagen'sche Bergwerk als Bergmeister mit großem Erfolg geleitet.

Ein anderer Steiger hatte zu einer Zeit, in der die Gruben reiche Ausbeute abwarfen, einige reiche Stufen** aus dem Großen Johann und dem Goldenen Altar beiseite geschafft, um sie für weniger gute Zeiten als Rücklage aufzubewahren. Seine Mitgesellen aber, die ihn beobachtet hatten, glaubten, dass er die Stufen für sich selbst abgezweigt habe, und klagten ihn wegen Veruntreuung an. Und da auf ein solches Vergehen damals die Todesstrafe stand, wurde nicht lange gefackelt: Der Bergmann sollte enthauptet werden.

Als er nun im Angesicht des Todes auf der Richtstatt kniete, rief er: »Gott

* Obersteiger: Aufsicht führender Bergmann
** Stufe: erzhaltiges Gesteinsstück

wird ein Zeichen geben, an dem meine Unschuld erkannt werden wird! Fluch über die Gruben, bis ein Graf mit Glasaugen und Rehfüßen geboren wird und auch am Leben bleibt!« Da tat der Scharfrichter seinen Schwerthieb, das Haupt des unschuldigen Mannes fiel, aber statt Blut kamen zwei Milchströme aus dem Rumpf geschossen. Dies war das göttliche Zeichen. Zugleich ertönte in der Ferne ein Donnerschlag, der die Erde erbeben ließ. Die genannten Gruben waren eingestürzt und fortan nicht mehr befahrbar.

Schließlich aber begab es sich, dass tatsächlich ein junger Graf geboren wurde, der Rehfüße und Glasaugen besaß, und man hoffte schon auf neuerlichen Segen für die verschütteten Gruben – doch die Hoffnung wurde enttäuscht. Das seltsame Kind konnte nicht überleben. So blieben die Gruben für immer verschüttet.

❡ *In den Bergorten des Harzes oder des Erzgebirges wurden am liebsten Sagen von reichen Funden und Berggeistern erzählt. Gerade die Hinweise auf den Reichtum einiger Gruben häuften sich dabei besonders. Zugleich aber spürt man auch die Angst vor Grubenunglücken und den häufigen Katastrophen unter Tage.* ❡

Mühlhäuser Brunnen

Die Brunnenquellen bei Mühlhausen sind weit und breit bekannt. Eines dieser Wasser heißt die Breitsülze und entspringt eine halbe Stunde nordwestlich der Stadt am Herbstberge. Man erzählt die Sage, dass dort, wo jetzt das Antoniushospital liegt, einst ein Kloster gestanden habe. In jenem Kloster lebte ein Mönch, der in der Stadt eine heimliche Liebe hatte, welche er nachts besuchte. Die Sache kam aber ans Licht, der Mönch wurde gefangen genommen und im Adlerturm festgesetzt, wo er nur noch seinen Tod erwarten konnte. Da es der Stadt aber an fließendem Wasser fehlte und jener Mönch sich aufs Wasserleiten verstand, bot man ihm an, ihm die Freiheit zurückzugeben, wenn es ihm gelänge, die Quelle der Breitsülze, welche tiefer liegt als der Ort, in die Stadt zu leiten.

Der Mönch machte sich an das schwierige Werk. In zahlreichen Schlangenlinien leitete er die Quelle um den Herbstberg, den Thonberg und den Kalbberg herum und ließ sie eine Strecke von 7.610 Schritten überwinden, was einem Weg von fast zweieinhalb Stunden entsprach, sodass es oft den Anschein hatte, als fließe das Wasser bergauf. Auf diese Weise leitete der Mönch das Wasser glücklich in die Stadt und erlangte selbst seine Freiheit wieder.

Eine ähnliche Sage wird in Gotha über die Leitung des Flüsschens Leine erzählt und auch hier soll ein geschickter Mönch am Werk gewesen sein.

Um den Breitsülzenbrunnen rankt sich aber noch folgende Sage: Früher sei er der Brunnen eines Klosters gewesen. Wie bei den meisten Klöstern stand auch bei diesem eine Kirche, deren Turm drei silberne Glocken hatte. Als nun die Mühlhäuser Kriege wüteten, wurde das Kloster völlig zerstört. Um aber zu verhindern, dass die Glocken in die Hand des Feindes fielen, versenkte ein Mönch sie in dem Brunnen, wobei er die folgenden Worte sprach: »Diese Glocken kommen nicht eher zu Tage, bis drei Personen den Brunnen fegen und eine derselben ihren Tod in der Quelle des Brunnens findet.«

Vor vielen Jahren aber träumte der Schullehrer von Ammern, er solle zur Breitsülze gehen. Dort am Ufer würde er ein Seil finden, daran solle er ziehen, dann würden drei silberne Glocken heraufkommen. Nachdem er dreimal in Folge das Gleiche geträumt hatte, machte der Mann sich auf den Weg. Je näher er der Breitsülze kam, desto schöner hörte er schon die silbernen Glocken läuten, und als er ankam, fand er alles, wie er es geträumt hatte. Er zog an dem Seil und siehe, drei Silberglocken stiegen empor.

Nun aber kam ein Reiter vorüber und rief ihm zu: »Guten Morgen, Herr Schullehrer! Guten Morgen!«

Ganz freundlich antwortete der Gegrüßte: »Schönen Dank!« Bei diesen Worten jedoch versanken die Glocken mit einem grausigen Geräusch und sind nie wieder zu Tage gekommen.

¶ Was wären die mittelalterlichen Städte ohne ihre Brunnen? Sie lieferten nicht nur das dringend benötigte Frischwasser für die Haushalte, sondern waren zugleich auch beliebte Treffpunkte für die Bürger, an denen vor allem die Frauen ihre Neuigkeiten austauschten. Kein Wunder, dass sich auch die Sage oft mit

ihnen beschäftigte, wie diese aus der ehemals Freien Reichsstadt Mühlhausen in Thüringen belegt.
Zum Motiv des Hebens der Glocken vgl. auch das Kapitel »Schätze und Schatzsucher«. ❡

Der Fluch der Witwe

Zwischen Saalfeld und Gräfenthal liegt Reichmannsdorf, wo in früheren Tagen unglaublich reich gesegneter Bergbau betrieben wurde. Darum heißt einer der nahe gelegenen Berge noch immer der Goldberg, einen anderen nennt man den Venusberg. In ihm befindet sich eine Grube, die Zufälliges Glück heißt. Auch der Ort selbst trug früher einen anderen Namen. Da der ergiebige Bergbau aber alle Einwohner zu reichen Leuten machte, erhielt er den Namen Reichmannsdorf.

Einmal begab es sich, dass in einem der Reichmannsdorfer Schächte eine so große Stufe* gediegenen Goldes gefunden wurde, dass ihr Wert auf viertausend Gulden geschätzt wurde. Das Erz war so gebrochen worden, dass es die Form eines Sessels erhalten hatte. Und da zu ebenjener Zeit ein Sachsenherzog eingetroffen war, um das Bergwerk zu besichtigen, legte man die Stufe auf ein mit Stricken befestigtes Brett. Darauf nun fuhr der Herzog, von einem Knappen begleitet, in den Schacht. Da die Besichtigung zu des Herzogs Zufriedenheit verlaufen war, belohnte er seinen jungen Begleiter mit einer Hand voll Dukaten.

Der junge Geselle brachte das Geld schon bald unter die Leute und vergnügte sich damit beim Kirmestanz. Hiermit aber zog er den Verdacht auf sich, dass er Erze gestohlen habe. Sofort wurde er ins Gefängnis geworfen und gefoltert, damit er den Diebstahl gestand, den er doch gar nicht begangen hatte. Und da es damals üblich war, kurzen Prozess mit Dieben zu machen, wurde der junge Geselle auf den Richtplatz geführt, um dort am Galgen erhängt zu werden. Vergebens flehte seine arme alte Mutter um sein Leben,

* Stufe: erzhaltiges Gesteinsstück

vergebens beschworen sie und er selbst seine Unschuld – doch es half nichts: Der Arme musste sterben.

Tiefe Verzweiflung überkam seine alte Mutter, als er hingerichtet war. Sie taumelte vom Richtplatz, sie wankte auf die reiche Grube zu, in welche der Sohn mit dem Herzog eingefahren war, lief dreimal darum herum und sprach im Namen der Hölle schreckliche Zauberflüche aus. Dann nahm sie ein Gefäß voller Mohnsamen, das sie bei sich hatte, und schrie: »Verflucht sei dieses Bergwerk um meines unschuldigen Sohnes willen! So viele Körnlein Mohn hier in die Tiefe niederrieseln, so viele Jahre lang finde man hier kein einziges Körnlein Gold!«

Nachdem sie dies ausgesprochen hatte, stürzte sie sich, um den Zauber zu vollenden und den unterirdischen Geistern für die Erfüllung ihres Fluches ein lebendiges Opfer zu bringen, in den tiefen Schacht hinab. Als sie aber an dessen Grund zerschellte, dröhnte ein unterirdischer Donnerschlag durch das ganze Gebirge. Der Hauptschacht stürzte zusammen und wilde Wasser überfluteten die Grube. Von da an hatte der weitaus größte Teil des Reichmannsdorfer Bergsegens ein Ende und mit ihm erloschen auch Prachtliebe und Glanz der Ortsbewohner.

Auf ähnliche Weise ist auch in Schleiz im Vogtland ein reicher Schacht von einer alten Hexe verflucht worden.

❡ In Reichmannsdorf im Kreis Saalfeld-Rudolstadt, begann man schon im 12. Jahrhundert mit dem Goldabbau. Später gab es dort an die 120 Gold- und Silbergruben. Die Sage versucht eine Erklärung für den Niedergang des Bergwerksbetriebes zu geben. ❡

Die Jenaische Christnachttragödie

In der Christnacht des Jahres 1715 versammelten sich ein Student aus Zwickau sowie ein Schäfer und ein Bauer in einem Weinbergshäuslein bei Jena, um dort den Teufel zu beschwören. In jenem Häuschen nämlich, wo sich von Zeit zu Zeit auch eine Weiße Jungfer zeigte, sollte ein Schatz verborgen liegen, den sie vom Teufel gewinnen wollten. Obwohl sie sich »Doktor Faustens Höllenzwang« nebst anderem Zaubergerät verschafft hatten, ging die Sache aber übel aus.

Am folgenden Morgen kamen die drei nicht in die Stadt zurück. Erst am Nachmittag fand man den Studenten ganz betäubt und halb wahnsinnig, den Schäfer und den Bauern aber tot in jenem Häuschen liegen. Man meldete dieses Ereignis umgehend der Obrigkeit und diese ordnete an, dass den beiden Leichnamen in der Hütte drei Wächter beigestellt werden sollten. Den Studenten aber schaffte man in den Gasthof »Zum gelben Engel« hinab.

Als die drei Männer nun zusammensaßen und wachten, kratzte es gar arg an der Tür des Häuschens. Ein Geist in der Größe eines Knaben trat ein. Hin und her wandelte er, dann warf er die Tür mit einem mächtigen Krach zu. Des nächsten Morgens lagen die drei Wächter wie tot bei den Leichnamen und zwei von ihnen blieben auch tot. Alle hatten sie blaue Flecken und Striemen auf der Haut.

Jene Geschichte erregte allenthalben großes Aufsehen und es wurde viel darüber geschrieben. Man nannte sie nicht anders als die Jenaische Christnachttragödie.

❡ *Nicht alle Städtesagen gehen auf das Mittelalter zurück, manche sind wesentlich jünger, wie diese Schatz- und Gespenstersage aus Jena im 18. Jahrhundert beweist.*
»Doktor Faustens Höllenzwang« war ein beliebtes Zauberbuch, das sich allerdings nur im Volksglauben und dementsprechend in Sagen als erfolgreich erwies. ❡

Die Hussiten vor Naumburg

Als um das Jahr 1430 Naumburg von den Hussiten belagert wurde, wagten es die Naumburger, dem wilden Hussitenführer Prokopius ihren Widerstand entgegenzusetzen. Wenn sie auch so manchen Angriff abgewehrt hatten, so wurde der Hunger in der Stadt doch immer größer, und schließlich blieb keine andere Wahl, als eine Gesandtschaft an den Hussiten zu schicken, welche ihm folgende Botschaft überbringen sollte: Man sei bereit die Stadt zu übergeben, wenn er Gnade und Milde walten lasse.

Prokopius aber, den der hartnäckige Widerstand wütend gemacht hatte, schwor vielmehr keinen Stein auf dem anderen zu lassen und nicht einmal die Säuglinge zu verschonen. Da alles Bitten vergebens war, griffen die Naumburger zu einem verzweifelten Mittel. Sie riefen alle ihre Kinder zusammen, zogen ihnen weiße Kleider an und ließen sie paarweise aus der Stadt und zum Lagerplatz der Hussiten ziehen: 283 Jungen und 321 Mädchen. Sobald sie ins Lager kämen, sollten sie anfangen zu weinen, die Hände zum Himmel erheben, niederfallen und »Gnade! Gnade!« rufen.

Als die Kinderschar den Lagerplatz erreicht hatte, wurde sie zum Zelt des Prokopius geführt. Dort taten die Kinder, was man ihnen eingeschärft hatte: Sie fielen auf die Knie und baten jämmerlich weinend um Gnade. Prokopius wusste zunächst nicht, was dies bedeuten sollte, doch dann befahl er den Kindern mit dem Weinen aufzuhören und aufzustehen und hielt mit seinen Befehlshabern Rat. Nachdem dies geschehen war, versicherte er den Kleinen, dass ihnen nichts geschehen würde, ja, er ließ sogar Musikanten zum Tanz aufspielen.

Weil die Kinder sich immer noch fürchteten und nicht tanzen wollten, ließ er ihnen Kirschen und Birnen bringen und endlich fassten sie etwas mehr Mut. Prokopius aber ließ für sich selbst und die anderen Befehlshaber Sessel herbeitragen und setzte sich mitten unter die Kinder, die nun fröhlich und ausgelassen um ihn herumsprangen. Um sieben Uhr abends aber befahl er ihnen nach Hause zu gehen und am Tor zu sagen, dass er die Stadt gnädig verschonen wolle; am nächsten Tag werde kein Hussit mehr zu sehen sein.

Und Prokopius hielt Wort. Schon um drei Uhr am anderen Morgen war das Hussitenheer abgezogen und die Stadt Naumburg befreit.

❡ *Zu den bekanntesten geschichtlichen Städtesagen gehört die Geschichte von der Belagerung Naumburgs durch die böhmischen Hussiten. Obwohl diese seit 1423 mehrfach in Mitteldeutschland einfielen und verschiedene Städte belagerten und plünderten, war Naumburg nicht darunter. Trotzdem hält sich die Sage, und das »Kirschenfest« für die Kinder wird auch heute noch jedes Jahr gefeiert.* ❡

Das eingemauerte Kind

Während der Regierungszeit des Kaisers Otto ist das alte Krökentor in Magdeburg gebaut worden. Während des Baus aber ist es wieder und wieder eingestürzt und man konnte nicht sagen, woran dies gelegen hat. Schließlich gab ein Sternendeuter den Rat, ein lebendiges Kind darin einzumauern, dann würden die Steine halten.

Der Kaiser und seine Räte glaubten nicht, eine Mutter zu finden, die gottlos genug wäre, um ihr eigen Fleisch und Blut für Geld einem so grauenvollen Tod auszuliefern. Es fand sich aber doch eine leichtfertige Person, die ihr uneheliches Kind gerne dafür hergeben wollte und meinte, wenn sie es los sei und eine Summe Geld dafür erhalte, dann würde sich wohl jemand finden, der sie selbst wieder zu Ehren brächte. Darin aber irrte sie sich, denn niemand hat dieses herzlose Wesen heiraten wollen.

Das unglückliche Kind jedoch wurde in einer Art Nische eingemauert, ohne dass die Steine es verletzten, und ein wenig Luft bekam es auch. Zum Hohn hängte man noch ein Pfennigbrot* vor seinen Mund, dann hat sich niemand mehr um das arme Wesen gekümmert.

Erst fünfzig Jahre später kam es wieder in Erinnerung. Da nämlich trat ein altes Weiblein vor den Bischof, fiel vor ihm auf die Knie und flehte ihn an, im Krökentor nach den Gebeinen ihres Jungen zu suchen, der dort vor langer Zeit eingemauert worden sei. Schon viele Wochen erscheine ihr das Kind im Traum und rufe, es sei noch am Leben, ein Vogelpaar niste über ihm und versorge es mit Nahrung. Deshalb habe sie sich aus der Ferne hergebettelt, und als sie endlich am Krökentor angekommen sei, habe sie deutlich den Ruf »Mutter!« gehört.

Der staunende Bischof ließ die Mauer auf der Stelle öffnen. Die Steinmetze fanden die Nische und berichteten, darin ein altes Männchen, das sie mit funkelnden Augen anstarrte, gefunden zu haben. Sein Bart hing grau und tief im Gestein und über ihm nistete ein Vogelpaar. Und als sie das Männchen herunterbrachten, vermeinten sie einen deutlichen Seufzer zu hören.

Das alte Männlein jedoch erwies sich als versteinerte Kindsleiche. Sie

* Pfennigbrot: Brot mit einem festgelegten Gewicht zu einem bestimmten Preis

wurde nach christlichem Brauch beerdigt. Die Mutter aber war verschwunden. Einige Zeit danach fand man ihre entstellte Leiche auf einem Sandhügel vor dem Krökentor. Dort wurde sie auch eingescharrt. Von Zeit zu Zeit soll noch ein helles Flämmchen die Stelle zeigen, wo die gottlose Mutter begraben liegt.

❡ *Die Geschichte von dem eingemauerten Kind ist eine verbreitete Wandersage und wird in ähnlicher Art auch im Zusammenhang mit Burgen erzählt (vgl. »Die Henneburgen«, S. 254)* ❡

Das verwünschte Dorf

In der Flurmarkung von Dillstädt liegt eine Wüstung* des Namens Germelshausen. Da hat einst ein Dorf gestanden und steht auch heute noch eins, doch keiner sieht es. Und es ist auch gar nicht gut, es zu sehen.

Vor dreihundert Jahren ungefähr kam ein Feldscher** durch den einsamen Grund zwischen Rora und Marisfeld, den der Gorzbach durchfließt, und er kam auch in ein Dorf. Er sah die Leute dort in die Kirche gehen und wunderte sich über die altväterliche Tracht, welche sie trugen. Als er darauf in den Ort Rora kam, wo man sich zeitgemäß kleidete, fragte er, was für ein Dorf denn das vorige gewesen sei, doch niemand konnte ihm Auskunft geben. Man sagte ihm sogar, da, wo er behaupte, liege überhaupt kein Dorf.

Zur selben Zeit – es war Michaelis*** und Kirmes in Dillstädt – ging der Schuhmacher von Wichtshausen, welcher ein einfacher Mann war, zwischen Dillstädt und Dietzhausen auf Marisfeld zu. Er befand sich zum ersten Mal in dieser Gegend und gelangte nun in die Nähe eines Dorfes, in welchem die Hähne krähten und die Hunde bellten. Er begegnete auch einer Frau, die auf das Dorf zuging, und fragte sie nach dem Weg. Sie aber hörte ihn nicht und ging auf einem gänzlich mit Gras überwucherten Pfad wortlos weiter. Der

* Wüstung: verlassenes Dorf
** Feldscher: militärischer Wundarzt
*** Michaelis: Der Tag, der dem Erzengel Michael geweiht ist, der 29. September.

Weg des Mannes aber führte seitwärts daran vorbei und an einem mit Gras zugewucherten Teich vorüber und er wunderte sich, warum die Leute aus dem Dorf den Teich so vernachlässigten.

Als er sein Geschäft in Marisfeld erledigt hatte und wieder heimwärts ging, da waren der Teich und das Dorf verschwunden. Ein Nachbar, dem der Schuhmacher dies alles erzählte, sagte ihm, er solle froh sein, dass er der Frau nicht gefolgt sei, denn dann wäre er wohl nicht wieder nach Hause gekommen. Er selbst habe das verwünschte Dorf Germelshausen gesehen und dortherum sei es gar nicht geheuer.

❡ Dillstädt und Marisfeld liegen nur wenig südlich zwischen Meiningen und Zella-Mehlis. Die Geschichte des verwunschenen Dorfes hat der bekannte Abenteuerschriftsteller Friedrich Gerstäcker in seiner Novelle »Germelshausen« nacherzählt. ❡

Der Esel von Blankenburg

In der Stadt Blankenburg wurde vorzeiten der Palmsonntag als großer Festtag gefeiert. Die Bürgerschaft versammelte sich an einem großen Brunnen vor der Stadt, um den Palmeinzug des Heilands nachzuahmen. Der Brunnen wurde geweiht, die andächtige Gemeinde mit dem Wasser besprengt, Ablass* verkündet und dann der hölzerne Esel, auf dem sich eine Figur befand, in einem festlichen Umzug durch die Weinberge und Felder zu einem Hügel am unteren Stadttor getragen, welcher den Namen Ölberg trägt. Dort las man die Messe. Weil aber das Fest mit großen Schmausereien in den Häusern sein Ende fand, gaben die Nachbarn den Blankenburgern den Namen »Eselsfresser«.

Leider war aber die hohe Wertschätzung des Palmesels der Anlass, dass die Blankenburger mit ihrer Nachbargemeinde Schwarza in einen blutigen Streit verwickelt wurden. Und das kam so:

* Ablass: Erlassen der zeitlichen Sündenstrafen

Als Graf Heinrich von Schwarzenburg, welcher den Kaiser Friedrich ins Heilige Land begleitet hatte, wieder heimkehrte, bediente er sich zum Reisen auch eines Esels. Den ließ er danach in Schwarza in einen Stall stellen und füttern. Der Wärter des Tieres, der selbst mit im Heiligen Land gewesen war, erzählte seinen Bekannten so allerlei von jenem Tier. Aufmerksam geworden fragte ihn schließlich der Pfarrer von Schwarza über den Esel aus und gelangte nun zu der Überzeugung, dass dieser Esel kein gewöhnliches Tier sei, sondern in direkter Linie von der Eselin abstamme, auf welcher der Heiland am Palmsonntag seinen Einzug in Jerusalem gehalten habe. Die Überzeugung des Pfarrers ging schnell auf dessen Gemeinde über und jeder wollte das bedeutende Tier zu Gesicht bekommen. Man brachte ihm reiche Geschenke, der Pfarrer segnete diejenigen, die ihn besuchten, und die Pfarrkirche von Schwarza hatte großen Nutzen von den Wallfahrern.

Natürlich dauerte es gar nicht lange, bis die benachbarten braven Blankenburger missvergnügte Gesichter aufsetzten und sich über die Konkurrenz betrübten, die der lebende Esel ihrem hölzernen Esel bereitete.

Und auch ihr Pfarrer teilte diesen Kummer, sodass er eines Tages zu seiner Gemeinde sprach: »Meine Lieben! Ihr habt gewiss mit Betrübnis davon gehört, dass unsere Dorfnachbarn in den Besitz eines Tieres gekommen sind, auf das sie gar kein Anrecht besitzen! Denn Schwarza ist ein Dorf und hat nur einen niederen Dorfpriester, der unwürdig ist, dem edlen Tier zu dienen. Nirgends könnte dieses Tier würdiger gepflegt werden als in unserer guten Stadt, welche die Residenz unseres regierenden Herrn ist und alljährlich mit dem hölzernen Palmesel einen festlichen Umzug gehalten hat! Wenn wir nun zu diesem Zug jenen lebenden, heiligen Esel erhalten, so wird das Fest viel erbaulicher und gnadenreicher werden. Lasst uns also mit List oder Gewalt den Esel herbringen, uns allen zum Heil und Segen!«

So sprach der Pfarrer und die Blankenburger gingen wohl erbaut und begeistert für das ruhmreiche Werk, das er ihnen anempfohlen hatte, nach Hause.

Der regierende Graf aber, bei welchem die Blankenburger nun das Gesuch stellten, dass der Esel von Schwarza in ihre Stadt gebracht und dort gehalten werden sollte, lehnte dies ab. Da erklärte der Pfarrer seiner glaubenseifrigen Gemeinde, dass sie nunmehr mit Gewalt ans Ziel ihrer Wünsche streben müsse. Gut ausgerüstet mit Waffen, die Kirchenfahne an der Spitze und geführt von ihrem Pfarrer, zogen also die Blankenburger nach Schwarza, um sich den Esel zu erobern. Die Schwarzaer aber hatten rechtzeitig von dem Anschlag, den ihre städtischen Nachbarn planten, erfahren und stellten sich mit Dreschflegeln, Sensen und Heugabeln den Angreifern entgegen. Auch ihr Pfarrer stand an der Spitze und leitete die Kriegerschar. Es kam zu einer erbitterten Schlacht, die auf beiden Seiten mit Tapferkeit geführt wurde.

Einige Blankenburger jedoch schlichen sich heimlich ins Dorf, während davor noch gekämpft wurde, entführten den Esel und hetzten ihn über Schleichwege in die Stadt. Ein Triumphgeschrei verkündete den Kämpfenden, was geschehen war. Die Blankenburger zogen fröhlich vom Schlachtfeld ab und die Schwarzaer verfolgten sie erbittert bis vor die Stadtmauer, wo sie allerdings nichts mehr ausrichten konnten.

Erhitzt und triefend vor Schweiß wurde der Esel in seinen schönen neuen Stall gebracht. Höchst zufrieden über den Ausgang der Sache, legten die tapferen Blankenburger ihr müdes Haupt zur Ruhe.

Leider währte ihr Glück nicht lange. Als sich am nächsten Morgen die Bürgerschaft von Blankenburg versammelte, um die neue Eselswallfahrt gebührend einzuweihen, da fand man den mühsam errungenen Esel als Leiche in seinem schönen neuen Stall. Die Entführung hatte ihn zu sehr ermüdet und seinen Tod herbeigeführt. Nun wollte aber wenigstens jeder Blankenburger noch eine Reliquie* von dem Wundertier und so wurde der tote Esel in viele kleine Stücke zerhackt und unter die Bürger verteilt.

Der Brauch, in der Palmsonntagsprozession einen holzgeschnitzten Esel oder eine auf einem Esel reitende Christusfigur mitzuführen, ist auch heute noch vereinzelt in süddeutschen ländlichen Gemeinden üblich.

* Reliquie: körperlicher Überrest eines Heiligen oder ihm einst gehörender Gegenstand

Spanheims Gründung

Einst lebte ein Graf von Vianden und Ravenzierburg, der eine Gräfin des Nahegaus liebte. Sie selbst war Witwe und erwiderte dessen Liebe. Da aber der Graf in einer Fehde einst einen nahen Verwandten der Gräfin erschlagen hatte, konnte und mochte sie ihn nicht so schnell heiraten. Sie knüpfte daher die Erfüllung seines Wunsches an folgende Bedingung, damit Zeit verstreiche und der Streit darüber in Vergessenheit gerate: Der Graf sollte zur Sühne des Erschlagenen eine Pilgerfahrt ins Heilige Land unternehmen und ihr von dort ein geweihtes und beglaubigtes Zeichen von den heiligen Orten mitbringen. Denn daran werde sie seine aufrichtige Liebe und zugleich den Willen des Himmels erkennen.

In dem Wissen, dass er erst frühestens in einem Jahr zurückkehren werde, ging der Graf fort. Er kämpfte gegen die Ungläubigen, betete an allen heiligen Orten und erwarb auch einen Span vom Kreuz des Herrn, um sein Gelübde zu erfüllen.

Die Echtheit des Splitters aber hatte der Patriarch von Jerusalem durch einen Pergamentbrief mit einem Bleisiegel beglaubigt. Der Graf von Vianden war sehr glücklich einen solch wertvollen Schatz zu besitzen und ließ eine kleine goldene, mit Edelsteinen besetzte Truhe dafür anfertigen. Auf dem Deckel aber ließ er mit Gold den Namen der Herrin, der er diente und die er liebte, eingravieren. Voller Hoffnung, bald schon sein Glück erfüllen zu können, trat der Graf die Heimreise an.

Doch das Schicksal zeigte sich ungünstig. Auf der weiten Fahrt über das Meer von Palästina zu den Küsten Italiens kam ein gewaltiger Sturm auf, welcher das Schiff zum Kentern brachte. Der gesamte Besitz des Grafen, darunter auch jenes wertvolle Kästchen, wurde von den Wogen des Adriatischen Meeres verschlungen. Arm, verzweifelt und mit bekümmertem Herzen streifte der Graf nun als bettelnder Pilger durch die italienischen und deutschen Lande, bis er endlich zu seinen Heimatburgen kam. Dort besaß er zwar noch Geld und Gut genug – doch nichts, was das verlorene Kästchen hätte ersetzen können.

Betrübt suchte der Graf die Gräfin auf, die ihn freudig willkommen hieß. Er aber fand sie schöner und liebenswürdiger denn je, was ihn nur umso tiefer schmerzte, und berichtete ihr, was mit der Reliquie* in dem kostbaren Kästchen geschehen war.

»Armer Graf«, sprach da die Gräfin und ihre Augen strahlten vor Liebe, »war denn vielleicht auf dem Kästchen, welches der Seesturm Euch raubte, mein Name zu lesen?«

Voller Verwunderung hörte der Graf diese Worte, er glaubte zu träumen und rief: »Beim Kreuze des Heilands, Frau Gräfin, wie könnt Ihr dies wissen?«

Ernst und liebevoll antwortete sie: »Gottes Hand, Fügung der Heiligen!« Sodann schloss sie einen Schrein auf, nahm des Grafen wertvolles Kästchen heraus und hielt es dem Staunenden unter die Augen. »Heute zur Morgenstunde«, erklärte die Gräfin, »klopfte es an das Burgtor. Ein Jüngling, schön wie die Morgenröte, stand davor, sprach: ›Für deine Herrin!‹, und überreichte dem Pförtner das Kästchen. – Was wollen wir mehr? Wir haben gehofft – jetzt lass uns glauben und lieben!« Mit diesen Worten fiel die junge Witwe dem Grafen um den Hals und gab ihm unter Freudentränen den Verlobungskuss.

Als die beiden endlich miteinander vermählt waren, bauten sie eine neue Burg und ein Kloster, gründeten einen Ort und nannten ihn Spanheim. Den heiligen Span stifteten sie jenem Kloster und dieses beschenkte nun seinerseits das benachbarte Kloster Kreuznach mit kleinen vergoldeten Splittern des Spans. Das Geschlecht der beiden Vermählten blieb gesegnet, viele fromme und berühmte Frauen und Männer gingen daraus hervor, welche Klöster stifteten, Kirchen bauten, im Heiligen Land kämpften oder selbst als heilige Menschen durchs Leben gingen.

Für viele Orte gibt es Gründungssagen, die meistens den Namen eines Ortes zu erklären versuchen. Hier geht es um Spanheim, heute Sponheim, in der Nähe von Bad Kreuznach. Aus der kleinen Gemeinde, die etwa seit dem Jahr 1000 bekannt ist, stammen die Grafen von Sponheim, eines der einst mächtigsten deutschen Grafengeschlechter.

* Reliquie: körperlicher Überrest eines Heiligen oder ihm einst gehörender Gegenstand

Die Totenglocken zu Speyer

Kaiser Heinrich IV. nahm ein gar trauriges Ende. Zwar ruhen seine Gebeine im Dom zu Speyer, doch kamen sie nicht gleich nach seinem Tod dorthin.

Von Thron und Reich verstoßen, wollte Kaiser Heinrich IV. am Dom zu Speyer, welchen er selbst erbaut und reich geschmückt hatte, das einträgliche Amt eines Chorherren* erlangen. Bischof Gebhard aber, welchen er selbst eingesetzt hatte, verweigerte ihm die Aufnahme in das Domkapitel. Da seufzte der Kaiser, sprach: »Gottes Hand! Gottes Hand liegt schwer auf mir!«, und zog trauernd von dannen.

In Speyer aber wird folgende Sage erzählt: Als der Kaiser schließlich arm und elend in Lüttich an der Maas verstorben sei, habe die Kaiserglocke im Dom zu Speyer von selbst zu läuten begonnen und alle anderen Glocken hätten mit eingestimmt. Da sei das Volk zusammengelaufen und habe gerufen: »Der Kaiser ist tot! Der Kaiser ist tot! Aber wo ist er gestorben?« Das nämlich wusste keiner.

Schließlich ließ der Bischof von Lüttich den Verstorbenen mit gebührenden Ehren in seiner Stadt bestatten. Er war nämlich weniger hartherzig als der damals so undankbare Bischof von Speyer. Als dies aber der Sohn Heinrichs, der Kaiser Heinrich V., erfuhr, wurde der Bischof von Lüttich verurteilt, den Sarg Heinrichs IV. mit seinen eigenen Händen wieder auszugraben. Über den Verstorbenen war nämlich der Bann ausgesprochen worden und ein Gebannter durfte nicht in geweihter Erde ruhen. Nun wurde der tote Kaiser in seinem Sarg auf eine Insel in der Maas gestellt, wo ihn niemand vermutete und wo sich auch danach keiner mehr um ihn kümmerte.

Aber siehe, da erschien ein unbekannter Mönch. Der setzte zur Insel über, betete am Sarg, las Messen für den Toten und sang für ihn. Dies tat er so lange, bis Heinrich V. davon Kunde erhielt und den Sarg seines Vaters schließlich nach Speyer überführen ließ. Der Bischof dort aber duldete die Beisetzung nicht eher, als dass der Papst in Rom den Bann von den Überresten Kaiser Heinrichs IV. gelöst habe. So blieb der Sarg weitere fünf lange Jahre unbeerdigt, diesmal in St. Afras Kapelle.

* Chorherr: Mitglied des Domkapitels

Der Dom zu Speyer

Über Kaiser Heinrich V. aber fand Gottes Hand ebenfalls ein Urteil. Er blieb ohne Erben und wurde auch mit dem Bann belegt wie sein Vater. Als er starb, läutete vom Münsterturm in Speyer wie schon bei Heinrich IV. ganz von selbst ein helles, schrilles Glöckchen – aber diesmal fiel keine andere Glocke mit ein und niemand wusste, warum es denn überhaupt läutete. Und so lief das Volk zusammen und fragte sich: »Wo wird denn einer beerdigt, sodass das Arme-Sünder-Glöcklein läutet?«

❡ *Im Dom zu Speyer sind mehrere deutsche Könige und Kaiser vor allem aus dem Geschlecht der Salier, aber auch der Staufer sowie Rudolf von Habsburg bestattet. Die Sage hat insofern einen historischen Kern, als der Sarg Heinrichs IV. tatsächlich jahrelang in einer Seitenkapelle des Domes abgestellt blieb, bis der Bann gelöst wurde und er in der Gruft beigesetzt werden durfte. Über das selbstständige Läuten der Domglocken gibt es verschiedene Sagen und Balladen.* ❡

Weibertreu

Es geschah im Jahre des Herrn 1140, dass König Konrad III. von Hohenstaufen die Stadt Weinsberg am Neckar belagerte, die dem Herzog Welf von Bayern gehörte.

Als nun Welf eine Schlacht gegen Konrads Truppen verloren hatte, zog er sich mit seinen Männern in die Burg Weinsberg, die auch »Weibertreu« genannt wird, zurück. Weil er einer längeren Belagerung aber nicht standhalten konnte, musste er schließlich um Gnade bitten. Nun hatte der Kaiser aber den Frauen freien Abzug gewährt und erlaubte ihnen, dass jede von ihnen so viel von ihrem Schatz mitnehmen durfte, wie sie tragen konnte. Die Männer aber sollten alle sterben.

Die Frauen hatten aber eher die Treue ihren Männern gegenüber im Sinn als ihre anderen Güter und so nahm eine jede ihren Mann auf den Rücken. Auf diese Weise folgten sie in einer langen Reihe der Herzogin Jutta, welche ihren Mann Welf trug, den Berg hinab. Dies nun gefiel dem Kaiser gut und er begnadigte schließlich auch die Männer, obwohl sein Bruder, Herzog Friedrich, Einspruch dagegen erhob. Der Kaiser aber entgegnete ihm: »Regium verbum non decere immaturi.« Es zieme sich nicht, an einem Königswort zu rütteln.

Ferner erzählt man, dass der Florentiner Fürst Lorenzo de' Medici, als er einmal krank war, auf seinem Krankenlager von jenem Ereignis las und aus Wohlgefallen so sehr darüber lachte, dass er wieder gesund wurde.

❡ Die Burgruine »Weibertreu« liegt weithin sichtbar oberhalb Weinsberg in Schwaben nördlich von Heilbronn. Die Sage errang solche Berühmtheit, dass sie gleich mehrfach in Balladen besungen wurde. Trotz ihres historischen Kerns ist es aber eine Wandersage, die an verschiedenen Plätzen in Deutschland ähnlich erzählt wird. ❡

Die steinernen Köpfe

Oben vom Rathaus der Stadt Kissingen sieht ein bärtiger Männerkopf, der sich die Haare rauft, als Wahrzeichen herab. Die Kissinger nennen ihn den »Jud Schwed« und erzählen von ihm folgende Sage: Im Dreißigjährigen Krieg, als die Schweden die Gegend heimsuchten, wurde auch Kissingen von ihnen belagert und ernsthaft bedroht.

Die Kissinger aber leisteten erbitterten Widerstand und vielleicht wäre die Stadt tatsächlich nicht erobert worden, wenn nicht ein Mann sie verraten hätte. Der kannte einen unbewachten Ausgang durch die Mauer und schleuste die Feinde auf diese Weise ein. Doch er erhielt seinen Lohn dafür und zum Andenken wurde sein Bild, wie er sich aus Reue die Haare ausrauft, am Rathaus befestigt. Ihn und die Seinen hat man danach nicht mehr bei seinem wirklichen Namen gerufen, man nannte ihn nur noch »Jud Schwed« zur ewigen Erinnerung.

Eine andere Sage über diesen Mann berichtet aber das genaue Gegenteil. Demnach habe er für die Kissinger Bürger Kugeln gegossen, welche die geheimnisvolle Eigenschaft besessen hätten, stets ihr Ziel zu treffen. Diese

Kugeln nun setzten den Schweden so sehr zu, dass sie schließlich abziehen mussten. Aus Dankbarkeit brachte man den Kopf des Mannes als Erinnerungszeichen am Rathaus an.

Ein weiterer steinerner Kopf am Kissinger Rathaus ist dem Andenken des Bürgers Peter Heil gewidmet. Auch er war im Schwedenkrieg, und zwar im Jahre 1643. Die Schweden hatten bereits die ganze Gegend von ihrem Lager in Bischofsheim aus durchstreift und geplündert und bedrohten nun auch die Stadt Kissingen: Während eines Jahrmarkts war ein heimlicher Überfall geplant. Die Schweden hatten sich in dem nordöstlich gelegenen Bergwald versteckt, waren jedoch von einigen Krämern entdeckt worden, welche die Kissinger warnten. So stießen die Angreifer auf erbitterten Widerstand. Nach tagelangem Beschuss aber kampfesmüde geworden, war die Lage für die Kissinger sehr ernst.

Nun war es Peter Heil, der den Rat gab, die zahlreichen Bienenkörbe, welche die Bürger besaßen, von der Mauer hinab auf den Feind zu stürzen. Wie er geraten hatte, wurde es auch gemacht, und die Bienen, welche so jäh gestört worden waren, stürzten sich grimmig auf die Feinde und stachen manchen sogar zu Tode. Nun zogen die Schweden sich schleunigst zurück und die Stadt war gerettet. Dem Peter Heil aber, dessen Rat den Kissingern zum Heil geworden war, setzten sie das steinerne Denkmal.

¶ *Der erste Teil dieser Erklärungssage zeigt zwei Motive: ein antijüdisches und ein magisches. Bekannter und beliebter ist in der fränkischen Stadt Bad Kissingen aber die Geschichte von Peter Heil. Die Köpfe kann man heute noch am alten Rathaus am Marktplatz sehen.* ¶

Juditha

Der junge böhmische Herzogsohn Břetislaw zog eines Tages mit nur wenigen Dienern nach Regensburg. Er hatte nämlich von einer überaus schönen Nonne namens Juditha erfahren, welche die Tochter Otto des Weisen, eines

Regensburg

Grafen von Rheine, gewesen sein soll. Es gelang ihm, sie zu sehen, und schon bald erwachte in beiden leidenschaftliche Liebe.

Da beschloss der junge Herzogsohn die schöne Juditha zu entführen. Er bestach die Wächter, dass sie ihm Brücken und Tore offen hielten, band sein Pferd vor der Klosterpforte an, ging hinein und holte seine Auserwählte ohne viel Umstände heraus. Eine mächtige Kette, die inzwischen den Klostereingang versperrte, schlug er ohne viel Aufhebens durch. Dann hob er die Entführte auf sein Pferd, sprengte mit ihr von dannen und hinter ihm rasselten sämtliche Tore zu. Bevor jene Tore den Verfolgern wieder aufgetan wurden, verging sehr viel Zeit, und es schien eine wahre Torheit zu sein, die Flüchtigen dann noch verfolgen zu wollen.

Auf der Brücke aber verlor Juditha einen roten Schuh. Dieser wurde zusammen mit der durchgehauenen Kette lange Zeit als Andenken aufbewahrt. Der Vater der Entführten klagte nun zwar beim Kaiser über den Jungfrauenraub und ebenso beklagte sich das Kloster. Herzog Břetislaw aber, der Vater des Entführers, erwirkte Verzeihung für seinen Sohn und schenkte ihm sogar noch Mähren.

Die Sage geht auf ein tatsächliches Ereignis zurück: Herzog Břetislaw von Böhmen aus dem Geschlecht der Přemysliden hatte Judith, die Tochter des Nordgaugrafen Heinrich aus einem Kloster in Schweinfurt entführt und geheiratet.

Das Freudengässle

In Rothenburg ob der Tauber wächst Wein, wenn man ihn auch nicht überall loben will. Als sich einst Graf Tilly in jener Stadt aufhielt, wollte der Rat ihm alle Ehre erweisen. Man tischte dem Feldherrn also ein reiches Mahl im Ratshaus auf und setzte ihm dazu den besten Wein vor. Der alten Kriegsgurgel des Tilly aber schmeckte der Wein mitnichten. Er zog ein schiefes Maul und die Stirn in Falten und schrie: »Ihr Rothenburger sollt alle die Kränke kriegen mit eurem Sauerracher! Auf der Stelle leert einer von euch diesen Humpen auf einen Zug oder ich lasse euch allensamt die Köpfe abschlagen!«

Sogleich wurde der Scharfrichter herbeigeholt. Die armen Ratsherren aber zitterten und wurden ganz bleich vor Furcht, denn der Tod saß ihnen schon auf der Zunge. Wie sollte es denn möglich sein, von ihrem Rebengewächs so viel auf einmal hinunterzubringen?

In der Brust eines jungen Ratsherrn jedoch fand sich ein Heldenherz. Er hatte in Würzburg studiert und konnte sich daher einiges zutrauen. Er nahm den vollen Humpen, hob ihn an die Lippen und trank ihn leer bis auf den Grund. Nicht ohne Schauder sahen die Ratsherren dies mit an und Tilly strich sich den Schnurrbart glatt und lächelte – was bei ihm nicht oft der Fall gewesen sein soll! Der Rat von Rothenburg war gerettet. Tilly erhielt anderen Wein, der Scharfrichter wurde von den Spielleuten in sein Haus zurückgeleitet und weil das ein Freudenzeichen war, erhielt das Gässchen, in welchem er wohnte, den Namen »Freudengässle«.

Der junge Märtyrer aber blieb am Leben und hat vom dankbaren Rat eine stattliche Menge an Tauberwein als Vergütung für seine Tat erhalten, doch nie wieder eine so große Menge auf einmal zu sich genommen.

❡ *Die Sage wird in verschiedener Gestalt erzählt, jedoch bleibt der Kern stets gleich: die Rettung der Stadt durch einen trinkfesten Ratsherrn oder Bürgermeister. Noch heute wird dieser »Meistertrunk« alljährlich fremdenverkehrswirksam durch ein großes Fest gefeiert. Die Ablehnung des trockenen, d.h. herben Frankenweins durch den Grafen Tilly entspricht übrigens durchaus dem Zeitgeschmack, der die Süd- und Süßweine bevorzugte.* ❡

Der Schuster zu Lauingen

Gar viele Sagen ranken sich um das Städtchen Lauingen zwischen Ulm und Donauwörth. Zu Zeiten der Hunnen begab es sich, dass das Heer der Heiden und das der Christen nahe der Donau einander gegenüberlagen. Da sich ihre Streitkraft aber die Waage hielt, sollte ein Zweikampf zweier ausgewählter Kämpfer die Schlacht entscheiden.

Da wählte der Kaiser seinen Reichsmarschall aus, welcher ein Pappenheimer war und auch mutig sogleich in den Kampf schreiten wollte. Doch während er sich nun gürten und rüsten ließ, da trat ein Unbekannter an ihn heran und sprach: »Hör auf darüber nachzudenken, wie du den Feind besiegen kannst. Nicht du, sondern ein einfacherer Mann, ein Schuster aus Lauingen, soll des Kaisers Kämpfer sein.«

»Wer bist du, dass du solches behaupten kannst?«, fragte staunend der Marschall.

»Ich bin Georg, der Kämpfer Christi!«, antwortete der fremde Mann. »Als Beweis nimm meinen Daumen!« Der Fremde gab dem Marschall den Daumen seiner Hand, ohne dass sie blutete, und verschwand.

Der Marschall berichtete dies Wunder sogleich dem Kaiser und dieser ließ auf der Stelle nach dem Schuster schicken. Der Schuster kam alsbald und gewann den Kampf. Als Dank durfte sich jener drei Gnaden vom Kaiser erbitten. Da bat er um eine Wiese als Gemeingut für die Stadt Lauingen, die nicht viel kleiner gewesen sein dürfte als jene Wiese bei Bremen, um die der Lahme an einem Tag gehinkt war. Zum Zweiten erbat er für die Stadt Lauingen das Ehrenrecht, mit rotem Wachs zu siegeln, welches sonst nur Reichsstädten zuteil wurde. Und schließlich bat er, dass die Marschälle von Pappenheim eine Mohrin als Helmzier tragen dürften, was sie noch bis auf den heutigen Tag tun. Für sich selbst verlangte der fromme Schuster nichts.

St. Georgs Daumen aber teilten die Pappenheimer, fassten jedes Glied in Gold und bewahrten eines in Kaisheim, das andere in Pappenheim auf. Die Stadt Lauingen aber nahm zu Ehren ihres tapferen Schusters ebenfalls einen Mohrenkopf in ihr Wappen auf.

❡ Die von Bechstein aufgezeichnete Sage geht auf eine alte, schon 1495 erstmals aufgezeichnete Geschichte aus der Chronik der Herren von Pappenheim zurück. Mit den Hunnen sind die Ungarn gemeint, die 955 auf dem etwa 50 Kilometer von Lauingen entfernten Lechfeld durch König Otto I. geschlagen wurden.
Hier wird versucht den Kopf eines Mohrenkönigs im Lauinger Stadtwappen zu erklären. Nach einer ergänzten späteren Fassung der Sage soll es der vom Schuster abgeschlagene Kopf des »Hunnen«-Königs (Mohr = Heide = Hunne) sein. Interessant ist hier auch der Hinweis auf die Sage vom Lahmen (vgl. »Der Bremer Roland«, S. 310). ❡

Der Golem

Im Jahre 5340 jüdischer Zeitrechnung, also 1580 nach Christi Geburt, erlebten die Prager Juden wieder einmal eine schwere Zeit. Ein fanatischer Geistlicher hetzte gegen sie und blutige Ausschreitungen des Pöbels drohten.

Der große Rabbi Löw überlegte, wie er das Übel abwenden könne. Da träumte ihm, er solle einen Golem* aus Lehm schaffen, damit dieser der Gemeinde in der Judenstadt helfe. Der Rabbi beriet sich mit seinem Schwiegersohn Jizchak und seinem treuen Schüler Jakob. Dann reinigten sich die drei eine Woche lang durch Gebet und Fasten, kleideten sich in weiße Gewänder und gingen um Mitternacht an das Ufer der Moldau, wo sie eine lehmige Stelle suchten. Dort formten sie aus dem Lehm die Gestalt eines Menschen, drei Ellen groß.

Siebenmal musste der Schwiegersohn von rechts beginnend um den leblosen Körper herumgehen, siebenmal der Schüler von links. Erst wurde der Körper feuerrot, dann strömte Wasser in ihn, Haare und Nägel wuchsen. Danach legte ihm der Rabbi einen Pergamentstreifen mit einem Segensspruch in den Mund, woraufhin der Golem aufstand. Sie kleideten ihn wie einen Synagogendiener. Er konnte zwar nicht sprechen, führte aber alle Befehle aus, die ihm vom Rabbi aufgetragen wurden.

Vier Jahre lang half dieser Golem den Juden bei allen Verrichtungen und beschützte die Judenstadt vor ihren Feinden. Als ruhige Zeiten eingekehrt waren, beschloss Rabbi Löw ihn wieder aus der Welt zu schaffen.

Eines Abends befahl er ihm auf dem Dachboden der Synagoge zu nächtigen. Nach Mitternacht gingen der Rabbi, sein Schwiegersohn und sein Schüler dorthin. Dann begannen sie ihr Zerstörungswerk, indem sie alles umgekehrt taten als bei der Erschaffung des Golem. Danach erstarrte dieser wieder zu einem Lehmklumpen und die drei deckten ihn mit alten Gebetsmänteln zu.

❡ Der künstliche Mensch begegnet uns in Sagen sehr selten. Einer der berühmtesten Vertreter dieser Gattung ist jener »Golem«, den der Rabbi Löw 1580 in Prag

* Golem: Eine menschenähnliche Tonfigur, die zeitweise zum Leben erwachen kann.

aus Lehm geformt haben soll. Um ihn ranken sich zahlreiche Sagen. Sie sind typisch für die Hauptstadt Böhmens, in der sich deutsche und tschechische, christliche und jüdische Elemente vermischen. Der Golem ist auch eines der äußerst seltenen Beispiele, dass eine Sage verfilmt wurde. ❡

Von Hexen, Zauberern und dem Teufel persönlich

Von Hexen, Zauberern und dem Teufel persönlich

Hexen, Hexenmeister, Zauberer und Zauberschüler sind heute große Mode und in Büchern und Filmen gleichermaßen beliebt als »harmlose« Objekte der Unterhaltung. Früher war das einmal anders. Hexen vor allem waren gefährlich und dementsprechend gefürchtet. Nach dem Volksglauben hatten sie ein Bündnis mit dem Teufel geschlossen, der ihnen magische Kräfte verlieh, ihnen selbst zum Nutzen, ihrer Mitwelt aber zum Schaden. Sie konnten sich in Tiere verwandeln und durch die Luft fliegen.

Der Glaube an Hexen ist uralt, Bündnisse mit dem Teufel wurden ihnen allerdings erst seit dem 15. Jahrhundert zugeschrieben. Die Angst vor ihnen führte zu unsinnigen Verdächtigungen und artete schließlich in einen Massenwahn aus, der von Fanatikern beider christlicher Konfessionen geschürt wurde und dem tausende unschuldiger Menschen, Frauen vor allem, aber auch Männer und sogar Kinder zum Opfer fielen, die angeklagt, gefoltert und auf dem Scheiterhaufen verbrannt wurden.

Die Gerüchteküche kochte und so ist es auch nicht verwunderlich, dass Hexen häufig in Sagen auftauchen und Letztere über ihre Untaten in allen Einzelheiten berichten. Die berühmteste Hexensage ist dabei wohl die von der Walpurgisnacht und dem Hexentanz.

Ein wenig anders sieht es merkwürdigerweise mit den Hexenmeistern und Zauberern aus. Zum einen sind sie schon nicht so zahlreich wie die Hexen. Während diese aber meistens in der Anonymität blieben und eben nur von »einer Hexe« die Rede ist, benennt die Sage häufig genau den Namen solcher Zauberer. Es gibt berühmte Männer unter ihnen, von denen einige ohne den Teufel auskamen, andere aber mit ihm ein Bündnis geschlossen hatten.

Manche gewannen sogar die Sympathie des Volkes, das sich an ihren Zaubereien und Streichen erfreute. Andere wiederum waren Verfasser berühmt-berüchtigter Zauberbücher. Der bekannteste Schwarzkünstler und Teufelsbündner war wohl der Doktor Faustus, über den zahlreiche Sagen kursieren. Wehe, es gelang einem solchen Mann nicht rechtzeitig, das Bündnis mit dem Teufel wieder zu lösen, dann war er diesem nämlich bis in alle Ewigkeit verfallen. Dass man sich aber durchaus aus den Fängen des Teufels befreien konnte, erleben wir immer wieder in Sagen, in denen ja der Teufel, Beelzebub, Gottseibeiuns, oder wie immer er auch genannt wird, häufig auftritt.

Der Teufel der deutschen Volkssage ist eigentlich gar nicht so bösartig. Er ist habgierig, als Baumeister begabt – und er ist dumm. Immer wieder lässt er sich übertölpeln. Kein Wunder, dass Sagen häufig davon erzählen und bei der Lektüre dann richtig Schadenfreude aufkommt, wie auch einige der folgenden Sagen beweisen.

Das Feuer der Hexe

Eine Witwe im Ries in Bayern hatte einen unverheirateten Sohn, der sich selbst und seine alte Mutter als fahrender Händler ernährte. Doch weil er keine Steuern gezahlt hatte, ließ ihn der Graf von Hohenstein festnehmen und die Mutter musste ein Bußgeld begleichen, um ihren Sohn freizukaufen. Dasselbe geschah einige Jahre später auch noch ein zweites Mal. Die Mutter verkaufte all ihr Hab und Gut, um den Sohn aus dem Kerker zu befreien. Doch als der junge Mann schließlich ein drittes Mal ergriffen, aufs Schloss geschleppt und dort ins Verlies geworfen wurde, da hatte die arme alte Witwe kein Geld mehr, um ihren Sohn auszulösen. Denn durch die beiden vorigen Steuereintreibungen war sie völlig verarmt. Und obwohl sie den Grafen von Hohenstein flehentlich um Gnade bat, ließ er sich nicht erweichen.

Da sprach die Frau zu ihm: »Ihr habt mich zu einer Bettlerin gemacht! Und nun wollt Ihr mir meinen Sohn im Turm verfaulen lassen! Aber ich schwöre Euch, ehe dies geschieht, sollt Ihr selbst verbrennen!«

Der Ritter lachte nur über diese Drohung. Er gab der Frau einen Fußtritt und jagte sie davon. Die Alte aber war eine Hexe. Zu Hause fertigte sie ein Abbild des Grafen an und murmelte allerhand Zauberformeln dazu. Dann stellte sie die Figur in eine Schüssel und rückte diese ans Feuer.

Am nächsten Morgen nach dem Frühstück stand der Herr von Hohenstein mit einigen Adeligen zusammen auf der Brücke und unterhielt sich mit ihnen. Da begann er plötzlich aufzuschreien: »Au! Au! Das brennt, das brennt!« Dann krümmte er sich und schrie: »Feuer! Feuer in meinem Bauch! Oh weh, die alte Hexe verbrennt mich! Sattelt mein Pferd!« Er ächzte und stöhnte, zog sich auf sein Pferd und ritt so schnell er konnte zum Kloster Comburg. Dort ließ er sich die Sterbesakramente verabreichen und am folgenden Tag schon war er tot. Er liegt im Kloster Comburg begraben.

❡ Schauplatz der Sage ist das Ries, die Umgebung von Nördlingen in Bayerisch-Schwaben. Die alte Frau wendet einen so genannten Sympathiezauber an, wie er heute noch bei Naturvölkern oder im Voodoo-Kult üblich ist.
Das Kloster Comburg liegt bei Schwäbisch Hall. ❡

Die belauschte Hexenversammlung

In der Scheune eines einsamen Bauernhofes im Schwarzwald pflegten die Hexen ihre nächtlichen Zusammenkünfte abzuhalten. Die Bauersleute ahnten davon aber nichts, denn die Scheune stand vom Wohnhaus recht weit entfernt, und als ein armer Mann einmal um ein Nachtlager bat, verwiesen sie ihn auf ebenjene Scheune. Er sprach sein Nachtgebet und legte sich im Heu schlafen.

Mitten in der Nacht wurde er auf einmal durch lustige Musik und laute Stimmen geweckt. Die Scheune war hell erleuchtet und eine Menge Männer und Frauen hatten sich darin versammelt. Teils saßen sie an einer langen, fürstlich gedeckten Tafel und aßen und tranken, teils tanzten sie jubelnd umher, wozu mehrere Teufel die Musik aufspielten.

Obwohl das Lager des Mannes im Dunkeln lag, fürchtete er doch bemerkt zu werden und betete inbrünstig um Gottes Schutz, besonders als zwei Hexen in seine Nähe kamen. Sie blieben stehen und heckten gemeinsam einen Plan aus: »Meine Nachbarin hat beim Schlafengehen ihr Kind nicht gesegnet. So können wir es holen und umbringen«, sagte die eine.

»Das ist ein guter Einfall!«, erwiderte die andere und schon machten sie sich fort. Nach wenigen Minuten kamen sie mit einem drei Monate alten Kind wieder zurück und beratschlagten, wie sie es töten sollten. Endlich einigten sie sich darauf, es bei den Füßen zu fassen und auseinander zu reißen.

Da sprang der Mann aus seinem Versteck und schrie: »Behüt es Gott, behüt es Gott, behüt es Gott! Lasst das Kind los!«

Im Nu ließen die Hexen das Kind fallen und fuhren mit ihrer ganzen Sippschaft wie der Wind zur Scheune hinaus. Alle Lichter erloschen. Der Mann hob das Kind auf und trug es zum Wohnhaus des Bauern, wo er klopfte und rief, man möge ihm aufmachen. Als er eingelassen wurde, erzählte er den Leuten, was er gesehen hatte. Sie folgten ihm mit brennenden Laternen in die Scheune. Darin stand noch die Tafel voller goldenem und silbernem Geschirr. Aber alles, was zuvor Blendwerk gewesen war, hatte nun seine wahre Gestalt angenommen. Manche Becher waren zu Pferdehufen, Speisen zu Viehkot, Getränke zu Jauche geworden.

Die kostbaren Teller und Kelche aber, in denen die Namen der Besitzer eingraviert waren, wurden der Obrigkeit übergeben, die darauf in den Zeitungen die Eigentümer zur Abholung aufforderte und auch nach den Eltern des Kindes suchen ließ. Doch die ausgeschriebenen Namen waren weit und breit nicht bekannt und da sich niemand meldete, wurde das Geschirr verkauft. Von dem Erlös baute man dem armen Mann ein Häuschen neben dem Bauernhof und er wurde sein Leben lang von dessen Bewohnern verpflegt.

Die Eltern des geretteten Kindes kamen erst im darauf folgenden Jahr, um es abzuholen, denn sie lebten weit entfernt in einem fremden Land. Die Hexen haben sich aber seit jener Nacht nie wieder in der Scheune sehen lassen.

Die Hexe als Ehefrau

In Berneck hatte sich ein Mädchen in einen jungen Mann verliebt, der ihr aber verheimlichte, dass er bereits verheiratet war. Als sie das erfuhr, wurde sie ganz schwermütig. Eines Tages ging sie in den Wald und traf dort eine alte Frau, die auf einem Baumstrunk saß und sie nach der Ursache ihrer Traurigkeit fragte. Anfangs wollte das Mädchen mit der Sprache nicht heraus, als ihr die Frau aber Hilfe versprach, erzählte sie ihr alles.

Hierauf sagte die Alte: »Wenn du den Mann trotzdem haben willst, obwohl er verheiratet ist, so lass dir jetzt von mir sieben Haare vom Kopf ziehen, auch wenn es dir wehtun wird.«

Ohne Bedenken legte das Mädchen der Frau den Kopf in den Schoß und ließ sich von ihr sieben Haare ausreißen. Die Alte wickelte die Haare in Papier, machte auch noch etwas anderes damit und sagte dann dem Mädchen, wenn es dieses Päckchen ständig unter den Kleidern auf dem Rücken trage, könne es hexen.

Das Mädchen übte dies fleißig und zauberte oft den jungen Mann zu sich her. Auch gelang es ihm, dessen Frau kennen zu lernen und sich mit ihr anzufreunden. Es redete ihr öfters zu, in der Walpurgisnacht mit auf den Blocksberg zu kommen, um zu sehen, wie lustig es dort zuginge. Die Frau wollte davon lange nichts wissen, ließ sich aber schließlich doch überreden.

In der Walpurgisnacht zwischen elf und zwölf Uhr kam das Mädchen mit einer Kutsche, die von Schmetterlingen gezogen wurde, vor das Haus der Frau gefahren. Weil der Mann es verboten hatte, wollte die Ehefrau nun doch nicht mitfahren. Das Mädchen hatte aber den Mann in tiefen Schlaf gezaubert. Nun sprang es aus dem Wagen, zerrte die Frau an den Haaren zum Fenster hinaus und warf sie in die Kutsche, die sich sogleich in die Lüfte erhob. Sie selbst aber stieg nicht mit ein. Brausend fuhr der Wagen schnell wie der Wind über Berg und Tal. Doch auf einmal löste er sich auf und die Frau fiel zur Erde hinab. Sie landete in einem fremden Land, wo sie die Sprache nicht verstand. Zum Glück aber fand sie eine Herrschaft, die sie in Dienste nahm. Nach sechs Jahren hatte sie von ihrem Lohn so viel gespart, dass sie die Heimreise antreten konnte.

In der Nähe von Berneck erfuhr sie, dass niemand ihre Abwesenheit bemerkt hatte, dass aber das Mädchen seit sechs Jahren nicht mehr gesehen worden sei. Die junge Hexe hatte nämlich, nachdem die Ehefrau fort war, deren Gestalt und Stimme angenommen und seitdem mit dem getäuschten Mann zusammengelebt, allerdings in ständigem Streit und Unfrieden. Auch hatte sie ihm im Jahr zuvor ein Kind geboren.

Als die echte Ehefrau nach Hause kam, sah sie eine ihr selbst ganz ähnliche Gestalt, mit dem Rücken zu ihr gekehrt, am Brunnen stehen. Ihre beiden Kinder, die schon groß geworden waren, liefen im Hof umher. Sie ging in die Stube, ihr Mann saß mit finsterer Miene da und ein kleines Kind lag in der Wiege. Kaum hatte sie ihn angesprochen, so kam das Mädchen zur Tür herein und sah genauso aus wie sie selbst. Voller Verwunderung rief der Mann: »Was ist denn da los, ich glaub, ich hab zwei Frauen!«

Da sprang die Hexe zur Wiege, riss ihr Kind heraus und eilte mit ihm davon. Nach neun Tagen wurden beide tot im Wasser gefunden. Der Mann und seine Ehefrau aber lebten fortan miteinander in ungestörter Liebe und Einigkeit.

Berneck liegt im Fichtelgebirge in Nordbayern.

Walpurgisnacht

An manchen Tagen des Jahres, besonders aber in der Nacht vom 30. April auf den 1. Mai, der Walpurgisnacht, kommen die Hexen zu wilden Festen und Tänzen zusammen. Sie treffen sich an Kreuzwegen oder auf alten Thingstätten*, an einsamen Bäumen oder auf entlegenen Heiden, besonders jedoch auf Hügeln und Bergen, die Blocksberge oder Brockelsberge heißen und von denen es in Norddeutschland recht viele gibt.

Der berühmteste Blocksberg ist der Brocken im Harz, dorthin machen Hexen aus ganz Deutschland ihre Maifahrten.

In der Walpurgisnacht ziehen die Hexen von überall her zum Brocken. Sie

* Thingstätte: Versammlungsort der germanischen Volksversammlung

reiten auf Besen und Ofengabeln, auf Butterfässern und Baumstämmen, auf Gänsen, Truthähnen, Ziegenböcken, Hähnen, Katzenschwänzen, Eseln und anderen Tieren, manche auch auf Menschen, die sie unterwegs antreffen. Einige bestreichen vorher die Besenstiele mit Hexensalbe, andere reiben sich selbst damit ein und sprechen: »Fahre hin, nach dem Blocksberg steht mein Sinn!«

Manche gebrauchen auch plattdeutsche Zaubersprüche. Die meisten setzen sich rücklings auf ihr Reittier, alle aber fliegen durch einen Schornstein in Richtung Blocksberg los. Ihre Reittiere holen sich die Hexen, wo sie diese gerade finden. Sie können aber keinen Stall betreten, der durch drei Kreuze geschützt ist. Wer die Hexen vorüberreiten sehen will, muss sich unter zwei aneinander gelehnte Eggen* setzen, es darf aber kein Rockzipfel hervorschauen, sonst wird der Lauscher von den Hexen mitgerissen. Zum Schutz kann man sich auch ein dickes Seil kreuzweise und mit Kreuzknoten befestigt um den Leib binden.

Bei der großen Hexenversammlung auf dem Blocksberg hält der Teufel von der Teufelskanzel herab eine Rede. Auf dem Felsen aber, den man Hexenaltar nennt, wird das Mahl bereitet. Das Wasser dazu kommt aus dem Hexenbrunnen. Den Abschluss des Festes bildet ein großer Ball, bei dem der Teufel so lange mit jeder Hexe tanzt, bis sie vor Erschöpfung zusammenbricht.

Oft gibt es auch ungebetene Zuschauer, die sich allerdings nur einschleichen können, indem sie einer Hexe den Zauberspruch ablauschen, mit dem sie durch die Lüfte fliegt. Man treibt aber allerhand Schabernack mit diesen Gästen. So gab man einem Musiker eine Klarinette, auf der er auch kräftig zum Tanz aufspielte. Als er jedoch nach Hause zurückkam, hielt er stattdessen einen toten Kater in der Hand, auf dessen Schwanzspitze er geblasen hatte.

Einem anderen Mann wies man ein schönes Bett an, als er müde wurde. Am nächsten Morgen lag er mitten in einem Pferdegerippe.

❡ *Die wohl bekannteste und berühmteste Hexensage vom Hexentreffen auf dem Brocken ist erst seit dem Ausgang des Mittelalters überliefert. Walpurgis oder Walpurga war eine Äbtissin und Schutzheilige gegen Zauberkunst und Hexerei.*

* Egge: Ackergerät zum Lockern des Bodens

Ihr kirchlicher Namens- und Gedenktag wird am 1. Mai gefeiert. Deswegen findet die »Walpurgisnacht«, in der sich die Hexen am liebsten versammelten und ihre ausgelassenen Feste mit dem Teufel feierten, in der Nacht unmittelbar vor dem 1. Mai statt.
Als Treffpunkte galten die »Blocksberge« oder Hexentanzplätze, die es in verschiedenen deutschen Landschaften gab. Der berühmteste war und ist der Gipfel des Brockens im Harz, der nicht nur durch die Sage, sondern auch durch Goethes Schilderung der Walpurgisnacht in »Faust I« literarische Weltberühmtheit erlangte. ❡

Der Lohn der Hexe

In Frischborn, einem Dorf bei Lauterbach, lebten Leute, die waren ehemals bitterarm gewesen und wurden auf einmal immer reicher und reicher. Keiner wusste, wie das zuging.

Zu diesen Leuten kam eines Abends eine fremde Frau mit einem Kind und bat um Herberge für die Nacht. Der junge Mann willigte auch gutmütig sogleich ein und bot der Frau an, sie könne unterm Dach bei seiner alten Mutter mit im Bett schlafen. Die Alte wollte das aber nicht und überredete ihren Sohn dazu, den Gästen auf dem Fußboden neben ihrem Bett ein Lager aus Stroh zurechtzumachen. Dort legte die müde Fremde sich nieder, sprach ihr Abendgebet und bekreuzigte sich. Die Alte jedoch saß mit mürrischem Gesicht noch lange an ihrem Spinnrad und betrachtete die Gäste immer wieder mit seltsamen Blicken. Der Frau war es in Gesellschaft der Alten von vornherein nicht ganz wohl gewesen und sie tat bloß so, als ob sie schliefe.

Als es auf Mitternacht zuging, schwang plötzlich ohne jedes Geräusch die Tür auf und ein verdächtig aussehender Grünrock mit einem großen Beutel voller Geld trat herein. »Verschaff mir eine Seele«, rief er, »ich will sie dir gut bezahlen!« Dabei deutete er mit einem entsetzlichen Blick auf die scheinbar schlafende Frau mit ihrem Kind.

»An die Fremden auf dem Strohlager kann ich nicht heran«, antwortete die Alte, »denn die haben gebetet und einen Segen über sich gesprochen. Aber wart mal, jetzt fällt mir etwas ein«, fuhr sie fort. »Mein Sohn ist Zimmermann und geht früh morgens an sein Tagwerk. Da ruft ihn immer ein Hirtenmädchen zum Frühstück, das noch nicht gebetet und noch nichts gegessen hat. Dieses Mädchen will ich dir beschaffen. Ich verwandele mich zuvor in eine große schwarze Sau, laufe unter die Herde und mache mich an das dumme Ding heran. Lass mich nur gewähren.«

Damit war der Grünrock zufrieden, er gab ihr den Beutel mit Geld und verschwand. Kurz danach legte sich die Alte ins Bett und schlief ein.

Die fremde Frau aber konnte kein Auge zutun und erwartete voller Angst und Ungeduld das Morgengrauen, denn ihr war kein Wort des Gespräches entgangen. Als die Alte fest schnarchte, stand sie leise auf, erzählte deren Sohn den schändlichen Plan und ermahnte ihn, darauf Acht zu geben, ob bei Tagesanbruch etwas Verdächtiges vor sich gehe. Dann bedankte sie sich und wanderte mit ihrem Kind weiter.

Und wirklich, als die Hirtin auszog, war auf einmal eine böse schwarze Sau unter der Herde, von der man nicht wusste, woher sie gekommen war. Das Tier rannte auf einmal schnurstracks auf das Mädchen zu und versuchte es in einem fort am Kleid zu fassen und festzuhalten.

Doch nun sprang der junge Zimmermann mit einem Knüppel in der Hand auf die Unholdin zu und verprügelte sie damit, bis sie wie tot liegen blieb. Da dachte er, nun habe sie wohl genug, und ging nach Hause. Und siehe, da lag seine Mutter grün und blau geschlagen im Bett und rührte sich nicht.

Als er dies sah, sprach er voll Zorn: »Aha! Ich dachte, unser wachsender Wohlstand sei ein Geschenk Gottes. Aber jetzt sehe ich, er kam vom Teufel! So sollst du alter Drache auch des Teufels Dank dafür haben!«

Damit schwang er den Knüppel, riss die zeternde Alte mit Gewalt herum und prügelte sie noch einmal so gründlich durch, dass ihr Hören und Sehen verging.

Ob sie aber daraufhin das Hexen gelassen hat, das weiß man nicht.

❡ Diese Sage aus dem Hessischen zwischen Alsfeld und Fulda erzählt ein paar kulturgeschichtlich reizvolle Einzelheiten wie die Aufnahme von Durchreisenden in früheren Zeiten. Der Teufel wird häufig auch als »Grünrock« bezeichnet, weil er dieses Kleidungsstück offensichtlich bevorzugt. ❡

Mutter Potsaksch

Bei Hollingstedt an der Treene lebte eine alte Frau, die man nur Mutter Potsaksch nannte. Sie trug niemals Schuhe, sondern ging immer barfuß oder in Socken und konnte hexen und Wetter machen. Ihre Tochter hatte sie in all diesen Künsten unterrichtet und ließ sie bei einem reichen Bauern als Kindermädchen arbeiten.

Einmal, als die Herrschaften ausgegangen waren und die Knechte und Mägde in der Stube saßen und sich allerlei erzählten, kam das Mädchen herein und setzte sich zu ihnen, obwohl sie doch eigentlich das Kind hätte wiegen sollen. Die alte Magd wollte sie deshalb wieder hinausschicken, doch das Mädchen antwortete: »Ach was, die Wiege schaukelt sich schon von selbst.« Da riefen alle, dass sie das doch einmal sehen wollten. »Da könnt ihr noch ganz andere Dinge zu sehen bekommen«, sagte das Mädchen und ließ die sich selbst wippende Wiege zur Stube hinein- und wieder hinauskommen.

»Und das ist noch gar nichts«, fuhr sie dann fort, »wenn ihr wollt, so kann ich auch eine von den Kühen totmelken, die da auf der Weide stehen.« Alle wollten das einmal sehen und so nahm sie ein Messer, steckte es in einen Ständer und verlangte, dass man vom Fenster aus eine Kuh aussuchen sollte. Man zeigte ihr eine gescheckte Kuh. Dann fing sie an den Griff des Messers zu melken und die Kuh stand da, als ob sie im Stall gemolken würde. Als das Mädchen aufhörte, fiel die Kuh tot nieder.

»Da seht ihr es«, sagte sie, »aber nun will ich euch noch mehr zeigen, was ich kann. Ich will juchhe rufen und ein dreimastiges Schiff soll auf der Mistpfütze schwimmen.« Alle meinten, das sei unmöglich. Doch schon nach dem ersten Juchhe sahen alle das Schiff. Dann rief sie noch einmal juchhe und eine große Musikkapelle stand an Bord und spielte lustige Tänze.

Währenddessen kamen der Bauer und die Bäuerin wieder nach Hause und die Knechte und Mägde erzählten, was geschehen war. Da ließen sie Mutter Potsaksch kommen und verlangten von ihr, ihre Tochter mit nach Hause zu nehmen und die Kuh wieder lebendig zu machen.

»Nichts leichter als das«, sprach die Alte. Sie steckte drei Gabeln mit den Stielen in die Erde, sodass die Zinken in die Höhe standen, stellte sich darüber und alsbald stand die Kuh auf und graste wie zuvor.

Diese Geschichte sprach sich herum und wurde bei der Obrigkeit angezeigt. Da sollte die alte Hexe verbrannt werden. Auf der Weide, wo die Kuh totgemolken worden war, wurde ein großer Scheiterhaufen errichtet und in dessen Innerem ließ man Raum, wie eine kleine Kammer. Als die alte Hexe im Beisein einer großen Zuschauermenge dorthin geführt wurde, ging der Zug am Haus des Bauernvogts vorbei, der sie verhaftet hatte. Die Frau des Vogtes stand in der Tür. Mutter Potsaksch blieb stehen und bat sie um einen Schluck Milch. Doch die Vogtfrau stieß sie fort und rief, sie würde ja ohnehin gleich verbrennen, sie brauche keine Milch. Die alte Potsaksch sagte daraufhin: »Dass du mir diese Antwort gibst, genau das habe ich letzte Nacht geträumt.«

Man brachte sie nun in den Scheiterhaufen hinein und zündete das Feuer an. Als es niedergebrannt war und man in der Asche nach ihren Knochen suchte, kam Mutter Potsaksch quicklebendig über die Koppel daher und sagte: »Was habt ihr nur getan? Ihr habt die Frau des Vogts verbrannt!«

Alle erschraken. Doch die Frau des Bauernvogts war tatsächlich nirgends mehr zu finden. Von da an hatten alle Angst vor der alten Hexe. Der Amtmann wusste auch nicht, was er mit ihr machen sollte, und berichtete dem König von dieser Begebenheit. Da wurde eine hohe Belohnung ausgesetzt, für denjenigen, der die Hexe umbrächte.

Lange Zeit wollte es keiner wagen. Doch schließlich fing ein junger Schmied an der Alten schöne Augen zu machen und ihr allerhand Schmeicheleien zu sagen, bis sie zuletzt ganz verliebt in ihn war und ihn heiraten wollte. Der Hochzeitstag kam und auf dem Weg zur Kirche mussten sie über ein breites Wasser. Da hatte der Schmied überall Netze aufstellen lassen und hinter den Büschen am Ufer lauerten die Fischer.

Als sie nun im Boot saßen, fragte er sie: »Potsaksch, kannst du die Kirche schon sehen?«

»Nein«, antwortete sie, »da muss ich mich erst umdrehen.« Und als sie sich umwandte, stieß er sie ins Wasser und rief den Fischern zu, sie sollten nun ihre Netze zuziehen. So musste die Alte ertrinken.

Namentlich bekannte Hexen sind in Sagen sehr selten. Hollingstedt liegt westlich von Schleswig.

Das Gewittermachen

Die Frau eines Bauern wurde beschuldigt eine Hexe zu sein. Der Bauer wollte das jedoch nicht glauben.

Als nun sein Knecht eines Nachts von einem Besuch bei seinem Mädchen zurückkam, erblickte er auf einem Hügel ein Licht. Er schlich leise hin, um zu sehen, was da los sei. Da sah er einen Tisch, um den herum mehrere Katzen saßen und sich in Menschensprache miteinander unterhielten. Der Knecht schlich sich leise wieder fort und fand dabei ein Tuch am Boden. Als er es später genauer betrachtete, lagen ein Ring und eine Schere darin, welche der Bäuerin gehörten. Daraufhin erzählte er die ganze Geschichte seinem Bauern und riet ihm, des Nachts Acht zu geben, ob die Frau nicht heimlich fortginge. Wenn er sich schlafend stelle, dann würde er es gewiss herausfinden. Denn wenn sie zu den Hexen ginge, läge ihr Körper leblos wie ein Sack im Bett.

Am nächsten Abend legte der Bauer sich hin und fing zum Schein an zu schnarchen. Bald spürte er, dass das Bett sich bewegte, und als er Licht machte, um nachzusehen, lag der Körper seiner Frau regungslos neben ihm.

Da packte er am nächsten Tag seine Sachen und tat so, als wolle er verreisen. Seine Frau fragte ihn, was er vorhabe, aber er gab ihr keine Antwort. Sie drang jedoch so lange in ihn, bis er schließlich sagte, sie müsse ihm versprechen, es nicht weiterzuerzählen. Das versprach sie. Da sagte der Mann, er wolle das Hexen lernen. Zuerst versuchte sie ihm dieses Vorhaben auszureden. Er aber sagte: »Das hilft jetzt nichts mehr, ich habe es mir fest vorgenommen und lasse mich nicht davon abbringen. Ich will das Hexen lernen, mag es kosten, was es wolle. Vor allem will ich lernen ein Gewitter aufziehen zu lassen.«

»Das meinst du doch nicht ernst«, sagte die Frau.

»Aber natürlich ist das mein Ernst«, antwortete der Mann, »ich will es lernen.«

Da sagte die Frau: »Wenn das so ist, das Gewittermachen kann ich dir schon beibringen.«

»Was?«, fragte der Mann. »*Du* willst mich das Hexen lehren? Das kannst du doch ebenso wenig wie ich!«

Da erwiderte sie: »Ich habe es dir vorher nur nicht sagen wollen, aber ich kann es doch.«

Der Mann tat so, als glaube er ihr nicht. Da sagte die Frau, sie wolle es ihm beweisen und würde ihm zeigen, wie sie ein Gewitter aufziehen ließe, gleich solle er es sehen. Sie ging in die Kammer und schon bald hörte man es donnern. Da fragte der Mann, ob sie auch den Blitz einschlagen lassen könne.

Ja, das könne sie, sagte die Frau.

Und wenn sie einmal den Ort bestimmt habe, an dem es einschlagen solle, ob sie das dann später noch ändern könne?

»Nein«, sagte die Frau, »das kann ich nicht. Wenn ich einen Ort festgelegt habe, dann bleibt es dabei.«

Da sagte der Mann, sie solle den Blitz doch in den alten Birnbaum einschlagen lassen.

»Das soll geschehen«, antwortete sie.

Als nun das Gewitter recht nahe war, rief der Bauer seinen Knecht und nahm eine starke Kette, damit fesselten sie die Frau. »Ich will dir Hexe nichts zu Leide tun«, sagte der Bauer, »aber du sollst es dir selbst antun.«

Dann band er die Frau mithilfe des Knechts an den Birnbaum. Als das Gewitter losbrach, schlug der Blitz in den alten Birnbaum ein und die Frau war auf der Stelle tot. Der Bauer aber war froh, dass er sie los war.

Wie wir schon in der Sage »Lohn der Hexe« (vgl. S. 368) gelesen haben, gelang es den Hexen angeblich, ihre geheimen Fähigkeiten selbst vor ihren engsten Angehörigen zu verbergen. Konflikte, die daraus erwuchsen, werden in Sagen verschiedentlich kalt und brutal geschildert. Tatsächlich gab es in der Zeit der Hexenverfolgungen immer wieder Fälle, dass Frauen von ihren eigenen Angehörigen der Hexerei beschuldigt und damit dem sicheren Tod ausgeliefert wurden.

Zauberweiber in Berlin

In Berlin lebten im Jahr 1553 zwei böse Zauberinnen, die konnten Reif und Schnee, Eis und Hagel machen und die Ernten verderben lassen. Einst stahlen sie einer Nachbarin ein kleines Kind, töteten und zerstückelten es und kochten es in ihrem verfluchten Hexenkessel. Die Mutter, die ihr Kind vermisste und suchte, kam auch zu diesen Weibern, warf einen Blick in den Kessel und sah darin die Glieder ihres verlorenen Kindes. Sie sagte aber nichts, sondern ging schweigend davon, um die Untat anzuzeigen.

Da sandte die Obrigkeit Männer, welche die Zauberinnen ergriffen und gefangen nahmen. Als sie nun unter Folter befragt wurden, was sie mit diesem Hexengebräu vorgehabt hätten, gestanden sie, sie hätten ein Unwetter zusammenbrauen wollen und einen darauf folgenden großen Frost mit Eis, damit alle Blüten und künftigen Früchte verdarben. Da bekamen sie ihren gerechten Lohn, sie wurden zum Tor hinausgeschleift, unterwegs mit glühenden Zangen gezwickt und draußen auf der Wiese bei lebendigem Leibe verbrannt.

Ein paar andere Hexenweiber saßen einmal in einem Gasthaus beisammen und hatten jede ein Gefäß voller Wasser vor sich, darin rührten sie herum, streuten schwarzes Pulver hinein und murmelten dabei unverständliches Zeug vor sich hin.

Der Wirt, der ihnen nicht über den Weg traute, beobachtete sie durch ein Guckloch in der Wand. Da fragte die eine: »Was meinst du? Soll es dem Korn gelten oder dem Wein?«

»Allen beiden!«, antwortete die andere.

»Und wann?«, fragte die Erste wieder.

»Morgen in aller Frühe, ehe der Tau fällt«, sprach die andere.

Als sich die Hexenweiber zu Bette gelegt hatten, schlich der Wirt in die Kammer und schüttete die Gefäße mit dem Wasser über die Schlafenden aus. Dazu rief er: »Allen beiden!«

Da wurde augenblicklich das Wasser zu Eis, es umschloss die Weiber und umgab sie ringsum wie eine Rinde. Darin erfroren und erstickten sie. Die Felder mit Korn und Wein aber waren gerettet.

Die Geldfresserin

In Frankfurt an der Oder hat sich im Jahr 1536 eine verwunderliche Geschichte zugetragen. Eine gewisse Gertrud Fischer diente als Magd in Lebus und war vom Teufel besessen, es war ein Geldteufel, der in ihr steckte. Wohin sie auch griff, an Wände, Tische, Bänke, an die Jacken, Ärmel, Hüte anderer Leute, stets holte sie Geld hervor, oft eine ganze Hand voll Münzen, und die führte sie zum Mund und zerbiss sie, kaute und verschlang sie. Da wurde sie von Lebus nach Frankfurt in ihre Heimat zurückgebracht und man versuchte ihr mit Beten zu helfen, aber auch dort machte sie mit dem seltsamen Geldfressen weiter. Sie verspeiste auch Nähnadeln und Stecknadeln und redete mit einem Male hochdeutsch, obwohl sie doch vorher immer nur den landesüblichen Dialekt gesprochen hatte.

Da wurde ein Exorzist geholt, der ihr den Teufel austreiben sollte. Doch weder Weihwasser noch Geißel, Gebete oder Bannsprüche halfen. Schließlich wandte man sich in diesem verzweifelten Fall mit der Bitte um Rat an Herrn Doktor Martin Luther in Wittenberg. Auf dessen Empfehlung hin wurde die Besessene zu seinen Predigten gebracht und mit der ganzen Gemeinde für die Geldfresserin gebetet. Da wich der Teufel endlich aus ihr, allerdings nicht ohne Geschrei und Lärm in der Kirche.

Die arme Magd wusste danach gar nicht, wie ihr geschehen war, und hat fortan ohne jede weitere Anfechtung frisch und gesund in Frankfurt an der Oder gedient.

❡ *Es fällt auf, dass diese Sage nicht von einer Hexe erzählt, sondern von einer »Besessenen«, einer Person, die vom Teufel oder einem bösen Geist besessen war. Sie wurde deshalb auch nicht zum Tode verurteilt, sondern man versuchte, den Teufel »auszutreiben«, was ein so genannter Exorzist tun musste. Das waren Geistliche beider Konfessionen, die durch Gebete – hier durch Predigten – den Teufel oder Geist aus den Besessenen vertrieben, die dann wieder vollwertige Mitglieder der Gesellschaft waren.* ❡

Die Schwarze Schule

In Nordfriesland und Norddithmarschen gibt es viele Sagen von der Schwarzen Schule, dort ist der Lehrer der Teufel persönlich. Er unterrichtet angehende Pfarrer und junge Schullehrer in gar mancherlei geheimen Künsten. Allerdings nicht umsonst, sie müssen ihm ihre Seele verschreiben und eine bestimmte Bedingung einhalten. Gibt einer nicht Acht und vergisst dies einmal, so ist seine Seele verloren. Den meisten geht es früher oder später so. Da darf einer beispielsweise immer nur ein einziges Strumpfband tragen, ein anderer darf sich nur einmal die Woche rasieren, ein Dritter muss die Strümpfe immer verkehrt herum anziehen und so weiter.

Die Künste dieser Schwarzen Schüler bestanden in Bannen oder Festhexen, sich schnell an andere Orte hinzuzaubern, zu erfahren, was daheim geschieht, auch wenn man selbst noch so weit von zu Hause fort ist, oder darin, andere, besonders Diebe, an einer Stelle festzuzaubern und derlei mehr.

Der Teufel stellt seinen Seelen in einem fort nach und versucht darauf hinzuwirken, dass sie die vereinbarte Bedingung vergessen. Doch bisweilen glückt es dem einen oder dem anderen, den Teufel zu überlisten, denn so manchem Lehrer oder Pastor ist selbst der Teufel noch nicht schlau genug.

So gab es einen Pastor namens Fabricius in Medelby bei Tondern, der konnte mehr als Brot essen, weil er in die Schwarze Schule gegangen war. Er durfte niemals zwei Strumpfbänder anlegen, sondern immer nur eines. Mit solch einem Strumpfband wurden die Strümpfe unter dem Knie festgehalten, denn Gummibänder hatte man damals noch nicht. Damit er dies nun einmal vergäße, lagen so manches Mal morgens zwei Strumpfbänder auf seinem Stuhl. Damit fing ihn der Teufel aber keineswegs.

Hierauf plagte der Teufel das Mädchen, das dem Pfarrer die Strümpfe strickte, und zwickte sie in Gestalt eines Flohs. Wenn sie sich kratzte, ließ sie oft die Maschen fallen und die Strümpfe wurden zu weit, weil sie sich des Öfteren verzählte. Solch ein Strumpf rutschte ohne Band sofort herunter auf die Ferse, doch der Pfarrer ließ sich auch dadurch nicht beirren und band ihn trotzdem nicht fest. Er lief einfach mit heruntergerutschtem Strumpf herum und der Teufel konnte ihm nichts anhaben.

Ein anderer Pastor namens Ziegler durfte auch nur ein Strumpfband tragen. Er hatte außerdem mit dem Teufel ein Bündnis auf Zeit geschlossen. Als nun die Frist um war, kam der Teufel eines Morgens in aller Frühe und wollte ihn holen. Der Pfarrer begann widerstrebend und langsam sich anzukleiden. Zuerst zog er die Strümpfe verkehrt an, da fing der Teufel schon an sich zu ärgern. Dann trödelte er weiter lang und breit herum, bis der Teufel die Geduld verlor und sagte: »Nun mach endlich, dass du fertig wirst! Das dauert ja eine Ewigkeit! Ich habe noch mehr zu tun. Jetzt warte ich keinen Augenblick länger, als bis du dein Strumpfband angelegt hast.«

Der Pastor Ziegler hatte das Strumpfband schon in der Hand gehabt, aber als der Teufel diese letzten Worte sagte, legte er es ganz langsam wieder hin, sprach zum Teufel: »Guten Morgen!«, drehte sich um und legte sich wieder ins Bett.

Wütend fuhr der Teufel von dannen und kam nimmermehr wieder. Und nimmermehr wieder trug der Pastor ein Strumpfband. Nachdem er noch einmal ein wenig geschlafen hatte, stand er auf, nahm eine Schere und schnitt seine Kniestrümpfe unterhalb der Wade einfach ab. So erfand er die Strumpfsocken, wie die meisten Männer sie jetzt tragen, und brauchte fortan keine Strumpfbänder mehr.

Schwarze Schulen, Teufels- oder Zauberschulen gab es der Sage nach in allen Gegenden Deutschlands. So harmlos wie hier in Nordfriesland ging es aber nicht überall zu.

Der Zauberer von Plön

Auf dem Schloss Plön lebte einst der Herzog Johann Adolf zu Holstein-Sonderburg. Er war ein großer Kriegsheld, aber auch ein großer Zauberer, denn er konnte sich unsichtbar machen und war kugelfest. Die Feinde konnte er so blenden, dass sie weder ihn noch seine Soldaten sahen. Als er einmal recht in Bedrängnis war, verwandelte er sich und alle seine Leute in Bäume. Die Feinde standen da und gafften den Wald an, dann traten sie zornig gegen die

Baumstämme und taten schließlich das, was auch Hunde an Bäumen gerne tun: Davon hatten die Krieger Johann Adolfs nachher nasse Stiefel.

Schloss Plön ist ganz von weiten Seen umgeben. Eine Meile entfernt liegt Stocksee, aber über Land ist der Weg viel weiter. Der Herzog war gern in Stocksee und fuhr deshalb nicht nur im Winter mit dem Wagen über das Wasser des großen Plöner Sees hinüber, sondern mithilfe eines Zaubers auch im Sommer. Einmal fuhr ein Bauer hinter dem Herzog her und kam auch glücklich ans andere Ufer.

»In wessen Namen tatest du das?«, fragte ihn der Herzog.

»Im Namen von Euer herzoglichen Gnaden!«, antwortete der Bauer.

»Das war dein Glück«, sprach der Herzog, »aber nächstes Mal lässt du das lieber bleiben!«

Aus Stocksee wollte der Herzog gern eine Stadt machen und ehe er gegen Ungarn und Polen in den Krieg zog, befahl er den Ort zu vergrößern. Seiner Gemahlin, Dorothea Sophie, geborene Prinzessin von Braunschweig, gefiel es aber in Plön besser. Deshalb nahm sie das für Stocksee gedachte Geld und ließ davon die Neustadt von Plön erbauen.

Als der Herzog von seinem Kriegszug zurückkam, fuhr er sogleich nach Stocksee und sah, dass dort kein einziger seiner Befehle ausgeführt worden war. Voller Zorn schwor er seine Frau solle sterben. Das wurde ihr bald berichtet und als sie ihren strengen Gemahl von weitem heranfahren sah, stürzte sie sich voller Angst aus einem Fenster des Schlosses. Der Herzog aber gebrauchte seine Kunst und sie kam ohne Schaden auf dem Boden an. Er hob sie auf und sagte ihr, zwar habe er geschworen, dass sie sterben solle, aber das habe ja keine Eile. Sie möge doch bitte lieber warten, bis ihr letztes Stündlein ganz von selbst schlage. Das hat sie auch getan und wurde sogar noch älter als ihr Herr und Gemahl.

Zwischen Plön und Stocksee liegt ein Dorf namens Ruhleben, dort hat Herzog Johann Adolf sein unruhiges Leben beschlossen. Bei seinem Tod soll es sonderbar zugegangen sein. Man spricht nicht gern davon, zeigt aber ein Fenster, durch welches der Herzog von einem Unbekannten abgeholt wurde.

¶ *Die Sage belegt, dass es Zauberkünstler und Teufelsbünder in allen Schichten und Ständen der Bevölkerung gab.* ¶

Papa Dönes Glockenspiel

Wie Störtebeker und seine Raub- und Mordgesellen auf Jasmund ihren geheimen Schlupfwinkel hatten, so saß ein ganz ähnlicher Geselle in einem unwegsamen Wald bei Ratzeburg, nur war dieser kein Seeräuber, sondern ein Landräuber. Er hieß Papa Döne und war unglaublich stark, weil er mit dem Teufel im Bunde stand. Er streifte als Bettler durch Wald und Flur, überfiel die Reisenden, überwältigte auch den stärksten Mann und schleppte ihn mit all seinem Hab und Gut in seine verborgene Höhle.

Dort ermordete er seine Gefangenen, schnitt ihnen die Hirnschalen ab und hängte sie an einer Schnur zwischen Bäumen auf. Dann schlug er mit seinem Stock daran und lauschte, welchen Klang oder Ton die Hirnschale von sich gab. Es klang nie eine wie die andere, denn wie jeder Mensch seinen eigenen Kopf hat, so ist auch der Klang jedes Schädels ganz anders. Daraus lässt sich leicht erklären, warum so viele Menschen in Streit und Zwietracht miteinander leben: Ihre Hirnschalentöne passen einfach nicht zusammen.

Von dieser Erfindung, welche Papa Döne sein Glockenspiel nannte, soll er auch den Beinamen Döne erhalten haben, weil er immer neue Töne suchte. Wenn nun dieser musikalische Mann und Erfinder der Schädellehre seine Hirnschalen erklingen ließ wie ein Xylophon, so machte er sich das Vergnügen, diese zu gleicher Zeit auch tanzen zu lassen und dazu sang er wohlgemut ein spöttisches Lied:

»So tanzet, so tanzet, meine liebsten Söhne,
das Tanzen, das lehrt euch der Papa Döne.«

Diesen verruchten Musikanten wollte schließlich der Teufel holen und mit seiner Seele an einen Ort fahren, wo aller Tanz und alles Spiel ein Ende haben. Aber Papa Döne wehrte sich und versprach dem Teufel sieben Seelen anstelle seiner einzigen, wenn er ihm noch eine Frist gönne. Der Teufel war auch so dumm sich von dem hinterlistigen Papa Döne überreden zu lassen.

Kaum war er fort, wanderte Papa Döne nach Lübeck, suchte dort einen Mönch auf und beichtete ihm seine Sünden. Dann bat er ihn herzlich, er möge ihn gegen den Teufel in Schutz nehmen. Der Mönch versprach dies, wenn Papa Döne alle seine Untaten bekennen, ernstlich bereuen und zugunsten der strafenden Gerechtigkeit mit seinem Leben bezahlen wolle. Über die letztere Bedingung war Papa Döne zwar wenig erfreut, doch da es galt, seine Seele zu retten, stimmte er zu.

Als nun der Teufel nach einiger Zeit kam, um sich nach den sieben Seelen zu erkundigen, war Papa Döne inzwischen fromm geworden, küsste das Kruzifix und hielt es dem Teufel entgegen. So etwas hatte der Teufel noch nicht erlebt, er spie Feuer, ließ Gestank fahren und fuhr kreischend davon. Als Papa Döne am nächsten Tag zum Galgen geführt wurde, um als reuiger Sünder zu sterben, war der Teufel jedoch wieder da und lauerte auf seine Seele.

Da sah er zwei Engel herankommen, welche der fromme Mönch aus dem Himmel herabgebetet hatte. Die nahmen Papa Dönes Seele in Empfang, als sie aus dem Körper fuhr, und trugen sie mit sich empor in den Himmel! Darüber ärgerte sich der Teufel so sehr, dass er ganz schwarz davon wurde.

Zauberverblendung

Ein Zauberer kam nach Magdeburg und stellte auf dem Markt seine Bude auf. Bald drängte sich das Volk um ihn her und er sammelte auch ziemlich viel Geld ein, ehe er anfing mit seinem Hokuspokus und Abrakadabra. Bei seiner Vorführung zeigte sich unter anderem auch ein allerliebstes wunderkleines Pferdchen, das tanzte im Ring und belustigte die Menge.

Gegen Ende stellten sich der Zauberer, seine Frau, seine Magd, der Hanswurst und das Pferdchen nebeneinander in eine Reihe. Dann hielt er eine Rede, in der er über die schlechten Zeiten klagte, in denen die Leute davonliefen, wenn der Teller umginge und sie bezahlen sollten, und dass ein ehrlicher Mann wie er es doch zu gar nichts Rechtem bringen könne. Deshalb habe er genug von dieser Welt und insbesondere von Magdeburg und wolle nun auswandern und davonziehen. Zunächst gen Himmel und wenn ihm das nicht glücke, dann eben nach Bitterfeld, wo es auch sehr schön sein solle.

Darauf warf er ein Seil in die Luft, das Pferdchen biss sich daran fest und fuhr flugs daran empor in die Höhe. Der Zauberer packte das Pferdchen beim

Schwanz und rief: »Hoppdiho!«, und sauste hinauf. Dabei hängte sich seine Frau an die Beine ihres Mannes und die Magd an die Beine der Frau und der Hanswurst an den Rock der Magd und so fuhr die ganze Gesellschaft hinauf. Der Zauberer rief zum Abschied hinunter:

»Sehn wir uns nicht mehr auf dieser Welt,
dann sehn wir uns in Bitterfeld!«

Alles Volk lachte und staunte mit weit offenem Mund, bis die Zaubergesellschaft in Richtung Himmel und Bitterfeld den Augen der Menge entschwunden war.

Davon hörte kurz darauf ein Bürger, der eben aus der Stadt gekommen war, und sagte: »Das kann nicht wahr sein, denn gerade vorhin habe ich den Zauberer, sein Pferdchen und seine Leute in die Herberge hineingehen sehen. Sie sind also weder zum Himmel noch nach Bitterfeld durch die Luft gefahren!«

❡ *Hier haben wir einen schönen Beleg dafür, wie eng Zauberei und Gaukelei miteinander verbunden sind und die Grenzen dazwischen oft verschwimmen. Die Sage lässt keinen Zweifel daran, dass der Zauberer nur ein Jahrmarktsschausteller ist, wenn auch seine Luftreise, mit der er den Seiltrick indischer Fakire übertrifft, etwas übertrieben ausgeschmückt wird.* ❡

Zauberkünste in Heinrichs

Nahe dem Ort Heinrichs bei Suhl liegt eine alte Steinburg mit verzauberten Schätzen, die nicht leicht zu heben sind. Ein Hirte pflückte dort oben eine weiße Lilie und vergaß daraufhin – wie auch seine Vorgänger – die Reichtümer im Inneren des Berges. Als die Tür des Felsengewölbes hinter ihm zuschlug, quetschte sie ihm außerdem die Ferse ein und diese Wunde heilte lange nicht.

Nach Heinrichs kamen einmal drei Wildschützen, die waren Meister ihrer Kunst, und kehrten im »Gasthaus zum goldenen Hirschen« ein, schon des

Namens wegen. Dort tranken sie hinten im Hof ein Glas gutes Bier. Bald kam unter den Gästen, die dort ebenfalls saßen, die Rede aufs Schießen und es wurde manch hübsche Jägergeschichte erzählt. Auch von Zauberkunststücken war die Rede, zum Beispiel, um Kugeln zu besprechen und immer zielsicher zu treffen.

Schließlich wurden die drei Wildschützen aufgefordert, ihre Kunst doch einmal zu zeigen. Da pflückte einer ein Kleeblatt, der Zweite nahm eine Leiter und legte sie an die rückwärtige Mauer im Hof des Gasthauses und der Dritte ging über die Straße bis zur gegenüberstehenden Häuserreihe. Da die Toreinfahrt offen stand, behielt er durch den gewölbten Gang hindurch das Kleeblatt noch im Auge und stand neunzig Schritte entfernt. So haben die Schützen auf das Kleeblatt geschossen, jeder nur eine Kugel und jeder schoss genau ein Blatt des Kleeblattes fort. Die drei Kugelspuren nebeneinander sind heute noch in der Mauer zu sehen. Dann haben die drei Wildschützen stillschweigend den Ort verlassen.

Ein andermal war einigen Bauern in Heinrichs das Vieh bezaubert worden, sodass sie keine Butter mehr gewinnen konnten. Da gingen sie zu einer alten Hexe und fragten diese um Rat, was sie dagegen tun könnten. Das Weib unterwies die Bauern, sie sollten in aller Teufel Namen zu einem Töpfer gehen und dort einen Topf bestellen. Den solle der Töpfer auch in aller Teufel Namen fertig machen und dann sollten sie den Topf ebenso auf einem vierspännigen Wagen abholen und ohne zu handeln dafür bezahlen, was gefordert würde. In diesen Topf sollte dann nach und nach alle Milch hineingegossen werden.

Diesen Hexen- und Teufelsrat befolgten die Bauern genau und in allen Einzelheiten. Doch durch das auffällige Abholen des Topfes, für den die Bauern den ungeheuren Preis von fünfzehn Groschen bezahlten, wurde die Sache bekannt. Die Obrigkeit machte der Teufelei ein Ende mit Schrecken. Die Bauern mussten im Arme-Sünder-Hemd Kirchenbuße tun und mehr Strafgeld bezahlen, als die Butter eines ganzen Jahres in Heinrichs damals wert war.

Den Topf zerschlug der Scharfrichter auf dem Schindanger* und an dem-

* Schindanger: Platz zum Verscharren von Tierkadavern

selben unangenehmen Ort wurde der Scheiterhaufen für die Hexe errichtet. Es war ein Glück für die Bauern, dass sie den Topf noch nicht gebraucht hatten, sonst hätten sie sich ebenfalls der Hexerei schuldig gemacht und ohne Gnade mitverbrennen müssen.

❡ Diese und die folgende Sage erzählen von einer Sonderform der Zauberei, den »Freischützen«, die durch ihr Bündnis mit dem Teufel hervorragende Schützen wurden. Denken wir nur an die Oper »Der Freischütz« von Carl Maria von Weber.
Vgl. dazu auch die Sage »Der beste Schuss«, S. 319. ❡

Der Freischütz

Hin und wieder wurde früher ein Jäger oder Wilddieb zum Freischützen, dessen Kugel jedes Mal trifft. Wer solch ein Freischütz werden will, muss beim heiligen Abendmahl die Hostie aus dem Mund nehmen, sie in der Nacht an einem Baum befestigen und darauf schießen. Das ist dann fast so, als ob er auf den Heiland schösse.

Durch diesen Gottesfrevel war ein Mann aus Weigsdorf zum Freischützen geworden. Er wohnte in der Sandgasse und hatte es nicht nötig, dem Wild im Walde nachzustellen. Die Hasen kamen vor sein Stubenfenster gelaufen und er brauchte nur zum Fenster rauszuschießen. Ein Jäger im Gebirge hatte von diesem Treiben erfahren und hätte dem Wilderer gar zu gerne den Garaus gemacht. Zu diesem Zweck ließ auch er sich mit dem Teufel ein. Als eines Sonntags die Weigsdorfer zur Kirche gingen, kam der Freischütz aus dem Haus gerannt und rief: »Wer hat auf mich geschossen?«

Die Kirchgänger blieben verwundert stehen: »Wie sollten wir auf dich schießen? Wir haben doch nur Gesangbücher bei uns und keine Flinten!«

Während sie so redeten, fiel wieder ein Schuss. Der Freischütz fuchtelte wild mit den Armen in der Luft herum, dann zeigte er den Leuten eine Kugel und sagte: »Schaut doch her, da hat es eindeutig jemand auf mich abgesehen! Na warte, dem werd ich seine Schießerei schon austreiben!« Dabei drehte er sich um und schoss in die Richtung, aus der die Kugel gekommen war. »Der hat genug«, sagte er dann, »der schießt nie wieder!«

Und richtig, kurz darauf erzählte man sich, dass im Gebirge ein alter Jäger auf ganz geheimnisvolle Weise erschossen worden sei. Er war mit ein paar Freunden im Wirtshaus gewesen und hatte erzählt: »Vor einer halben Stunde habe ich einen schlimmen Wilderer um die Ecke gebracht!« Doch kaum hatte er dies gesagt, war eine Kugel durchs Fenster geflogen und hatte ihn mitten ins Herz getroffen, sodass er keinen Laut mehr von sich geben konnte.

Ein junger Freund dieses Jägers wusste von dem Freischützen und schwor dem Mörder Rache. Nach einem Vierteljahr hatte er schließlich einen gefunden, der stärker war als der Freischütz in der Sandgasse. Und am Sankt-Michaels-Tag*, genau zur Mittagszeit, wurde der Freischütz von einem Kopfschuss getroffen und war sofort tot.

Nachbarn und andere Bekannte wollten sich danach sein Schießgewehr aneignen, weil sie glaubten, dass die besondere Kraft in dem Gewehr steckte. Obwohl sie das ganze Haus absuchten, fanden sie weder Gewehr noch Kugeln oder Pulver. Doch hinterm Ofen hockte eine Gestalt, ähnlich einer Katze, mit Flügeln und feurigen Augen. Die spuckte jedes Mal Feuer, sobald jemand in ihre Nähe kam. Es durfte auch niemand im Haus schlafen. Die es versuchten, wurden stets aus dem Bett geworfen und nachts hörte man aus allen Ecken und Winkeln ein Hämmern und Klopfen. So war niemand dazu zu bewegen, in dem Haus zu wohnen.

Eines Tages kam ein Handwerksbursche zugereist und weil er eine Unterkunft suchte, bot man ihm das Haus des Freischützen an. Wenn er die Geister bannen könne, solle es ihm gehören, hieß es.

»Na, ich will mal sehen, ob ich es mit guten oder bösen Geistern zu tun habe«, antwortete der Geselle. Dann ließ er sich den Schlüssel zu dem Haus geben und ging hinein.

Bis Mitternacht war ein Heidenlärm in dem Haus. Ununterbrochen krachte und prasselte es. Zuweilen sah es so aus, als stünde das ganze Haus in Flammen. Um zwölf Uhr nachts hörten die Nachbarn ein grässliches Gekrei-

* St.-Michaels-Tag: 29. September

sche. Eine Tiergestalt, in Flammen gehüllt, fuhr zum Kamin hinaus und verschwand durch die Luft. Danach blieb alles ruhig.

Von dem Handwerksburschen war am nächsten Morgen lange nichts zu hören oder zu sehen. Jedermann glaubte, ihn hätte gewiss der Teufel geholt. Doch gegen zehn Uhr vormittags ging die Tür auf und der junge Mann trat verschlafen ins Freie.

»Ja«, sagte er, »das war ein hartes Stück Arbeit. Aber in der größten Not kamen mir zwei gute Geister zu Hilfe, die haben den Kerl zum Schornstein hinausgetrieben.«

Von der Zeit an blieb der Bursche in dem Haus. Er richtete es schön her und brachte bald ein freundliches Mädchen aus seiner Heimat mit. Das ganze Dorf war zur Hochzeit geladen und der junge Ehemann lebte nun als fleißiger und geschickter Schreiner fröhlich bis ins hohe Alter und hat die Geschichte von seinem Einzug in das Haus oft und gerne seinen Kindern und Enkelkindern erzählt.

Der Zauberlehrling

Im Jahr 1707 wollte in Leipzig ein vorwitziger Lehrling Teufelsbeschwörungen und Schatzhebungen unternehmen. Er kaufte von einem wandernden Mühlburschen eine Abschrift des Buches »Doktor Faustens Höllenzwang« und eine metallene Wünschelrute. Damit begann er im Hause seines Meisters an einem Freitag im Keller nach allen Regeln der Kunst mit seiner Zauberei und seinen Beschwörungen.

Bei der dritten Beschwörung stieg Rauch aus dem Boden, daraus wurde ein kleines Männlein, das aussah, als sei es ganz und gar in einen grauen Schleier gehüllt. Es legte ihm ein Zweigroschenstück hin und fragte: »Bist du damit zufrieden?«

Darauf sagte der Junge: »Ja!«

Bei einer späteren Beschwörung an einem anderen Freitag erfolgte dieselbe Erscheinung und da tat sich außerdem auch die Erde auf, sodass der verborgene Schatz sichtbar wurde. Das Graue Männlein legte dem Jungen ein brandenburgisches Sechzehngroschenstück hin und fragte wieder: »Bist du damit zufrieden?«

Der Junge sagte wiederum Ja und hielt alle Zaubervorschriften ein, als da waren: Lichter löschen, rückwärts aus dem Keller gehen und dergleichen. Das war am 28. Oktober 1707. Am 4. November begann der junge Zauberer eine noch stärkere Beschwörung vorzunehmen und wieder erschien der Dämon, diesmal von Donnergrollen begleitet. Die Erde tat sich auf und ein Kessel voller Goldstücke fuhr empor. Auf dem Geld lag eine Art Peitsche mit einem Kopf vorne dran, der sich immerzu bewegte.

Der Zauberlehrling sollte nun der heiligen Dreifaltigkeit und dem christlichen Glauben abschwören. Danach erschien ein langes, schmales Blatt Papier mit schwarzem Rand, auf beiden Seiten rot beschrieben, und dazu eine schwarze Schreibfeder, die war verkehrt herum angeschnitten. Das Graue Männchen hatte wie schon zuvor ein längliches Registerbuch unter dem Arm. Dann war dem Zauberlehrling, als fiele ein Körnchen Sand oder ein Tropfen Wasser ganz kalt von der Decke herab auf seine Hand und als er hinsah, quoll dort ein Tropfen Blut. Furchtlos tauchte er die Feder in das Blut und begann seinen Namen – Johannes – auf das Papier zu schreiben: »Jo-« Da war ihm, als höre er jemanden schnellen Schrittes die Kellertreppe herabkommen.

Doch da er sich nicht umsehen durfte, ließ er die Feder fallen, löschte eilig die Lichter und warf sie in ein Wasserfass, zerriss den Faden, mit dem er den Zauberkreis gelegt hatte und ging rückwärts aus dem Keller hinaus, um zu sehen, wer ihn gestört habe. Er konnte aber niemanden finden.

Acht Tage später ging der Zauberlehrling wieder in den Keller, doch als er bei der untersten Stufe ankam, packte ihn das kalte Grausen. Er brachte es einfach nicht fertig, vollends hinabzugehen, sondern kehrte wieder um. Am nächsten Freitag, als er wieder hinabwollte, um sein Werk fortzusetzen, befahl ihm sein Meister in die Kirche zu gehen. Am darauf folgenden Freitag behinderte ihn ein im Keller arbeitender Maurer.

Tag und Nacht jedoch fand der Junge keine Ruhe mehr, ständig war das Graue Männchen um ihn und machte: »Pst! Pst!« Das verwirrte ihn immer mehr, er sah schon aus wie ein Betrunkener und die Tränen standen ihm in den Augen. Der Meister befragte ihn eindringlich, aber er gestand nichts und

Leipzig

als jener ihn in die Kirche zum Abendmahl schicken wollte, sagte der Zauberlehrling immer wieder: »Das darf ich nicht, es kostet mich sonst das Leben.«

Schließlich aber nahm der Junge in seiner Verzweiflung das Beschwörungsbuch, zerriss es und warf es ins Feuer. Dann lief er davon und vertraute sich einem Freund an. Der offenbarte das dunkle Geheimnis dem Meister und dieser rief den Pfarrer und Beichtvater des Jungen herbei. Da gestand der Zauberlehrling sein gottloses Tun. Er empfand zwar immer noch einen heftigen Drang, in den Keller zu gehen, doch man bewachte ihn und hinderte ihn daran. Endlich bekehrte er sich und nahm das Abendmahl ein. Sein Meister erließ ihm die noch verbleibende Lehrzeit und schickte den Jungen nach Hause. Nachdem er drei Wochen lang arge Last und Sorgen mit ihm gehabt hatte, war der Lehrherr froh ihn los zu sein.

❡ Hexen im Kindes- oder Jugendalter begegnet man in Sagen sehr selten. Mit der Zauberei dagegen kann man offensichtlich nicht früh genug beginnen. Jedenfalls hören wir verschiedentlich von Zauberlehrlingen. Wenn sie es zu früh dem Meister gleichtun wollten, konnte das gefährlich werden, da sie die geheimen Kräfte nicht richtig beherrschten. Der bekannteste Zauberlehrling begegnet uns in Goethes gleichnamiger Ballade (vgl. auch die beiden folgenden Sagen). ❡

Pumphut

In der Gegend um Pausa trieb sich vor langen Zeiten ein koboldhafter Bursche herum, aus dem die Leute nie so ganz schlau wurden. Er arbeitete als Mühlknappe und weil er so ein eigentümlich geformtes Hütchen trug, wurde er von Jung und Alt nur Pumphut genannt. Bei der Arbeit war er fleißig, blieb aber in keiner Mühle lange, denn wegen seiner schalkhaften und albernen Streiche wurde er immer wieder hinausgeworfen. Er konnte mehr als nur Brot essen und hatte schon manchen, der ihm ans Leder wollte, gehörig abblitzen lassen. Wenn man ihn in Ruhe ließ, trieb er aber nur harmlosen Schabernack.

So saß einst in einem Bauernhaus in Wallengrün eine Familie beim Mittagessen und wurde dabei von einer ungeheuren Schar von Fliegen umschwärmt. Da ging die Tür auf und Pumphut schaute herein. Er wurde freundlich willkommen geheißen und zum Essen eingeladen. Doch der Knödel auf seinem Teller erwies sich als so hart, dass er unter Pumphuts Messer hinwegschlüpfte, wie eine Kanonenkugel durch die Stubentür sauste, ebenso durch die gegenüberliegende Stalltür und sich dort auf das Horn eines Ochsen spießte.

Alle sperrten vor Verwunderung Mund und Augen auf, doch Pumphut nahm sich nun seelenruhig einen Knödel nach dem anderen und verzehrte ihn mit großem Wohlbehagen. Da ihn die Fliegen beim Essen unangenehm belästigten, brummte er, seine Wirte sollten das Ungeziefer doch zur Tür hinausjagen. »Ja, wenn das so einfach wäre!«, entgegnete man ihm.

Pumphut lachte, legte seinen Hut auf die Bank, befahl den Fliegen, dort hineinzufliegen, und zum Erstaunen der Bauern schwärmten alle Fliegen wie ein Bienenschwarm in den Hut, bis er voll und übervoll war und sie auf dem Rand wimmelnd übereinander krochen. Pumphut wischte sich seinen breiten Mund ab, nahm den Hut mitsamt den Fliegen, trug sie zur Tür hinaus und schüttelte sie draußen in die Milchtöpfe. Dann ging er laut lachend von dannen.

Als Pumphut einmal an der Burkhardsmühle vorbeikam, fand er dort eine große Menschenmenge versammelt, denn es sollte gerade feierlich ein neues Mühlrad gehoben werden. Pumphut freute sich, denn bei solchen Gelegenheiten gab es immer reichlich zu essen und zu trinken und er rechnete mit einem gastlichen Empfang. Der Müllermeister aber, der Pumphut nicht kannte, dachte gar nicht daran, ihn einzuladen, und Pumphut zog nach kurzem Gruß mürrisch von dannen. Als anschließend aber das Mühlrad eingesetzt werden sollte, passte es auf einmal hinten und vorne nicht mehr, obwohl der Müller, der Zimmermann und der Schmied zuvor alles genau abgemessen hatten. Alle Arbeit schien vergebens gewesen zu sein.

Da fiel einem der Gäste ein, dass der fremde Wandersmann am Ende der Pumphut gewesen sein könnte, der dem Müller vielleicht aus Ärger einen Streich spielte, weil man ihn nicht zum Festschmaus mit eingeladen hatte. So liefen einige los, um ihn einzuholen und zurückzubringen. Bald sahen sie ihn auch gemächlich den Weg entlangschlendern. Doch so schnell sie auch liefen, konnten sie ihn lange nicht einholen. Obgleich er ganz langsam ging, gelang es den Läufern nicht, den Abstand zu ihm zu verringern.

Endlich aber ließ er sich doch noch einholen. Er hörte die Einladung höhnisch an und zeigte keine Lust, mit zur Mühle zurückzugehen. Erst nach langem, anhaltendem Bitten konnte man ihn umstimmen. In der Mühle, nun ungleich freundlicher willkommen geheißen, setzte sich Pumphut erst einmal nieder und aß und trank nach Herzenslust, und zwar erstaunliche Mengen. Als er endlich satt war, ging er hinaus zum neuen Mühlrad und klopfte mit seinem Hütchen dagegen. Schon rückte es wie von selbst an den richtigen Platz und passte wie angegossen. Alles jubelte Beifall und Pumphut zog ohne ein Wort zu sagen seines Weges.

❡ Pumphut und Krabat sind zwei namentlich gut bekannte Schwarzkünstler. Pumphut trieb sich im mittleren und östlichen Sachsen herum und nutzte seine Künste, um die Leute zu foppen. Dementsprechend viele Streiche werden von ihm erzählt.
Krabat stammt aus dem wendischen Teil der Lausitz. Er galt als Teufelsbündner, konnte aber erlöst werden. Auch von ihm werden verschiedene Abenteuer und Streiche erzählt. Die wohl schönste Neubelebung seines unheimlichen Lebens gelang Otfried Preußler mit seinem Roman »Krabat«. ❡

Krabat

Krabat war der Sohn eines armen Viehhirten im Wendland. Schon als Knabe musste er fleißig mit für den Unterhalt seiner Familie sorgen. Er hütete die Gänse wohlhabender Bauern und wenn die Felder abgeerntet waren und die kalten Herbstnebel übers Land zogen, ging er bettelnd von Hof zu Hof und brachte nach langer Wanderung in einem Korb die Gaben wohltätiger Hände heim.

Nun hauste in jener Zeit in der Teufelsmühle bei Schwarzkollm ein Müller, dem Jung und Alt aus dem Weg ging. Er war nämlich ein Schwarzkünstler, das heißt, er verstand sich auf Zauberei und Hexerei, und man erzählte sich die unglaublichsten Geschichten über ihn. Er konnte Steine in Tiere verwandeln und umgekehrt, er konnte durch die Luft fliegen, sich selbst und andere unsichtbar machen und dergleichen Dinge mehr.

Zu diesem Teufelsmüller kam auf einem seiner Bettelgänge auch der junge Krabat. Als der Müller den Knaben sah, fand er Wohlgefallen an ihm, denn jener war für sein Alter groß und stark, außerdem hübsch und wohlgestaltet. Schließlich fragte der Müller den Burschen, ob er bei ihm in die Lehre gehen wolle. »Vieles kannst du bei mir lernen«, sagte er, »und wenn du dein Handwerk verstehst, wird alle Not bei euch daheim ein Ende haben.«

Der Knabe zögerte nicht lange. Die Aussicht auf bessere Tage machte ihm den Entschluss leicht und so trat er hoffnungsvoll bei dem Müller in die Lehre.

Übrigens war er nicht der Einzige, der in der Teufelsmühle lebte. Noch elf andere junge Männer wohnten dort, aber was sie lernten, hatte mit dem Müllerberuf nichts zu tun. Es waren Jünglinge, die von ihrem Meister in die schwarze Kunst eingeführt wurden.

Eigentlich hätten es zwölf sein müssen. Aber den Schülern des Zauberers drohte ein furchtbares Schicksal. Jedes Jahr an einem bestimmten Tag mussten sich die Jünglinge um ein großes Rad stellen, das sich um eine senkrechte Achse drehte. Am Rand dieses Rades war ein Zeichen eingeschnitzt. Wenn nun der Kreis der Schüler geschlossen war, setzte der Hexenmeister das Rad in Bewegung. Und derjenige, bei dem das Zeichen stillstand, war dem Teufel verfallen. Entseelt sank der Unglückliche dann zu Boden. Kurz bevor der junge Krabat in die Teufelsmühle eingetreten war, hatte das Rad wieder einmal seine traurige Aufgabe erfüllt, und er war nun dazu bestimmt, den Kreis der zwölf wieder zu schließen.

Der Knabe merkte sehr bald, was es mit dem Müller und seinen Gesellen für eine Bewandtnis hatte, aber es fehlte ihm der Mut und wohl auch die Seelenstärke, sich aus dieser verderblichen Bindung zu befreien. Überdies zog ihn die unheimliche Kunst des Müllers mächtig an und es währte nicht lange, da beherrschte er die Zauberei ebenso gut wie sein Meister.

Nur eines erfüllte den Jüngling mit Angst, das war der Gedanke an die Beendigung der Lehrzeit. Wie leicht konnte das Radzeichen seinen Untergang bedeuten! Obwohl er bislang nur wenige frohe Tage gesehen hatte, hing er sehr an seinem Leben. Und während er grübelte, wie er dem Schicksal des Todes entgehen könne, kam ihm eine List in den Sinn, mit deren Hilfe er sich vielleicht befreien könnte.

Kurz vor dem Ende des Lehrjahres erbat er sich von seinem Meister die Erlaubnis, für ein paar Tage seine Eltern zu besuchen. Der Müller sah derartige Reisen vor Ablauf der Lehrzeit nicht gerne, aber da sich Krabat immer als gelehriger und williger Schüler erwiesen hatte, wurde ihm dieser Urlaub gewährt.

Vater und Mutter freuten sich herzlich, als ihr Sohn wohlgenährt und gut gekleidet über die ärmliche Schwelle schritt. Sie hatten oft von ihm gesprochen, immer voller Hoffnung, dass er bald zurückkehren werde. Und nun war er da. Seine Mutter fragte immer und immer wieder, wie es ihm denn ergangen sei und wo er sich aufgehalten habe. Und da erfuhr sie nun, was keine Mutter hören mag, die ihr Kind von Herzen liebt: dass der Jüngling dem Teufel und seiner Kunst verschrieben war! Die Tränen flossen gar reichlich, aber der Sohn tröstete sie. Er hatte sich ja schon eine List ausgedacht.

»Weine nicht, meine Mutter«, sagte er freundlich, »denn noch bin ich nicht verloren, und du kannst mich retten. Achte nur genau darauf, was ich dir sage. Morgen gehen wir miteinander zum Teufelsmüller und da bittest du ihn, dass er mich für immer heimkehren lässt. Diese Bitte wird er dir nicht abschlagen und er wird zu dir sagen: ›Ihr sollt Euren Sohn bekommen, wenn Ihr ihn unter den Übrigen herausfindet.‹ Dann wird er dich in eine große Kammer führen und da wirst du zwölf kohlschwarze Raben sehen. Diese Raben sind wir. Während wir auf unserer Stange sitzen, werden wir uns mit den Schnäbeln das Gefieder ordnen. Und nun musst du darauf achten, unter welchem Flügel die Raben ihre Federn zupfen. Alle werden die Köpfe unterm linken Flügel haben, nur einer zupft sich unter dem rechten, und das bin ich. Wenn nun der Müller zu dir sagt: ›Hier sind meine zwölf Gesellen, sucht Euren Sohn heraus!‹, so musst du auf mich zeigen und sagen: ›Das ist er!‹ Dann muss der Meister mich freigeben, ob er will oder nicht, denn eine Mutter darf er nicht betrügen.«

Am anderen Tag wanderten Mutter und Sohn zu der Teufelsmühle und dem gefürchteten Hexenmeister.

Der Müller war nicht erfreut, als er die Mutter seines Zöglings kommen sah. Denn die Liebe einer Mutter ist etwas Heiliges, und über das Hohe und Heilige hat der Böse keine Macht. Während nun die Mutter ihre Bitte aussprach, verschwand der junge Krabat vor ihren Augen.

Der Müller sagte mürrisch: »Meinetwegen könnt Ihr Euren Sohn mitnehmen, aber nur, wenn Ihr ihn selbst erkennt.«

Darauf führte er die Mutter in die besagte Kammer. Hier saßen auf einer Stange zwölf große Raben. Sie schüttelten sich und plusterten ihr Gefieder auf und zupften sich mit den Schnäbeln unter den linken Flügeln. Klopfenden Herzens musterte die Frau die schwarzen Vögel. Da sah sie den einen, der den Kopf zur anderen Seite hin beugte.

»Das ist er!«, sagte sie.

Der Müller machte ein grimmiges Gesicht, als die Mutter auf den richtigen Raben gezeigt hatte. Aber er musste sein Versprechen halten. Er berührte ihn mit seinem Zauberstab und im Nu stand der junge Krabat im Zimmer, wie er leibte und lebte. Ohne Abschied verließen Mutter und Sohn die Teufelsmühle so rasch wie möglich. Aber Krabat fand doch noch Zeit, dem Teufelsmüller eines seiner besten Zauberbücher zu entwenden.

So war er nun frei. Doch zu Hause gefiel es ihm nicht mehr so recht. Es herrschte dieselbe Armut wie früher und es schien, als sollten für ihn nach dem fetten Jahr beim alten Teufelsmüller nun von neuem jene mageren Zeiten beginnen, die er von früher kannte. Das behagte ihm gar nicht. In der Teufelsmühle hatte es alle Tage Gebratenes und Gesottenes gegeben und nun standen tagein, tagaus nur trockene Kartoffeln auf dem Tisch.

Da sagte der Junge eines Tages zu seinem Vater: »Wenn du es schlau anfängst und alles so machst, wie ich es dir sage, dann können wir morgen Geld haben wie Heu!«

»Was du nicht sagst!«, rief der Alte. »Wie willst du denn das Kunststück fertig bringen, aus nichts Geld zu machen?«

»Das will ich dir sagen: In den nächsten Tagen werden sämtliche Metzger aus der Nachbarschaft nach Wittichenau zum Viehmarkt kommen. Wir beide wollen auch hingehen. Ich aber werde nicht in menschlicher Gestalt erscheinen, sondern als ein starker, fetter Ochse. Und du musst mein Begleiter sein. Wenn nun die Kamenzer Viehhändler kommen, so kannst du mich an sie verkaufen. Gib mich aber nicht zu billig her! Und achte darauf, dass du Zaum und Zügel nicht mitverkaufst, denn ohne dies beides wäre es mir nicht mehr möglich, mich wieder in einen Menschen zu verwandeln. Dann würde ich geschlachtet werden wie jedes andere Stück Vieh. Sobald du aber das Geld in den Händen hast, mach dich schnell aus dem Staub.«

Krabats Vater schüttelte bedenklich den Kopf, als sein Sohn ihm diesen sonderbaren Plan erklärte. Sein Lebtag hatte er sich nicht mit Dingen abgegeben, die mit Zauberei und Hexenkunst zu tun hatten, und nun sollte er seinem eigenen Sohn bei solchem Teufelswerk behilflich sein?

Während aber der Alte noch mit sich kämpfte, ob er auf den Vorschlag des Jungen eingehen solle oder nicht, hatte sich dieser stillschweigend hinausbegeben und im nächsten Augenblick erscholl das Brüllen eines Ochsen vor dem Haus.

Krabats Vater eilte hinaus und – er traute seinen Augen nicht! – neben der Haustür stand ein großer, stattlicher Ochse, der so vergnügt brüllte, dass man meinen konnte, er könne es gar nicht erwarten, bis ihm irgendein Metzger den Garaus machte.

Vorsichtig näherte sich der Vater dem Tier und fasste nach dem Strick. Der Ochse wedelte vergnügt mit dem Schwanz und als der Alte kurz darauf mit Hut und Stock zur Reise gerüstet war, folgte das Tier seinem Führer willig bis zum Markt von Wittichenau.

Die Kamenzer Viehhändler machten große Augen, als Krabats Vater mit dem stattlichen Ochsen erschien. Mit Kennermiene betrachteten und befühlten sie das prächtige Tier. Einer überbot den anderen und schließlich erstand es der, der den dicksten Geldbeutel hatte. Krabats Vater strich die blanken Taler ein, band dem Tier Zügel und Zaumzeug ab und ging geradewegs nach Hause.

Der Viehhändler machte sich als glücklicher Besitzer des schönsten Ochsen weit und breit auf den Heimweg. Geduldig folgte ihm das Tier. An einer Schänke am Wegesrand beschloss der Viehhändler einzukehren. Er ließ seinem Ochsen ein Bündel Heu geben und ging selbst in die Gaststube, wo er in der Freude über den guten Kauf einen Schoppen Wein nach dem anderen trank.

Plötzlich wurde die Tür aufgerissen und die Magd kam hereingestürzt. Verstört und schreckensbleich ließ sie sich auf einen Stuhl nieder. Der Wirt und seine Gäste eilten zu ihr und schließlich hatte sie sich so weit beruhigt, dass sie erzählen konnte: Sie war mit einem Bündel Heu in den Stall gegangen, um den großen Ochsen zu füttern. Doch als sie das duftende Heu in die Raufe geworfen hatte, fing das Tier zu reden an: »Ein fetter Braten wäre mir lieber. Heu und Stroh fresse ich nicht!«

Der Magd stand noch immer der Angstschweiß auf der Stirn und man konnte sich gut vorstellen, wie sehr sie sich erschrocken hatte.

Der Händler lachte ungläubig, ging aber doch hinaus in den Stall, um nach dem Rechten zu sehen. Als er die Tür öffnete, flog ein Vogel heraus und der Stand des Ochsen war leer. Krabat hatte sich in eine Schwalbe verwandelt und flog nun heim. So war er noch vor dem Vater zu Hause und der Alte staunte nicht schlecht, als ihm sein Sohn daheim lachend entgegenkam.

Das Geld für den verkauften Ochsen reichte lange und nun gab es in der Familie des Viehhüters nur noch gute und sorglose Tage. Man aß keine trockenen Kartoffeln mehr und wenn Krabats Mutter mittags die dampfenden Schüsseln auf den Tisch stellte und der Duft dem Alten verführerisch in die Nase stieg, da war er ordentlich stolz auf seinen Sohn, der ihm ohne Mühe solche Genüsse verschaffen konnte.

Doktor Faustus

In der Mitte der Schlössergasse in Erfurt führt ein Gässchen zwischen den Häusern hindurch, das ist so schmal, dass jemand Dickes nicht durchkommt. Das ist Doktor Faustus' Gässchen, denn als sich jener in Erfurt aufhielt, soll er tatsächlich mit einem voll beladenen Heuwagen dort hindurchgefahren sein. Er selbst wohnte in der Michaelsgasse, nahe der Universität, wo er den Studenten die griechische Sprache und die Werke des Dichters Homer erklärte.

In der Schlössergasse wohnte ein Freund von Doktor Faustus und dort vollführte Faust so manches Zauberkunststück. Er zapfte Wein aus dem Tisch, ritt durch das Dach in die Luft und hinterließ dabei ein Loch, das niemals wieder mit Ziegeln zugedeckt werden konnte.

Bald sprach man weit und breit von Doktor Faustus und alle wollten den Zauberer und seine Künste sehen. Damit sich nicht allzu viele Leute durch sein Beispiel zu Teufelskünsten verlocken ließen, sandte man einen Mönch zu Doktor Faustus, der sollte ihn bekehren. Faust wollte davon aber nichts wissen und antwortete auf das Angebot des Mönches, ihn durch Messen und Gebete dem Teufel zu entreißen: »Nein, mein guter Doktor Klinge! Es ginge gegen meine Ehre, den mit meinem Blut unterschriebenen Vertrag zu brechen. Das wäre nicht recht. Der Teufel hat mir ehrlich gehalten, was er mir versprochen hatte, und so will auch ich ihm mein Wort halten.«

»Ach, dann fahr doch zum Teufel, du verfluchter Satansbraten und Teufelsbündner!«, schrie da zornig der Mönch. »Fahre hin in das ewige Feuer!« Er rannte zum Direktor der Universität und erzählte ihm, Faust sei ein ganz verstockter und unverbesserlicher Sünder. Daraufhin wurde Doktor Faustus als böser Gelehrter aus der Stadt gewiesen.

In Leipzig beobachtete Faust einmal in Begleitung einer Gruppe Studenten, wie sich mehrere starke Männer vergeblich bemühten, ein riesengroßes Weinfass aus Auerbachs Keller heraufzuwuchten. Da spottete Faust: »Was stellt Ihr Euch doch ungeschickt an mit diesem Fass! Obwohl Ihr so viele seid, bekommt Ihr es nicht die Treppe hinauf? Dabei könnte das mit ein wenig Geschick sogar einer allein!«

Die Männer antworteten: »Wenn der Herr so siebengescheit ist, dass er ein solches Fass allein die Treppe hinaufbringen kann, dann soll er seine Kunst doch einmal sehen lassen! Wuchte er es doch hinauf, in Teufels Namen!«

Der Wirt von Auerbachs Keller kam hinzu. Er hörte, worum es ging, und sagte ärgerlich: »Wenn wirklich einer allein dieses Fass die Treppe hinaufbringt, dann soll es ihm gehören!«

Da stieg Doktor Faustus hinab, setzte sich rittlings auf das Fass, sagte: »Marsch!«, und ritt zu jedermanns Verwunderung auf dem Fass die Treppe empor wie auf einem Bock.

Der Wirt schrie: »Das geht nicht mit rechten Dingen zu!« Aber das half ihm nichts, denn er hatte sein Versprechen vor vielen Zeugen gegeben.

Faust und seine Studenten freuten sich und tranken den Wein aus dem Fass, bis kein Tropfen mehr davon übrig war.

❡ Wohl kein Zauberer und Teufelsbündner ist so berühmt wie der Doktor Faust(us). Er hat zu Beginn des 16. Jahrhunderts tatsächlich gelebt, war ganz offensichtlich eine seltsame Mischung aus Genie und Scharlatan, der seine überragenden technischen und naturwissenschaftlichen Kenntnisse dazu benutzte, seine Mitmenschen zu betrügen. Noch zu seinen Lebzeiten entstanden zahlreiche Geschichten um sein Wirken, die gern nacherzählt und schließlich in dem »Volksbuch von Doktor Faust« um 1580 aufgezeichnet wurden. Dieses bildete die Grundlage für ein Puppenspiel, das seinerseits wieder Goethe zu seiner weltberühmten Faust-Tragödie anregte. Faust gelang es der Sage nach nicht, sich aus den Klauen des Teufels zu befreien, und dementsprechend schrecklich wird sein Ende ausgemalt. Auerbachs Keller, in dem eine der Sagen spielt, kann man auch heute noch in Leipzig besuchen. ❡

Kartaphilus in Dillingen

Nachdem im Jahr 1435 das griechische Reich von den Türken erobert worden war, flohen viele Griechen vor dem Feind und manche von ihnen zogen bis nach Deutschland. So kam auch Karthaphilus, ein alter ernster Mann mit langem, silberweißem Bart und gebückter Haltung, mit seinem Diener nach Dillingen. Dort herrschte zu jener Zeit der Bischof Kardinal Peter von Schaumberg, ein prachtliebender, freigebiger Herr. Der nahm den Vertriebenen freundlich auf und Kartaphilus, der sich großer Gelehrsamkeit erfreute und sich als tüchtiger Heilkünstler entpuppte, stieg von Tag zu Tag in der Gunst des Fürsten. Er bekam ein eigenes Zimmer in einem Turm des Schlosses, das jedoch außer seinem Diener niemand betreten durfte. Die Leute tuschelten, Kartaphilus würde dort versuchen für den ritterlichen und lebenslustigen Bischof nach alchemistischen Lehren* Gold herzustellen.

Die Kunde von dem Wissen und der Tüchtigkeit des Griechen verbreitete sich bald und innerhalb kurzer Zeit war er ein gesuchter und viel begehrter Arzt, der so manchem Kranken Linderung und Befreiung von Schmerz und

* Alchemistische Lehren: mittelalterliche Chemie

Pein brachte. Wenn der Alte jedoch erkannte, dass der Kranke, an dessen Lager man ihn gerufen hatte, nicht mehr zu retten war und bald sterben würde, benahm er sich höchst seltsam. Er wartete geduldig bis zu dem Augenblick, in dem sich die Seele von dem kranken Körper trennte, und saugte dann begierig den letzten Atemzug des Sterbenden ein. Diesen hauchte er in ein gläsernes Röhrchen, das er anschließend aufs Sorgfältigste wieder verschloss. So machte er es wohl einige Jahre lang.

Eines schönen Tages aber war Kartaphilus plötzlich verschwunden. Als man seinen Diener fragte, wo denn sein Herr geblieben sei, gab er nur ausweichende Antworten. Da ließ der Bischof die Tür zu seinem Zimmer mit Gewalt öffnen. Der Raum war voller Rauch und Qualm. Auf den Boden waren Kreise mit seltsamen Figuren gezeichnet und in einer Ecke lag Kartaphilus mit starrem Blick, verdrehtem Hals und zerschmettertem Gehirn.

Zitternd gestand der Diener, dass sich sein Herr in die Kammer eingeschlossen und ihm streng befohlen habe niemanden einzulassen, bis er sich wieder zeige. Kartaphilus habe nämlich geglaubt, er könne sich verjüngen, mithilfe eines Dämons und des letzten Lebenshauches, welchen er eigens zu diesem Zweck seit Jahren von Sterbenden gesammelt habe. Dieser Versuch aber war ihm ganz offenbar misslungen und der Leichnam des Unglücklichen wurde auf Befehl des Bischofs auf dem Schindanger verscharrt.

¶ *Dillingen liegt an der Donau zwischen Ulm und Neuburg. Kartaphilus gehört zu den byzantinischen Emigranten, die nach der Eroberung Konstantinopels durch die Türken 1453 in Mitteleuropa eine neue Heimat fanden, wegen ihrer Kenntnisse geschätzt, manchmal aber auch gefürchtet waren und dann als Teufelsbündner angesehen wurden.* ¶

Das Zauberschloss

Vor langer, langer Zeit war einst ein Schuhmacher aus Löbau in dem etwa zwei Meilen entfernten Städtchen Weißenberg auf dem Markt gewesen. Der Weg führte ihn am Stromberg vorbei und als er spätabends wieder nach Hause ging, verirrte er sich in der Nähe des Berges im Dunkeln. Nachdem er lange im Finstern umhergeirrt war, sah er endlich auf dem Berg den Schimmer eines Lichtes. Ohne irgendetwas Unheimliches zu ahnen, ging er darauf zu und staunte nicht wenig, als er ein schönes, großes und hell erleuchtetes Schloss erkannte, das er noch nie gesehen hatte. Erleichtert suchte er nach dem Eingang. Er wollte sich im Schloss eine Laterne borgen, um mit deren Hilfe endlich nach Hause zu finden. Die Tür war nicht verschlossen und als auf sein Klopfen niemand antwortete, ging er hinein.

Drinnen fand er zwei Herren, einer saß an einem Tisch und schrieb eifrig, was ihm ein anderer, der mit verschränkten Armen auf und ab ging, zu diktieren schien. Dieser fuhr den Schuhmacher unfreundlich an, was er wolle. Jener erzählte nun von seinem Missgeschick und trug seine Bitte vor, ihm eine Laterne zu leihen. Darauf erhielt er zur Antwort, dass er zuvor aber drei Tage und drei Nächte auf dem Schloss bleiben und arbeiten müsse. Dem Schuhmacher blieb nichts anderes übrig und er musste nun drei Tage lang für die Herren auf dem Berg Steine schleppen. So beschwerlich ihm dieses Geschäft auch sein mochte, so wagte er doch nicht sich zu weigern.

Endlich entließen ihn die beiden Herren am Abend des dritten Tages und gaben ihm eine Laterne. Als der Schuster um einen Lohn für seine Arbeit bat, empfing er zudem noch einen Silberdreier. Man sagte ihm, auch wenn dies ein Geldstück von sehr geringem Wert sei, würde es ihn sehr glücklich machen, denn solange er diesen Silberdreier besäße, würde ihm niemals wieder das Geld ausgehen.

Damit war der Schuhmacher zufrieden. Er verwahrte den Dreier sorgfältig, verabschiedete sich von den beiden Herren und trat seinen Weg nach Hause an. Erst spät in der Nacht kam er heim und fand die Tür seines Hauses fest verriegelt und verschlossen. Er klopfte und rief, damit seine Frau ihn hörte und einließe. Als diese endlich erwachte und öffnete, schrie sie bei seinem Anblick entsetzt auf. Sie hatte ihren Mann schon lange für tot gehalten, denn in Wirklichkeit war er nicht drei Tage, sondern ein ganzes Jahr lang fort gewesen. Nachdem er vom Weißenberger Markttag nicht zurückgekommen war, hatte man in seiner Heimat angenommen, er wäre unterwegs verunglückt.

Der silberne Dreier aber hielt tatsächlich, was die Männer im Zauberschloss versprochen hatten. Der Schuhmacher hatte nun immer genügend Geld in seinem Beutel und lebte fortan mit seiner Familie in Wohlstand und Freuden.

❡ *Manchmal verschwimmen die Grenzen zwischen Zauberern und Hexen auf der einen und Gespenstern auf der anderen Seite, wie bei dieser Sage aus der sächsischen Oberlausitz nahe der böhmischen Grenze.* ❡

Das Jagstheimer Eierlegen

Eine Bauersfrau aus Jagstheim, die nur wenige Hühner hatte, brachte dennoch immer eine große Menge Eier auf den Markt. Ihre Nachbarinnen schöpften Verdacht, dass dies nicht mit rechten Dingen zuginge, und baten den Knecht der Frau diesem Rätsel doch einmal auf den Grund zu gehen. Dazu war er gerne bereit. Ihm war ohnehin schon aufgefallen, dass die Bäuerin stets zweierlei Brot backte, Weißbrot für sich allein und Schwarzbrot für die übrigen Hausbewohner.

Als sie nun wieder auf dem Markt war, öffnete der Knecht heimlich die verschlossene Tischschublade, in der das Weißbrot lag. Davon schnitt er sich eine dicke Scheibe ab und ließ es sich schmecken. Kaum hatte er aufgegessen, da fing er an zu gackern wie ein Huhn, lief in den Hühnerstall, setzte sich auf das Nest und begann Eier zu legen. Während er so dasaß, rief sein Herr nach ihm. Da der Knecht aber mit dem Eierlegen nicht aufhören konnte, rief er den Bauern zu sich in den Stall und erzählte ihm vom Nest aus die ganze Geschichte.

Um sich davon zu überzeugen, ging der Herr daraufhin selbst in die Stube und aß ein Stück von dem Weißbrot. Gleich begann auch er zu gackern, lief in den Hühnerstall und setzte sich neben den Knecht, der schnell ein Stückchen zur Seite rückte, auf das Nest. So legten beide zwei große Haufen Eier. Jetzt war ihnen klar, woher die Frau, die immer nur von dem verhexten Brot aß, die vielen Eier bekam. Doch nachdem der Knecht die Geschichte ausgeplaudert hatte, wollte niemand mehr die Eier der Bäuerin kaufen und die Jagstheimer bekamen den Spitznamen Eierleger, der ihnen auch bis heute geblieben ist.

❡ *Zahlreiche Hexereien laufen auf harmlosen Ulk hinaus. So auch bei dieser Sage aus Mittelfranken.* ❡

Hans Heilings Felsen

In der Nähe von Karlsbad lebte ein Mann namens Hans Heiling. Er war sehr reich, denn er hatte ein Bündnis mit dem Teufel geschlossen, und dieser musste ihm nun dienen. Das ging viele Jahre lang so und dem Teufel wurde die Plackerei allmählich zu mühsam. Aus Ärger darüber stänkerte er den Hans Heiling jedes Mal, wenn er ihn sah, mit dem Dampf aus seinem Rachen an, sodass jener stank, als würde er den ganzen Tag lang Unmengen von Tabak rauchen.

Hans Heiling verliebte sich heftig in ein schönes Mädchen, das ihn ebenfalls gern hatte, aber es wurde nichts aus der Verbindung, weil Heiling so »anrüchig« war. Das Mädchen erwählte einen anderen Bräutigam, der nicht so stank wie der Teufel oder sonst ein Stinkbock. Das erzürnte Hans Heiling über die Maßen und als Braut und Bräutigam bei der Hochzeitsfeier saßen, erschien er mit dem Teufel und rief jenem zu: »Ich erlasse dir den Rest deiner Dienstzeit, wenn du mir diese beiden vernichtest!«

»Freut mich, das hör ich gern«, schrie der Teufel, qualmte noch einmal wie ein Schornstein und rief: »Nun bist du mein!« Er verwandelte alle Hochzeitsgäste mitsamt dem Brautpaar in Felsgestein, packte Hans Heiling am Genick, gab ihm einen Tritt und stieß ihn hinab in die Eger. Kein Mensch hat ihn jemals wieder gesehen. Aber die zu Stein Verwandelten stehen noch und man kann das Brautpaar, das sich umarmt, den Brautvater und die Hochzeitsgäste in den Felsen erkennen.

❡ Bei dieser in Nordwestböhmen in der Nähe von Karlsbad spielenden Sage verbinden sich mehrere Motive: die Erklärung für die Entstehung des Hans-Heiling-Felsens, eines ungemein romantischen Naturdenkmals, mit einer Zaubergeschichte und einer Teufelssage. Der Felsen ist heute ein beliebtes Ausflugsziel. ❡

Der fromme Heidut und der Teufel

Heidut war ein Mann, der vor vielen Jahren in dem durch seine Pfefferkuchen berühmten Städtchen Pulsnitz lebte. Er war bekannt für seine überaus große Frömmigkeit. Kein Mensch in Pulsnitz hat vor oder nach ihm so viel gebetet und ist dermaßen oft in die Kirche gegangen. Jeden Tag begann und beendete er mit andächtigem Gebet. Bei allem, was er tat und vorhatte, versicherte er sich des himmlischen Beistandes. Sein Glaube war felsenfest und hätte Berge versetzen können.

Letzteres tat Heidut nun zwar nicht, aber er brachte ein anderes Kunststück fertig, ein Kunststück, das sonst nur Zauberer und Schwarzkünstler zeigten: Er breitete seinen Mantel auf den Sonnenstrahlen aus, die durch das Fenster in die Stube fielen, und die leuchtenden, feinen Sonnenstäubchen hielten den Mantel frei in der Luft! Immer wenn Heidut sonntags in die Kirche ging, vollbrachte er dieses Wunder. Vor der ganzen Gemeinde zog er seinen Mantel aus und legte ihn auf das Strahlenbündel, das vom Himmel durch ein kleines Fenster in das Dämmerlicht der Kirche fiel. Alle Bürger von Pulsnitz kannten diese Angewohnheit und waren stolz darauf, einen so frommen Mann in ihrer Mitte zu haben.

Nur einer ärgerte sich über Heidut, und das war der Feind alles Guten, der Teufel. So wie der Böse von jeher durch die Welt gewandert ist, um insbesondere die guten Menschen zu Übeltaten zu verführen, so versuchte er seine Kunst natürlich erst recht an dem braven Heidut, denn dessen Frömmigkeit war ihm ein Gräuel. Doch Heidut widerstand unerschütterlich allen Verlockungen des Bösen.

Anfangs hatte der Teufel nur seine Diener gesandt, doch als diese nichts ausrichteten, bemühte er sich selbst, den frommen Mann zu stürzen. Dies gelang ihm leider auch, doch auf eine Art und Weise, die weder der Teufel noch Heidut selbst für möglich gehalten hätten.

Eines Sonntags saß Heidut wie gewöhnlich auf seinem Platz in der Kirche. Neben ihm, auf den flimmernden Sonnenstäubchen, die im goldenen Licht auf und ab wogten, lag wie immer sein Mantel. Die Gemeinde sang das Lied, das zur Predigt überleiten sollte. Da erschien in der Kirchtür noch einer, der offenbar verschlafen hatte. Die Pulsnitzer Bürger schauten etwas unwillig nach dem verspäteten Kirchgänger und sahen: Der Fremde hinkte, und nicht nur das, sein linker Fuß glich einem Pferdehuf! Und als sich der Lahme in eine Bank setzte, bemerkten die hinter ihm Sitzenden mit Grauen, dass er auf der Rückseite wirklich und wahrhaftig einen Kuhschwanz trug. All diejenigen, die ihn genau gesehen hatten, wussten nun, wer er war: der Teufel!

Heidut war, als der Satan sich neben ihn setzen wollte, ein wenig weiter in die Bank hineingerückt und dabei hatte auch er die Natur seines Nachbarn erkannt. Er ließ sich aber nicht stören, sondern sang in aller Inbrunst sein Lied zu Ende. Inzwischen war der Pfarrer auf die Kanzel gestiegen und begann seine Predigt. Bei dem gleichmäßigen Fluss der Rede, dem Dämmerlicht in der Kirche und der sommerlichen Hitze geschah es wie so oft, dass mehr als einer der Zuschauer einnickte und ein Schläfchen hielt.

Als der Teufel dies beobachtete, zog er die Haut von einem Ziegenbock aus der Tasche und begann sich darauf die Namen der Schläfer aufzuschreiben. Die Liste wurde immer länger und da die Predigt des Pfarrers noch immer kein Ende nahm, hatte der Teufel schließlich keinen Platz mehr auf seinem sonderbaren Notizblatt. Also klemmte er die Haut zwischen die Zähne und zog mit den Händen am anderen Ende, um so die Schreibfläche zu vergrößern. Dabei musste er wohl ein wenig zu stark gezogen haben, denn es gab einen Knall, die Haut zerriss und der Teufel purzelte rückwärts aus der Bank.

Da lag er nun zwischen den Bankreihen und zappelte mit den Beinen in der Luft. Dabei schnitt er so jämmerliche Grimassen, dass selbst der fromme Heidut lachen musste. Aber – oh weh! – da fiel sein Mantel aus der Luft klatschend auf die Steinplatten der Kirche. Und warum? Heidut hatte eine Sünde begangen: Er hatte am heiligen Ort gelacht!

Als er den Mantel auf dem Boden liegen sah, kam ihm sein Vergehen zu Bewusstsein. Zerknirscht klappte er das Gesangbuch zu, hob den Mantel auf und ging betrübt nach Hause. Hier wollte er ihn wie sonst über die Sonnenstäubchen legen, aber sie gewährten keinen Halt mehr. Geräuschvoll fiel der Mantel herab. Heidut betete mit aller Innigkeit, aber es nützte nichts, das Vergehen im Gotteshaus war nicht wieder gutzumachen. Nie mehr wurde sein Mantel von den Sonnenstäubchen getragen.

Als Heidut sah, dass die Kraft seines Gebets dahin war, wurde er ärgerlich. Er betete immer seltener, ging nur noch dann und wann in die Kirche und zuletzt gar nicht mehr. Statt der frommen Worte gebrauchte er Flüche und Gotteslästerungen und es zog ihn jetzt in die Schänke, wo er im Kreise übler Gesellen die Zeit verspielte und vertrank. Zu ehrlicher Arbeit war er nicht mehr zu gebrauchen, aber in hellen Mondnächten durch die Wälder zu streifen und als Wilderer Hasen und Rehe zu jagen, das war nach seinem verwilderten Geschmack!

Einst saß er mit seinesgleichen wieder einmal im Wirtshaus. Mitternacht war schon vorüber. Aus rauen Kehlen erscholl das Lied:

»Es lebe, was auf Erden
stolziert in grüner Tracht:
die Felder und die Wälder,
die Jäger und die Jagd!«

»Ein Jäger möchte ich sein!«, rief Heidut mit lauter Stimme. »Und nimmt mich kein Fürst, so diene ich dem Teufel!«

Kaum aber hatte er diese Worte ausgesprochen, da flammte im Kaminfeuer ein merkwürdiges Licht auf, es verbreitete sich Schwefeldampf in dem düsteren Raum und aus der Rauchwolke trat ein Jäger in die Stube. Grün war sein Anzug und an seinem Hut trug er eine rote Hahnenfeder.

»Wer von euch will mein Jäger sein?«, rief der Teufel, denn er war der grüne Jäger. Die Zechkumpane wurden bleich wie die Wand und brachten kein Sterbenswörtchen heraus.

»Wer hat mich gerufen?«, fragte der Teufel zum zweiten Mal. »Heraus mit der Sprache, sonst nehme ich euch alle zusammen mit!«

Da stotterte einer, dem schon die Haare zu Berge standen wie die Stacheln von einem Distelkopf: »Heidut!«

»Sieh da«, grinste der Teufel, »der fromme Heidut! Du gefällst mir, dich kann ich brauchen!«

»Ich, ich, ich habe nur Spaß gemacht«, wimmerte Heidut kläglich.

»Ich will dich lehren mit unsereinem Spaß zu treiben«, sagte der Teufel grimmig, packte Heidut am Genick und fuhr mit ihm zum Schornstein hinaus.

Die anderen sahen mit Schrecken, wie ihr Genosse verschwand. Still tranken sie ihr Bier aus und verzogen sich.

Heidut aber wurde vom Teufel zum Wilden Jäger in der Pulsnitzer Heide ernannt. Oft sprengte er in Begleitung von rauen Gesellen auf einem kohlschwarzen Ross durch Luft und Wald. Feuer züngelte aus den Nüstern seines Pferdes und hinter ihm her jagte eine bellende Meute.

Wenn ein Wanderer, der still zur Nachtzeit seines Weges durch die Heide zog, den Ruf der Jagdhörner und das Gebell der Hunde vernahm, dann bekreuzigte er sich und murmelte einen frommen Spruch. Denn er wusste: Das ist die Wilde Jagd. Nicht selten packte der Wilde Jäger einen der erschreckten Menschen am Kragen, trug ihn ein Stück fort und ließ ihn dann wieder fallen. Schließlich wagte sich niemand mehr in die Heide, nicht einmal am hellen Tag.

Da kam einmal ein frommer Mönch durch das Städtchen gezogen, der verstand sich auf das Teufelbeschwören. Als er von der Not der Pulsnitzer hörte, begab er sich hinaus in die Heide und bannte den Wilden Jäger in eine Fichte, die auf dem so genannten Eierberg stand.

Heute noch hört man von Zeit zu Zeit in der Nähe dieser Fichte einen merkwürdigen Ruf. Es klingt, als ob weit entfernt ein Jagdhorn geblasen würde. Wer es vernimmt, der erzählt dann: »Ich habe den Heidut gehört.«

❡ *Die Sage aus der Pulsnitzer Heide zwischen Dresden und Bautzen bildet eine Ausnahme, kommt es doch sonst kaum vor, dass ein frommer Mann zum Opfer des Teufels wird und noch seltener, dass dieser erkennbar eine Kirche betritt. Der Schluss nimmt dann das auf germanische Zeit zurückgehende Motiv von der Wilden Jagd auf (vgl. dazu auch »Die Tut-Ursel«, S. 29).* ❡

Der Teufelssee

Der Teufelssee war von jeher ein Ort, von dem man sich Spuk- und Teufelsgeschichten aller Art erzählte. Er eignet sich vorzüglich als Schauplatz unheimlicher oder geheimnisvoller Ereignisse: durch seine einsame dunkle Lage am Fuß des Ravensberges, die alten, seltsam geformten, dunkelgrünen Kiefern, die an seinen Ufern stehen und ihre langen entblößten Wurzeln zu der finsteren, fast kreisrunden Wasserfläche hinabstrecken, sowie das tiefe, nur vom Rauschen der Zweige oder dem kreischenden Geschrei eines Raubvogels unterbrochene Schweigen, das in diesem abgelegenen Talkessel herrscht. Noch heute, so heißt es, lebe in dem unergründlichen See nur eine ganz besondere Art schwarzer Fische, nie lasse sich ein Vogel auf seine Oberfläche nieder und nur Raubtiere stillten ihren Durst mit seinem Wasser.

Wo jetzt der See ist, soll vor alten Zeiten ein Götzenbild* gestanden haben, das auch nach Einzug des Christentums noch lange von seinen Verehrern angebetet wurde, und die Leute kamen von weit her, um ihm Opfer darzubringen. Der Teufel aber hat dieses Götzenbild eines Tages davongetragen und heimlich sein eigenes Abbild an dessen Stelle gesetzt. Da nun die Leute nur nachts im Mondschein zur Opferstelle gingen, bemerkten sie den Tausch nicht, und der Teufel hat sich lange Zeit sehr darüber gefreut, dass man ihn anbetete. Auch bewirkte er allerlei Zeichen und Wunder, sodass sich der Ruf des Götzenbildes am Ravensberg immer weiter verbreitete. Immer mehr Wallfahrten wurden im Geheimen von nah und fern dorthin unternommen. Dann beging man des Nachts bei Fackelschein und hoch lodernden Feuern in dem abgelegenen Tal die alten heidnischen Feste.

Die Geistlichen der Kirche hatten zwar davon gehört, doch konnten sie in dem dichten Wald den Opferplatz nicht finden. Und wenn sie in den Nächten der alten Götzenfeste Männer aufstellen ließen, die den Wald umstellten und den Wallfahrern auflauerten, wurden die Wächter immer wieder durch grässliche Töne und verwirrende Erscheinungen erschreckt – fangen konnten sie jedoch niemanden.

Schließlich schickte der Bischof von Brandenburg einen Mönch aus Ita-

* Götzenbild: Bild eines als Gottheit verehrten Wesens, eines heidnischen Gottes

lien, einen berühmten Geisterbanner und Teufelsbeschwörer, in diese Gegend. Er hielt sich lange Zeit heimlich im Kloster von Saarmund auf, bis er genug geforscht und erfahren hatte. Dann kam der heilige Mann mit einer Vollmacht der zuständigen Bischöfe wieder und errichtete im Kloster ein Ketzergericht. Viele, die des Götzendienstes verdächtig waren, wurden nun hier angeklagt und die man für schuldig befand, wurden hingerichtet. Dann rief der Mönch zur Zerstörung des Götzenbildes auf und nachdem an drei Sonntagen zuvor in allen Kirchen für die Beteiligung an diesem Werk Vergebung aller Sünden versprochen worden war, brach am Morgen des vierten Sonntags eine große Schar Bürger von Saarmund aus auf, allen voran die Mönche mit Kerzen und Weihwasser.

Sobald der Zug aber in den Wald kam, erhob sich ein heulender Sturm und dicke Gewitterwolken zogen sich über der Kuppe des Berges zusammen. Dann trat eine beängstigende schwüle Stille ein, kein Blatt regte sich mehr am Baum. Die Leute wurden jedoch bald hier, bald dort durch Wölfe und andere Raubtiere erschreckt und auseinander getrieben. So wurde es Nachmittag, bis die Prozession endlich die runde Mooswiese im Grund des Tales erreichte, in deren Mitte unter dem uralten Kreis von fast abgestorbenen Kiefern das Götzenbild vor dem Opferstein stand.

Um diese Wiese schritt nun der Mönch mit dem Weihwasser, murmelte geheimnisvolle Gebete, steckte am Rand kleine Kreuze aus geweihtem Holz in die Erde und stellte sich dann außerhalb des so abgegrenzten Kreises dem Götzenbild gegenüber auf. Noch immer hielt die bedrückende Stille an, nur von den Schritten des hageren bleichen Mönches in seiner weißen Kutte und seinen fremdländischen Worten unterbrochen.

Kaum aber begann er mit dumpfem Ton seine Beschwörung, da senkte sich die dunkle Wetterwolke in das Tal herab, sodass dort eine unheimliche Dämmerung herrschte wie bei einer Sonnenfinsternis. Aus der Wolke blitzte es Strahl auf Strahl und der Donner grollte ohne Unterlass, während der Regen prasselnd von allen Seiten herniederrauschte, sodass das Wasser in Strömen von den Bergwänden herabstürzte. Durch das Toben der Elemente aber hörte man noch immer die Beschwörungsformeln des Mönches, der sich nicht einen Augenblick in seinem Tun stören ließ.

Nach einiger Zeit rollten sich die Wolken wie mächtige Ballen an den

Talwänden in die Höhe und wölbten sich wie eine Kuppel über den Grund. Die Strahlen der sinkenden Sonne wurden von dieser Wolkenkuppel als solch ein unheimliches Licht zurückgeworfen, dass der ganze Raum in gelbgrünem Feuer zu brennen schien. Auf das sinnenverwirrende Tosen folgte eine lautlose Stille. Diese Totenstille war noch viel schauerlicher als das Rauschen und der Donner vorher. Die geblendeten Menschen bebten und schirmten ihre Augen vor dem grellen Licht.

Der bleiche Mönch jedoch erhob seine Stimme immer lauter und die geheimnisvollen Worte hallten durch den Wald wie durch die Säulen einer Kirche. Dann ergriff er das Kruzifix und den Weihwedel und näherte sich dem Kreis. Von allen Seiten, aus der Erde und aus der Höhe, erklangen nun grässliche und nie gehörte Töne und es brauste, rauschte, pfiff und heulte so grausig, dass die Bürger und Klosterbrüder zu Boden sanken und ihre Köpfe mit den Armen bedeckten. Der fremde Mönch aber näherte sich immer weiter laut betend dem Kreis.

Da wurde es plötzlich tiefe, finstere Nacht. Ein heller Blitzstrahl zuckte dicht vor dem Mönch in den Kreis herab. Er aber schritt festen Fußes weiter, die Hände hoch erhoben, in der einen das Christusbild, in der anderen das geweihte Wasser, und rief seine Beschwörungsformeln. Und als sein Fuß den Kreis berührte, da tat sich die Erde auf, ein atemberaubender Dampf stieg empor und das Teufelsbild versank in der Tiefe. Seit dieser Zeit füllt der dunkle, schweigende Teufelssee den Boden des Tals.

❡ Dem Teufel scheint es in der Mark Brandenburg zu gefallen, denn dort gibt es gleich zwei Teufelsseen. Der eine liegt unmittelbar beim Müggelsee östlich von Berlin, der andere, von dem hier die Rede ist, bei Potsdam in der Nähe des Großen Ravensberges. Auf alte heidnische Opferplätze – hier slawischen Ursprungs – wird in Sagen verschiedentlich Bezug genommen, sie werden häufig mit dem Teufel in Verbindung gebracht. ❡

Die Teufelsbrücke

Vom Multhorn, nicht allzu fern vom Sankt Gotthard, stürzt sich mit reißender Geschwindigkeit ein wilder Bergfluss herab, die Reuß. Dort liebte ein Hirte eine Sennerin*, die er häufig auf ihrer Alm besuchte. Dabei hatte er oft seine liebe Not, über den wilden Fluss und später wieder zurück zu seiner Hütte zu kommen. Als die Reuß nun einmal starkes Hochwasser führte und wilder denn je über die Felsen herabtoste, sah der Hirte keine Möglichkeit, zu seiner Liebsten hinüberzugelangen. Und voller Verzweiflung rief er: »Der Teufel soll eine Brücke über dieses verfluchte Wasser bauen!«

Da kam der Teufel gleich hinter einem Felsen hervor und sagte: »He! Was gibst du mir, wenn ich dir die Brücke baue?«

»Was soll ich dir denn geben?«, fragte der Hirte.

»Die erste lebendige Seele, die darüber geht«, sagte der Teufel und dachte, es würde gewiss niemand eiliger haben hinüberzukommen als der Hirte selbst.

»Einverstanden«, sagte der Hirte.

»Topp, schlag ein!«, sagte der Teufel und der junge Mann gab ihm die Hand darauf.

Dann baute der Teufel mithilfe all seiner höllischen Geister innerhalb kürzester Zeit eine Brücke. Als sie fertig war, legte er sich auf die Lauer. Wer aber nicht hinüberging, das war der Hirte. Stattdessen trieb er vom Gotthardgebirge eine Gämse herab, immer auf die Reuß zu, bis an die Brücke. Dort angekommen sprang sie als erstes Lebewesen flink hinüber ans andere Ufer.

Der Teufel sah, dass der Hirte ihn überlistet hatte, und wurde fuchsteufelswild vor Wut. Er packte das Tier, trug es mit sich in die Höhe und riss es in Stücke. Der Hirte aber konnte von nun an, sooft er wollte, ungehindert über die Brücke von einer Seite auf die andere gehen. Es soll dort allerdings nicht recht geheuer sein und es geht die Sage, der Teufel reiße alle Jahre ein Stück der Brücke ein, sodass immerzu daran gebaut und ausgebessert werden müsse.

* Sennerin: Hirtin auf der Alm

❡ Die Teufelsbrücke über die Reuß gehört zu den landschaftlich und historisch besonders reizvollen Sehenswürdigkeiten in der Felsschlucht der Schöllenen an der Straße von Göschenen nach Andermatt. ❡

Die Teufelshufeisen

Im Städtchen Belgern zwischen Torgau und Mühlberg lebte eine Wirtin, die braute ein ganz besonders gutes Bier, schenkte ihren Gästen aber immer ein bisschen zu wenig davon ein.

Eines Nachts wurde sie vom Teufel in ein Pferd verwandelt und er ritt auf ihr zur Schmiede. Dort weckte er den Schmied und wies ihn an, das Pferd zu beschlagen. Doch als der Schmied den rechten Vorderfuß des Pferdes anhob, raunte ihm die Wirtin zu: »Nicht so eilig, mein Lieber!«

Der Schmied erschrak beinahe zu Tode und antwortete: »Ja, Frau Wirtin! Reitet Euch denn der Teufel?«

»So ist es!«, antwortete das Pferd. »Ich hab das Bier zu knapp eingeschenkt! Wenn du mir hilfst, will ich es nie wieder tun!«

Da zitterte der Schmied vor Angst und ließ das Hufeisen fallen. Er lief in die Schmiede und machte sich drinnen lange zu schaffen. Dem Teufel rief er erst zu, er könne die Nägel nicht finden, dann, die Kohlen wollten nicht brennen und so weiter, bis endlich der Hahn krähte. Hui, da waren Reiter und Stute mit einem Mal verschwunden.

Am nächsten Tag lag die Wirtin krank im Bett und es dauerte lange, bis sie sich wieder erholte. Und vor ihrer Schänke hingen anstelle des Bierkruges auf einmal vier Hufeisen. Als ein Gehilfe sie herunterholen wollte, verbrannte er sich tüchtig die Hände daran. So blieben sie hängen. Die Gläser der Gäste aber wurden seitdem mit dem guten Bier immer ganz voll geschenkt.

❡ Eine schlecht eingeschenkte Maß Bier konnte schon immer die Volksseele zum Kochen bringen. Dementsprechend dichtete man den Wirtinnen und Wirten in Sage und Märchen gern Übles an, machte sie zu Hexen und Teufelsbündnern oder ließ sie dem Teufel als Opfer, wie diese und die folgende Sage belegen. ❡

Die Teufelsbrücke

Der Teufel als Fürsprecher

Ein Landsknecht* zog einst durch die Mark Brandenburg. In einer Stadt wurde er krank und gab seinen vollen Geldbeutel der Wirtin, damit sie ihn gut verwahre. Die habgierige Frau wollte das Geld aber für sich behalten und verabredete mit ihrem Mann, den Besitz abzustreiten, wenn der Soldat es zurückverlangte.

Als der Soldat wieder gesund war und weiterziehen wollte, bat er um sein Geld. Da schrie ihn die Wirtin an, was ihm einfiele und was er von ihr wolle? Sie wisse von keinem Geld und habe nie welches von ihm bekommen. Der Soldat beschimpfte sie als hinterhältige Diebin. Da kam der Wirt hinzu, nahm seine Frau in Schutz und warf den Landsknecht zur Tür hinaus. Zornig zog der Soldat sein Schwert, schlug die Tür ein und stürmte ins Haus. Der Wirt rief die Nachbarn zu Hilfe und schließlich wurde der Soldat gefesselt und ins Gefängnis gebracht. Er sollte wegen Hausfriedensbruch und Mordversuch angeklagt werden und auf Letzteres stand die Todesstrafe.

Da kam der Teufel zu dem Gefangenen und bot an, ihn vor dem Scharfrichter zu erretten, wenn er ihm seine Seele verschriebe. Der Soldat aber war ehrlich und fromm und da er sich unschuldig wusste, antwortete er, er wolle lieber zehnmal sterben, als dem Teufel sein Leben zu verdanken. Vergebens schilderte ihm der Teufel die Schmerzen des Todes, den er erleiden würde: Der Soldat blieb standhaft. Schließlich sagte der Teufel: »Ich will dir trotzdem helfen, ohne Bedingung und ohne Lohn von deiner Seite, damit du siehst, dass der Teufel nicht so schwarz ist, wie ihr Menschen ihn malt. Wenn du vor den Richter trittst, dann verlange einen Fürsprecher, einen Verteidiger, das ist dein gutes Recht. Ich werde in der Nähe stehen, mitten unter den anderen Advokaten, und trage einen blauen Hut mit einer weißen Feder darauf.«

Dem Soldaten schien dieses Angebot des Teufels nichts Unrechtes zu sein und er nahm es an. Um seinen Hals zu retten, forderte er vor Gericht also einen Fürsprecher und deutete auf den Herrn mit dem blauen Hut. Der Teufel verneigte sich höflich vor dem Richter und bat ums Wort. Er erzählte die

* Landsknecht: Söldner, Soldat

ganze Geschichte noch einmal von Anfang an, wie das Vertrauen des ehrbaren Soldaten von der heimtückischen Wirtin aufs Schändlichste missbraucht worden sei, wie der Wirt alles andere als zufällig dazugekommen, sondern sich mit seiner bösen Frau verabredet und schon auf der Lauer gelegen habe, wie dann der Wirt – der mit seiner Frau im Gerichtssaal anwesend war – den Soldaten tätlich angegriffen und verletzt und aus dem Haus geworfen habe. Der Soldat habe niemanden angegriffen, sondern mit seinem Schwert bloß ein paar unerhebliche Ritzer in die Haustür geschlagen, wozu ihn gerechter Zorn über die gemeine Unterschlagung hingerissen habe. Daher sei die Anklage wegen Mordversuchs nicht berechtigt und wegen Hausfriedensbruchs dürfe man ihn nicht mit dem Tode bestrafen.

Da stand der Wirt auf und wetterte gegen den Teufel, das wären doch alles Kniffe und Rechtsverdrehungen, ihn, den Wirt, solle doch gleich bei lebendigem Leib der Teufel holen, wenn er oder sein Weib jemals von diesem Soldaten Geld in Empfang genommen hätten.

Der Fürsprecher des Soldaten lächelte, verneigte sich nochmals vor dem Richter und bat abermals ums Wort. »Mein Klient«, erklärte er, »besaß einen Beutel aus Wildleder, der durch langen Gebrauch schon schmutzig geworden war. An der Schnur, mit der man ihn zubindet, hängt ein Ring aus Messing. In dem Beutel befinden sich fünfundfünfzig brandenburgische Taler, sechs rheinische Goldgulden, dreizehn sächsische Groschen, eine spanische Krone mit dem Bildnis König Philipps und ein bayrischer Doppeldukaten.«

Alle Zuhörer staunten über das ausgezeichnete Gedächtnis des Fürsprechers, am meisten der Soldat, denn er hatte dem Teufel kein Wort über den Inhalt seines Beutels gesagt und kannte die verschiedenen Münzen selbst gar nicht so genau.

Der Teufel fuhr fort: »Will nun das hohe Gericht so gnädig sein und zwei zuverlässige Boten in das Haus dieses Wirtes schicken, dann dürfen dieselben im Rückgebäude rechts hinter dem letzten Schornstein nachsehen. Dort werden sie zwar rußige Hände bekommen, doch unter diesem Ruß wird sich der besagte Geldbeutel meines Klienten finden lassen.«

Die Wirtin stieß einen Schrei aus und dem Wirt begannen die Zähne zu klappern, beide wurden kreideweiß und fielen auf die Knie. Die Boten zogen los und der Teufel sprach zum Gericht: »Mit Verlaub, meine Herren! Machen wir doch kurzen Prozess! Das Geständnis dieser Diebe lest ihr in ihren Arme-Sünder-Mienen. Die Frau überlasse ich Euch, die ist mir zu gefährlich. Aber der Wirt hat sich mir versprochen, das könnt Ihr alle bezeugen!«

Mit diesen Worten packte der Teufel den Wirt im Nacken, fuhr mit ihm zum Fenster hinaus und trug ihn über den Marktplatz durch die Lüfte davon. Wohin, das erfuhr niemand, aber wir können es uns schon denken. So kam der Soldat zu seinem Recht und auch wieder zu seinem Geld.

❡ *Auch Landsknechte wurden wegen ihrer rauen Sitten oft mit dem Teufel in Verbindung gebracht, gehen aber in der Auseinandersetzung mit ihm verschiedentlich als Sieger hervor.* ❡

Die Teufelskanzel

Von den vielen Kanzeln, die dem Teufel zugeschrieben werden, liegt eine der schönsten im Eichsfeld, und zwar nahe bei der Ruine des Bergschlosses Hanstein.

Der Teufel feierte einst die beliebte Walpurgisnacht und war guter Dinge. Er hielt der Hexen-Vollversammlung auf dem Brocken eine vortreffliche, lange und breite Rede über dieses und jenes. Wie ein Abgeordneter im Parlament rühmte er sich seiner großen Kräfte, durch die er sich nun schon so manches Jahrtausend an der Spitze der Opposition gegen die Alleinherrschaft des alten Weltenkönigs als Urstinkbock für die Rechte aller Böcke wirksam einsetze.

Nachdem der Teufel seine Predigt beendet hatte, stieg er von der Kanzel und ließ die Becher kreisen. Da fragten einige Hexen ihren Präsidenten, ob er auch so stark wäre, einen Felsblock, so groß wie seine Kanzel, auf den Meißner in Hessen zu tragen, dort fehle noch ein Rednerpult.

Der Teufel sah sich den Felsblock an und meinte, das wäre ihm ein Leichtes. Die Hexen zweifelten allerdings an dieser Behauptung und wetteten mit ihm um ein Fass Wein. Da lud sich der Teufel den Felsblock auf und wanderte damit nach Hessen. Der Weg war aber recht mühsam und uneben, besonders im Eichsfeld, und als der Teufel in die Nähe der Burg Hanstein kam, war es dort so still und menschenleer, dass er dachte: Hier sieht mich niemand, hier kann ich mich ein Stündchen ausruhen. So legte er sich in das hohe weiche Gras und hielt ein Schläfchen.

Es dauerte aber nicht lange, da kam ein hübsches Hexchen auf seinem Besenstiel vom Blocksberg herabgefahren, sah den Teufel der Länge nach im Gras liegen und rief spöttisch:

»Junker Hans, was machst du?
Schläfst du oder wachst du?
Weinst du oder lachst du?«

Potzblitz! Da fuhr der Teufel hoch, sauste dem Hexchen hinterher, fing es und zeigte ihm, was er machte. Er führte es hinunter nach Witzenhausen zum Weintrinken und ließ die Felskanzel liegen, wo sie war. Dafür nahm er gleich mehrere Fässer Witzenhäuser Wein mit zurück auf den Blocksberg und bezahlte damit seine Wette. Die Gäste schauderten, als sie diesen Wein tranken und das Ansehen des Präsidenten Teufel war vorübergehend nicht ganz so hoch wie sonst.

❡ Es ist erstaunlich, wie häufig bei Erklärungssagen der Teufel bemüht wird, aber er konnte ja nicht nur wie Riesen gewaltige Felsbrocken aufeinander türmen, sondern sie im Gegensatz zu diesen erdgebundenen Wesen (vgl. Kapitel »Riesen, Drachen, Ungeheuer«) auch über weite Strecken durch die Lüfte tragen. Und gerade damit wird er immer wieder bemüht, wenn er es auch häufig nicht so richtig schafft und die Brocken dann einfach zu Boden wirft – so etwas hätten Riesen nicht getan.

Diese und die drei folgenden Sagen bieten einige reizvolle Beispiele zu diesem Motiv, dessen weite Verbreitung sie zugleich beweisen. Hier führen sie zu Burg Hanstein, die lange ganz abgeschieden im Grenzbereich von Bundesrepublik und DDR lag, nach Thüringen sowie an den Main und in den Steigerwald, ins Altmühltal und auf den Falkenstein bei Frankfurt. ❡

Teufelsburg und Höllenmauer

Weithin sichtbar erheben sich die beiden Gleichberge vor den Toren des Städtchens Römhild in Thüringen. Der kleine Gleichberg wird auch die Steinsburg genannt, weil er von weiten Trümmerfeldern aus Basaltgestein umgeben ist.

Oben auf dem Berg soll eine Burg mit altersschwachem Gemäuer gestanden haben, die gegen Eindringlinge kaum geschützt war. Dort lebte ein alter, griesgrämiger Ritter düster und zurückgezogen. Er hatte eine schöne und tugendhafte Tochter, die er gemeinsam mit einer alten Amme erzog und sorgsam behütete. Das Mädchen verliebte sich in einen jungen Ritter und jener hielt beim Vater um ihre Hand an. Der Alte wollte aber nicht, dass seine Tochter ihn verließ. Darum wies er den jungen Mann barsch und höhnisch ab mit den Worten: »Lieber gebe ich dem Teufel meine Tochter als dir!«

Betrübt verließ der Ritter die morsche Burg und drohte zornig mit feindlichem Überfall. Da bekam der Burgherr Angst und rief wirklich den Teufel zu Hilfe. Er versprach ihm seine Tochter zum Lohn, wenn der Teufel bis zum ersten Hahnenschrei am nächsten Morgen um die Burg einen unüberwindbaren dreifachen Mauerring baue. Der Teufel willigte ein und begann sofort mit dem Bau. Unzählige riesige Geister schleppten Steine und die Mauern wuchsen von Minute zu Minute immer höher empor.

Die Amme aber, die das Mädchen wie eine eigene Tochter liebte, hatte das Gespräch belauscht. Sie schlich vor dem ersten Morgengrauen mit einer Lampe in den Hühnerstall. Der Hahn hielt den Lichtschein für das erste Morgenrot und begann aus Leibeskräften zu krähen, als der Teufel gerade den letzten Fels zur Vollendung der Mauer heranschleppte. Vor Schreck ließ er ihn auf einem Berg bei Themar fallen und konnte damit die Vereinbarung nicht einhalten. Da brach der Höllenbau mitsamt der Burg unter ohrenbetäubendem Krach in tausende Trümmerbrocken auseinander, die noch heute auf dem Berg verstreut umherliegen. Der Teufel aber packte sich zum Ausgleich für den Verlust des schönen Fräuleins den alten Burgherrn und so stand einer Heirat des jungen Paares nichts mehr im Weg.

Noch heute heißt es, man könne die Treppen der alten Burg in den Steinhaufen erkennen und immer noch sei dort ein großer Schatz vergraben.

Nachts zur Geisterstunde kann man an der Stelle auch einer Jungfrau im weißen Kleid begegnen. Unter dem Teufelsstein bei Themar soll ebenfalls ein Schatz liegen. Dort soll außerdem das Irrkraut wachsen, das jeden in die Irre führt, der aus Versehen darauf tritt. Erst, wenn der Wanderer seine Strümpfe gewechselt hat, findet er wieder auf den richtigen Weg.

Teufelsmauer und Teufelsstrasse

Durch das Gebiet des Flusses Altmühl zieht sich eine Teufelsmauer und Teufelsstraße von erstaunlicher Ausdehnung. Die Spur der Felsbrocken und Bausteine beginnt in der Nähe von Regensburg und erstreckt sich über Eichstätt und Ansbach bis ins Neckartal bei Wimpfen. Der Sage nach ist dies ein Bauwerk des Teufels.

Ein Bauer in Gundelsheim und seine Frau, deren Schlafzimmer genau über den Resten der Teufelsmauer lag, wurden eines Nachts von einem lauten Peitschenknall geweckt. Sekunden später galoppierte ein Reiter auf dampfendem Pferd direkt an ihrem Ehebett vorbei. Hinterher rasten mit donnerndem Krach hunderte Pferde und zahllose Wagen. Menschen zu Fuß rannten vorbei. Schreie, Rufe, wildes Stimmengewirr hallte im Raum wider. Alles ging so blitzschnell, dass den Eheleuten noch die Haare zu Berge standen, als die Wilde Jagd so plötzlich vorüber war, wie sie begonnen hatte. So ein Schlafzimmer würde sich wohl keiner wünschen!

Solche und ähnliche Geschichten werden in den Orten entlang der Teufelsmauer viele erzählt. Zum Beispiel von der Bäuerin bei Ried, die mit dem Teufel im Bunde stand und ihm ihre Seele verkauft hatte. Auf dem Sterbebett schwor sie ihm aber ab. Der Teufel glaubte schon ihrer Seele sicher zu sein. Aber der Pfarrer stand der Bäuerin in ihrer Sterbestunde bei und betete mit aller Kraft und all seinem Glauben: Er überwand den Teufel und betete die Seele der alten Hexe in den Himmel hinein. Damit noch nicht zufrieden, zwang er den Teufel sogar, ihm den morastigen und aufgeweichten Heimweg vom Hof der Bäuerin nach Ried als Straße zu pflastern.

Ärgern musste sich der Teufel auch bei einem ganz großen Mauerbau. Er hatte mit dem lieben Gott abgemacht, dass er das Land behalten dürfe, das er in einer Nacht bis zum ersten Hahnenschrei mit einer Mauer umbauen könne. Man weiß nicht genau, ob er sich Norddeutschland oder den ganzen südlichen Teil ausgesucht hatte. Wahrscheinlich eher Süddeutschland, denn in München lebten damals sehr viele Mönche, Pfarrer und Gläubige, und auf die hatte der Teufel es ja schon immer ganz besonders abgesehen. Aber der Hahn krähte zu früh. Der Mauerring war noch nicht geschlossen. Vor lauter Wut zertrümmerte der Teufel die kilometerlange Mauer wieder bis auf den letzten Stein.

Es geht auch die Sage von einem Teufelsweg, der einmal um die ganze Welt im Kreis reiche. Die Verdammten müssen in alle Ewigkeit auf ihm laufen und alle sieben Jahre kommen sie wieder an derselben Stelle vorbei.

¶ *Als Teufelsmauer wurden im Volksglauben die Überreste des Limes bezeichnet. Von diesem römischen Grenzwall, dessen Verlauf der Anfang der Sage recht gut beschreibt, sind noch auffallende Spuren vorhanden.* ¶

Der Teufelsweg auf Falkenstein

Auf einem schwer zugänglichen Fels oberhalb von Frankfurt am Main erheben sich die Überreste der Burg Falkenstein. Dort warb einmal ein Ritter von Sayn um die Hand eines Fräuleins von Falkenstein. Doch der Vater war ihm nicht wohlgesinnt und wies den Ritter mit den höhnischen Worten ab: »Ihr könnt meine Tochter gern zur Gemahlin haben! Ich verlange nur eine klitzekleine Gegenleistung. Baut mir diese Felszacken innerhalb einer Nacht zu einem Weg um, auf dem man gehen und reiten kann! Nur wenn Ihr das vollbringt, gebe ich meine Zustimmung zu dieser Heirat!«

Unmöglich! Selbst wenn tausend und abertausend Hände sich gleichzeitig an dem harten Felsgestein zerschunden hätten, ein solches Werk innerhalb so kurzer Zeit zu vollbringen wäre niemals möglich gewesen. Traurig zog der Ritter Kuno von Sayn davon. Er begab sich auf Kreuzzug ins Heilige Land und schlug tapfer viele Schlachten gegen die Sarazenen. Doch er konnte seine Liebste nicht vergessen und kehrte schließlich in die Heimat zurück. Voller Sehnsucht und Verzweiflung irrte er um den felsumtürmten Falkenstein. »Nur Zauber könnte diese Felsen zu einem Weg ebnen«, seufzte der Ritter.

Horch, da war es ihm, als höre er jemanden seinen Namen rufen, und als er sich umschaute, lugte ein Erdmännchen in brauner Kutte, mit eisgrauem Haar und verschrumpeltem Gesicht aus einer Felsspalte herauf und sprach ihn mit seltsamer Stimme an: »Kuno von Sayn, was lässt du drunten auf deinem Land nach Silber graben und störst unsere Ruhe? Willst du diese Felsen zu einem Weg gebahnt sehen? Willst du die Tochter vom Falkenstein zu der Deinen machen, die oben noch immer einsam um dich trauert und sich nach dir sehnt? Dann gelobe nur eines und schwöre dein Versprechen zu halten!«

Dem Ritter war bei dieser Erscheinung ganz unheimlich zumute und er dachte, womöglich sei dies eine Versuchung des Teufels, der ihm seine Seele abluchsen wollte. Deshalb fragte er vorsichtig: »Was verlangst du denn?«

Da sprach das Erdmännchen: »Versprich mir bei deiner Ritterehre, dass du am morgigen Tag alle deine Gruben, Schächte und Bergwerksstollen zuschütten lässt. Dann werden wir dir noch heute Nacht die Felsen ebnen, sodass du, sobald es Tag wird, hinaufreiten und vom Falkensteiner seine Zusage einfordern kannst.«

Da war der Ritter hocherfreut. Er sagte gerne zu, was der kleine Erdzwerg verlangte, und begab sich zur Ruhe. Als es Nacht wurde, regte es sich wunderlich um die Burg, es krachte, polterte, hackte und schaufelte – tausend kleine Berggeister auf einmal waren am Werk. Obwohl sie zwergenklein waren, hatten sie doch Riesenkräfte und als bei Tagesanbruch der Hahn krähte, war es vollbracht.

Als die Sonne hinterm fernen Spessart aufging, ritt Kuno von Sayn schon den neuen Weg entlang und ließ fröhlich schmetternd sein Jagdhorn erklingen. Der Wächter oben auf dem Turm wunderte sich nicht wenig und noch mehr staunte der Graf von Falkenstein, doch freute er sich so sehr über den lang ersehnten Weg, dass er sein Wort hielt und die Liebenden vereinte. Der Ritter Kuno von Sayn hielt ebenfalls sein Wort, das er dem Zwerg gegeben, und ließ die Schächte seines Silberbergwerks zuschütten und stilllegen.

Der Felsenpfad, den die Erdgeister schufen, heißt heute noch der Teufelsweg, weil er über Nacht wie durch Zauberei und Teufelswerk entstanden ist.

Teufelsbad und Teufelskreise

Wie auf dem Brocken im Harz, so hält sich der Teufel auch gerne auf dem Schneekopf-Gipfel im Waldgebirge auf. Wenn es ihm in den Spielhöllen der Kurbäder drunten zu heiß geworden ist, geht er zur Abkühlung hinauf in das Teufelsbad auf dem Schneekopf, und wenn es ihm gelegentlich in den Kreisen der menschlichen Gesellschaft nicht mehr gefällt, dann fährt er hier herauf in die Teufelskreise, da fühlt er sich wohl und neckt und foppt die Reisenden.

Ein halbes Stündchen unterhalb des Schneekopfgipfels liegt eine Fohlenweide, dort hatte ein reicher Geizhals ein sehr schönes Fohlen stehen. Aber ausgerechnet als er hinaufstieg, um nach dem Tier zu sehen, hatte es sich verlaufen und war nirgends zu finden. Da geriet der Mann ganz außer sich und rannte los, um das Fohlen im Wald zu suchen. Dabei murmelte er immerzu vor sich hin: »Wo es der Teufel nur hat?«

Da kam er unversehens zum Teufelsbad und siehe da, dort hatte es der Teufel. Es schien aber ertrunken zu sein und nur noch das Hinterteil ragte aus dem Wasser. Der unglückliche Fohlenbesitzer schlug die Hände überm Kopf zusammen, er rief und schrie, aber niemand hörte ihn, niemand kam zu Hilfe. Allein konnte er das Pferd nicht aus dem Wasser ziehen. Trotzdem wagte er sich auf der schwankenden Moosdecke bis an das arme Tier und dachte: Verfluchter Teufel, den schönen Rosshaarschweif sollst du aber nicht bekommen, den kann ich noch verkaufen. Damit zog er sein scharfes Taschenmesser heraus, schnitt ritschratsch den Schweif dicht am Bürzel ab und wanderte wieder zu seinem Hof. Dort stand der Pferdeknecht in der Tür und rief ihm entgegen: »Es ist da! Es ist da!«

»Was ist da?«, fragte der Geizkragen.

»Das Fohlen!«

»Wie, wo?«

»Na, wird es wohl in der Stube sitzen oder auf dem Speicher? Im Stall ist es! Und was zum Kuckuck habt Ihr denn da in der Hand?«

Der Fohlenbesitzer rannte in den Stall. Da stand sein Fohlen, aber – oh Schreck – der Schweif war ihm ritscheratsche abgeschnitten und der Bürzel blutete noch. So hatte ihn der Teufel zum Narren gehalten und nachdem er den Schaden hatte, brauchte er für den Spott nicht zu sorgen.

❡ *Es ist erstaunlich, dass man im Volksmund dem Teufel sogar ein Bad zubilligt, wenn es ihm in der Hölle zu heiß wird. Das Teufelsbad am Schneekopf ist ein großes Sumpfloch in einem Hochmoor. In DDR-Zeiten lag es jahrzehntelang im militärischen Sperrgebiet. Ob der Teufel trotzdem dort baden durfte, ist leider nicht belegt.* ❡

Der Feuerberg

In einiger Entfernung von Halberstadt liegt ein Berg, der sich früher kahl in den Himmel erhob, heute aber von hohen Tannen und Eichen bewachsen ist. Er wird von vielen dort der Feuerberg genannt, denn tief in seinem Inneren sollen große Feuer lodern, die vom Teufel geschürt werden. Vor langer Zeit herrschte in dieser Gegend ein böser und raubgieriger Graf, der sich an den Bewohnern des Landes bereicherte, so viel er nur konnte. Einem seiner Schäfer schuldete er seit vielen Jahren den Lohn. Jedes Mal, wenn der Mann um sein Geld bat, wurde er barsch abgewiesen.

Eines Tages war der Graf verschwunden. Es hieß, er wäre auf einer Reise in fernen Ländern gestorben. Der Schäfer meldete nun seine Geldforderung bei den Erben an, aber die jagten ihn höhnisch zum Burgtor hinaus. Traurig ging der Schäfer wieder aufs Feld zu seinen Schafen. Am nächsten Tag führte er die Herde durch einen Wald, als plötzlich eine fremde Gestalt auf ihn zutrat und sprach: »Willst du deinen alten Schuldner sehen, so folge mir nach.«

Der Schäfer folgte dem Fremden durch den Wald bis zu jenem steilen kahlen Berg. Der Boden begann zu beben und unter Donnern und Krachen öffnete sich eine Felsspalte, in die der Fremde den zitternden Schäfer hineinführte. Er hörte, wie sich hinter ihm der Berg wieder schloss, und sah vor sich ein Feuermeer. In dem saß der Graf auf einem Stuhl, umzüngelt von tausenden blauen und rot glühenden Flammen, sein Kopf mit einem Tuch verhüllt.

Er schrie dem Schäfer zu: »Willst du Geld haben, Schäfer? Dann nimm dieses Tuch und bring es zur Burg. Erzähl ihnen dort, wie du mich im Höllenfeuer gesehen hast, und dass ich bis in alle Ewigkeit hier leiden muss.« Dabei riss er sich das Tuch vom Kopf und gab es dem Schäfer. Um seine Augen und an seinen Händen sprühten Funken. Der Schäfer nahm es und wurde von dem Fremden zurückgeführt. Der Berg tat sich wieder auf, ließ ihn frei und schloss sich erneut.

Noch benommen von Hitze und Angst ging der Schäfer zur Burg des Grafen, zeigte das Tuch und erzählte, was er gesehen hatte. Worauf man ihm ohne zu zögern endlich sein Geld gab.

❡ Die Sage übernimmt das aus der Bibel bekannte Lazarus-Motiv vom verdammten Sünder, der seine Angehörigen warnen möchte. ❡

Die Teufelsmühle

Auf dem Gipfel des Rammbergs im Haberfeld liegen teils zerstreute, teils aufeinander geschichtete Granitblöcke, die man Des Teufels Mühle nennt.

Ein Müller hatte sich am Abhang dieses Bergs eine Windmühle gebaut. Doch immer wieder wehte ausgerechnet dann kein Wind, wenn er mahlen wollte. Deshalb wünschte er sich eine Mühle, die oben auf dem Berggipfel stünde. Dort wehte der Wind ohne Unterlass und so stark, dass das Mühlrad nie stillzustehen bräuchte. Menschenhände hätten ein solches Bauwerk jedoch nicht errichten können.

Als der Teufel merkte, dass dieser Plan dem Müller keine Ruhe ließ, erschien er vor ihm und machte ihm ein Angebot. Die beiden verhandelten lange miteinander. Schließlich versprach der Müller dem Teufel seine Seele, wenn er dafür noch dreißig Jahre lang leben dürfe und der Teufel ihm auf dem Gipfel des Rammbergs eine tadellose Mühle baute, und zwar innerhalb der nächsten Nacht, sodass sie beim ersten Hahnenschrei fix und fertig dastand.

Der Teufel war einverstanden und begann gleich nach Sonnenuntergang mit dem Bau. Der Müller merkte jedoch an dem raschen Arbeitsfortschritt, dass der Teufel tatsächlich bis zum Morgengrauen fertig werden würde. Aus Angst um seine Seele ließ er deshalb den schon fertig daliegenden Mühlstein ins Tal hinunterrollen. Als der Teufel das sah, wollte er den Stein noch aufhalten und sprang ihm nach. Der Mühlstein aber rollte immer schneller und hüpfte in immer größeren Sätzen den Berg hinab, sodass der Teufel ihn nicht einholen konnte, sondern ganz ins Tal hinabmusste, ehe er ihn zu fassen bekam. Nun wollte er den Mühlstein schnell wieder bergauf wälzen, aber noch ehe er oben ankam, krähte der Hahn. Und weil der Teufel nicht bis zum Tagesanbruch fertig geworden war, konnte der Müller seine Seele behalten.

Da riss der Teufel aus lauter Wut die ganze Windmühle wieder ein und verstreute die Einzelteile weit umher, damit der Müller die beinah fertige Mühle nicht vollenden konnte. Nur ein kleiner Teil der Grundmauer blieb als Andenken an die Teufelsmühle stehen und unten im Tal soll noch immer irgendwo ein großer Mühlstein liegen.

❡ Die Sage erklärt die Herkunft der zerstreut liegenden Felsbrocken auf dem Rammberg über Harzgerode. Dass ein Müller zum Teufelsbündner wird, ist kein Zufall, zählte diese Berufsgruppe im Mittelalter doch zu den »unehrlichen Leuten«. Die Bauern misstrauten ihnen, da sie manchmal von ihnen betrogen wurden. Mühlen gelten manchmal auch als Teufelsschulen (vgl. »Pumphut«, S. 388, und »Krabat«, S. 390). ❡

Ritter Walter und der Teufel

In einem Dorf bei Bonn lebte ein ehrbarer Mann namens Ritter Walter. Als er einmal schwer krank geworden war, sah er den Teufel am Fußende seines Bettes stehen, mit einem Gesicht wie ein Affe und Hörnern wie eine Ziege.

Zuerst erschrak Walter sehr, doch dann nahm er allen Mut zusammen und fragte: »Wer bist du? Woher kommst du? Was suchst du hier?«

Jener antwortete: »Ich bin der Teufel und komme deine Seele holen.«

»Dann mach dich nur auf und davon«, sagte der Ritter, »meine Seele bekommst du nicht, ich bin ein frommer Christ.«

»Aber wenn du mein Jünger werden willst, dann wirst du nicht nur im Handumdrehen wieder gesund werden, sondern ich werde dich auch reicher machen, als es jemals einer aus deiner Familie gewesen ist.«

»Ich habe genug«, antwortete Walter, »und brauche deine trügerischen Gaben nicht. Woher wolltest du die Reichtümer denn auch nehmen?«

»In deinem Burghof liegen viele Schätze verborgen«, sagte der Teufel.

Das Gespräch ermutigte den Ritter und er fragte weiter: »Sag mir doch, wie geht es der Seele meines Vaters?«

»Die hatten wir einundzwanzig Jahre lang bei uns«, sprach der Böse, »aber die Einäugige und der lausige Kahlkopf haben sie uns entrissen.«

Mit der Einäugigen meinte er die Frau des alten Ritters, die durch unaufhörliches Weinen ein Auge verloren hatte; der lausige Kahlkopf war Walters Bruder Theoderich, der einem Mönchsorden beigetreten war. Walter hätte gern auch etwas über seine Mutter gewusst, aber der Teufel sagte: »Das Weib ist zu fromm und zu heilig, die bekommen wir nicht. Aber deinen Bruder Lambert, den Geizhals, der vor einigen Jahren starb, den haben wir fest am Schlafittchen, der entkommt uns nicht mehr.«

»Wo warst du denn, ehe du zu mir kamst?«, fragte der Ritter weiter und der Teufel entgegnete: »Ich war mit anderen Kameraden am Sterbebett des Abtes Gerhard. Es hat uns aber nichts genützt, denn die Lausmönche lagen wie die Schweine um ihn herum auf der Erde und grunzten vor sich hin, sodass wir uns ihm nicht nähern konnten.«

»Wie konntest du Dummkopf es aber auch wagen, an das Bett eines solchen Mannes zu treten?«, fragte Walter.

»Wagen? Haha«, lachte der Teufel, »ich saß ja auf einem Arm des Kreuzes, als der Sohn Gottes daran starb.«

Dies und noch so manches andere erfuhr Ritter Walter vom Teufel und nachdem er mit Gottes Hilfe wieder gesund geworden war, hat er noch oft seinen Freunden davon erzählt.

Der Teufel als Gast

Am 29. September 1540 saß der reiche Junker Siegmund Stillefriede auf seinem Schloss bei Neurode. Er hatte viele Nachbarn zu einem Festmahl eingeladen, doch nachdem der Tisch schon gedeckt war, ließ sich einer nach dem anderen entschuldigen. Kein einziger Gast erschien. Der Junker wurde ungeduldig und zornig, er fluchte und schimpfte und wünschte, dass dann eben die bösen Geister kommen und seine Gäste sein sollten. Schließlich ging er in die Kapelle und hörte der Predigt des Pfarrers zu. Da kam ein großer Haufen schwarzer Reiter in den Hof geritten. Sie riefen einen Knecht zu sich und forderten ihn auf den Junker aus der Kapelle zu holen und ihm mitzuteilen, dass die Gäste, die er zuletzt eingeladen habe, alle mit Freuden gekommen seien. Nun solle er sie auch empfangen!

Der Junker erschrak sehr über diese Nachricht und besprach sich mit dem Pfarrer. Dieser ordnete an, dass alle Schlossbewohner eilends den Hof verlassen sollten. Dabei wurde jedoch ein Kind in der Wiege vergessen.

Die bösen Geister fingen an sich zu vergnügen, sie schrien und juchzten laut und wild und ließen sich den Wein und den Braten schmecken. Als der Junker ihr Treiben von ferne durch die Fenster beobachtete, sprach er wehklagend: »Ach, wo ist mein Kind?«

Kaum hatte er diese Worte ausgesprochen, als ein grässlicher böser Geist das Kind zum Fenster hinaushielt und seine Späße mit ihm trieb. Da sprach der Junker zu seinem treuesten Knecht: »Oh weh! Was soll ich nur tun?«

Der Knecht antwortete: »Junker! Ich werde mit Gottes Hilfe versuchen das Kind zu retten!« Der Pfarrer segnete den Knecht und als er zu dem Zimmer kam, in dem die bösen Geister ihr Unwesen trieben, befahl er sich Gott und öffnete dann beherzt die Tür.

Die teuflischen Gespenster gingen als Menschen, aber auch als Schlangen und in anderen Tiergestalten im Raum umher und etliche liefen auf ihn zu und fragten: »Was willst du?«

Der Knecht schwitzte vor Angst, alle Haare standen ihm zu Berge, aber dennoch sprach er den bösen Geist an, der das Kind trug: »Gib das Kind her!«

Der Teufel antwortete: »Das Kind ist mein! Sag deinem Junker, er soll als Hausherr seine Gäste bewirten und sich das Kind selbst zurückholen!«

Der Knecht antwortete: »Ich stehe hier mit dem Segen Gottes, und mit dem Beistand meines Heilands nehme ich dieses Kind an mich.« Mit diesen Worten griff er nach dem Kind.

Die höllischen Geister schrien: »Du Dieb! Lass das Kind hier oder wir werden dich in Stücke reißen!«

Doch der Knecht achtete nicht auf diese Drohungen und verließ unbeschadet mit dem Kind den Hof. Noch einige Tage lang hausten die Teufel im Schloss, dann zogen sie endlich wieder fort und wurden nie mehr gesehen.

Neurode liegt in der Grafschaft Glatz im ehemaligen Schlesien und gehört heute zu Polen. Wenn der Teufel in den Sagen auch meistens allein auftritt, so gibt es doch Fälle, in denen er mit anderen Gefährten oder Gehilfen kommt. Die Grenzen zu Gespenstern sind hier fließend.
Eine ähnliche Gleichsetzung begegnet uns auch bei der folgenden Sage aus dem Böhmerwald. Dass ein Teufel als Wassermann auftritt, ist äußerst selten.

Der Teufel als Wassermann

Im Dorf Riendles bei Oberplan zündete einmal ein Bauer seinem wohlhabenden Nachbarn aus Neid das Haus an. Danach aber bereute er die Tat bitterlich und bat den Geschädigten, ihm zu verzeihen und von einer gerichtlichen Verfolgung abzusehen.

Die Frau des Abgebrannten hatte zuvor einmal geträumt, dass ihnen der Nachbar das Haus angezündet und sich danach selbst ertränkt habe. Ihr Mann hatte sie damals ausgelacht. Jetzt aber fiel ihm dieser Traum wieder ein und damit er nicht womöglich ganz in Erfüllung ginge, verzieh er dem Brandstifter und verlangte als Entschädigung bloß, dass er ihm das Holz zum Hausbau umsonst aus seinem Wald liefere. Um aber einen Zeugen für diese Vereinbarung zu haben, kam er einige Tage darauf mit dem Dorfrichter und einem angesehenen Bauern zum Haus seines Nachbarn. Da jener nicht in der Wohnstube war, ging seine Frau in den Stall, um ihn zu holen. Da rief der Mann erschrocken: »Sind sie schon da? Jetzt werden sie mich festnehmen! Aber sie sollen mich nicht kriegen, sie sollen mich nicht kriegen!«

Die Frau bat ihn, er solle doch um Gottes willen mit den Leuten reden und nicht alles noch schlimmer machen, indem er fortliefe. Sie ging in die Stube zurück, doch ihr Mann folgte ihr nicht. Als sie dem Nachbarn von der wunderlichen Rede ihres Mannes erzählte, stieg in jenem eine schreckliche Ahnung auf und er eilte sofort in Begleitung der anderen hinaus.

Im Hof war niemand zu sehen, doch im Garten sah man Fußspuren, die sich jenseits des Zaunes fortsetzten. Die Männer gingen ihnen nach und kamen zum Bach, der zu dieser Zeit im tiefen Winter ganz mit Eis bedeckt war. Dort fanden sie den Brandstifter mitten auf dem gefrorenen Bach auf dem Bauch liegen. Den Mund hatte er durch ein Loch im Eis ins Wasser gehalten und sich auf diese Weise selbst ertränkt. Seine Hände waren im Schnee vergraben, ganz blutig geschunden und die Fingernägel abgerissen. Der Schnee ringsumher war niedergetreten und zerstampft, so als ob der Brandstifter mit jemandem gerungen hätte und von diesem zu Boden gedrückt worden sei.

Die alten Frauen des Dorfes behaupteten immer, dass hier der Teufel in Gestalt eines Wassermanns seine Hand im Spiel gehabt habe.

Der Teufel in Schiltach

In dem badischen Grenzstädtchen Schiltach im Schwarzwald trug sich im Jahr 1533 ein seltsames Abenteuer zu. Der Teufel hatte sich wie ein Kobold im Ratswirtshaus eingenistet. Dort führte er unanständige Reden, warf Türen auf und zu, trommelte und pfiff, rasselte, prasselte, wisperte und flüsterte, doch ohne sich jemals sehen zu lassen.

Dem Wirt wurde bei diesem Höllenspuk ganz himmelangst und er rief den Pfarrer und den Bürgermeister herbei. Der Pfarrer beschwor den bösen Geist, doch jener stieß und schubste den Geistlichen und warf ihm allerhand Beleidigungen an den Kopf. Dann drohte der Teufel, dem Bürgermeister das Haus über dem Kopf anzuzünden, wenn man ihn nicht in Ruhe ließe. Die ganze

Stadt lief zusammen und hörte mit an, wie der Teufel schändliche und unanständige Lieder plärrte.

Auch in der Nacht gab der Teufel keinen Frieden. Er stellte sich auf den Wachturm und pfiff und trommelte bis zum frühen Morgen. Als es hell geworden war, rief er, die Magd des Wirtes sei seine Liebste. Das Mädchen hatte sonst als anständig und ehrlich gegolten. Nun aber hieß der Wirt sie ihre Sachen packen und schickte sie nach Hause. Zornig und unter Heulen und Schreien wanderte die Magd aus Schiltach hinaus und stieg auf dem Fußpfad den Berg hinauf. Dort oben sah man einen langen schwarzen Mann neben ihr.

Danach wurde es still und der Spuk hatte ein Ende. Die Magd war nach Oberndorf in ihre Heimat gegangen und der Wirt war froh und dachte schon, er hätte noch einmal Glück gehabt.

Doch am Gründonnerstag war dann erst richtig der Teufel los. Er war zwar noch immer nicht zu sehen, doch er pfiff und trommelte wieder ganz grässlich, und als sich eine große Volksmenge versammelt hatte, schrie der Teufel den Leuten zu, sie sollten sich davonmachen, denn das Nest müsse in Grund und Boden verbrennen. Da sah man oben auf dem Schlossberg wieder den schwarzen Mann und plötzlich brannte der Heuboden des Wirtes lichterloh. Das Feuer flog von Dach zu Dach wie ein Drache und zündete alles an. Binnen einer Stunde lagen das Rathaus und sechsundzwanzig Häuser in Schutt und Asche.

Nach dem Brand wurde die Magd des Wirtes festgenommen und musste gestehen, dass sie des Teufels Geliebte war und auf sein Geheiß auf dem Dachboden des Wirtshauses einen Kessel umgekehrt und ausgeschüttet hatte. Nach diesem Geständnis wurde sie lebendig verbrannt. An dem neu erbauten Rathaus wurde ein Gedenkstein angebracht, auf dem zu lesen steht, dass die Stadt im April 1533 durch ein Werk des Teufels in Flammen aufgegangen war.

Hier tritt der Teufel zeitweilig als Kobold auf. Der Brand wütete tatsächlich nach der Chronik im Jahre 1535. Was es allerdings mit dem ausgeschütteten Kessel auf sich hat, erklärt die Sage nicht näher, aber offensichtlich gehört dieser zum Beschwörungsritual.

Von Kirchen, Klöstern und frommen Leuten

Von Kirchen, Klöstern und frommen Leuten

Dome, Kirchen und Klöster spielten im Mittelalter eine wichtige Rolle im Leben der Menschen. Sie waren nicht nur religiöse, sondern auch kulturelle und soziale Mittelpunkte des täglichen Lebens.

Nonnen und Mönche, kleine Dorfpfarrer und mächtige Kirchenfürsten wirkten oft segensreich, manchmal aber auch unheilvoll. Chroniken berichten ebenso über sie wie Geschichten und natürlich auch Sagen. Von vielen Klöstern gibt es Gründungs-, von Denkmälern in den Kirchen Erklärungssagen, andere wiederum erzählen vom Bau einer Kirche und manchmal wird sogar der Teufel bemüht, um die Vollendung eines spektakulären Baues zu erklären. Während Hexen und Zauberer ihre Kunststücke mit Unterstützung des Bösen verrichten, wie wir im vorangegangenen Kapitel gesehen haben, so bewirken fromme Männer und Frauen ihre Wunder mit Gottes Hilfe. Solche Geschichten sind besonders erbaulich und waren einmal sehr beliebt. In manchen anderen geht es aber nicht so fromm zu und die heiligen Leute sind auch manchen Versuchungen ausgesetzt.

Bei den zahlreichen kleinen Geschichten von Heiligen, ihren Taten und Schicksalen, spricht man von Legenden. Die berühmteste mittelalterliche Sammlung solcher Heiligengeschichten heißt »Legenda Aurea« – die goldene Legende(nsammung). Nur der Fachmann kennt die feinen Unterschiede zwischen Legende und Sage, die Grenzen verschwimmen hier und lassen sich auch schwer bestimmen. Wie schon der aus dem Lateinischen abgeleitete Name sagt, ist die Legende aus den kirchlichen Lesungen hervorgegangen. Und aus Legenden wiederum sind zahlreiche Sagen entstanden, die den erbaulich-gelehrten lateinischen Text auf volkstümliche Weise nacherzählen und manchmal auch verändern. Dass dabei auch ganz neue Heilige herauskommen, mit denen dann die Amtskirche nichts so Rechtes anzufangen weiß, belegt gleich die erste Sage dieses Kapitels von der heiligen Genoveva. Manchmal werden Heilige auch für andere Sagengruppen ausgeliehen, so etwa die Äbtissin Walpurgis für die Hexensagen (vgl. Kapitel »Von Hexen, Zauberern und dem Teufel persönlich«, S. 366). Einige Nonnen und Mönche müssen auch als Gespenster auftreten. Manchmal wird ein ansonsten besonders frommer Mann zum Schwarzkünstler wie Albertus Magnus und dann kommt es auch vor, dass sich ein geistlicher Herr als Bösewicht entpuppt, wie die Sage vom Mainzer Bischof Hatto beweist.

Genoveva

In Pfalzel an der Mosel steht ein Haus mit einem Turm, das heißt das Genovevenhaus. Zur Zeit des Erzbischofs Hildulf in Trier lebte dort der Pfalzgraf Siegfried mit seiner treuen und frommen Gemahlin Genoveva, welche die Tochter eines Herzogs aus Brabant war. Eines Tages aber erhielt Siegfried den Befehl, in das Heilige Land zu ziehen. Da er seine Frau in seiner Pfalz an der Mosel zurücklassen musste, gab er sie in die Obhut des Grafen Golo, einem Dienstmann, der sein Vertrauen besaß. Bevor Siegfried fortzog, empfing Genoveva noch einen Sohn von ihm.

Golo aber war ein schlechter Beschützer. Er entbrannte selbst in Liebe zu seiner schönen Herrin und begann ein treuloses Spiel: Er schrieb einen falschen Brief, worin er behauptete, dass Siegfried mit all seinen Männern im Meer ertrunken sei. Den las er der Pfalzgräfin vor. Gleich darauf gestand er ihr seine Liebe und versuchte sie zu umarmen. Genoveva aber wehrte ihn mit einem Schlag ins Gesicht ab. Auf diese Zurückweisung hin verwandelte sich Golos Liebe in Hass. Er nahm ihr all ihre Dienerinnen und als die Stunde ihrer Entbindung kam, hatte sie nur eine alte Waschfrau zum Beistand. Zur gleichen Zeit aber kam die Kunde ins Haus, dass Genovevas Mann lebe und bald nach Hause käme.

Als Golo, der Verräter, diese Nachricht vernahm, erschrak er zu Tode. In seiner Verzweiflung suchte er bei einer alten Hexe Hilfe, welche ihm einen teuflischen Rat gab: Golo solle dem Pfalzgrafen einreden, Genovevas neugeborener Sohn sei gar nicht von ihm, Siegfried, selbst, sondern von Drako, dem Koch. Sofort ritt Golo dem Pfalzgrafen entgegen und überbrachte ihm die Lüge. Als Siegfried dies hörte, war er tief erschüttert und so sehr enttäuscht, dass er nur noch darüber nachsann, wie er das treulose Weib loswerden könne. Da riet ihm Golo, Genoveva samt ihrem Neugeborenen an ein Wasser zu bringen und sie beide zu ertränken. Siegfried willigte in den Plan ein. Sogleich befahl Golo zwei Knechten, Genoveva und ihren Sohn fortzubringen und sie unter allen Umständen zu töten.

Die Knechte aber bekamen Mitleid und sagten sich: »Was kann diese Frau verbrochen haben? Und was hat sie uns getan? Wenn ihr wirklich der Tod bestimmt ist, so müssen wir ihr doch nicht das Leben nehmen. Wir wollen dem Hund, der mit uns läuft, die Zunge herausschneiden und sie Golo zeigen, damit er glaubt, wir hätten die Frau getötet. Sie selbst aber lassen wir gehen.« Dies taten die Knechte auch. Trostlos und weinend und betend ließen sie die arme Genoveva in der verlassenen Wildnis zurück.

Genoveva nannte nun ihren Sohn, der noch keine dreißig Tage alt war, »Schmerzenreich«. Der Schmerz aber, den sie selbst zu leiden hatte, vertrocknete alle Milch in ihrer Brust. Da flehte die junge Frau zur Mutter aller Schmerzen und aller Seligkeiten und die ewige Jungfrau zeigte der Verlassenen liebend ihre Gnade: Aus dem Dickicht des Waldes trat eine Hirschkuh heraus und ließ sich zu Genovevas Füßen nieder. Da legte sie ihr Söhnchen an die Zitzen des Tieres. Sie selbst aber ernährte sich von den Früchten des Waldes und baute aus Ästen, Reisig, Dornen und Moos eine Hütte. Dort blieb sie sechs Jahre und drei Monate lang. Während dieser Zeit sah sie kein anderes Wesen als jene Hirschkuh.

Nun begab es sich, dass der Pfalzgraf Siegfried einmal in dieser Gegend des Waldes jagte. Seine Hunde hetzten dabei jene Hirschkuh und Jäger folgten dem Wild. Die Hirschkuh aber floh zu Genovevas Hütte und kniete sich vor dem Jungen hin, Genoveva wehrte mit einem Stock die aufgeregten Hunde ab. Als nun auch der Pfalzgraf eintraf, erblickte er voller Verwunderung jenes halb nackte Weib. Er meinte, dass sie wohl eine Heidin oder eine Zigeunerin sei, und sprach sie an: »Bist du eine Christin?«

Sie antwortete: »Ich bin eine Christin, aber gib mir deinen Mantel, damit ich mich bedecken kann.«

Dies tat Siegfried und er fragte sie, warum sie keine Kleider habe und so einsam mit einem Kind im wilden Wald hause. Genoveva gab ihm Auskunft. Als sie aber ihren Namen nannte, erschrak der Pfalzgraf. Ein Bediensteter trat an ihn heran und sprach: »Herr, mir ist, als sei dies wahrhaftig unsere Frau, die schon vor so langer Zeit gestorben sein soll. – Seht doch nach dem Muttermal an ihrem Halse!«

Und siehe – sie hatte das Mal. Der Pfalzgraf aber war verstört beiseite getreten und sprach: »Seht doch nach, ob sie auch noch den Trauring trägt!« Und sie trug ihn noch.

Da überkam den Pfalzgraf ein unsäglicher Schmerz und unsägliche Reue. Er eilte zu Genoveva hin, schlang seine Arme um sie und küsste sie. Dann küsste er auch den Jungen und rief: »Ja, das ist meine Gemahlin! Das ist mein Sohn!«

Genoveva aber berichtete, wie es ihr durch Golos Teufeleien und Verrat ergangen war. Und als dieser selbst ahnungslos am Ort des Wiedersehens erschien, da waren die Männer des Pfalzgrafen so zornig auf ihn, dass sie ihn gleich niederstrecken wollten. Der Pfalzgraf aber gebot ihnen Einhalt, denn ein solcher Verräter sei es nicht wert, von der Hand eines Ritters zu sterben. Siegfried ließ vier Ochsen herbeibringen und an jeden Fuß und jede Hand des Übeltäters Stricke binden und an die Ochsen spannen. Dann trieb man die Ochsen in vier Richtungen und Golo wurde bei lebendigem Leib zerrissen.

Nun wollte Siegfried seine Frau auf sein Schloss bringen und ihr dort alle Ehren erweisen. Sie aber lehnte dies ab und sprach: »Hier an diesem Ort hat die heilige Jungfrau mich behütet und beschützt, wilde Tiere abgewehrt und mein Kind genährt. Dieser Ort soll meine Stätte bleiben und der Königin aller Engel geweiht werden.«

Siegfried achtete ihren Willen. Er ließ durch Hildulf, den Bischof, die Stätte weihen und ordnete auf Genovevas Bitte den Bau einer Kirche an. Die Pfalzgräfin wohnte nun zwar unter einem besseren Dach, doch sie konnte keine kunstvoll zubereiteten Speisen mehr vertragen, sondern nur die Kost des Waldes, woran sie sich gewöhnt hatte.

Nach ihrer Wiederauffindung lebte sie nur noch wenige Jahre. Sie starb froh und selig und ruhte in der neu erbauten Waldkapelle Fraukirch, nahe Mayen. An diesem Ort sind zahlreiche Wunder geschehen und die Geschichte von der frommen Genoveva ging durch alle Lande.

❡ Genoveva ist eigentlich eine Heilige aus Frankreich (422–502). Erst um 1500 wurde ihre Geschichte in der hier vorliegenden Gestalt neu erzählt und nach Deutschland übertragen. Der Sage nach soll die Heilige in Fraukirch im Bistum Trier begraben sein. Das tatsächliche Grab der Heiligen in Frankreich wurde während der Französischen Revolution zerstört. ❡

Elisabeth auf der Wartburg

Das Königskind Elisabeth war glücklich, fromm und tugendhaft zur Freude aller auf der Wartburg herangewachsen, ebenso auch ihr Verlobter, der junge Landgrafensohn, der schon früh den Vater verloren und die Herrschaft angetreten hatte. Er aber gewann seine Verlobte immer lieber, obgleich Elisabeth ihrer Frömmigkeit und ihrer demütigen Haltung wegen so manchen Spott auf sich zog, und vermählte sich mit ihr.

Es mag aber sein, dass die junge Frau eine stärkere Neigung zu frommen Werken und Bußübungen hegte, als auch ihrem jungen Ehemann lieb sein konnte; denn sie zerschnitt und verschenkte ihre schönsten Kleider und lief einfach und ärmlich gekleidet herum. Wenn es aber nötig war, umkleidete sie der Himmel selbst mit reichen und königlichen Gewändern.

Elisabeth, die fromme Landgräfin, war eine wahre Mutter der Armen und mitunter wohl allzu freigebig gegen sie, sodass mancher sie dafür tadelte. Es waren aber auch schwere Zeiten, überall herrschten Mangel und Not und die Armen wurden immer zahlreicher. Da begab es sich, dass Elisabeth einmal wieder, wie sie es täglich machte, Speisen und Geschenke zu den Lahmen und Blinden herabtrug. Doch an jenem Tage begegnete ihr der Landgraf und diesmal zeigte er kein freundliches Gesicht. Eben erst war er nämlich darauf hingewiesen worden, dass Elisabeth alles verschenkte. Nicht gerade zärtlich rief er sie an: »Was trägst du da?« Und sie sah in seiner Miene Unwillen in ihm aufsteigen.

Ängstlich sprach sie: »Rosen, Herr!«

»Zeig her!«, rief der Landgraf und hob die Hülle von ihrem Korb. Doch siehe, da war der ganze Korb wahrhaftig voller Rosen und anderer blühender Blumen! Beschämt stand nun der Landgraf vor ihr da. Und wenn künftig einer Elisabeth für ihre Freigebigkeit zu tadeln wagte, so sprach er: »Lasst sie nur, sie hat ihre Freude daran, Almosen zu geben. Solange sie uns nicht die Wartburg und Eisenach und die Niuwenburg verschenkt!«

In Elisabeths Händen aber mehrten sich alle Gaben wundersam und auch ihre Gewänder wurden niemals nass und verschlissen nicht. Als nun Agnes, die Schwester des Landgrafen Ludwig, mit einem Herzog von Österreich Hochzeit hielt, war die Wartburg voller Gäste und alles prunkte in Festtagskleidung. Elisabeth aber hatte am Tor einen armen kranken Greis gesehen, dessen Kleider so zerschlissen waren, dass er halb nackt gehen musste. So inständig hatte der Alte um ein Gewand gebeten, womit er seine Blöße bedecken könne, dass ihm die Landgräfin ihren Mantel gab. Da es aber Sitte war, dass die Frauen bei einem Fest einen leichten Mantel zu tragen hatten, fragte der Landgraf Elisabeth, wo sie denn den ihren habe, als es zu Tisch ging.

Kleinlaut und erschrocken antwortete sie: »In meiner Kammer!« So schickte der Landgraf eine Dienerin hin, und siehe, da hing ein Mantel, schöner als der einer Königin, himmelblau und über und über mit goldenen Bildern besetzt.

Ein anderes Mal hatte Elisabeth gar einen Aussatzkranken mit in das Haus hinaufgenommen und ihn in das Ehebett legen lassen. Dies erregte große Entrüstung bei ihrer Schwiegermutter – doch als man nun kam, um den Aussätzigen hinauszuwerfen, lag ein wunderbar schönes Kruzifix in dem Bett.

Hierüber nun vergoss der fromme Gemahl dieser überfrommen Frau heiße Tränen. Der Kranke aber ward Eli genannt und Elisabeth pflegte ihn so sorgsam, dass er gesund wurde und später noch lange in der Nähe der Wartburg lebte. Er wohnte in einer schmalen Felsenkluft, wo er sich von Wurzeln und Kräutern nährte.

Eines Tages, als Elisabeth in Eisenach die Kirche besuchte, wurde sie am Portal von einer ganzen Schar Bettler umringt. Sie gab, solange sie etwas zu geben hatte, doch am Ende war noch immer ein armer Alter übrig, der auf seine Gabe bestand und ihr beharrlich bis in die Kirche folgte. Dies erbarmte die freigebige Herrin und sie zog einen ihrer reich mit Silber bestickten Handschuhe aus, um ihn dem Alten zu reichen. Dies nun hatte ein Ritter gesehen. Schnell trat er hinzu und gab dem Bettler für den Handschuh viel Geld. Später hat er ihn als kostbares Schmuckstück an seinem Helm befestigt und ist damit in das Heilige Land gezogen, wo er ritterlich gekämpft hat. Der Handschuh aber hat ihn beschützt wie ein Talisman, sodass er glücklich wieder nach Hause zurückgekehrt ist.

❡ *Neben den Sagen um den Sängerkrieg (vgl. S. 247) spielen die Geschichten um die heilige Elisabeth (1207–1231) auf der Wartburg die wichtigste Rolle. Sie war die Tochter des ungarischen Königs und schon mit vier Jahren auf die Wartburg an den Hof des Landgrafen gekommen, wo sie bis zur Heirat mit dessen Sohn Ludwig aufwuchs. Ihr ungemein frommer Lebenswandel, der frühe Tod ihres Gatten und ihr eigenes Schicksal spiegeln sich in verschiedenen Legenden und Sagen wider.* ❡

St. Goars Wunder

Aus Aquitanien kam ein frommer Mönch namens Goar in die Rhein- und Mosellande und predigte dort das Christentum. Eine Zeit lang soll er unterhalb des Loreley-Felsens gewohnt und dort zahlreiche Wunder gewirkt haben. Aber der Bischof Rusticus von Trier wollte nicht glauben, als er von Wundern hörte, und bestellte Goar durch einen Boten zu sich, um ihn zu prüfen.

Der Weg war weit und führte durch eine unwirtliche Gegend. Als den Reisenden schließlich die Nahrung ausging, jammerte der Bote: »Wenn kein Wunder geschieht, dann verschmachten wir!« Da rief der Heilige in den Wald und es kamen drei Hirschkühe, die sich melken ließen und deren Milch die beiden rettete.

In Trier angekommen, litt St. Goar unter der Sommerhitze und suchte im

Versammlungssaal nach einem Nagel, um seinen Mantel daran aufzuhängen. Als er aber keinen fand, hängte er ihn zur Verwunderung aller Anwesenden an einen Sonnenstrahl, der in den Saal fiel. Doch der Bischof zweifelte noch immer.

Da wurde ein Säugling hereingetragen, den man an diesem Tag gefunden hatte, und der Bischof sprach: »Wenn du es vermagst, lasse uns aus dem Mund dieses armen Kindes vernehmen, wer sein Vater ist!«

St. Goar berührte mit einem Finger den Mund des Kindes und dies sprach deutlich die Worte: »Pater meus: Rusticus Episcopus!« – Mein Vater ist der Bischof Rusticus! Da glaubte der Bischof fortan an die Wunder St. Goars.

An seinem Grab errichteten Gläubige eine Kapelle, dort wurden wie zu St. Goars Lebzeiten Reisende, Schiffer, Pilger und Wallfahrer versorgt. Einmal fuhr Kaiser Karl der Große auf dem Rhein an dieser Stätte vorüber, ohne dort aber den Heiligen zu ehren. Das nahm dieser ihm sehr übel und schuf einen so dichten Nebel, dass der Kaiser landen und eine Nacht frierend auf dem freien Felde zubringen musste. Die Gemahlin Karls aber wurde von St. Goar auf ihr Gebet hin gütig von schwerem Zahnweh geheilt.

Karl schenkte der Kapelle daraufhin ein Fass guten Weines. Der Heilige bewirkte, dass es niemals versiegte. Einmal vergaß der Kellermeister den Hahn richtig zu schließen, doch da kam eine Spinne, die webte eifrig unter der Hahnöffnung ein Netz, bis das Gewebe so dicht war, dass kein Tropfen mehr herauslief.

❡ Der Mönch und Missionar Goar wirkte um die Mitte des 6. Jahrhunderts in der Nähe der heutigen Stadt St. Goar am linken Rheinufer. Dort wird heute noch ein Felsen »St. Goars Bett« oder »Kanzel« genannt. Schon bald nach seinem Tode wurde er als Heiliger und Wundertäter verehrt. Über seinem Grab errichtete man erst eine Kapelle, dann den Vorgängerbau der heutigen Stiftskirche. Heute zeigt ein Glasfenster in dieser Kirche das Bild des Heiligen. ❡

St. Goar am Rhein

Geheimnisse um Albertus Magnus

In dem Städtchen Lauingen wurde Albertus Magnus geboren, der ein Bischof, vor allem aber ein Zauberer war. Er war ein Meister in allen geheimen Künsten und gebot über die Geister. Wandelnde Menschen brachte er durch seine Kunst hervor und sprechende Köpfe.

Seine Eltern hatten gewollt, dass er ein Gelehrter würde, und schickten ihn auf die hohe Schule in Padua. Als aber die Brüder des neu gestifteten Mönchsordens in jene Stadt kamen, trat Albertus jenem Orden bei. Es dauerte jedoch nicht lang, da gefiel es ihm dort nicht mehr, denn er meinte, dass es ihm nicht gelingen werde, in die Tiefe der Gottesgelehrtheit vorzudringen. Darum beschloss er aus dem Kloster zu fliehen.

Er lehnte also eines Abends eine Leiter an die Gartenmauer, um darüber zu klettern und fortzulaufen. Plötzlich aber standen vier ehrwürdige Frauen vor ihm, von welchen zwei ihn wieder und wieder von der Leiter stießen. Als er aber weiter versuchte die Leiter zu erklimmen, da fragte die dritte ihn, warum er denn so feige davonlaufen wolle? Albertus antwortete, dass er zu dumm zum Studieren sei und deshalb das Kloster satt habe. Jene Frau entgegnete ihm, es sei doch besser, den Beistand der Mutter Maria zu erflehen, statt zu fliehen. Maria nämlich sei die vierte Frau und die drei anderen wären bei ihr, um ihm bei seinem Bitten zu helfen.

Als Albertus dies hörte, war er wie verwandelt. Er warf sich vor der Jungfrau nieder und bat sie, dass sie doch seine Dummheit von ihm nehmen und ihn zu einem tüchtigen Weltweisen machen möge.

Maria sprach: »Das will ich tun. Weil du aber die Weltweisheit der Gottesgelehrtheit vorgezogen hast, sollst du am Ende deines Lebens all dein Wissen verlieren und wieder genauso dumm werden, wie du gewesen bist. Dies soll drei Jahre vor deinem Tod geschehen.«

Nun wurde Albertus auf wunderbare Weise gelehrter und gelehrter in jeder Wissenschaft und er erforschte mit solchem Eifer die Geheimnisse der Natur, dass man von ihm sagte, ein Teil seiner Seele sei in den Himmel, ein anderer in die Luft, der dritte unter die Erde und der vierte über die Wasser entrückt gewesen.

Von Padua kam Albertus nach Köln, wo er ein Lehrer der Theologie und

Philosophie, der Mathematik, Physik und Metaphysik* wurde, und von Köln aus ging er zu allen Niederlassungen seines Ordens in Deutschland. Einmal aber geschah es – dies war im Winter zur Zeit des Weihnachtsfestes 1248 –, dass der junge römische König Wilhelm von Holland mit seinem Gefolge nach Köln gezogen kam. Bei dieser Gelegenheit lud Albertus den König auch zu sich zu Gast. Er empfing ihn und alle, die bei ihm waren, und führte das Gefolge aus dem Speisesaal in den Garten hinaus, wo eine Schar von Dienern geschäftig dabei war, ein festliches Mahl aufzutischen. Nun fingen die hohen Herren zu murren an, dass Albertus sie bei Eiseskälte vom Ofen weggeholt und in den Garten geführt hatte, um zu tafeln.

Als aber jeder von ihnen Platz genommen hatte, da verschwanden auf einmal Eis und Schnee, die Sonne schien hell und warm vom Himmel herab, grüner Rasen und Blumen sprossen, die Bäume blühten und brachten köstliche Früchte hervor, blühender Wein verströmte seinen Duft und bot üppige Trauben dar. Und zum Entzücken der Gäste flatterten und zwitscherten sogar Vögel durch die Luft. Es wurde so warm, dass mancher Gast sich eines Teils der Kleider entledigte und halb nackt dasaß, die meisten aber suchten den Schatten der Bäume. Als jedoch das Mahl zu Ende war, verschwanden die Diener, die Vögel verstummten und das Laub der Bäume verdorrte. Schon bedeckte wieder Schnee die Erde und es fiel eine so jähe Kälte ein, dass alle zitternd in den Speisesaal ans warme Feuer liefen.

Albertus Magnus aber kam bis an den päpstlichen Hof nach Rom, dann wurde er als Bischof von Regensburg eingesetzt. Man sagt, er habe damals schon den Stein der Weisen besessen und mit dessen Hilfe in weniger als drei Jahren die Schulden des Bistums getilgt. Nach diesen drei Jahren aber ging er wieder nach Köln zurück.

Unter all den Wunderwerken des Albertus hat aber besonders eines von sich reden gemacht, nämlich das »sprechende Bild«: In dreißig Jahren unermüdlicher Arbeit soll Albertus Magnus nach den Konstellationen der Planeten und des Tierkreises einen künstlichen Menschen geschaffen haben, der ihm die allerletzten Geheimnisse, die es noch für ihn gab, enthüllen

* Metaphysik: In der griechischen Philosophie, was nach bzw. jenseits der Physik kommt, später allgemeine Bezeichnung für das philosophische Grundwissen.

sollte. Auch soll er einen Teufel derart gezähmt haben, dass er ihm dienen musste.

Drei Jahre vor seinem Tod aber wurde tatsächlich alles Wissen von Albertus genommen und er wurde einfältiger als ein Kind. Albertus aber begehrte nicht auf. Er blieb geduldig und fuhr getreulich in seinen frommen Übungen fort bis an seinen letzten Tag.

❡ Dass auch fromme Männer über Zauberkräfte verfügten, wird verschiedentlich erzählt. Das bekannteste Beispiel ist wohl Papst Silvester II. in Rom. Albert von Lauingen (oder Bollstädt) lebte von 1200 bis 1280 und gilt als der wohl bedeutendste deutsche Kirchenlehrer und zugleich als einer der gelehrtesten Männer seiner Zeit. Kein Wunder, dass ihm übersinnliche Kräfte zugeschrieben wurden. ❡

St. Gangolf und die Milseburg

Die Milseburg ist ein mächtiger Klingsteinberg* in der Rhön. Schon aus der Ferne sieht man ihn mit seiner eigentümlichen Form über seine Nachbarberge emporragen. Er hat nämlich das Aussehen eines hoch aufgetürmten Heuwagens, weshalb man ihn das »Heufuder«** nennt. Weil er aber auch einem Sarg gleicht, wird er vom Volk die »Totenlade« genannt. Viele Heilkräuter und andere seltene Pflanzen wachsen auf diesem Berg und viele Sagen über ihn gehen im Munde des Volkes um. Man nennt jenen Berg aber auch den »Gangolfsberg«, weil er der liebste Aufenthaltsort des heiligen Gangolf gewesen sein soll.

Vor langer Zeit stand auf jenem Berg eine Ritterburg. Dort lebten wilde Raubgesellen, die zum Schrecken der ganzen Gegend auf jenem beinah unüberwindlichen Felsenhorst ungestraft ihr Unwesen trieben.

Der heilige Gangolf aber soll ein schönes, frisches und heilkräftiges Quell-

* Klingsteinberg: Berg, der aus einem bestimmten vulkanischen Gestein besteht.
** Heufuder: Heuwagen

wasser auf die Milseburg gebracht haben. Dabei widerfuhr ihm ebenso Wunderbares wie dem Grafen Gangolf im Languedoc in Frankreich, sodass die Sage, welche dort zu Lande geht, in der hohen, felsigen Rhön ein getreues Echo gefunden hat.

Auf der Milseburg befindet sich auch des heiligen Gangolfs Keller. An welcher Stelle er liegt, weiß jedoch niemand. Er ist mit reichen Schätzen angefüllt, aber verwunschen und verschollen, und niemand vermag ihn zu finden. Einst war eine alte Frau so glücklich, mittels einer Schlüsselblume, die sie absichtslos gepflückt hatte, diesen Keller zu entdecken. Plötzlich sah sie ihn offen vor sich stehen, hinein jedoch wagte sie sich nicht, denn es gruselte sie. Den anderen aber erzählte sie, was ihr geschehen war und was sie gesehen hatte. Und jeder, dem sie dies berichtet hatte, staunte und viele folgten der Alten an jenen Ort. Doch der Keller war verschwunden, die Alte fand die Stelle niemals wieder.

¶ *Hier wird der Charakter der Wandersage ausdrücklich betont, zugleich ein Beweis, wie weit solche Wanderungen manchmal reichen, liegt das Languedoc doch im Süden Frankreichs. Der heilige Gangolf lebte in Frankreich, er wurde 760 erschlagen. Verehrt wird er gelegentlich noch als Märtyrer und Quellenheiliger in Burgund und Süddeutschland.* ¶

Die Ermordung St. Emmerans

Was der heilige Sebald für Nürnberg gewesen war – nämlich ein hoch verehrter Wundertäter, segenwirkender Schutzpatron und gefeierter Heiliger –, das alles wurde St. Emmeran für die freie Reichs- und Reichstagsstadt Regensburg, von der es heißt, sie habe so viele Kapellen und Kirchen gehabt wie Tage das Jahr.

Der heilige Emmeran oder Heimeran stammte aus Guienne in Frankreich und war Bischof in Poitiers. Mit dem Wunsch, die Heiden zu bekehren, kam er nach Baiern. In jenem Lande hatte zwar der heilige Rupert bereits die Samen des christlichen Glaubens ausgesät, doch er hatte nicht alle Orte erreicht. So bat Theodo V., der Herzog von Baiern, St. Emmeran, dessen segensreiches Werk fortzusetzen.

Herzog Theodo aber hatte eine schöne Tochter namens Utha, und diese einen Liebsten namens Siegebald. Dessen Name aber bewahrheitete sich, denn er besiegte sie nur allzu bald, sodass Utha den Zorn ihres Vaters und Bruders fürchtete und Angst hatte, dass er sie und ihren Geliebten umbringen würde.

Vor lauter Kummer wusste sich Utha keinen Rat. In höchster Not vertraute sie sich da dem heiligen Emmeran an. Der fromme, reine Mann aber war von so himmlischer Güte, dass er ihr riet ihn selbst als Täter zu nennen. Ob er nun glaubte, die Sache für Utha damit einfacher zu machen und der Rache zu entgehen, da er gerade im Begriff war, nach Rom zu reisen, oder ob er sich nach einem martervollen Tod sehnte – das weiß man nicht. Er reiste jedenfalls ab und die geängstigte Uta befolgte seinen Rat.

Zornentbrannt setzte nun Uthas Bruder Landopert mit einer Schar Männer dem frommen Pilger nach. Und bald schon hatte er Emmeran zwischen Inn und Isar bei dem Dorf Kleinhelfendorf eingeholt. Spöttisch rief er ihm zu: »Guten Tag, Bischof! Guten Tag, Schwager!« Sogleich ließ er Emmeran ergreifen, auf eine Leiter binden und ihm Hände und Füße abschlagen, Nase und Ohren abschneiden, die Augen ausstechen und den verstümmelten, noch lebenden Körper, in die Sonne stellen.

Als die grausame Tat geschehen war, erschienen zwei Männer, die eilig die Gliedmaßen des heiligen Mannes aufsammelten und dann sofort wieder verschwanden. An den rasenden Landopert aber trat Wolflet, ein Geistlicher heran, dem Emmeran vorher alles anvertraut und dem er seinen Tod vorausgesagt hatte. Nun freilich bereute Landopert die übereilte grausame Tat. Da sie aber nun einmal geschehen war, wurde der Körper von Emmeran nach Regensburg gebracht. Dort fuhr die Seele aus dem Munde des Ermordeten heraus und wie ein rosenroter Blitzstrahl in den Himmel auf. An dem Ort aber, wo der Mord geschehen war, wölbte sich wie von selbst ein grüner Hügel wie ein Grabhügel auf und es geschahen dort unzählige Wunder.

Der heilige Leichnam wurde in St. Georg in Regensburg beigesetzt, und Landopert ließ zur Sühne und zur Buße seiner Untat das berühmte Stift St. Emmeran erbauen.

❡ *Der heilige Emmeran oder Emmeram war 649 als Wanderprediger von Frankreich nach Regensburg, der damaligen Hauptstadt des Herzogtums Baiern gekommen, wo er hohes Ansehen genoss und zum Bischof aufstieg. Ermordet wurde er 652 in Kleinhelfendorf bei München, wo heute noch eine Gedenkstätte in der Brunnenkapelle an ihn erinnert. Seine Gebeine sind heute in der nach ihm benannten Stiftskirche in Regensburg beigesetzt.* ❡

St. Bonifatius' Grab

Zum Dank dafür, dass der heilige Bonifatius die Hessen zu Christen bekehrt und in Fulda ein Kloster gestiftet hatte, ernannte der Papst ihn zum Erzbischof von Mainz. Im Alter von vierundsiebzig Jahren aber zog Bonifatius noch einmal aus: Er ging zu den Friesen, von denen zwar einige bereits an den christlichen Gott glaubten, doch er wollte auch die Übrigen bekehren. Dies allerdings gelang ihm nicht vollständig und einige der ungläubigen Friesen ermordeten ihn.

Sein Leichnam aber schwamm den Rhein aufwärts nach Mainz und der dortige Bischof beschloss, den Leichnam des frommen Mannes im Dom von Mainz zu begraben. Feierlich ließ man den Körper von Bonifatius in die Gruft hinabtragen. Am nächsten Morgen aber stand der Sarg wieder oben in der Kirche neben jener Gruft, in die er gebracht worden war, ohne dass die Hand eines Menschen ihn berührt hatte.

Durch dieses Ereignis erkannte der Bischof, dass Bonifatius hier nicht bestattet sein wollte. Und tatsächlich hatte der fromme Mann zu Lebzeiten den Wunsch geäußert, in Fulda bestattet zu werden.

So tat man nun Folgendes: Man legte den Leichnam auf einen Wagen, spannte zwei Kühe davor und ließ sie nun ungeleitet ziehen, wohin sie gehen wollten. Die Kühe aber liefen auf den Rhein zu, schwammen unversehrt ans andere Ufer und liefen nach Fulda, wo sie nach einem Tag und einer Nacht auch ankamen. Kaum hatten sie die heilige Stätte erreicht, da begannen die Glocken zu läuten, ohne dass jemand sie angeschlagen hätte, und der Leichnam des heiligen Bonifatius sank hinab in sein selbst gewähltes Grab.

❡ Die Geschichte vom wandernden Leichnam, der sich selbst ein Grab sucht, ist eine alte Wandersage. Bonifatius, der »Apostel der Deutschen«, lebte von 672/23 bis 754. Sein Grab im Dom zu Fulda ist heute ein bedeutender Wallfahrtsort. ❡

Die Münsteruhr in Strassburg

Das Straßburger Münster besitzt ein kostbares und bewunderungswürdiges Uhrwerk, das in der ganzen Welt seinesgleichen sucht. Mit wunderbarem Figurenreichtum steht es prächtig vor den Augen des Betrachters – aber leider steht es eben und geht schon längst nicht mehr. Im Sockel zeigt sich neben dem Himmelsglobus ein Pelikan, darüber erhebt sich ein Kalender, in dessen Mitte die Erdkugel zu sehen ist. An den Seiten stehen der Sonnengott und die Mondgöttin, die mit ihren Pfeilen die Tages- und Nachtstunden anzeigen, und die sieben Planetengötter fahren, von verschiedenen Tiergespannen gezogen, als Tagesboten darüber hin.

Nach jedem Viertelstundenschlag kam der Tod hervor, um die Stunde zu schlagen, doch da trat ihm die Gestalt des Heilands entgegen, um ihn abzuwehren. Erst wenn die Stunde voll war, durfte der Tod seine Stunde anzeigen. Den Zeiger der Uhr aber bildet ein geschlängelter Drache, dessen Zungenspitze wie ein Pfeil auf die Stundenzahl deutet. Und hinter all dem verbarg sich ein schönes, klangvolles Glockenspiel.

Der Meister, der dieses herrliche Werk erbaut hat, hieß Isaak Habrecht. Lange hatte er über es nachgedacht und unermüdlich Tag und Nacht daran gearbeitet, bis die Arbeit vollendet war. Danach aber beschloss der Meister, auch an anderen Orten seine unvergleichliche Kunst auszuüben.

Nun blies der Teufel, der böse Feind, dem Rat von Straßburg schlimmen Neid ins Herz: Einzig und allein Straßburg sollte ein solches Wunderwerk besitzen. Und weil die Räte nun fürchteten, Habrecht trotz des Verbotes, die Stadt zu verlassen, nicht in Straßburg halten zu können, beschlossen sie ihm das Augenlicht zu nehmen. Dies wurde dem Meister mitgeteilt. Als er es hörte, schauderte ihn und er sprach: »Nur einmal noch möchte ich mein Uhrwerk sehen und noch etwas daran verbessern, was ich später nicht mehr tun kann, wenn ich nicht mehr sehe.« Nun stieg der Meister zu seinem kunstvollen Bau hinauf, trat hinein und tat einige kurze Handgriffe daran. Danach brachten die Räte ihn auf das Rathaus, um ihn dort zu blenden.

Aber siehe – da blieb mit einem Mal das Uhrwerk stehen. Christus und der Tod und die Menschenalter wandelten nicht mehr, das Glockenspiel verstummte, der Zeigerdrache zeigte nicht, die Götter fuhren nicht – alles stand. Bald nach jener grausamen Tat aber wurden des Meisters geblendete Augen aufgetan zum ewigen Licht, und vergebens schickte der Rat nach kunstfertigen Handwerkern aus, die das Uhrwerk wieder in Gang brächten. Viele kamen zwar und probierten daran herum, doch keiner vermochte es. Und so steht das Uhrwerk im Straßburger Münster heute noch, wunderbar anzusehen, aber erstarrt. Und die Zeiger zeigen noch immer den Tag und die Stunde, in welchen eine so grauenvolle Untreue an dem kunstreichen Meister begangen wurde.

❡ *Große astronomische Uhren in Kirchen oder an Rathäusern galten zu Recht als technische Wunderwerke. Wenn sie nicht mehr funktionierten, war man rasch mit Erklärungssagen zur Hand, die alle ähnlich klangen. Berühmt ist beispielsweise auch die fast gleich lautende Sage zur Aposteluhr am Altstädter Rathaus in Prag.* ❡

Die heiligen Kreuze zu Mainz

In Mainz steht eine schöne Kirche, welchen den Namen »Zu Unser Lieben Frauen« trägt, vom Volk aber nur »Heiligkreuz« genannt wird. Denn einst kam ein Schiff nach Mainz gefahren, mit Männern und Frauen an Bord, die in der Luft ein schimmerndes Kreuz schweben sahen. Dieses Kreuz zog hinter ihrem Schiff her, schließlich heftete es sich an seinen Mast. Bei der alten Schiffbrücke am Holztor legte das Schiff an, und siehe, da war das schimmernde Kreuz kein Luftgebilde, sondern ein ehernes, kunstvolles Kruzifix, das mit meisterhafter Kunstfertigkeit gearbeitet war.

Um herauszufinden, was seine Bestimmung war, wurde das Kreuz zwei

Ochsen auf den Rücken gelegt, die man nun frei losgehen ließ, wohin sie wollten. Da trugen die Ochsen das Kreuz auf den Hechtsheimer Berg hinauf. An jener Stelle wurde sodann eine Kirche erbaut, das Wundergebilde aber stellte man darin zur Verehrung auf. Viele Kranke, die vor jenem Kreuze niederknieten, sind wieder gesund geworden. Im Jahr 1552 jedoch, als der Markgraf Albrecht von Brandenburg die Stadt Mainz einnahm, ging jene Kirche, wie mehrere andere auch, in Flammen auf.

Zwischen der Heiligkreuz-Kirche und St. Alban stand vorzeiten eine offene Kapelle mit einem hölzernen Kruzifix und Bildern von Maria und Johannes darin. Zu jener Zeit lebte auch ein Bürger in der Stadt, dessen Name Schelkropf war. Er war ein Spieler und Trunkenbold und stets im Wirtshaus anzutreffen. Eines Tages aber hatte er dort alles verspielt, was er besaß, und in einem wilden Rausch verwünschte er sich selbst, Gott und alle Heiligen und schwor, mit seinem Schwert das erste Heiligenbild, dem er begegne, entzweizuschlagen.

So taumelte er über das Feld, kam an die offene Kapelle und rannte sogleich auf die hölzernen Bilder zu und stach und schlug auf sie ein. Und siehe, da kamen ihm aus den Bildern und dem Kruzifix Ströme von Blut entgegen. In jähem Entsetzen hielt Schelkropf inne, das Schwert fiel ihm aus der Hand, und so wurde er auch gefunden und festgenommen. Fromme Hände aber fingen das Blut in Schalen auf und brachten es mit dem wundertätigen Christusbild in die nahe Kirche. Schelkropf aber wurde für seinen Frevel bei lebendigem Leibe verbrannt.

Der Dombaumeister und der Teufel

Als man mit dem Bau des Kölner Domes begann, wurde der Teufel sehr verdrießlich. Gab es in jener heiligen Stadt doch schon Kirchen und Kapellen genug, in welchen die Frommen Gott dem Herren dienten! Und nun sollte auch noch dies übergroße Haus dazukommen. Listig nahm der Teufel daher Menschengestalt an, trat an den Dombaumeister heran und sprach: »Du übernimmst ein unausführbar schweres Werk! Was wettest du, dass ich schneller einen Kanal von Trier nach Köln lege, als du deinen Bau vollendet hast? Einen Kanal, der diese gute Stadt mit Trinkwasser versorgt, oder sogar mit edlem Moselwein! Ich meine doch, ein solcher Kanal wäre nützlicher für die Stadt als ein neuer Kirchenbau!«

»Worum soll ich wetten?«, fragte der Baumeister da.

»Wir wetten, dass der von uns sein begonnenes Werk sofort einstellt, wenn das des anderen vollendet ist!«

Der Dombaumeister ging die Wette ein und beide machten sich an die Arbeit. Hoch und höher wuchs der Dombau, nah und näher rückten von Trier die Säulen einer gewaltigen Wasserleitung heran, wie nur die Römer sie zu bauen vermochten. Als aber die Domtürme die Höhe des Krans erreicht hatten, da stand der Baumeister oben auf dem Gerüst und schaute hinab. Mit Schrecken sah er, dass der andere sein Werk vollendet hatte: Der Kanal war bis an den Dom herangerückt. Noch floss kein Wasser darin, doch da erschien ein weißer Punkt in der Ferne, der immer näher kam – das Wasser schoss brausend heran, und oben darauf schwamm eine weiße Ente.

Als der Baumeister erkannte, dass er besiegt worden war, stürzte er sich vom Turm herab, und sein treuer Hund, der ihm auf das Gerüst gefolgt war, sprang hinter ihm her. Der Dom konnte nie mehr vollendet werden, aber auch jene Wasserleitung ging unter der mächtigen Hand der Zeit in Trümmer. Das Volk nennt ihre Überreste die »Teufelskralle«.

Als Siegeszeichen und zu allem Überfluss warf der Teufel einen Stein durch das Dach im Chor über der Heiligen-Dreikönigs-Kapelle, der ein drei bis vier Fuß großes Loch schlug. Jener Stein aber – der Teufelsstein, wie ihn die Leute nennen – liegt noch immer auf dem Pflaster bei der Kapelle und man kann auf seiner Oberfläche ein Zeichen wie eine Hahnenkralle, die von der Teufelskralle eingebrannt wurde, erkennen.

¶ *Die Sage versucht gleich zweierlei zu erklären: Erstens, warum der gewaltige Dom unvollendet blieb – er wurde erst im 19. Jahrhundert fertig gebaut –, und zweitens die Entstehung der rund 90 Kilometer langen römischen Wasserleitung, die in römischer Zeit Köln mit Wasser aus der Eifel versorgt hatte. Nach einer anderen Fassung der Sage sprang der Teufel in Gestalt eines schwarzen Hundes hinter dem Baumeister her und packte seine Seele. In der Dreikönigs-Kapelle werden die Reliquien der Heiligen Drei Könige aufbewahrt, um die sich auch verschiedene Legenden und Sagen ranken. Zu anderen »Teufelsbauwerken« vgl. auch Kapitel »Von Hexen, Zauberern und dem Teufel persönlich«.* ❡

Kaiser Karls Stuhl in Aachen

Im Aachener Dom steht ein Stuhl aus Elfenbein, in welchen zahlreiche uralte Bilder eingeschnitzt sind. Dies ist der Stuhl Kaiser Karls des Großen.

Als jener einst ins Ungarland zog, um die Ungarn zum Christentum zu bekehren, verabschiedete er sich von seiner Gemahlin und wies sie an, zehn Jahre lang treu auf ihn zu warten. Wenn er bis dahin nicht zurückgekommen sei, so sei er gewiss gestorben. Falls aber ein Bote mit seinem Ring bei ihr eintreffe, dann solle sie alles tun, was er ihr durch diesen Boten mitteilen ließ.

Als neun Jahre und einige Monate verstrichen waren, glaubte man den Kaiser tot. Und weil das Land keinen Herrscher mehr hatte, brachen in Aachen und der Gegend zum Rhein hin Mord, Raub und Brandstiftung aus. Da traten die Räte vor die Herrin, der Gemahlin Kaiser Karls, und forderten sie auf, einen anderen König einzusetzen, damit das Land nicht zu Grunde gehe. Lange Zeit widersetzte sich die Frau, denn sie hatte ja noch kein zuverlässiges Zeichen erhalten, dass Kaiser Karl tatsächlich tot sei. Als aber die Räte immer heftiger in sie drangen, gab sie schließlich nach und ordnete ihre Vermählung mit einem reichen König an.

Die Tage verstrichen und es kam die Zeit heran, dass lediglich drei Tage bis zu jener Hochzeit fehlten, die festlich gefeiert werden sollte. Da sendete Gott der Herr einen seiner Boten in das Lager des Kaisers, der ihm berichtete, was in Aachen vor sich ging, und zu ihm sprach: »Rüste dich und reite heim, denn in drei Tagen ist Hochzeit!«

»Wie soll ich in drei Tagen hundert Tagesreisen weit reiten?«

Doch der himmlische Bote erwiderte: »Reite und Gott wird mit dir sein!«

Und wirklich, am dritten Tag war Karl bis vor das Aachener Burgtor gelangt und Gott war mit ihm. Ganz Aachen befand sich bereits im Festtagstaumel, von überall her erschallten Hörner und Gesang, denn schon am nächsten Morgen sollte die Trauung im Dom vollzogen werden. Da es aber noch Nacht war, begab der Kaiser sich in den Dom, setzte sich auf seinen elfenbeinernen Stuhl und legte sein großes Schwert quer über die Knie. So saß er wie ein steinernes Bild und ruhte sich von seinem Ritt aus.

Am Morgen kam als Erster der Messner in den Dom. Er bereitete den Altar und zündete die Kerzen an. Plötzlich aber sah er vor sich auf des Kaisers Stuhl einen alten Mann sitzen, in ernster Stille und mit blankem Schwert. Bei jenem Anblick packte den Messner das Grauen und er ging sogleich, um dem Domherrn davon zu berichten. Der aber wollte ihm nicht glauben, denn auf jenem Stuhl durfte niemand außer dem König sitzen. Man nahm also Lichter zur Hand und mehrere Männer gingen, um nachzusehen.

Unerschrocken näherte sich der Kühnste von ihnen dem Stuhl. Als er aber den Mann darauf sitzen sah, so still und wie versteinert, da fiel das Licht aus seiner Hand, so sehr geriet er ins Zittern. Er lief aus der Kirche und gleich zum Bischof hin, um diesem Bescheid zu geben. Und nun erschien der Bischof selbst. Als aber auch er den Alten sitzen sah, hob er beklommen zu sprechen an: »Sag, wer bist du, Mann, und durch wessen Gewalt erlaubst du dir, auf jenem Stuhle zu sitzen? Weißt du nicht, dass dies der Stuhl unseres Herrn und Kaisers ist?«

Der Kaiser erwiderte: »Wie du es sagst, so ist es! Als ich noch König Karl hieß, war ich euch allen wohl bekannt!« Er erhob sich und als er in seiner stattlichen Größe vor dem Bischof stand, rief dieser freudig aus: »Seid gottwillkommen, mein königlicher Herr! Segen sei mit Eurer Wiederkehr!«, und alle Glocken begannen von selbst zu läuten. Die Hochzeitsgäste aber erschraken, als sie dies vernahmen, und zogen sich schleunigst zurück. Nun bat der Bischof beim Kaiser für dessen Gemahlin und erklärte ihm, dass sie schwer bedrängt worden war. Da verzieh Karl ihr gerne, denn er liebte sie von ganzem Herzen wie ehedem.

❡ Der Thron Kaiser Karls des Großen steht heute noch im Chor des Aachener Münsters. Die Sage bezieht sich auf die Feldzüge des Kaisers gegen die Awaren. Sie erwähnt auch die schon von Zeitgenossen überlieferte mächtige Gestalt des Herrschers. ❡

Der Dieb im Neumünster zu Würzburg

In die Neumünster-Kirche in Würzburg stieg einmal ein Dieb ein. Der hatte beobachtet, dass dort ein Christusbild mit einer reichen goldenen Kette geschmückt war, die ein frommer Bürger in Erfüllung eines Gelübdes gestiftet hatte. Der Gekreuzigte hing in feierlicher Ruhe, die Arme fest am Kreuzbalken, nur seine Augen schienen den Kirchenräuber strafend anzublicken. Der aber ließ sich nicht abschrecken, trat an das Kruzifix heran und griff gierig nach dem goldenen Geschmeide. Da löste der Gekreuzigte plötzlich die Arme vom Kreuzbalken und umfasste den Frevler so fest, als wolle er ihn ersticken. Dieser ächzte und krächzte wie ein Fuchs in der Falle, aber niemand hörte ihn, denn das Kreuz stand einsam in der Krypta. Schließlich schrie er laut um Hilfe. Da endlich hörten es die Leute, fanden den komischen Vogel, lösten ihn vom Kreuz und taten ihn in einen sicheren Käfig. Die Arme des Kreuzbildes aber blieben so, wie es den Dieb losgelassen hatte. Und so wird es auch heute noch gezeigt und angestaunt.

❡ Die Neumünster-Kirche liegt im Herzen von Würzburg unmittelbar neben dem Dom. Am Altar der Westkrypta sieht man das aus der Zeit um 1300 stammende Holzbildnis des Gekreuzigten mit den unterhalb der Brust angewinkelten Armen, dessen merkwürdige Haltung den Betrachter schon immer verwundert hat und bis heute nicht befriedigend erklärt werden kann. ❡

Die Kuppel der Hauger Stiftskirche in Würzburg

Einst sollte in dem reichen Stift Haug bei Würzburg eine Kirche erbaut werden. Mit großen Worten kündigte der Baumeister an, dass sie in allem der St.-Peters-Kirche in Rom gleichen und mit einer ebenso herrlichen Kuppel geziert werden solle. Falls dieses Werk ihm aber nicht gelinge, dann verzichte er auf jeglichen Lohn. Der Baumeister aber war mit dem Teufel im Bunde und glaubte sich seiner Sache völlig sicher. Mit des Teufels Hilfe vollendete er glücklich den Bau – aber eben weil er sein Werk vollendet hatte, verfiel er dem bösen Feind und jener wartete nur arglistig darauf, ihn ins Verderben zu stürzen. Denn der Teufel und er hatten vereinbart, dass seine Seele dem Teufel gehören solle, wenn er den Bau vollendete und dennoch auf seinen Lohn verzichte.

Als nun die Gerüste von der Kirche abgenommen wurden, da begann es in der Gewölbekuppel wie der Donner zu krachen. Die Kuppel schien sich zu senken, als ob sie einstürzen wolle. In jähem Entsetzen drängten die Menschen nach draußen und auch der Baumeister selbst bekam solche Angst, dass er den Kopf verlor. Er stürzte aus der Kirche und als er vor dem Portal ein schwarzes, gesatteltes Pferd stehen sah, schwang er sich sogleich hinauf und sprengte davon, um sein Leben zu retten. Den Lohn und alles andere ließ er zurück. Das Pferd aber rannte spornstreichs zum Galgenberg hinauf. Dies war die Gerichtsstätte, auf der die armen Sünder abgeurteilt wurden. Als es die Höhe erreicht hatte, warf es seinen Reiter ab und verwandelte sich in den Teufel. Der brach dem Baumeister nun das Genick, bevor dieser noch Amen sagen konnte.

Noch immer geht die Sage in Würzburg, dass jenes Münster bis auf den heutigen Tag nicht bezahlt sei und dass der Böse statt der Zinsen jedes Mal ein Menschenleben fordere, wenn an der Kuppel Ausbesserungen vorgenommen werden würden.

❡ Die Kirche Stift Haug wurde in ihrer heutigen Gestalt mit der imposanten Kuppel von 1670–1694 durch den Italiener Antonio Petrini erbaut. ❡

Von den Wundern der Marienkirche zu Danzig

In der Danziger Marienkirche gibt es viel Wunderbares, wovon weit und breit erzählt wird: Über der Kapelle der heiligen Hedwig etwa ist ein geschnitztes Bildnis des gekreuzigten Christus angebracht. So wahrheitsgetreu ist jener Heiland dargestellt, dass den Betrachter ein Grauen erfasst, zugleich ist es aber von unübertroffener Schönheit. Von dem Künstler, der dies Bildnis verfertigt hat, geht folgende Sage:

Unter mancherlei Verheißungen habe er einen schönen Jüngling in seinen Dienst gelockt, darunter auch jene, ihm seine Tochter, welche der junge Mann liebte, zur Frau zu geben. Dann aber habe er ihn betäubt, ihn an ein Kreuz geschlagen und sein Sterben beobachtet, um nach dieser Vorlage sein Werk zu vollenden. Da aber auch seiner Tochter das Herz brach, nachdem der Jüngling den Tod gefunden hatte, wurde der Künstler von Reue ergriffen und tötete schließlich sich selbst.

Im Altarschrein derselben Kirche ist ein Tonbild der heiligen Jungfrau aufbewahrt, das eine wundersame Milde und Schönheit ausstrahlt. Dies Bildnis schuf ein Mann, der im Gefängnis saß und seinen Tod erwartete. Als er das Bild vollendet hatte, sandte er es als Andenken für die Marienkirche an den Rat der Stadt. Jeder aber, der dies Bildnis sah, wurde von seiner Schönheit und dem Liebreiz der Jungfrau tief ergriffen. Da meinten die Väter der Stadt – und das Volk stimmte ihnen zu –, dass dieser Künstler ein Mann sei, den ein frommer und hoher Geist beseele, und sein Vergehen müssen ihm verziehen werden. Und so geschah es auch. Später hat jener Mann noch lange Jahre in Ehren gelebt.

Der höchste Stolz und Schmuck der Marienkirche aber ist ein Gemälde, welches das Jüngste Gericht zeigt. Vollendet haben es die Künstlerhände des berühmten Malers Johann van Eyck und seines Bruders Georg. Dies herrliche Bild hatte der Papst zwar für Rom bestellt, der Himmel aber schickte es nach Danzig, denn ein Seeräuber kaperte das Schiff, mit welchem es in die Heilige Stadt gebracht werden sollte. Ein Danziger Seefahrer, der nun seinerseits das Seeräuberschiff eroberte, brachte das Bild in seinen Besitz und schenkte es seiner Vaterstadt. Andere aber erzählen, dass das holländische Schiff mit jenem Bild an Bord im Seesturm gekentert sei und ein Danziger Seefahrer die Kiste, welche im Meer trieb und das Bild enthielt, geborgen habe.

Neben all jenen wunderbaren Werken wird aber auch versteinertes Brot in der Marienkirche zu Danzig gezeigt. Denn einmal, zur Zeit der größten Hungersnot, habe ein Mönch ein Brot in seiner Kutte getragen. Da habe eine hungernde Frau ihn um ein paar Brosamen für ihr fast verhungertes Kind angefleht. Der Mönch aber habe geantwortet, er trage kein Brot, sondern nur einen Stein bei sich. Über den Notschrei der Frau sei das Brot tatsächlich zu Stein geworden.

❡ Die Marienkirche ist Hauptkirche und Wahrzeichen der Stadt Danzig, heute Gdansk. Sie wurde in Etappen von 1343–1502 erbaut. Auch in ihr gibt es eine astronomische Uhr wie in Straßburg (vgl. »Die Münsteruhr in Straßburg«, S. 446). Das Altarbild »Jüngstes Gericht« wurde nicht von den Brüdern van Eyck, sondern von Hans Memling geschaffen. ❡

Die Hand aus dem Grabe

In der Kapelle zu Marienstedt im Lauenburger Land gab es ein Bild der Muttergottes mit dem Kind. Dicht neben der Kapelle aber floss ein kleiner Bach. Wer immer krank war und in seinem Wasser badete, der wurde wieder gesund. Dies bewirkte die Wunderkraft des Muttergottesbildes. So kam es, dass ein reicher Zustrom an Wallfahrern zu jenem Bilde pilgerte.

Ein benachbarter Edelmann aber spottete darüber. Gern hielt er die frommen Gläubigen zum Narren und trieb manchen Schabernack mit ihnen. Auch hatte er einen Vogt, der seinem Herrn darin in nichts nachstand. Als dessen Pferd einmal so krank wurde, dass kein Viehdoktor ihm helfen konnte, da sagte der Edelmann zu ihm: »Reite doch nach Marienstedt und lass dein Pferd aus der heiligen Pfütze saufen und tüchtig darin herumschwimmen, dann wird es schon wieder gesund werden.«

Der Vogt aber hatte einen alten Vater, der ihn schon oft zum Guten ermahnt hatte, wofür ihn sein gottloser Sohn aber stets nur verlachte. Wenn sein Vater von Gott sprach, dann entgegnete er nur: »Ich bin so lange ohne den lieben Gott ausgekommen, dass ich doch meine, auch künftig ohne ihn auszukommen.« Als sein Vater nun erfuhr, dass sein Sohn tatsächlich die Absicht hegte, nach Marienstedt zu reiten, redete er ihm abermals ins Gewissen: »Solch einen Frevel wird Gott dir niemals durchgehen lassen. Versuche Gott nicht, er lässt sich nicht verspotten!«

»Ach was!«, versetzte der Sohn. »Ist unser Pferd nicht auch ein Geschöpf des lieben Gottes? Und ist es nicht mehr wert als all die alten Krüppel, die Tag für Tag nach Marienstedt pilgern?«

Da der alte Mann nun sah, dass bei seinem Sohn im Guten nichts auszurichten war und er ihn aber doch nicht der Strafe Gottes ausgesetzt sehen wollte, stellte er sich vor das Pferd, als sein Sohn fortreiten wollte, und nahm das Zaumzeug in die Hand. Als aber der Vogt sich so von seinem Vater aufgehalten sah, packte er kurzerhand einen Riemen und schlug ihn damit über den Kopf. Da hob der Alte seine Hand und rief: »Dass Gott dich strafen möge, du Unmensch!«

Und wieder lachte der Vogt. Dann gab er seinem Pferd die Sporen, ritt nach Marienstedt und ließ sein Pferd aus der heiligen Quelle trinken. Von jenem Tag an hatte das Wasser seine Heilkraft verloren.

Mit dem Vogt aber nahm es ein böses Ende. Seit er die beiden Untaten verübt hatte, erlebte er keinen frohen und gesunden Tag mehr, und es dauerte nicht lange, bis er starb. Als er aber gestorben war, geschah Folgendes: Als der Küster am Morgen nach der Beerdigung auf den Kirchhof kam, da sah er auf dem Grab des Vogtes etwas Weißes liegen. Er ging näher – und erkannte eine Menschenhand, und zwar ebenjene, mit welcher der Vogt seinen Vater geschlagen hatte. Zwar grub man die Hand wieder ein, doch sie blieb nicht unter der Erde, sondern wuchs wieder und wieder aus dem Grab heraus.

Schließlich brachten sie die Hand in die Kirche und legten sie in eine Nische der inneren Kirchenmauer. Nun erhebt der Prediger alle Jahre wieder jene Hand, zeigt sie den Kindern und spricht: »Diese Hand hat sich gegen den Vater erhoben, darum hat sie keine Ruhe bis zum heutigen Tag.«

Die Bamberger Waage

Als Kaiser Heinrich II. gestorben war, bereitete man ihm im Dom zu Bamberg sein Grab und legte seinen Leichnam in einen breiten Sarkophag, der Platz genug für zwei Leichname bot. Als nun viele Jahre später Heinrichs Witwe, die Kaiserin Kunigunde, ebenfalls verstarb, sollte sie neben ihrem Gemahl an seiner Seite ruhen. Man brachte ihren Leichnam in einer feierlichen Prozession zum Dom. Dort hob man den schweren Steindeckel von des

Kaisers Sarkophag und noch unversehrt lag Heinrichs Leichnam in dessen Mitte. Da plötzlich schallte eine laute Stimme durch das Domschiff, welche rief: »Cede, vire, virgine!« – Mache Platz, Mann, für die Jungfrau!

Sogleich rückte Heinrichs Leichnam zur linken Seite hin. Nun lagen Heinrich und Kunigunde im Tode beisammen, wie sie es im Leben niemals getan hatten.

Später wurde über dem kaiserlichen Grab in einem Relief ein Bild der Gerechtigkeit errichtet, so, wie die alten Heiden sie dargestellt hatten: als eine weibliche Gestalt, die in der Hand eine Waage hält. Doch das Zünglein jener Waage steht nicht in der Mitte, wie dies bei der Waage der Gerechtigkeit der Fall sein sollte. Es hängt vielmehr nach einer Seite nieder, weil auf Erden nichts vollkommen ist und auch die irdische Gerechtigkeit sich oft nach einer Seite neigt. Es geht aber die Sage, dass der Weltuntergang nah ist, sobald das Zünglein an der Bamberger Waage in die Mitte rückt.

Jene Sage zu deuten, ist nicht schwer: Wenn auf der Erde einmal so große Vollkommenheit herrscht, dass selbst volle Gerechtigkeit waltet, dann muss das irdische Reich zu Ende, das himmlische aber angebrochen sein.

Die Sage bezieht sich auf die angeblich nicht vollzogene Ehe König Heinrichs II. und seiner Gemahlin Kunigunde. Das Grab des Herrscherpaares im Dom zu Bamberg stammt von Tilman Riemenschneider. Es zeigt an den Seiten Reliefs mit Szenen aus den Heiligenlegenden um das Paar sowie den in der Sage mit einer Frauengestalt verwechselten Erzengel Michael mit der Seelenwaage, die sich zugunsten der Seele Heinrichs gesenkt hat.

St. Sebalds Wunder und Grab

Es war um das Jahr 800, dass der heilige Sebald nach Nürnberg kam. Sebald war der Sohn eines dänischen Königs. Er hatte in Paris studiert und später eine französische Grafentochter geheiratet. Der junge Mann war aber so fromm, gottesfürchtig und keusch, dass er seine Frau schon bald verließ, um das entsagungsvolle Leben eines Einsiedlers zu führen. Da lag er auf Dornen und Disteln und kasteite seinen aufrührerischen Körper, bis er ganz abgezehrt wurde.

Dann aber pilgerte Sebald mit seinem Schüler Dionysius zu Fuß nach Rom, ernährte sich unterwegs von der Speise der Engel und trank Wein aus einem Fässchen, das niemals leer wurde. Wo er hinkam, predigte er die sanfte Lehre des Heilands, und wann immer sich ein unseliger Ketzer gegen Gottes Lehre stellte, da tat sich der Boden unter dessen Füßen auf und verschlang ihn – allerdings nur bis zum Halse, sodass der Unglückliche sich bekehren und der heilige Sebald für seine Befreiung beten konnte.

Über die Donau schwamm Sebald auf seinem groben Mantel, den er über das Wasser gebreitet hatte, als wäre er ein Kahn. Als er aber an die Norgau kam, da traf er auf einen Bauern, dem die Ochsen davongelaufen waren. Und weil der Bauer klagte und jammerte, dass er sie in der dunklen Nacht nicht suchen konnte, betete Sebald und machte, dass die Hand des Bauern wie eine Lampe leuchtete. Und so geschah es, dass der Bauer seine Tiere im hellen Schein des Lichtes wiederfand.

Schließlich kam Sebald auch nach Nürnberg. Dort wohnte er bei einem Wagenbauer. Der aber hatte kein Holz, um einzuheizen, geschweige denn zum Wagenbauen. Da heizte der heilige Sebald mit Eiszapfen ein, dass es im Ofen nur so knisterte und knackte und die Stube wohlig gewärmt wurde. Von ganzem Herzen dankte der Wagenbauer Gott für das billige Brennmaterial. Und als der heilige Sebald einmal Fisch zu speisen wünschte, da besorgte der Wagenbauer ihm welchen, obwohl es strengstens verboten war, Fisch von der Burgherrschaft zu kaufen. Und wirklich wurde er aufgegriffen und grausam bestraft, indem man ihn blendete. Dies nun tat dem heiligen Sebald so Leid, dass er inständig zu Gott betete. Da wurde der Wagenlenker wieder sehend. Bei diesem guten Mann nun blieb Sebald bis an sein seliges Ende.

Vor seinem Tod hatte der Heilige verfügt, dass man seinen Leichnam auf einen Wagen legen und von zwei Ochsen ohne Führer fortbringen lassen solle, denn die beiden Ochsen würden genau an jener Stelle stehen bleiben, wo er begraben zu sein wünschte. Da zogen die Ochsen den Toten bis zur St.-Peters-Kapelle und keinen Schritt weiter. Dort nun begrub man den Heiligen und erbaute ihm ein hölzernes Kapellchen, das jedoch eines Tages nach

Nürnberg mit St. Sebald

einem Blitzschlag niederbrannte. Später setzte man den Leichnam im Kloster St. Ägidien bei.

In St. Ägidien aber trug sich Folgendes zu: Ein junger Mönch war dreist genug, den heiligen Leichnam am Bart zu zupfen und ihn höhnisch anzusprechen: »Ei, du alter Lügenvater! Wie viele Menschen hast du dein Lebtag betrogen!« Augenblicklich erhob sich der Leichnam und versetzte dem Schmäher eine solche Ohrfeige, dass ihm ein Auge aus dem Kopf sprang. Der Mönch schrie Zeter und Mordio, die anderen Mönche liefen herbei und schrien auch und baten den heiligen Sebald um Vergebung. Das rührte den Heiligen und wenn er auch die Ohrfeige nicht mehr zurücknehmen konnte, so setzte er doch dem Mönch sein Auge wieder ein.

Man kann sich denken, dass es dem heiligen Sebald nach diesem Vorkommnis in St. Ägidien nicht mehr gefiel. Es war ihm lieb, in sein eigenes Münster und in einen silbernen Sarg zu kommen. Nachdem er dort seine Ruhe gefunden hatte, war es sein Segen, der Nürnberg, dessen Schutzpatron er war, groß und reich und blühend machte. Auch wirkte er fortwährend große Wunder: Blinde machte er sehend, Pilger rettete er vor Straßenräubern, Kranke machte er gesund und Tote lebendig.

❡ Der historische Sebald oder Sigwald lebte um 1050 in Poppenreuth bei Nürnberg. Sein Leichnam wurde nach Nürnberg überführt, lag zeitweilig in St. Ägidien, wurde dann aber endgültig in der Peterskapelle beigesetzt, aus der später die Sebaldus-Kirche hervorging, für die der Erzgießer Peter Vischer der Ältere 1508–1519 das heute weltberühmte Baldachingrab des Heiligen schuf. ❡

Von der Münchner Frauenkirche

Die Liebfrauenkirche zu München ist ein stattliches Gebäude. Zu ihrem Bau rührte man den Mörtel mit bayrischem Wein an – doch es geht mehr als nur eine Sage von ihr.

Dreißig prächtige hohe Fenster, von denen manche mit den herrlichsten

Glasmalereien verziert waren, hatte die Kirche erhalten. Als der Teufel nun einmal voller Ärger über den neuen schönen Gottestempel durch das Portal unter dem Chor* hereintrat – die Kirche war noch nicht geweiht, sodass ihm der Zutritt nicht verwehrt war –, kam er gerade auf einer Stelle zu stehen, von der aus man kein einziges Fenster sah. Nun war der Teufel beruhigt: Wenn es in der Kirche kein Licht gab, dann konnte ihm der nutzlose Bau ja kaum schaden. Da ließ er ab von seinem Vorhaben, die Kirche durch Wind und Sturm zu zerstören. Er lachte nur ganz vergnügt, brannte noch zum freundlichen Andenken seine Fußstapfen in den Boden ein, dann verließ er die Kirche.

Da hat er sich aber geirrt, der dumme Teufel! Der schwarze Fußabdruck jedoch ist noch heute im Boden zu sehen.

So lang die Kirche ist, so hoch sind auch ihre Türme, nämlich 333 Fuß. Auf dem linken der Türme spukt es und er wird nur selten betreten.

Der Meister, welcher die Frauenkirche erbaute, hieß Jörg Ganghofer, und eine Inschrift besagt, dass er den ersten, den mittleren und den letzten Stein gesetzt haben soll. Zwanzig Jahre dauerte der Bau und als der fromme Baumeister den letzten Stein vollführt hatte, da starb er. Sein Bildnis ist noch in der Kirche zu sehen und neben seinem das des Zimmermanns, der den Dachstuhl gezimmert hat. Für diesen Dachstuhl aber wurden nicht weniger als vierzehnhundert Flöße, ein jedes aus fünfzehn oder sechzehn Bäumen bestehend, auf der Isar herabgeflößt. Und als der Bau schließlich vollendet war – da war ein ganzer zugeschnittener Balken übrig, obwohl nirgendwo auch nur eine Latte fehlte, und der überflüssige Balken ist noch heute vorhanden.

Über den Hochaltar hinaus besitzt die Frauenkirche dreißig Altäre, von welchen einer dem heiligen Benno geweiht ist. Neben der Jungfrau Maria ist auch er ein Schutzpatron Münchens und der Frauenkirche. Der Leichnam des heiligen Benno wurde aus Meißen hergebracht, wo Benno gelebt hat und manches Wunder vollbrachte. Zu einer sehr unsicheren Zeit aber hat man den Leichnam in Salzburg in Sicherheit gebracht. Als er später jedoch wieder

* Chor: der den Geistlichen vorbehaltene Raum in der Kirche

nach München zurückkam, wirkte der Heilige ein neues Wunder: Mit seinem Eintreffen hörte die schreckliche Pest auf, die damals in München wütete. Auch deshalb wurde dem Heiligen später der Name Thaumaturgos, Wundertäter, verliehen.

Rebundus im Dom zu Lübeck

In alten Zeiten war es so, dass jeder Lübecker Domherr, wenn er bald sterben sollte, eine weiße Rose unter seinem Stuhlkissen im Dom vorfand. So war es Sitte geworden, dass jeder der Domherren, wenn er eintraf, zunächst einmal unter sein Kissen blickte, um nachzusehen, ob die Grabesverkündung nicht etwa darunter lag.

Eines Morgens geschah es, dass der Domherr Rebundus tatsächlich die Rose unter seinem Kissen fand. Dies aber versetzte ihm einen gehörigen Schrecken, und weil er die Rose um keinen Preis haben wollte, steckte er sie schnell seinem Nachbarn unter das Kissen, obwohl der schon nachgesehen und nichts gefunden hatte. Rebundus aber sprach ihn an, ob er denn heute sein Kissen gar nicht umdrehen wolle? Das habe er ja bereits getan, erwiderte der andere. Rebundus aber gab keine Ruhe: Er habe wohl nicht richtig hingesehen, ihm, Rebundus, sei so, als habe er unter dem Kissen etwas Weißes schimmern sehen. Der andere hob noch einmal das Kissen – und wirklich, die weiße Rose lag da. Der Domherr aber rief, das sei Betrug, er habe nämlich genau hingeschaut und da sei keine Rose gewesen!

Nun entspann sich ein tätiges Gerangel, die Rose wurde hier- und dorthin geschoben, und die beiden Domherren gerieten in heftigen Streit. Rebundus aber beharrte darauf, dass der andere die Rose gehabt habe, und jener rief schließlich voll erbitterter Ungeduld: »Gebe Gott, dass der von uns beiden, der Unrecht hat, künftig statt der Rose selbst zum Zeichen werde! Wenn ein Domherr sterben soll, so möge er in seinem Grabe klopfen bis zum Jüngsten Tag!« Rebundus, der diese Verwünschung in den Wind schlug, sagte frevelnd dazu: »Amen! So soll es sein!«

Kurze Zeit später aber starb Rebundus tatsächlich. Und von nun an hat es, sobald eines Domherrn Ende nahte, unter seinem Grabstein entsetzlich geklopft, sodass das Sprichwort entstand: »Rebundus hat sich gerührt, es wird ein Domherr sterben!«

❡ Der Tote, der einen bevorstehenden Todesfall anzeigt, ist ein in ganz Europa verbreitetes Motiv. Am berühmtesten wurde dabei wohl die Sage von Papst Silvester II., der in seinem Grab in der Laterankirche in Rom stets klopfen soll, wenn der Tod eines Papstes bevorsteht. ❡

Der Rosenstrauch zu Hildesheim

Am Hildesheimer Dom steht ein merkwürdiger Rosenstock, der aus der Zeit Ludwigs des Frommen 814 bis 843 stammen soll und folglich schon weit über tausend Jahre alt ist. Über seinen Ursprung wird Folgendes erzählt: Der Kaiser Ludwig, der ein frommer Mann war, hatte stets einen Rosenkranz bei sich. Als er aber einst im Wald Hils, von welchem die Stadt Hildesheim ihren Namen erhalten haben soll, jagte, verlor er diesen Rosenkranz, was ihn zutiefst bekümmerte. Er wies alle seine Diener an danach zu suchen und legte dazu ein Gelübde ab: »Dort, wo der Rosenkranz wiedergefunden wird, will ich eine Kapelle bauen lassen zur Ehre Gottes, meines Herrn.«

Schließlich wurde der Rosenkranz tatsächlich gefunden: Er hing an dem Zweig eines wilden Rosenstocks, der – obgleich strenger Winter war und die ganze Gegend unter einer tiefen Schneedecke lag – in voller Blüte stand. Da sprach der Kaiser: »Dies ist heiliger Schnee, den mir der Himmel als Zeichen schickt!« Der Kaiser hielt sein Gelübde und ließ an jener Stelle wirklich eine Kapelle bauen. Sie war zugleich das erste Gebäude von Hildesheim. Außerdem verlegte der Kaiser den Bischofssitz, den sein Vater Karl der Große in Elze errichtet hatte, an jene Stelle.

Wo einst der Rosenstock gestanden hatte, befand sich nun der Altar des Gotteshauses. Die Wurzeln aber trieben unter dem Mauerwerk einen neuen Schössling hervor, der wuchs munter voran und blieb auch dann noch unversehrt, als die spätere Domkirche niederbrannte. Wie ein Weinstock ist er an der nördlichen Mauer des neuen Doms emporgewachsen, seine Krone ist neun Meter hoch und über zehn Meter erstreckt sich seine Breite. Jedes Jahr steht er in voller Blüte. Manche Menschen aber glauben, dass seine Blätter und Blüten Heilkraft besitzen und Zahnschmerzen und Gicht vertreiben. Die Fremden, die nach Hildesheim kommen und den prächtigen Dom besichtigen, versäumen dabei nicht, sich auch jenen berühmten Rosenstock zeigen zu lassen, der in der ganzen Welt nicht seinesgleichen hat.

Den berühmten Rosenstock kann man heute noch an der Rückseite des Domes sehen. Und wenn auch der obere Teil in der Bombennacht von 1944 verbrannte, so ist das Wurzelwerk doch uralt, und es grenzt tatsächlich an ein Wunder, dass es wieder ausgetrieben hat.

Der Brunnen im Dom zu Paderborn

Im Dom zu Paderborn quillt ein tiefer, kühler Brunnen. Es ist die Pader, die der Stadt ihren Namen gegeben hat. Unter jenem Brunnen sollen Gold und Edelsteine verborgen liegen, doch niemand vermag diesen Schatz zu heben, denn ein schwerer Bann hält ihn von alters her gefangen. Doch auch ein steinernes Bildnis der Mutter Gottes ruht unten in der Tiefe. Darüber hat der Zauber keine Macht und jeder, der die rechte Zeit und das rechte Wort weiß, kann das Bild herausheben. Wenn aber das Bild tatsächlich gehoben sein wird, dann kommt alles nur erdenkliche Glück über das Haus, die Stadt und das Land, in welchem es sich befindet.

Von diesem Segen spendenden Muttergottesbild hatte einst ein Bischof von Paderborn erfahren und verspürte nun den starken Wunsch, an jenes Bild zu gelangen. Er begann also die Magie zu studieren und las alle Bücher über Zauberei und Schatzgräberei, derer er habhaft werden konnte. Aber nirgends fand er die richtige Anweisung, wie er den Schatz im Brunnen heben könnte, sodass er zuletzt ganz traurig und verdrießlich wurde.

Doch eines Tages erschien bei ihm ein Mann und versprach ihm, das Bild aus dem Brunnen herauszuholen. Als einzigen Lohn verlangte er nur die

Erlaubnis, in dem von der Mutter Gottes gesegneten Land wohnen zu dürfen. Voller Freude ging der Bischof darauf ein und gewährte dem Mann die dreitägige Frist, die er erbeten hatte, um sein Unterfangen vorzubereiten. Dann, am dritten Tag, ging er mit ihm in den Dom.

Genau zur Mittagsstunde stellten sich die beiden Männer an den Rand des Brunnens. Der Fremde erlegte dem Bischof das größte Stillschweigen auf, dann begann er halblaut aus einem Buch zu lesen. Nachdem er drei Zauberformeln, die eine stärker als die andere, gesprochen hatte, wurde das Wasser im Brunnen sehr unruhig, aber dann versiegte es ganz. Nun zeigte sich eine Treppe, welche in die Tiefe hinabführte. Der Zauberer stieg hinab, dann verschwand er durch eine kleine Tür im Brunnen. Und es dauerte gar nicht lange, da kam er zurück und trug das schwere Steinbild auf seiner Schulter. Während er aber heraufstieg, kam das Wasser langsam hinter ihm her, und als er oben war, stand es gerade wieder so hoch im Brunnen wie vor der Beschwörung. Ein unbeschreiblich angenehmer Duft ging von dem Muttergottesbild aus, obwohl es doch ganz grau und verwittert war, und mit seinen eigenen Händen stellte der Bischof es auf den Hochaltar.

Nachdem er dies aber getan hatte, fragte der Bischof den Fremden nach den Schätzen im Brunnen. Und als dieser nun begann von den wunderbaren Schätzen, die er dort unten erblickt hatte, zu berichten, ergriff den Bischof ein starkes Verlangen, diese Schätze mit eigenen Augen zu sehen. Da aber warnte ihn der Zauberer eindringlich, doch nicht sein Leben und sein Seelenheil aufs Spiel zu setzen – der Bischof jedoch wollte von seinem Vorhaben nicht ablassen. Nun begann der Fremde die Beschwörung ein zweites Mal. Wieder wurde das Wasser unruhig, doch es wurde viel unruhiger als beim ersten Mal. Und als der Brunnen leer und die Treppe wieder sichtbar war, stieg der Bischof hinab. – Er kam jedoch nie mehr zurück. Mit dem Bischof aber waren zugleich auch der Fremde und das Marienbild verschwunden. Nur der Brunnen quillt nach wie vor.

❡ Der heute noch existierende und nur von außen zugängliche Brunnen ist nur eine von rund 80 Quellen im Dombereich. Sie vereinen sich rasch zur Pader, die mit nur vier Kilometern Länge das kürzeste Flüsschen in Deutschland ist. Die Geschichte gehört in den Bereich der Zauber- und Beschwörungssagen. ❡

Vierzehnheiligen

Im Jahre des Herrn 1445, in einer Nacht während der Fastentage nach dem Kreuztag* trieb der Knecht des Schäfers die Schafe des Klosters Frankenthal heim, welche er gehütet hatte. In jener Nacht widerfuhr ihm eine merkwürdige Begebenheit: Als er sich dem Hof näherte, hörte er hinter sich ein kleines Kind schreien und voller Sehnsucht weinen. Der Schäfer wandte sich um, da sah er es auf dem Acker sitzen. Als er zu ihm hinging, lachte es ihn an, doch als er es aufheben wollte, verschwand es.

Verwundert machte sich der Schäfer wieder auf den Weg, zuvor aber sah er sich noch einmal um. Und wieder saß das Kindlein auf der gleichen Stelle und diesmal brannten zwei Kerzen um es herum. Ängstlich rief der Schäfer seinen Hund und bekreuzigte sich, dann ging er wieder zu dem Kind und ihm war, als leuchte es so hell wie ein Kristall. Wieder lachte das Kindlein ihn an, als er näher kam, und wieder verschwand es.

Der Schäfer ging heim und sagte seinem Vater und seiner Mutter, was er gesehen hatte. Die aber legten ihm nahe, darüber Stillschweigen zu bewahren, denn es sei ein Trugbild gewesen. Der Schäfer vertraute sich einem Priester an und der gab ihm folgenden Rat: Wenn ihm das Kindlein von neuem erscheine, so solle er es im Namen des Vaters, des Sohnes und des Heiligen Geistes beschwören.

Erst am Abend des Tages von Peter und Paul** im darauf folgenden Jahr, als der Schäfer auf dem nämlichen Acker wieder seine Schafe hütete, sah er das nackte Kindlein wieder an derselben Stelle sitzen. Hell wie die Sonne leuchtete es und vierzehn andere kleine Kinder standen um es herum, die halb rot und halb weiß gekleidet waren. Eines der Kinder aber, das etwas größer als die übrigen war, trug ein rotes Kreuz auf seinem Herzen. Dieses sprach der Schäfer an, wie ihm der Priester geraten hatte, und fragte es, wer sie denn seien.

Da antwortete das Kindlein, das nackt war: »Wir sind die Vierzehn Nothelfer und möchten für uns eine Kapelle, in der wir gnädig ruhen können. Wenn du uns also dienen wirst, so werden auch wir deine Diener sein.« Nach

* Kreuztag: der 3. Mai
** Peter und Paul: der 29. Juni

diesen Worten verschwanden die Kindlein. Am Samstag darauf aber erblickte der Schäfer zwei brennende Kerzen genau an der Stelle, wo das Kindlein gesessen hatte. Und als eine Frau vorüberkam, rief er sie an, dass auch sie die Kerzen sehe. Da aber verschwanden sie, woher sie gekommen waren. Als nun des Schäfers Knecht von der Erscheinung berichtete, da wollte man ihm nicht glauben, und sagte ihm, es sei nur ein Trugbild gewesen.

Am achtzehnten Tag nach der Erscheinung begab es sich jedoch, dass eine Magd des Hofes vor dem Kloster unversehens zu Boden stürzte und eine Stunde oder gar länger wie tot liegen blieb. Alle Anrufungen der Heiligen fruchteten nicht. Zuletzt aber, als man gelobte, sie nach Frankenthal zu den heiligen Vierzehn Nothelfern zu bringen, an jenen Ort, wo all die Zeichen geschehen waren, die der Schäfer gesehen hatte, da wurde sie von Stund an gesund. Nachdem sich dies zugetragen hatte, ließ man ein Kreuz an jener Stelle aufrichten, wo das Kindlein gesessen hatte, später erbaute man dort den hohen Altar.

❡ Vierzehnheiligen ist heute eine berühmte Wallfahrtskirche in Oberfranken. Der herrliche Bau von Balthasar Neumann steht über der Stätte der Erscheinung, von der die Sage berichtet. Die Vierzehn Nothelfer sind Heilige, die bei bestimmten Nöten, vor allem Krankheiten, angerufen werden. Man kann sie mit ihren Attributen auf dem Deckengemälde und rund um den Hauptaltar sehen. ❡

Thassilo in Lorsch

Einst geschah es, dass Kaiser Karl der Große mit Thassilo, dem tapferen Baiernherzog, in erbitterten Streit geriet, obwohl beide nah verwandt waren. Da Thassilo aber großes Unrecht auf sich geladen hatte, indem er die Widersacher des Kaisers gegen diesen aufgestachelt hatte, übte Karl schreckliche Rache und ließ ihm eine entsetzliche Strafe auferlegen: Karl ließ Thassilo blenden. Zudem wurde er zum Mönch geschoren, denn der Kaiser wollte, dass er ein solcher würde, um für den Rest seines Lebens im Kloster zu büßen und zu beten.

Viele Jahre später, als er Thassilo schon längst vergessen hatte, kam Kaiser Karl einmal ins Kloster Lorsch. Er fühlte nämlich einen Drang, für die Nacht im dortigen Münster zu bleiben und zu beten. Da sah er mit großem Staunen, wie ein blinder Mönch unsicheren Schrittes durch den Kreuzgang wandelte, an seiner Seite aber ein lichtumflossener Bote Gottes ging, der ihn leitete. Die Züge des blinden alten Mannes kamen dem Kaiser bekannt vor – wer er aber war, daran konnte er sich nicht erinnern. Der Mönch wurde von Altar zu Altar geführt, wo er an jedem betete, dann aber schritt er mit seinem überirdischen Führer still zurück.

Am nächsten Morgen ließ Kaiser Karl den Abt des Klosters zu sich kommen, um zu erfahren, wer jener Mönch gewesen sei, dem ein Engel diene. Da staunte der Abt und wusste darauf nichts zu sagen. Er folgte aber dem Vorschlag des Kaisers, mit ihm zusammen in der nächsten Nacht auf das Erscheinen jenes Mönches zu warten.

Wie in der vorangegangenen Nacht kam der blinde Mönch und wieder führte ihn der Engel an seiner Seite. Nachdem der Mönch sein Gebet verrichtet hatte, gingen Kaiser und Abt ihm nach, da fanden sie den Mönch allein in seiner Zelle. Der Abt jedoch kannte den Mönch nur unter seinem Klosternamen und wusste nichts weiter von ihm. So sprach er ihn an und forderte ihn auf zu berichten, was er zuvor im weltlichen Leben gewesen sei, dabei aber nichts zu verschweigen, denn sein Herr und Kaiser stehe vor ihm. Da sank der blinde Mönch zu des Kaisers Füßen nieder und sprach: »Oh Herr! Wie sehr habe ich gegen dich gesündigt und meine Buße währt noch immer. Thassilo wurde ich vorher genannt.«

Gnadenvoll hob ihn der Kaiser nun vom Boden auf und sprach: »Schwer hast du gebüßt und härter, als mir lieb ist. All deine Schuld sei dir vergeben!«

Da küsste der blinde Alte die Hand des Kaisers, sank zur Erde nieder und starb.

❡ Den historischen Kern dieser Sage bildet die Empörung des Baiernherzogs Thassilo III. (748–788) gegen Karl den Großen. Tatsächlich wurde er 763 abgesetzt, zum Tode verurteilt, dann aber zu Klosterhaft begnadigt, die er zuerst in St. Goar, dann in Jumieges und schließlich in Lorsch verbrachte. An die dortige karolingische Klosteranlage erinnert heute noch die restaurierte Eingangshalle. ❡

St. Veit in Corvey

Vom Kloster Corvey bei Höxter an der Weser gehen viele schöne Sagen. Jenes Kloster war dem heiligen Veit geweiht und seine Mönche waren sehr fromm, aber arm. Nur einmal im Jahr hielten sie ein Gastmahl ab, und dies geschah am St.-Vitus-Tag, zu Ehren des Schutzpatrons. Da aber die Einkünfte des Klosters gering waren, war auch jenes Festmahl nur karg.

Einmal aber geschah es, dass der St.-Vitus-Tag, der auf den 15. Juni fällt, herankam, es dem Kloster jedoch an fast allem fehlte, was es zu dem Festmahl benötigte: Es gab weder Fisch noch Wildbret noch Wein, einzig Gemüse war vorhanden. Müßig überlegten die Mönche eben, wie sie ohne das Nötigste ihr Festmahl begehen könnten, da plätscherte es plötzlich im Klosterbrunnen und zwei große Karpfen schwammen darin und auf dem Hof stellten sich zwei prächtige Hirsche ein. Das war eine Freude! Beinah hätten die frommen Klosterbrüder getanzt. Schließlich kam strahlend auch noch der Bruder Kellermeister daher, zwei große Krüge in den Händen tragend. Freudig verkündete er, wie er jene Krüge mit dem Wasser aus dem Quell gefüllt hatte, der hinter dem Altar entsprang – und jetzt war jenes Wasser in Wein verwandelt.

Als man dem Abt all jene Wunder berichtet hatte, sprach der: »Brüder, lasst uns in Demut und Dankbarkeit diese Gaben Gottes und unseres heiligen Schutzpatrons genießen. Wir haben aber an einem Hirsch und an einem Fisch genug und jeder fülle sich nicht mehr als zwei Kannen Weines.«

Auf diese Worte hin ließen die Brüder ohne zu murren den einen Hirschen frei und einen Fisch in der Weser davonschwimmen. Sie segneten in ihrem Herzen den Bruder Abt, dass er ihnen zwei Kännchen Wein statt eines erlaubt hatte, und sie hielten ihr Festmahl zu Ehren des heiligen Veit in Eintracht und Liebe. Seither erneuerte sich diese Spende des Heiligen an jedem Jahrestag und jedes Mal hielten sie es so wie an dem ersten.

Eines Tages aber starb der gute und fromme Abt und an seine Stelle wurde ein anderer erwählt, dessen Gott der Bauch und dessen Heiliger Herr Bacchus, der Gott des Weines, war. Und als nun der Jahrestag des heiligen Veit wiederkam, da ließ jener Abt beide Hirsche und beide Fische schlachten und Wein in Fülle vergießen. So zechte er zu Ehren des heiligen Veit. Als aber der nächste Jahrestag kam, da erschienen weder Hirsch noch Fisch, und aus dem Altarquell floss nichts als klares Wasser. Und fortan war Bruder Schmalhans Küchenmeister im Kloster Corvey.

¶ *Das berühmte ehemalige Reichskloster Corvey liegt zwei Kilometer östlich vom Stadtzentrum Höxter und ist heute ein Museum. Dort gibt es auch eine Wandersage von einer Blume als Todesankündigung, die vergleichbar ist mit der Rebundus-Sage aus Lübeck (vgl. S. 462).* ¶

Der Mönch und das Vöglein

Der erste Abt des Klosters Siegburg hieß Erpho, im Jahre 1066 war er in sein Amt eingesetzt worden. Erpho war ein sehr strenger, heiliger Mann, alle äußerliche Zerstreuung war ihm fremd und sein tiefstes Glück fand er in ernsten und heiligen Betrachtungen. So wählte er sich jeden Tag eine Stelle aus der Heiligen Schrift, über die er mit Herz und Geist nachsann. Als man nun einst am Tage Christi Himmelfahrt des Jahres 1067 in den Vigilien* den 90. Psalm gebetet hatte, fiel ihm der vierte Vers darin besonders auf: »Tausend Jahre sind vor Deinen Augen, oh Herr, wie ein Tag, der gestern vorübergegangen.« Den ganzen Morgen sann er darüber nach und selbst bei Tisch hatte er keine Ruhe, denn was er gehört hatte, erfüllte ihn mit starkem Zweifel.

Um seinen tiefsinnigen Betrachtungen ungestört nachgehen zu können, begab sich Erpho in den Klostergarten. So vertieft war er in seine Gedanken, dass er, ohne es zu merken, in den Wald geriet. Auf einmal flog ein wunderschöner Waldvogel vor ihm von Zweig zu Zweig und sang so lieblich, dass der Gesang den Abt aus seinen Gedanken riss. Nie zuvor hatte Erpho einen so schönen Vogel gesehen: Er war groß wie eine Taube und alle Pracht des Regenbogens, der Glanz aller Blumen und Metalle schien auf seinem Gefieder vereinigt zu sein. Aber mehr noch als sein Anblick berührte den Abt des

* Vigilie: nächtliche Gebetsstunde

Vogels melodischer Gesang, auf dessen Wohlklang der ganze Wald zu hören schien, denn alle anderen Vögel verstummten mit ihren Liedern, die Bäume hörten zu rauschen auf und selbst die Eidechsen, Grillen und Käfer horchten aufmerksam und wandten ihre klaren Äuglein dem wundervollen Vogel zu. Dem alten Abt aber war wundersam zumute. Er hing an des Vögleins Gesang wie an dem Munde der Weisheit und glaubte sich schon im Paradies.

Plötzlich aber verstummte das Vöglein und als Erpho aufblickte, war es verschwunden. Nun fiel Erpho auf, dass er dem Vogel bis tief in den Wald hinein gefolgt war, und wenn wohl auch nur wenige Augenblicke vergangen waren, betrübte es ihn doch, diese Zeit nicht mit ernster Betrachtung, sondern mit der Ergötzung seiner Sinne verbracht zu haben. Schleunigst ging er zum Kloster zurück.

Eben läutete die Glocke zur Vesper, doch wie staunte Erpho, als er Stadt und Kloster erblickte: Alles schien schöner und größer zu sein, als es vor einer Stunde noch gewesen war. Auch schien es dem Abt, als sei die ganze Gegend von Fremdlingen bewohnt, so anders war die Kleidung der Leute und auch ihre Sprache hörte sich anders an. Und als nun Erpho in die weit prachtvolleren Klostergebäude trat, da läuteten alle Glocken und ein fremder Prälat, ein geistlicher Würdenträger, hielt an der Spitze der ganzen Mönchschaft einen feierlichen Umzug. Dies alles war Erpho unerklärlich und er glaubte ein Traumgesicht zu sehen.

Er begab sich also zu dem Pater Pförtner, um bei ihm die Ursache dieser Veränderung zu erfahren, und erklärte ihm, dass er der Abt des Klosters sei, das er erst vor einer halben Stunde verlassen habe, und wie es denn möglich sei, dass innerhalb so kurzer Zeit ein neuer Konvent eingezogen wäre? Ungläubig schüttelte der Pater Pförtner sein greises Haupt: Er sei nun achtzig Jahre alt und niemals habe er dieses Kloster anders gekannt. Er brachte Erpho aber zu dem neuen Abt des Klosters und meldete ihm den sonderbaren Vorfall. Dieser und der ganze Konvent staunten nicht wenig über Erphos Worte, doch dessen verklärtes Antlitz und die Lichtstrahlen, welche sein silberbeglänztes Haupt zu einem Heiligenschein umflossen, hielten alle davon ab, ihn für einen Lügner zu halten.

Da aber erinnerte sich ein sehr alter Mönch, was bereits verstorbene Mitbrüder ihm einmal berichtet hatten: dass nämlich vor etwa 300 Jahren Erpho, der erste Abt des Klosters, kurz vor der Vesper verschwunden sei, ohne dass man jemals wieder etwas von ihm gehört und gesehen hatte. Als man nun in den Jahrbüchern nachsah, erkannte man, dass ebenjener Greis, welcher nun vor ihnen stand, kein anderer als dieser Erpho war, den Gott auf wunderbare und ihm selbst unerklärliche Weise erhalten hatte. Als Erpho nun aber von seinem Zweifel über jene Stelle des Psalms und dem wundersamen Vögelchen berichtete, da priesen alle Gott, der durch ein solches Wunder die Heilige Schrift bewahrheitet hatte. Erpho selbst aber begab sich in die Kirche. Er empfing das heilige Abendmahl und Gott preisend verschied er mit erhobenen Händen.

❡ Die berühmte Sage vom entrückten Mönch wird von den Klöstern Siegburg und Heisterbach erzählt. Letzteres liegt nordöstlich von Königswinter. Diese Variante aus Siegburg ist die weitaus ältere der beiden. Von Heisterbach wurde die Geschichte erst im 19. Jahrhundert erzählt, dann aber durch die Ballade »Der Mönch von Heisterbach«, welche Wolfgang Müller von Königswinter verfasste, (1816–1873) weit bekannt. ❡

Die Auswanderung der heiligen Jungfrauen

Zwischen Sondershausen und Mühlhausen in Thüringen lag das Zisterzienserkloster Volkenrode. Einmal lebte darin ein sehr frommer Abt. Dem träumte von drei Jungfrauen aus dem Gefolge der Elftausend, die mit der heiligen Ursula in Köln begraben liegen. Der Abt zog dorthin, fand deren Leichname und brachte sie in sein Kloster, wo sie tiefe Verehrung erfuhren. Dann aber kam eine Zeit großer Kriegsunruhen heran, weshalb es nötig war, die Kirchenschätze heimlich zu verstecken. Die Gerippe der drei Jungfrauen bekamen eine Stelle unter dem Dach – und wurden dort vergessen.

Derart vernachlässigt zu werden, missfiel aber den drei Jungfrauen, die im Leben Theumata, Eleumata und Christantia geheißen hatten, auf das Höchste. Sie klopften mehrmals laut gegen den Schrein, in dem sie lagen, doch niemand achtete darauf. Nun erschienen die drei Jungfrauen dem Küster und ermahnten ihn, sie an einen schicklicheren Ort als unters Dach, wo Katzen und Mäuse hausten, zu bringen, doch auch der Küster vergaß den Befehl immer und immer wieder.

Eines Nachts aber, als die Mönche mit dem Abt im Chor die Matutine* sangen, geschah es, dass drei Jungfrauen in die Kirche traten, sich erst vor dem Altar, dann vor dem Abt und schließlich vor den Konventualen** verneigten, um dann durch eine Tür in der Kirche, welche stets fest verschlossen war, mitten hindurch zu gehen. Zuerst meinte jeder Mönch, dass nur er allein diese Erscheinung gesehen habe, dann aber wurde offenbar, dass sie allen zugleich begegnet war. Nun kamen die Mönche auf den Gedanken, ob das nicht vielleicht die drei Ursulinen gewesen sein könnten. Und sie gingen auf den Dachboden hinauf. Noch unversehrt lag zwar der heilige Reliquienschrein*** da – die jungfräulichen Gebeine aber waren verschwunden.

Nun fuhr der Abt nach Köln zur Frau Äbtissin des Klosters und Stifts der heiligen Ursula. Da fanden sich die Körper der drei Jungfrauen wieder, just an jener Stelle, die der Abt im Traum gesehen und wo man die Gerippe ausgegraben hatte. Als er dies sah, wollte der Abt die heiligen Gebeine wiederhaben. Die Frau Äbtissin jedoch sprach: »Nein, hochwürdigster Herr Abt. Die lieben Herrinnen sind uns gar sehr willkommen. Hättet ihr sie besser behandelt, wären sie wohl bei euch in Thüringen geblieben.«

Als nun der Abt über solch abschlägigen Bescheid sehr bekümmert war, erfasste die Frau Äbtissin christliches Mitleid. Aus dem Knochengerümpel suchte sie ihm ein etwas schadhaftes Jungfrauenhaupt heraus. Dies gab sie ihm als Ersatz und er zog traurig damit von dannen.

¶ Hier wird eine originelle Querverbindung zu der Legende von den Elftausend Jungfrauen in Köln geschaffen. Die Sage macht sich aber zugleich über den Reliquienkult lustig, der vor allem im Mittelalter üppige Blüten trieb. ¶

* Matutine: nächtliche Gebetsstunde

** Konventualen: Mitglieder des Konvents, der Klosterversammlung

*** Reliquienschrein: Behältnis, in dem die körperlichen Überreste eines Heiligen aufbewahrt werden.

Paulinas Zelle

Vom Singer Berg führt ein stiller Weg in ein noch stilleres Tal hinab. In jenem Tal verbirgt sich die schönste und erhabenste aller Klosterruinen Thüringens, des Klosters Paulinzella, das nach Paulina benannt ist.

Nachdem deren Eltern gestorben waren – ihr Vater war Graf Morich, der Truchsess* Kaiser Heinrichs IV. gewesen –, lebte Paulina einige Zeit in Merseburg bei ihrem Onkel mütterlicherseits, dem Bischof Werner. Von dort aus wollte sie einmal den Grafen Sizzo von Längwitz besuchen. Nur in Begleitung einer Zofe und eines Dieners machte sie sich zu Pferd auf den Weg – doch die kleine Gesellschaft verirrte sich in den damals noch ungeheuer weiten Wäldern. Der Diener wurde als Kundschafter ausgesandt, doch er kam nicht wieder. So waren Paulina und die Zofe in dem wilden Wald allein und trieben ihre Pferde vorwärts, bis sie vor Erschöpfung nicht mehr weiterkonnten.

Schon glühte das Sonnenlicht nur noch an den höchsten Wipfeln der Bäume, als die beiden Frauen auf einer Wiese, die von zwei Bächen umflossen war, eine unbewohnte Köhlerhütte entdeckten. In der Hütte fanden sie etwas von Kohlenstaub geschwärztes Brot und ein dürftiges Lager aus Stroh. In jener Nacht in der Hütte träumte Paulina, dass sie dort an einem Altar bete. Nachdem sie erwacht war, trat sie sogleich hinaus und errichtete aus einigen herumliegenden Holzstücken einen Altar. Dann stellte sie ihr Kruzifix, das sie an einer Kette um den Hals trug, darauf und betete inbrünstig. Währenddessen kam auch ihre Begleiterin aus der Hütte und erzählte ihren eigenen Traum, der wunderbar mit dem Paulinas übereinstimmte. Dies nun hielt Paulina für einen Wink von oben und beschloss, hier eine Zelle** zu bauen.

Am Morgen aber ritten sie weiter und kamen in ein ärmliches kleines Fischerdorf, wo sie etwas Brot und Fisch erhielten. Später übrigens wurde jenes Dorf, dessen Name Fischerau war, von den reichlich belohnten Bewohnern zu Ehren der Gräfin Gräfinau genannt. Paulina selbst erwarb bald darauf vom Grafen Sizzo Ländereien in jener Gegend und führte ihren Entschluss, dort eine Zelle zu errichten, tatsächlich aus. Sie gab sich dort mit

* Truchsess: Vorsteher der Hofhaltung
** Zelle: Kloster

jenen Frauen, die ihr in die Waldeinsamkeit folgten, frommen Betrachtungen hin. Im Laufe der Zeit wurde das Frauenkloster größer und größer, der Bau einer stattlichen Kirche wurde begonnen und später auch ein Mönchskloster dort errichtet.

Jene Kirche aber war prachtvoll erbaut und mit mancherlei steinernem Bildwerk geschmückt worden, darunter auch dem Bild eines Lindwurms, also eines Drachens. Denn als Paulina einst den Rinnengrund hinaufreiste, wurde sie von einem gräulichen Lindwurm angefallen, der, zum Schrecken der ganzen Gegend, unterhalb Leutnitz in einer Höhle hauste. Sie aber hatte ein Kreuz geschlagen und ihren Schutzheiligen angerufen, wodurch das Untier besiegt wurde. Zum Andenken an jenes Abenteuer ließ sie den Lindwurm in Stein hauen. Sein Bild ist noch heute an einem erhaltenen Säulenkapitell am Haupteingang der Klosterkirche zu sehen.

❡ Paulinzella in der Nähe von Ilmenau an der Bahnlinie von Arnstadt nach Saalfeld gehört zu den schönsten Klosterruinen Deutschlands. Die Gründerin Paulina lebte von 1067 bis 1107. Es gibt eine weitere Gründungssage, die – wie so häufig – von der Hilfe des Teufels beim Bau erzählt. ❡

Luther und das Singenberger Schloss

Vorzeiten lebte droben im Singenberger Schloss ein Graf in großer Abgeschiedenheit, der stand in dem Ruf, ein Geizhals zu sein, der Schatz um Schatz in seiner Burg zusammenraffe. Ein junger Verwandter aber, welcher Lust hatte, den Alten möglichst bald zu beerben, tat sich mit einigen Wegelagerern zusammen, um die Burg zu überfallen, den Grafen zu töten und die Schätze aufzuteilen. Nachdem sie den Mord begangen hatten, verbreiteten die Männer die Nachricht, dass der Graf gestorben sei. Nun blieb der junge Ritter im Besitz des Schlosses und führte dort mit seinen Raubgesellen ein zügelloses Leben. Sie lauerten Reisenden auf, raubten sie aus oder verschleppten sie auf ihre Burg, um sie erst gegen ein hohes Lösegeld wieder freizugeben.

Einmal hatten sie eine vornehme Frau mit deren beiden Töchtern und der

Dienerschaft entführt. Doch nun entbrannte großer Streit unter den Räubern, denn sie wollten die Frauen nicht freilassen, sondern sie lieber selbst besitzen. Da vereinbarten sie, dass derjenige die Schönste erhalten solle, der den reichsten Fang machte. So gingen die Ritter auf Raubzug aus.

Die erste Beute, die einem der Wegelagerer in die Hände fiel, waren einige Erfurter Mönche, unter welchen sich auch der Doktor Luther befand. Nur Letzterer wurde als Geisel behalten, die anderen aber ließ man frei mit der Anweisung, Lösegeld für ihn heranzuschaffen. Ein Knappe sollte Luther bewachen. Jener Knecht aber wurde über seiner Wache so schläfrig, dass er auf der Stelle einschlief. Luther jedoch stand auf und ging davon. Da erblickte er die stattliche Burg in der Ferne und hoffte dort Schutz zu finden. Als er aber näher kam, da stand die gefangene Frau auf der Zinne und rief ihm zu: »Flieht so schnell Ihr könnt! Hier wohnen Raub und Mord!« Und als sich Luther daraufhin zur Flucht wandte, da lief er geradewegs den Raub- und Rottgesellen in die Hände und wurde auf die Burg hinaufgeschleppt.

Am Abend, als die Räuber Zechgelage hielten, riefen sie ihn zu sich und verlangten, dass er ihnen Lieder singen und ihnen die Zeit vertreiben solle. Zum Schein stimmte Luther da in ihren Ton ein – doch er sang lateinische Formeln, die sie nicht verstanden und deren geheime Kraft sie einschläferte. Als sie nun alle schliefen, hat er die gefangenen Frauen mit ihren Schätzen aus der Burg herausgebracht, und im Gehen sang er ein weiteres seiner Lieder. Dann aber hat er die Burg mit Mann und Maus verwünscht, dass sie niemals wieder ein Menschenauge erblicken solle, außer dem, der seines Liedes Melodie hoch oben auf dem Berg erklingen lasse.

Schon bald geriet das Schloss in Vergessenheit. Viele Jahre gingen dahin und der Singenberggipfel blieb öde und einsam. Einmal aber trieb ein Schäfer seine Schafe hinauf und er blies dabei ins Blaue hinein auf seiner Schalmei eine Melodie – und es war ebenjenes Lied. Da ist das Schloss vor seinem Blick wieder aufgestiegen und alle Tore und Hallen waren geöffnet. Der Schäfer hat sich hineingewagt, aber alles darin still und schlafend gefunden. Er füllte seine Kürbisflasche mit dem Wein, der da in Fässern und Krügen in Fülle vorhanden war, dann verließ er die Burg, um nach seiner Herde zu sehen. Gleich darauf ist die Burg wieder verschwunden.

Der Wein aber schmeckte köstlich und er ging niemals zu Ende, so viel der gute Schäfer auch davon trank. Die Burg jedoch fand er nicht wieder, so oft er auch danach suchte, denn er wusste ja den Zauber nicht, der sie ihm zeigen konnte. Nach einiger Zeit aber kam der Schäfer zu einem guten Freund. Dem erzählte er, was er mit dem Schloss erlebt hatte, und er endete mit den Worten: »Und versuch nur mal den guten Wein!«

Als der andere aber trinken wollte, rief dieser: »Du Narr! Da ist ja nichts drin!«

Da ist es dem Schäfer wie manchem anderen gegangen, der sein Geheimnis ausgeplaudert hat: Die Kürbisflasche war und blieb leer.

❡ *Vom Singer Berg südlich von Stadtilm werden verschiedene Sagen erzählt, die denen vom Kyffhäuser ähneln (vgl. »Barbarossa im Kyffhäuser«, S. 256). Auch soll der Berg jeden Wetterumschwung anzeigen. Die Geschichte von der verschwundenen Raubburg will wohl die Überreste einer vorgeschichtlichen Burganlage erklären, die auf der Nordseite des Gipfels liegen. Von Martin Luther werden ebenfalls gern Sagen und Anekdoten erzählt.* ❡

Des Babenbergers Grab

Zwischen Schweinfurt und Hassfurt lag vorzeiten ein stattliches Schloss, welches dem Grafen Adalbert von Babenberg gehörte. Dieser war auf schändliche Weise von jenem Bischof Hatto von Mainz, den die Mäuse bei lebendigem Leib gefressen haben, verraten worden: Adalbert hatte den Bruder von König Ludwig im Kampf getötet. Deshalb belagerte ihn der König in seiner hohen Feste, der Babenburg über Bamberg. Hatto aber war der Ratgeber und Kanzler des Königs. So ging er als Abgesandter des Königs hinauf auf die Babenburg und überredete den Grafen zu einer Zusammenkunft mit dem König. Dabei versprach er ihm, ihn vor dem Essen wieder sicher und ungefährdet auf die Burg zurückzubringen.

Als sie so den Berg hinabstiegen, wurde es Hatto flau und er klagte über entsetzlichen Hunger, da er noch nüchtern sei. So lud ihn Adalbert ein, noch einmal zur Burg zurückzukehren und erst einmal etwas zu frühstücken.

Danach aber gingen sie zum König hinab – dieser jedoch ließ den Grafen sogleich in Fesseln legen. Adalbert klagte über den Treuebruch und berief sich auf Hattos Zusage des freien Geleits zurück auf die Burg. Doch da entgegnete der verlogene Pfaffe: »Hab ich dich nicht, wie versprochen, vor dem Essen wieder auf deine Burg zurückgebracht?« König Ludwig aber ließ Graf Adalbert zur Sühne seines Bruders auf der Stelle enthaupten und seinen Leichnam in den Main werfen. Schnell verbreitete sich die Kunde. Da versammelten sich die Diener am Strom und als der Leichnam geschwommen kam, riefen sie weinend: »Der is'! Der is'!« Von diesem Ausruf wurden später Schloss und Kloster »Theris« und »Theres« genannt.

Adalbert aber wurde in der Klosterkirche feierlich beerdigt und an der Wand links hinter dem Hochaltar errichtete man ihm ein stattliches Epitaph*. Der Graf war darauf abgebildet, in seinem Harnisch und lebensgroß, wie er auf einem liegenden Löwen steht. Die Grabschrift aber lautete: »Im Jahre des Herrn 908 starb der edle Adalbert, Graf von Babenberg, dessen Asche hier beigesetzt wurde, dieses Klosters Gründer, ein Geber reicher Güter, dessen Seele ruhe mit den Heiligen. Amen.«

Später sind Kirche und Kloster neu gebaut worden und man weiß nicht, wohin das Epitaph gekommen ist. Von Adalberts Grab hat sich die Sage erhalten, dass es mit reichen Schätzen angefüllt und noch nicht wieder aufgefunden worden sei. Alte Leute wussten zu erzählen, dass man, wenn man im Tor des Klosterhofs gestanden habe und zwischen zwei Säulen, die einen Bildstock bildeten, hindurchblickte, die Richtung gefunden habe, in welcher sich das Grab befindet. Jener Bildstock soll zwar noch vorhanden sein, man weiß aber nicht, ob er noch an der alten Stelle steht.

❡ *Hier wird versucht, eine Erklärung für den Namen des ehemaligen Benediktinerklosters »Theres« in Unterfranken zu geben. In Wirklichkeit wurde Theres bereits 802 urkundlich erwähnt, Graf Adalbert von Babenberg aber erst 906 in seiner Burg »Terissa« belagert und wegen Landfriedensbruch enthauptet.*
Die Sage von Bischof Hatto und dem Mäuseturm in Bingen findet sich in dem Kapitel »Von merkwürdigen und geheimnisvollen Menschen«, S. 527. ❡

* Epitaph: Gedenkmal in der Kirchenwand

Der Malzmönch in Zittau

Die alte Stadt Zittau, welche zahlreiche Brauereien besaß, ist von jeher für ihr Bier bekannt gewesen. Dennoch war das von allen so hoch geschätzte Bier den Franziskanermönchen einmal nicht gut genug. Deshalb erwirkten sie durch ihren Abt, dass ihnen der Stadtrat ein besonderes Brauhaus zur Verfügung stellte. Zum Aufseher dieser Brauerei wurde der dicke Mönch Laurentius bestellt, der zwar in vielem einfältig bis zur Dummheit war, aber einen überaus feinen Geschmackssinn besaß.

Dreimal täglich besuchte Laurentius die Malzböden der Klosterbrauerei und jedes Mal schöpfte er mit einem Becher aus schön poliertem Rosenholz eine Hand voll Malzkörner von jedem Haufen ab, um sie, langsam über die Gänge wandelnd, zu verzehren. Erst wenn alles Malz seinem Geschmack genügte, durfte es in die Pfanne geschüttet und zum Brauen verwendet werden. Ebenso verfuhr er mit dem gebrauten Bier: Nicht eher durfte es abgefüllt werden, als bis es Laurentius zusagte. So kam es, dass das Klosterbier bald das beste Bier der Stadt war und jedermann es haben wollte, während die Stadtbrauereien keine Abnehmer mehr fanden.

Es dauerte aber nicht lange, da brachten die anderen Brauer das Gerücht auf, die Mönche müssten geheime Künste anwenden, um dem Bier seinen guten Geschmack zu verleihen. Nun hatte die Tochter des Klosterbrauers aber einmal ihrem Geliebten, der ein Brauerssohn war, anvertraut, dass Pater Laurentius oft in stiller Mitternacht über die Malzböden wandle, dann zum Kühlstock* hinabsteige, den Segen über das brodelnde Getränk spreche und etliche Male von dem Inhalt koste.

Als er dies hörte, überredete der junge Brauer seine Geliebte, ihn selbst und einige seiner Kameraden im Klosterbrauhaus zu verstecken. Und als der Mönch einmal wieder seine Runde machte, da fielen sie über ihn her, fesselten ihn und schleppten ihn fort. Der Abt wurde durch ein Schreiben des Bürgermeisters persönlich in Kenntnis gesetzt, in welchem er verlangte, er solle Bruder Laurentius den Befehl erteilen, seinen wirksamen Zaubersegen auch

* Kühlstock: Der Raum in der Brauerei, in dem die Kühlwannen zum Abkühlen des Bieres standen.

über das Bier der übrigen Brauer zu sprechen. Der Abt hatte nun keine andere Wahl, als gute Miene zum bösen Spiel zu machen. Der arme Laurentius aber wurde von Brauhaus zu Brauhaus geschleppt, bis er nach und nach alle Kühlstöcke der Stadt gesegnet hatte.

Ein unglücklicher Zufall jedoch wollte es, dass das gesamte Bier, als die durstigen Kehlen es kosteten, sauer wie Essig war. Über diese ganz entgegengesetzte Wirkung des Segens gerieten die Stadtherrn sehr in Schrecken und meinten, dass dies nun die gerechte Strafe für ihren Frevel an der Heiligkeit des Klosters sei. Ein Teil der Stadtherrn begab sich sogleich dorthin, um für seine Sünden um Vergebung zu bitten – ein anderer Teil aber sann auf Rache.

Zu jenen Rachsüchtigen aber gehörte auch besagter Brauerssohn. Seine Geliebte gab ihm den Rat, er solle den Rosenholzbecher des Paters an sich bringen und versuchen ihm seine Beschwörungsformel abzulauschen, und beide beschlossen sie nun, Pater Laurentius gemeinsam aufzulauern und ihm mit Gewalt sein Geheimnis zu entreißen. Und wirklich, als Pater Laurentius über die Gänge gewackelt kam, um aus dem Kühlstock zu kosten, da entriss ihm das Mädchen den Becher und ihr Bräutigam, der ein starker Bursche war, hob Laurentius hoch, hielt ihn über die brodelnde Flüssigkeit und drohte, ihn hineinfallen zu lassen, wenn er ihm nicht den Segen verrate.

In seiner Todesangst vermochte der Pater aber nur unverständliche Worte zu lallen. Und als der junge Mann, dem seine Last zu schwer wurde, seine Braut aufforderte zuzugreifen und ihm zu helfen, den Mönch wieder heraufzuheben, da hielt sich Laurentius so krampfhaft an dem Mädchen fest, dass es das Gleichgewicht verlor und kopfüber in den Kühlstock stürzte. Vor lauter Schrecken ließ der Bräutigam auch den Mönch versinken und als er nach einigen Augenblicken begriffen hatte, was er da angerichtet hatte, folgte er freiwillig den beiden Opfern in die Tiefe.

Am nächsten Morgen wunderten sich die Brauknechte zwar, dass auf dem Gebräu der Rosenholzbecher von Laurentius schwamm, aber sie dachten sich nichts weiter dabei, versuchten das Bier und fanden, dass es besser schmeckte denn je. Bald sprach sich herum, wie köstlich es war, und jedermann wollte davon haben. Plötzlich, beim Ausschenken aber, erblickten sie in der Öffnung die drei Leichname. Sogleich schüttete jeder weg, was er noch im Krug hatte, und alles eilte bestürzt von dannen. Doch fast alle, die von dem Bier getrunken hatten, bekamen eine schwere Krankheit, und wer daran starb, von dem sagte man, er sei an des Malzmönchs Nachttrunk gestorben. Von jenem Tag an holte niemand mehr Bier aus dem Klosterbrauhaus und die städtischen Brauereien erfuhren einen neuerlichen Aufschwung.

Das Volk aber erzählt sich, dass der Malzmönch in seiner Kutte, von dem ertrunkenen Brautpaar und einer Schar Zwerge begleitet, jeden Monat einmal zur Zeit des ersten Mondviertels um Mitternacht über die Malzböden aller Brauereien ziehe, mit seinem Becher von dem Malz koste und sich dann zum Kühlstock hinabbegebe, wo er seinen Segen spreche. Wo er dies tue, da gerate das Bier vortrefflich; bleibe er aber aus, und das tue er zuweilen aus Bosheit, da verderbe das Bier und wer es dennoch trinke, der spüre es viele Tage in seinem Leibe.

¶ *Die Stadt Zittau in der Oberlausitz kennen wir schon als die Heimat der Querxe (vgl. S. 175). Der Malzmönch aus dem ehemaligen Franziskanerkloster ist wohl die bekannteste Sagenfigur der Stadt. Dass Mönche manchmal durch Segenssprüche und sogar ein wenig Magie versuchten ihr ohnehin meist vorzügliches Bier noch zu verbessern und so die bürgerliche Konkurrenz zu übertreffen, war durchaus üblich – oder wurde zumindest von Letzterer angenommen.* ¶

Das unvollendete Kloster

In jenen Zeiten, als noch das Faustrecht herrschte, wurde die Gegend, in der sich später das Kloster Maulbronn erhob, häufig von Räuberhorden heimgesucht. Nur unter Angst betrat jeder friedliche Wanderer den verrufenen Boden. Man hoffte aber diesem Schrecken ein Ende setzen zu können, indem man in dieser unwirtlichen Einsamkeit ein Kloster erbaute. Es war der Edle Walter von Lomersheim, der diesen Entschluss fasste.

Wald wurde ringsum gerodet, Wege nach allen Seiten hin angelegt und aus den nahen Steingruben wurden mächtige Quader gehauen. Bald schon wölbte sich der schöne Kreuzgang auf dem starken Grund, bald schon trafen die ersten Mönche ein, um den fertig gestellten Teil des Klosters zu bewohnen.

Als man aber eben dabei war, den Grundstein der Kirche zu legen, da brachen die Räuber, welche es verdross, aus ihrem so günstig gelegenen Versteck vertrieben zu werden, über das Kloster herein. Sie verjagten die Arbeiter und verlangten die Mönche zu sprechen. Denen aber erklärten sie, dass sie fest entschlossen seien, die Vollendung des Klosterbaus zu verhindern, und drohten das Gebäude niederzureißen. Da trat ein schlauer Mönch hervor und sprach recht freundlich: »Diese Mühe könnt ihr euch sparen, denn wir selbst werden euch geloben den Bau nicht zu vollenden.« Hierauf ließen sich die Räuber einen Eid schwören, dann zogen sie arglos von dannen.

Die Mönche aber bauten weiter an der Kirche, als ob nichts gewesen wäre. Sie bauten so lange, bis an der linken Seitenwand noch ein einziger Stein fehlte. Den aber ließen sie mit Bedacht am Boden liegen. Weithin durch den Wald hallte nun die Klosterglocke.

Auf dieses Zeichen des Treuebruchs hin eilten die Räuber aufs Neue herbei, um von den Mönchen strenge Rechenschaft zu fordern. Die Mönche aber öffneten ihre schöne Klosterkirche und führten die Räuber durch die linke Seitenhalle zu der Stelle, wo der Stein am Boden lag und sich ein Loch in der Mauer befand. »Ihr seht«, sprachen sie, »die Kirche wartet noch immer auf ihre Vollendung und unserem Eid gemäß soll sie auch warten bis an den Jüngsten Tag.«

Zwar sahen sich die Räuber nun hintergangen – beschuldigen, den Eid gebrochen zu haben, konnten sie die Mönche jedoch nicht. Auch fürchteten sie die mächtigen Beschützer des jungen Klosters und ließen sich von jenem Tage an in den Wäldern nicht mehr blicken.

Noch zeigt man an der linken Seitenhalle der ehrwürdigen Klosterkirche Maulbronn die Steinplatte am Boden unterhalb der Öffnung. Nicht weit davon sind in Stein gehauen Mörtel, Spaten und Hacken zu sehen und darüber eine zum Schwur erhobene Hand mit drei aufgehobenen Fingern, zum bleibenden Zeichen dafür, wie die Mönche ihr Wort gehalten haben.

❡ Maulbronn in Württemberg gehört heute noch zu den besterhaltenen und sehenswertesten mittelalterlichen Klosteranlagen und lohnt einen Besuch. Dort wird auch der »Faustturm« gezeigt, in dem der Schwarzkünstler (vgl. »Doktor Faustus«, S. 395) gewohnt und gearbeitet haben soll. ❡

Das heilige Kreuz zu Freckenhorst

In alten vergangenen Zeiten lebte im Kloster Freckenhorst eine ehrwürdige Äbtissin, die sehr fromm und demütig war. Tag und Nacht betete sie zu Gott und mühte sich ihm zu dienen. Durch eine Eingebung des Heiligen Geistes keimte in ihr einst der Wunsch auf, Gott um ein Heiligtum und eine Gabe zu bitten, woran sie erkennen könne, dass sie in seiner Gunst und Gnade stehe und wodurch Kloster und Kirche für alle Zeiten erhöht würden.

Da geschah eines Tages, als sie im Gebet lag und Gott darum anflehte, das Wunder: Durch das Gewölbe der Kirche kam ein schönes heiliges Kreuz vom Himmel und fiel vor den Füßen der Äbtissin auf einen Stein des Estrichs nieder. Es blieb darauf stehen, als wäre es in Wachs gedrückt, und all die Edelsteine, mit denen es besetzt war, funkelten und leuchteten. Als die Äbtissin das schöne Kreuz und große Wunder sah, erschrak sie zutiefst, vor lauter Freude brach sie in Schluchzen aus. Dann aber rief sie den Priester, der das heilige Kreuz ehrfürchtig auf den Altar setzte. Mit großem Lobgesang pries nun die ganze Versammlung Gott und das heilige Kreuz und man hielt es in großen Ehren.

Eines Tages aber suchte der Bruder der Äbtissin seine Schwester auf und klagte ihr, dass er durch die Gewalt seiner Feinde um all sein Land und Erbe gekommen war. Voller Mitleid und tief betrübt sprach die Äbtissin da: »Ich besitze ein großes Heiligtum, das vom Himmel herab zu mir gekommen ist. Wenn du es frei von jedem Zweifel bei dir trügest, würdest du über all deine Feinde siegen und deine Güter zurückerhalten.« Als er dies hörte, bat der Bruder inständig darum, dass sie ihm jenes Kreuz überlassen möge. Die Äbtissin aber sprach: »Mein großes Heiligtum kann ich dir nur gegen eine Bürgschaft geben, dass ich es sicher wieder von dir zurückerhalte.« Nun versprach ihr der Bruder sechzig Ritter als Bürgen für die Zeit, bis er ihr das Kreuz zurückbrächte.

Als er nun jenes Heiligtum besaß, besiegte er tatsächlich alle seine Feinde und bald hatte er seine Besitztümer wieder. Nun aber schlichen sich böse Gedanken in sein Herz: Er wollte das Heiligtum lieber behalten. Die Ritter jedoch rieten ihm, das Kreuz zurückzugeben, wie er es versprochen hatte, denn sie wollten wieder losgelöst sein von jenem Gelübde, welches sie seiner

Schwester gegeben hatten. Anschließend, so meinten sie, könne er sich das Kreuz ja mit Gewalt wieder beschaffen. So brachte der Bruder das Kreuz ins Kloster zurück. Nur kurze Zeit später aber fielen Ritter, Soldaten und Knechte in das Kloster ein und stahlen der Äbtissin das Kreuz mit brutaler Hand.

Über die Erkenntnis, dass sie von ihrem Bruder ihres größten Heiligtums beraubt worden war, wurde die Äbtissin so betrübt, dass sie darüber schwer erkrankte und schließlich starb. Als aber der Bruder von ihrem Tod erfuhr, erschrak er sehr, denn er ahnte, dass er die Ursache ihres Todes war. Er bat Gott um Vergebung für seine Sünde und zog nach Livland, um dort für den christlichen Glauben zu kämpfen. Das Kreuz nahm er auf seinen Kriegszug mit.

Dort aber geschah viele Jahre später Folgendes: Als der Priester vor dem Altar stand und die Messe halten wollte und das Kreuz mit großer Pracht und vielen Kerzen auf den Altar gestellt wurde, da entstand plötzlich großer Aufruhr in der Stadt, denn es hieß, Feinde stünden vor dem Tor. Alles stürmte aus der Kirche, der Priester brach die Messe ab und er vergaß dabei, das Kreuz fortzunehmen. In der Kirche aber war ein Mann zurückgeblieben, der den Namen Legwyk trug. Zu ihm kam eine Stimme aus dem Himmel, welche sprach: »Gehe zum Altar, nimm das heilige Kreuz, stecke es in deine Tasche und bringe es zu einem Ort und Kloster, das da heißt Freckenhorst.«

Legwyk erschrak, lief aber eilends zum Altar und tat, was ihm befohlen worden war. Als er jedoch an das Tor kam, da hatte sich schon herumgesprochen, dass das Kreuz verschwunden war. Die Straßen wurden bewacht und die Tore geschlossen, damit man den Dieb fände. Da war Legwyk in großer Not. Er rief Gott und das heilige Kreuz um Hilfe an und nun überkam ihn Mut. Kühn trat er an die Pforte und die Brücke, wo die Soldaten Wache hielten, und jetzt geschah ein großes Wunder: Nur er allein sah, wie das heilige Kreuz aus seiner Tasche und ins Wasser sprang. Und als die Soldaten ihn mit aller Sorgfalt durchsuchten, fanden sie nichts bei ihm und ließen ihn gehen.

Als Legwyk ein gutes Stück gegangen war, dachte er aber: Lieber Herr Gott Vater, nun habe ich ja das heilige Kreuz nicht mehr, das mir so dringend ans Herz gelegt wurde!, und er sah voller Sehnsucht in seine Tasche. Da aber fand er das heilige Kreuz wieder darin und begann vor Freude zu weinen.

Eines Abends kam Legwyk auf seiner Wanderschaft erst spät in eine Stadt. Dort nahm er Unterkunft bei einer Witwe, der er seine Tasche mit dem Kreuz überreichte, damit sie sie über Nacht bewache. Die Witwe schloss die Tasche in ihrer Kiste ein. Als es aber Mitternacht war, da sah sie mit einem Mal viele brennende Kerzen darauf stehen und sie hörte die heiligen Engel aus dem Himmel singen. Auch war die Kammer von solch lieblichem Duft erfüllt, dass sie erschrak und meinte, es müsse ein großes Heiligtum sein. Und als am Morgen Legwyk seine Tasche zurückverlangte, da schwor sie Stein und Bein, sie niemals erhalten zu haben. Legwyk weinte vor Betrübnis, doch er dachte bei sich, dass Gott ihn nicht verlassen würde, und ging seines Weges.

Und wie er so ging und sann und innig bat, dass er es wiedererhalte, und mit festem Glauben in seine Tasche blickte, da fand er das heilige Kreuz von neuem darin. Legwyk wanderte weiter, bis zu jenem Ort, an welchen er das Kreuz bringen sollte. So gelangte er schließlich nach Gronhorst, das bei Freckenhorst liegt, wo er das Kreuz zurückließ. Eilig begab er sich zu jenem Kloster und berichtete der Äbtissin und dem ganzen Konvent* alles, was sich mit ihm und dem Kreuz zugetragen hatte.

Sogleich bereiteten sich die edle und ehrwürdige Äbtissin mit ihren Jungfrauen und Herren vor und mit Kreuzen und Fahnen zogen sie hinaus, um das heilige Kreuz mit großen Ehren und Lobgesang in Empfang zu nehmen. Sie dankten Gott dem Herrn, dass er ihnen ihr Heiligtum wiedergegeben hatte. Dann brachten sie das liebe heilige Kreuz in die Kirche, wo es sich heute noch befindet und wo viele große Wunder und Zeichen geschehen.

Aus dem Kloster Freckenhorst zwischen Münster und Gütersloh stammt auch jene gespenstische Jungfer Eli, die wir schon im ersten Kapitel kennen gelernt haben (vgl. S. 26). Das heilige Kreuz in der Stiftskirche gilt auch heute noch als besondere Sehenswürdigkeit.

* Konvent: Versammlung der Mitglieder eines Klosters

Die Mönche von Lehnin

Einst ging Markgraf Otto I. von Brandenburg mit seinen Edelleuten in jener Gegend auf die Jagd, wo heute das Kloster Lehnin steht. Als er aber vom Jagen müde war, streckte er sich unter einer Eiche aus. Da schlief er ein und träumte, wie ein Hirsch ihn anfiele und versuchte ihn mit seinem Geweih aufzuspießen. Zwar wehrte er sich tapfer, doch ausrichten konnte er gegen den Hirsch nichts. In dieser großen Gefahr rief der Markgraf Gott um Beistand an. Da verschwand der Hirsch sogleich und Otto erwachte.

Nun erzählte er seinen Begleitern von seinem Traum. Und da er schon längst beschlossen hatte, aus Dankbarkeit für die Vorsehung, die ihn bisher in Gefahren immer gnädig beschützt hatte, aber auch um sich der göttlichen Gnade noch mehr zu versichern, ein Kloster zu stiften, bekräftigten die Edelleute ihn darin. Sie meinten nämlich, dass jener Hirsch der Teufel gewesen sei, weil er erst dann von ihm gewichen war, als er Gottes Namen angerufen hatte.

Da aber rief der Markgraf: »An diesem Ort hier will ich eine Feste bauen, aus welcher die höllischen Feinde durch die Stimmen heiliger Männer vertrieben werden sollen und in welcher ich den Jüngsten Tag ruhig erwarten will.«

Er zögerte nicht, seinen Vorsatz auszuführen. Aus dem Kloster Sittichenbach im Mansfeldischen ließ er Zisterzienser-Mönche kommen und baute das Kloster. Er ließ es allerdings mit Befestigungsanlagen umgeben, weil die slawischen Bewohner der Umgegend dem Christentum noch abgeneigt waren. Da aber ein Hirsch den Anlass zur Erbauung des Klosters gegeben hatte und der Hirsch in der alten slawischen Sprache den Namen Lanie trägt, so nannte er das Kloster Lehnin. In der Kirche zeigt man noch bis auf den heutigen Tag den Stumpf jener Eiche, unter welcher der Markgraf den Traum gehabt haben soll, denn zum ewigen Andenken hat man ihn in den Stufen vor dem Altar eingemauert.

❡ *Von dem ehemaligen Kloster Lehnin zwischen Potsdam und Brandenburg sind einige Teile wie das Abtshaus und die Klosterkirche erhalten und restauriert. Aus dem Stumpf der Eiche sind angeblich die Stufen des Altars gehauen.* ❡

Der verlorene Schleier

Eines Tages lustwandelten Herr Otto und Frau Beatrix, Graf und Gräfin von Henneberg, auf ihrer Burg Bodenlauben gleich über Kissingen. Da kam ein kräftiger Wind auf, der den Schleier der Gräfin von ihrem Haupte riss und ihn hoch in die Lüfte davonwirbeln ließ. Da ihr dieser Schleier aber sehr teuer gewesen war, legte sie das Gelübde ab, an jener Stelle, wo er sich wiederfinden würde, ein Kloster zu erbauen. Und ihr Gemahl bestätigte diesen frommen Vorsatz gern.

Nun wurden talauf- und talabwärts in jene Richtung, wohin der Schleier geflogen war, Boten ausgesandt, doch sie fanden diesen nicht. Wohl aber fanden ihn einige Frauen in jenem Tal, das sich von Burkardroth nach Waldaschach herabzieht, wo er an einem blühenden Rosenstrauch hing. Sobald Graf und Gräfin davon Nachricht erhalten hatten, begaben sie sich höchstselbst an jene Stelle, und schon kurze Zeit später legten sie den Grundstein für das Kloster, das sie Frauenroth nannten. Beide bedachten sie es mit reichen Gaben und als nach einem gottseligen Leben erst der Graf und dann die Gräfin starben, sind beide im Kloster vor dem Altar begraben worden, und man richtete steinerne Denkmäler für sie auf, die noch heute in der Kirche zu sehen sind. Ihr Sohn Otto wurde Provisor* der Klosterfrauen zu Frauenroth. Nachdem aber das Kloster, das lange Zeit in hoher Blüte stand, in Verfall geriet, ist es schließlich bis auf die Kirche ganz vom Erdboden verschwunden.

Der Sage nach soll es bei der alten Klosterstätte zu Frauenroth nicht geheuer zugehen. Lodernde Feuer oder bläuliche Flämmchen werden in bestimmten Nächten brennend auf dem Kirchhof oder in der Nähe der Klosterkirche erblickt und weisen auf einen großen, dort vergrabenen Schatz hin.

Nicht weit von der Kirche entfernt erhebt sich ein Hügel, auf welchem vor langer Zeit erst eine Burg, dann ein Teil des Klostergebäudes standen. Von dort führt ein bedeckter Gang zu der Kirche hin, über welchen die Nonnen schritten, wenn sie sich auf dem Chor versammelten, um die Stundengebete zu singen. Über dem Portal erkennt man noch die vermauerte Öffnung.

* Provisor: Verwalter

Jedes Jahr erblickt man in gewissen heiligen Nächten diesen Gang in der Luft und dazu einen Zug gespenstischer Nonnen, und man sieht die Kirche erleuchtet. Doch es ist nicht gut, lange hinzusehen, und noch weniger, die Kirche zu betreten, denn dann halten die Geister darin Mette und vor dem Altar knien die Gestalten des Stifters und der Stifterin und hinter ihnen alle, die in der Kirche begraben wurden. Vom Haupte der Beatrix aber weht der weiße Schleier und auf Ottos Haupt rauschen die Blätter eines welken Kranzes geisterhaft im Hauche der Nacht. Nach der Mette ziehen die Nonnen still zurück und verschwinden im Nebel, wie sie gekommen sind.

❡ Der wiedergefundene Schleier begegnet uns in verschiedenen Sagen von Kirchen- und Klostergründungen. So ließ beispielsweise die heilige Kunigunde (vgl. »Die Bamberger Waage«, S. 456) von Bamberg aus gleich drei Schleier fliegen, um an den Fundorten Kirchen zu erbauen. Diese Sage hat einen historischen Kern. Otto und Beatrix gründeten 1231 das Zisterzienserinnenkloster Frauenroth. Ihre Grabplatte ist heute noch in der Kirche erhalten. ❡

Die heilige Kümmernis

In Saalfeld steht eine alte Kapelle auf einer Brücke über einen Fluss. An der Kapelle findet sich ein St.-Gehülfen-Bild*, das eine gekreuzigte Nonne zeigt, vor der ein Mann mit einer Geige kniet, neben welchem ein goldener Schuh liegt. Über jenes Bild wird mehr als eine Sage erzählt. Manche wissen darüber Folgendes:

Einst hatte sich die Tochter eines Sorbenfürsten heimlich der Lehre Jesu Christi zugewandt und deshalb jede Werbung von Liebhabern, die sie heiraten wollten, beharrlich ausgeschlagen. Sie wollte nämlich lieber in ein Kloster gehen. Als aber ihr Vater dies erfuhr, wurde er sehr zornig und schwor, dass seine Tochter den Kreuzestod ihres Christengottes sterben solle, wenn sie sich weiterhin seinen Befehlen widersetze. Da aber die Tochter standhaft

* St.-Gehülfen-Bild: Bild, vor dem man den entsprechenden Heiligen um Hilfe bittet.

blieb, hielt der Vater sein grausames Wort und ließ sie mit den Armen an ein Kreuz nageln.

Als sie nun so frevlerisch vor dem Auge der Menge zur Schau gestellt am Kreuz hing, da flehte sie in ihrer tiefen Qual den Heiland an, dass er die Gnade an ihr erzeige und ihrer Gestalt Unkenntlichkeit verleihe, um auf diese Weise die Schmach zu mildern. Ihre Bitte wurde erhört, denn der Heiland vollbrachte ein Wunder an ihr: Ihr wuchs ein starker Männerbart und auch ihr Körper wurde in einen männlichen Körper verwandelt.

Ein edler Jüngling aber, der schon lange heimlich die Jungfrau geliebt hatte, kam herbei und versüßte ihr den Tod durch sein Saitenspiel. Zum Dank ließ die Jungfrau einen ihrer goldenen Schuhe von ihrem Fuß fallen.

Einst aber war ein armer Spielmann dem Hungertod nah. In seinem eigenen Kummer vertraute er sich der heiligen Kümmernis auf der Brücke an. Er kniete vor ihrem Bilde nieder und erflehte ihre Hilfe. Jenes Bild war sehr prächtig und trug goldene Schuhe. Da nun der Spielmann gebetet und vor dem Bild eine andächtige fromme Weise gespielt hatte, ließ das Bild einen seiner goldenen Schuhe vom Fuße fallen, gerade vor den Spielmann hin. Der nahm dankbar die wertvolle Gabe an und ging, um sie zu verkaufen.

Der Goldschmied aber, der den Schuh genauestens kannte, weil er ihn selbst angefertigt hatte, schleppte den armen Spielmann vor Gericht und klagte ihn wegen Diebstahls an. Er wurde zum Tode verurteilt. Auf seinem letzten Gang aber führte man ihn wieder an jenem Bildnis vorbei. Nun kniete er noch einmal nieder und flehte die heilige Kümmernis an seine Unschuld zu bezeugen. Und siehe, da warf sie ihm für alle sichtbar auch ihren zweiten Schuh zu und die Unschuld des Spielmannes hatte sich erwiesen.

❡ Die heilige Kümmernis oder auch die »Jungfrau mit dem Bart«, eine etwas seltsame Heilige, die nur im Volksglauben existiert, begegnet uns an verschiedenen Orten in ganz Europa, in Prag ebenso wie in Venedig, häufig vor allem in Deutschland. In Wirklichkeit handelt es sich bei den Kümmernis-Bildnissen um Darstellungen des gekreuzigten Jesus, der aber statt des Lendentuches eine rockähnliche Tunika trägt. Das Bild in Saalfeld wurde nach dem Abriss der Brücke in die Johanniskirche übertragen. ❡

Die Prinzessin und das Hündlein

In Goslar lebte einmal ein Kaiser, der eine Tochter besaß. Jenes Mädchen aber war so schön, dass er sich selbst in sie verliebte und sie um jeden Preis zu seiner Gemahlin haben wollte. Die Prinzessin jedoch war zu gottesfürchtig für eine solche Tat und sträubte sich dagegen. Der Kaiser aber beharrte auf seinen Willen und schließlich wurde der Tag der Hochzeit festgesetzt.

In der Nacht davor wusste das Mädchen vor Verzweiflung nicht mehr aus noch ein. In ihrer Not warf sie sich nieder und flehte die Mutter Maria um Hilfe an. Die heilige Jungfrau erschien ihr und fragte sie, was sie denn wünsche. Das Mädchen erzählte ihr ihre Not und bat, wenn es nicht anders ginge, so solle sie ihr doch lieber ihre Schönheit nehmen, bevor sie diese Sünde begehen müsste.

Am nächsten Morgen, als die Prinzessin in den Spiegel sah, erkannte sie sich fast nicht mehr, so hässlich war sie geworden. Als nun der Kaiser erfuhr, wie dies geschehen war, wurde er so zornig, dass er sie hinrichten lassen wollte, doch seine Minister baten für die Prinzessin um Gnade. Da lenkte er ein: Wenn es ihr gelänge, in acht Tagen ein Altartuch für den Dom fertig zu stellen, sc wolle er sie wieder in Gnaden aufnehmen, und er beschrieb ihr genau, wie das Altartuch sein solle. Zwar konnte die Prinzessin über die Maßen schön weben und sticken, doch er machte es so schwer, dass ein jeder ein ganzes Jahr für die Arbeit gebraucht hätte.

In ihrer neuerlichen Not rief die Prinzessin noch einmal die Mutter Maria an, im Vertrauen, dass sie ihr auch dieses Mal helfen würde. Die Jungfrau Maria aber kam nicht. Auch nicht in der zweiten Nacht und nicht in der dritten. Da ergriff die Prinzessin eine solche Angst, dass sie den Teufel beschwor. Der erschien auch sogleich und bot ihr an, das Altartuch für sie herzustellen, wenn sie ihm dafür ihre Seele verschreibe. Das aber wollte die Prinzessin auf gar keinen Fall. Doch schließlich kamen sie überein: Er würde ihr helfen das Altartuch zu machen, ohne dass sie ihm ihre Seele dafür gebe. Wenn er aber in der letzten Nacht käme und er fände sie schlafend in der Stunde zwischen elf und zwölf, dann bekäme er ihre Seele doch.

In der folgenden Nacht wuchs das Altartuch zusehends, es wurde schöner und schöner, und die Prinzessin ermüdete auch gar nicht bei der Arbeit. In der letzten Nacht, als sie beinahe fertig war, da überwältigte sie die Müdigkeit doch und sie schlief ein. Nun hatte aber die Kaiserstochter ein kleines Hündchen, das Wedel – auch Quedel genannt –, besessen, das immer bei ihr war. Auch jetzt lag es auf ihrem Schoß, doch anders als die Prinzessin war das Hündchen recht wach. Und als es dann zwischen elf und zwölf den Teufel herbeitrappen hörte, da fing es lautstark zu bellen an. Die Prinzessin schrak aus dem Schlaf und als nun der Teufel ins Zimmer trat – da fand er sie wach. So wütend war er, dass er das Hündchen packte und zu Boden schleuderte, dass es auf der Stelle tot war.

Zur ewigen Erinnerung an diese Begebenheit hat die Prinzessin das Kloster Quedlinburg erbauen und das Hündchen einbalsamieren lassen. Als sie aber starb, hat sie befohlen, dass es mit ihr im Sarg liegen solle.

❡ Die Sage wird in Goslar und Quedlinburg in verschiedenen Varianten erzählt – statt von einem Altartuch wird beispielsweise von einem Altarbuch gesprochen – jedoch bleibt der Kern stets gleich. Dabei sind die Elemente einer Erklärungssage, das Kümmernis-Motiv und eine der üblichen Sagen vom geprellten Teufel vereinigt. ❡

Von merkwürdigen und geheimnisvollen Menschen

Von merkwürdigen und geheimnisvollen Menschen

In der Umgangssprache nennt man häufig den letzten Bus oder die letzte Straßenbahn in der Nacht den »Lumpensammler«. Auch von einer »Lumpensammlergruppe« spricht man gelegentlich bei Sammlungen aller Art. Nun wäre es durchaus möglich gewesen, das letzte Kapitel dieses Buches im bunten Durcheinander zu einer solchen Lumpensammlergruppe zu machen oder tatsächlich mit lauter Sagen über Lumpen zu gestalten, denn davon gibt es genug. Das Volk hat schon immer sehr scharf beobachtet, die Verdienste der einen in den Sagen gelobt, die Lumpereien oder Untaten der anderen aber angeprangert. Es hieße jedoch solchen Lumpen zu viel Ehre anzutun, wollte man ihnen gleich ein ganzes Kapitel widmen.

Besser ist es da schon, den Bogen weiter zu fassen und zum Schluss im bunten Nebeneinander ein Kapitel mit Sagen von geheimnisvollen und merkwürdigen Menschen zu füllen, wie sie uns vereinzelt schon immer wieder in den vorangegangenen Kapiteln begegnet sind. »Merkwürdig« heißt dabei nicht nur »seltsam«, sondern auch »bemerkenswert« im guten wie im schlechten Sinne. Es sind ein paar Helden des Alltags darunter wie etwa die alte Frau, die ihre Hütte opfert, um ihre Mitbürger zu warnen. Es sind Vertreter von Berufsständen dabei wie die beiden Schmiede von Jüterbog und Ruhla – anderen Berufen wie den Müllern oder den Wirten sind wir schon mehrfach in den anderen Kapiteln begegnet. Einige Sagen machen uns mit Räubern bekannt, die sich beim Volk einer erstaunlichen Nachsicht erfreuten. Kein Wunder, dass man mit Sagen über sie allein schon ein ganzes Buch füllen könnte.

Auch ein paar Schlitzohren oder Schalksnarren sind dabei, ganz besondere

Lieblinge des Volkes, weil sie Obrigkeit und Reiche foppten wie etwa Till Eulenspiegel. Das nicht weniger beliebte Gegenstück zu ihnen bilden die echten Narren, die sogar noch stolz sind auf ihre Dummheit. Zu ihnen gehören die Schildbürger und die Bewohner ähnlich berühmter Gemeinden.

So wie im vorangegangenen Kapitel die enge Verbindung von Sage und Legende aufgezeigt wurde, so ergibt sich gerade bei den Narren aller Art die Verbindung zu den Schwänken, den kleinen Erzählungen von Streichen und Schelmereien. Auch hier sind die Grenzen fließend, spricht man doch bei den Nacherzählungen von Eulenspiegels Streichen gleichermaßen von Sagen oder Schwänken.

Einige mehr oder minder historische Persönlichkeiten wie Eginhard, Tell, Tannhäuser oder der lange Romeias erinnern daran, dass man ähnlichen merkwürdigen und geheimnisvollen Menschen auch in den vorangegangenen Kapiteln unter den Rittern, Bürgern und frommen Leuten begegnet, das Kapitel also leicht nach der einen oder anderen Seite hin hätte erweitert werden können.

Der Schimmelreiter

Im Jahre 1718 geschah am Eiderstedter Deich ein großes Unglück. Nachdem plötzlich starkes Tauwetter eingesetzt hatte, waren die Eisschollen bis knapp unter die Deichkrone gestiegen. Dann kam auch noch ein furchtbarer Nordwestwind hinzu, der die gewaltigen Eismassen mit aller Kraft gegen den Deich trieb, sodass er zu brechen drohte. Die Dorfglocke läutete Sturm und die Einwohner blickten voller Angst dem drohenden Unglück entgegen.

Auf seinem Schimmel war der Deichgraf* zu einer besonders gefährdeten Stelle geritten. Rastlos wandte er sich hierhin und dorthin und erteilte seine Befehle. Viele Menschen arbeiteten unermüdlich, um den Deichbruch zu verhindern, doch alle Mühe war vergebens. Als schließlich alles verloren

* Deichgraf: Vorstand des Deichverbands, dessen Mitglieder für den Erhalt der Deiche zuständig waren.

schien, entschied sich der Deichgraf zu einem letzten, verzweifelten Mittel: Er befahl den Deich an einer entfernteren Stelle aufzubrechen, wo die Fluten, wenn sie das Land überschwemmten, einen geringeren Schaden anrichten würden und wo die Bevölkerung zumindest verschont bliebe.

Die Arbeiter am Deich aber waren entsetzt über diese Eigenmächtigkeit und weigerten sich die Anordnung auszuführen. Da brauste der Deichgraf auf: »Die Verantwortung trage ich! Ihr habt die Pflicht, zu gehorchen!«

Den Männern blieb keine Wahl, sie mussten den Durchstich wagen. Nun aber brach die Flut mit entfesselter Gewalt über das Land herein, der Bruch wurde größer und größer, immer mehr Landflächen wurden von Wasser überschwemmt. Starr blickte der Deichgraf auf das Werk, das er angerichtet hatte und das sich nun nicht mehr aufhalten ließ. Jäh überkam ihn die Verzweiflung. Er gab seinem Schimmel die Sporen und stürzte sich mit ihm in den Bruch.

Nur kurze Zeit später, so berichtet die Chronik, setzten sich Eisschollen vor den Durchstich und schlossen ihn, der Sturm legte sich und das Wasser zog sich langsam zurück.

Die Leichen des Deichgrafen und seines Schimmels wurden niemals gefunden. In stürmischen Nächten aber hat man einen Reiter auf einem Schimmel aus dem Bruch herausreiten sehen. Es ist der Deichgraf, der hin und wieder erscheint und auf dem Deich entlangreitet, um die Bewohner vor drohendem Unglück zu warnen.

❡ *Der Schimmelreiter ist eigentlich so richtig erst durch die gleichnamige Novelle von Theodor Storm bekannt geworden, der eine Sage als Vorbild diente. Für sie gibt es verschiedene Lokalisierungen. In dieser Sage liegt der Damm auf der Halbinsel Eiderstedt, der nach Storms Hauptfigur benannte Hauke-Haien-Damm bzw. -Koog ist dagegen weiter nördlich zu finden.* ❡

Jungfer Abelke Bleken

Um das Jahr 1540 soll es in ganz Ochsenwerder kein schöneres Mädchen als Abelke Bleken gegeben haben, das einzige Kind eines reichen Bauern. Überall war Abelke beliebt und alle jungen Burschen wollten nur mit ihr zum Tanz gehen. Abelke aber wollte nicht heiraten und so gingen die Jahre dahin. Schließlich starben die Eltern, und der Hof, den Abelke geerbt hatte, wurde von einer verständigen Bäuerin verwaltet, die weiterhin sämtliche Freier zurückwies. Da begann man im Ort zu munkeln, dass Abelke erst dann heiraten wolle, wenn der Richtige wiederkäme. Der aber sei ein Kriegsmann, ein feiner Geselle, und habe vor Jahren unter den Stadtsöldnern als Fähnrich gedient. Er habe Abelke ewige Liebe versprochen und die Ehe, sobald er zurückkehre, und Abelke hänge mit Leib und Seele an ihm.

Doch ein Jahr um das andere verging und der Fähnrich kam nicht zurück. Fleißig bestellte Abelke den Hof, sie lebte gottesfürchtig und ehrbar und wenn sie auch im Umgang fröhlich erschien, so sagte man doch, dass sie stundenlang vor sich hin sinne, traurig sei und bitterlich weine, wenn sie allein sei. So verstrichen die Jahre und Abelkes Leben ging dahin. Schon waren die guten Nachbarn und Freunde aus der Jugendzeit gestorben, Abelkes Haar war vorzeitig grau geworden, ihre einst so schlanke, aufrechte Gestalt gebeugt, die lieblichen Züge welk, hart und scharf; ihre großen dunklen Augen wurden den Leuten unheimlich. Man machte schließlich einen Bogen um Abelkes Hof und kein Mensch verkehrte mehr mit ihr.

Der große Kater, den sie von Herzen liebte, schien den Leuten verdächtig, er war dreifarbig und niemand wusste, wann und wie er zu ihr gekommen war. Einige wollten aber gesehen haben, dass ein Feuerklumpen wie ein glühender Drache durch den Schornstein zu ihr geflogen war. Weil man Abelke allmählich auch auf der Straße mied, ging sie fast nur noch spätabends aus dem Haus. Selbst die Bettler warfen fort, was sie ihnen gegeben hatte, und bekreuzigten sich.

Aber es kam noch schlimmer: Das Gerede der Leute vertrieb die guten Dienstboten aus ihrem Haus, nur schlechtes Gesinde kam noch zu ihr und ihre gesamte Wirtschaft wurde davon in Mitleidenschaft gezogen. Abelke verarmte. Das wenige, was ein Hagelschlag übrig gelassen hatte, verzehrte ein

Brand, bei dem kein Nachbar der verlassenen Alten zu Hilfe kam. Am Ende wurden Hof und Acker verkauft und Abelke war bettelarm geworden. Jetzt sprachen die Menschen offen aus, was sie schon längst gedacht hatten: dass Abelke Bleken eine Hexe sei.

In ihrem Unglück aber ergab sich Abelke nun wirklich der Zauberei. Eine alte Strickerin lehrte sie magische Knoten zum Schaden der Menschen zu knüpfen; ein Schäfer brachte ihr die zauberische Wirkung mancher Kräuter und Wurzeln bei. Abelke wurde tatsächlich zur Hexe und verschrieb sich dem Teufel. In seinem Namen vergiftete und schädigte sie die Menschen, bis das Maß ihrer Übeltaten erfüllt war und man sie gefangen nahm. Siebenfach gefesselt wurde sie im Keller des Gerichts am Berg zu Hamburg verhört.

Als der älteste Richter sie aufforderte zu gestehen, dass sie mit dem Teufel im Bunde und eine Hexe sei, da lachte sie laut und sprach: »Nein, ich will nicht!«

Nun folterte man sie, sie schrie und kreischte und lästerte Gott, aber weinen konnte sie nicht. So sprach der älteste Richter: »Sie ist schuldig, sonst würde sie weinen. Denn wer sich dem Teufel ergibt, der muss als Erstes seine menschlichen Gefühle ausrotten und das Weinen verlernen.«

Als aber die Qual am entsetzlichsten war, legte Abelke doch ein umfangreiches Geständnis ab. Sie bekannte mit dem Teufel im Bunde zu sein und legte offen, mit welchen Zaubermitteln sie manche Menschen zu Tode gebracht hätte. Auf dieses Geständnis hin wurde ihr beim Hochgericht ein Scheiterhaufen errichtet, und die unselige Frau starb in den Flammen.

❡ Hier haben wir einen der wenigen Fälle, dass eine Hexe genau mit ihrem Namen benannt und ihr Schicksal sehr differenziert beschrieben wird (vgl. dazu auch das Kapitel »Von Hexen, Zauberern und dem Teufel persönlich«). So gewinnt man auch einen Einblick in die Tätigkeit der so genannten Hexenrichter. Ochsenwerder gehört heute zu Hamburg. ❡

Die getreue Alte

Einst war in Husum das Eis einmal so dick gewesen, dass man darauf ein Winterfest feierte. Auf der gleißenden blanken Fläche wurden Zelte aufgebaut, Schlitten wurden über das Eis gezogen, alles, was Schlittschuh laufen konnte, lief, und Musik und Tanz verschönerten noch den wunderbaren Tag. Doch alles freute sich auf die mondhelle Nacht, die noch schöner sein würde, und schon war der Mond im Aufgehen begriffen.

Jedermann war aufs Eis hinausgegangen, um sich zu vergnügen. Nur ein steinaltes Mütterchen war zu Hause geblieben. Sie hatte keine Freude mehr an derlei Weltenlust und wenn sie wollte, dann konnte sie ja auf das Eis hinabsehen, denn ihr Häuschen stand auf dem Damm. Und schließlich tat sie dies auch. Als sie aber im Westen am Horizont eine Wolke heraufziehen sah, überkam sie sehr große Angst, denn sie war die Witwe eines Seemannes und kannte die See und die Zeichen von Wetter und Wind. Sie rief zur Festgesellschaft hinab, sie winkte – doch niemand hörte sie.

Die Wolke aber wuchs zusehends. Sie war ein Vorbote der Flut und des schnell drehenden Windes von Nord nach West. Die Alte wusste: Wenn die Leute nur noch eine halbe, eine Viertelstunde auf dem Eise blieben, dann wäre es um sie geschehen und in Husum gäbe es keine Menschen mehr. Mit der Wolke, die riesenhaft und immer schwärzer wurde, wuchs auch die Angst der Alten. Und als sie den ersten Windhauch spürte, war ihre Furcht unerträglich geworden, denn sie war allein, krank und halb gelähmt, mit einem Wort: machtlos.

So fasste sie einen entsetzlichen Entschluss: Auf Händen und Füßen kroch sie zum Ofen, nahm ein brennendes Scheit heraus, steckte das Stroh ihres eigenen Bettes in Flammen und kroch zur Tür ihres Häuschens hinaus. Schon bald schlugen die Flammen aus dem Fenster und bis zum Dach hinauf. »Feuer! Feuer!«, ertönten nun Rufe vom Eis. Rasch wurden die Zelte verlassen, die Schlittschuhläufer eilten zum Ufer zurück und die Schlitten wurden heimwärts gelenkt. Da fauchte auch schon der Wind über die Eisfläche, da pochte es schon drunten und polterte und wie Kanonendonner krachte das Eis in der Ferne. Die schwarze Wolke schob sich vor den Mond, bedeckte den ganzen Himmel, wie ein Leuchtturm flammte das Häuschen der Witwe. Und als die Letzten das Ufer erreichten, rollte die Flut ihre Wogen herauf und riss die Zelte, Bänke und Tische in ihre rauschenden Wirbel.

❡ Von Husum, der »Stadt am grauen Strand, am grauen Meer«, wie der Dichter Theodor Storm einmal seine Geburtsstadt an der Westküste Schleswig-Holsteins genannt hat, wissen wir schon, dass wir dort den Klabautermann treffen können (vgl. »Die Klabautermännchen«, S. 169). ❡

Vom Seeräuber Störtebeker

Klaus Störtebeker war, wie Gödeke Michel, ein verwegener Seeräuber. Gegen Ende des 14. Jahrhunderts trieben sie in den nordischen Meeren ihr Unwesen und ihre Banden waren so mächtig, dass sie den gesamten Handel und die Schifffahrt aller Staaten des Nordens empfindlich schädigten. In jenen Banden sammelten sich kriegs- und seekundige Abenteurer, alles kühne und raufl ustige Männer aus aller Herren Länder. Schiffe und Mannschaft waren so zahlreich und gut geordnet, dass sie selbst eine ganze Stadt wie Bergen in Norwegen erobern und plündern konnten.

Lange Zeit lagen die Banden auch in der Elbe vor Hamburg, sodass kein Schiff in die Stadt hinein- oder aus ihr herausfahren konnte, ohne dass es von den Seeräubern geplündert worden wäre. Der König und die Hamburger sahen sich außer Stande, gegen die Seeräuber etwas auszurichten. Schließlich aber war es ein Blankeneser Fischer, der sie eingefangen hat. Jener Fischer war ein alter Bekannter der beiden Seeräuber gewesen.

Eines Nachts hatte er sie gebeten sein Boot an ihr Schiff legen zu dürfen, weil das Wasser so unruhig war und er sich sein Essen kochen wollte. Freundlich gewährten sie ihrem alten Kameraden die Bitte. Der aber kochte sich kein Essen, sondern schmolz Blei, mit dem er den Seeräubern das Steuerruder festlötete. Sodann verschwand er unbemerkt und begab sich schnurstracks nach Hamburg, wo er beim Magistrat Meldung machte – wofür die Hamburger ihn übrigens sein Leben lang verpflegen ließen. Drei Jachten machten sich sogleich auf, eine aus Hamburg, eine aus Altona und eine preußische. Am Morgen fielen sie über die Seeräuber her und da diese sich nicht von der Stelle bewegen konnten, wurden sie sämtlich gefangen, siebzig Mann an der Zahl, und nach Hamburg gebracht, wo man sie köpfte.

Im Anschluss ließen die Hamburger das Schiff des Seeräubers nach wertvollen Schätzen durchsuchen, doch sie fanden keine. Also verkauften sie es an einen Zimmermann, der es zerschlagen sollte. Als der aber seine Säge ansetzte, stieß er sogleich auf etwas Hartes, und helles Metall blinkte ihm entgegen. Dies meldete er dem Magistrat, der daraufhin die Masten untersuchen ließ, und man fand den einen mit purem Gold, den anderen mit Silber und den dritten mit Kupfer gefüllt. Der Zimmermann wurde reichlich belohnt. Aus dem Gold aber ließ man eine Glocke für den St.-Nicolai-Kirchturm gießen.

Klaus Störtebeker, was so viel heißt wie Sturzbecher, ist eine historische Gestalt, um deren Leben und Taten sich zahlreiche Sagen ranken und ganze Romane geschrieben wurden. Er stammt wahrscheinlich von der Insel Rügen und schloss sich jenen Seefahrern an, die ursprünglich als reguläre Hilfstruppen 1389 das von den Dänen belagerte Stockholm mit Lebensmitteln (Viktualien oder Vitalien) versorgten und die nach Kriegsende als »Vitalienbrüder« Seeraub in großem Stil betrieben. Störtebeker galt als eine Art Robin Hood zur See, der häufig den Reichen nahm und den Armen gab. Da er zusammen mit seinem Gefährten Gödeke Michel den Hansestädten schweren Schaden zufügte, lauerten ihm die Hamburger 1401 bei Helgoland auf, überwältigten ihn und ließen ihn 1402 hinrichten. An der Richtstätte auf dem Grasbrook in Hamburg steht heute sein überlebensgroßes Denkmal. Wer den lebendigen Seeräuber kennen lernen möchte, muss die alljährlich stattfindenden Festspiele auf Rügen besuchen.

Die Räuber im Gollenberg

Früher haben große Räuberbanden die Klüfte des Gollenberges zu einer unsicheren Gegend gemacht. In einer Mulde mitten in jenem Berg, die noch heute den Namen »Räuberkuhle« trägt, soll sich ihr Hauptlager befunden

Helgoland

haben. Das Räubergesindel hatte sich einen so schrecklichen Ruf erworben, dass es alles, was ihm in die Hände fiel, ungehindert ausrauben, plündern oder umbringen konnte. Schließlich aber wurden jene Räuber auf wunderbare Weise gefangen genommen.

Eines Abends, es herrschte ein furchtbares Unwetter, kam ein fremder Reisender in eine Herberge zu Köslin. Als er unterhalb des Gollenbergs entlanggeritten war, hatte er oben auf dem Berg ein unheimliches Getümmel gehört. So beeilte er sich sehr, die Stadt zu erreichen, und trat nun blass und zitternd in die Gaststube ein. Am warmen Ofen aber saßen einige Gesellen, die sich beim Wein ungemein tapfer fühlten. Als sie nun sahen, wie blass und verschreckt der Reisende war, da lachten sie über ihn. Dies verdross den Reisenden sehr und deshalb machte er ihnen ein Angebot: Wenn einer von ihnen, oder gar alle zusammen, bereit wären jetzt gleich auf den Gollenberg zu steigen und zum Beweis, dass sie auch wirklich dort gewesen waren, ein Tuch um die eiserne Fahnenstange auf der Spitze binden würden, dann wollte er ihnen ein hübsches Sümmchen Geldes dafür geben. Als die Gesellen dies aber hörten, verstummten die Prahler, denn keiner von ihnen hatte Lust, sich auf ein solches Abenteuer zu begeben.

Die Magd des Wirtshauses aber hatte das Gespräch mit angehört. Sie war ein munteres, beherztes Mädchen, doch arm wie eine Kirchenmaus. Sie verspürte große Lust, sich das Geld auf diese Weise zu verdienen. Dem Fremden war es einerlei und obwohl die anderen ihr dringend davon abrieten, blieb sie fest bei ihrem Vorhaben. Sie nahm das Tuch des Reisenden und trotz des schrecklichen Unwetters machte sie sich in finsterer Nacht getrost auf den Weg.

Am Anfang ging auch alles gut. Sie kümmerte sich weder um das Heulen des Windes noch um die Eulen, die sie umflatterten. Als sie aber auf dem Gipfel des Berges so ganz allein in dem Sturm stand und die alte eiserne Fahne im Wind zu knarren begann, dass es ihr durch Mark und Bein ging, da klopfte ihr das Herz bis zum Halse.

Nur unter großer Mühe konnte sie bis zu der Fahne gelangen und das Tuch herumbinden. Im selben Augenblick aber hörte sie ganz in der Nähe das schreckliche Horn der Räuber. Dem armen Mädchen schwanden fast die Sinne und es war starr vor Schreck. Entsetzt starrte sie in das Dunkel, da schimmerte neben ihr ein hohes schneeweißes Pferd mit silbernem Zaumzeug. Sofort schwang sie sich hinauf und jagte, so schnell das Pferd sie trug, den Berg hinab. Doch hinter ihr ritten die Räuber auf ihren Pferden, die alle silberne Schellen trugen und immer näher kamen. In der größten Not, denn die ersten Räuber waren schon dicht hinter ihr, erreichte sie das Stadttor.

Die Räuber aber waren in ihrer Wut so verblendet, dass sie nicht einmal merkten, wie sie schnurstracks in die Stadt hineinritten. Das war ihr Untergang. Die mutigen Kösliner warfen geschwind das Tor hinter ihnen zu, und die Räuber wurden alle gefangen genommen. Am darauf folgenden Tag aber gingen die Kösliner auf den Gollenberg hinauf, zerstörten das Räuberlager und entdeckten dort viele Reichtümer. Unter der Beute fanden sie auch das große Horn der Räuber. Es war drei Fuß lang und von hartem Metall. Bis auf den heutigen Tag leistet es der Stadt als Nachtwächterhorn gute Dienste.

❡ Diese und die beiden folgenden Sagen stehen als Beispiele für die zahlreichen Räubersagen, von denen in der Einleitung die Rede ist. Der Gollenberg liegt bei Köslin in Pommern, der Geißenberg in Westfalen und Zerbst nordwestlich von Dessau in Sachsen-Anhalt. ❡

Der Räuber Johann Hübner

Auf dem Geißenberg in Westfalen sind noch die Mauern einer Burg zu sehen, auf welcher einst Räuber hausten. In den Nächten trieben sich jene herum, stahlen den Leuten das Vieh, brachten es auf Höfe, wo ein großer Stall war, und verkauften es danach weit weg an fremde Leute. Der letzte Räuber, der auf jener Burg gewohnt hat, hieß Johann Hübner. Er trug eiserne Kleider und war stärker als alle anderen Männer im ganzen Land, hatte nur ein Auge und einen großen krausen Bart.

Der Fürst von Dillenburg aber, den man den Schwarzen Christian nannte, war ebenfalls ein sehr starker Mann. Er hatte schon viel von den Räubereien des Johann Hübner gehört. Als nun die Bauern immer ärger über ihn klagten, schickte der Schwarze Christian seinen klugen Knecht Hanns Flick übers Land, um den Räuber aufzuspüren. Der Fürst selbst aber lag mit seinen Reitern in einem Versteck.

Hanns Flick nun kannte den Johann Hübner nicht. Er streifte im Land umher und holte Erkundigungen über ihn ein. Schließlich kam er in eine Schmiede. Dort standen viele Wagenräder an der Wand und an jene Räder stand wiederum ein Mann gelehnt, der nur ein Auge hatte und ein eisernes Wams trug. Hanns Flick ging zu ihm hin und sprach: »Gott grüße dich, eiserner Wamsmann mit einem Auge! Heißt du nicht Johann Hübner vom Geißenberg?«

Der Mann antwortete: »Johann Hübner vom Geißenberg liegt auf dem Rad.«

Hanns Flick dachte, das Rad auf dem Gerichtshof sei gemeint und dass Johann Hübner verurteilt worden sei, deshalb fragte er: »Erst kürzlich?«

»Ja«, sprach der Mann, »erst heut.«

Das wollte Hanns Flick nicht recht glauben. Er blieb bei jener Schmiede und behielt den Mann, der an dem Rad lehnte, im Auge. Dieser aber flüsterte dem Schmied ins Ohr, er solle sein Pferd verkehrt herum beschlagen, nämlich so, dass das vordere Ende des Hufeisens nach hinten käme. Dies tat der Schmied und Johann Hübner ritt fort. Dem Hanns Flick aber rief er noch im Reiten zu: »Gott grüße dich, braver Kerl! Sag deinem Herrn, er soll mir ganze Männer schicken, aber keine Leute, die noch feucht hinter den Ohren sind!«

Da verfolgte Hanns Flick den Reiter, um zu sehen, wo er abgeblieben war, und folgte seinen Spuren. Johann Hübner aber ritt hin und her, kreuz und quer, und Hanns Flick wurde an den Spuren bald irre. So verlor er den Räuber aus den Augen.

Schließlich aber ertappte er ihn einmal doch, wie er nachts bei Mondschein mit seinen Knechten auf der Heide lag und gestohlenes Vieh hütete. Schnell machte Hanns Flick beim Fürsten Christian Meldung. Der ritt still und leise mit seinen Knechten durch den Wald, bis sie ganz in der Nähe waren. Dann sprangen sie ab, überfielen die Räuber und kämpften mit ihnen. Der Schwarze Christian und Johann Hübner schlugen einander auf die eisernen Helme und Wämser, dass es nur so schepperte. Am Ende des Kampfes aber war Johann Hübner tot.

Fürst Christian aber zog in die Burg auf dem Geißenberg ein. Johann Hübner wurde in einer Ecke begraben. Er erscheint oft um Mitternacht, auf einem schwarzen Pferd sitzend, wie im Leben einäugig und mit seinem eisernen Wams, und reitet um den Wall.

Schön Suschen

Einmal hatte eine Räuberbande ihr Lager vor der Stadt Zerbst aufgeschlagen, um von dort aus auf Beutefang zu gehen. In der Stadt aber gab es einen Schuhmacher, der war eine Art Spitzel für sie.

Eines Abends hatten sich, wie so oft, zahlreiche Gäste im Wirtshaus eingefunden, darunter auch jener Schuhmacher. Hitzig unterhielt man sich über die jüngsten Feldzüge der Räuberbande. Und wie so geplaudert wurde, kam schließlich die Frage auf, ob wohl jemand den Mut habe, sich zum Lager der Räuber zu schleichen und sie ein wenig auszuforschen. Natürlich war keiner begierig darauf, auf so leichtsinnige Weise sein Leben zu riskieren.

Da aber behauptete der Wirt, dass seine Magd, das schöne Suschen, ein mutiges Mädchen sei und sicher bereit sei, gegen eine angemessene Belohnung den Gang zu wagen, damit es endlich seinen Liebsten heiraten könne. Auf dieses Wort hin warfen alle zusammen und es kam auch wirklich ein nettes Sümmchen zustande.

Das Suschen zauderte nicht lange. Sogleich brach es auf und schlich sich vorsichtig ans Räuberlager heran. Dort am Eingang stand ein Pferd, auf dessen Rücken ein wohl gefüllter Sack befestigt war. Das Mädchen schlich sich unbemerkt daran vorbei und trat ins Lager, wo viele Räuber in tiefem Schlafe lagen. Was es bis hierher gesehen hatte, war Schön Suschen aber genug. Es band das Pferd, welches am Eingang stand, los, schwang sich in den Sattel und ritt so schnell es konnte nach Hause. Durch die klappernden Hufe aufgeschreckt, fuhren die Räuber aus dem Schlaf, doch wer das Pferd gestohlen hatte, sahen sie nicht mehr.

Suschen wurde unter großem Jubel im Wirtshaus empfangen. Man überreichte ihm sogleich die Belohnung, und auch den Sack, der am Pferd angebunden war, durfte es behalten. Zu seiner großen Freude fand es darin noch eine hübsche Menge Geldes und außerdem einige Wertsachen vor. Während es aber erzählte, was es auf seinem Gang erlebt hatte, hörte auch jener Schuhmacher zu. Auf diese Weise erfuhren die Räuber schon am Tag darauf, wo ihr Pferd abgeblieben war.

Nun begab es sich an einem Sonntagmorgen, als das Suschen gerade allein in der Wirtschaft war, dass ein großer, starker Mann, den es niemals zuvor in der Stadt gesehen hatte, in die Wirtschaft trat und einen Trunk vom Besten bei ihm bestellte. Da wurde der Magd ganz unheimlich zumute, denn sie ahnte bereits, wer jener Fremde war. Sie schützte vor, den Trunk erst aus dem Keller holen zu müssen. In Wahrheit aber ging sie nicht hinab, sondern versteckte sich dicht neben der Kellertür. Nur kurze Zeit später erschien der unheimliche Mann und stieg selbst in den Keller hinunter. Da sprang das Suschen aus seinem Versteck hervor, schlug die Kellertür zu, drehte den Schlüssel herum – und hatte den Räuber in die Falle gelockt.

Sogleich lief es, um die Stadtwächter herbeizuholen. Der Gefangene wurde in Ketten gelegt und in den Kerker gebracht. Unter Folter gestand er auch, einer der Räuber zu sein, und er verriet desgleichen seine Kumpane und jenen Schuster. Die ganze Bande wurde aufgehängt. Schön Suschen aber erhielt allseits großes Lob für seinen Mut und sein entschlossenes Handeln und konnte nun endlich seinen Geliebten heiraten.

Till Eulenspiegel

Till Eulenspiegel war im Laufe seines Lebens weit herumgekommen und hatte so viele Leute gefoppt, dass man ihn nirgends gerne sah. Nur in Mölln war er willkommen, weil er dort einmal den Landesherrn der Möllner beschwatzt hatte der Stadt so viel Land zu schenken, wie ein Mann an einem Tage umpflügen könne. Als dieser einwilligte, zog Eulenspiegel mit dem Pflug in einem weiten Bogen rund um die Stadt eine Furche und erweiterte so deren Besitz ganz beachtlich.

Als er sein Ende herannahen fühlte, ging er deshalb nach Mölln und ließ sich dort die letzten Tage im Spital pflegen. Als er gestorben war, legte man seinen Leichnam in einen Sarg und die Pfaffen kamen und wollten ihm die Totengebete singen. Doch da liefen eine Sau des Spitalmeisters und ihre Ferkel in den Saal. Als man sie hinaustreiben wollte, kam es zu einem Tumult und sie warfen den Sarg um, sodass Eulenspiegel herausfiel. In der Eile legte man ihn verkehrt herum wieder hinein, trug den Sarg zum Kirchhof und wollte ihn in das Grab senken. Doch da riss eines der Seile, die ihn hielten, und er rutschte in das Grab, sodass Eulenspiegel auf den Füßen stand. Da sagten sie alle: »Lasset ihn stehen, denn er ist wunderlich gewesen in seinem Leben, wunderlich will er auch im Tode sein.« Sie warfen das Grab zu und setzten einen Stein darauf mit einer Eule und einem Spiegel und schrieben darunter:

»Diesen Stein soll niemand erhaben,
Eulenspiegel stehet hier begraben.«

¶ *Till Eulenspiegel wurde angeblich um 1300 in Kneitlingen bei Braunschweig geboren und soll 1350 in Mölln gestorben sein. Seine Abenteuer und Späße, mit denen er vor allem die Obrigkeit, Geistliche und satte Bürger foppte, wurden gern nacherzählt, um 1480 aufgeschrieben und erstmals als Volksbuch gedruckt. In der Außenwand der Nikolaikirche in Mölln ist sein Grabstein mit der Jahreszahl 1350 eingelassen. Aber als würdige Eulenspiegelei wurde dieser Stein in Wirklichkeit erst um 1500 geschaffen. Außerdem gibt es dort auf dem Markt einen Brunnen mit der Bronzefigur des Schalks.* ¶

Hans Clauert

Einst hatte ein schwerer Brand in der Stadt Trebbin große Verwüstungen angerichtet. Daher erlaubte der Kurfürst von Brandenburg den Bürgern, Bauholz auf der Heide von Zossen abzuhauen, um die Stadt wiederaufzubauen. Ein jeder Bürger fällte also die ihm zugestandene Anzahl von Bäumen, doch viele Menschen waren zu arm, um das Holz auch tatsächlich nach

Hause schaffen zu lassen, sodass so mancher Baumstamm einfach liegen blieb und verfaulte.

Darüber war der Hauptmann von Zossen so erzürnt, dass er schwor, den Ersten, der aus der Stadt Trebbin wieder zu ihm käme, um ihn um Holz zu bitten, ins Gefängnis werfen zu lassen. Dies wurde dem Ratsherrn von Trebbin gemeldet und der hatte Grund genug, zu befürchten, dass der Hauptmann seinen Schwur auch halten würde. Nun war aber die Stadt noch nicht wieder vollständig aufgebaut und es wurde noch mehr Holz benötigt; so wussten die Trebbiner nicht, wen sie zu dem Hauptmann schicken sollten. Schließlich fiel das Los auf Clauert, von dem man wusste, dass er bei dem Hauptmann sehr beliebt war. Der sollte dem Hauptmann einen Brief überbringen.

Clauert ahnte nicht im Entferntesten, wie gefährlich dieser Botengang war. Als er aber vor dem Hauptmann in Zossen stand, sagte dieser zu ihm: »Du leichtsinniger Schelm! Musst ausgerechnet du der Erste sein, der um Holz bei mir bittet? Ich habe nun mal geschworen und muss meinen Schwur auch halten!« Und er ließ den Wächter herbeirufen, welcher Clauert in den Turm hinausführen sollte.

Dieser Turm aber war sehr hoch und nur über zwei Leitern, die außen im Freien angebracht waren, zu ersteigen. Clauert nun stellte sich gehorsam und ging brav bis zu den Leitern mit. Dann sagte er zu dem Wächter: »Geh du voraus und zeig mir den Weg, damit ich nicht in die Tiefe stürze, wenn wir oben angelangt sind, und ich den Eingang finde, denn ich sehe nicht sehr gut.«

Der Wächter nahm seine schalkhaften Worte ernst und stieg voran, bis er die Tür oben erreichte. Von dort rief er: »Hierher, Hans! Geh nur, wohin ich gehe!«

Clauert aber schlug die Tür hinter dem Wächter zu, dann stieg er wieder hinab, ohne auf dessen Schreien und Rufen zu achten, und ließ seinen Kerkermeister im Kerker sitzen.

Es war nun aber Abendessenszeit und Clauert setzte sich mit den Dienern des Hauptmannes zu Tisch, fest entschlossen nichts zu erzählen und die Mahlzeit still zu genießen. Die Dienstleute aber erheiterten sich so sehr über ihn, dass die Hausfrau auf den fröhlichen Lärm aufmerksam wurde und kam, um nachzusehen, was denn geschehen sei. Als sie Clauert dort sitzen sah, ging sie zum Hauptmann und sprach diesen an: »Habt Ihr den Clauert nicht in den Turm sperren lassen? Nun sitzt er bei den Dienstleuten am Tisch!«

Da drehte sich der Hauptmann um, entdeckte Clauert und rief: »Sieh einer an! Clauert! Was machst du denn hier? Habe ich dich nicht in den Turm stecken lassen?«

Clauert erwiderte: »Schon, Herr Hauptmann, aber ich habe einen anderen an meiner Stelle dorthin gebracht, der so lange dort sitzen soll, bis ich gegessen habe. Ich hatte den ganzen Tag nichts in den Bauch bekommen und da das Abendessen gerade fertig war, musste ich mir etwas überlegen, wie ich zu der Mahlzeit kommen konnte!«

»Ich wette, du hast den Wächter eingesperrt?«, fragte der Hauptmann.

»Ja, Herr, ich habe in der Nähe keinen andern finden können, der mir sonst diese Gefälligkeit erwiesen hätte.«

Da sagte der Hauptmann zu der Hausfrau: »Dies kann nicht ungestraft bleiben! Ich will ihn dir übergeben!«

Die Hausfrau forderte Clauert auf, sich an ihren Tisch zu setzen, und ließ eine Kanne Wein herbeibringen. Zur Strafe musste Clauert den Wein austrinken. Er aber sagte: »Ach, gnädige Frau, solch eine Strafe will ich gerne alle Tage ertragen!«

Der Wächter aber musste an Clauerts Stelle zwei volle Tage im Turm gefangen bleiben.

❡ Clauert stammt aus Trebbin in der Mark Brandenburg und lebte zur Zeit des Markgrafen Joachim II., also um die Mitte des 16. Jahrhunderts, von Beruf war er Schlosser. Er kam weit herum, seine meisten Streiche verübte er aber in der Heimat. Sie waren sehr bekannt, sind in Sagen und Schwänken überliefert und in dem Volksbuch »Der Märkische Eulenspiegel« zusammengefasst. ❡

Die Weissenberger

Die Weißenberger waren die Gevattern* der Bürger von Schilda in Obersachsen. Heute sind sie das zwar nicht mehr, aber damals, als der große Wind kam, waren sie es.

Jener Wind hat so heftig geblasen, dass die Weißenberger schon dachten, der ganze Ort würde vom Berg heruntergeweht. Da sind sie alle zum Bürgermeister gelaufen, ob der vielleicht Rat wisse. Und was sagte der? Er meinte, sie sollten sich sämtlich vor die Stadt stellen, genau auf die Seite, woher der Wind käme, und blasen. Denn wenn sie nur tapfer dagegenbliesen, dann würde der Wind ihnen nichts anhaben.

So zogen sie alle aus, Männer, Frauen und Kinder, und bliesen dem Wind wacker entgegen. Nur der Pastor war alt und krank und wollte nicht mitblasen. Und schließlich hörte der Wind auf, wenn auch nach großer Mühe, und sie alle hatten tiefrote Gesichter. Niemandem aber hatte der Wind einen Schaden verursacht, außer dem Pastor. Dem waren ein paar Ziegel vom Dach gerissen. Da machten alle kluge Gesichter, zeigten mit dem Finger auf den Pastor und sagten: »Seht ihr's? Wer nicht hören will, muss fühlen.«

Aber die Not war damit doch noch nicht zu Ende, denn die Ehemänner hatten alle so sehr geblasen und sich so angestrengt, dass sie ihren Pflichten nicht Genüge leisten konnten. Und so liefen diesmal alle Frauen zum Bürgermeister, um sich zu beklagen und ihn für den Rat zu tadeln, den er gegeben hatte, denn es herrschte großer Jammer in der ganzen Stadt.

Der Bürgermeister aber war ein kluger Mann und sagte, jetzt könne nichts mehr helfen. Aber weil das Städtchen doch oben auf dem Berge liege und der Wind jederzeit wiederkommen könne, so sollte jeder einen Blasebalg im Hause haben, dass die Männer sich künftig nicht mehr so abmühen müssten. Genauso wurde es dann auch gemacht. Und während andernorts in jedem Hause ein Feuereimer steht, so hat man in Weißenberg einen Blasebalg.

* Gevattern: Verwandte

❡ Eine Gruppe für sich bilden die Schwänke und Sagen um kauzige und einfältige Leute. Die bekanntesten sind dabei wohl die Schildbürger, von denen es so viele Geschichten gibt, dass sie ähnlich wie die Abenteuer von Eulenspiegel (S. 508) oder Doktor Faustus (S. 395) in einem Volksbuch zusammengefasst und bis heute immer wieder neu nacherzählt wurden, etwa von Erich Kästner oder Otfried Preußler. Den Ruhm, besonders närrisch zu sein, machen ihnen aber auch andere Städte streitig, wie dieses Beispiel von Weißenberg bei Löbau in Sachsen beweist. ❡

Die Sieben Schwaben

Einmal waren die Sieben Schwaben voller Neugier zum Bodensee ausgezogen, weil sie gehört hatten, dass ein Ungeheuer die Gegend um den See herum unsicher machte. Als sie den See zum ersten Mal erblickten, rissen sie Augen und Mund auf. Der Allgäuer sagte: »Das ist ja eine Lache, so groß, dass man darin ersaufen könnte!«

Und der Spiegelschwab fragte den Seehaasen, der der Anführer der Helden war, ob das denn Wildenten seien, die man dort in der Ferne sehe? Es waren aber Schiffe. Der Gelbfüßler wollte wissen, ob am anderen Ufer drüben auch Leute wohnten wie diesseits? Und so fragte einer um den anderen dieses und jenes und der Seehaas gab Auskunft, dass dies das deutsche Meer sei und der See – er lüge nicht! – gar keinen Grund habe, weshalb er auch »Bodensee« heiße, wie man ja leicht begreifen könne.

»Potz Blitz!«, sagte der Blitzschwab eines ums andere Mal, die anderen aber sagten gar nichts. Und als sie sich schier die Augen ausgeguckt hatten, zogen sie weiter, an Überlingen vorbei auf den Wald zu, wo das Ungeheuer hauste.

Ehe sie aber in den tiefen Wald in den Kampf gingen, wollten sie sich zuvor noch einmal kräftig stärken. Der Knöpfleschwab sparte weder Schmalz noch Salz, um die Henkersmahlzeit recht appetitlich zu machen. Und als sie nun so um die Pfanne herumsaßen und sich die gerösteten Spätzle schmecken ließen, da sagte der Allgäuer, indem er einen Seufzer bis vom untersten Zeh heraufholte: »'s ist ein Sach, wenn man sich's recht bedenkt, dass man zum letzten Mal im Leben zu Mittag isst.«

Der Seehaas aber sprach ihnen Mut zu und sagte: »Liebe Leute, denkt euch einfach: Der Tod hilft aus aller Not. Wer im Grabe liegt, der ist wohl gebettet.« – »Aber nicht, wer im Rachen des vermaledeiten Tieres liegt!«, rief da der Gelbfüßler, und der Allgäuer schaute immer noch finster drein und seufzte noch einmal, und der Knöpfleschwab fing an, still vor sich hin zu greinen. Da holte der Allgäuer zum dritten Mal einen Seufzer herauf und sagte: »'s is' e Sach!«, und er sagte das in so herzergreifender Weise, dass alle zu heulen begannen.

Dann aber war es an der Zeit, dass sich die Sieben Schwaben in Schlachtordnung stellten. Der Seehaas meinte, sie sollten alle gleichzeitig in einer Reihe losziehen wie bisher, aber der Allgäuer sagte, er wolle einmal der Letzte sein, denn er sei lang genug der Erste gewesen. Der Nestelschwab jedoch meinte: »Warum soll denn einer der Erste sein und einer der Letzte? Wir halten uns alle in der Mitte, dann geschieht keinem was.« – »Und ich meine«, sagte der Spiegelschwab, »es wäre am allerbesten, wenn einer für alle stürbe. Knöpfleschwab, was meinst, wie wär's mit dir? Du wärst so der rechte Bissen!« Der aber stampfte und zappelte mit allen vieren, als wenn er schon am Spieß steckte.

Schließlich ergriff der Seehaas das Wort und rief: »Liebe Freunde und Landsleute! Frisch gezuckt ist halb gefochten! Es ist nichts besser denn ein guter Mut in bösen Sachen! – Gelbfüßler, geh du voran, du hast Sporen und Stiefel an, dass dich das Tier nicht beißen kann!« Und der Gelbfüßler war bereit. Da packten die Sieben Schwaben einer hinter dem anderen in Reih und Glied ihren langen Spieß und zogen aus in ihr gefährliches Abenteuer.

Hübsch langsam liefen sie voran, auf jenen Busch zu, von dem der Seehaas sagte, dass der Drache dort sein Nest hätte. Und sie lugten und schauten nach dem Ungeheuer aus und schlichen näher und näher auf den Busch zu – und siehe da, dort liegt ein Hase im Busch und lugt und schaut auch, und macht Männchen und erschrickt und läuft davon.

Die Sieben Schwaben aber blieben stehen, ganz staunend und erstarrt. »Hast's gesehn? Hast's gesehn?«, rief einer um den anderen. »Es war so groß wie ein Pudelhund – wie ein Mastochs – wie ein Trampeltier!« – »Wenn das kein Hase gewesen ist, dann weiß ich den Gründten* von keinem Hügel zu unterscheiden!«, sagte zuletzt der Allgäuer. – »Nun ja, Has' hin, Has' her«, sagte der Seehaas da, »ein Seehaas ist halt größer und grimmiger als alle Hasen im Heiligen Deutschen Reich.« Und das hat er gut gesagt. Diese Tierart wird aber wohl seit jener Zeit wie das Mammut ausgestorben sein.

Diese Geschichte ist ein Grenzfall zwischen Sage und Schwank. Sie wird im »Volksbuch von den Sieben Schwaben« erzählt, das seinerseits auf eine Schwankerzählung von Hans Sachs zurückgeht und in dem die sieben Vertreter des schwäbischen Stammes in ihren Eigenarten liebevoll karikiert werden. So kommt beispielsweise der Seehaas vom Bodensee, der Gelbfüßler aus Bopfingen und der Knöpfleschwab aus dem Ries.

Der Schmied in Ruhla

Graf Ludwig, welcher die Wartburg erbaute, die Stadt Eisenach mit Mauern umgab und das Kloster Reinhardsbrunn gründete, wo er selbst als Mönch gelebt und gebüßt hat, hinterließ einen Sohn, der ebenfalls den Namen Ludwig trug. Den machte der Kaiser zum Landgrafen von Thüringen. Jener Ludwig, der noch ein Jüngling war, erwies sich gütig und demütig gegen jedermann und besaß ein mildes Wesen. Strafen zu müssen war ihm verhasst und es gefiel ihm auch nicht, wenn er hören musste, dass jemand Grund zur Klage hatte. Dies alles jedoch wurde ihm von seinen Vasallen** als Dummheit und Schwäche ausgelegt.

Ludwig aber wusste nicht, dass ebenjene Vasallen seine Untertanen unterdrückten und dass Bürger und Bauern viel Böses von ihnen zu erleiden hatten, denn sie verstanden sich gut darauf, zu verhindern, dass die Beschwerden an sein Ohr drangen.

Da geschah es, dass der junge Landgraf sich eines Abends, als er zur Jagd

* Gründten: Bergmassiv in den Allgäuer Alpen
** Vasallen: Gefolgsmänner

ausgeritten war, im Wald verirrte und in die Nähe des Ortes Ruhla kam. Als er dort das helle Feuer einer Waldschmiede durch die Nacht leuchten sah, hielt er darauf zu und bat den dortigen Schmied um Herberge. Der Schmied aber kannte ihn nicht und fragte ihn, wer er denn sei. Da sagte Ludwig: »Ich bin ein Jäger Eures Herrn, des Landgrafen!«

»Pfui des Landgrafen!«, rief da der Mann, spuckte vor Ludwig aus und wischte sich den Mund ab. »Wer ihn nennt, muss sich das Maul abwischen, damit er es sich nicht an jenem Namen verunreinigt! Wenn du diesem Herrn dienst, kommst du mir nicht in mein Haus. Aber geh meinetwegen und führe dein Pferd in den Schuppen, dann komm wieder und iss und trink, was da ist, und schlafe auf dem Heu.«

Der Landgraf wunderte sich sehr über diese groben Worte, doch er sagte nichts. Als er die Schmiede wieder betrat, beachtete der Schmied ihn nicht. Er schürte sein Feuer, glühte sein Eisen, löschte es, glühte es wieder und beschlug es, dabei rief er bei jedem Schlag: »Landgraf Ludwig, werde hart!« Und Schlag für Schlag zählte er alles auf, worunter die Untertanen zu leiden hatten. Alle Schuld und alles Unrecht, das im Lande geschah, schob er auf den Landgrafen und verwünschte und verfluchte ihn in die unterste Hölle. Der Landgraf erschrak zutiefst, als er aus diesen harten Worten die Stimmung des Volkes gegen ihn vernahm, und fasste den Entschluss, den bösen Machenschaften, die seine Edlen trieben, ein Ende mit Schrecken zu setzen.

Ganz hart geschmiedet verließ er nach jener Nacht, in welcher er kein Auge zugetan hatte, die Waldschmiede zu Ruhla und sein milder Sinn war in einen eisernen verwandelt. Er nahm die Zügel der Regierung in die eigene Hand und zog sie so straff, dass die edlen Pferde schäumten und knirschten und sich aufbäumten. Das Volk aber hatte Grund, endlich aufzuatmen, denn seit die Vasallen es nicht mehr plagen und schinden konnten, ging es ihm besser.

❡ Der Schmied gehörte einmal zu den wichtigsten Berufen. Der Volksglaube schrieb ihm häufig Zauberkräfte zu und machte ihn zum Teufelsbanner. Kein Wunder, dass er schon in der germanischen Heldensage auftaucht, zum Beispiel in Gestalt von Wieland, und natürlich auch in verschiedenen Volkssagen, wie diese und die folgende beweisen.

In der Sage aus Ruhla, heute eine Industriestadt im nordwestlichen Thüringer Wald, wird eine historische Begebenheit aus dem Jahre 1161 erzählt. An sie erinnern heute noch das Wappen der Stadt und ein Wandbild Moritz von Schwinds im Landgrafenzimmer auf der Wartburg.
Nicht weniger berühmt ist der Schmied von Jüterbog, einem reizvollen Städtchen im Niederen Fläming südlich von Berlin, der es mit dem Teufel aufnimmt. ❡

Der Schmied zu Jüterbog

Einst lebte ein Schmied in Jüterbog, der sehr fromm war und stets einen schwarzen und weißen Rock trug. Zu jenem Schmied kam eines Abends spät noch ein Mann, der recht heilig aussah, und bat um Herberge. Da der Schmied stets zu allen freundlich war, nahm er den Fremden bereitwillig in sein Haus auf und bewirtete ihn reichlich. Als der Gast am nächsten Morgen weiterziehen wollte, bedankte er sich herzlich bei dem Schmied und stellte ihm drei Wünsche frei, die er ihm gern erfüllen wollte.

Nun bat der Schmied mit ernster Miene: zum einen, dass der Stuhl, auf dem er sich abends von seiner Arbeit auszuruhen pflege, die Kraft erhalte, jeden ungebetenen Gast so lange festzuhalten, bis der Schmied selbst ihn gehen lasse; zum andern, dass der Apfelbaum in seinem Garten auf die gleiche Weise jene nicht mehr hinablasse, welche hinaufgestiegen waren; und schließlich, dass aus seinem Kohlensack keiner mehr herauskäme, den er nicht selbst befreie. Der fremde Mann gewährte ihm diese drei Bitten, dann ging er fort.

Nicht lange danach kam der Tod in das Haus des Schmiedes, um ihn zu holen. Der Schmied aber forderte ihn auf, sich doch erst noch ein wenig niederzusetzen und auszuruhen, da er von der weiten Reise sicher müde sei. Der Tod nahm Platz auf jenem Stuhl und als er wieder aufstehen wollte, saß er fest. Da bat er den Schmied, dass er ihn wieder befreien möge, und der stellte eine Bedingung: Zehn weitere Jahre solle er ihm noch schenken. Der Tod war zufrieden, der Schmied befreite ihn und der Fremde ging davon.

Als die zehn Jahre um waren, kam der Tod wieder. Diesmal sagte der Schmied, er solle doch erst einmal auf den Apfelbaum im Garten klettern und ein paar Äpfel pflücken, die ihnen auf der weiten Reise sicher gut tun würden. Das tat der Tod – und kam nicht wieder herunter, denn wieder saß er fest. Der Schmied jedoch rief einige Gesellen herbei, die mit schweren Eisenstangen auf den Tod einprügelten, bis er den Schmied flehentlich bat, ihn doch wieder freizulassen, er würde auch nie wieder zu ihm kommen. Als der Schmied hörte, dass der Tod ihn ewig leben lassen wollte, ließ er ihn vom Baum. Dieser aber hinkte halb lahm geschlagen davon.

Unterwegs jedoch begegnete der Tod dem Teufel, dem er sofort sein Leid klagte. Da lachte der Teufel ihn aus, dass er so dumm gewesen war, sich von dem Schmied hinters Licht führen zu lassen, und meinte, er selbst würde schon gleich mit ihm fertig werden. Und schnurstracks ging er in die Stadt zu jenem Schmied und bat ihn um ein Nachtlager.

Da es aber schon sehr spät war, sagte der Schmied, dass er die Tür nicht mehr aufmachen könne, wenn er aber durch das Schlüsselloch hereinfahren wollte, solle er das gerne tun. Dies war für den Teufel eine Kleinigkeit, sogleich war er durch das Schlüsselloch geschlüpft. Der Schmied aber war klüger als er. Er hielt seinen Kohlensack davor und schon saß der Bursche darin. Schnell wurde der Sack zugebunden, der Schmied warf ihn auf seinen Amboss, dann ließ er seine Gesellen munter drauflosschmieden. Erbärmlich flehte der Teufel, dass sie doch aufhören sollten, die Gesellen aber taten dies erst, als ihre Arme müde geworden waren. So war des Teufels Keckheit gestraft und der Schmied ließ ihn aus dem Sack.

Der Teufel aber musste durch dasselbe Loch wieder heraus, durch das er gekommen war, und er wird wohl kaum ein Verlangen danach verspürt haben, den Schmied jemals wieder zu besuchen.

Der Ewige Jude

Es begab sich im Winter 1547, dass zu Hamburg der Ewige Jude gesehen wurde. Dies war das erste Mal, dass er im Abendland erschien. Etwa fünfzig Jahre alt, groß und von hagerer Gestalt, mit langem Bart und langem Haar, mit einem knielangen Leibrock und einem sehr langen Mantel darüber, saß er in einer der Hamburger Kirchen und hörte voll inbrünstiger Demut der Andacht zu. Dabei verneigte er sich jedes Mal in Ehrerbietung und schlug sich an die Brust, wenn der Name des Heilands ausgesprochen wurde.

In derselben Kirche saß zur selben Zeit auch ein Theologiestudent aus Wittenberg. Der war auf den befremdlichen Mann aufmerksam geworden und stellte nun Nachforschungen über ihn an. Dabei erfuhr er, dass ein ähnlicher Pilger von Zeit zu Zeit im Morgenland erschienen sei, den man Ahasver, den Ewigen Juden nenne, weil er nicht sterben könne.

Nachdem er all dies erfahren hatte, ging des jungen Theologiestudenten Neugier so weit, dass er den Mann suchte, bis er ihn schließlich in einer einfachen Herberge aufgespürt hatte. Dort stellte er ihm Fragen. Auf die Frage aber, wer er denn sei, antwortete der Fremde schlicht und höflich: Er sei in Jerusalem geboren worden, wo er schon zur Zeit des Heilands als Schuhmacher ansässig gewesen sei; sein Name sei Ahasverus. Und er erzählte weiter, dass er Jesus Christus damals nicht für den Heiland, sondern für einen Sektierer* und Aufrührer gehalten, ihn deshalb gehasst und mit der Menge vor Pontius Pilatus' Tür »Kreuzigt ihn!« gerufen habe.

Und damit nicht genug: Als der Herr dann zur Richtstätte geführt wurde, da habe er, Ahasverus, vor seinem Haus gestanden, um sich das Schauspiel nicht entgehen zu lassen. Als aber Christus, erschöpft von der Last des Kreuzes, das er zu tragen hatte, sich an seinem Haus ein wenig anlehnen wollte, um sich auszuruhen, da sei er so unmenschlich und grausam gewesen, ihn von seiner Schwelle fortzujagen. Christus habe ihn angeblickt und gesagt: »Ich wollte hier nur stehen und ruhen, aber du sollst gehen ohne Ruhe bis an den Jüngsten Tag.«

Schon bald habe er, innerlich getrieben, ohne es wirklich zu wollen, sich

* Sektierer: Wortführer einer Sekte

dem Zug anschließen müssen, die Kreuzigung mit angesehen und dabei schwerer und schwerer die Last seiner Sünde empfunden. Es sei ihm am Ende unmöglich gewesen, wieder nach Hause zurückzukehren. Er habe sein Haus und seine Familie verlassen und sei weiter und weiter gewandert, immerzu, durch fremde Länder irrend ohne Rast und Ruh, Jahrhundert für Jahrhundert. Einmal sei er auch wieder nach Jerusalem gekommen, doch die Stadt sei verödet und ihre alte Herrlichkeit zerstört gewesen.

So sehr er sich auch danach sehne, zu sterben und von dem irdischen Jammertal erlöst zu werden, so glaube er dennoch, dass Gott ihn leben lasse bis zum Jüngsten Tag, wie der Heiland gesagt hatte, damit er schließlich zur Bekehrung der Gottlosen und Ungläubigen diene.

❡ *Während Juden im Volksmärchen nur eine untergeordnete Rolle spielen, tauchen sie in Sagen wesentlich häufiger auf. Selten werden sie dabei positiv oder als unschuldige Opfer von Hetze und Antisemitismus gesehen, weit häufiger wurde ihr Bild bewusst negativ gezeichnet und die Volksverhetzung dadurch noch gefördert.*

Eine gewisse Sonderstellung nehmen die Sagen vom Ewigen Juden ein, die erstmals im 13. Jahrhundert in England auftauchten und sich über ganz Europa verbreiteten. Auch in Deutschland findet man sie in verschiedenen Varianten und Gegenden. Die Hamburger Fassung geht dabei auch auf die ursprüngliche Legende näher ein, die den Kern der verschiedenen Sagen bildet. Im Gegensatz zu anderen Juden-Sagen sind diese Geschichten von Ahasverus meistens nicht so gehässig und selten nur polemisch. In dieser Sage wird er als reuig dargestellt. ❡

Tannhäuser

Nachdem Ludwig der Milde, Landgraf von Thüringen, auf einem Kreuzzug gestorben war, fiel das Land an seinen Bruder Hermann. Zu dessen Zeiten stand in deutschen Landen der Minnesang* in voller Blüte und Fürst Her-

* Minnesang: höfische Liebesdichtung im Mittelalter

mann versammelte viele Sänger an seinem prachtvollen Hof auf der Wartburg. Eine Zeit nach ihm lebte der Minnesänger Tannhäuser im Frankenland, der wie die meisten seiner Sanggenossen ein Wanderleben führte.

Als Tannhäuser nun am Hörselberg vorüberkam, soll ihn dort die Erscheinung einer wunderschönen Frau aufgehalten haben, die keine andere als die Venus selbst gewesen sei. Sie habe ihm gewinkt, ihr in den Berg zu folgen, und obschon der Treue Eckart ihn gewarnt hatte, konnte der Ritter doch nicht widerstehen. Tannhäuser soll hineingegangen sein, dann habe er sich von Frau Venus umgarnen lassen und geschworen, immer bei ihr im Berg zu bleiben. Viele alte Lieder künden davon, wie ihn schließlich die Reue überkam. Er besann sich und wollte wieder aus dem Berg heraus.

Als er dies der Frau Venus sagte, erinnerte sie ihn an den Eid, den er geschworen hatte. Tannhäuser aber stritt alles ab und als sie ihm anbot, ihm eine andere Gespielin an ihrer Stelle zu geben, sagte er, wenn er dies annehme, müsse er ewig in der Glut der Hölle brennen. Über Tannhäusers Undankbarkeit für alles Liebe und Gute, das Frau Venus ihm getan hatte, gerieten die beiden so sehr in Streit, dass Tannhäuser sie schließlich eine Teufelin nannte. Dies nahm sie dem Minnesänger übel und drohte ihm, dass er ihr dies vergelten solle. In seiner Not rief Tannhäuser die Jungfrau Maria um Hilfe an, dass sie ihn befreien möge. Frau Venus aber sagte voller Stolz: »Geh nur und lass dich von Papst Urban reinsprechen von deinen Sünden. Du wirst mich dennoch preisen.«

Voller Reue verließ der Tannhäuser den Venusberg und begab sich auf Wallfahrt nach Rom zu Papst Urban. Dem beichtete er, dass er ein Jahr lang bei einer Frau mit dem Namen Venus gewesen sei, und bat um Vergebung. Der Papst aber war unerbittlich. Er hielt jenen hohen Stab mit dem römischen Doppelkreuz in die Höhe und sprach zu dem reuigen Sänger: »So wenig dieser dürre Stab grün werden wird, so wenig wirst du Vergebung erlangen!«

Auch des Tannhäusers Bitte, ihm doch eine jahrelange Buße aufzuerlegen, nützte nichts. Tief bekümmert zog er aus Rom wieder fort. Er klagte bitterlich, dass das harte Wort des Papstes ihn ewig von Marias Gnade scheiden und dass Gott ihn nicht annehmen würde, und wünschte sich wieder zu Frau Venus in den Hörselberg zurück. Frau Venus aber stand schon da und lachte hell und spottete ihm recht teuflisch entgegen: »Seid gottwillkommen, Tannhäuser, mein lieber Herr, ich habe Euch recht lang entbehrt!« Dann lachte sie noch einmal auf und riss ihn durch die Höhlenpforte mit sich hinab.

Am dritten Tage danach begann der Stab des Papstes zu grünen. Da schickte Papst Urban im ganzen Land Boten aus, die den Tannhäuser suchen sollten. Der aber war wieder im Berg bei seiner Geliebten und deshalb ist auch Papst Urban mit in die ewige Verdammnis gefallen.

❡ Berühmter Schauplatz der Sage ist der Große Hörselberg, ein Muschelkalk-Kamm südöstlich von Eisenach. Schon nach der germanischen Sage hatten hier der Schlachtengott Wodan und seine Gemahlin Freia ihren Wohnsitz. Aus Letzterer wurde in der Volkssage Frau Holle (siehe nächste Sage). In christlicher Zeit wurde der Berg zum Ort des Fegefeuers, später zum Treffpunkt der Hexen, die zum Blocksberg fliegen. An Tannhäuser erinnert heute noch die nach ihm benannte große Höhle.

Erst Richard Wagner brachte die Sage von Tannhäuser mit dem Sängerkrieg auf der Wartburg (S. 247) in Verbindung und machte sie damit weithin bekannt.

Vom Treuen Eckart wird in der übernächsten Sage ausführlich die Rede sein (S. 524). ❡

Frau Holle

In Hessen liegt ein hoher Berg mit einem langen, breiten Rücken. Dies ist der Meißner. Jenen Berg aber hat die Göttin Hulda der Frau Holle, von der man sagt, dass es schneit, wenn sie ihr Bett macht, geschenkt, und dazu noch eine Zauberglocke, welche Wunderkräfte besaß. Wenn Frau Holle mit jener Glocke läutete, vermochte sie über die kleinen Geister, welche im Wasser, im Feuer, in der Luft und in der Erde wohnen, zu gebieten. Zur Wohnung gab die gute Göttin der Frau Holle ein prächtiges Zauberschloss, zu welchem auch ein wunderbarer Blumengarten gehörte. Schloss wie Garten lagen auf dem Grund eines Teichs, der auch heute noch Hollen-Teich heißt. Im Sommer aber wohnte Frau Holle in einem schönen Häuschen, welches sie ebenfalls von der Göttin erhalten hatte. Dort hielt sie sehr ordentlich Haushalt.

Von Frau Holle wird mancherlei erzählt, Gutes wie auch Schlechtes. Auf jenem Berg nämlich hatte sie Gewalt über alles, sogar über die Menschen. Guten und fleißigen Menschen half sie und wenn es jemandem schlecht ging und er bei Frau Holle Schutz suchte, so fand er ihn bei ihr; faulen und schlechten Menschen aber fügte sie Schaden zu. Besonders am Herzen lagen ihr jene Frauen, die mit bösen oder faulen Männern verheiratet waren. Wenn ein Mann zu viel getrunken hatte, verwandelte sie ihn in ein Kalb und ließ ihn Gras fressen.

Auch um die armen Mädchen kümmerte sie sich, die von ihren Verlobten verlassen worden waren. Wenn die Mädchen aber zu eitel und putzsüchtig waren, wurde Frau Holle zornig und verwandelte sie in Katzen, die sie in eine Felsenhöhle im Westen des Berges verbannte. Dann mussten sie ihr dienen: Guten Wanderern sollten die Katzen den Weg zeigen, schlechte Wanderer aber mussten sie in die Irre führen. Wenn eine Frau krank ist und zu Frau Holle in den Teich steigt, dann macht Frau Holle sie wieder gesund.

So kam es, dass die einen Frau Holle als die wahre Hulda priesen, die anderen aber behaupteten, sie sei eine böse Hexe.

Frau Holle ist vielen nur als Märchenfigur bekannt. Tatsächlich aber geht sie als Sagengestalt schon auf die germanische Mythologie zurück. In ihr vereinigt sich die Erinnerung an die Liebes- und Fruchtbarkeitsgöttin Freia und die ihr verwandte Göttin Hulda. Diese jagt ähnlich wie Wodan in Sturmnächten mit dem Wilden Heer umher. Im Mittelalter wurde diese Hulda zu einer Teufelin, die im Hörselberg haust, danach wandelte sie sich in der Sage auch zur Frau Venus (vgl. dazu »Tannhäuser«, S. 520). Auf dem Hohen Meißner, einem 750 Meter hohen Berg, den man von Bad Soden-Allendorf aus bequem erreichen kann, lag früher einmal ein Kultplatz der Göttin Freia, daraufhin wurde er in der Sage zum Wohnsitz von Frau Holle, die dort in einem nach ihr benannten Teich wohnen soll. Außerdem gibt es auch eine Frau-Holle-Höhle. Ähnlich wie Frau Hulda begegnen wir Frau Holle aber auch in anderen Gegenden.

Der Treue Eckart

Unter Benshausen liegt der Stadtflecken Schwarza. Durch jenes Städtchen kam einst um die Weihnachtszeit Frau Hulda mit ihrem wütenden Heer. Voraus aber ging der Treue Eckart und warnte die Leute, nicht auf dem Weg zu bleiben, damit ihnen nichts geschehe. Auf wen immer jenes Heer stieß, dem erging es nicht gut.

Als nun der Schwarm durch den Ort gebraust war, kamen zwei Jungen des Weges, die volle Bierkrüge aus dem Wirtshaus nach Hause trugen. Auch jene Jungen warnte der Treue Eckart und sie drückten sich sogleich an die Seite. Sie blieben aber nicht unbemerkt und da die Wilden Jäger immer Durst haben, so traten einige der Furien an die Jungen heran, nahmen ihnen die Krüge aus den Händen und tranken sie leer. Dies bekümmerte die Jungen sehr, denn sie fürchteten zu Hause Schläge zu bekommen, wenn sie ohne Bier erschienen, und sie hatten kein Geld, um neues zu holen.

Da plötzlich stand der Treue Eckart wieder bei ihnen und sprach: »Seid nur getrost, ihr Jungen, es war schon gut, dass ihr das Bier hergegeben habt. Geht nur heim mit euren Krügen, sagt aber die nächsten drei Tage keiner Seele, was euch heute Abend begegnet ist.«

Und als nun die Jungen heimkamen, da waren die Krüge voll und schwer geworden und es war Bier darin, das so gut war, wie es noch nie ein Mann in Schwarza getrunken hatte. Das Allerbeste und Wundersamste aber war: Die Krüge wurden niemals leer – bis die drei Tage um waren und die Jungen ihr Schweigen brachen. Da war's alle.

❡ Die Sage von Eckart, dem Warner vor dem Wilden Heer der Frau Hulda oder Wodans, ist besonders in Thüringen beheimatet. Er warnt die Wanderer aber auch vor anderen Gefahren, so beispielsweise den Ritter und Minnesänger Tannhäuser vor dem Hörselberg (vgl. S. 520). Goethe hat seine bekannte Ballade »Der getreue Eckart« auf der Eckartsburg oberhalb des Städtchens Eckartsberga in Thüringen geschrieben. ❡

Der Rattenfänger von Hameln

Es geschah im Jahre 1284, dass ein Mann von wunderlichem Aussehen und bunter Kleidung nach Hameln kam. Er war ein Rattenfänger und erbot sich gegen ein gewisses Entgelt die Stadt von allen Ratten und Mäusen zu befreien. Dass er das Geld erhalten solle, wurde ihm vom Hohen Rat und der Bürgerschaft zugesichert. Da zog der Mann ein Pfeifchen hervor, ging durch die Gassen und pfiff darauf.

Und siehe, da kamen die Ratten und Mäuse aus allen Häusern gesprungen und liefen in Scharen hinter ihm her. Als nun der Rattenpfeifer durch alle Gassen gegangen war, wanderte er mit seinem grauen Gefolge durchs Wesertor hinaus und hielt geradewegs auf den Fluss zu. Er schürzte sein Gewand, lief in den Fluss, Ratten und Mäuse liefen ihm blindlings nach und ertranken wie das Heer des Pharaos im Roten Meer.

Nun waren aber die Bürger von Hameln damals ebenso erschreckend klug, wie es viele Menschen noch heutzutage nicht nur in Hameln, sondern überall sind. Sie wollten den Lohn nicht nach dem Wissen und Können bemessen, sondern nach der Mühe und Plage, die einer hatte, um etwas zu vollbringen. So sprachen sie untereinander: »Es ist doch ein sündhaftes Geld, was dieser Rattenfänger verlangt hat für so gar keine Mühe. Ja wenn er Fallen gestellt und in jedem Haus Gift ausgelegt hätte, das ließe sich hören – aber so! Und ist es nicht heillos, dass er das Rattenungeziefer in die Weser gelockt hat, wo es nun die Fische fressen? Da mag ein anderer Weserfische essen, wir bedanken uns dafür. Und wie hat er es schließlich gemacht? Mit einem Satanskunststück! Vielleicht ist's eh nur ein Blendwerk; am Ende haben wir die Ratten wieder, wenn er das Geld hat und fort ist! Wir wollen ihm nur die Hälfte geben. Und wenn ihm das nicht recht ist, dann werfen wir ihn als Zauberer in den Turm und warten erst einmal ab, ob die Ratten und Mäuse nicht wiederkommen.« Dies unterbreiteten sie dem Rattenfänger so. Da nahm er das Geld und verließ die Stadt im Zorn.

Dann aber geschah es, dass am Johannistage*, als die Leute in der Kirche waren, derselbe Rattenfänger wieder in den Straßen von Hameln gesehen

* Johannistag: der 24. Juni

wurde, aber in der Tracht eines Jägers mit schrecklichem Angesicht und einem roten seltsamen Hut. Und er pfiff durch alle Gassen. Da kamen aber keine Ratten und Mäuse aus den Häusern, denn die blieben ein für alle Mal vertrieben, wohl aber kamen die Kinder vom vierten Jahre an und liefen dem Rattenfänger nach; auch eine ältere Tochter des Bürgermeisters war dabei, der den Rattenfänger am ärgsten angebrummt hatte.

Die Kinder aber folgten dem Rattenfänger mit großer Freude, sie hielten einander an den Händen und selbst ein blinder und ein stummer Junge gingen als Letzte im Zug, und der Stumme führte den Blinden. Allen hinterher aber lief eine Kindsmagd, die ein Kind im Mantel trug und sehen wollte, wo es denn hinging. Den Jäger an der Spitze zog die ganze Schar zum Ostertor hinauf, dann ging es hinaus, auf den Koppelberg zu. Der Berg aber tat sich auf, der Pfeifer ging voran und die Kinder folgten ihm. Nur der stumme und der blinde Junge blieben draußen, da der Blinde nicht so schnell vorankam und der Berg sich knapp vor ihnen wieder zutat.

Da machte die Magd schleunigst kehrt und verkündete mit großem Geschrei in der ganzen Stadt, dass die Kinder in den Koppelberg geführt und von dem Berg verschlungen worden waren. Welch ein großer Schrecken! Die Kirche wurde geschlossen, die Eltern eilten voller Angst zu dem Berg hinaus – doch sie fanden nur mehr eine schmale Schlucht, die bewies, dass die Magd die Wahrheit gesprochen hatte. 130 Kinder sind auf diese Art verschwunden und niemals wiedergekommen. In der ganzen Stadt aber herrschte ein herzzerreißendes Jammern und Wehklagen, denn auf schmerzliche Weise zeigte sich nun, dass blödsinniger Geiz und dumme Sparsamkeit die Wurzeln allen Übels sind.

❡ Die Geschichte vom Rattenfänger zu Hameln ist wohl eine der bekanntesten deutschen Sagen überhaupt. Während die Stadt Hameln das Ereignis, an das der Rattenfängerbrunnen am Markt und das Rattenfängerhaus erinnern, durch Festspiele und Andenken aller Art fremdenverkehrswirksam vermarktet hat, rätseln die Wissenschaftler immer noch über den historischen Kern der Sage. Wahrscheinlich muss der Auszug der Kinder mit der mittelalterlichen deutschen Ostsiedlung in Verbindung gebracht werden, bei der Werber die »Kinder einer Stadt« – also Bürger – als Siedler nach Ost- und Südosteuropa anwarben. ❡

Bischof Hatto und die Mäuse

Hatto, einer der ältesten Erzbischöfe von Mainz, war ein besonders harter Mann. Er besaß ein zorniges, treuloses Gemüt – Gottesfurcht und die Liebe zu den Menschen aber fehlten ihm. Er war es gewesen, der durch schändlichen Verrat den edlen Grafen Adalbert von Babenberg in das Lager König Ludwigs IV. lockte, welcher Adalbert daraufhin enthaupten ließ.

Jedes Mal wenn Bischof Hatto seiner Rede besonderen Nachdruck verleihen wollte, sagte er: »Sollen mich doch die Mäuse fressen, wenn's nicht wahr ist.« Nun trug es sich aber zu, dass unter Hattos Regierung so große Not und Teuerung entstand, dass die Menschen Hunde und Katzen aßen und viele Hungers starben. Im Bischofshof zu Mainz fanden sich zu jener Zeit Scharen von Bettlern ein. Hatto aber meinte, dass es das Beste sei, wenn das arme Volk lieber heute als morgen sterben würde, dann litte es keinen Hunger mehr und er selbst hätte seine Ruhe.

Er rief daher alle Armen der Stadt in eine Scheune draußen vor dem Tor zusammen, als ob er ihnen eine Mahlzeit bereiten lassen wollte. Aber als alle darin waren, ließ er das Tor verriegeln und die Scheune an allen vier Ecken anzünden. Während die Eingeschlossenen in jämmerliches Schreien ausbrachen, sagte der grausame Bischof: »Hört ihr, wie meine Kornmäuse pfeifen? Nun wird das Betteln wohl ein Ende haben, sollen mich die Mäuse fressen, wenn's nicht wahr ist!«

Und siehe, da sprang eine Schar Mäuse aus der brennenden Scheune hervor und an dem Bischof hinauf, und sie bissen ihn, dass es ihn graute; als er nach Hause kam und sich zur Tafel setzte, liefen Mäuse auf dem Tisch herum, fraßen von seinen Speisen, fielen in seinen Becher und bissen ihn in die Hände; auf seinem Bett und darinnen und darunter wuselten Mäuse und quälten ihn mit wütenden Bissen – da erkannte Hatto schaudernd darin das Gericht Gottes.

Nun stand bei Bingen eine Wasserburg im Rhein. Dorthin begab sich eilends der Bischof, denn er meinte, in jener Burg würde er sicher sein, über das Wasser kämen die Mäuse wohl nicht. Bevor er aber auch nur einen Fuß in das Schiff gesetzt hatte, wimmelten schon die Mäuse darin, und ganze Scharen von Wassermäusen kamen und schwammen mit dem Schiff um die

Wette zu der Turminsel hin. Als er aber in den Turm gelangt war, da fielen die Tiere ihn an und bissen ihn und fraßen ihn bei lebendigem Leibe, und er litt brennende Höllenschmerzen von den zahllosen Wunden und verfluchte seine Seele zu allen Teufeln.

Die Teufel ließen auch nicht allzu lange auf sich warten. Sie kamen dahergefahren im lichterlohen Brande und nahmen seine Seele und das, was die Mäuse von seinem Leib übrig gelassen hatten, und warfen es in den Schlund des Berges Ätna. Wo aber an einer Wand oder auf einer Tafel der Name des Bischofs Hatto zu lesen war, da nagten ihn die Mäuse ab, um selbst die Erinnerung an ihn auszulöschen. Seitdem heißen die Überreste von Hattos Wasserburg im Rhein bei Bingen der Mäuseturm.

Eigentlich war der berühmte Mäuseturm im Rhein bei Bingen ein Zoll- und Mautturm für die Rheinschifffahrt. Aus Maut wurde Maus und damit eine Erklärung für das seltsame Türmchen notwendig. Die Wandersage brachte es in Verbindung mit dem Erzbischof Hatto von Mainz, der von 968 bis 970 regierte und wegen seiner Hartherzigkeit ungemein verhasst war (vgl. dazu auch die Sage vom Babenberger, S. 477). Nach dem Volksglauben erscheinen die Seelen von Toten manchmal als Mäuse.

Eginhard und Emma

Kaiser Karl der Große hatte einen jungen Kanzler mit Namen Eginhard, der ihm auch als Geheimschreiber treue Dienste erwies und des Kaisers Leben beschrieben hat. Eginhard liebte Emma, die Tochter des Kaisers, und Emma liebte auch ihn. Ihre Liebe vor dem mächtigen Herrscher zu offenbaren wagten die beiden allerdings nicht, weil Emma bereits mit dem König von Byzanz verlobt war.

Eines Nachts war Eginhard heimlich zu Emma gegangen. Sie sprachen über ihre Liebe, bis der Morgen fast zu grauen begann. In jener Nacht aber war viel Schnee gefallen. Als die beiden dies bemerkten, erschraken sie darüber sehr, denn Eginhards Fußspuren im Hof der Kaiserpfalz würden ihn unweigerlich verraten. Da dachte sich Emma eine List aus: Auf ihrem Rücken trug sie den Geliebten durch den Schnee über den Burghof bis zu der Stelle, wo er sicher war, und kehrte dann in ihr Gemach zurück, indem sie in ihre eigenen Fußstapfen trat.

Alles war still, alles schlief, nur der große Kaiser nicht. Der war auf und schaute aus seinem Gemach in den Burghof hinab und erblickte mit großem Kummer seine eigene Tochter – doch er schwieg. Nach jener ausgestandenen Angst aber gelobte der junge Kanzler sich, den Hof des Kaisers zu verlassen, und bat unter allerlei Vorwänden – etwa dass seine Dienste zu schlecht vergolten seien – um seine Entlassung. Der Kaiser jedoch setzte ein Gericht ein, zu dem er seine weisesten Räte und Richter berief.

Da er in seiner eigenen Sache nicht Richter sein wollte, trug er ihnen vor, was er an jenem Morgen mit eigenen Augen gesehen hatte, und bat um ein Urteil. Da stimmten die Räte und Richter fast einhellig für Milde und Verzeihen, und wenn der große Kaiser in seinem Herzen auch zürnte, so musste er ihr Urteil doch annehmen. Nun ließ er den Schreiber zu sich kommen und sprach zu ihm: »Schon lange hätte ich deine Dienste besser vergolten, wenn du mir schon früher dein Missvergnügen vorgebracht hättest. Nun will ich dir meine Tochter Emma zur Ehefrau geben, welche dich so bereitwillig durch den Schnee getragen hat.«

Nur kurze Zeit später fand die Trauung statt. Der Kaiser beschenkte seine Kinder reich mit Ortschaften, Wäldern und Feldern. Eginhard aber schätzte er zeit seines Lebens von ganzem Herzen.

In einer anderen Sage wird erzählt, dass der Kaiser keineswegs so gütig gewesen sei, sondern die beiden verstoßen habe. Sie lebten fortan in den Wäldern am Rande des Spessarts. Als Karl, den seine Härte längst reute, eines Tages in dieser Gegend jagte und sich dabei in seinem Wildbann* Dreieich verirrte, kam er in der Einsamkeit ausgerechnet zu dem Haus seiner Tochter. Eginhard versteckte sich auf dem Dach, Emma aber verkleidete sich und bereitete Eierpfannkuchen, wie sie ihr Vater besonders gerne aß. Karl erkannte sie daran wieder und schloss sie mit Freuden in die Arme. Er gründete an dieser Stelle

* Wildbann: Jagdgebiet, das allein dem Fürsten zustand.

eine Stadt und verfügte: »Selig sei die Stadt genannt, da ich meine Tochter wieder fand.« Seitdem heißt diese Stadt Seligenstadt.

❡ Einhard oder Eginhard war einer der wichtigsten Hofbeamten und Vertrauten Kaiser Karls des Großen. In Seligenstadt am Untermain westlich von Aschaffenburg kann man das »Einhardshaus« von 1596 sehen. Einhard ist in der Wallfahrtskirche St. Marcellinus und Petrus in Seligenstadt beigesetzt. Den ersten Teil der Sage erzählt übrigens auch Wilhelm Busch in seiner Bildergeschichte »Eginhard und Emma«. ❡

Wilhelm Tell

Einmal begab es sich, dass der Landvogt des Kaisers nach Uri kam. Da er sich dort für eine Weile niederließ, stieß er einen Stock unter einem Baum in die Erde, an dem jedermann vorbeigehen musste, hängte einen Hut daran und ließ einen Wächter daneben Posten beziehen. Dann ließ er öffentlich bekannt machen, dass ein jeder, der an dem Stock vorübergehe, seinen Hut zu ziehen und sich zu verbeugen habe, als ob der Herr persönlich anwesend wäre; wer dies nicht tue, der würde schwer bestraft werden.

Nun befand sich aber auch ein frommer Mann des Namens Wilhelm Tell in jenem Lande. Der ging jedes Mal an jenem Hut vorüber, ohne sich zu verneigen, sodass er von dem Wächter beim Landvogt gemeldet wurde. Als nun der Landvogt den Tell befragte, warum er sich nicht verneigt habe, antwortete dieser: »Ich habe mir nichts dabei gedacht. Ich ahnte ja nicht, dass Ihr dem so viel Bedeutung beimesst!«

Wilhelm Tell aber war der beste Schütze im Land. Und da er auch hübsche Kinder besaß, die ihm sehr am Herzen lagen, ließ der Landvogt die Kinder herbeiholen und fragte den Tell, welches der Kinder er am liebsten hätte.

Da antwortete Tell: »Ich habe sie alle gleich lieb.«

Der Landvogt aber sagte: »Du sollst mir nun beweisen, dass du wahrhaftig ein guter Schütze bist. Wenn du einem deiner Kinder einen Apfel vom Haupte schießt, dann werde ich dich als Schützen achten.«

Da erschrak der gute Wilhelm Tell zutiefst und flehte den Landvogt an, nur so etwas nicht von ihm zu verlangen, alles andere wolle er gerne tun. Der Landvogt aber zwang ihn mit Gewalt und legte selbst einem der Kinder den Apfel aufs Haupt. Als Tell nun sah, dass er keinen Ausweg hatte, nahm er den ersten Pfeil und steckte ihn hinten in sein Koller*. Erst dann spannte er die Armbrust, nahm einen zweiten Pfeil zur Hand und betete zu Gott, dass er sein Kind verschonen möge. Dann zielte er und schoss. Er traf den Apfel, ohne dass das Kind zu Schaden kam.

Nun lobte ihn der Landvogt, doch er wollte wissen, warum Tell den ersten Pfeil hinten ins Koller gesteckt hatte. Tell antwortete ihm, dies sei ein Schützenbrauch. Doch hiermit gab sich der Landvogt nicht zufrieden und drang weiter in den Tell. Der aber fürchtete sich die Wahrheit zu sagen, deshalb antwortete er: »Wenn Ihr mir versichert, dass Ihr mir nicht das Leben nehmt, werde ich es Euch sagen.« Da der Landvogt ihm zusicherte, ihn am Leben zu lassen, verriet er ihm: »Wenn ich mein Kind getroffen hätte, dann hätte ich meinen zweiten Pfeil auf Euch abgeschossen, und der hätte sein Ziel gewiss nicht verfehlt.«

Nun sprach der Landvogt: »Zwar habe ich dir das Leben zugesichert, doch ich will dich in die Verbannung schicken, dorthin, wo weder Mond noch Sonne scheinen!« Sogleich ließ er den Tell in Fesseln legen und auf ein Schiff schleppen, mit dem er über den Vierwaldstätter See fahren wollte.

Wie sie nun mitten auf dem See waren, kam ein stürmischer Wind auf, der das Schiff gefährlich ins Schwanken brachte, sodass sie meinten, sie müssten nun alle zu Grunde gehen. Denn keiner war mehr in der Lage, das Schiff zu steuern. Da sagte ein Knecht zum Landvogt: »Herr, wenn Ihr dem Tell die Fesseln abnehmen ließet, dann könnten wir wohl dem Untergang entrinnen. Denn er ist ein kräftiger Mann, der sich gut auf das Wetter versteht!«

Und wirklich, als Tell am Steuer stand, glitt das Schiff ruhiger dahin. Tell aber suchte sich die Freiheit zu Nutze zu machen, denn auch seine Armbrust lag nahe bei ihm auf dem Boden. Und als sie zu einer großen Felsplatte kamen, rief er allen zu, sie sollten sich nur feste ins Ruder legen, denn wenn

* Koller: Lederwams

sie erst die Platte erreicht hätten, wären sie in Sicherheit. Als sie aber dem Felsen nahe gekommen waren, da packte er flink seine Armbrust, schwang sich mit einem mächtigen Satz an Land und stieß das Schiff ins Wasser zurück, wo es sogleich wieder heftig ins Schaukeln geriet.

Wilhelm Tell lief bis nach Küssnacht, wo er den Landvogt erwartete. Als dieser dort endlich eintraf, stand der Tell schon hinter einem Busch. Er spannte die Armbrust und schoss einen Pfeil auf ihn ab, sodass der Landvogt auf der Stelle tot umfiel. Wilhelm Tell aber ging nach Uri zurück und erzählte seinen Gesellen, was er erlebt hatte.

Tell ist die wohl berühmteste Sagengestalt der Schweiz. In seiner Lebensgeschichte spiegelt sich der Freiheitskampf der Schweizer gegen die Herrschaft der Habsburger zu Beginn des 14. Jahrhunderts wider. Auch der grausame Landvogt Gessler ist nur eine Sagenfigur. Trotzdem zeigt man bei Küssnacht die »Hohle Gasse«, in der ihn Tells Geschoss traf. Die um 1450 entstandene Sage wurde zur Grundlage von Liedern, Balladen, Erzählungen und Schauspielen, das berühmteste ist wohl Friedrich Schillers »Wilhelm Tell«.

Thedel von Waldmoden

Thedel von Waldmoden war der Sohn des Braunschweiger Helden Aschen von Waldmoden und dessen Gemahlin Bertha von Gernrode. Beide waren ehrbar und tugendsam und Gott segnete sie dafür mit Besitz und gehorsamen Kindern. Den Thedel ließen sie sechs Jahre lang in Paris studieren und als er zurückkam, hatten sie bis an ihr Lebensende ihre Freude an ihm.

Eines Tages, kurz nach seiner Rückkehr, wohnte Thedel einer Taufe bei. Als er die ergreifenden Worte, die der Pfarrer dabei sprach, vernommen hatte, berührten sie ihn so tief, dass er bei sich dachte: »Wie schön wäre es doch, wenn ich auch so getauft worden wäre!«

Als er den Pfarrer danach fragte, beruhigte der ihn und versicherte ihm, dass einst über ihn selbst genau die gleichen Verheißungen über den Beistand des Herrn und die ewige Seligkeit ausgesprochen worden waren. Da wurde

Thedel von Herzen froh und rief: »Gott sei gelobt! Nun fürchte ich mich nicht einmal mehr vor dem Teufel, da er mir ja kein Haar krümmen kann. Froh und frei will ich es mit ihm aufnehmen!«

Der Teufel aber wurde sehr verdrießlich, als er jene Worte vernahm, und er ersann eine List, wie er den kühnen Thedel zur Strecke bringen könnte.

Nachdem Thedels Eltern gestorben waren, erbte er neben Geld und Gut auch das Haus Lutter am Barenberg, und er lebte von nun an dort, wie es sich für einen christlichen Ritter geziemte. Als er aber eines Tages mit seinem Schreiber aufs Feld hinausging, da kam eine Reiterschar durch die Luft gesprengt. Es waren lauter Verstorbene aus Thedels Heimat, die er alle gekannt hatte. Voraus aber ritt ein schwarzer Mann mit einer großen schwarzen Fahne auf einem stolzen schwarzen Pferd: Dies war der Teufel. Thedel, der kühne, edle Held, eilte auf die fünf Reiter zu, die am Schluss des Zuges ritten.

Da kam ihm einer, der auf einer schwarzen, dreibeinigen Ziege saß, entgegengelaufen und sprach: »Wenn Ihr Lust habt, mit uns zum Heiligen Grab zu ziehen, dann sitzt nur hinten auf! Ihr könnt Euch sogar das schwarze Pferd verdienen, auf dem der schwarze Mann dort sitzt. Ihr dürft ihn aber den ganzen Weg über nicht anreden, sonst bricht der böse Feind Euch den Hals.«

Thedel saß also auf und im Nu hatte die Schar Jerusalem erreicht. Dort betete er am Grab des Erlösers, dann ging er zum heiligen Abendmahl. Wie Thedel weiter so durch die Stadt lief, traf er unvermutet zu seiner großen Freude auf Herzog Heinrich mit seinem Löwen. Gleich berichtete er dem Herzog, dass man ihn und seine Ritter schon lange für tot und im Meer ertrunken hielt und dass deshalb die Fürstin im Begriffe sei, den Pfalzgrafen zu heiraten. Da erschrak der Herzog sehr und gab ihm Briefe mit, die er ihr überreichen sollte.

Je näher die vereinbarte Frist ihrem Ende kam, desto eifriger versuchte der Teufel den Ritter zum Sprechen zu bringen, doch Thedel ließ sich nicht hinters Licht führen. Und als er das schwarze Pferd auf diese Weise errungen hatte, schwang er sich auf dessen Rücken und ritt und ritt, bis er das Feld zu Hause, wo er mit seinem Schreiber hingegangen war, wieder erreicht hatte. Der Schreiber aber, vor Angst und Schrecken ganz grau geworden, stand immer noch da. Wohlgemut über Thedels gesunde Rückkehr trabten beide nach Hause. Nun hätte ein jeder nur zu gern gewusst, woher Thedel das stolze Tier hatte. Er aber sagte nichts, denn der Teufel hatte ihm gedroht, dass er am dritten Tag darauf sterben müsse, wenn er verrate, wie er dazu gekommen war.

Nur kurze Zeit später reiste Thedel zur Herzogin von Braunschweig, um ihr die Briefe ihres Mannes zu überbringen, die ihn mit größten Freuden und großer Dankbarkeit empfing. Und als nun einige Zeit danach auch Herzog Heinrich mit seinem Löwen aus Jerusalem zurückkehrte, da gab er ein großes Fest und veranstaltete ein Ritterturnier. Da war ein Ringen und Fechten, man trieb Schwertkampf und Rennen, dazu noch Reden und Tanzen. Und Thedel, der unverzagte Held, beteiligte sich an allen Spielen, ja er war in allem der Beste und auch sein schwarzes Pferd strauchelte kein einziges Mal.

So brachte Thedel sein Leben unverzagt und tapfer dahin. Nachdem aber seine Gemahlin verstorben war, übergab er all seine Habe seinem Sohn. Er selbst trat in den Deutschen Orden ein und zog nach Livland, um dort jene zu bekämpfen und zu bekehren, die nicht an Jesus Christus glaubten. Nach kurzer Zeit schon unterwarf er sich das ganze Land, weshalb der Hochmeister des Ordens große Stücke auf ihn hielt. Eines Tages aber wollte derselbe von Thedel wissen, woher er denn jenes seltsame schwarze Pferd genommen habe. Da bat Thedel darum, dies verschweigen zu dürfen, weil er sonst binnen dreier Tage sterben müsse.

Der Hochmeister aber war unerbittlich und verlangte Gehorsam von ihm. Thedel erbat sich eine Frist von vierzehn Tagen, beichtete und empfing das heilige Abendmahl. Sodann berichtete er, wie es mit dem Pferd zugegangen war, und drei Tage später schlief er für immer ein, nachdem er gebetet hatte: »Vater, ich befehle meinen Geist in deine Hände!«

❡ Die Geschichte von Thedel vereinigt gleich mehrere Sagenmotive in einem bunten Durcheinander: eine Teufelssage, die Sage von Heinrich dem Löwen (vgl. S. 238) und eine historische Sage um den Deutschen Ritterorden. ❡

Der Mägdesprung

Über dem Selketal erhebt sich eine schroffe Felswand, auf welcher ein eisernes Gipfelkreuz steht. Jener Felswand gegenüber steht eine andere Wand und es scheint, als ob die beiden Felsen zusammengehörten.

Auf beiden Felsen ist eine tief eingedrückte Fußspur zu sehen. Wie die Fußabdrücke aber in den harten Stein geraten sind, darüber wird folgende Sage erzählt:

Einmal wurde eine Liebende, deren Geliebter auf dem gegenüberliegenden Felsen auf sie wartete, von so heftiger Sehnsucht nach ihm gepackt, dass sie den gewaltigen Sprung hinüber wagte. So kraftvoll war der Sprung, dass sich hüben wie drüben ihr Fußabdruck in den Felsen grub. Es liegt aber wohl auf der Hand, dass nur die Tochter eines Hünen solches vollbracht haben konnte.

Neben jener wird noch eine andere Sage erzählt: Einmal sei eine junge Hünin vom Petersberg hergekommen und habe ihre Freundin, eine andere Hünin, auf dem anderen Felsen erblickt. Da habe sie zu ihr hinüberspringen wollen. Als sie aber erst eine Weile unschlüssig dastand und Maß nahm für ihren Sprung, sah sie unten einen Knecht stehen, der beim Pflügen war und ihr lachend zurief: »Nun spring schon, Riesenmädchen!«

Da bog das Hünenmädchen ihren ungeheuren Leib zu Tale, streckte den Arm aus und raffte den Knecht samt seinem Pflug und den Pferden empor, steckte ihn in ihre Schürzentasche und sprang mit allem, was sie geladen hatte, hinüber. Nun hatten die beiden Hünentöchter großes Vergnügen an dem niedlichen Spielzeug, dem Menschlein, den Pferden und jenem seltsamen Gerät.

❡ *Die hier im Selketal nördlich von Harzgerode beim Ort Mägdesprung angesiedelte Doppelsage wird als Wandersage in verschiedener Form auch von anderen Orten erzählt. So zum Beispiel von der Jungfernklippe am Großen Staufenberg und an der Rosstrappe bei Thale, wo die Jungfrau den gefährlichen Sprung mit einem Pferd wagte. Eine schöne Variante gibt es auch vom Oybin bei Zittau in der Oberlausitz, wo eine Jungfrau den Sprung wagte, um sich vor einem aufdringlichen Freier zu schützen (vgl. dazu »Das quellende Silber«, S. 222).* ❡

Die buckligen Musikanten

In der alten Reichsstadt Aachen haben einmal zwei Musikanten gelebt, von denen jeder einen kleinen Buckel hatte. Dies war aber auch alles an Gemeinsamkeit zwischen den beiden, denn der eine war gutmütig und heiter und der andere neidisch, tückisch und habsüchtig.

Nun geschah es einmal, dass der Erste in ein Dorf bestellt wurde, um bei einer Hochzeit aufzuspielen, und erst am späten Abend heimwanderte. Mag sein, dass er sich so manches Gläschen gegönnt hatte, denn in jener Nacht war er besonders fröhlich, und als er am hohen Dom vorüberkam, pfiff er ein lustiges Schelmenlied. Im gleichen Augenblick aber schlug die Glocke Mitternacht und sogleich erhob sich um den Musikanten her ein geisterhaftes und grauenhaftes Schwirren und Schweben. Der Spielmann bekam es heftig mit der Angst zu tun. Eilends trieb es ihn vorwärts durch die Schmiedegasse vor auf den Fischmarkt.

Und siehe, dort war es ganz hell, alle Fischbänke waren beleuchtet und Wein und Speise standen in Hülle und Fülle auf den reich gedeckten Tafeln, an welchen vornehme Frauen saßen und schmausten und zechten. Da trat eine der Damen auf den Spielmann zu und sprach: »Holla, Fiedler, du kommst gerade recht! Jetzt spiel uns auf, wir wollen tanzen! Zuvor aber trink erst einmal!«

Sie reichte ihm einen würzigen Wein aus einem Goldpokal. Den trank er mit Freude aus, dann geigte er los. Da begannen die Frauen miteinander einen wilden Reigen zu tanzen und des Geigers Lieder gellten wie toll durch die Nacht.

Als es aber Viertel vor eins schlug, da hörten die wilden Paare zu tanzen auf, als wären sie plötzlich müde geworden, und jene Frau, welche den Geiger angesprochen hatte, trat noch einmal auf ihn zu und sprach: »Habe Dank und auch Lohn!« Dabei strich sie ihm sanft über seinen Rücken und im nächsten Augenblick war sie verschwunden, und all die anderen Frauen, wie auch die Lichter, die Speisen und die Getränke, mit ihr. Da schlug die Münsteruhr eins. Ganz leicht und wohlig ging der Spielmann nach Hause, er wusste gar nicht, wie ihm geschah. Und siehe, als er die Kleider auszog, da war sein Buckel fort, denn die nächtliche Tanzfrau hatte ihn ihm zum Lohne abgestreift.

Schon bald hatte sich die Wundernachricht in ganz Aachen verbreitet. Sobald sie der andere bucklige Musikant vernommen hatte, überkam ihn böser Neid, und er dachte bei sich: Was jenem Lump gelang, das werd wohl auch ich noch schaffen. Kaum konnte er die Nacht erwarten und lang vor Mitternacht hatte er sich schon auf dem Fischmarkt eingefunden, Geige und Bogen in der Hand. Endlich schlug es zwölf und schon erstrahlten die Bänke im Lichterschein, die Tische waren üppig gedeckt und eine Dame reichte ihm würzigen Wein – alles geschah, wie er es vorhergesehen hatte – und schließlich bat die Dame auch ihn, aufzuspielen.

Das tat er sogleich, doch seine Tänze gerieten ihm, ohne dass er dies wollte, zu Grabmelodien. Der Tanz wurde ein Totentanz, die holden Frauen wurden zu Gerippen und als es Viertel vor eins schlug, da huschte ein weißes Schattengebilde an den Spielmann heran, das hatte zuvor aus einem Silbergefäß ein Kleinod herausgenommen. Nun aber sprach es: »Habe Dank und auch Lohn!«, und drückte ihm das Kleinod wie einen Orden an die Brust. Im nächsten Augenblick war alles verschwunden und der Spielmann schwankte und wankte nach Hause und es drückte ihm dabei auf die Brust, dass er kaum mehr Luft bekam. Und als er die Kleider auszog, da hatte er den Buckel seines Spielmannsgesellen vorn auf der Brust, seinen eigenen hinten hatte er auch noch, und er musste nun beide Buckel bis an sein Ende tragen.

Der lange Romeias von Villingen

Vor einigen hundert Jahren lebte ein Mann namens Romäus oder Romeias in Villingen, der groß und stark war wie ein Riese. Geboren worden war er auf dem Käferberg und wenn sein Vater schon nicht groß war, so war seine Mutter sehr klein. Auf der Straße konnte er in den zweiten Stock der Häuser sehen, und mit seinen drei Pfauenfedern auf dem Hut sah er sogar noch größer aus. Einmal hatte er zwei Baumstämme auf einen Wagen geladen. Als die Ochsen den Wagen aber nicht ziehen konnten, da lud er sie zu den Stämmen auf den Wagen und zog die ganze Last alleine nach Haus.

Seine besondere Freude hatte Romeias daran, in den dunklen Wäldern um

Villingen zu jagen. Die Nachbarn aber hätten ihn nur allzu gern gefangen genommen, wenn es nur etwas leichter gewesen wäre, ihm beizukommen. In Villingen selbst aber war er recht beliebt. Dort machte man ihn zum Anführer eines Bürgerfähnleins* und in den vielen Streitfällen mit anderen Gemeinden hat er manch wackeren Streich verübt und viel Beute nach Hause getragen. Auch soll er eine schöne Glocke, die nun im Villinger Münster hängt, in Düningen, einem württembergischen Dorf, gestohlen haben.

Seinen Ehrennamen, »Villinger Simson«, aber hat er sich in einer Auseinandersetzung mit der Nachbarstadt Rottweil erworben. In tiefster Nacht war er durch den Stadtgraben gewatet und bis dicht vor das Stadttor geschlichen. Nachdem er die Wachen dort niedergeschlagen hatte, drückte er das Tor auf, hängte einen der beiden schweren Torflügel aus und trug ihn, ohne sich auch nur einmal auszuruhen, bis auf den Stumpen hinauf, einem Berg, der zwischen Villingen und Rottweil liegt, wo er den Torflügel als Siegesdenkmal aufstellte.

So groß wie seine Kraft war auch des Romeias' Appetit. So betrat er einmal eine leere Stube, in der für sieben Personen zu essen aufgetragen war. Munter machte er sich über die Speisen her und aß alles auf. Als aber die Leute kamen, da fragte er sie, ob es nicht noch mehr zu essen gebe.

Nachdem er im Krieg viele ritterliche Taten vollbracht hatte, beleidigte er einmal aus Übermut die Obrigkeit. Da sich nun aber niemand an ihn heranwagte, dachte sich der Stadtrat eine List aus, wie man ihn gefangen nehmen könnte: Man beauftragte ihn, etwas aus dem Verlies des Michelsturms heraufzuschaffen, und versprach ihm eine gute Belohnung dafür.

Ohne den geringsten Verdacht zu hegen stieg er hinab und sobald er sich weit genug von der Leiter entfernt hatte, zog man sie schnell hinauf und sperrte ihn ein. Zum Essen wurde ihm jeden Tag ein Kalb oder ein Schaf hinabgeworfen. Er aber hob die abgenagten Knochen auf und als er genügend beisammenhatte, steckte er sie in die Mauerspalten, kletterte an ihnen hinauf, durchbrach die Decke und kam schließlich bis unter das Dach des Turmes. Aus dem Stroh, das er dort oben fand, drehte er sich ein dickes Seil, an welchem er sich in der Nacht herabließ.

* Bürgerfähnlein: kleine Bürgertruppe

Er lief bis in die Freistätte* St. Johann und eines Abends gelang es ihm, aus der Stadt zu entkommen. Schnurstracks begab er sich vor das Schloss Kusenberg und belagerte es allein so lange, bis es sich schließlich ergeben musste. Nun nahmen die Villinger ihn wieder gnädig auf und gaben ihm eine gute Pfründe** im Heiliggeistspital. Dort ist er bis zu seinem Tode geblieben.

❡ *Romeias Mans hat tatsächlich gelebt. Die Villinger hatten ihn 1497 wegen Schmähung der Obrigkeit zu lebenslänglicher Haft in dem heute nach ihm benannten Stadtturm in Villingen verurteilt. Aber schon ein Jahr später gelang ihm die Flucht. Er wurde Landsknecht, also Söldner, und fiel 1513 bei Novara. Sein Bildnis in Landsknechttracht ziert heute den Turm.* ❡

* Freistätte: Zufluchtsort
** Pfründe: Einkünfte aus einem Kirchenamt oder Kirchenbesitz

Anhang

Quellen und Literatur

So zahlreich wie die Sagen selbst sind auch die seit dem 19. Jahrhundert entstandenen Sagensammlungen. Selbst kleine Regionen in Deutschland verfügen heute über ihre eigenen, meist sehr sachkundig zusammengetragenen Sammlungen. Aus mündlichen Überlieferungen entstanden seit der Romantik die ersten umfassenden Werke wie die »Deutschen Sagen« der Brüder Grimm (1816 – seitdem bis heute immer wieder in neuen Ausgaben) oder das »Deutsche Sagenbuch« von Ludwig Bechstein (1853 – seitdem ebenfalls immer wieder neu aufgelegt).

Bald danach wurden auch die ersten großen regionalen Sammlungen wie etwa das »Sagenbuch des preußischen Staates« von J. G. T. Grässe (1868) veröffentlicht. Eine moderne Zusammenfassung führt für das 19. Jahrhundert insgesamt rund tausend derartiger Sammlungen auf! Höhepunkte bildeten wissenschaftlich fundierte Werke wie die vierbändige von Friedrich von der Leyen herausgegebene Zusammenstellung »Deutsches Sagenbuch« (1910 ff.) mit dem Band »Die deutschen Volkssagen« von Friedrich Ranke. Daneben gab es aber auch zahlreiche populäre Sammlungen für Familie und Jugend, von denen einige ungemein reizvoll illustriert waren.

Beide Linien, die volkskundlich-wissenschaftliche und die populäre, wurden nach dem Ersten Weltkrieg fortgesetzt, wobei sich die von Paul Zaunert im Eugen Diederichs Verlag herausgegebene »Stammeskunde deutscher Landschaften« wegen ihrer guten Sagenauswahl und schönen Ausstattung besonderer Beliebtheit erfreute und nach 1945 teils neu aufgelegt, teils durch neue Bände ergänzt wurde.

Seitdem sind eine ganze Reihe wichtiger und fundierter Sammlungen erschienen, deren Kenntnis für jeden notwendig ist, der sich eingehender mit

Sagen beschäftigen möchte. Dazu gehören vor allem die »Deutschen Sagen« von Will-Erich Peukert (Berlin 1961) und die von Leander Petzold herausgegebenen Bände »Deutsche Volkssagen« (München 1970) und »Historische Sagen« (2 Bände, München 1976/77).

Auch die populären Sammlungen wurden fortgesetzt, ein Beweis, dass die Sage sich heute noch ungeminderter Beliebtheit erfreut. Wer den lokalen und historischen Bezügen deutscher Volkssagen nachspüren möchte, wird viele wertvolle Anregungen in der seit einigen Jahren erscheinenden Reihe »Die schwarzen Führer« im Eulen Verlag finden, ganz gleich ob er Franken oder Schwaben, Schleswig-Holstein oder den Harz besuchen will.

Die vorliegende Zusammenstellung stützt sich in der Auswahl etwa zur Hälfte auf das »Deutsche Sagenbuch« Bechsteins, zu einem Viertel auf die Sagen der Brüder Grimm und im Rest auf die oben genannten Sammlungen und einige Regionalausgaben.

Wer sich eingehender mit Sagen beschäftigen möchte, wird auch an der theoretischen Literatur nicht vorübergehen können, die schon fast ebenso umfangreich ist wie die Zahl der Sagenbücher selbst. Am besten, man beginnt mit dem kleinen, aber ungemein instruktiven Bändchen »Sage« von Lutz Röhrich (Stuttgart 1966), um im Bedarfsfall zu den Büchern von Peukert oder Petzold überzugehen.

Aber auch populäre Darstellungen wie etwa Helmut Berndts »Unterwegs zu deutschen Sagen« (München 1985 – mit gutem Literaturverzeichnis) bieten gerade für einen breiteren Leserkreis gute Anregungen. Wer sich mit dem literarischen Fortleben eines Motivs oder einer Sagenfigur beschäftigen möchte, wird in diesem Buch einige knappe Anregungen jeweils bei den Kommentaren zu den Sagen finden.

Orte und Schauplätze

Personen und Gestalten

Abbildungen